新

常态下加快推进经济结构战略性调整

与制度创新研究

XINCHANGTAI XIA JIAKUAI TUIJIN JINGJI JIEGOU ZHANLUEXING TIAOZHENG

YU ZHIDU CHUANGXIN YANJIU

 汤吉军 等/著

中国财经出版传媒集团

经济科学出版社
Economic Science Press

图书在版编目（CIP）数据

新常态下加快推进经济结构战略性调整与制度创新研究/
汤吉军等著 . —北京：经济科学出版社，2017. 8
ISBN 978 - 7 - 5141 - 8410 - 5

Ⅰ. ①新…　Ⅱ. ①汤…　Ⅲ. ①中国经济 - 经济结构调整 -
研究　Ⅳ. ①F121

中国版本图书馆 CIP 数据核字（2017）第 221130 号

责任编辑：李晓杰
责任校对：刘　昕
责任印制：李　鹏

新常态下加快推进经济结构战略性调整与制度创新研究
汤吉军　等著
经济科学出版社出版、发行　新华书店经销
社址：北京市海淀区阜成路甲 28 号　邮编：100142
总编部电话：010 - 88191217　发行部电话：010 - 88191522
网址：www. esp. com. cn
电子邮件：esp@ esp. com. cn
天猫网店：经济科学出版社旗舰店
网址：http：//jjkxcbs. tmall. com
北京季蜂印刷有限公司印装
787 × 1092　16 开　30.5 印张　620000 字
2017 年 9 月第 1 版　2017 年 9 月第 1 次印刷
ISBN 978 - 7 - 5141 - 8410 - 5　定价：89.00 元
（图书出现印装问题，本社负责调换。电话：010 - 88191510）
（版权所有　侵权必究　举报电话：010 - 88191586
电子邮箱：dbts@ esp. com. cn）

　　本书出版得到了国家社会科学基金重大项目（批准号13&ZD022）、教育部人文社会科学重点研究基地吉林大学中国国有经济研究中心以及吉林大学高峰学科项目的资助。

目　录
Contents

导　论

0.1　问题的提出

0.1.1　现实意义

党的十五届五中全会通过的《中共中央关于制定国民经济和社会发展第十个五年计划的建议》明确提出，把经济结构战略性调整作为主线。党的十七届五中全会提出，要把经济结构战略性调整作为加快转变经济发展方式的主攻方向。党的十八大明确提出："要推进经济结构战略性调整。这是加快转变经济发展方式的主攻方向。必须以改善需求结构、优化产业结构、促进区域协调发展、推进城镇化为重点，着力解决制约经济持续健康发展的重大结构性问题"。党的十八届三中全会指出，"要紧紧围绕使市场在资源配置中起决定性作用深化经济体制改革，坚持和完善基本经济制度，加快完善现代市场体系、宏观调控体系、开放型经济体系，加快转变经济发展方式，加快建设创新型国家，推动经济更有效率、更加公平、更可持续发展"；"经济体制改革是全面深化改革的重点，核心问题是处理好政府和市场的关系，使市场在资源配置中起决定性作用和更好发挥政府作用"。党的十八届四中全会公报中提到，"适应经济发展新常态，创新宏观调控思路和方式，积极破解经济社会发展难题……中国经济呈现出新常态"（new normal），从而可以看出当前经济发展进入新常态，正从高速增长转向中高速增长，经济发展方式正从规模速度型粗放增长转向质量效率型集约增长，经济结构正从增量扩能为主转向调整存量、做优增量并存的深度调整，经济发展动力正从传统增长点转向新的增长点。党的十八届五中全会强调，实现"十三五"时期发展目标，破解发展难题，厚植发展优势，必须牢固树立并切实贯彻创新、协调、绿色、开放、共享的发展理念，强调实现创新发展、协调发展、绿色发展、开放发展、共享发展，关系中国发展全局的一场深刻变革，攸关"十三五"乃至更长时期中国发展思路、发展方式和发展着力点。也就是说，速度——"从高速增长转为中高速增长"，经济增速虽然放缓，实际增量依然可观；结构——"经济结构不断优化升级"，发展前景更加稳定；动力——"从要素驱动、投资驱动转向创新驱动"，经济更多依赖国内消费需求拉动，避免依赖出口的外部风险[①]。

从"十五"时期开始，就提出经济结构战略性调整，但十多年来的调整效果并不理想，旧常态依然存在，很多长期存在的结构性矛盾没有得到很好解决，新常态下调整仍然困难。从中国经济发展实际情况来说，计划经济体制为了实现重工业优先发展战略目标，不仅要把资本、劳动力等生产要素以集中计划手段配置到重工业领域，而且还要压低资本、劳动力等生产要素价格，从而压低重工业产品的生产成本，以保证发展重工业的同时，又能有大量的利润从重工业发展产生出来，以支撑持续经济增长的需要。结果是，实行计划经济体制并人为压低生产要素价格就成为与优先发展重工业相配合的一种制度安排。因为这种制度安排是经济发展战略选择决定的，因而是一种内生的制度安排（林毅夫等，1999[②]）。在传统计划经济体制下，重工业优先发展战略以及与之相应的经济体制解决了在一个经济十分落后的发展起点上，并以较快的速度建成比较完整的中国工业经济体系。但是，推行这种战略所付出的成本是极其高昂的：一是所有制结构不合理，国有经济比重过大，私有比重极小；二是产业结构扭曲，制造业或重工业比重高，服务业比例异常小，农业发展滞后；三是扭曲的宏观经济环境，采取低投入价格、低利率、低汇率等政策造成投资成本补偿不足，经济发展没有可持续性；四是发展重工业战略，首先需要选择拥有煤、石油等能源矿产，铁、锰等金属矿产和金刚石、玉石等非金属矿产资源的地区，自然资源和能源资源丰富地区成为发展重工业实施基地，从而造成区域经济发展差异显著，最终使计划经济体制难以为继，由国家主导发展模式向市场主导发展模式转型，而经济结构战略性调整便成为一种必然选择。

从1978年改革开放以来，特别是近10年来，中国经济发展取得了辉煌成就，在经济总量迅速扩大的同时，经济结构不合理的深层次矛盾和主要问题仍然存在，主要表现为：（1）从需求结构看，主要是内需与外需、投资与消费失衡；（2）从产业结构看，主要是三次产业发展不协调、农业基础薄弱、工业大而不强、服务业发展滞后，部分行业产能过剩；（3）从城乡和区域结构看，主要是城镇化发展滞后、中西部地区发展滞后、城乡和区域之间生活条件和基本公共服务差距较大；（4）所有制结构有待进一步调整，国有与私有经济比例不平衡；（5）要素投入结构不合理，过

---

① 刘伟、苏剑：《"新常态"下的中国宏观调控》，《经济科学》，2014年第4期。
② 林毅夫等：《中国奇迹：发展战略与渐进改革》，上海三联书店、上海人民出版社，1999年版。

度使用生态环境资源，技术含量低，高碳经济特征明显，造成资源枯竭、环境恶化等严重问题。经济结构的不合理，既加大了资源环境压力和就业压力，也制约着国民经济整体素质的提高和经济的可持续发展。从某种程度上说，这些结构性问题，正是长期以来中国经济增长质量和效益不高的主要根源，完全依靠数量粗放型增长的自然结果。实际上，经济增长和富裕二者有关系，但并不是一回事，用公式表示就是：物质富裕水平提高 = 经济增长 - 其在生物和非生物自然界造成的所有成本，而这些成本目前还在增加。因而，低估这些成本，就会陷入增长陷阱之中，而且需要改变原材料廉价、环境利用免费等理念，不仅需要研究增长收益，更需要考虑增长成本，包括经济、环境和社会成本，尽管环境和社会成本更重要，但很容易被忽视。因此，只有调整经济结构，深化市场经济体制改革，才能拓展发展空间，提供经济增长的长期动力，使经济发展建立在全面、协调、可持续的发展基础之上，实现中国经济转型升级[①]。

因此，加快推进新常态下经济结构战略性调整，不仅是解决国内经济发展中深层次矛盾和问题、实现经济长期平稳较快发展的内在要求，而且也是提升国民经济整体素质和抗风险能力、在后金融危机时期赢得国际经济竞争主动权的根本途径，实现有管理市场经济体制目标的根本途径。2008 年新一轮国际金融危机后，发达国家开始加快调整科技和产业发展战略，把绿色、低碳技术及其产业化作为突破口。比如，美国推出绿色经济复苏计划、欧盟实行绿色技术研发计划等，都是为了塑造新的竞争优势，抢占新的制高点。特别是处于新常态阶段中，大概是两个特征：第一个特征是从高速增长转向中高速增长，即增长的速度下降；第二个特征是从规模速度型的粗放增长，转向质量效益型的集约增长。对于这两个特征，可能没有太大的分歧，学术界也没有很多争论[②]。在这种情况下，中国经济结构既面临十分严峻的挑战。我们必须切实增强经济结构调整的紧迫感和自觉性，坚持把经济结构战略性调整作为加快转变经济发展方式的主攻方向，着力构建扩大内需长效机制，促进经济增长向依靠消费、投资、出口协调拉动转变；加强农业基础地位，提升制造业核心竞争力，发展战略性新兴产业，加快发展服务业，促进经济增长向依靠第一、第二、第三产业协同带动转变；统筹城乡发展，积极稳妥推进城镇化，促进区域良性互动、协调发展。

0.1.2　理论背景

从经济理论发展角度看，正如 18 世纪重商主义催生了自由放任（laissez faire），19 世纪自由放任催生了经济管制，20 世纪经济管制催生了放松管制，毫无疑问，放

---

① 贾康：《把握经济发展 "新常态" 打造中国经济升级版》，《国家行政学院学报》，2015 年第 1 期。
② 吴敬琏：《准确把握新常态的两个特征》，《北京日报》，2015 年 5 月 4 日。

松管制将导致 21 世纪的再管制或重新管制（Dempsey，1989[①]）。在前古典经济学阶段，主要是重商主义强调政府干预，而到了 1776 年亚当·斯密开始的古典经济学阶段，主要强调自由放任市场，到了 1890 年马歇尔新古典经济学，也是对古典经济学的不断完善，突出了"看不见的手"重要性，一直到 1929 年的大萧条，发生了凯恩斯革命，又一次强调政府干预。同样，起源于 20 世纪四五十年代传统或主流发展经济学（又称旧结构经济学），是由罗森斯坦—罗丹、缪尔达尔、赫希曼、纳克斯、普雷维什和辛格等创立的，对自由市场的偏见和对计划的偏好是显而易见的，包括贸易悲观主义、强调新物质资本的计划投资、利用剩余劳动力、采用进口替代战略、接受中央计划和依赖外国援助，这可以从他们对传统经济增长模型滥用和对社会政治制度的忽视中看出。传统发展经济学认为，发展中国家的经济制度对市场力量缺乏灵活性和敏感性。诸如价格、税收和管制等因素的变化并没有对经济增长产生重大影响，此时他们认为，政府干预是摆脱贫困陷阱所必需的，"建立社会主义计划经济是不发达国家取得经济、社会进步必需的、真正不可缺少的条件"（Baran，1957[②]），这种经济思想形成不仅源于 1929 年资本主义大萧条和 30 年代苏联中央计划进行的相对成功的社会主义工业化，而且与 1936 年凯恩斯革命所倡导的国家干预以及经济增长理论中的投资决定论有关，致使人们极度关注市场失灵，却忽视了政府失灵所带来的危害。在这种情况下，逐渐形成国家主导发展模式，包括私有产权国有化、大规模创建国有企业、制定出全面具体的发展目标和投资计划，对私人经济进行广泛的控制或管制等一系列政策，突出强调政府干预完美性，看不到政府失灵与公共选择问题。

然而，随着时间的推移，传统发展经济学受到质疑乃至否定，体现传统发展经济学的贫困（Lal，1983）[③]，理论与实践开始支持市场主导型发展模式：其一，发展中国家的经济实践表明，发展中国家从贫穷走向富裕的最大障碍，是缺乏一种有效的制度，而国家主导发展模式，在解决激励机制上的失败，因信息不完全和机会主义行为，"隐匿行动"（hidden action）和"隐匿信息"（hidden information）成了理性选择，低估了政府所面临的信息和激励问题；其二，新古典经济理论的发展表明，竞争市场机制是唯一利用了最少信息并且产生帕累托最优的机制，突出强调市场完美性，看不到市场失灵。甚至认为，政府失灵对经济发展的障碍（成本）远远大于所谓的市场失灵成本，国家机会主义行为及其制度缺陷所带来的巨大的交易成本是发展中国家经济发展的最大障碍，因而我们看到，传统发展经济学所存在的缺陷及建立的国家主导发展模式失灵，明确提出发展市场经济才是发展中国家的正确选择，将理论注意力转移到制度、激励与信息等方面，确立新发展经济学（道、汉科和瓦尔

① Dempsey, P. S., 1989, Market Failure and Regulatory Failure as Catalysts for Political Change：The Choice between the Imperfect Regulation and Imperfect Competition, Washington and Lee Law Review, 46 (1)：1-40.

② Baran, P., 1957, The Political Economy of Growth, New York：Monthly Review Press.

③ Lal, D., 1983, The Poverty of Development Economics, London：Institute of Economic Affairs.

特斯，2000[①]），类似于新制度发展经济学，与斯蒂格利茨（2009[②]）信息不完全条件下的新发展经济学形成互补认识。同时，林毅夫（2012[③]）根据自己的比较优势理论，突破旧结构经济学——高估政府在矫正市场失灵方面的能力，将结构转变重新带进经济发展研究的核心，创建新结构经济学，类似于新古典结构经济学，显然它忽视了生产要素流动有限性问题，但又看到了政府在比较优势和因势利导过程中所扮演的重要作用。

尤其是 20 世纪 70 年代末 80 年代初，由约翰·威廉姆森提出的布雷顿森林体系主要机构 IMF、世界银行，以及 WTO 和美国财政部推行的新自由主义经济政策"华盛顿共识"——其市场经济理论的基础是以完全信息、完全竞争和完全风险市场为假设前提的，这是将现实世界理想化的理论（Gore，2000[④]；斯蒂格利茨，2011[⑤]），在美国里根主义、英国撒切尔主义等掀起了新自由主义浪潮，并倡导经济自由化、私有化以及严密的稳定经济方案，摆脱以凯恩斯经济学为基础的布雷顿森林体系，再度回到了新古典经济学瓦尔拉斯均衡中，只不过是以理性预期假说的形式出现的，重新强调自由放任市场经济，发展中国家的困境不是市场失灵而是政府失灵，即政府未能在保护产权、实施契约和不干预市场方面做得很好。正如鲍尔（Bauer and Yamey，1957[⑥]）指出，"市场失灵的研究被广泛地用作抨击市场体制的武器。主张用政治决策来替代市场体制的批评家们几乎不重视更重要的问题，如依靠政治手段的经济权力集中、限制选择的影响、政治家和行政管理者的目标，以及一个社会中的知识及其传播方式的性质和范围等"，而这些新古典经济理论与发展中国家的实际情况南辕北辙，更需摆脱自由放任市场经济，再度回到制度设计上来，包括产权、委托代理、交易成本和信息经济学等微观因素，探讨市场与政府干预之间的互补而不是替代关系，不是沿用传统发展经济学政府干预思路——依靠外援和大规模投资或者新自由主义的市场万能，而是需要在不完美的市场、私人秩序与政府之间进行理性权衡。

虽然我们可以从西方经济学家那里获得了现成的经济模型，但是在应用这些经济模型时，我们必须时时自问：所引用的经济模型是经济结构战略性调整过程的高度概括吗？必须时时自省：所援引的理论模型的假设前提与经济结构战略性调整的经济条件是否完全吻合？这些思维方式促使我们适当地修正现成的新古典经济模型假设前提以分析中国经济结构战略性调整问题，从而获得更正确的认识。

---

①　詹姆斯·道、史蒂夫·汉科、阿兰·瓦尔特斯：《发展经济学的革命》，上海三联书店、上海人民出版社，2000 年版。

②　约瑟夫·斯蒂格利茨：《发展与发展政策》，中国金融出版社，2009 年版。

③　林毅夫：《新结构经济学：反思经济发展与政策的理论框架》，北京大学出版社，2012 年版。

④　Gore, C., 2000, The Rise and Fall of the Washington Consensus as a Paradigm for Developing Countries, World Development, 28（5）: 789 - 804.

⑤　约瑟夫·斯蒂格利茨：《让全球化造福全球》，中国人民大学出版社，2011 年版。

⑥　Bauer, P. T., and Yamey, B. S., 1957, The Economics of Under - Developed Countries, Chicago: University of Chicago Press.

由此可见，经济结构战略性调整对于经济发展方式转变、实现小康社会十分重要，应该加快调整，若依靠"华盛顿共识"坚持自由市场，因理论模型与经济现实不一致，不仅难以解决问题，反而使问题更加严重；但是，经济结构战略性调整又非常艰难，又不能依靠政府的大规模投资来解决，往往也是无功而返，达不到预期目标，反而会使经济结构调整更加困难。在这种情况下，如何将国家干预与自由市场有机结合起来，就迫切需要探讨经济结构战略性调整目标、途径，为什么调整异常艰难，调整什么，如何调整，怎么调整，为什么还会出现调整滞后或调整悖论（paradox of adjustment）等一系列重大问题，是否具有一般普适意义，重新阐述"北京共识"的微观经济基础（Ramo，2004①），甚至是后华盛顿共识（Post - Washington Consensus）的经济价值，如果不深入分析影响经济结构战略性调整的深层次障碍，那么很难实现战略性调整预期目标的，往往背离市场经济体制改革目标，只能滞留在政府主导型发展模式下无法自拔。

事实上，任何理论的结论都会基于其假设，如果其假设前提远离现实的话，那么建立在这种理论模型基础上的政策也就难以奏效，所以当一个理论的预测与很多事实不符，并且无法对重要的经济现象提供解释，这时就需要对理论模型进行创新，以适应新的经济发展需要。因此，一方面，深入研究经济社会建设进程中经济结构调整战略性、全局性、前瞻性问题，大力推动实践基础上的理论创新，充分发挥社会科学思想库和智囊团作用；另一方面，着力为推进经济结构战略性调整提出切实可行的政策建议，给政府决策部门提供决策参考和有力的理论支持。否则，如果没有沉淀成本，也就没有任何战略性调整可言，即使发生了不确定性也无关紧要，资源可以重新得到配置。正是因为沉淀成本的存在，才使战略性调整变得可能，不再单纯强调战略性调整收益，而是需要考虑战略性调整成本问题，为引入沉淀成本方法创造了条件，与激励、制度与信息等理论形成互补关系，打破市场与政府简单两分法，深入探讨经济结构战略性调整的内在机制、路径依赖和发展一般规律，以便提供更好的政策或制度设计原则，为政府相关决策部门提供决策依据，关键在于加强沉淀成本和风险管理。而市场、私人秩序和政府干预都是非常重要的，打破市场与政府简单两分法，为加快推进经济结构战略性调整提供新的理论基础和政策建议，为全面建成小康社会、不断取得中国特色社会主义新胜利、实现中华民族伟大复兴的中国梦而贡献力量。与传统消费、投资、出口三驾马车的"需求侧"刺激政策不同，推进经济结构战略性调整与劳动力努力程度、资本利用率、创新程度和制度创新等因素密切相关，从而认为市场可以自动调节使实际产出回归潜在产出，通过解放生产力，提升竞争力促进经济发展。

---

① Ramo，J. C.，2004，The Beijing Consensus，London：Foreign Policy Centre.

0.2　国内外理论文献述评及研究意义

经济学之所以不同于其他同样是研究社会现象的学科是因为其具有不同于一般社会学科的基本假设，即"理性人"假设（Becker，1976①）。作为一门以理性选择为核心的学科，它揭示了经济社会现象为什么会是这样而不是那样的原因。其中，理性的含义是指在特定的约束条件下，人们总是在各种可能选择中作出最优选择。由于所谓的"不可理喻"或"偶然"等行为的存在会使我们对这一假设提出质疑，但这并不说明当事人的行为是非理性的，而是对其约束条件了解得还不够充分。当研究经济结构战略性调整问题时，需要打开"调整"这一"黑箱"，从而发现，调整并不是无成本损失地进行，经济体十分脆弱，很容易造成调整滞后或调整刚性，而沉淀成本则是解释这一经济现象最根本的经济变量，而不要依靠理想化的假设前提——完全竞争市场条件下资源充分流动性。

0.2.1　国内经济学者对经济结构战略性调整研究现状——对沉淀成本与退出的忽视

经济结构是指社会经济的构成及各个构成要素之间的比例关系，包括三大产业之间和国民经济各地区、各部门之间的构成和比例关系。通常，关于经济结构的含义存在广义和狭义两种理解。狭义的经济结构指的是国民经济的产业结构；广义的经济结构则在产业结构的基础上，还包括了国民经济的地区结构、产业结构和所有制结构。因此，我们重点分析广义的经济结构战略性调整问题。为此，我们首先从所有制结构调整入手，接下来围绕产业结构、区域经济结构与国际贸易等几方面进行综述，以突出它们与经济结构战略性调整之间的关系、存在的不足，以及研究这些问题对经济结构战略性调整研究的重要性。

1.　关于所有制结构调整方面的现有研究

党的十八大报告指出：要毫不动摇巩固和发展公有制经济，推行公有制多种实现形式，推动国有资本更多投向关系国家安全和国民经济命脉的重要行业和关键领域，不断增强国有经济活力、控制力、影响力。毫不动摇鼓励、支持、引导非公有制经济发展，保证各种所有制经济依法公平使用生产要素、公平参与市场竞争、同等受到法律保护。党的十八届三中全会报告又提出，公有制为主体、多种所有制经济共同发展的基本经济制度，是中国特色社会主义制度的重要支柱，也是社会主义市场经济体制

---

① Becker, G. S., 1976, The Economic Approach to Human Behavior, Chicago：University of Chicago Press.

的根基。公有制经济和非公有制经济都是社会主义市场经济的重要组成部分，都是中国经济社会发展的重要基础。必须毫不动摇巩固和发展公有制经济，坚持公有制主体地位，发挥国有经济主导作用，不断增强国有经济活力、控制力、影响力。必须毫不动摇鼓励、支持、引导非公有制经济发展，激发非公有制经济活力和创造力。要完善产权保护制度，积极发展混合所有制经济，推动国有企业完善现代企业制度，支持非公有制经济健康发展。

所有制结构（ownership structure）是指各种不同所有制形式在一定社会形态中的地位、作用及其相互关系，它所反映的是各种所有制的外部关系。所有制结构作为经济结构的基础，其调整的有效性直接关系到整个经济结构调整的效果。对于所有制结构调整研究，大多遵循以下两种方法，其一，张维迎（1995）[1] 从不完全契约角度出发认为，国有企业在激励机制方面的改革取得了令人满意的效果，但在企业经营者选择机制方面的改革却不尽如人意，解决这一问题的关键应当是把国有股权转化为债权，让国有企业变为非国有企业或民营化，实现所有权改革。其二，林毅夫（1999）[2] 认为，国有企业面临的问题是由于市场制度欠缺所致，改革的当务之急不是移植一种特定的"现代企业制度"，而是创造一个公平竞争的条件与环境，并以此硬化其预算约束。究其理论结论的差异是源于二人不同的理论前提，林毅夫提出的比较优势理论和张维迎提出的资本雇佣劳动假说。前者是往往隐含国有经济战略性调整处于完全竞争市场，强调资源的充分流动性，看不到内在的调整障碍；而后者着眼于信息不完全，看不到国有垄断会被私人垄断所替代，看不到生产要素流动性不充分或沉淀成本问题；这亦说明，如果国有经济战略调整处于新古典完全竞争市场环境中，此时只要国有经济调整收益大于国有经济调整成本，就需要进行调整，否则就无需进行调整，直接应用新古典净现值投资方法。然而，尽管我们看上去国有经济战略调整收益大于国有经济战略调整成本，为什么国有经济还不进行战略调整？这是我们必须面对的国有经济战略调整过程刚性行为（adjustment process rigidities）。国内研究大多着眼于国有经济战略调整的对策研究（张春霖，1999[3]），换言之进行规范经济分析，很少考虑国有经济战略调整的内在机理、障碍及其演变的规律，因而需要实证分析国有经济战略调整为什么困难，特别是往往陷入国有经济战略调整升级困境而无法自拔，致使国有经济战略调整十分困难，为什么会背离国有经济战略调整目标等一系列重大的理论问题。

虽然很多学者探讨所有制结构调整，但是暗含前提是新古典完全市场经济学模型，无法正确理解国有经济战略调整的过程，视野显得过于狭隘。有些学者强调经济性退出障碍，与交易成本和产权有关，但往往从微观角度考虑国有企业，看不到国有

① 张维迎：《企业的企业家——契约理论》，上海三联书店、上海人民出版社，1995 年版。

② 林毅夫等：《中国奇迹：发展战略与渐进改革》，上海三联书店、上海人民出版社，1999 年版。

③ 张春霖：《国有经济布局调整的若干理论和政策问题》，《经济研究》，1999 年第 8 期。

经济战略调整与宏观经济的发展关系；另一类强调制度性退出障碍（刘小鲁，2005①），主要与政策性负担有关（林毅夫等，1999②），即使私有化也会导致绩效滑坡（刘春等，2013③），同样忽略所有制结构调整成本（adjustment costs）问题，看不到路径依赖极其不利的后果问题。即使运用不完全契约和交易成本经济学考察国有企业，而看不到国有经济战略调整问题，仅仅考虑资本或资产市场不完全，则无法解释有的国有企业退出历史舞台，有的国有企业为什么在市场中发展起来，不仅走向国有企业重组，而且，还走向组建企业集团。由于现有理论很少考虑国有经济战略调整时所面临的客观条件的约束，忽略了交易成本、产权结构和沉淀成本等理论前沿对所有制结构调整的影响，从而看不到国有经济战略调整障碍、路径依赖和升级困境，这样我们无法解释国有经济演化的运作机制和表现形式的多样化，以及如何背离国有经济战略调整目标，这些都迫切需要加以梳理，将经济理论向前推进。

　　一些学者认为目前中国国有经济的比重过大，国企改革的方向就是降低国有经济的比重。樊纲（2000）④将整个国民经济划分为国有和非国有两个部门；无论非国有经济在开始时多么弱小，只要其效率及增长率比国有部门高，国有经济在整个经济的比重将趋于下降，直到趋于零。平新乔（2000）⑤分析了在边际成本与线性的市场需求反函数条件下，国有企业目标函数的变化与私有企业进入对于国有经济相对地位的效应，论证了在上述条件下国有经济在国民经济中的比重不会趋于零。李晓冬（2011）⑥将国有产权的形成及演化等价于国有经济比重的内生决定，国有企业改革的方向就是降低国有经济比重，促使单一的国有产权制度安排向多元产权主体的所有权安排变迁。胡家勇（2001）⑦、戚聿东、边文霞和周斌（2002）⑧，分别从部门比重、与世界各国国有经济规模比较论证，中国国有经济规模明显偏大，超出中国国有经济存在的合理界限，只有继续调整国有经济的规模，使国有经济的供给与需求趋于平衡，才能提高资源的配置效率。一些学者也指出了国有经济应该有进有退，刘怀德（2001）⑨、徐兆铭（2001）⑩认为继续进行"国退民进"改革，国有经济将更多地退出竞争性领域，进入战略性和非经营性领域，为经济发展创造安全、适当的环境。陈钊（2002）⑪认为，国有企业在承担了特殊的社会功能同时，又需要与非国有企业相

　① 刘小鲁：《地方政府主导型消耗战与制度性退出壁垒》，《世界经济》，2005年第9期。
　② 林毅夫等：《中国奇迹：发展战略与渐进改革》，上海三联书店、上海人民出版社，1999年版。
　③ 刘春等：《政策性负担、市场化改革与国企部分民营化后绩效滑坡》，《财经研究》，2013年第1期。
　④ 樊纲：《论体制转轨的动态过程——非国有部门的成长与国有部门的改革》，《经济研究》，2000年第1期。
　⑤ 平新乔：《论国有经济比重的内生决定》，《经济研究》，2000年第7期。
　⑥ 李晓冬：《国有产权安排和国有经济规模内生性研究》，《吉林省经济管理干部学报》，2011年第4期。
　⑦ 胡家勇：《国有经济规模：国际比较》，《改革》，2001年第1期。
　⑧ 戚聿东、边文霞和周斌：《中国国有经济规模的合理区间探讨》，《当代财经》，2002年第8期。
　⑨ 刘怀德：《论国有经济的规模控制》，《经济研究》，2001年第6期。
　⑩ 徐兆铭：《中国国有经济的规模及产业分布》，《东北财经大学学报》，2001年第2期。
　⑪ 陈钊：《中国转型中的所有制结构调整：一个动态模拟》，《世界经济文汇》，2002年第1期。

互竞争，所有制结构的调整体现了政府在经济增长与社会稳定两大目标之间的一种权衡，根据政府控制下的最优经济转型路径我们能够得到所有制结构的演变及其内生均衡，即只要转型初期国有部门的就业负担不是太大，那么随着转型中国有企业隐性失业的完全解决，国有经济的比重也就会趋于稳定。

事实上，所有制结构不是一成不变的，而是随着分工的发展和社会经济条件的变化而不断变迁的，在不同的社会发展阶段，所有制结构是不同的。王静等（2003）[1]认为，国有经济布局战略性调整既包括所有制结构的调整，也包括国有资产在不同产业间的调整，"有进有退"调整思路，而"退出"是关键。邱勇（1997）[2]认为，按照科斯的分析，随着计划组织范围的扩大，其组织成本不断增加，当边际组织成本等于边际市场交易成本时，国有企业的规模得以确定。陈应斌（2005）[3]研究结果表明，所有制结构变迁一方面促进了中国经济增长，另一方面又使中国经济出现结构性的问题。程承坪等（2013）[4]认为，国有企业是市场与政府的双重替代物，重新认识国有企业的性质。宗寒（1998）[5]认为一定时期国有经济的总规模及其在整个国民经济中的地位，主要取决于以下四个基本因素：社会生产力的性质和水平、国有经济的职能、市场需求量和国有经济的竞争能力及党和国家的具体政策。刘怀德（2001）[6]认为，国有经济规模的决定，实际上是社会财富在国有资产与非国有资产之间的配置。现有的所有制结构调整，都没有考虑沉淀成本，因而无法全面认识到国有经济战略调整的影响因素。即使研究了英国私有化问题，也往往忽略沉淀成本的影响对产品市场结构的影响。郭伦德（2003）[7]认为，当前所有制结构的调整还没有实现帕累托均衡，突出表现在产业的所有制布局仍不合理，其原因有两条：一是国有经济的进退机制不健全，存在非国有企业产业准入壁垒；二是对非国有企业的支持不够，存在对非国有企业的金融歧视。解决当前的问题，一要转变观念，对不同经济成分实行同等国民待遇；二要建立劳动力所有权和私人财产权保护制度；三要理顺进出机制，加快产业空间或地理布局调整步伐。目前，中国国有经济的高利润主要来源于垄断所带来的超额利润，且其生产效率仍然低于非国有经济。政府的不恰当干预造成国有经济在某些行业的过高垄断，进而导致市场竞争的扭曲和国民经济的损失。黄群慧（2013）[8]主张利用分类改革推进混合所有制发展。

王宇、汪毅霖（2011）[9]认为中国所有制改革初期的动力来源于"稳定"和

---

① 王静、任勤：《国有经济布局战略性调整及其路径选择》，《四川师范大学学报》，2003 年第 5 期。
② 邱勇：《国有经济范围与规模研究》，《经济体制改革》，1997 年第 3 期。
③ 陈应斌：《所有制结构变动、市场化改革和资源配置效能关联性研究》，《财经问题研究》，2005 年第 6 期。
④ 程承坪等：《国有企业的性质：市场与政府的双重替代物》，《当代经济研究》，2013 年第 1 期。
⑤ 宗寒：《怎样看待目前国有经济的总规模》，《社会科学战线》，1998 年第 1 期。
⑥ 刘怀德：《论国有经济的规模控制》，《经济研究》，2001 年第 6 期。
⑦ 郭伦德：《所有制改革要有新突破》，《理论研究》，2003 年第 1 期。
⑧ 黄群慧：《新时期如何积极发展混合所有制经济》，《行政管理改革》，2013 年第 12 期。
⑨ 王宇、汪毅霖：《中国模式下所有制结构调整的动力与路径研究》，《西部论丛》，2011 年第 5 期。

"发展"两大诉求，并在"扶助型政府"的领导下选择了先增量改革、后存量改革的改革路径。政府的不恰当干预造成国有经济在某些行业的过高垄断，进而导致市场竞争的扭曲和国民经济的损失。因此，中国的所有制结构转轨历程还未终结，还需要进一步深化所有制结构调整，即弱化和消除国有经济在所有非自然垄断及战略性行业的垄断。李亚平、雷勇（2012）[①] 认为，在 1949～2009 年，中国所有制结构中公有制比重呈倒 U 型波动。随着所有制结构的演变，中国经济效率变动呈"微笑曲线"形状，明确公有制在所有制结构中的合理比重需要科学的实证分析。钟静雯（2012）[②] 利用中国上市公司 2001～2010 的面板数据，对比研究国有上市公司及民营上市公司的资本结构差异，并通过研究其资本结构的影响因素及对其动态调整模型的比较分析反映所有制性质对上市公司资本结构的影响，需要鼓励民营经济进入。深化所有制结构调整，重点在存量调整，必须解决改革中既得利益者的权力寻租问题。但是，目前中国深化所有制改革的动力不足，应通过推进政治体制改革和法治建设来凝聚经济体制改革新动力（王宇等，2011）[③]。

因此，现有文献没有涉及沉淀成本，仅仅隐含假设资源具有充分流动性，十分强调国有企业私有化，很难解释以下经济现象：一方面，为什么国有企业难以进行存量调整，退出为什么困难，导致重组；另一方面，民营企业为什么不愿意进入，即使已经给予一些政策倾斜，国有企业自身为何遭受敲竹杠，经理人为什么得到好处，国有企业与民营企业为什么发展机会不平等，在消除政策性负担之后，国有企业为什么还会继续垄断，金融机构为什么倾向于国有企业、大企业融资而不是中小企业融资等。因此，需要研究在沉淀成本的条件下，如何加快深化国有企业改革，以及促进民营企业进入，从而需要实现国有经济与民营经济平衡，以及市场机制与政府干预之间的平衡问题。

2. 关于产业结构优化方面的现有研究

党的十八大报告指出，牢牢把握发展实体经济这一坚实基础，实行更加有利于实体经济发展的政策措施，强化需求导向，推动战略性新兴产业、先进制造业健康发展，加快传统产业转型升级，推动服务业特别是现代服务业发展壮大，合理布局建设基础设施和基础产业。党的十八届三中全会报告又提出，建设统一开放、竞争有序的市场体系，是使市场在资源配置中起决定性作用的基础。必须加快形成企业自主经营、公平竞争，消费者自由选择、自主消费，商品和要素自由流动、平等交换的现代市场体系，着力清除市场壁垒，提高资源配置效率和公平性。要建立公平开放透明的

① 李亚平、雷勇：《建国以来中国所有制结构的演变及效率研究》，《经济纵横》，2012 年第 3 期。
② 钟静雯：《所有制性质对中国企业资本结构动态调整影响分析》，《现代商贸工业》，2012 年第 17 期。
③ 王宇、汪毅霖：《中国模式下所有制结构调整的动力与路径研究》，《西部论坛》，2011 年第 5 期。

市场规则，完善主要由市场决定价格的机制，建立城乡统一的建设用地市场，完善金融市场体系，深化科技体制改革。

改革开放以来，中国开始逐步摆脱农业基础薄弱、工业发展水平较低、服务业发展严重滞后的局面，但还存在第一产业不稳、第二产业不强、第三产业不大的问题。世界各国产业结构演变的基本趋势，都是从第一产业依次向第二产业、再向第三产业转移。苏雪串（2001）① 分析了市场经济发展过程中产业结构演化的一般规律和世界其他国家的经验，认为中国当前的产业结构存在的问题是第三产业的发展滞后，并提出发展第三产业，促进产业结构高级化的政策措施，没有涉及三产业均衡发展问题。国内大多数学者将产业结构调整退出障碍归结为制度性退出障碍（余永定，1999②；曹建海，2000③；陈明森，2001④），认为政府决策者刻意阻止退出，如社会保障没有建立、工人安置问题等。张维迎（2000⑤）通过证明国有企业经理控制权损失不可补偿性的命题，得出了接管和收购机制受阻的原因，即在计划体制下的收益在向市场经济转型过程中需要补偿机制，否则这部分利益无法得到相应的补偿。"事实上的占有只能通过控制权来实现，失去了控制权，就能失去一切"。由于这个原因，国有企业经理不会放弃剩余控制权。以下两个原因会使退出成本越来越大，并难以放弃：一是国有企业经理政治权力扩大；二是国有企业经理控制权不允许转让或交换，根本无法得到任何补偿。亏损国有企业利益相关者之间的利益分配可视为一种阻力。在改革收益一定的情况下，改革成本（实施成本和落实成本）之大小影响经济结构战略性调整，这就涉及了补偿机制（樊纲，2000⑥）以及亏损国有企业因自我增强不退出市场而造成路径依赖，突出工业增长新动力（黄群慧，2000⑦；2014⑧），张汉萍等（2003⑨）则强调调整产业结构需遵循的基本原则和主要方向，指出必须依靠科技进步才能实现产业结构的优化配置，往往没有分析其缺乏科技进步或技术创新的原因。

林毅夫（2002⑩）认为，产业结构调整困难主要基于两个原因：第一，来自过去推行重工业优先发展战略时遗留下来的一系列政策性负担。诸如工人养老金、企业冗员等社会性负担。第二，一些大中型国有企业仍然要执行政府决策者的战略性任务。也就是说这些国有企业无法按照中国的比较优势来调整产品结构以及资本存量调整。明明企业处于不具有自生能力的产业中，却又受到政策的约束而无法转产。这里政策

① 苏雪串：《发展第三产业 优化产业结构》，《中央财经大学学报》，2001年第1期。
② 余永定：《当前世界经济形势、全球化趋势及对中国的挑战》，《世界经济与政治论坛》，1999年第5期。
③ 曹建海：《中国产业过度竞争的制度分析》，《河北经贸大学学报》，2000年第3期。
④ 陈明森：《市场退出的体制性壁垒分析》，《学术研究》，2001年第7期。
⑤ 张维迎：《产权安排与企业内部的权力斗争》，《经济研究》，2000年第6期。
⑥ 樊纲：《论体制转轨的动态过程——非国有部门的成长与国有部门的改革》，《经济研究》，2000年第1期。
⑦ 黄群慧：《"新常态"、工业化后期与工业增长新动力》，《中国工业经济》，2014年第10期。
⑧ 黄群慧：《控制权作为企业家的激励约束因素：理论分析及现实解释意义》，《经济研究》，2000年第1期。
⑨ 张汉萍等：《技术进步、产业结构与经济发展》，《科技进步与对策》，2003年第4期。
⑩ 林毅夫：《发展战略、自生能力和经济收敛》，《经济学（季刊）》，2002年第1期。

性负担包括四方面内容：（1）资本过度密集；（2）部分经营产品价格扭曲；（3）背负着沉重的工人福利负担；（4）严重的政策性冗员。然而，这些结论同样忽略了资本密集型产业的生产要素专用性。换言之，即使有这些政策性负担，如果能够得到补偿也不会发生沉淀成本。遗憾的是，由于国有企业内部委托－代理和信息不完全，导致国有企业被敲竹杠（holdup problem），此时政策性负担会变成沉淀成本。虽然这两个不退出的原因存在，一方面，并没有解释为什么还要继续执行战略性任务；另一方面，没有考虑因沉淀成本给国有企业带来财务困境，无法理解我们为什么要关注承诺升级问题。

针对产业结构调整中的难点问题，对国企实行兼并、联合等资产重组形式，使产业结构的调整和产品结构调整同市场的需求结构相适应，在调整的过程中要解决职工再就业问题。李仲生（2003）[①] 分析了中国的产业结构和就业结构的变动过程，提出了产业结构和就业结构还处于发展型阶段，第三产业国内生产总值比重和劳动力比重过低，传统的产业结构已无法适应市场经济和知识经济的需要，产业结构应协调发展，形成合理的规模和结构，以推动经济的可持续发展。推动战略性新兴产业、先进制造业健康发展，加快传统产业转型升级，推动服务业特别是现代服务业发展壮大。国内经济学者从产业组织理论角度方面关注了生产能力过剩，突出不退出市场是理性行为，涉及公共选择问题（江小涓等，1999）[②]。然而，在不确定性的情况下，在位企业仍然采取降低预期收益和提高预期成本遏制潜在企业的进入，涉及产业结构调整的博弈关系。事实上，沉淀成本构成潜在企业的进入壁垒，从而会造成进入威慑，相对来说免除进入挑战，一是沉淀成本使在位企业较少退出，所以增加进入者成本，提高创新性企业替代在位企业的成本；二是在位企业会阻碍创新和变化同时也构成企业的退出障碍，进而形成垄断利润的持续性，而这些很少被研究。

从中国目前经济发展的现状来看，袁欣（2010）[③] 认为，一个国家的产业结构实际上是其生产要素禀赋及其利用方式的综合反映，对外贸易结构只不过是产业结构在空间范围上的扩展，两者是同源的，遵循比较优势和完全竞争市场，看不到产业结构调整存在着一些难以解决的矛盾和问题，如在工业化过程中，制造业加速增长的内在需求与目前中国市场相对窄小、工业品相对过剩的矛盾等。调整产业结构首先要调整产业政策，要将产业结构调整与所有制结构调整结合起来；把依靠体制创新和科技创新推动经济发展和结构调整作为重要指导方针，要把调整优化产业结构与调整区域经济结构结合起来，促进区域优势产业发展（刘晓哲，2005[④]）。姜照华、刘则渊（1999）[⑤]

①　李仲生：《中国产业结构与就业结构的变化》，《人口与经济》，2003 年第 2 期。
②　江小涓等：《体制转轨中的增长、绩效与产业组织变化》，上海三联书店、上海人民出版社，1999 年版。
③　袁欣：《中国对外贸易结构与产业结构："镜像"与"原像"的背离》，《经济学家》，2010 年第 6 期。
④　刘晓哲：《陈云决策思想的认识论基础》，《中共天津市委党校学报》，2005 年第 3 期。
⑤　姜照华、刘则渊：《可持续发展产业结构优化模型及其求解方法》，《大连理工大学学报》，1999 年第 5 期。

根据可持续发展对经济效益的不断提高、生态平衡和生物多样性、充分就业和人力资源的可持续发展、节约资源的要求建立起产业结构的 Lagrange 函数及符合可持续发展要求的优化模型，并给出了求解方法。正是基于重化工业比重偏大，并且以产业结构调整为背景下，在产业结构调整过程中，必须将没有缺乏比较优势重工业的生产要素转移出来，按照比较优势原则进行存量调整。这时会出现生产要素是否具有充分流动性（或资产通用性）。如果生产要素具有与充分流动性，产业资源可以自由退出市场或产业，转移其用途到有利可图的产业上，从而不会影响生产要素最优配置。然而，由于要素不能充分流动，资产专用性或沉淀成本显著，致使产业资源不能自由进出产业，不仅锁定了产业分工、形成僵化的产业布局，而且还严重影响生产要素最优配置，从而造成产业结构调整困难重重，尤其是不确定技术变革下中国制造业产业往往处于后发劣势，所以需要转变成产业后发优势（杨震宁等，2013[①]）。薛声家（2006[②]）借助于投入产出和目标规划技术，建立产业结构近期调整的多目标优化模型。在不增加总投入和总初始投入的假设条件下，以极大化国内生产总值、极大化社会纯收入以及保证三次产业合适比例等为目标建立模型。杨蕙馨等（2010[③]）指出，经济全球化对一国产业结构有多方面的影响，无论是企业规模、市场集中度还是进入壁垒等都在不断发生着动态调整、变化，不仅通过外资进入、跨国并购和对外贸易等方式对中国产业结构形成较大的挑战，也存在资本合作、技术模仿和制度学习的多种机遇。通过谋求全球产业链核心环节，强化经济制度建设等多项措施，积极参与经济全球化进程，可最大化产业结构转型的利益。杨飞龙（2011）[④] 认为，碳关税的开征为中国调整优化出口结构、产业结构，发展低碳经济，实现利用清洁发展机制，实现国家产业整体向低能耗、低排放、高附加值、高技术含量转化，构建以低碳为主的产业结构。刘伟等（2002）[⑤] 认为，对中国经济的实证分析说明，过去中国经济的增长主要是靠制度改革由第三产业拉动的，然而第三产业的结构扩张会降低第一产业和第二产业对经济规模的正效应，因此只有通过提高第一产业和第二产业的效率才能获得长期稳定的经济增长。同样，完全依靠市场是难以奏效的，需要相应的产业政策支持经济结构战略性调整[⑥]。

因此，一方面，沉淀成本对第二产业影响，观望效应较大，尤其是产业结构升级和战略性新兴产业发展受阻，另一方面，沉淀成本对第三产业影响较小，从而需要在

---

① 杨震宁等：《不确定性技术变革下中国制造业的追赶机制研究》，《财经研究》，2013 年第 1 期。

② 薛声家：《一类产业结构多目标优化的决策模型》，《暨南大学学报（自然科学与医学版）》，2006 年第 1 期。

③ 杨蕙馨：《经济全球化条件下的产业结构转型及对策》，《经济学动态》，2010 年第 6 期。

④ 杨飞龙：《碳关税视阈下中国产业结构的调整》，《福建师范大学学报（哲学社会科学版）》，2011 年第 5 期。

⑤ 刘伟、张辉、黄泽华：《中国产业结构高度与工业化进程和地区差异的考察》，《经济学动态》，2008 年第 11 期。

⑥ 刘志彪：《经济发展新常态下产业政策功能的转型》，《南京社会科学》，2015 年第 3 期。

沉淀成本条件下，如何实现制造业与服务业，乃至第二产业与第三产业平衡问题。

3. 关于区域经济协调发展方面的现有研究

党的十八大报告指出，继续实施区域发展总体战略，充分发挥各地区比较优势，优先推进西部大开发，全面振兴东北地区等老工业基地，大力促进中西部地区崛起，积极支持东部地区率先发展。采取对口支援等多种形式，加大对革命老区、民族地区、边疆地区、贫困地区扶持力度。党的十八届三中全会报告提出，城乡二元结构是制约城乡发展一体化的主要障碍。必须健全体制机制，形成以工促农、以城带乡、工农互惠、城乡一体的新型工农城乡关系，让广大农民平等参与现代化进程、共同分享现代化成果。要加快构建新型农业经营体系，赋予农民更多财产权利，推进城乡要素平等交换和公共资源均衡配置，完善城镇化健康发展体制机制。

中国区域经济的发展无论在横向还是纵向上差距都在日益扩大，为缩小区域经济差距，必须对中国区域经济发展进行战略性思考，因为区域经济发展协调与否关系到国民经济全局，对国民经济的发展有着举足轻重的作用。冯招容（2002①）认为，中国东西部经济发展差距问题，已成为人们关注的热点问题，着重分析东西部的"制度势差"及其对经济发展差距的影响，从而表明，东西部的"制度势差"。这里的制度层次差别，仅指制度演变进展程度的差别，东部率先建立市场经济体制，与市场机制较为贴近；而西部市场经济体制的建立缓慢。而产业结构变动是经济增长的重要动力，是实现区域经济可持续协调发展的关键。面对区域间的产业结构扭曲，只有以产业结构调整为核心，积极培育主导产业，增强中小企业活力，大力加快城市化进程，中国区域经济才能克服区域产业结构失调的现象，使中西部落后地区的经济尽快起飞，缩小与东部地区经济差距（何雄浪、严红，2004②），没有看到中小企业与大企业之间的差别，就是沉淀投资大小不同，所遭受的不确定性冲击也不同，以及制度重要性。梁隆斌、伏润民（2008③）认为，从总量经济出发，分析导致东、中、西部地区总量经济差异的原因在于三次产业结构差异，导致三次产业结构差异的原因在于各行业结构和全要素生产率差异，得出由于产业结构不同导致了三大区域发展的可持续性差异，并提出了实现产业合理布局与增强产业可持续发展的相关对策。而且，高帆（2012）④对中国地区经济差距的空间和动力因素双重因素进行分解研究，突出工业化和城市化还是落后的，需要进一步加强，包括户籍制度改革等。

事实上，老工业基地曾经为中国的经济发展做出重要贡献，然而伴随着中国市场

① 冯招容：《东西部经济发展差距的制度分析》，《中国党政干部论坛》，2002年第4期。
② 何雄浪、严红：《产业结构调整与区域经济可持续协调发展》，《西南交通大学学报（社会科学版）》，2004年第1期。
③ 梁隆斌、伏润民：《中国东、中、西部地区可持续发展研究——基于产业结构和产业布局的视角》，《现代经济探讨》，2008年第3期。
④ 高帆：《中国地区经济差距的空间和动力双重因素分解》，《经济科学》，2012年第5期。

经济体制逐渐建立和完善，老工业基地面临着企业大面积亏损，甚至破产，出现产品市场需求下降、价格下降、经济增长乏力、居民收入下降等衰退现象，直接影响了老工业基地的可持续发展和经济再次腾飞。究竟哪些因素影响老工业基地发展，学者已经分析很多因素：市场机制发展不足、有效需求不足、融资渠道不畅，以及民营经济发展脆弱等。然而，我们需要问，老工业基地曾经为中国国民经济体系创建，以及国民经济发展起到积极作用，那么为什么会衰落下来，为什么出现类似于资源诅咒问题？尽管分析了很多因素，但都忽略了老工业基地投资成本补偿不足，一方面，造成吃老本和历史欠账，进而引发大量的沉淀成本；另一方面，因投资成本补偿不足，使老工业基地没有发展可持续性，严重影响改革进程[1]。袁江（2006）[2] 通过对 1978 ~ 2003 年间的结构变量对经济增长的贡献率进行整体以及分阶段的计量分析，揭示出产业结构调整主导着经济增长但影响力不断趋弱、国有企业民营化损失宏观效率等现象，今后要稳妥推进国有企业改革，将所有制结构、区域结构调整与第三产业内部结构的优化结合起来，以此更好地促进经济增长。施祖麟（2007）[3] 认为，全国、东部、中部、西部地区的税收收入与 GDP 的总量、增量，以及宏观税负与 GDP 增长率之间虽然总量上的相关性都很强，但是增量相关性却很弱，影响税收收入增量变化的其他因素占比较大的份额。中国东部经济增长率普遍快于中西部地区，但税收收入增长率却正好相反，中西部地区快于东部地区，地区经济增长与税收收入增长之间是非同步的，或者说是逆向变动的。这是由于中西部地区的产业结构不合理，所有制结构调整滞后等原因所造成的。周晓唯等（2007）[4] 认为，随着中国经济的快速增长，区域间的经济差距问题日益严重，形成这一差距的主要原因在于区域间的制度差异。而制度差异目前主要反映在所有制结构、市场化程度和对外开放程度等方面。而形成这些差异的主要原因在于中央政府针对各地区的不同政策措施。同时，各地区不同的诱致性制度变迁行为，以及非正式制度差异也是不可忽略的因素。为减少制度差异应当加快所有制结构调整，推动市场化进程，改变原有的阻碍经济发展的意识形态，加快中西部地区的发展，缩小区域之间的发展差距，实现区域的协调发展。自 20 世纪 90 年代以来，随着中国区域差距的拉大，尤其是东部、中部、西部之间和城乡之间经济的差距越来越大，国内学者对区际协调发展研究较多，研究内容主要集中在区际协调发展的影响因素、区际协调机制的构建、区际协调模式的探讨等方面。张慧（2009）[5] 认为，市场机制是实现区域协调发展的根本途径，因此，应该继续完善市场机制，打破行政区域的限制。杨伟民（2011）[6] 认为，中国区域发展不协调问题，

① 郭砚莉：《成本补偿：东北老工业基地振兴的一种视角》，《税务与经济》，2005 年第 2 期。
② 袁江：《结构调整与经济增长：1978—2003》，《中国经济问题》，2006 年第 2 期。
③ 施祖麟：《区域经济发展：理论与实证》，社会科学文献出版社，2007 年版。
④ 周晓唯：《区域经济差距成因的制度分析》，《商洛学院学报》，2007 年第 1 期。
⑤ 张慧：《中国区域协调发展的思考》，《滨州学院学报》，2009 年第 2 期。
⑥ 杨伟民：《关于加快转变经济发展方式和促进区域协调发展的内涵》，《行政管理改革》，2011 年第 8 期。

并不主要是因为地区之间经济总量的不平衡，也不是地区之间经济增长速度的不平衡，而是因为地区之间城乡居民收入的差距过大，地区之间公共服务和基础设施的水平差距过大。魏后凯、高春亮（2012）① 认为，在新的形势下，当前应建立完善促进基本公共服务均等化的财政转移支付体系、促进产业转移的支持政策体系、差别化的国家区域援助政策体系和以都市圈为中心的国土开发政策体系，以全面促进区域协调发展。甚至看到，中国的城市化为什么长期滞后于工业化（沈可、章元，2013）②。

保持地区间协调发展的前提，是适度倾斜与协调发展相结合的核心思想：一是要在地区间资源分配和政策投入上，实行适度的地区倾斜与必要的区域补偿相结合；二是要在各地产业发展上，实行适度的地区专业化（specialization）与必要的多样化（diversification）相结合；三是要在各种经济活动的空间分布上，实行适度的地理集中与必要的地理分散相结合。因此，要继续实施区域发展总体战略，充分发挥各地区比较优势，优先推进西部大开发，全面振兴东北地区等老工业基地，大力促进中部地区崛起，积极支持东部地区率先发展。区域发展不平衡是中国的基本国情。近几年中西部地区虽然在投资规模、经济增长速度等方面高于全国平均水平，但是地区发展差距依然较大，与东部地区还存在很大差距。这说明，区域经济协调发展，很多这种制度层面，恰恰由于制度差异，造成区域经济发展不平衡，并没有解释，为什么会形成这样的制度差异，哪些因素造成会选择这样或那样的制度，从而影响投资和经济增长的根本因素是沉淀成本和风险，而没有良好的制度，则会导致投资不足，因此加强制度创新，则会有更多的民营企业投资，这是刺激地区经济发展的关键。

4. 关于外需转内需调整方面的现有研究

党的十八大报告指出，要牢牢把握扩大内需这一战略基点，加快建立扩大消费需求长效机制，释放居民消费潜力，保持投资合理增长，扩大国内市场规模，坚持出口和进口并重，强化贸易政策和产业政策协调，形成以技术、品牌、质量、服务为核心的出口竞争优势，促进加工贸易转型升级，发展服务贸易，推动对外贸易平衡发展。党的十八届三中全会报告又提出，适应经济全球化新形势，必须推动对内对外开放相互促进、引进来和走出去更好结合，促进国际国内要素有序自由流动、资源高效配置、市场深度融合，加快培育参与和引领国际经济合作竞争新优势，以开放促改革。要放宽投资准入，加快自由贸易区建设，扩大内陆沿边开放。

改革开放以来，中国经济增长主要依靠投资和出口需求拉动，消费尤其是国内居民消费成为经济发展中的最大"短板"。2008 年国际金融危机冲击，再一次暴露出需

---

① 魏后凯、高春亮：《中国区域协调发展态势与政策调整思路》，《河南社会科学》，2012 年第 1 期。
② 沈可、章元：《中国的城市化为什么长期滞后于工业化？——资本密集型投资倾向视角的解释》，《金融研究》，2013 年第 1 期。

求结构失衡的问题。出口导向的增长方式受阻，出口这驾马车难以承担起来，加之投资带来的各种风险正在扩大，扩大内需的现实性与紧迫性凸显出来，消费不足是内需的最大顽症，与未来不确定性直接相关。近些年来，虽然我们采取许多措施扩大国内居民消费，但效果并不明显。如何驾驭消费、投资、出口"三驾马车"，实现从投资大国、制造大国、出口大国向消费大国的转变，优化投资结构和消费结构，推动出口贸易从规模扩张向质量效益提高转变，就成为需求结构性改革的重要任务。程惠芳等（2010）[1] 认为，国际贸易强度、外商直接投资（FDI）强度和产业结构变化与中国贸易伙伴经济周期协动变化的相关性，探讨在经济全球化条件下经济周期协动性的主要传递因素、传递效应及对中国经济增长的影响，研究表明，虽然目前中国经济增长仍然主要靠国内劳动力和国内投资拉动，但双边贸易强度和FDI强度已经成为国际经济周期协动性的重要影响因素。

张婧（2001）[2] 认为，外商来中国直接投资的结构性倾斜加大了中国三次产业及其内部的结构偏差，因此加强对外商直接投资的产业导向应成为今后引资政策制订的基本原则。牢牢把握扩大内需这一战略基点，加快建立扩大消费需求的长效机制，释放居民消费潜力，保持投资合理增长，扩大国内市场规模。而扩大内需是中国经济发展的基本立足点和长期战略方针，也是调整经济结构的首要任务，内需对经济增长的拉动作用显著增强。张玉台（2010）[3] 对 2008 年美国次贷危机所引发的全球金融危机进行了分析，认为中国政府应继续实施积极的财政政策和适度宽松的货币政策，工作重点应更多的放在经济结构调整和转变经济发展方式上来，加大统筹城乡和区域发展力度，深化体制改革。兰日旭（2010）[4] 通过 2008 年这场金融危机，认为金融危机爆发的根源是经济结构存在不合理问题，从而要求全球经济再平衡下的中美经济也需要调整（雷达等，2013）[5]。

消费需求是最终需求。无论是从应对当前挑战还是从长远发展来看，都必须把扩大消费特别是居民消费放到更加突出的位置。居民消费不足与收入分配结构不合理相关，居民收入在国民收入分配中的比重偏低，直接影响居民的消费需求。在扩大消费的同时，要积极寻求投资与消费的结合点，在基础设施和公共服务领域加大投入，保持投资的合理增长。而且投资需求更是重要，由于固定资本面临沉淀成本和不确定性问题，所以没有良好的稳定预期环境，则不会刺激投资需求。韩心灵（2011）[6] 利用

① 程惠芳等：《FDI、产业结构与国际经济周期协动性研究》，《经济研究》，2010 年第 9 期。
② 张婧：《FDI 的流入与中国产业结构：影响及对策》，《改革与战略》，2001 年第 6 期。
③ 张玉台：《加快转变经济发展方式的目标要求和战略举措》，《理论参考》，2010 年第 9 期。
④ 兰日旭：《经济结构、大萧条与次贷危机》，《经济学动态》，2010 年第 9 期。
⑤ 雷达等：《全球经济再平衡下的中美经济：调整与冲突》，《南开学报（哲学社会科学版）》，2013 年第 1 期。
⑥ 韩心灵：《中国经济结构失衡的实证分析——基于总需求结构视角》，《合肥工业大学学报（社会科学版）》，2011 年第 5 期。

1980～2009 年数据分析了投资需求、消费需求和净出口需求对经济的影响，得出中国经济发展存在内需外需结构、进出口结构、投资和消费结构失衡的结论，但其并没有阐述如何扭转这一局面。郭春丽（2011）[①]认为，建立扩大内需的长效机制，应把握扩大内需与降低净出口并重、扩大内需规模与提高内需增长质量并重两个要点，以提高内需率为目标，加快建立内需外需求协调发展、投资消费良性互动、消费持续稳定增长和投资长期稳定可持续增长四大机制。虽然内需与外需具有相互促进、相互制约的对立统一关系，然而人民币币值的不稳，会对扩大内需和利用外需产生双向抑制作用（樊世杰，2009）[②]。

　　传统的自由贸易理论是以完全竞争市场为基础的，其隐含的假设条件是生产要素在国家内部具有充分流动性，在国家间不流动，在比较优势定理的基础上，依靠价格机制，最终会出现萨谬尔森—斯托尔珀定理——生产要素等价现象（HOS 模型），从而实现全球充分就业均衡。然而，生产要素沉淀成本的存在却使企业不能在国内市场上自由（无成本）地进出某一产业。近年来，随着国有企业海外投资的快速发展，海外并购成为海外投资的重要方式，学者们对此也进行了深入的研究。张风华等（2009）[③]基于二八法则对中国国有企业战略跨国并购进行了战略反思。谭章禄等（2009）[④]指出了国有企业海外并购和重组中资产评估的重要性，并提出了若干加强资产评估的建议。谢地等（2010）[⑤]从政治经济学的角度剖析了企业跨国并购的根源，并分析了世界范围内历次企业并购浪潮及其特点，并在此基础上探索了中国国有企业实施跨国并购的路径选择：一是遵守市场规律；二是紧密跟随并贯彻国家的经济和产业发展战略；三是应采取产业投资式的跨国并购，变商品输出为资本输出。张元虹等（2012）[⑥]指出，虽然 2008 年开始的全球金融危机为国有企业跨国并购提供了难得的机遇，但在这个过程中面临着战略规划期风险、并购实施期风险与后并购期风险，而且国有企业在风险防范中存在着风险防范意识淡薄，缺乏完整的风险防范战略，风险管理职能不足，政府缺乏必要的引导与统筹协调等问题。对此，应继续加强国有企业海外并购风险控制。因此，当前必须加强经济结构的调整，由此将扩大内需方针的实施力度和效果得以提高到一个新的水平。一方面，国际投资涉及沉淀成本和不确定性，所以阻碍跨国投资，为什么要加强产品市场价值实现问题，需要加强国际组织或国际制度建设；另一方面，自由贸易也涉及国内生产要素不充分流动性问题，因此要保持内需与外需平衡，则需要考虑沉淀成本补偿问题，否则就会导致外需与投

　　① 郭春丽：《经济社会发展迈入发达阶段时的特征及启示》，《宏观经济管理》，2011 年第 6 期。
　　② 樊世杰：《论扩大内需与人民币汇率制度安排》，《湖南社会科学》，2009 年第 4 期。
　　③ 张风华等：《中国国有企业跨国并购的战略反思》，《科技创新导报》，2009 年第 25 期。
　　④ 谭章禄等：《国有企业海外并购与重组中的评估与定价》，《经济导刊》，2009 年第 9 期。
　　⑤ 谢地等：《国有企业跨国并购动因及路径选择——基于政治经济学语境》，《江汉论坛》，2010 年第 12 期。
　　⑥ 张元虹等：《后金融危机时代国有企业海外并购风险及对策研究》，《东北师大学报（哲学社会科学版）》，2012 年第 2 期。

资过度、内需不足。一旦遇到不利冲击，则会遭受调整或投资损失问题，而由于内需消费和投资也会涉及沉淀成本问题，最终也需要考虑制度创新，以便减少沉淀成本，从而在保持外需增长的同时，刺激消费和投资增长。

0.2.2 现有国内经济学者研究评述

为了研究主题和综述方便，根据中国具体国情，我们将经济结构战略性调整过程中产生的沉淀成本划分为两类：经济性沉淀成本和制度性沉淀成本，前者是从生产技术角度出发，关注物质资产（physical assets）和人力资产（human assets）等资产市场不完全条件下，生产技术方面的专用性问题以及因市场不完全带来的生产要素再出售价格的下降所带来的沉淀成本，而后者是由契约不完全造成的，因计划经济体制下国家与工人隐含契约所规定利益损失。但这并不意味着这两类沉淀成本之间没有任何关系，也不意味着成熟的市场经济国家不存在沉淀成本，只是说成熟市场经济国家有可能相对来说较小或者治理得较好而已，因为在经济结构战略性调整过程中，沉淀成本更为普遍和更为显著，所以很容易影响经济结构战略性调整的，而没有沉淀成本的新古典经济学一般均衡模型难以与现实经济条件相一致，从而需要相应的理论创新。

由上可知，现有文献，在微观企业方面，强调国有企业私有化，或者全部退出竞争性领域；在要素投入方面，强调技术创新，在产业结构调整方面，强调发展战略性新兴产业、在区域协调方面，强调政府政策倾斜，以及国际贸易受阻，强调扩大内需，尤其是建立消费需求的长效机制。这些都不乏新意，但却都忽略沉淀成本的存在以及为什么难以进行经济结构战略性调整问题。

因此说，从理论研究角度看，国内经济学者很少从生产技术角度说明沉淀成本，更不用说探讨沉淀成本原因及形成条件，这是由于受到新古典经济学熏陶的结果，忽视了中国经济结构战略性调整的现实情况。由于忽略了沉淀成本，所以很难解释经济结构战略性调整收益最大化与生产要素不充分流动性之间的逻辑矛盾。依据新古典完全竞争模型，我们发现，生产要素具有充分流动性（完全通用性），可以自由进出市场或产业，生产有利可图的产品，不会发生任何沉淀成本。简言之，生产要素发生用途转移或所有权发生改变，当事人之间不会发生任何成本损失，重新生产的机会成本至少保持不变。如果打破这一零沉淀成本假设前提，将制度性沉淀成本和经济性沉淀成本引入，我们则会发现，国内经济学者至多涉及制度性退出壁垒，忽略了经济性沉淀成本。在研究经济结构战略性调整或产业时通常假设资产通用性，即是说，物质资产和人力资产可以自由进出市场或产业，并且其再生产的机会成本保持不改变，诸如公平竞争观点中的社会性负担（林毅夫等，1999）[①] 和隐含契约观点（张

---

① 林毅夫等：《比较优势与发展战略——对"东亚奇迹"的再解释》，《中国社会科学》，1999 年第 5 期。

军，1994①）。这实际上隐含假设经济结构战略性调整时没有经济性沉淀成本，各类资产市场完善，没有任何交易成本。既然如此，也无法解释即使解决了这些社会性负担，为什么经济结构战略性调整仍然异常困难，为什么还要非市场制度调整和政府干预？

即使解决了制度性沉淀成本，因有经济性沉淀成本也会阻碍经济结构战略性调整。此时因沉淀成本，以及由此产生的不确定性、交易成本、有限理性和策略行为，进而无法依靠市场补偿投资资本损失。在这种情况下，不得不被锁定在当前的生产状态中，阻碍经济结构战略性调整，固化原有的经济结构，这是为什么要研究经济结构战略性调整及其路径依赖的最原始动力。

国内经济学者很少关注沉淀成本，特别是忽略了沉淀成本作为在位企业最根本的退出障碍。即使在中文文献数据库上查找，很少有沉淀成本方面的文献（周勤等，2003）②，更不用说用此概念性框架（conceptual framework）研究经济问题。一旦考虑了沉淀成本，就好像自己不是主流经济学者，无法正视真实的经济现实。因此，我们必须小心谨慎看到新古典学派经济学的假设前提是否符合现实经济条件，为什么采取新自由主义政策的有效性微乎其微，正如凯恩斯所说："因为如果正统经济学有错误的话，其病不会在其上层建筑，而在其前提之不够明白，不够普遍，——上层建筑在逻辑上总是很少可非议的"，"这种乐观态度之由来，我认为是因为他们忽视了一点：有效需求不足，可以妨碍经济繁荣"③。同理可知，在新古典经济学中，忽视了生产要素流动有限性问题，隐含假设资源具有充分流动性或者完全可逆，导致自由市场和贸易自由化成本被系统性低估，对市场经济充满了乐观态度，由此倡导自由放任政策。而面对外部冲击，一旦出现沉淀成本，市场经济就会出现利益冲突，有人损失有人获益（即有"输家"和"赢家"），从而阻碍经济结构战略性调整，进而影响投资与经济发展，这就需要政府干预。

从经济政策角度看，国内经济学者在研究经济结构战略性调整问题时或者就事论事，涉及很多问题（刘世锦，2000④；魏杰，2011⑤），缺乏系统的理论框架和内部关系探讨，并没有探讨所有制、产业调整、区域发展等与经济结构战略性调整之间的内在联系，即使探讨这些问题，往往又隐含假设生产要素充分流动，没有考虑沉淀成本，即生产要素重新进入（正投资）新的产业，其重新再生产的机会成本至少没有下降，因而不会产生沉淀成本，坚持政府主导向市场主导转变（杨伟民，2001⑥）。而且，大部分学者局限于第一、二、三产业的"粗线条"研究，经济结构战略性调整不够细化，对具体经济结构战略性调整和规划研究较少，特别是由于各产业结构、

① 张军：《社会主义的政府与企业：从"退出"角度的分析》，《经济研究》，1994 年第 9 期。
② 周勤等：《沉淀成本理论综述》，《经济学动态》，2003 年第 1 期。
③ 凯恩斯：《就业利息和货币通论》，华夏出版社，2013 年版。
④ 刘世锦：《中国经济结构面临的主要问题与战略性调整》，《宏观经济研究》，2000 年第 7 期。
⑤ 魏杰：《对当前中国经济结构调整的一些思考》，《郑州大学学报（哲学社会科学版）》，2011 年第 1 期。
⑥ 杨伟民：《关于经济结构战略性调整的思路》，《经济与管理研究》，2001 年第 1 期。

区域经济结构和劳动分工水平各有不同，市场化程度也存在较大的差异，发展的基础条件各异，现有文献较少把研究对象落实到各个层面上。在这种情况下，我们需要详细分析所有制、产业、区域与国际贸易等，纳入一个更加坚实的微观经济基础而形成浑然一体，而不是将它们并列起来，或者说国有企业改革是重点（周绍朋等，2003①），或者产业结构调整是关键（干春晖等，2003②），或者把国有企业改革与加快国民经济的结构调整及战略重组有机的结合起来，以促进经济结构调整的顺利进行（周叔莲等，2000③），而是纳入一个统一的分析框架中。究其根本，我们会发现一个逻辑问题，如果没有沉淀成本，在经济结构战略性调整过程中，关于所有制结构调整、要素投入结构、产业结构优化、区域经济结构和国际贸易还会有问题吗？国有企业改革还有困难吗，民营企业为什么不愿意进入？因而应用沉淀成本理论，打破资源充分流动性假设，反思创建市场机制的复杂性，力求通过沉淀成本透镜（through lens of sunk costs）对经济结构战略性调整提供相应的理论创新与实践创新指导。

0.2.3　国外经济学者对经济结构战略性调整研究——对沉淀成本与进入的重视

20世纪40年代，特别是在第二次世界大战后的几十年里，国外关于经济结构理论的研究取得了较多的成果，代表人物有罗斯托、刘易斯、赫希曼、辛格、钱纳里、霍夫曼等旧结构经济学，主张政府干预。然而，如前所述，20世纪80年代开始，新自由主义取代凯恩斯主义成为西方各国主要经济政策的基本指导思想。新自由主义宣称依靠竞争性自由市场原理可以重新实现经济活动的效率和公平。1989年美国国际经济研究所的约翰·威廉姆森对拉美国家的国内经济改革提出10条政策措施，被称作"华盛顿共识"（Washington Consensus）。该共识包括十个方面：①加强财政纪律，压缩财政赤字，降低通货膨胀率，稳定宏观经济形势；②把政府开支的重点转向经济效益高的领域和有利于改善收入分配的领域（如文教卫生和基础设施）；③开展税制改革，降低边际税率，扩大税基；④实施利率市场化；⑤采用一种具有竞争力的汇率制度；⑥实施贸易自由化，开放市场；⑦放松对外资的限制；⑧对国有企业实施私有化；⑨放松政府管制；⑩保护私人财产权。

"华盛顿共识"是以市场经济为导向的一系列理论，它们由美国政府及其控制的国际经济组织所制定，并由它们通过各种方式进行实施，是以新自由主义学说为理论依据的，在20世纪90年代广为传播，其理论基础为新古典微观经济学（伊藤诚，2008④），这个趋势又因理性预期革命进一步被加强，又回到总供给方面，此时不同

---

① 周绍朋等：《推进经济结构调整的战略措施》，《天津行政学院学报》，2003年第3期。
② 干春晖等：《城市化与产业结构的战略性调整和升级》，《上海财经大学学报》，2003年第4期。
③ 周叔莲等：《深化国有企业改革与经济结构战略性调整》，《中国工业经济》，2000年第4期。
④ 伊藤诚：《幻想破灭的资本主义》，社会科学文献出版社，2006年版。

学说开始盛行，又恢复了自由市场思想。长期以来，我们一直被告知，如果推行自由放任的政策，市场就可以产生最有效率、最公正的结果。这种政策之所以最有效率，是因为每个人都最清楚如何利用手中掌握的资源为自己谋利；之所以最公正，是因为市场竞争的进程可以确保每个人能够获得各尽所能、按劳分配的结果。总之，告诉我们要完全相信市场，不仅如此，还要让它自行其是，以世界银行为代表的学者（World Bank，1993①）则认为实施自由的市场经济制度才能推动区域产业结构的升级。

以"华盛顿共识"为基本的政策内容，大体也涵盖中国经济结构战略性调整方面的主要问题：（1）国有企业的全盘私有化，"所有制改革的最终目标归结为包括几乎全部企业的私有化"，迅速而大规模的国有企业私有化；（2）宏观经济稳定化，减少财政赤字，严格限制贷款和货币发行，将稳定币值、控制通货膨胀作为经济政策的重中之重，生产发展、产业调整、结构更新和科技政策均让位于货币紧缩政策；（3）市场和内外贸易的快速自由化，"快速而全面地消除价格监管"，"尽快转向开放的、分散的监督和货币体系"，从而普遍认为，市场化首要是企业的自由化与私有化，自由化和私有化越快越好，越多越好，并且要紧缩银根，保持财政收支平衡，对税率及汇率加以合理管理调节，这样市场经济就可以获得成功。

因此，我们发现，既然"华盛顿共识"的理论基础是新古典微观经济学，那么新古典经济学中假设资源充分流动，没有沉淀成本便是应有之义。所以，佩雷曼（2000）②指出，"新古典经济学教导我们说，在竞争充分的条件下，市场交易会使商品价格趋于与该商品的边际生产成本相一致。进入这种价格状态时，一个经济即可以被认为是达到了其最佳产出水平，即达到其生产可能性边界。不幸的是，这一理论只有在投资成本可以不花成本地转移或进出不同行业时——也就是当工业的沉淀成本几乎为零时才起作用"。这亦说明，一旦出现投资错误，任何投资成本都可以通过出售其资产实现价值补偿。即使在规模经济情形下的自然垄断市场上，如果符合完全可竞争市场模型，实行平均成本定价法，也不需要政府进行价格和进入管制（史普博，1999）③。

然而，尽管国外经济学家倡导新自由主义，但是他们还往往是从生产技术（资产专用性以及资产市场交易成本）角度广泛探讨经济性沉淀成本的产生，不仅从潜在企业的进入壁垒考虑沉淀成本，从而发现在位企业因沉淀成本的存在而使自己有竞争优势和战略优势，而且还考虑潜在企业进入时必须支付的沉淀成本的风险，从而使自己进入时面临较大的风险。正因为沉淀成本不仅影响市场结构，而且还引起新制度

---

① World Bank, 1993, The East Asia Miracle, Washington, D. C. : World Bank Publications.
② 迈克尔·佩雷曼：《经济学的终结》，经济科学出版社，2000年版。
③ 丹尼尔·F. 史普博：《管制与市场》，上海三联书店、上海人民出版社，1999年版。

经济学的兴趣，以及实物期权和行为经济学的关注，突出沉淀成本对经济结构战略性调整的影响，就像斯蒂格利茨那样，从信息不对称出发，指出市场力量不能自动实现资源的最优配置，承认政府在促进发展中的积极作用，不仅关注增长，而且还批评国有企业私有化、资本账户开放和经济紧缩政策等，对于中国经济结构战略性调整来说也具有重大借鉴意义，从而超越新古典微观经济学①和"华盛顿共识"政策取向。

1. 市场不完全、沉淀成本与市场结构

在产业组织理论上，从贝恩（Bain，1956②）开始，将沉淀成本看作不完全竞争的来源，较早应用沉淀成本的是卡维斯和波特（Caves and Porter，1976③），随后，鲍莫尔和威利格（Baumol and Willig，1981④）、迪克西特（Dixit，1980⑤）、伊顿和利普西（Eaton and Lipsey，1980⑥）、杰罗斯基（Geroski, et al.，1985⑦）、马丁（Martin，1989⑧）、斯蒂格利茨（Stiglitz，1987⑨）、萨顿（Sutton，1991⑩），以及莱姆波森（Lambson，1991⑪）等认为，沉淀成本是企业进入、退出决策和战略投资的决定因素，考察了沉淀成本对投资和资本积累的作用，解释了市场可竞争性与产业结构之间的关系。特别是在战略博弈分析中，沉淀成本又被称为承诺成本，谢林（Schelling，1960⑫）指出，通过沉淀成本投资捆住自己的手脚会造成一种承诺威慑，缩小选择集，反而对自己更加有利。

遵循贝恩的思想，卡维斯和波特（Caves and Porter，1977⑬）又提出流动性壁垒。

---

① 新古典微观经济学价格理论，确实提出过沉淀成本概念。但是它的提出是为了证明沉淀成本决策无关性，不让沉淀成本影响决策者的决策，仅仅是为了突出机会成本或经济成本对决策的重要性。但是一旦离开完全竞争市场环境，我们便可以复活沉淀成本的经济学价值，将其作为概念性框架，从而纳入理性选择分析中去，进一步拓展新古典经济学的研究领域，体现沉淀成本理论无穷的经济价值。

② Bain, J., 1956, Barriers to New Competition, Cambridge: Harvard University Press.

③ Caves, R. E., and Porter, M. E., 1977, From Entry to Mobility Barriers: Conjectural Decisions and Contriced Deterrence to New Competition, Quarterly Journal of Economics, 91: 241 –261.

④ Baumol, W., and Willig, R., 1981, Fixed Costs, Sunk Costs, Entry Barriers, and Sustainability of Monopoly, Quarterly Journal of Economics, 96 (3): 405 –431.

⑤ Dixit, A., 1980, The Role of Investment in Entry Deterrence, Economic Journal, 90: 95 –106.

⑥ Eaton, B. and Lipsey, R. G., 1980, Exit Barriers are Entry Barriers: The Durability of Capital as a Barrier to Entry, Bell Journal of Economics, 10: 271 –279.

⑦ Geroski, P., Jacquemin, A., Vickers, J., and Venables, A., 1985, Industrial Change, Barriers to Mobility, and European Industrial Policy, Economic Policy, 1 (1): 169 –218.

⑧ Martin, S., 1989, Sunk Costs, Financial Markets, and Contestability, European Economic Review, 33: 1089 –1113.

⑨ Stiglitz, J., 1987, Technological Change, Sunk Costs, and Competition, Brookings Papers on Economic Activity, 3: 883 –937.

⑩ Sutton, J., 1991, Sunk Costs and Market Structure, Cambridge: MIT Press.

⑪ Lambson, V., 1991, Industrial Evolution with Sunk Costs and Uncertain Market Conditions, International of Journal of Industrial Organization, 9: 171 –196.

⑫ Schelling, T., 1960, The Strategy of Conflict, Cambridge: MIT Press.

⑬ Caves, R. E., and Porter, M. E., 1977, From Entry to Mobility Barriers: Conjectural Decisions and Contriced Deterrence to New Competition, Quarterly Journal of Economics, 91: 241 –261.

而鲍莫尔等人突破完全竞争市场小企业（收益递减）假设，引入完全可竞争市场模型，提出潜在企业的沉淀支出——其退出市场不可能得到补偿的那部分成本，是影响潜在竞争的关键因素，即使是大企业（收益递增）也是可以竞争的，关键在于是否存在沉淀成本。斯蒂格勒（Stigler, 1968[①]）从长期角度将进入壁垒定义为"……一种生产成本……它是由寻求进入产业的企业而不是由产业中企业承担的。"他认为，"产品差别是……进入壁垒……仅仅当差别化的成本（包括设计、广告等）对新企业要高于企业时。否则，差别化可能是规模经济的来源。"其中，鲍莫尔和威利格（Baumol, 1982[②]；Kessides, 1990[③]）、冯·维萨克尔（von Weiszacker, 1980[④]）等认为，潜在企业在将沉淀成本作为其进入壁垒考虑的同时，实际上在事前已经将沉淀成本作为退出障碍考虑了，由于在位企业已经支出了沉淀成本，因无机会成本，无须计做成本，从而引发成本不对称，使潜在企业处于成本劣势，很容易受到企业的提高成本或降低收益的战略性报复。

泰勒尔（Tirole, 1988[⑤]）认为，"固定成本与沉淀成本的差别只是程度问题，而非本质问题。固定成本只是在短期内才是沉淀的。沉淀成本是在一个较长的时间内能够创造收益流以追求准租金最大化，却永远不能回收的那些投资成本。如果一个企业租用一台机器一个月，或者企业购入这台机器一个月后将它卖掉，而不发生资本损失，这台机器便归入固定成本；反之，在这台机器购入后，企业无法将其脱手，它便是一项沉淀成本。"但是，鲍莫尔等（1982）却鲜明地指出，沉淀成本与固定成本之间的区分不仅仅是一个经济学术语问题，不仅有重大的理论意义，而且还有重大的政策含义，是市场竞争性效率实现的标志，这也是我们需要引用和扩展的地方，只是他们强调在位企业不考虑已经投资的沉淀成本，潜在进入者需要考虑预期沉淀成本。他们所创建的可竞争市场理论，主要强调潜在企业没有进入壁垒，实际上隐含假设是潜在企业没有预期沉淀成本。在此模型下，当潜在企业没有经济性沉淀成本时，企业进入无利可图，那么它就可以毫无成本损失地自由进入与退出市场，可以达到完全竞争的福利特征，即使处于规模经济（大企业）下也是可竞争的，是沉淀成本的有无，是可竞争市场发挥作用的重要条件（Baumol, et al., 1982）。此时可竞争市场理论突破完全竞争市场假设，仅仅保留自由进出市场和完全信息这两个条件，突出潜在竞争的重要性。

企业寡头之间的博弈行为，由于其中一个有沉淀成本投资而获得先行者优势，进

① Stigler, J., 1968, The Organization of Industry, Homewood: Richard D. Irwin.

② Baumol, W., 1982, Contestable Markets: An Uprising in the Theory of Industry Structure, American Economic Review, 72: 1 – 15.

③ Kessides, I. N., 1990, Market Concentration, Contestability, and Sunk Costs, Review of Economics and Statistics, 72: 614 – 622.

④ von Weiszacker, 1980, Welfare Analysis of Barriers to Entry, Bell Journal of Economies, 11: 399 – 420.

⑤ Tirole, J., 1988, The Theory of Industrial Organization, Cambridge: MIT Press.

而获得垄断利润，从而造成古诺纳什模型转变成斯塔克伯格模型（Dixit，1980[①]；范里安，2001[②]）。其中某一企业为什么会有一个事先承诺产量将不可信性威胁（idle threat）变为可信性威胁（credible threat），从而变成承诺（commitment），实际上并不是产量本身，而是其投资的生产能力具有沉淀成本性质。进一步说，如果企业生产成本中没有沉淀成本，那么会回到竞争性均衡，此时从博弈论角度看，如果生产要素没有沉淀成本，博弈论便失去作用的条件，即使双寡竞争也会回到完全竞争和完全可竞争的价格水平上（卡尔顿和佩罗夫，1998[③]）。从产业组织经济学角度看，萨顿假设新企业进入面临不可分的创建（交易）成本，即再销售价值的净减少值，它构成固定成本的不可补偿部分。虽然它的大小对定价没有直接影响，但是沉淀成本间接影响它们对进入和退出的决策。企业在一些专用性资产上的投资将影响它未来的竞争行为，而且必然也会影响竞争对手的竞争行为，由此直接和间接影响市场结构。萨顿以严密的数学演绎和经验性证明，广告和新技术 R&D 密集型产业与广告和新技术 R&D 很少的产业相比，市场集中变化趋势是完全不同的（Sutton，1991）。史普博（1999）[④]以完全可竞争市场作为比较基准，探讨规模经济和交易专用性投资（沉淀成本）二者结合才能构成进入壁垒，突出沉淀成本对企业进入和退出市场的影响。

2. 沉淀成本、敲竹杠与治理结构

在新制度经济学上，科斯（Coase，1937）[⑤] 创立的新制度经济学革命，十分关注人与人之间的契约关系，引入交易成本概念将新古典经济学一般化。因此，有理由认为，新的分析方法（产权和交易成本方法）正处于发展过程之中，这种方法即便没有替代，也会对新古典理论作出补充。如果换一种表达方式，这就是，使用"无摩擦"的竞争模型和不完全竞争模型似乎不再具有合理性，因为这些模型是建立在零交易成本、完全个人理性和外生的给定制度结构这样一些严格的假定之上（弗鲁博顿、芮切特，2006）[⑥]。随后威廉姆森（Williamson，1975）[⑦] 分析交易成本的来源，提出资产专用性概念来比较治理结构的理性选择，通过资产专用性、不确定性和有限理性等概念探讨交易成本的大小，区分了资产专用性投资和非资产专用性投资，比较市场治理和非市场治理的理性逻辑。而由格罗斯曼和哈特（Grossman and

---

① Dixit, A., 1980, The Role of Investment in Entry Deterrence, Economic Journal, 90: 95 – 106.
② 范里安：《微观经济学：现代观点》，上海三联书店、上海人民出版社，2001 年版。
③ 丹尼尔·卡尔顿、佩罗夫：《现代产业组织》，上海三联书店、上海人民出版社，1998 年版。
④ 丹尼尔·F. 史普博：《管制与市场》，上海三联书店、上海人民出版社，1999 年版。
⑤ Coase, R., 1937, The Nature of the Firm, Economica, 4: 386 – 405.
⑥ 埃里克·弗鲁伯顿、鲁道夫·芮切特：《新制度经济学——一个交易费用分析方法》，上海三联书店、上海人民出版社，2006 年版。
⑦ Williamson, O., 1975, Markets and Hierarchies: Analysis and Antitrust Implications, New York: Free Press.

Hart，1986）①、哈特和莫尔（Hart and Moore，1990）② 以及哈特（Hart，1995）③ 创建的不完全契约理论则认为，资产专用性、准租金和敲竹杠问题作为缔约的关键问题，剩余索取权和剩余控制权在影响事前资产专用性投资是非常重要的，因此界定资产所有权非常重要，以便导致最优投资水平。同样，因交易成本会进入企业内部，只有通过机制设计减少委托代理中的道德风险，减少敲竹杠问题（Williamson，1975；Klein et al.，1978④），才能在事后实现激励相容，从而可以看出，资产专用性引起交易成本，但是，交易成本也会引起沉淀成本，尤其委托代理、产权等因素也会引起沉淀成本，这往往被学者所忽视。

威廉姆森（1985）⑤ 注意到与企业存在有关的一个方面：资本、知识和其他资源的所有者常常因生产技术的原因，被迫不可逆地、长期地使他们的资源固定在一种特定形态上（资产专用性）。例如，公司的所有者，在将资本投资于建筑物和设备之后，就不可能轻易地将这些投资转移出来。他们还获得宝贵的专业化知识，这些知识只有在他们继续从事特定经营时才能被用上（人力资本专用性）。如果这些专业化资产能在一个很长时期内不受干扰运营，这些投资就能带来预期回报。然而，其他互补性资源的所有者，如熟练的工人，却可能对经营"敲竹杠"以机会主义利用资本所有者和特定知识所有者的这种不灵活性。这是人们拥有权利的一种情况，因为他们的对手没有替代或回避的余地（退出），此时，将产权结合进一个组织，可以降低不确定性和交易（信息）成本。

更为重要的是，从交易成本经济学角度探讨的企业理论，对我们理解沉淀资产对企业内部治理结构的影响也是十分明显的，资产专用性理论区分了不完全契约和垂直一体化，指出企业是购买生产要素还是从内部生产，涉及交易中关系专用性投资——准租金的攫取行为，同时也会带来高昂的交易成本。垂直一体化没有消除交易成本，反而使企业内部结构与资产专用性有关，产权配置显得十分重要，进入和退出企业的交易成本或者不可转换的人力资本积累而难以流动，使易流动成员通过退出的威胁对其他成员施行控制，而非流动性成员只能依赖呼声（Fitzroy and Mueller，1984）⑥。这里没有考虑金融资本，不能相信金融资本比劳动更不易流动之假设。特别是道

① Grossman, S., and Hart, O., 1986, The Costs and Benefits of Ownership: A Theory of Vertical and Lateral Integration, Journal of Poltical Economy, 94（4）：691 – 719.

② Hart, O., and Moore, J., 1990, Property Rights and the Nature of the Firm, Journal of Political Economy, 98：1119 – 1158.

③ Hart, O., 1995, Firms, Contracts, and Financial Structure, Oxford：Clarendon Press.

④ Klein, B., Crawford, R., and A. Achain, 1978, Vertical Integration, Appropriable Rents, and the Competitive Contracting, Journal of Law and Economics, 21：297 – 326.

⑤ Williamson, O., 1985, The Economic Institutions of Capitalism, New York：Free Press.

⑥ Fitzroy, F., and Muller, D., 1984, Cooperation and Conflict in Contractual Organization, Quarterly Review of Economics and Business, 24（4）：20 – 40.

(Dow，1994)① 发展了一个资本为何雇佣劳动的讨价还价的模型，指出企业也许不依赖总剩余，而是依赖专用性资产的提供者占有准租金的可能性，其模型依赖资本的物质形态，如果以金融资本代替物质资本，道的许多观点会受到侵蚀。虽然从资本的物质形态探讨了企业内部治理形态，并用金融资本代替物质资本来反驳已引用的理论观点，但是我们知道，金融资本与物质资本是绝对不同的，而新古典经济学恰恰是假设物质资本等价于金融资本，此时又回到新古典经济学上去了，又回到资源具有充分流动性上来，看不到资源不具有充分流动性的理论与现实意义。

3. 不确定性、沉淀成本与实物期权

在实物期权理论方面，迈耶斯（Myers，1977）② 最早提出实物期权概念，而布鲁南和施瓦茨（Brennan and Schwartz，1985）③ 最早提出部分不可逆性概念，随后鲍德温（Baldwin，1989）④、伯南克（Bernanke，1983）⑤、麦克唐纳和西盖尔（McDonald and Siegel，1986）⑥、平迪克（Pindyck，1991）、迪克西特（Dixit，1992）⑦、迪克西特、平迪克（Dixit and Pindyck，1994）⑧ 考察不确定条件下的不可逆投资，分析了投资决策与期权定价之间的关系，打破新古典经济学净现值（NPV）投资方法，强调不可逆投资和不确定性之间的负相关关系。其中，不可逆投资也就是沉淀投资，它与固定成本完全不同。固定成本是具有可逆性，即具有通用性，不会导致投资损失，而沉淀投资则不然。例如，在实物期权条件下，等待的期权价值改变了企业进入和退出决策的启动价格（Dixit，1989）⑨，所以，在不确定性条件下，沉淀成本可以提供有价值的期权价值，从而使等待有机会成本（Trigeorgis，1996）⑩，很容易造成投资不足。即使在新国际经济学中，因沉淀成本的存在，汇率变动对贸易流产生滞后影响，以及战略性贸易政策。临时的变动或者宏观冲击对市场结构产生持久影响，虽然激励消失，但是贸易流不能被抑制。在贸易流中，沉淀进入成本和退出成本产生滞后

① Dow, G., 1994, Why Capital Hires Labor: A Bargaining Approach, American Economic Review, 83 (1): 118 - 134.

② Myers, S., 1977, Determinats of Corporate Borrowing, Journal of Financial Economics, 5: 147 - 175.

③ Brennan and Schwartz, R., 1985, Evaluating Natural Resource Investments Journal of Business, 58 (2): 135 - 157.

④ Baldwin, C., 1988, Hysteresis in Import Prices: The Beachhead Effect, American Economic Review, 78 (4): 773 - 785.

⑤ Bernanke, B. S., 1983, Irreversibility, Uncertainty and Cyclical Investment, Quarterly Journal of Economics, 98: 85 - 106.

⑥ McDonald, R., and Siegel, D., 1985, The Value of Waiting to Invest, Quarterly Journal of Economics, 101: 707 - 728.

⑦ Dixit, A., 1992, Investment and Hysteresis, Journal of Economic Perspectives, 6: 107 - 132.

⑧ Dixit, A., and Pindyck, R., 1994, Investment under Uncertainty, Princeton: Princeton University Press.

⑨ Dixit, A., 1989, Entry and Exit Decisions under Uncertainty, Journal of Political Economy, 97 (3): 620 - 638.

⑩ Trigeorgis, L., 1996, Real Options: Managerial Flexibility and Strategy in Resource Allocation, Cambridge: MIT Press.

效应（Robert and Tybout，1997①；Krugman，1989②）。克鲁格曼区分了自由进入和自由退出中为什么有瞬间进入/退出和等待进入/退出市场两种情况，并且将进入和退出视为一种投资行为，同时提出了沉淀成本滞后框架。麦克拉伦（McLaren，1997）③将自由贸易放在沉淀支出的背景下，揭示大国与小国之间贸易自由化的利益不对称。如果小国发生沉淀投资，预期谈判会使小国比完全贸易战时地位更加恶化，事实上也比自给自足更加恶化，因为终止契约（退出）使小国不仅不能摆脱困境，反而会使自己因沉淀成本损失造成对自己地位不利，进而影响其在自由贸易的利益分配格局的份额。

4. 沉淀成本与产品市场价值

遵循凯恩斯、费雪等人主要分析动态过程中投资和资本积累问题，而乔根森（Jorgenson，1963）④创建了新古典投资理论，但却忽略了投资决策的不可逆性和不确定性。正是由于不可逆资本积累，都联系资产固定性和沉淀成本，所以不能由以后的负投资得到补偿，因而必然会转向产品市场销售价值实现。虽然马克思并没有明确地提出沉淀成本的概念，但是他已经有意识地提到沉淀成本概念的本质。马克思认识到了补偿投资成本的重要性，以及补偿所面临的障碍对资本主义经济危机的影响。在这一问题上，可以说，凯恩斯与马克思十分相像，都强调产品市场失灵问题，从而导致经济危机⑤。

马克思不是从资产的物质特征如专用性和资产市场的交易成本角度入手，而是从生产过程中固定资产发生损耗的角度认识到沉淀成本的产生。马克思按照资本价值转移方式划分为固定资本（fixed capital）和流动资本（circulating capital），认识到我们今天被称为的沉淀成本，其分析完全可以用来理解沉淀成本的出现。马克思指出，资本主义日益依靠多期资产以增加生产的迂回性。如果世界都是流通资本，那么生产在每期都可以重新开始；另一方面，如果资本品在时间维度上有承诺价值，那么就会很昂贵，降低了资产灵活性。例如，固定资产在使用过程中，因不断受到冲击或损耗，由新变旧，外表形态虽然较长时期保持不变，而它的内在功能却在慢慢地衰退，随着时间的推移，固定资产的使用价值就逐渐地、不同程度地降低，价值也随之相应地减少。固定资产因损耗而减少的价值，称为折旧。将固定资产在其使用过程中，因损耗

① Roberts, M., and Tybout, J., 1997, The Decision to Export in Colombia: An Empirical Model of Entry with Sunk Costs, Ameirican Economic Review, 87: 545 – 564.

② Krugman, P. R., Exchange Rate Instability, Cambridge: MIT Press, 1989.

③ McLaren, J., 1997, Size, Sunk Costs, and Judge Bowker's Objection to Free Trade, American Economic Review, 87（3）: 400 – 421.

④ Jorgenson, D. W., 1963, Capital Theory and Investment Behavior, American Economic Review, 53（2）: 247 – 59.

⑤ 汤吉军：《西方经济学视角下的沉淀成本局限及其重构——兼论马克思经济学的贡献》，《江汉论坛》，2008 年第 9 期。

而转移到成本中的那部分以货币形式表现的价值，称为折旧费。按照马克思的观点，固定资产的价值损耗主要是由两方面原因引起的：一是固定资产的有形损耗；二是固定资产的无形损耗。马克思指出："机器的有形损耗有两种。一种是由于使用，就像铸币由于流通而磨损一样；另一种是由于不使用，就像剑入鞘不用而生锈一样。在后一种情况下，机器的损耗是由于自然作用。前一种损耗或多或少地同机器的使用成正比，后一种损耗在一定程度上同机器的使用成反比。固定资产无论使用，不使用，都会发生有形损耗。固定资产因使用而发生的有形损耗是大量的，主要的，这种损耗的程度主要取决于其工作负荷强度和固定资产本身的质量。"① 马克思还指出："机器除了有形损耗以外，还有所谓的无形损耗。只要同样结构的机器能够更便宜地再生产出来或者出现更好的机器同原有的机器相竞争，原有机器的交换价值就会受到损失。"②

这两种情况下，即使原有机器还十分年轻和富有生命力，它的价值也不再由实际物化在其中的劳动时间来决定，而由它本身的再生产或更好的机器再生产的必要劳动时间来决定的。因此，它或多或少地贬值了。这原有机器交换价值受损，实际上就是一种沉淀成本。一般说来，固定资产不定期发生两种有形损耗：一种是由于机器设备的再生产成本降低，因而原有的固定资产贬值；另一种因发明和采用更完善的机器迅速提高效率，使得固定资产发生贬值。这样，资本过度累计和资本贬值都分析了固定资本如何损失而成为沉淀成本。可以看出，固定资本固有特征是沉淀成本。技术进步导致特定资本过时。新技术的引入，使旧设备的市场价格下降，导致了资本品损失，提出有形损耗和无形损耗，强调消耗资本成本补偿问题，因考虑资产自身无法得到补偿或回收，因而他更多地关注社会产品价值实现问题，从这里也可以看出沉淀成本的形成的本质，以及与经济危机之间的关系。

由于马克思把企业看作生产过程，随着时间的变化而变化，因此，他不仅划分出固定资本和流动资本，而且特别指出固定资本固有特征是折旧，仅仅关注有形损耗和无形损耗对沉淀成本的影响。由于这两种磨损使固定资产发生贬值，进而使固定资产再出售价格下降，无法得到补偿而产生沉淀成本。从这里可以看到，沉淀成本仅仅作为会计成本出现，仅仅看到随着时间推移投资固定资产贬值，看不到随着时间的流逝，所以技术进步并不是越快越好，而是需要考虑投资补偿问题。一旦无法得到补偿，投资自然就会受阻。

5. 沉淀成本、非理性与行为经济学

根据现代微观经济学和规范的决策理论，是否进行制度变迁，当事人仅仅考虑变迁的边际收益和边际成本的大小，而不应该考虑过去发生的沉淀成本，正如萨缪尔森

---

① 《马克思恩格斯全集》第 23 卷，人民出版社，1972 年版。
② 《马克思恩格斯全集》第 24 卷，人民出版社，1972 年版。

和诺德豪斯（Samuelson and Nordhaus，2001）[1] 所说，"你应该注意决策的边际成本和边际收益，并忽略过去的或沉淀的成本。可以将这一点表述如下：让过去的事情过去吧。不要向后看。不要为溅出的牛奶哭泣，不要悲叹昨日的损失"。然而，在行为经济学方面，由于引入心理因素，打破完全理性假设前提，从而会看到沉淀成本效应。

第一，自我辩护造成沉淀成本效应。斯特瓦（Staw，1976）[2]、斯特瓦和罗斯（Staw and Ross，1989）[3] 认为自我辩护是持续性的最主要动机。当高度自我保护，投资失败，个人负责任就会采取向后看理性，自我辩护，承诺升级就会发生。当个人有低度的自我保护，当投资成功或失败，个人不负责任，那么就会采用向前看理性行为。第二，厌恶损失心理造成沉淀成本效应。由卡尼曼和特维斯基（Kahneman and Tversky，1979）[4] 前景理论可知，人们特别厌恶确定损失，所以，在面临沉淀成本的情况下，因偏好风险往往追加投资。怀特（Whyte，1986）[5] 也认为，前景理论不同于期望效用理论，可以用来解释升级承诺问题。当面临正反馈时，决策将在收益之间进行选择。当面临负反馈时，决策将在损失之间进行选择。在前者情况下，往往是风险厌恶的，而在后者情况下，往往是风险偏好的。前景理论解释了在失败行动过程中承诺升级的心理机制。第三，避免资源浪费心理造成沉淀成本效应。阿克斯和布鲁默（Arkes and Blumer，1985）[6] 认为，由于人们投资了很多资源，一旦不考虑这些投资成本完成的项目，就会变成一种资源浪费。人们一般情况下不愿意终止没有完成的项目，不希望出现资源浪费，从而会考虑过去发生的沉淀成本，避免出现心理成本，提高决策者心理效用水平。第四，心理会计（mental accounting）造成沉淀成本效应。塞勒尔（Thaler，1980）[7]、卡尼曼和特维斯基（Kahneman and Tversky，1984）[8] 提出心理会计概念，人们决策时往往考虑过去发生的沉淀成本。在有限理性的情况下，考虑过去发生的沉淀成本为当前或未来决策提供相关信息，有助于节约有限理性和交易成本。而且，人们的心理不仅要对所有项目的总量和结果保留心理账户，而且对它们各自的计划也都有分类账户。因为关闭失败的投资项目，会使决策者遭受心理痛苦，

① Samuelson，P. A.，and Nordhaus，W. D.，2001，Economics，17th ed.，McGraw - Hill.

② Staw，B. M.，1976，Knee - Deep in the Big Muddy：A Study of Escalation of Comittment to a Closen Course of Action，Organizational Behavior and Human Performance，16：27 - 44.

③ Staw，B.，and Ross，J.，1989，Understanding Behavior in Escalation Situations，Science，246：216 - 220.

④ Kahneman，D.，and Tversky，A.，1979，Prospect Theory：An Analysis of Decision under Risk，Econometrica，47：263 - 291.

⑤ Whyte，G.，1986，Escalating Commitment to a Course of Actionin：A Reinterpretation，Academy of Management Review，11：311 - 321.

⑥ Arkes，H.，and Blumer，C，1985，The Psychology of Sunk Cost，Organizational Behavior and Human Decision Processes，35：124 - 140.

⑦ Thaler，R.，1980，Toward a Positive Theory of Commitment Choice，Journal of Economic Behavior and organization，1：29 - 60.

⑧ Kahaneman，D.，and Tversky，A.，1984，Choices，Values，and Frames，American Psychologist，39：341 - 350.

结果往往考虑过去发生的沉淀成本，使他们获得最大效用或者最小心理痛苦。

6. 国外经济学者评述

对于国外沉淀成本概念理解并不一致，迫切需要我们加以澄清、综合和创新，通过吸取不同的理论营养，从而使沉淀成本概念具有统一性和可操作性，进而归结到新古典经济学资源充分流动性假设上来，为沉淀成本确立一个统一的分析框架并加以应用。第一，国外学者很少涉及制度性沉淀成本，仅仅考虑经济性沉淀成本和进入，由于国外发达国家收入再分配机制或社会保障体系较好，不同于发展中国家，而使制度性沉淀成本较少。第二，国外经济学者仅仅考虑私有企业，隐含私有产权，所以仅仅考虑沉淀成本问题，无需考虑产权性质与退出问题，所以对于我们来说显得异常重要，往往体现产权与沉淀成本关系；另一方面，这些研究很少涉及宏观有效需求不足问题，隐含在萨伊定律之下，看不到产品市场价值对沉淀成本产生的影响，进而看不到宏观经济政策的有效性，这些对我们进一步研究经济结构战略性调整产生极大的误导，因而需要将生产要素市场、产品市场和政府干预有机结合起来。

从 20 世纪 80 年代以来的经济思想演变看来，极力主张国有企业私有化，以及减少一切不必要的进入壁垒和退出壁垒，这与沉淀成本的存在相悖，而迈克尔·波特（Porter，1980）[1] 率先将产业组织经济学应用到战略领域，从而认识到经济学分析对这个领域的重大价值。虽然沉淀成本被赋予不同术语，包括资产专用性（Williamson，1975[2]）、不可逆投资（Dixit and Pindyck，1994[3]）、沉淀成本或承诺成本（Baumol，Panzar and Willig，1982；Martin，2002[4]；Kessides and Tang，2010[5]）等概念，但都可以互换使用，从而看到沉淀成本已经发挥重要作用，显示出巨大的经济学价值，亟待加以理论化和系统化，如图 1 所示。

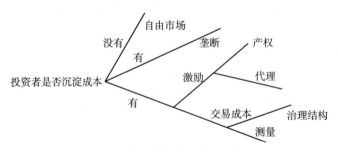

图 1　沉淀成本条件下的制度选择

①　Porter, M., 1980, Competitive Strategy, New York：Free Press.

②　Williamson, O., 1975, Markets and Hierarchies：Analysis and Antitrust Implications, New York：Free Press.

③　Dixit, A, and Pindyck, R., 1994, Investment under Uncertainty, Princeton：Princeton University Press.

④　Martin, S., 2002, Sunk Costs and Entry, Review of Industrial Organization, 20 (1)：291 – 307.

⑤　Kessides, I. N., and Tang, L., 2010, Sunk Costs, Market Contestability, and the Size Distribution of Firms, Review of Industrial Organization, 37 (3)：215 – 236.

因而，通过上文的国外文献综述可知，对于经济结构战略性调整来说，需要考虑经济性沉淀成本，尤其是新建经济体，如民营企业进入时经济性沉淀成本，避免投资不足和观望效应，同时还需要考虑制度性沉淀成本，它主要是由于契约不完全造成的，从而与风险、交易成本、有限理性等因素一道，深入细致地探讨经济结构战略性调整问题，结合国有企业中委托代理条件下的投资问题，在面临不确定性情况下，会使国有企业投资面临更大的经济问题。换言之，国有产权只是使沉淀投资情况下的问题更加严重，否则，如果没有沉淀成本，国有产权也不会带来任何经济问题，从而可以看到，沉淀成本更能抓住问题的要害，以便提供切实可行的政策建议。

我们是在广义的经济结构的基础上，着重研究所有制结构、要素投入结构、产业结构、地区结构和国际经济结构等问题。因此，经济结构战略性调整，可以说，一是调整现有的经济结构，二是发展新的经济结构，必然会面临沉淀成本，以及由此产生的调整刚性问题。

0.2.4　现有国内外经济学者代表性成果及观点评价

针对国内外现有文献，我们发现：

（1）对于国内学者关于经济结构战略性调整研究比较零散，缺乏理论系统性，往往强调经济结构战略性调整某一方面，如产权、产业结构等重要性，过度强调"应该怎么办"规范的政策分析，但很少考虑经济结构战略性调整层次性，以及内在机理及其演变规律，"实际上发生了"，为什么会那样的实证分析，缺乏严密的逻辑推理，难以提供正确的经济结构战略性调整指导。

（2）国内经济学者坚持新古典微观经济学价格理论，研究国有企业很少考虑沉淀成本作为退出壁垒，隐含假设长期看来，资源具有充分流动性，任何资本都具有可塑性，都可以被任意地压缩或扩展到充分就业水平，所以很容易坚信自由放任的"华盛顿共识"——市场神话，忽略市场不完全、契约不完全和信息不完全，以及政府干预的重要性，忽略了传统经济结构遗留下来的沉淀成本及其影响，无法解释投资过度和滞后问题，很容易将我们引入歧途。

（3）目前国内经济学者对于经济结构战略性调整讨论没有将重点放在调整的内在机制或演变规律上，仅仅强调战略性调整收益或好处，但忽略了调整成本问题，难以对症下药。也就是说，经济结构战略调整收益如此之大，为什么无法实现？对于所有制结构、产业结构优化、区域协调发展与国际经济与经济结构调整的关系，很少有涉及它们的内在关联，更多地是专门针对某一方面进行具体研究，有着"只见树木、不见森林"的视野，迫切需要合乎逻辑的建立微观经济基础，从而得出更具有一般意义的理论与政策含义。

（4）沉淀成本概念在国外不同的学科里出现，往往着眼于生产要素市场，没有与产品市场价值实现联系起来，显然有些相互冲突和相互矛盾，需要加以澄清，减少经济学者们在观点和思路上存在的显著分歧，特别是受到"让过去的事情过去"影响，无法理解过去发生的沉淀成本，从而将预期沉淀成本简单等同于过去发生的沉淀成本。实际上，国外经济学者开始重视预期沉淀成本的重要性，不仅仅将其作为进入壁垒，即使如此，也被国内经济学者所忽视，很少考虑沉淀成本对中国私有企业进入的影响，无法解释投资不足和观望效应问题，导致新的经济领域进入过少，经济发展动力不足。

（5）一方面，国内关于沉淀成本文献的研究成果十分有限，并且认为无需考虑沉淀成本的约束。而国外的这些研究成果还不能直接移植到中国的具体情况之中，仅仅关注进入与退出，看不到其他因素对沉淀成本的影响，不仅微观角度上产生经济问题，而且宏观上还会产生经济问题，这就需要我们付出更大的努力加以研究；另一方面，由于中国是发展中国家——沉淀成本相对较大，不同于西方发达国家的实际情况，不对西方现成的经济理论进行修正和创新，必然出现理论模型与中国经济现实的巨大脱节，因此有必要进行深入研究。之所以如此，主要是因为新古典理论不符合发展中国家的具体情况：第一，把发展中国家看作一元性的同质经济，忽视了发展中国家是多元的、异质的、经济发展不平衡，即不仅表现为多层次的经济发展水平，而且还表现为多类型的社会经济形态；第二，假定发展中国家内统一市场已经建立，市场体系完善，市场机制成熟，把生产要素自由流动与经济发展直接联系起来；第三，抽掉了规模效益和技术进步这两个重要因素，似乎仅靠供求关系就能决定工资报酬率和资本收益率的高低和平均化。实际上，在发展中国家现代经济和传统经济并存的条件下，不同的规模和不同的技术条件会使资本收益率大不相同，由此会造成以传统经济为基础的不发达地区资本等要素更加稀缺，市场失灵更加严重，经济发展更加困难。因而，在分析所有制结构、产业结构、区域结构和国际经济结构调整中需要考虑沉淀成本，看到调整所面临的障碍①，尤其在有限理性的情况下，更需要了解沉淀成本效应的合理性（Kanodia et al.，1989②；McAfee et al.，2010③），尽管这种行为看起来是一场错误，但却是一种理性行为，这些理论亟待加以系统化，并在此基础上应用到中国经济结构战略性调整方面，从微观（企业所有制）、中观（产业）、区域和国际贸易等层面阐述资产性和制度性沉淀成本存在及其价值，为我们进行理论创新和实践创新准备了条件。

由此可见，一方面，在经济结构战略性调整过程中，沉淀成本十分普遍，不论是

---

① Krugman, P., and Venables, A., 1993, Integration, Specialization, and Adjustment, Cambridge: National Bureau of Economic Research, Working Paper No. 4559.

② Kanodia, C. et al., 1989, Escalation Errors and the Sunk Cost Effect: An Explanation Based on Reputation and Information Asymmetries, Journal of Accounting Research, 27: 59–77.

③ McAfee, R. P., Mialon, H. M., and Mialon, S. H., 2010, Do Sunk Costs Matter?, Economic Inquiry, 48 (2): 323–336.

进入还是退出；另一方面，很少有人研究沉淀成本的产生原因和影响。除了少数例外，杨蕙馨（2000）[①] 根据产业组织理论中的进入与退出理论，以汽车和耐用消费品产业的进入退出为案例，分析了沉淀成本对中国现行政策对进入与退出的影响。袁晓玲等（2009）[②] 在区域经济研究中，探讨沉淀成本对资本跨地区流动的约束，指出区域发展不平衡问题，从而认为投资能否有效地跨地区流动是能改善区域不平衡问题的关键所在，但是当前经济理论未能满足这个要求，这既有历史积累的原因，也有该研究本身难度大的原因。在计划经济体制下，生产要素只能等待折旧完毕退出历史舞台，于是没有必要研究资本的流动，而在市场经济条件下，生产要素充分流动，特别是资本的流动，是市场和实现资源配置优化的必要途径。只有充分研究，才能对西部大开发、东北振兴、中部崛起等提出很好的政策。蒋殿春（1999）[③] 较早利用海外沉淀资产解释了跨国公司的产生和发展过程以及对市场结构的影响，这里涉及了沉淀成本对跨国公司形成的承诺价值和竞争优势，将沉淀成本作为潜在企业的进入壁垒，但却很少考虑沉淀投资所带来的风险，看不到沉淀成本所产生的负面影响。因此，不仅需要打破新古典经济学忽略沉淀成本的学术传统，更需要将沉淀成本概念一般化，从而纳入经济学理性选择框架之中。

0.3　本书的基本思路和方法

本书总体研究遵循提出问题、分析问题和解决问题思路展开的，在具体分析5个子课题的基础上，具体分析沉淀成本对经济结构战略性调整的影响，以及调整存在的主要问题，最后提出加快推进经济结构战略性调整的政策或制度创新建议。主要从所有制结构、要素投入结构、产业结构调整优化、区域经济协调和国际贸易结构等层面进行阐述，核心是运用沉淀成本理论具体分析经济结构战略性调整问题。而且，这5个子课题之间也是相互关联的，主要从企业—产业—区域—国家—国际层次展开的，并在每一层次上看到沉淀成本所产生的负面作用，深入分析沉淀成本机制，为加快推进经济结构战略性调整提供较为全面的政策建议。其结论是，完全依靠市场注定失败，完全依靠政府干预也注定失败，最终只能在不完美的市场和不完美的政府之间进行选择，不可能做到十全十美，解决市场机制与政府干预之间的平衡问题。究其根本，恰恰是由于沉淀成本的存在，从而确立一个统一的、细致的微观经济分析方法，如图2所示。

①　杨蕙馨：《从进入退出角度看中国产业组织合理化》，《东南大学学报》，2000年第4期。
②　袁晓玲等：《沉没成本约束下的资本跨地区流动研究》，西安交通大学出版社，2009年版。
③　蒋殿春：《跨国公司与市场结构》，商务印书馆，1998年版。

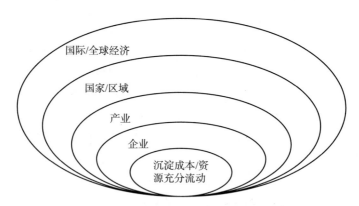

图2　沉淀成本与经济结构战略性调整的不同层面

如果没有沉淀成本，那么寡头垄断（进入威慑）、敲竹杠、滞后效应（路径依赖）、观望、承诺升级等都不会起作用，即使一旦遇到外部冲击，资源都可以重新得到资源配置，也不会出现任何损失和浪费，那么经济结构战略性调整就会非常容易。然而，如果资源不具有充分流动性，那么一旦遇到外部不利冲击，就会出现沉淀成本，此时经济结构战略性调整就异常困难，往往造成寡头垄断、路径依赖、敲竹杠、恶性承诺升级等，背离经济结构战略性调整的社会目标。

因此，我们从企业、产业、区域或宏观和国际经济或全球经济等层面进行微观分析，将沉淀成本放进去，通过经验或实证分析来证明沉淀成本重要性。因而，只有将沉淀成本得到补偿或者化解，才能加快推进经济结构战略性调整，完全摆脱掉新古典理想化的供求经济学——黑板经济学，尤其是企业是一个生产函数的"黑箱"，回到真实世界里，真正理解经济结构战略性调整是如何发生的。否则，就会滞留在传统的经济结构中，难以发展新型绿色、低碳、可持续的经济。

需要指出的是，经济结构战略性调整的目标，主要是调整需求结构、促进经济增长向依靠消费、投资、出口协调拉动转变，调整产业结构，促进经济增长向依靠第一、第二、第三产业协同带动转变，调整区域结构，促进区域良性互动、协调发展，最终实现充分就业、可持续发展和国际收支平衡等，创建有管理的市场经济体制，尽可能增社会福利水平。

在这几个层面的分析并不意味着它们之间没有任何联系，只是为了强调沉淀成本的重要性而做出的一种简化选择。同时，这几个层面相互联系更需要研究，提供一个更广泛的相互联动的微观、中观、宏观和全球化分析框架，更加鲜明看到资源充分流动与有沉淀成本是如何导致调整绩效（adjustment performance）的差异，为加快推进经济结构战略性调整指明了理论与政策之间的重大差别。同时看到，沉淀成本理论创新的现实意义，是解决经济结构战略性调整的一把钥匙。

我们的目标，一是要建立一个经济结构战略性调整的理论框架——沉淀成本理论，并运用沉淀成本理论将现有的分散、缺乏系统性的理论分支统一起来，加快推进中国经济结构战略性调整顺利实施，既要保证经济发展和环境保护目标的顺利实现，又要保证经济发展过程中的调整成本最小化；二是利用沉淀成本五大机制，能够对各种外部冲击给中国经济结构战略性调整带来的影响进行解释和给出预测，例如，为什么有些产业反应灵敏，有些反应迟缓，对中国经济结构战略性调整的绩效进行分析；三是基于计量经济分析和案例研究来分析沉淀成本是如何影响经济结构战略性调整的，从所有制、产业、地区，以及国际贸易等层面进行分析，指出沉淀成本率是影响经济结构战略性调整根本经济变量；四是给出加快推进经济结构战略性调整的政策或制度创新建议，关键在于减少沉淀成本和降低不确定性，促进资源充分流动，为政府科学决策提供理论依据和数据支持。

0.4　本书的基本框架结构与主要内容

鉴于现有研究的局部性，需要理论创新与经济结构战略性调整有机结合起来，我们的总体研究框架如图3所示，据此我们设计五篇，而这五篇说到底是沉淀成本理论对经济结构战略性调整不同侧面的应用，包括理论渊源与创新、企业层面、产业结构、区域经济协调和外需转内需等方面。

第一篇从经济结构战略调整的基础理论创新角度进行阐述，通过新古典经济学价格理论，一步步逐渐放松假设，通过引入资产专用性、交易成本、产权、策略行为以及心理因素等，进一步看出经济结构战略调整过程，并不是一个简单的成本收益问题，更需要考虑很多因素，特别是结合中国经济结构战略调整的实际情况，我们在现有的理论渊源基础上进行创新，引入沉淀成本概念及其形成条件，确立一种新的分析视角，以及阐述由此产生的各种经济问题，为进一步经济结构战略调整理论创新与制度创新提供了理论指导。

第二篇从所有制结构调整的相关理论入手，系统地回顾了新古典经济学观点和华盛顿共识背后的国有企业私有化等观点。在此基础上，通过建立交易成本理论对所有制结构调整滞后展开经济分析，对得出的因素进行系统地分析与考量，从交易成本对国有企业私有化和沉淀成本对民营企业进入障碍两个角度分别分析，从理论上揭示了交易成本对所有制结构调整所起的负面影响，揭示出资产专用性、敲竹杠与所有制结构不合理之间关系的一般性结论，并不能简单应用新古典经济学的政策建议——其隐含假设前提是资源具有充分流动性。最后提出加快所有制结构调整的政策建议，主要原则是加强沉淀成本管理，从而有助于国有经济和民营经济提高效率，更好地"坚持两个毫不动摇"，从而不再仅仅强调私营企业或者强调国有企业，而是在市场决定作用下，使国有企业积极发展混合所有制经济。借助于资产专用性与治理结构理论，

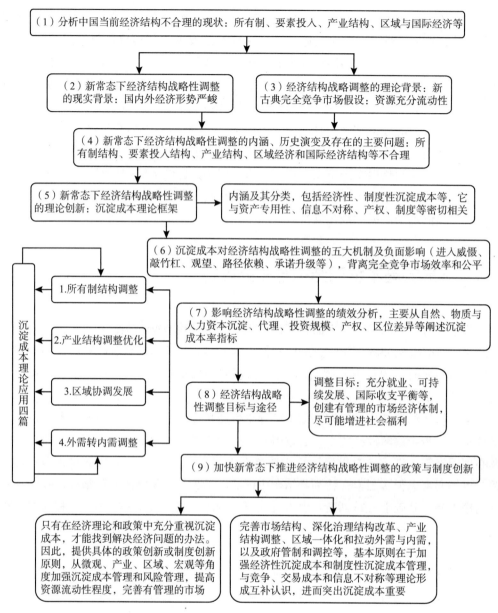

图3 本书的总体结构框架

得出比较制度分析意义上国有经济与民营经济的并存合理性，分析何种情况下企业比市场更好，尤其是在何种情况下国有企业比私有企业运行好？为什么有些活动通过市场交易，有些活动通过私营企业内组织，有些活动通过国有企业来组织？从而分析国有经济与民营经济平衡的重要性，以及平衡的困难性，主要它们各自对不同沉淀成本的反应程度，建立有别于新古典经济学生产要素充分流动的理论模型，从而提供经济政策完善市场结构，减少沉淀成本，以及减少不必要的进入壁垒和退出壁垒，不仅国有经济与民营经济共同发展，而且需要用好市场机制与政府干预。

第三篇从产业结构调整优化探讨经济结构战略调整问题，究其根本在于各产业面临的沉淀成本不同，所以为什么难以发展；第二产业与第三产业发展并不是相互脱节的，而是需要保持一定的平衡比例关系。如果过度发展制造业，就会导致服务业资本不足，难以发展。同样，如果大力发展第三产业，就会导致第二产业投入不足，从而造成二者比例失衡。第二产业与第三产业应该保持一定比例关系。制造业主导发展经济模式不行，金融主导发展模式也不行，只有二者平衡起来，才能促进经济平衡发展。一方面，制造业需要大量固定资本投资，沉淀成本显著；另一方面，金融业沉淀成本较少，流动性强，所以，投资者都愿意进行金融资产投资，而不愿意进行制造业投资，造成第二产业和第三产业之间的巨大差别，即使第一产业农业也需要固定资本投资，也会阻碍农业发展。因为制造业发展需要投资沉淀成本，一旦遇到外部冲击，这些资产变动很容易变成沉淀成本，不会轻易地转为他用，从而带来均衡点变动只能在生产可能性曲线里面。在中国资源一定的条件下，不仅阻碍第二产业发展，而且还会造成第三产业与第二产业脱节，不利于经济发展。

因此，一旦制造业亏损，由于生产要素专用性和要素市场不完全等因素会产生显著的沉淀成本。由于这些沉淀成本的存在，再加上当事人的机会主义行为，最终导致制造业不会轻易退出市场，反而还会造成产业结构调整刚性，甚至造成恶性承诺升级。充分发挥市场在资源配置中的决定性作用，完善反映市场供求关系、资源稀缺程度和资源价格形成机制，增强市场经济主体的动力和活力，尤其是降低沉淀成本投资风险，从而保证稳定预期利润流，否则，就会滞留在现有的产业结构中。因此，我们需要理性权衡第一产业、第二产业、第三产业结构之间均衡发展，而沉淀成本是一个不得不考虑的重要经济变量。所以，要解决现有的产业结构扭曲情况，必然以减少沉淀成本为基本原则。否则，因沉淀成本，以及由此产生的垄断、路径依赖、敲竹杠行为，甚至是恶性承诺升级问题，不仅偏离经济结构战略性调整目标，而且难以进行经济结构战略性调整，不得不处于现有的产业结构中而无法自拔。

第四篇首先从地区经济协调发展的相关理论入手，系统地回顾了该领域的主流观点并进行了简要评述，主要主张政策倾斜或优惠，主要依靠政府推动。其次在此基础上，通过建立沉淀成本模型对地区经济结构调整滞后展开经济分析，得出沉淀成本与地区经济结构不合理之间关系的一般性结论。最后，就影响地区经济机构不合理的因素进行系统分析，从沉淀成本对地区经济结构调整的影响角度分析，从理论上揭示了沉淀成本对地区经济结构调整所起的作用，分析路径依赖、垄断、滞后效应，以及需要降低沉淀成本，否则就会滞留在现有的地区经济结构中。同时，还要完善产业政策、财政和金融政策，减少一切不必要的进入壁垒和退出壁垒，提高生产要素地区间流动程度，建立有别于新古典空间经济学中生产要素充分流动的理论模型，并具体分析影响资产性和制度性沉淀成本因素，为地区经济协调发展与推进经济结构战略性调整提供政策建议。

第五篇主要分析外需转内需结构调整的必然性，以及内需中消费、投资不振的原因，建立有别于新古典自由贸易经济学生产要素充分流动性的理论模型，并具体分析影响经济性与制度性沉淀成本因素，对于外需与内需的重要性，为外需向内需调整与推进经济结构战略性调整提供政策建议，出口导向政策政府应着眼于减少或承担企业出口时所面临的沉淀成本，提供市场信息、发展出口基础设施等，而拉动内需，应加强资产性和制度性沉淀成本管理和降低不确定性，实行宽松的财政政策和稳健的货币政策等，以提供稳定预期的宏观经济环境。

0.5　本书的主要创新点

新古典经济学倡导自由市场的好处，不仅在英美，而且在整个世界，甚至是印度和俄罗斯这样的国家，人们都确信自由市场本质上是完美而稳定的，即便有政府干预，也只需要很少一点儿（阿克洛夫、希勒，2012①）。但是这个理论是有缺陷的，它抹杀了经济结构战略性调整——投资的沉淀成本特征。鉴于此，要描述经济结构战略性调整的真实运行，就必须考虑沉淀成本及其衍生出来的经济问题，包括信息不对称、交易成本、委托代理、产权等一系列经济问题，从而看到沉淀成本的重要性，以及制度或政策创新的取向，本质上都与降低或管理沉淀成本有关，这是本书的核心内容，以突出中国经济结构战略性调整过程中所面临的约束条件，自由放任政策失灵，私人秩序和政府干预发挥重要作用——关键在于加强沉淀成本管理或治理，而进行理论创新是不可避免的，如表1所示：

表1　　　　　　　　　　　　　　经济理论是否创新

经济理论 经济体系	传统理论（无沉淀成本）	新理论（有沉淀成本）
原有经济体系 （无沉淀成本）	适用 （理论与现实匹配）	不适用 （新理论与现实不匹配）
新经济体系 （有沉淀成本）	不适用 （照搬或套用原有理论）	适用 （理论创新适应新现实）

任何一种经济理论及其政策建议都有赖以成立的假设前提，如果不加以考察，就

---

① 阿克洛夫、希勒：《动物精神》，中信出版社，2012年版。

会对理论产生误解和不必要的政策争论，正如凯恩斯（1997）[1] 在《就业利息货币通论》中所说："我认为古典理论的假设只适用于特例，而不是一般情形，古典理论认为后者是可能的均衡状态中一个极端。而且，古典特例的特征恰恰同我们所生活的现实世界是不同的，如果我们试图将这些原理应用到经验事实上，后果将是误导性和灾难性的。"通过引入沉淀成本概念，结合中国经济结构调整的实际情况，可以填补新古典理论模型与经济现实之间的缺口，从而开辟更广阔的研究前景。换言之，新古典完全竞争市场是一个没有沉淀成本的经济模型，所以资源可以充分流动，市场价格体系本身就提供了一个激励与协调机制，从而对于经济结构战略性调整来说具有某种指点迷津的指导意义，但这还远远不够，不能包括所有情况，尤其是在沉淀成本显著存在的情况下，因而为了了解经济结构战略性调整的真实过程以及探究真实世界发生的战略性调整情况，显然需要了解超过标准经济学知识，从而显得与经济学家传统思维有所不同。如果不进行理论创新，不仅导致理论滞后，而且还会因倡导自由放任政策而带来灾难性后果，因而将沉淀成本引入经济模型作为研究基准，以便得出新的制度或政策设计建议，更容易理解调整悖论以及扭转调整方向。

因而，关于经济结构战略性调整，迫切需要在现有新古典经济学和现有研究的基础上，对市场经济展开新的认识，不仅对沉淀成本理论形成统一的分析框架，而且还需要应用到经济结构战略性调整问题上来，从企业、产业、区域和国际贸易等层面进行更为细致的坚实的微观经济分析，坚持"理性人"假设前提，结合资产专用性、委托代理、交易成本、实物期权和有限理性等理论，摆脱所谓的"非理性"解释，缩小理论模型与经济现实之间的巨大脱节，深入分析资源充分流动性和有沉淀成本条件下的理论模型与政策建议的重大差别，从而发现沉淀成本重要这一普适性结论。这样也就很好理解企业策略行为、契约协议、垂直一体化和政府干预等，推进经济学理论发展和政策创新。

进一步说，新常态下如何推进经济结构战略性调整，已经成为科学经济发展和实现小康社会所必须解决的迫切问题。从理论研究上看，国内学者对经济结构战略性调整问题的研究所用模型大多是在完全竞争市场模型基础上引申出来，并没有揭示出沉淀成本这一根本因素，缺少考虑沉淀成本对现有经济结构战略性调整产生的影响。同时，国内学者又疏于研究沉淀成本，对新企业或新产业进入等进行考察，理论体系尚不完整，高估了市场经济的功能。已有的研究虽有对经济结构战略性调整方面的国有产权、激励问题、信息不对称的独立研究，但尚缺乏一个统一的沉淀成本分析框架，而以上这些因素只是使沉淀成本问题更加严重而已，但并不是问题的全部答案。如果没有沉淀成本，那么这些经济因素无法发挥作用，产权是否国有，产业结构是否扭曲也无关紧要，所有成本都可以得到完全补偿，从而不会产生经济问题。恰恰是在沉淀

---

① 凯恩斯：《就业利息和货币通论》，商务印书馆，1997 年版。

成本存在的前提下，结合这些经济因素，更好地理解经济结构战略性调整过程中的异常行为，无法出现新古典理论预测的结果，为加快推进经济结构战略性调整提供政策建议，而这本质上是一个制度创新或制度设计问题。

为此，我们阐述沉淀成本而不论其他，无非是为了说明这一概念有助于深化我们的认知能力和科学决策水平，反思新古典经济学资源充分流动性或完全可逆这一假设，将沉淀成本重新纳入广义的理性选择模型中加以研究，并将分析结果运用到经济结构战略性调整中去，与市场不完全、信息不完全、契约不完全和交易成本等范式形成互补关系，从而认为，在不确定性条件下进行沉淀投资，自由放任是不适合的，需要加强沉淀成本和风险管理，以便提供稳定的预期环境，政府干预需要在减少不确定性和不稳定性方面大有作为，进一步缩小理论模型与经济现实之间的缺口，具有极强的理论创新意义。究其根本，经济结构战略性调整本质上是一种制度变迁或者利益重新调整过程。推进经济结构战略性调整的表象是各种有形资源的优化配置，其背后起决定作用的则是观念的转变，全局利益、局部利益、个人利益的调整和劳动力资本的开发优化配置以及消除阻碍经济改革向深层发展的各种体制障碍（郑立新等，1998①），所以需要制度创新或政策创新来做保障，而经济结构战略性调整目标是创造出一个有管理的市场经济体制，尽可能增进社会福利水平。在这种情况下，特别需要考虑沉淀成本对经济结构战略性调整的负面影响，无法实现完全竞争条件下的理想化状态。由于决策者面临主客观障碍，才造成经济结构战略性调整路径依赖，甚至造成恶性承诺升级困境（escalation dilemma），背离经济结构战略性调整的预期目标，从而解释和预测经济结构战略性调整的未来走势和开政策处方。因此，确立沉淀成本方法（sunk cost approach），以及由此产生的各类调整成本，不仅具有极大的理论解释力，而且对于政策建议提供一种新的指导原则，主要从主观理念上改变现有的思维方式，提高认知能力，理解各种沉淀成本的来源和影响；另一方面，从客观制度上解决好沉淀成本，避免出现投资利益损失。否则，主客观条件约束，就会导致经济结构战略性调整滞后，无法调整现有的经济结构，同时新建的经济结构无法进入，也就无法真正实现经济结构战略性调整，进而也就无法创建有管理的市场经济体制。

0.5.1 理论创新价值

我们强调沉淀成本，并不意味着把考虑沉淀成本当作唯一目的。只是想说明，这一概念的重要性长期以来一直被忽略或被低估。本书研究的核心内容是运用沉淀成本理论，综合地阐述企业、产业、区域、国家和全球经济等层面的结构战略性调整的内在机制、绩效和演变规律，突破瓦尔拉斯一般均衡的局限性，不仅仅囿于生产技术工

---

① 郑立新等：《经济结构战略性调整的几点思考》，《工业技术经济》，1998 年第 5 期。

具层面上，而是从更广阔的制度和组织结构（产权、交易成本与委托代理等）中寻找它的答案，对中国经济结构战略性调整所涉及的各项重大理论和实践问题进行系统的科学研究，对新常态下推进经济结构战略性调整给出合理的理论分析和政策建议。

在新古典经济学一般均衡条件下，资源充分流动，没有沉淀成本，商品市场—要素市场—资本市场相互独立，所以任何其他经济因素冲击都不会带来任何经济问题，即使发生不确定性、机会主义和交易成本也无所谓，资源最终都会实现重新配置，不会出现任何沉淀成本和调整成本，自由市场是永恒的主题，政府干预也是不必要的，仅仅依靠市场价格机制就可以实现经济结构战略性调整。然而，一旦打破资源充分流动性这一严格假设前提，通过引入沉淀成本概念，我们会发现，商品市场—要素市场—资本市场之间的复杂关系，体现在产业组织、新制度经济学、交易成本经济学、马克思经济学、凯恩斯经济学和实物期权等理论上，从而会使得沉淀成本更加显著。换言之，恰恰是由于沉淀成本的存在，才会使其他经济因素有了发挥作用的客观条件，此时市场不完全、信息不完全、交易成本、委托代理、产权结构（负外部性）和不确定性等才会发挥作用，进而发现沉淀成本会扭曲市场绩效，是降低经济效率和福利水平的最基本经济变量，无法实现帕累托最优，自由放任政策失灵，经济结构战略性调整出现悖论或调整刚性问题，甚至因逆向选择和道德风险难以进行调整。越是强调不确定性条件下的沉淀投资，越容易产生经济问题，造成理论模型与经济现实之间的巨大脱节，很容易误入歧途。更重要的是，决定结果和行为的不只是偏好和技术。行为的最重要的决定因素是个人所处的环境，以及这个环境中特定的制度。此时，如果忽略沉淀成本及其影响，继续坚持自由放任政策，就会仅仅看到经济结构战略性调整收益或好处，看不到战略性调整成本，因而会导致灾难性后果，看不到垄断、滞后效应、路径依赖、观望和承诺升级等异常行为。然而，一旦将沉淀成本纳入理性选择分析中，就可以发现，在经济结构战略性调整过程中，战略性调整本身就会出现失灵，而这个失灵源于沉淀成本本身，这样就可以揭示出沉淀成本所产生的内在五大机制，如图4所示。

因此，我们通过打破完全竞争假设前提，从沉淀成本角度深入分析推进经济结构战略性调整问题，并不能在竞争性市场上出现完全正确的结果，综合现有理论包括规模经济、交易成本、产权和信息不完全等理论，从而看到影响这些因素的最根本的经济变量——沉淀成本，从而表明沉淀成本如何扭曲经济结构战略性调整结果，以及制度和政策创新如何改进福利结果，与标准竞争模型预测的不同，动摇了传统自由市场效率思维方式，确立一种新的微观经济基础，具有更加综合意义。如果不把沉淀成本加到理论模型中去，就会丧失判断力，无法认清经济结构战略性调整的真正障碍，再次清楚地看到新古典经济学的适用范围和应用性，为经济结构战略性调整指明了方向。为此，我们在理论创新上的突破表现在以下几方面：

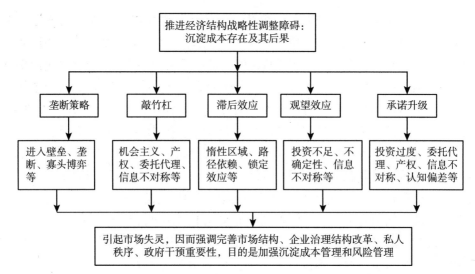

图 4   沉淀成本五大内在机制及其影响

（1）打破新古典经济学的假设前提——资源充分流动性，系统考虑沉淀成本概念、形成条件，并不仅仅将沉淀成本局限在生产要素市场价值实现上，而是将其拓展到产品市场价值实现上来，从而真正考虑沉淀成本的由来，打破瓦尔拉斯一般均衡，充分考虑影响经济结构战略性调整的内外因素，解释经济结构战略性调整的路径选择多样性和复杂性。

（2）确立经济结构战略性调整五大沉淀成本机制，通过将马克思经济学、凯恩斯经济学、新制度经济学、新产业组织经济学和信息经济学等理论结合起来，将产品市场、要素市场和金融市场联系起来，主要包括垄断或寡头垄断、敲竹杠、观望、路径依赖与承诺升级等五大机制，摆脱"黑板经济学"，真正了解经济是如何运行的，使经济学者对经济结构战略性调整方面在经济学逻辑的解释基础上达成一致，更好地理解沉淀投资、市场绩效与政策选择之间的关系。

（3）依据沉淀成本理论来构造经济结构战略性调整绩效模型，在经验研究方面创新，通过计量经济分析和案例研究方法，与委托—代理、交易成本和产权理论一道，从企业、产业、地区和国际贸易等层面进行分析，从中寻找到沉淀成本对经济结构战略性调整绩效的影响，突出统计或经济计量方面的经验创新的重要性。

（4）为加快推进经济结构战略性调整提供切实可行的政策建议，将经济结构战略性调整带回经济发展研究的核心，不只是回到瓦尔拉斯一般均衡物物交换经济（barter），而是回到货币生产经济（monetary production economy）中去。通过沉淀成本概念，具体化为资产性和制度性沉淀成本，将制度、激励与信息等有机结合起来，强调沉淀成本与不完美因素相互作用的重要性，再次看到政府干预的重要作用，将新古典主流经济学与以斯蒂格利茨、罗德里克、克鲁格曼、费希尔、伊斯特利、坎伯尔

（Stiglitz、Rodrik、Krugman、Fischer、Easterly、Kanbur）为代表的后华盛顿共识
（Post—Washington Consensus）综合起来，即将结构主义经济学家强调的国家发展主
义——强调政府对于克服市场失灵的重要性与新自由主义传统——强调自由市场机制
结合起来，从而突出政府在开放市场和更为自由政策环境下如何同时改进市场与政府
绩效①，关键在于加强沉淀成本管理，丰富新发展经济学理论体系与政策取向，加深
对经济结构战略性调整效率、公平与政策设计之间关系的认识，全面考虑建立有效的
要素、产品市场和货币、资本的复杂过程，而制度创新或政策创新则是本书自然得出
的一个结论。

0.5.2　实践创新意义

目前，中国经济发展中存在的结构性问题明显，增长动力结构不合理，城乡区域
发展不平衡，农业基础仍然薄弱，制造业质量不高，服务业发展相对滞后，科技创新
能力不强等。经济结构是否科学合理，直接关系到经济发展是否健康高效、经济社会
发展是否全面协调可持续。准确把握经济发展的阶段性特征，适应发展形势的新变
化，对经济结构进行战略性调整，是保证经济长期平稳较快发展和经济社会全面协调
可持续发展的必要举措，也是处理好政府与市场关系的重要线索②。

只有加快推进经济结构战略性调整，才能有效加快经济发展方式的转变，拓展中
国经济发展空间，又好又快地实现国民经济可持续发展。在经济结构战略性调整过程
中，完全竞争市场条件无法得到满足，究其根本在于沉淀成本，由此产生的各种问题
都会出现，包括垄断、敲竹杠、路径依赖、承诺升级等行为，这些因素都不同程度地
阻碍现有经济结构战略性调整。同时，还影响新企业进入，无法扭转不合理的经济结
构，往往背离经济结构战略性调整预期目标，自由放任市场是无效率的。不仅如此，
还会恶化，造成经济体脆弱性，经不住风吹草动的不确定性冲击，因而提供适当的制
度或政策还会导致投资增多和降低长期价格（Dixit and Pindyck，1994③），深化对经
济结构战略性调整本质的理解具有重要指导意义。

针对新常态下经济结构战略性调整，打开调整这个"黑箱"（black box），较为
全面地理解经济结构战略性调整的微观经济基础——沉淀成本、效率、公平与制度或
政策设计之间的密切关系。尤其指出，在不确定性条件下进行沉淀投资，如果实行自
由放任政策，不仅不能解决经济结构战略性调整问题，而且还会使经济结构战略性调
整问题更加严重，事与愿违，此时政府干预需要在减少不确定性和不稳定性上下工

---

①　Onis, Z. , and Senses, F. , 2005, Rethinking the Post – Washington Consensus, Development and Change,
36（2）：263 – 290.

②　王焕祥：《新常态下政府有为与市场有效的协同演进》，《开放导报》，2015 年第 2 期。

③　Dixit, A. , and Pindyck, R. , 1994, Investment under Uncertainty, Princeton：Princeton University Press.

夫。为了早日实现经济发展方式转变、全面落实科学发展观，积极应对国内外不利冲击，为政府加快推进经济结构战略性调整确立更好的政策创新和制度创新原则，关键在市场结构、要素投入、产业结构调整优化、区域协调发展和国际经济结构等方面，加强沉淀成本管理与补偿机制，以便提高市场灵活性，以提升经济的适应性效率（adaptive efficiency），实现经济结构战略性调整目标，促进国民经济又好又快健康发展。

因此，要从战略性调整角度，主要从所有制结构、要素投入结构、产业结构调整、区域经济结构和国际经济结构等方面进行调整，在依据市场机制的基础上，通过引入沉淀成本概念，探讨战略性调整障碍，从而将市场竞争、私人秩序与政府干预有机结合起来。具体来说：

（1）需要大力完善市场结构，降低二手资产市场交易成本，提高交易质量和信息透明度，提高资产出售价格，有助于降低沉淀成本。建立和完善全国统一生产要素市场，包括资本市场，为经济结构战略性调整提供一个良好的、公开的、信息充分的、可以降低交易成本的环境，减少要素跨地区流动障碍和地方保护主义，建立统一的国内大市场，以减少生产要素流动的阻力。

（2）大力完善非市场制度治理结构，可以降低沉淀成本。允许私人企业管理沉淀成本。例如，私人企业进行教育和培训投资，可以减少人力资本专用性，进而提高劳动的流动程度；再一个，是私人契约安排，有助于减少沉淀资产带来的不确定性程度。因此企业可以实施垂直一体化、长期契约和产权结构等，都可以减少沉淀成本。直到交易双方无法解决问题，第三方政府的法律才需要介入。

（3）政府对于经济结构调整的作用不可忽视，尤其是制定游戏规则或制度安排。政府可以管理沉淀成本。最简单的例子是进行基础设施投资，降低经济主体沉淀成本出现的概率。因为这些基础设施资产具有专用性，很难转为他用，很容易发生沉淀成本；再就是对教育、培训以及研发和市场信息等方面进行投资。由于研发与信息搜集沉淀成本非常普遍，所以，对私人主体来说会产生很多的沉淀成本和不确定性，因此，政府通过对企业内信息分享协调可以减少沉淀成本和不确定性，刺激对学习投资，以及增加要素流动和提高生产力。

此外，政府不仅减少经济性沉淀成本，而且还需要减少制度性沉淀成本。不仅需要政府建立社会保障体系和加大生态环境管制，还需要减少不必要的进入壁垒和退出壁垒。因此，政府可以采取税收减免，或者加速折旧，以及建立社会保障体系等经济政策，有助于降低资源流动时发生的沉淀成本。

由此可见，只有以市场制度为基础，将制度创新和政策创新着眼于沉淀成本管理与补偿机制上，有助于生产要素充分流动，减少逆向选择和道德风险行为，才能加快推进经济结构战略性调整。否则，因沉淀成本的存在就会阻碍经济结构战略性调整顺利进行。只有了解经济结构战略性调整实际上是怎样运行的，才能弄明白经济是如何陷入当前困境的，只有理解这些内在机理，才能知道怎样冷静理性应对。因而，提供沉淀成本管理作为理论指导，为政府决策者提供切实可行、可操作性的政策建议。

因此，新常态下推进经济结构战略性调整，改变经济结构不合理现象，不仅是转变经济发展方式的主攻方向，而且有助于实现全面建成小康社会和社会主义现代化建设的目标，有助于实现充分就业、经济可持续发展和国际收支平衡等。而沉淀成本则是经济结构战略性调整中最根本的经济变量，尤其在市场经济条件下，提出可操作性的政策建议，即以市场经济体制为基础，在有沉淀成本的情况下，逐渐确立私人秩序和政府干预，没有产业结构改善就不可能提高社会福利水平，从而背离市场经济体制发展目标。

本书的目的不是进行理论之争，而是寻求任一经济理论的适用范围，从而提供一种新的内在逻辑、分析框架和新的理论综合，将经济理论向前推进，深入理解经济结构战略性调整的假设前提，摆脱新古典经济学资源充分流动模型。在吸收现有沉淀成本相关研究成果基础上，在理念上强调经济模型必须考虑沉淀成本，重新纳入理性选择模型中，以经济结构战略性调整的宏观经济环境和初始禀赋（社会、政治、经济、法律条件）为背景，利用沉淀成本方法解释经济结构战略性调整方式的选择，在某种程度上将不确定性、交易成本、有限理性和策略行为等有机地联系起来，从所有制、要素投入、产业结构、区域协调和国际贸易等方面入手，提供相应的制度创新或政策创新原则，在于加强沉淀成本和风险管理，以创建有管理的市场经济体制，重塑市场—企业—政府之间的新型关系，为推进经济结构战略性调整提供制度或政策建议。

需要指出的是，经济学具有思辨性，需要我们不断观察、思考及其推理，我们无法接受建立在"假定人们都是完全理性这一命题"基础之上的理论模型。事实上，我们还没有聪明到让市场决定一切的程度。更为重要的是，世界充满了不确定性，这里的不确定性指的是我们不能准确把握未来发生的事情，理性所具有的不确定性使它难以承担这一重担，因而本书要避免那些往往"到此为止的结论"。进一步说，我们的研究，并不意味着沉淀成本理论囊括了经济结构战略性调整的全部答案，但本书至少把沉淀成本这一问题提出来了，而这一问题却不是新古典经济学那里谈得很多的问题。这正是我们需要向前推进的地方，通过现有的理论前沿梳理、挖掘、整理，从而创建出一套沉淀成本理论，进而与交易成本范式、信息不完全范式、市场不完全范式等形成互补关系，提升我们的认知能力和解决问题的能力，对于新常态下经济结构战略性调整，乃至一般化的经济问题具有重大的理论创新和政策创新意义。

第一篇

理论渊源及创新

第 1 章

经济结构战略调整的理论渊源

1.1　新古典经济学理论：一般均衡理论参照系

对于经济结构战略调整，一般说来，很容易想到的就是新古典微观经济学①。因为在理性选择条件下，是否进行经济结构战略调整，实际上取决于经济结构调整的成本收益分析，它是在一个供求模型中发生变化的。微观经济学又称为价格理论，以此来强调相对价格在其中所起到的重要作用，并为理论进一步拓展奠定了参照系。

1.1.1　新古典微观经济学模型的假设前提

由微观经济学可知，在新古典阿罗—德布鲁一般均衡模型条件下，即在完全竞争市场上，企业可以根据市场价格信号自由实现经济结构调整，政府也无法改变人性（human nature），也就是每一个人都想尽力从经济活动中获取最大利益，就像古典经济学说假定的那样。因此，无论消费者还是生产者作为不同的角色总是追求自身利益（self-interest）最大化。当作为交易者追求最有利可图的投资机会，作为生产者和消费者寻求最小报价，作为雇员寻求最大工资。由于这些理性行为，从而拓展为全球化，一样在全球化条件下追求自身利益最大化，从而看到在经济结构战略调整过程中理性人的行为及其政府干预的主要原则。其具体条件主要如下：

---

① 需要指出，很多学者对于经济学帝国主义的理解，还不十分清楚和不够全面。确实，新古典经济学帝国主义是非常普遍和盛行的，主要是由贝克尔首创的。但是由于西方经济学本身并不是铁板一块，经济学流派或分支十分多，恰恰可以体现出新制度经济学帝国主义、行为经济学帝国主义、后凯恩斯经济学帝国主义、信息不对称经济学帝国主义等。这样有助于我们清楚某一经济学分支思维方式的重要性及其发展脉络，甚至可以看出它们的局限性，从而进行更深入的学科交叉或跨学科研究。

第一，信息完全，不存在因信息不完全产生机会主义行为。它包含两个含义，一个是市场上所有信息都是真实信息，这也意味着法律和监督体制都完美无缺，在市场上不存在任何虚假信息；二是指在信息的生产、传递和验证等一系列过程中不存在任何信息成本，它意味着信息在市场主体之间的分布公平无偏，当事人都有理性预期，不存在逆向选择和道德风险行为。

第二，市场无摩擦性和风险可计量性。市场无摩擦性是指市场中不存在任何交易成本，任何投资者都可以畅通无阻地进行套利交易，而且套利交易可以毫无风险。风险可计量性是指未来的不确定性投资均服从一定的概率分布，风险的大小程度，可以用概率分布的标准差表示出来。隐含信息完全，都可以在事前得到完全内部化。

第三，所有的资源都是完全流动的，不存在产业结构扭曲状况。这意味着厂商自由进入或者退出一个行业是完全自由和毫无障碍的。所有资源可以在各厂商之间和各行业之间完全自由地流动，不存在任何障碍，都可以随着市场价格信号瞬时调整。这样，任何一种资源都可以及时地投向能够获得最大利润的生产，并且可以及时地从亏损的生产中毫无损失地退出。在这里，隐含的假设条件是生产要素或者生产资源市场是完全的，没有任何干扰市场达到均衡状态的因素。实物产业投资与证券金融投资没有任何差别。

第四，当事人都是独立的市场当事人，不受政府直接干预，有关生产什么、如何生产，以及为谁生产等，都是当事人自己做出，因此追求自身利益最大化行为，本身私利行为与社会利益是一致的。这意味着没有任何外部性行为。市场上每一个卖者和每一个买者都掌握与自己决策相关的一切信息。这样，每一个消费者和每一个厂商都可以根据自己所掌握的完全信息做自己最优的经济决策，从而获得最大利益，最终导致个人利益与社会利益一致①。

同样，对于收入分配理论来说，新古典一般均衡理论也为我们提供了一种分析视角。因此，在完全竞争市场条件下，各类生产要素资源配置会实现帕累托最优，不会出现任何冲突问题。但是，完全生产要素市场需要若干假设条件：

第一，消费者是理性经济人，不仅现在而且将来都有使他们的效用函数达到最大的能力。他们拥有完备信息或知识，不存在信息不对称或者有限理性问题；

第二，生产者也是理性经济人，在给定生产函数的条件下，以及在其硬预算约束下随时追求利润最大化，也具有无所不知的能力；

第三，经济的各个部分是完全竞争的，包括资本和劳动市场。商业交易活动，如市场的交易，是没有信息和交易成本的，并不存在任何垄断因素；

---

① 实际上，作为芝加哥学派创始人奈特是较早详细明确表述了完全竞争模型最完整的假设条件。奈特曾一再强调，经济人并不是世界上真正的人。经济人理论是其现实相对物的非现实的复制品，目的是为了从现实中进行抽象，从而创立一门严格有用的经济学科学。他甚至承认，经济理论必须在非现实假设的基础上发展，但不应超出"常识"适应性的限度。

第四，所有的生产要素都充分流动，没有进入障碍和退出障碍，没有任何沉淀成本；

第五，所有的产品和服务都在市场体系中，换言之，没有不定价的公共产品或环境资源，并且不存在外部性；

第六，经济不受政府干预，各种制度安排是等价的。

由此可见，在新古典瓦尔拉斯一般均衡的完全竞争市场上，由于当事人信息完全，不存在不确定性，交易成本为零，产品市场和生产要素市场都是完全竞争的，没有任何市场交易成本，也不会带来任何投资损失，私有企业都可以追求利润最大化。企业仅仅被看作一个生产函数，内部也没有任何交易成本，仅仅依靠价格信号调节生产和资源配置，即他们可以瞬间恢复均衡。在这种情况下，我们不会遇到机会主义、有限理性，以及资产专用性等问题，经济都会达到最优配置，从而体现福利经济学基本定理。即使遇到外部性等问题，由于科斯定理存在，即当事人讨价还价没有任何交易成本和信息成本，产权的初始分配不会影响经济效率，同样也不会带来任何利益损失。

由于福利经济学基本定理与科斯定理都假设信息完全，当事人完全理性，并且没有任何交易成本，因而可以完全依靠市场价格信号自由转换和自由竞争，此时任何交易都因没有机会主义和有限理性不会给当事人带来利益损失。一般均衡理论有许多丰富的内涵，这些不仅有助于经济学知识的组织，而且更为重要的是对于运动经济分析非常有用。尽管它主要用于解释市场取向的活动，但也可以被拓展至包括许多非市场活动。但是，采用一般均衡理论这一方法，经济注定任何时候都处于均衡状态，而不管经济条件的变化。为了做到这一点，只需假定信息成本和交易成本为零，以提供经济均衡所需条件。信息成本和交易成本概念无疑是有用的，但如果像上面这样被应用，则他们基本掩盖了失衡的持续性[①]。

这样，我们会看到福利经济学基本定理和科斯定理，市场实现最优资源配置。每一个定理都需要许多很强的假定，比如不存在激励与协调问题，因此通常是逻辑的构造而不是对世界的现实描述（亨德里克斯，2007[②]）。其中，与福利经济学基本定理相比，科斯定理赋予了制度层面更重要的角色。除了关注市场价格和产量之外，也同样关注了所有权的界定。科斯定理强调，为使市场机制很好地发挥其功能，需要许多制度安排。所有权的界定、契约的设计和制度框架的选择等因素不再是外生的，它们成为重要的研究对象。新古典经济学方法的传统关注范围被证明过于狭窄，因为它仅限于生产成本，忽略了制度成本或交易成本。这些制度成本与组织管理、契约设计和执行相关联。科斯定理对于发展组织理论的重要性在于，它论述了在什么情形下所有

① 西奥多·舒尔茨：《报酬递增的源泉》，北京大学出版社，2001 年版。
② 乔治·亨德里克斯：《组织的经济学与管理学：协调、激励与策略》，中国人民大学出版社，2007 年版。

权界定并不重要。但是，这些情形非常具体，这意味着它们很少出现。完美的市场功能是特例而不是常态，所有权界定通常被证明是非常重要的。因此，判断在何种情形下科斯定理的条件不能得到满足显得非常重要，这为组织或制度的成长提供了肥沃的土壤，它们取代了市场价格机制来降低市场上交易的无效率。讨价还价无效率构成了解释组织或制度的出发点。

这一推论意味着，对于经济结构战略调整来说，在面临困境的情况下，特别是生产要素市场完全竞争时，亏损行业的这些生产要素可以顺利通过市场交易出售，没有任何损失，可以重新进入有利可图的行业中。换言之，在企业产品市场无法实现销售价值，产生亏损的情况下，由于生产要素具有通用性，其再生产的机会成本不会下降，可以重新进行有利可图的投资，因符合完全竞争市场条件，具有完全理性的经济人根据自身利益最大化，会达到双方和谐满意，以致实现市场出清，此时生产要素就会随着产品市场价格的变化而自发调节，不会出现任何利益损失，最终必然会实现生产资源的最优配置，进而根据市场价格信号实现经济结构战略调整。

1.1.2　完全竞争市场缺陷

通过完全竞争市场条件，我们可以看到斯密"看不见的手"作用，"一般地，他确实既不打算促进公共利益，也不知道自己会在多大程度上促进这种利益。……他所考虑的只是自己的利益。但是，在这种场合，像在其他许多场合中一样，他受一只看不见的手的引导区促进一个并非他本意要达到的目的。也并不因为事非出自本意，就对社会有害。他追求自己的利益，却往往使他能够比真心实意要促进时更有效促进社会的利益"。然而，这一理论有严格的假设前提，使个人利益与社会利益一致，因而看不到弗勒德和德雷谢尔1950年提出的"囚犯困境"、哈丁1968年提出的"公共地悲剧"和奥尔森1965年提出的"集体行动悖论"（奥斯特罗姆，2000[①]）。那么，我们来看一下完全竞争市场的假设前提的缺陷：

（1）生产要素是均质，具有完全通用性，没有任何专用性问题。换言之，由于在完全竞争市场上，人力投资资源具有完全通用性，即使发生了不确定性，也不会影响资源价值。在人力资产流动过程中不会遇到任何流动性障碍，即不会发生人力资源沉淀成本，所以可以自由进出市场或产业，从而在市场价格方面实现一价定律，不会出现任何差别定价。由于没有沉淀成本，资源充分流动，即使处于规模经济，至少可以实现帕累托最优（Baumol et al.，1988[②]），不会出现任何投资错误。

---

① E. 奥斯特罗姆：《公共事物的治理之道》，上海三联书店，2000年版。

② Baumol，W. J.，Panzar，J. C.，and Willig，R. D.，1988，Contestable Markets and the Theory of Industry Structure，Revised Edition，San Diego：Harcourt Brace Jovanovich.

（2）产品和要素市场的信息完全，没有交易成本。由于家庭和企业都了解人力投资资源的质量、功能和边际产量等，并且假设了解这些信息是免费的，不需要支付任何成本，随时可以获得自己需要的信息，所以，市场上可以实现帕累托最优，不会出现任何潜在利益没有实现的情况。同时，也不会出现因信息不完全或不对称出现的逆向选择和道德风险行为，此时洽谈交易和执行交易都不需要了。

（3）生产要素的私有产权清晰，不会产生任何外部性问题。费雪认为，产权是享有财富的收益并且同时承担与这些收益相关的成本的自由或者所获得的许可，产权不是有形的东西或事情，而是抽象的社会关系，它不是物品。所有权包括以下四个方面：①使用资产的权利（使用权）；②获得资产收益的权利（收益权）；③改变资产形态和实质的权利（处分权），以及④以双方一致同意的价格把所有或部分由①②③规定的权利转让给他人的权利。既然家庭追求效用最大化，企业追求利润最大化，那么不会带来交易双方给第三者造成任何影响，不会产生外部性，即私人成本与社会成本一致，私人收益与社会收益一致，从而不会带来资源使用过度或者不足现象①。

（4）不存在任何自然和人为的垄断因素，企业可以自由进入和自由退出。由于假设有无数个企业和家庭，任何单个当事人无法控制市场价格，相对于市场需求企业规模是较小的，此时也没有政府干预，所以垄断租金是不存在的，也不存在寻租活动。单个当事人仅仅是市场价格的接受者，依据追求自身最大化利益，按照市场价格进行最优选择，从而实现协调和和谐，不会出现任何利益冲突，此时政府干预无用武之地。

（5）不存在规模经济和固定成本或沉淀成本。

正是在规模经济和固定成本情况下，需要采取平均成本定价。同时，在固定成本为零或者沉淀成本为零情况下，边际成本定价是可以的。否则，当存在固定成本或沉淀成本情况下，边际成本定价就会导致企业亏损，甚至是破产。因此，当存在固定成本或沉淀成本情况下，企业发展就需要改变思维方式，尤其是完全竞争模型，从而走进寡头垄断市场结构模型。

总而言之，完全竞争市场为我们研究经济结构调整提供了一种比较基准或参照系，通过考察其假设前提，我们可以透视出经济结构调整障碍的原因，根本原因在于计划经济体制下沉淀成本过高，没有市场调节机制，完全放弃竞争市场，或者说，根本不重视市场机制，从而造成经济结构调整的资源重新利用和重新配置效率低下，这为我们引入较为现实的经济结构调整模型奠定了理论参照系。

然而，大多探讨经济结构战略调整，主要是基于供求"黑板"经济学背景提出来的，主要着眼于私有企业所面临的约束条件，即使追求利润最大化，从而可以看出

---

① 丹尼尔·W. 布罗姆利：《经济利益与经济制度：公共政策的理论基础》，上海三联书店、上海人民出版社，1996 年版。

这一简单模型是一个没有沉淀成本的经济模型。事实上，沉淀成本远比人们想象的更加普遍，从而使这一模型无法满足现实经济发展的需要。因此，需要了解沉淀成本及其影响。

由于面临信息不完全、有限理性等，当事人会力求交易成本最小化，从而寻找到最有效率的组织形式，这又隐含组织或制度是在完全竞争市场上进行竞争而实现优胜劣汰。然而，这完全忽略了经济结构调整所面临的约束条件，中央计划生产、国有产权和产业结构扭曲这一转型经济现实，特别是在结合西方特定背景下的信息不完全、交易成本、机会主义等因素，使中国经济结构调整更加困难，沉淀成本问题更加突出，成功的经济结构调整极其罕见，而不成功的经济结构调整十分普遍，从而带来严重的投资不足，使国有企业难以摆脱历史包袱和债务负担等，难以参与市场经济的发展中来。为此，我们需要进一步引入较为现实的约束条件，从而深入分析经济结构战略性调整的障碍，将主观上完全理性与客观上沉淀成本结合起来，从而归结到一个统一的分析框架，为经济结构战略性调整提供理论支撑和政策建议。

进一步说，如果经济结构战略调整不考虑沉淀成本，那么不仅导致理论错误，甚至政策建议都是错误的，忽略了沉淀成本，以及由此产生的自由放任政策，会导致经济结构调整更加困难，甚至出现灾难性后果，造成理论模型与经济现实之间的巨大脱节。也就是说，必须正视沉淀成本的存在及其不利影响，就像凯恩斯并不相信所有的经济生活都是不确定性的那样，古典经济学理论对许多市场及其存在的问题具有实用性，如大多数消费品市场、某些特定的企业和行业的定价策略，在这种情况下，我们可以合理地假设更新自我利益的经济主体对市场条件具有充分信息，以达到他们的目标。问题在于古典经济理论一般化到并支配了经济活动的所有范畴，包括所有那些根本无法确定其结果的经济活动。结果古典经济理论过高地估计了市场经济的稳定性，为政策提供了误导性的判断。凯恩斯攻击的矛头并没有指向古典经济学本身，而是对它的适用范围和应该性提出了大胆的质疑，正如凯恩斯（2012）[①] 所说："显然，如果古典学派的理论只适用于充分就业的情形，那么把它应用于非自愿失业问题上就会一错再错。但是，谁又能否认这个问题的存在呢？古典学派的经济学家，恰似欧几里得几何学家生活在非欧几里得的世界里，当他们发现在日常生活中两条看来是平行的直线会相交时，就要抱怨这两条线为什么直线不直走。在他们看来，直线直行乃是避免二线不幸发生碰撞的唯一办法。然而，事实上除了放弃平行公理，另创非欧几里得学外，别无他途。今日的经济学也需要类似的改造"。因此，我们需要反思新古典经济学，从而确立有无沉淀成本两分法，进一步推进理论创新，更加贴近经济现实。

---

① 凯恩斯：《就业利息和货币通论》，华夏出版社，2012 年版。

1.2　新产业组织理论：博弈论与不完全竞争市场

由于新古典经济学假设完全理性和产品市场完全竞争，我们发现，要素市场不完全导致的沉淀成本，对于产品市场结构毫无影响，相当于沉淀成本决策无关性（即有无沉淀成本不影响当前决策），不会对产品市场产生任何不利影响。换言之，沉淀成本的出现不会对产品市场竞争构成任何威胁。虽然新制度经济学通过交易成本概念打破要素市场完全假设，但却保留了产品市场完全竞争假设，从而看不到沉淀成本对产品市场结构所造成的不完全性。正是这个原因，新制度经济学本身的局限性就凸显出来，并没有将有限理性或交易成本贯彻到底，仅仅着眼于要素市场上的交易成本研究、产权研究以及企业内部的委托代理研究，忽略了产品市场不完全研究，新制度经济学的这一缺陷已经被认识到了（单伟建，1996[1]），所以我们不仅仅考虑交易性市场失灵，也需要考虑结构性市场失灵[2]，从而突破新制度经济学的局限性，再次将沉淀成本纳入市场结构的影响，深刻理解新古典产业组织理论——博弈论，不仅突破了瓦尔拉斯一般均衡，而且对于产业结构战略调整具有重要意义。

1.2.1　新产业组织经济学

为此，我们运用不完全竞争市场假设前提，通过沉淀成本概念推导产品市场结构不完全，从而发现，沉淀成本的存在，作为进入障碍对企业间产品市场结构产生重大影响，所以能够看到沉淀成本的战略意义。一旦我们打破产品市场完全竞争假设前提，我们就会发现沉淀成本导致潜在企业进入障碍，会对产品市场结构产生重大影响，从而构成企业间战略博弈的基础。在产业组织理论上，从贝恩（Bain，1959）[3]开始，一直将沉淀成本看作不完全竞争市场结构的来源，标志着新古典完全竞争产品市场被打破了，从而认为沉淀成本是企业进入、退出决策和战略投资的决定因素，鲍

---

① 单伟建：《交易成本经济学理论、应用及偏颇》，载汤敏、茅于轼主编：《现代经济学前沿专题》第一辑，商务印书馆，1996 年版。

② 实际上影响市场绩效包括两个主要方面：一个是交易性市场失灵，另一个是结构性市场失灵。前者坚持有限理性或正交易成本假设前提，研究人与人之间的关系，后者坚持完全理性或零交易成本，研究人与自然之间的关系。因此，科斯（Coase，1972）主张将产业组织研究方向由完全理性向有限理性转变，从而出现新古典产业经济学与现代产业组织理论（新制度产业经济学）异同点。因此，有理由认为，新的分析方法（产权和交易成本方法）正处于发展过程之中，这种方法即便没有替代，也会对传统的新古典教条作出补充。如果换一种表达方式，这就是，使用"无摩擦"的竞争模型和不完全竞争模型似乎不再具有合理性，因为这些模型是建立在零交易成本、完全个人理性和外生的给定制度结构这样一些严格的假定之上（弗鲁伯顿、芮切特，2006）。而我们认为，企业组织与市场签约的重大差别在于前者具有沉淀成本，以及由此产生的可信性承诺，无须再考虑机会主义和交易成本问题，而后者则成为研究交易成本的重要领域。

③ Bain, J., 1959, Industrial Organization, New York: John Wiley and Sons.

莫尔和威利格（Baumol and Willig，1981）[①]、迪克西特（Dixit，1980）[②]、伊顿和利普西（Eaton and Lipsey，1980）[③]、马丁（Martin，1989）[④]、斯蒂格利茨（Stiglitz，1987）[⑤] 和萨顿（Sutton，1991）[⑥] 考察了沉淀成本对投资的作用，解释了市场可竞争性与产业结构之间的关系，看到了沉淀成本与市场垄断结构的关系。在对待沉淀成本与投资和生产能力关系中，迪克西特和平迪克（Dixit and Pindyck，1994）[⑦] 分析不确定条件下不可逆投资的优化问题，分析了投资决策与期权定价之间的关系。

虽然科斯创立了新制度经济学，十分关注人与人之间的契约关系，引入交易成本概念将新古典经济学一般化，但是我们仍然可以分析沉淀成本的可信性承诺问题。威廉姆森（Williamson，1985）[⑧] 通过资产专用性和有限理性等概念探讨交易成本治理结构的关系，超越了新古典经济学固定成本和可变成本划分方法，在交易成本经济学基础上划分了资产专用性投资和非资产专用性投资，进行了比较制度分析。同时，威廉姆森（1983）[⑨] 也论述通过人质（hostage）支持交易过程中可信性承诺的价值，沉淀成本会大大降低交易成本。不仅如此，哈特（Hart and Moore，1999[⑩]）根据不完全契约理论认为，资产专用性、准租金和敲竹杠作为签约的关键问题，因此剩余控制权在影响事前资产专用性投资是非常重要的。同样，因交易成本进入企业内部，通过机制设计减少委托代理中的道德风险，从而实现激励相容，这些理论隐含假设是要素市场不完全有沉淀成本和产品市场完全，看不到沉淀成本对市场结构的影响。而且，行为经济学家卡尼曼和特维斯基（Kahneman and Tversky，1979）[⑪] 在前景理论（prospect theory）基础上对沉淀成本相关性给予心理学解释，从改变偏好角度论证在有限理性条件下沉淀成本相关性。根据这一理论，人们对投资损失的反应是因为他们有损失厌恶的偏好，从而表明沉淀成本影响决策往往被看作人们做出非理性行为。因此说，在新古典确定性环境下，沉淀成本决策无关性是理性的，一旦离开新古典确定性

① Baumol, W. , and Willig, R. , 1981, Fixed Costs, Sunk Costs, Entry Barriers, and Sustainability of Monopoly, Quarterly Journal of Economics, 96 (3): 405 –431.

② Dixit, A. , 1980, The Role of Investment in Entry Deterrence, Economic Journal, 90: 95 –106.

③ Eaton, B. , and Lipsey, R. , 1980, Exit Barriers are Entry Barriers: The Durability of Capital as a Barrier to Entry, Bell Journal of Economics, 11: 721 –729.

④ Martin, S. , 1989, Sunk Costs, Financial Markets, and Contestability, European Economic Review, 33: 1089 –1113.

⑤ Stiglitz, J. , 1987, Technological Change, Sunk Costs, and Competition, Brookings Papers on Economic Activity, 3: 883 –937.

⑥ Sutton, J. , 1991, Sunk Costs and Market Structure, Cambridge: MIT Press.

⑦ Dixit, A. , and Pindyck, R. , 1994, Investment under Uncertainty, Princeton: Princeton University Press.

⑧ Williamson, O. , 1985, The Economic Institutions of Capitalism, New York: Free Press.

⑨ Williamson, O. E. , 1983, Credible Commitments: Using Hostage to Support Exchange, American Economic Review, 73 (4): 519 –540.

⑩ Hart, O. , and Moore, J. , 1999, Foundations of Imperfect Contracts, Review of Economic Studies, 66 (1): 115 –138.

⑪ Kahneman, D. , and Tversky, A. , 1979, Prospect Theory: An Analysis of Decision under Risk, Econometrica, 47: 263 –291.

环境，沉淀成本的影响是十分重要的。

　　新古典经济学完全竞争市场可以说没有沉淀成本。新古典经济学教导我们说，在竞争充分的条件下，市场交易会使商品价格趋于与该商品的边际生产成本相一致。进入这种价格状态时，一个经济即可以被认为是达到了其最佳产出水平，即达到其生产可能性边界。不幸的是，这一理论只有在投资成本可以不花成本地转移或进出不同行业时——也就是当工业的沉淀成本几乎为零时才起作用（佩雷曼，2000①）。这说明，在完全竞争条件下，任何投资成本，或者通过投资生产的产品市场的利润得到回收，或者通过出售通用性资产实现出售价值补偿投资成本。在没有交易成本的情况下，投资成本可以依靠市场制度完全可以实现价值用来补偿投资成本。产品市场和资产市场都是完全的，不会发生任何沉淀成本。新古典理论不现实地假设耐用资本品不存在，或者假设资本品似乎可以从一种形式转变为另一种形式。

1.2.2　沉淀成本与竞争优势

　　在要素市场不完全条件下，特别是在一定的产品市场结构下，企业可以在事前采取一些行动，影响事后自己以及竞争对手的竞争策略，并从中获得超额利润。换言之，企业可以通过产品市场竞争前的一些行动营造某些对于自己有利的竞争环境，改变对手的行为约束。在这个环境里面自己能够对对手造成某种"可信性威胁"。有市场势力的企业便是对较弱竞争对手有一种威胁：如果你就范，我会使你付出更高的代价。那么，企业能否以口头的威胁，声称如果对方采取某种对自己不利的行动，自己便以某种极端手段给予报复？显然，如果这行得通，任何企业都会发出这种无成本的威胁。所以，口头上无成本的威胁一般是不可信的，从而也是没有任何效果的。同样，能够无成本地撤资不能形成任何可信性威胁。按照谢林（Schelling，1960②）的话来说："要能牵制别人，自己也要受牵制"。可信性威胁要求对方真的采取了对自己不利的行为后，兑现威胁是自己的最优反应。

　　正是这种可信性威胁——或称为"承诺"——的要求，沉淀资产具有战略意义。伊顿和利普西（Eaton and Lipsey，1981③）指出，"如果要以资本作为承诺的工具，很清楚它必须在某种程度上具有产品专用性；否则，过去对资本的投资是完全撤资，便没有牵制自己。"夏皮罗（Shapiro，1989④）对此表述更清楚，并且，他还指出：由于物质资本投资可以改变企业将来的最优行为，所以它具有战略性的意义。任何降

---

　　①　迈克尔·佩雷曼：《经济学的终结》，经济科学出版社，2000 年版。

　　②　Schelling，T.，1960，The Strategy of Conflict，Cambridge：MIT Press.

　　③　Eaton，B.，and Lipsey，R.，1980，Exit Barriers are Entry Barriers：The Durability of Capital as a Barrier to Entry，Bell Journal of Economics，11：721 – 729.

　　④　Shapiro，C.，1989，The Theory of Business Strategy，Rand Journal of Economics，20（1）：125 – 137.

低企业边际成本的投资都包含着一个将在未来更激烈地竞争的可信性承诺，如果对手对该激进行为的反应是降低竞争态势或者完全退出市场，这个企业便可以从投资中获益。投资要具有战略意义，它必须是对手可观察到的，同时还必须是不能回收的。可以无成本地变更的行为不可能包含承诺，从而也就不具有战略意义。这个原理告诉我们，投资中"沉淀"的部分对投资的战略意义十分重要。这个原理还意味着企业可以将其不可挽回的成本转化为沉淀成本以达到某种战略目的。

在产品市场结构方面，既不是完全竞争，也不是完全垄断，往往是具有战略①行为的寡头市场结构。因此理解不可逆投资承诺对企业及其竞争者的影响显得十分重要。在这种情况下，不仅因为沉淀成本无关性导致在位企业与其竞争对手的成本不对称，使在位企业拥有成本优势和相应的竞争战略。更为重要的是，沉淀成本还会导致边际成本下降，使反应函数移动，从而使自己的地位更为有利。

承诺意味着不可能或不利改变计划的行动。依据决策者主观目标，我们可以区分实际与经济两类承诺。前者消除可供选择战略，而经济承诺改变承诺战略的现金流。对于某一战略承诺，一方面可以通过落实战略本身和不可逆投资，另一方面通过增加改变战略的成本或降低改变战略的收益。决策的不可逆性意味着，决策的影响不可能完全可逆。因为至少是部分可逆的，或者说至少是部分沉淀的。这主要与要素市场不完全直接相关。

企业竞争优势与沉淀成本有关，而沉淀程度又被定义为资产购买价格与其流动性价格（清算价格）之差。如前所述，沉淀成本的产生，一是与资产本身或互补资产是企业专用性的。专用性可能被追溯到因果模糊、社会复杂和路径依赖②上去。还有企业的策略知识和能力都是无形资产，不可能无损失地交易；二是买卖双方之间资产质量的信息不对称类似于柠檬市场描述下的市场失灵。如果潜在买者不知道二手资产的质量，他仅仅愿意支付平均质量的价格。高质量的潜在卖者不愿意以平均价格出售而退出市场。因此市场的平均质量会继续下降直到最差质量的资产得到交易；三是政府管制也会带来沉淀成本。

在位企业进入市场已经沉淀一些资本数量，从而造成在位企业和潜在企业之间在边际成本和边际风险的不对称。潜在企业的进入中的边际成本中包括不可逆投资，这些沉淀投资对于在位企业已经投资了，不再考虑，这种情形被称为沉淀成本效应（sunk cost effect）。正是在这个意义上，鲍莫尔和威利格（Baumol and Willig, 1981③）

---

① "战略"一词的含义有点模糊不清。对应于经济方面和组织方面的广泛使用，它具有两种含义。一方面，战略可以在对抗的背景中（比如在博弈论中）加以理解；另一方面，战略乃是一种前瞻性活动。我们采用的是前一种含义。而后一种含义往往使用于非主流经济学上，包括后凯恩斯经济学。

② Hodgson, G. M., 2001, How Economics Forgot History: The Problems of Historical Specificity in Social Science, London: Routledge.

③ Baumol, W., and Willig, R., 1981, Fixed Costs, Sunk Costs, Entry Barriers, and Sustainability of Monopoly, Quarterly Journal of Economics, 96（3）: 405–431.

认为，沉淀成本构成潜在企业的进入障碍。除此之外，沉淀成本易受在位企业降低收益和提高成本的报复。因此，沉淀成本降低进入企业的预期利润。同样，也会阻碍新企业的创建。因为潜在企业进入，需要把货币资本沉淀在一个新产业中，不论是物质资本、人力资本、广告或者其他支出，都使得在位企业和潜在企业所面临的边际成本和边际风险不同。在位企业的资本已经投资，并且无论发生什么都必须承担沉淀成本，如果潜在企业想进入，必须投入一定的流动资本，并把它转变成沉淀资产。潜在企业的边际成本包括了所有的投资成本，其中包括沉淀成本，但是这些沉淀成本对在位企业来说已经支付完了无须考虑，从而造成在位企业与潜在企业之间成本不对称。对潜在企业而言，在未来收益大于可变成本的情况下，部分由于竞争者降低总收益和提高总成本的行动，难以补偿沉淀成本，此时会造成巨大成本差异。特别是沉淀的进入成本风险可能通过在位企业的报复性战略或策略反应而增加。正是由于沉淀成本效应，构成了潜在企业的进入障碍，才使在位企业有了成本优势和竞争优势，以便获取超额利润。

总之，当市场处于新古典一般均衡状态下，要素市场完全，资源可以充分流动，企业不会获得超额利润，仅仅会获得正常利润，经济利润趋向于零。然而，在要素市场不完全，甚至要素市场失灵的情况下，就会出现沉淀成本。如果产品市场完全，也不会有超额利润，准租金正好等于沉淀成本数量。正是由于假设完全理性，沉淀成本效应造成进入障碍，很容易造成产品市场不完全，这才会使企业获得超额利润有了机会，这主要取决于沉淀成本的大小及其产生的影响。正是由于要素市场不完全导致的沉淀成本，以及产品市场不完全（垄断或寡头），企业才会享有成本优势和竞争优势，企业才能获得超额利润，这为企业家精神创造机会。否则，在要素市场完全和产品市场完全情况下，根本不会有超额利润的存在，也就不会有企业家的位置①。

既然沉淀成本是市场不完全条件下的产物，那么在市场不完全条件下，进行沉淀成本投资会有什么用？这是新古典博弈论经济学家所探讨的主题，特别是沉淀成本作为可信性承诺，是企业间战略博弈的根本条件。一旦承诺起作用，竞争对手们对未来市场的期望定型化并且按照对决策企业有利的方式行动，但由于决策的不可逆转性，战略承诺就具有了与生俱来的风险。一方面因沉淀成本决策无关性可能取得竞争优势，并改变竞争对手的行为模式而大获其利，另一方面沉淀成本又可能因难以逆转

---

① 鲍莫尔（Baumol，2002）所说，遗漏企业家在经济现代化进程中作用的经济理论，就像表演《哈姆雷特》时少了"丹麦王子"，为此如何将创新纳入主流经济学中，借助于预期沉淀成本，它类似于固定成本，从而实现平均成本定价，而不是边际成本定价，从而认为边际成本定价会导致灾难性的后果。再进一步假设在未来不确定性条件下，我们就会发现产品定价会更高，需要将沉淀成本的期权价值考虑进来。由此可见，威廉姆森也指出，交易成本经济学与可竞争市场理论只不过从镜头两端看。一个是零沉淀成本，另一个是资产专用性（沉淀成本）。前者因为零沉淀成本，所以借助于市场治理结构就可以实现资源配置，而后者因资产专用性或沉淀成本产生交易成本，所以需要借助于非市场治理结构来匹配，从而需要比较交易成本大小来进行治理结构选择。正是由于交易成本或者根本不确定性的存在，才会导致企业家与管理者是不同的。

早先的承诺而失去经营的灵活性，从而造成预期收益贴现，从而具有风险性。泰勒尔（Tirole，2002）① 认为表面看来限制了选择余地的战略承诺实际上可以改善一个企业的状况，这是理性的非理性行为（rational irrationality）。这是由于一个企业既定的决策可以改变其竞争对手未来如何竞争的期望，这将进而引导竞争对手作出事实上对已作既定承诺的企业更有利的决策。

因此，可信性承诺要产生效果，一是竞争对手必须可以观察到承诺；二是竞争对手必须将战略行动视为承诺；三是承诺必须是可信的。作为一项真正的既定承诺，竞争行为必然是一旦付诸实施便很难中止或者中止的成本相当昂贵。

在现实生活中，企业以何种标准区分不可逆承诺？一是需要大量的前期支出并由此带来资产专用性的设备和资产，这就具有较高的承诺价值；二是契约可以起到承诺作用；三是在某些时候，企业行动意图的公开声明也可能有承诺价值。为此，我们通过沉淀成本分析企业间战略博弈，从而发现，市场竞争中的企业与其竞争对手的行为都受到企业承诺沉淀成本的影响。

1. 沉淀成本与承诺投资的战略激励

战略互补和战略替代的概念对于加深这种理解有重要的作用，我们引入产品市场竞争的两个模型：古诺模型和伯特兰德模型。在古诺模型中可以利用反应函数方便地表示出均衡状态。在一个两企业的古诺行业中，一个企业的反应函数表示其利润最大化的产量是另一企业所选定的产量的函数。在古诺模型中，反应曲线向下倾斜，表明产量是战略替代的。在伯特兰德模型中，反应曲线向上倾斜，表明价格是战略互补的。

为了分析沉淀成本的战略投资意义，我们假设企业1先决定是否要作出战略承诺。然后，两个企业之间进行竞争。这个两阶段博弈大体反映了战略与战术之间的差别：在第一阶段，企业1先作出战略承诺，然后，两个企业在第二阶段作战术性的调整。我们集中在第二阶段的两个可能情景上：古诺产量竞争和伯特兰德价格竞争。在古诺模型中，一旦企业1决定是否作出战略承诺，在第二阶段，两个企业则会同时选定价格。

2. 第二阶段是古诺产量竞争

企业1是否应当做出战略承诺呢？如果应当，那么应当在什么水平上作出呢？要回答这个问题，不仅要考虑承诺的直接效应，还应当考虑其战略效应。也就是说，企业1应当预期承诺将如何改变企业1与企业2之间的古诺均衡。让我们考虑两种可供

---

① Tirole, J. , 2002, Rational Irrationality: Some Economics of Self – Management, European Economic Review, 46: 633 – 655.

选择的结果。

第一种情况，如果战略承诺使得企业 1 十分强硬。这意味着一旦战略承诺已经作出，则无论企业 2 的产出水平如何，企业 1 都将比战略承诺前生产更多的产品。它导致了企业 1 的反应函数曲线 R_1 向外移动，由 R_1b 移到 R_1a，如图 1.1 所示。如果企业 1 采纳工艺程序革新降低了产出的边际成本，它会采用强硬的战略承诺。

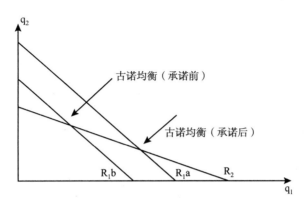

图 1.1　承诺使企业 1 在古诺市场上 "强硬"

第二种情况，如果战略承诺使得企业 1 更为温和。这意味着战略承诺一经作出，则无论企业 1 的产出水平如何，企业 1 都将比战略前生产较少的产品，它导致企业 1 的反应函数曲线 R_1 相应地向内移动，如图 1.2 所示。如果企业用同一个工厂生产两个市场上的产品，随着产出规模的扩大，企业的管理资源会递增性地趋于紧张；在此决策后，企业 1 在古诺市场上的边际成本上升，于是不论企业 1 产出水平如何，企业 1 都将减少其利润最大化的产出水平。这便导致如图 1.2 所示的企业 1 反应函数曲线的内移。结果，古诺均衡向右上方移动，企业 1 的产出减小，企业 2 的产出增加。

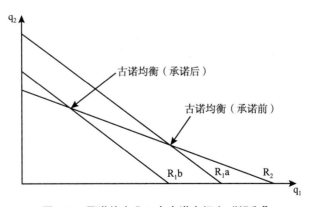

图 1.2　承诺使企业 1 在古诺市场上 "温和"

图 1.1 表明企业 1 从强硬的战略承诺中获得了有利的竞争效果：R_1 向外移动，从而达到了一个企业 2 产出减少的新的古诺均衡。这是由于，在古诺均衡中，企业 1 由于企业 2 减少了产出而受益（由于市场价格会升高），对企业 1 而言，作出强硬的战略承诺下的古诺均衡要比不作此承诺时境况要好。果真如此的话，企业就应当出于战略目的进行投资。弗登伯格和泰勒尔（Fudenberg and Tirole，1984）[①] 称之为"恶狗战略"（Top – Dog Strategy）：大或强就会变得强硬或富于进攻性。相反，如图 1.2 所示，当战略承诺使得企业 1 "温和"时，它就有负的战略效应，企业 1 的反应函数曲线内移，使得企业 2 的产出水平较之企业 1 作此战略承诺前的产出水平有所提高。这一分析表明，企业进入一个新市场并成为该市场中的垄断企业可能不可取。因为企业的边际收益递减或范围不经济导致了企业在其原来市场中的边际成本上升。弗登伯格和泰勒尔（Fudenberg and Tirole，1984）[②] 用"饿狼"（Lean and Hungry Look）来描述企业避免作出温和的战略承诺而使自己受制于此的情况。

3. 第二阶段为伯特兰德价格竞争

当第二阶段竞争为伯特兰德模型时，战略承诺的激励作用迥然不同。和以前一样，我们区分以下两种情况。

第一种情况，如果战略承诺使企业 1 强硬。这意味着企业 1 一旦作出战略承诺，则不论企业 2 如何定价，企业 1 都将比战略承诺前降低价格。由此将导致企业 1 的反应函数曲线 R_1 向内移动，如图 1.3 所示，即企业 1 通过对工艺程序革新降低平均的产出变动成本和边际成本而变得强硬。

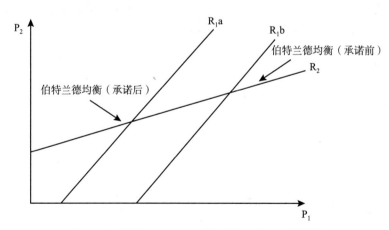

图 1.3　承诺使企业 1 在伯特兰德市场上"强硬"

①② Fudenberg, D., and Tirole, J., 1984, The Fat – Cat Effect, the Puppy – Dog Ploy, and the Lean and Hungry Look, American Economic Review, 74：361 – 366.

第二种情况，如果战略承诺使企业 1 温和。这意味着企业 1 一经作出战略承诺，则不论企业 2 采取何种价格策略，企业 1 都将比战略承诺前提价，如图 1.4 示，企业 1 的反应函数曲线 R_1 向外移动。在伯特兰德竞争环境下，企业 1 对其产品水平差异化就是一个温和的战略承诺。结果，伯特兰德均衡向左下移动，企业 1 和企业 2 的定价都降低。

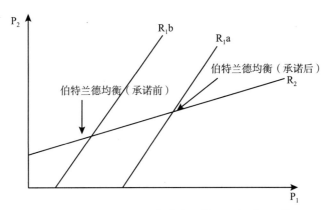

图 1.4　承诺使企业 1 在伯特兰德市场上"温和"

现考虑使企业 1 强硬的战略承诺引起的竞争方面的效果。如图 1.3 所示，企业 1 的反应函数曲线 R_1 向外移动，使得伯特兰德均衡下移至左下方向。在新均衡中，企业 1 价格下降，企业 2 价格也随之下降，只是下降幅度不如企业 1 那么大。企业 2 价格的下降会进而损害企业 1 的利益，因而对企业 1 而言其战略效应是负的。假定企业 1 的战略承诺是投资进行工艺革新，并且其直接效应为正，但如果企业 1 的战略效应远小于零，企业 1 的理想做法仍是不进行这项战略承诺。弗登伯格和泰勒尔（Fudenberg and Tirole，1984[①]）称这种战略为"小狗战略"（Puppy - Dog Ploy）：企业保持小而弱的原状，看上去温和而不富于进取。在这种"小狗战略"下，企业或者减少战略承诺的规模，或者干脆取消这种战略承诺，从而避免激化与竞争对手间残酷的价格竞争。

接下来考虑使企业 1 作出温和的战略承诺时的激励因素，如图 1.4 所示。在这种情况下，战略承诺使企业 1 的反应函数曲线外移，进而推动伯特兰德均衡向右上方向移动。无论企业 2 如何定价，企业 1 都会比承诺前定价更高，其反应函数曲线由 R_1b 向外移至 R_1a，结果，伯特兰德均衡向右上移动，企业 1 和企业 2 的定价都提高。由于竞争而引起的效果有利于企业 1 而可能使战略承诺物有所值。弗登伯格和泰勒尔（Fudenberg and Tirole，1984[②]）用"肥猫效应"（fat-cat effect）作为这种情况的描述：

---

　　①②　Fudenberg, D., and Tirole, J., 1984, The Fat - Cat Effect, the Puppy - Dog Ploy, and the Lean and Hungry Look, American Economic Review, 74：361 - 366.

企业作出使自身变得温和的战略承诺——这使自己变成一只胖猫而不必进行艰辛的竞争——并从温和的价格竞争中获益匪浅。

4. 沉淀成本与竞争战略的分类

表1.1总结了前面讨论的内容。一个企业是否应当进行战略承诺取决于两个因素：一是它使企业变得强硬还是温和；二是第二阶段的竞争是战略替代还是战略互补。

表1.1　　　　　　　　　　　　沉淀成本与竞争战略分类

第二阶段战略定位是……	承诺使企业……	
	强硬	温和
战略互补（如，价格）	"小狗战略" 战略效果为负：承诺使竞争对手更富进攻性	"肥猫战略" 战略效果为正：承诺使竞争对手行为进攻性减弱
战略替代（如，产量）	"恶狗战略" 战略效果为正：承诺使竞争对手行为进攻性减弱	"饿狼战略" 战略效果为负：承诺使竞争对手行为更富进攻性

总之，如果第二阶段战术变量是战略互补的——即反应函数曲线向上倾斜——并且战略承诺使企业强硬，那么战略承诺就改变了第二阶段的均衡，竞争企业表现为更具进攻性（如在伯特兰德竞争中降价）。此时，战略承诺的战略效应是有害的，于是企业不得不放弃战略承诺或者缩小其投资规模——在较低水平上作出战略承诺（如在工艺革新中作相对较少的投资），而未考虑到这一有害战略效应时它们会在高一点水平上作出战略承诺的，这便是"小狗战略"。与之相反，当战略承诺使企业变得更为温和时，会导致一个竞争激烈程度下降的均衡情况（如提高定价）。这种战略承诺的战略效应是有利的，企业便有了扩大对该承诺投资的积极性——即比未考虑到其竞争因素带来的正的战略效应时作更高水平的战略承诺，这便是所谓"肥猫效应"。

如果第二阶段战术变量是战略替代的——即反应函数曲线向下倾斜——并且战略承诺使企业变得强硬，那么在第二阶段的均衡中，竞争企业竞争激烈程度减弱（例如将选择较低的产出水平），这便是采用"恶狗战略"，变成更具进攻性的竞争者。另一种可能是战略承诺使企业变得温和，由于竞争对手会选取更具进攻性的策略因而会导致其战略效应为负。此时企业将积极减少对这种战略承诺的投入，这就是"饿狼战略"。

总之，通过对新古典经济学无沉淀成本经济模型分析，我们发现新古典产业组织理论正是运用沉淀成本进行战略博弈，在不完全竞争市场上，从而产生竞争优势。也正是由于沉淀成本构成进入和退出障碍，才使要素市场不完全。也正是由于沉淀成本导致企业之间成本不对称和成本优势，构成企业家精神①发挥作用的空间和条件，大大拓展了现代产业组织的研究范围和预测能力，为企业战略管理提供新的视角。我们不能简单地停留在新古典微观经济学价格理论中。相反，我们必须去研究沉淀成本及其影响，从而与新古典经济学无沉淀成本经济理论形成鲜明对照，进而更清楚地认识到沉淀成本对于这些问题研究的理论与现实意义。因此，在要素和产品市场不完全条件下，加强或运用沉淀成本管理，充分发挥企业家精神，创造出一个可竞争的市场结构，对于构建社会主义市场经济体制十分重要。

1.3　新制度经济学理论：交易成本与不完全契约

新制度经济学是打破了新古典经济学的零交易成本假设前提，从此改变了 1776 年以来一直到科斯 1937 年新古典经济学零成本交易假设，从而将交易成本概念纳入理性选择分析，将经济学理论大大向前推进，对于研究经济结构战略性调整具有重要的制度意义。也就是说，博弈论也像新古典经济学一样追求财富最大化。尽管博弈论也指出了在不同情况下合作与背叛的收益，但却未能从理论上对交易的潜在成本加以说明，也没有讨论在不同的制度结构中交易成本是如何改变的。由于完全理性假设，看不到交易成本的存在，也就无法看到制度的重要性。因为新制度经济学为分析和揭示经济现象提供了一个更广泛的理论框架。如同凯恩斯在一篇评价古典宏观经济学的文章中提到的，充分就业下的古典均衡只是许多均衡中的一种，乙国经济也仅仅在某种特定的制度框架下才能取得特定的效果。新制度经济学认为，帕累托最优也只是新古典经济学所有可能中的一种，乙国经济也仅仅在某种特定的制度框架下才能取得特定的效果②。因此，只有回到科斯定理（Coase Theorem）那里，才能厘清制度重要这样一些问题。

1.3.1　新制度经济学的新颖性

由威廉姆森（Williamson，1975③）创造的新制度经济学（New Institutional Economics，NIE）这一术语，它是指通过对主流的新古典经济学以及旧制度经济学理论

---

① Entrepreneurship 这一术语，在经济学上一般翻译为企业家精神或企业家才能，Entrepreneur 翻译为企业家。而它在管理学或创业学上往往被翻译为创业，Entrepreneur 被翻译为创业者，与创新有着本质差别。

② 蒂莫西·耶格尔：《制度、转型与经济发展》，华夏出版社，2010 年版。

③ Williamson，O. E.，1975，Markets and Hierarchies：Analysis and Antitrust Implications，New York：Free Press.

的扬弃中发展出来的，正如兰格罗斯（Langolois，1986①）指出，"许多早期的制度主义者面临的问题是，他们拥有的经济学是有制度但没有理论；许多新古典经济学家，他们拥有的经济理论是没有制度的。新制度经济学所做的无非是提供了既有理论又有制度的经济学"。和新古典经济学不同，新制度经济学关心制度的性质及其对经济活动的影响；和旧制度经济学不同，新制度经济学借助于扩大微观经济理论，运用边际分析方法和主观价值论来理解制度问题，仍然保留财富最大化假设。科斯明确地指出，"我想经济学家应该做的一件主要工作就是：研究经济制度！我们每一个人都生活在一种经济制度当中。"科斯进一步提到，"我在'社会成本问题'中说明，在市场中交易的东西不是像经济学家经常认为的那样，是物质实体，而是采取确定行动的权利和个人拥有的、由法律体系创立的权利。"科斯实际上已经明明白白地告诉人们，新制度经济学就是研究制度的科学，将市场失灵转向法律或者政府失灵。科斯说明传统微观经济学理论是不完全的，因为它只包括生产成本和运输成本，同时它忽略了进入和执行契约及管理组织的成本，这类成本通常被称为交易成本。这些交易成本在经济的总资源用途中占有很大份额，由于传统经济理论未能体现约束经济要素配置的一切限制。当考虑交易成本时，发现可对企业的存在，不同企业形式、契约安排的变化，金融体制的结构以及法律体制的基本特点给出相对简单的解释。由于纳入了不同类型的交易成本，科斯为系统分析经济体制中的制度及其意义铺平了道路。人类针对产品和劳务的生产和交易诸活动取决于交易成本的相对大小，而后者又取决于特定的制度安排。"制度决定经济绩效，这正是新制度经济学为经济学家给出的重要结论。"

20世纪60年代开始发生变化，奈特早在1921年就已经提出了不确定性概念，西蒙（Simon，1955②）的有限理性，科斯（Coase，1937③）、（Coase，1960④）的交易成本方法和社会成本问题，哈耶克（Hayek，1945⑤）的关于知识问题的讨论。正如科斯所批评的那样，经济学不应该只是一堆分析工具，尽管他们也十分重要，更重要的应该是它的研究内容或主题，"我想经济学家应该做的一件主要工作就是：研究制度"（Coase，1998⑥）。如此一来，我们就不难看出新制度经济学本身正是在不满新古典日益成为一门抽象的语言而丧失了实际内容方面而兴起的，这个学派既吸收了传统的一些经济分析方法，又有自己的分析方法。

---

① Langlois, R., 1986, Economics as a Process: Essays in the New Institutional Economics, Cambridge: Cambridge University Press.

② Simon, H., 1955, A Behavioral Model of Rational Choice, Quarterly Journal of Economics, 69: 99 – 188.

③ Coase, R., 1937, The Nature of the Firm, Economica, 4: 386 – 405.

④ Coase, R., 1960, The Problem of Social Cost, Journal of Law and Economics, 3: 1 – 44.

⑤ Hayek, F., 1945, The Use of Knowledge in Society, American Economic Review, 4: 519 – 530.

⑥ Coase, R., 1998, The New Institutional Economics, American Economic Review, 88 (2): 72 – 74.

科斯对交易成本[①]的"发现"，是科斯在1937年《企业的性质》中提出的，他认为市场和企业是不同的交易机制，但该文没有直接提出这个概念。这个概念由威廉姆森提出的。按照科斯自己的叙述："我觉察到利用价格机制是有成本的。必须去发现价格是什么。要进行谈判、起草契约、检查货物、作出安排解决争议等。这些成本被称为交易成本。"威廉姆森对交易成本的发展。他将交易成本分为两部分：一是事前的交易成本，即为签订契约、规定交易双方的权利、责任等所花费的成本；二是签订契约事后，为解决契约本身所存在的问题，从改变条款到退出契约所花费的成本，从而形成科斯－威廉姆森新古典主流制度经济学传统。

1.3.2　科斯定理与交易成本

在《社会成本问题》（Coase，1960）中，科斯用产权[②]引入这个框架。他假定如果一项产权有很好的定义，如果它能转移，以及如果将产权从一个持有人转移到另一人的契约中的交易成本为零，则资源的使用并不依赖这个产权一开始是否分配给一方或另一方（除了影响双方之间财富分配可能发生的差别之外）。如果初始持有导致不利的总结果，通过一个资源契约可以自发地带来较好的结果，因为执行在契约没有成本且双方重组得利。换言之，一切有关授权给个人的立法在资源使用方面将是无意义的；各方将围绕每一次给定的产权分配在自己中间契约，只要对双方有利。因此，如果交易成本为零，大量的立法或法律制度将不起作用，与科斯《企业的性质》中的结论一样，在交易成本为零时，企业的存在是多余的。这一点引导科斯得出结论，是交易成本不为零事实说明了制度结构，包括契约形式的差异和多种立法。或者更准确地说，不同的制度安排，结合各方努力保持总成本最小化，可以解释经济的制度结构。连同价格体系，制度结构的形成被认为是资源配置过程中的一个重要组成部分。当然，没有交易成本的情况只是一个假设的比较基准。然而，它有利于我们对真实世界的情况的分析，这也是可能启发可实际观察签订契约过程的研究。

科斯定理虽然对传统微观经济学理论作了补充，但是它的推论却是主要的。一个是科斯认为，一般均衡模型是不完全的，因为在资源方面只包括生产成本，而遗漏了签订和执行契约以及管理机构的成本（即各种交易成本）。这个一般均衡模型假设生产工艺是资源组合的唯一约束，因为它并不包括工艺的所有资源方面；另一个是科斯表明，基本经济分析如果是用产权而不是商品和生产要素来作将获得更大的可信性。

---

①　阿罗（1969）第一个使用交易成本这个术语的学者。他声称："市场失灵并不是绝对的；最好能考虑一个更广泛的范畴——交易成本的范畴，交易成本通常妨碍——在特殊情况下则阻止了——市场的形成"。这种成本就是"利用经济制度的成本"。

②　实际上，马克思第一次提出了产权理论。他根据商品的生产和分配理解产权的重要性，能够承认产权是内生于体系的，并且能感觉到财产关系通过特定的可预见的方式影响人类行为（平乔维奇，1999）。

因为每一份契约，不论简单的还是复杂的，主要管着某人利用资源的权利，而非资源本身。因此，一个契约后面的意图是个人之间的重新分配权利。人们买卖的不是产品或资源，而是以一定方式利用它们的权利。个人的这类权利的范围确定那个人的行动空间，也就是他的福利的度量。正是这两种想法修订了微观经济学理论，以前利用传统的理性假设，解释不了的大量现象，可能突然有了比较简单的答案。

科斯进一步指出，如果交易成本为零，交易背后的权利界定并不影响资源配置效率；只有当交易成本为正时，权利界定才是重要的，从而被斯蒂格勒（Stigler，1992）命名为科斯定理，突出在零交易成本情况下，私人秩序将可以无成本地实现效率结果，从而摆脱法律中心主义，这就是斯蒂格勒所指的尤里卡命题（Eureka Proposition）[1]。科斯在此论证了选择自由的内生化问题。科斯显然不同意这一点，他认为，除非交易成本为零，否则选择自由本身需要重新界定。选择自由的外生性和交易成本为零内在一致、不可分割。这样，科斯就论证了：现实世界中各种交易本质上是权利的交易，当交易成本为正时，不同的权利安排对资源配置的效率影响巨大；如果存在两种或两种以上的权利安排，那么交易成本的相对大小决定了相应的制度占优性，当每一种制度的交易成本在边际上相等时，制度均衡实现。这就是说，如果交易成本为零，大部分立法是没有意义的。同样如果交易成本为零，企业的存在也是不必要的。然后推论企业和许多立法的存在取决于交易成本。这一点可以推广。在此谈到的是科斯第三定理：一个经济制度结构的起源决定于交易成本。更准确地说，当事人努力降低交易成本、生产成本和行政成本，解释了一个经济的制度结构。它包括在制度结构中的企业、各种契约和许多立法[2]。

科斯第一定理：若交易成本为零，无论权利如何界定，都可以通过市场交易达到资源的最优配置。科斯第二定理：在交易成本为正的情况下，不同的权利界定，会带来不同效率的资源配置。

新制度经济学具有超凡解释力的原因：放宽了新古典经济学的一系列假设，具有更强的解释力。新制度经济学引入制度因素分析修正了新古典的缺陷，但其理论研究的立足点、出发点和归宿点都是新古典经济学。诺思认为，新制度经济学保持了新古典经济学的稀缺和竞争等理论，修正了理性假设，引入时间维度和制度维度。和新古典经济学类似，新制度经济学从交易出发，分析社会经济活动中的当事人行为。在新制度经济学家看来，制度是当事人交易过程中缔结契约的结果，由于信息、理性等原因，可能导致契约缔结过程出现瑕疵，就会影响到资源配置，所以需要对契约关系进行治理，不同的治理机制设计和治理理念构成了学者们对现实世界的看法[3]。

然而，科斯的理论有一些致命缺陷：第一，科斯没有把生产纳入进来，也就没有

① Stigler, G., 1992, Law or Economics? Journal of Law and Economics, 25：455 – 468.

②③ 周业安：《关于当前中国新制度经济学研究的反思》，《经济研究》，2001 年第 7 期。

办法讨论制度的一般均衡问题；第二，科斯仅仅考虑制度的效率后果，没有考虑公平因素；第三，科斯仅仅比较了不同制度安排之间的相对效率，并不能解释某一制度的起源；第四，科斯没有给出制度动态分析；第五，科斯没有明确给出交易成本为正的原因等①。

威廉姆森认为，交易成本存在取决于三个因素：有限理性、机会主义以及资产专用性。若以上三因素不同时存在，交易成本就不会存在。资产专用性：指资源在用于特定用途之后，很难再移作他用的性质。从深层次看，交易成本的存在与人的本性有关。威廉姆森认为，人的本性直接影响了市场的效率。影响交易种类和交易成本大小的有三个维度，即交易发生的频率、不确定性和资产的专用性（威廉姆森，2002②）。一般来说，多次发生的交易较之一次发生的交易更需要经济组织来保障；不确定性的存在，使得应变的连续性决策具有重要意义；而当资产专用程度加深时，出于契约保障的需要，垂直一体化才会出现，它更能体现出企业在资源配置方面的优势，从而可以看到，所有权制度作为不完全契约条件下的必然产物，是应对不确定性情况的一种行为方式。有了自己财产的剩余索取权和剩余控制权，所有者就有动力和有能力去充分利用它们的财产。否则，在契约完全条件下，就像科斯定理那样，所有权是无关紧要的。

1.3.3 交易成本理论

科斯是第一个提出把市场和企业看作是产品机制的一种变换方式。他认为，利用市场机制是需要成本的，而且当垂直一体化的企业内部机制的交易成本低于通过市场组织交易的成本时，垂直一体化的企业就会出现。交易成本理论认为，交易发生就会产生成本，并且治理结构的出现将会实现生产成本和交易成本最小化（Williamson，1985③）。交易成本包括：（1）交易之前出现的考察成本，例如查阅产品信息、价格和贸易伙伴的成本；（2）交易过程中由于交易行为所产生的谈判成本，例如起草制定契约或某一机构提供的服务等的成本；（3）对发展情形进行分析和监督的成本，这种情况出现在交易已经达成并且包括交易达成之前的确定成本或者对交易进行重新谈判的成本。威廉姆森所谓的新制度经济学，与正统的微观经济学分析是一致的，他指出："新制度经济学认为，他们正在做的乃是对传统分析的补充，而不是对它的替代"。为此，威廉姆森（Williamson，2010④）解释了何为交易的特性，它包括不确定

---

① 周业安：《认知、学习和制度研究——新制度经济学的困境和发展》，《中国人民大学学报》，2005 年第 1 期。
② 奥利弗·E·威廉姆森：《资本主义经济制度》，商务印书馆，2002 年版。
③ Williamson，O.，1985，The Economic Institutions of Capitalism，New York：Free Press.
④ Williamson，O.，2010，Transaction Cost Economics：The Natural Progression，American Economic Review，100（3）：673 – 690.

性、经常性和资产专用性，而治理结构对交易成本的影响是最有效的。复杂性作为另一个重要的交易特性是后来加进来的。随着复杂性、高度不确定性和资产专用性的出现，垂直一体化就有可能产生。交易成本经济学和契约经济学有很多重合的地方，比如同样重视产权和契约以及交易成本等基本分析单位，但和契约经济学不同，交易成本经济学假定当事人是有限理性的，这就排除了事前设计最优契约的可能。所以，可以说契约经济学更关注契约的事前状态，而交易成本经济学强调契约的事后状态或契约实施过程本身。表1.2为交易成本的来源与类型。

表1.2   **交易成本的来源与类型**

A. 交易成本的来源	资产专用性	环境不确定性	行为不确定性
治理问题的性质	保护	适应性	绩效估价
B. 交易成本的类型 直接成本	草拟保护的成本	沟通、谈判和 协调成本	甄别和选择成本（事前） 测量成本（事后）
机会成本	未能投资到 生产性资产上	不适应性 或者无法适应	未能认识到合适的伙伴（事前） 通过努力调整的生产力损失（事后）

资料来源：Rindfleisch, A., and Heide, J. B., 1997, Transaction Cost Analysis: Past, Present, and Future Applications, Journal of Marketing, 61: 30 – 54.

在讨论交易成本经济学之前，需要解释一些基本假定和概念。交易成本经济学关于当事人的行为假定包括两个方面，首先，它假定当事人是"契约人"，这种契约人是有限理性的，总存在无知的一面；其次，契约人存在机会主义倾向，这意味着人本能地追求利益最大化，可能不择手段；再次，契约人能够主动预期，就是说契约人并不短视，而是会根据现有的信息做出对未来的判断，并把这种判断写进契约中；最后，契约人是在一种制度环境中采取行动的，和纯粹的经济人相比，契约人受到的社会约束要大得多（Williamson, 1996[1]; 2000[2]）。和有限理性相对应，自然存在一个显而易见的环境假定，就是环境是不确定的。除了基本假定外，需要定义交易的维度。交易成本经济学依赖的主要维度有：（1）有限理性；（2）机会主义；（3）资产专用性。这三个维度必须是同时出现，并且是互相关联的。否则，交易成本就存在。也就是说，在完全理性条件下，签订长期的、完全契约是可能的；在不存在机会主义的情况下，但由于有限理性而在契约中造成疏忽之处，不会引起对方钻空子，因而签订短期而连续的契约是可能的；当不存在资产专用性时，将没有必要具有持续不断的经济关系，因而市场将是充分竞争的。所以市场可能高效率地配置资源，不论交易是

---

① Williamson, O. E., 1996, The Mechanism of Governance, Oxford & NewYork: Oxford University Press.

② Williamson, O. E., 2000, The New Instutional Economics: Taking Stock, Looking Ahead, Journal of Economic Literature, 38: 595 – 613.

否频繁。倘若发生了纠纷，可通过法庭诉讼而得到解决，这种解决方法可能会造成贸易断绝，但这无关紧要。因为资产具有完全通用性。如果交易涉及专用性较强的资产，那么经济当事人就可能从实施机会主义行为中获利，这意味着交易的不确定性变大，比如潜在的敲竹杠行为会使当事人对交易结果的预期不稳定，从而减少交易的可能性。

在交易成本[①]经济学中，上述各种治理机制相互之间是替代和互补的，制度均衡时同时存在多种组织形式，相互之间有较明显的边界，由于环境的复杂性，针对不同的环境条件必须有与之相适应的治理机制。在一个总的背景下，各种治理机制是互补的，但是，在各自的边界上，一种组织的扩张就是对另一种组织的替代，这种替代可能是局部范围的，也可能是全范围的。替代的条件是边际上每种治理机制所产生的交易成本正好相等。科斯早期论证了企业和市场的替代，而交易成本经济学进一步论证了企业、市场以及各种中间组织形式之间的替代。交易成本是新制度经济学最基本的概念。交易成本思想是科斯在 1937 年的论文《企业的性质》一文中提出的，科斯认为，交易成本应包括度量、界定和保障产权的成本，发现交易对象和交易价格的成本，讨价还价、订立契约的成本，督促契约条款严格履行的成本等。

1.3.4　产权理论

哈特（Hart，1995）[②] 和威廉姆森（Williamson，1979）[③] 曾经对所有权下过定义，包含两层意思：一个是所有权意味着某项财产的所有者可以拥有剩余索取权。由于所有者可以从财产收益中得到额外的收入，因此他将会更加有效利用它们，从而将全部剩余归财产所有者占有；另一个是在剩余索取权之外，所有者还拥有所谓的剩余控制权，也就是说，他拥有决定财产该如何使用的最终权力。在诺思的国家理论中，实际上引入了信息不对称和不完全因素，或者其他认知方面的问题，导致国家并不能完全按照自己的意志来界定产权。

在巴泽尔（Barzel，1997）[④] 看来，由于不完全产权的存在，对产权相关的资产

---

① 正如戈德伯格（Goldberg，1984）指出的那样，新制度经济学文献涉及交易成本的确切性质似乎有两种意见。一种意见是，交易成本有时直接体现为机会成本或资源成本，从而可以通过使用新古典经济学的工具很好地加以处理，从而与其他生产成本一样的资源成本；另一个意见交易成本不是机会成本。因为在信息不对称下激励相容文献中可以看出，如果没有某种效率不足的情况发生，就无法给出与偏好完全显示相对应的问题的结果。我们很希望将这种效率不足思维交易成本。这不是机会成本，因为它不代表原本可以用于下一个最大用途的资源消耗，因为信息不对称下的激励问题排除了任何方式获取更高效率的可能性。其中讨价还价成本和委托代理便是激励难题原因之一。

② Hart, O., 1995, Firms, Contracts, and Financial Structure, Clarendon Press.

③ Williamson, O. E., 1979, Transaction Cost Economics：The Governance of Contractual Relations, Journal of Law and Economics, 22：233 - 261.

④ Barzel, Y., 1997, Economic Analysis of Property Rights, Cambridge：Cambridge University Press.

的价值认识不清，导致产权界定过程中出现了一些"公共地带"，其价值的分配并不能通过起先的契约来加以解决，而只能通过契约实施过程中出现的情况有针对性的再谈判来解决。这种"公共地带"在协作中表现得最为明显。阿尔钦和德姆塞茨（Alchain and Demsetz，1972）① 发现，企业的最大特征是联合生产问题，当生产函数不可分割时，就可能出现当事人的偷懒现象，即当事人通过降低自身劳动来相对扩大对协作"公共地带"的占有。此时需要一个监督人来监督偷懒，但监督人同样面临偷懒问题，所以，阿尔钦和德姆塞茨认为，只有赋予监督人剩余索取权，才可以解决这个问题。这篇论文不仅论证了产权的激励作用，也同时揭示了企业的起源，就是说，企业是作为一种监督机制存在的。

与科斯不同，阿尔钦等人认为企业与市场没有本质的区别，它们都不过是规制交易背后的产权的契约形式。张五常（Chung，1983）② 更明确地指出，企业仅仅使用要素市场替代了产品市场，或者说对要素的定价因定价机制的成本的约束，转到企业内部进行，所以，企业是对要素定价的间接机制，其目的是节约市场的交易成本。一般认为，交易成本分为两个部分：事前的交易成本，包括起草、谈判和维护一项协议的成本；事后的交易成本，包括交易偏离预期的不适应成本，纠纷带来的摩擦成本以及解决纠纷的成本，为治理交易而建立起来的管理机构的成本，保障契约安全的抵押成本（迪屈奇，1994）③。经过阿尔钦等人的努力，科斯的企业替代市场是节约定价机制的交易成本的观点被进一步表述成一种契约对另一种契约的替代，因此，制度的选择就表现为不同契约形式的选择，当一种契约的边际交易成本和另一种契约的边际交易成本相等时，契约均衡实现了，社会选择了最优的契约组合，它构成了作为整体的制度体系。

契约的签订和实施都面临成本的约束，契约条款尽管可以弱化代理人的逆向选择和道德风险行为，但不能完全消除它们，所以，契约在执行过程中总是存在违约的风险。对一份契约来说，要满足稳定性的均衡条件，必须获得一个有效的解决纠纷的附加机制，这个机制就是法庭和各种仲裁机构。当事人之间发生纠纷，相互无法自发解决时，要求助于外在的第三方，这个第三方是当事人自己选择的，可以代表所有当事人的意愿，中立地裁决当事人的利益矛盾。至此，契约经济学从产权和契约着手，揭示了政府的起源和功能。市场经济的运行是以交易为基本活动单位的，交易通过契约来界定当事人的产权，由于契约的签订、执行和纠纷的解决过程中面临交易成本的约束，当事人自身可能无法确保交易结果的有效性，所以需要一个大家选择出来的外在机制——政府——来协调当事人的利益关系。

---

① Alchain, A., and Demsetz, H., 1972, Production, Information Costs and Economic Organization, American Economic Review, 62：777 – 795.

② Chung, S., 1983, The Contractual Nature of the Firm, Journal of Law and Economics, 26（1）：1 – 21.

③ 迈克尔·迪屈奇：《交易成本经济学：关于公司的新的经济意义》，经济科学出版社，1994 年版。

　　问题在于，外在的第三方能否有能力保证交易结果满足帕累托效率条件？哈特、格罗斯曼和莫尔等人（GHM）表示了异议，他们认为，第三方在协调时同样面临交易成本的约束，这种交易成本主要表现为证实成本。也就是说，协调的效果取决于第三方获得证据的能力，但是，获取证据本身是有成本的，比如鉴别当事人提供的证据的真伪要消耗资源；即使能够获取足够的证据，第三方是否有能力利用这些证据来解决纠纷也是不确定的，对于较大规模的机构更是如此，政府的运行效率和政治交易成本的约束直接相关。如果契约的纠纷不能完全通过外在的第三方来解决，就要求有一个契约的自我实施机制，它包括两个部分，一是交易者可以通过中止交易来威胁对方；另一个是市场形成的声誉机制。但是，自我实施机制是有条件的，中止契约的威胁的有效性取决于对方投资的沉淀成本的大小，只有当对方的投资的沉淀成本较大时，威胁才有效，这种情况被威廉姆森称为资产专用性。市场的约束力取决于市场的发育程度，只有当市场可能准确发送代理人的违约信息时，代理人违约才会影响到其预期收益。

　　以上分析可见，契约实际上是不完全的，主要原因大致可以归类为五种：（1）一个契约有时因为语句不清导致模糊地带的出现；（2）当事人可能因为疏忽而没有就有关事项订立相应的条款；（3）当事人订立一个条款解决某一特定事项时，可能收益小于成本；（4）当事人的信息不完全和不对称；（5）至少市场的一方是异质的（克拉斯韦尔、施瓦茨，2005）[1]。除了第 5 点主要是交易成本经济学所关注的以外，契约经济学对前 4 点都作了较详尽的分析。给定契约的不完全性条件，当事人可能有意让契约出现模糊地带，以节约交易成本。如果出现纠纷，当事人可以通过在谈判的形式来解决，这就可能以一组短期契约来替代长期交易关系，只要再谈判的成本现值低于完备契约所带来的交易成本现值。在市场完善的前提下，这个条件可以得到满足（Fudenberg，et. al.，1990）[2]。

1.3.5　制度变迁与路径依赖理论

　　制度变迁理论是新制度经济学的一个重要内容，更多类似于旧制度经济学或奥地利学派。其代表人物是诺思，他强调，技术的革新固然为经济增长注入了活力，但人们如果没有制度创新和制度变迁的冲动，并通过一系列制度（包括产权制度、法律制度等）构建把技术创新的成果巩固下来，那么人类社会长期经济增长和社会发展是不可设想的。总之，诺思认为，在决定一个国家经济增长和社会发展方面，制度具

---

　　① 克拉斯韦尔、施瓦茨：《合同法基础》，法律出版社，2005 年版。
　　② Fudenberg, D., et al., 1990, Short – Term Contract and Long – Term Agency Relationships, Journal of Economic Theory, 51: 1 – 31.

有决定性的作用。

在诺思看来，制度是一个社会的游戏规则，它构造出了人们在社会、政治或经济方面发生交易的激励结构，制度变迁决定了社会演化的方式。制度的作用是显而易见的，由于日常生活中的人们面临各种不确定性，带来相互交易的困难，因此，需要一些制度来形成稳定的结构，以弱化环境的不确定性，降低交易成本。最典型的例子之一是行车规则，每一个国家或地区均规定驾驶汽车必须朝右或左行驶，无论朝何种方向，只要有确定的制度对该区域的行车路线加以统一和规范，就会形成行车秩序，避免缺乏该制度时驾车者面对不确定性所引致的损害①。

诺思为了更好地分析制度变迁问题，从三个重要维度区分了我们通常所理解的模糊的制度范畴：第一，从制度产生的方式看，可分为人造的制度（如宪法等）和演化的制度（如习惯法等）；第二，从制度存在的形式看，可分为正式制度（如法律、政治制度等）和非正式制度（如习俗、行为准则等）；第三，从制度运行层面上看，可分为制度本身和组织，前者是游戏规则本身，后者是在前者约束下有目的创立的具体结构，如政治团体、经济团体、社会团体和教育团体等②。

诺思把制度选择的决定因素归结为三类：行动者的动机（其效用函数）、环境的复杂性（特别是根本不确定性）、行动者辨识和安排环境（衡量和实施）能力。最后一个因素体现在第一条理论线索中；前两个因素体现在第二条理论线索中。在诺思的制度变迁模型中，行动者有限理性，面对不确定的复杂的环境约束，进行效用最大化的决策，其决策标准就是交易成本最小。诺思把交易分为人格化交易、非人格化交易和由第三方来实施的非人际交换三类，这三类交易分别涉及正式规则和非正式规则的作用，围绕交易的演变，制度变迁分别表现为两种规则的演化③。

给定上述核心思想，诺思假定从事制度变迁的当事人都是企业家（或者准确地说是制度企业家），当技术进步、要素价格比率变化或者信息成本变化导致了相对价格变化，就产生了潜在的盈利机会，企业家为了捕捉这种机会，需要获取相应的知识，获取知识的过程体现为可观察的衡量和实施成本的变化过程，以及围绕契约签订和执行进行改变或重新谈判所产生的可观察损益的变化过程。如果企业家的偏好发生变化，上述知识获取过程仍然会出现。当盈利机会出现或偏好改变时，企业家就有动力从事一项新的交易或改变原有的旧交易，但是，任何交易总是在一定规则下进行的，在改变的动力出现时，原有的规则就可能不适应新的交易，企业家需要通过谈判

---

① 诺思：《理解经济变迁过程》，中国人民大学出版社，2008年版。

② 正如诺思在《理解经济变迁过程》（2008）中指出"交易成本方法只是指在承认交易成本的重要性这一点上有一致的看法，而远非在指其他各个层面上都统一。本书的方法最适合被称为华盛顿大学方法。其最早的创建者是张五常，并经由华盛顿大学的一批学者提升、修改和发展。其中有名的学者包括巴泽尔、莱福勒、桥本昌典，以及诺思。尚有另一些方法——以威廉姆森为著名代表——将与本书的观点形成鲜明对照"。

③ North, D., 1990, Institutions, Institutional Change, and Economic Performance, New York: Cambridge University Press.

等建立新的规则来适应新交易。新规则的建立过程就是企业家获取知识的过程，企业家既可能通过正式规则的设计来提炼和规范交流知识，也可能通过学习、创新和模仿等行为来适应环境，从而演化出正式规则和非正式规则。

科斯1937年原创性贡献，使经济学从零交易成本的新古典世界走向正交易成本的现实世界，从而获得了对现实世界关于制度的强有力解释，在经济学上发生一场革命。经过威廉姆森、诺思等人的发展和传播，交易成本理论已经成为新制度经济学中极富扩张力的理论框架。引入交易成本进行各种经济学的分析是新制度经济学对经济学理论的一个重要贡献，目前，正交易成本及其相关假定已经构成了可能替代新古典环境的新制度环境，正在影响许多经济学家的思维和信念。

路径依赖最早是用来解释技术演变过程的，但诺思在阐述经济制度的演化时使这一原理声名远扬。路径依赖是指一种制度一旦形成，不管是否有效，都会在一定时期内持续存在并影响其后的制度选择，就好像进入一种特定的"路径"，制度变迁只能按照这种路径走下去。路径依赖有不同的方向。一种情况是某种初始制度选定后，具有报酬递增的效果，促进了经济的发展，其他相关制度安排向同方向配合，导致有利于经济增长的进一步的制度变迁。这是一种良性的路径依赖。另一种情况是某种制度演变的轨迹形成后，初始制度的效率降低，甚至开始阻碍生产活动，那些与这种制度共荣的组织为了自己的既得利益而尽力维护它。此时社会就会陷入无效率制度，进入"锁定"（lock-in）状态。这是恶性的路径依赖。简单说这两种情况就是自我强化和锁定。也就是说，对组织而言，一种制度形成以后，会给这个集团形成一种既得利益，他们对制度就会有强烈的要求，进而巩固和强化现有制度，即使有新的更有效的制度他们也只会保守地忠于现有制度。对个人而言，一旦选择了目标就会投入大量的财力、物力、精力、时间，如果哪天发现自己选择的道路不合适也不会轻易改变，因为一旦改变就会使前期的巨大投入变得一文不值。经济学上称之为"沉淀成本"。诺思从制度角度解释为什么所有国家没有走同样的发展道路，为什么有的国家长期陷入不发达，总是走不出经济落后制度低效的怪圈等问题。诺思通过成功与失败案例考察了西方近代经济史后，认为一个国家在经济发展的历程中，制度变迁存在着"路径依赖"（path dependence）现象[①]。一旦人们做了某种选择，就好比走上了一条不归之路，惯性的力量会使这一选择不断自我强化，并让你轻易走不出去。"路径依赖"理论被总结出来之后，人们把它广泛应用在选择和习惯的各个方面。在一定程度上，人们的一切选择都会受到路径依赖的可怕影响，人们过去做出的选择决定了他们现在可能的选择，人们关于习惯的一切理论都可以用"路径依赖"来解释。

由此可见，新制度经济学本身并不是铁板一块，至少里面分为两大分支，一个分支是科斯—威廉姆森传统，又回归交易成本最小化的主流方法上，由此延伸到会计

---

① 诺思：《理解经济变迁过程》，中国人民大学出版社，2008年版。

学、政府运作和法律的演变，在此过程中，经济学覆盖的人类范围从有关市场大大扩展到不受价格支配的广泛得多的范围，包括组织的内部运作、法律制度和政府管制；另一个分支包括诺思在内，并不仅仅寻求所谓的交易成本最小化的配置效率，更多考虑在动态或演化条件下，适应性效率大小，从而强调路径依赖的扭转，从而向非主流经济学靠拢，进一步看到新制度经济学的根本不确定性基础，远远不是科斯—威廉姆森传统所能囊括的[①]。

1.4 实物期权理论：不完全确定性与滞后效应

实物期权理论打破新古典经济学的完全确定性假设前提，从而将不确定性或风险概念纳入理性选择分析，将经济学理论大大向前推进，对于研究经济结构战略性调整具有重要意义。也就是说，新古典经济学投资理论取决于净现值方法，只要投资收益大于投资成本，就会投资。然而，一旦引入不确定性或期权价值，即使看上去投资收益大于投资成本，仍然不会投资，主要原因是考虑了期权价值或等待的机会成本，从而造成投资成本大于投资收益，解释了投资没有发生的原因。因此，只有运用实物期权理论，才能体会到经济结构调整处于观望状态，才能看清这些问题。

在这里，我们将经济结构战略调整理解为一种投资行为，或者进入行为，此时沉淀成本、不确定性和可延期性等会纳入决策中。在什么条件下，实物期权方法是有效的（迪克西特、平迪克，2002[②]）？首先，投资决策必须是可延期的。如果投资不是可延期的，那么投资机会在后来就不是开放的，所以也就不存在延期投资的选择了；其次，投资决策必须至少是部分沉淀的。如果投资没有沉淀成本，那么就没有选择价值了，这是因为企业现在投资还是后来投资都不会有任何投资损失；再次，必须有投资优越性的不确定性。严格来说，必须有投资劣势的可能性，企业才能更偏好撤销投资决策。在确定性条件下，投资的好处都可能完全预测到，不可能偏离计划的行动路线图；最后，企业可以预期有关投资项目好处的未来新增信息。否则，企业会立即投资，不会等待潜在的信息收益，这是延期投资的期权选择的条件。

当这四个条件满足时，就意味着延期投资有期权，进而延期投资和等待新增信息就有机会成本。由于执行期权，期权价值便消失了。投资的贴现现金流不仅必须大于初始投资成本，而且还必须补偿放弃期权的机会成本（延期的期权价值）。否则，投资不会发生。

---

① Davidson, P., and Davidson, G., 1984, Financial Markets and Williamson's Theory of Governance: Efficiency versus Concentration versus Power, Quarterly Review of Economics and Business, 24: 1-21.

② 阿维纳什·迪克西特、罗伯特·平迪克：《不确定性条件下的投资》，中国人民大学出版社，2002年版。

在这里，我们同样需要区分风险与不确定性。前者是指事件的发生，如果能用概率来表示，我们便称之为风险。而如果一个事件的发生不可能用概率来表示，我们称之为不确定性。这些事件发生的概率大小，既不为决策者所知，也不为其他人所知。此时，为了二者之间的区别，将不确定性视为根本不确定性。风险与不确定性的这种区分在某些场合并不是完全多余的。这里的基本思想是把风险作为客观因素，也就是说，只要我们掌握了足够的信息，我们就能给出事件发生的客观概率。但是，经济分析通行的风险概率，并不是建立在客观风险的理解上，而是决策者对事件发生的个人感知程度，从而将客观因素改变为主观因素。在这种情况下，我们得知：风险始终和概率相关，但它是决策者对不同事件发生可能性的主观概率。风险分析不仅仅包括这些概率，而且也包括这些概率影响经济决策的方式，从而风险是指在不确定性事件面前做出决策的整个机制。不确定性和概率无关或者没有概率，指的是决策者所处的环境特征，这个环境包括各种各样的不确定性。为此，我们研究主观概率有两个不同的方法。第一个方法把概率也就是风险视为围绕不确定性事件的预期平均结果而出现的方差。第二种方法是把风险视为灾难的概率，从而与保险公司研究的风险一致。而在这里，主要是指第一种方法来研究实物期权方法，并不指根本不确定性（fundamental uncertainty）。

实物期权方法使用延期投资的期权价值，它类似于股票上的金融看涨期权。看涨期权的价值 C 可以由 Black – Scholes 公式获得。

$$C = Se^{-\delta T}N(d_1) - Xe^{-rT}N(d_2) \tag{1.1}$$

其中，$d_1 = \dfrac{\ln\left(\dfrac{S}{X}\right) + \left(r - \delta + \dfrac{\sigma_S^2}{2}\right)T}{\sigma_S \sqrt{T}}$

$d_2 = d_1 - \sigma_S \sqrt{T}$

S 为股票价格；T 为持续到终止时间；X 为执行价格；r 为无风险的利率；N( ) 为正态分布的密度；δ 为放弃的红利率；σ_S^2 为股票价格的方差。

依据式（1.1），我们模仿金融期权来类推延期投资的实物期权价值，并表示它们对期权价值的影响方向，如表 1.3 所示。

表 1.3　　　　　　　　　　　　延期投资期权价值的来源

延期投资期权价值来源	延期投资期权价值大小	股票金融期权价值来源
（1）投资现金流的贴现值越大（小）	期权价值越大（小）	股票价格
（2）初始投资支付额越大（小）	期权价值越小（大）	执行价格
（3）机会消失前的时间越长（短）	期权价值越大（小）	终止前的时间
（4）贴现现金流的标准差越大（小）	期权价值越大（小）	股票价格标准差
（5）无风险利率越大（小）	期权价值越大（小）	无风险利率
（6）延期放弃的现金流越大（小）	期权价值越小（大）	放弃的红利

从表1.3中可以看出，投资的预期现金流的贴现值越大，初始投资支付额越小，在机会消失前投资决策（执行期权）的可能性越大，贴现现金流的标准差越大，无风险利率越大，延期放弃的现金流越大，都会增加延期投资的期权价值，导致企业延期进入。反之，就会立即进入。

通过表1.4我们可以了解企业沉淀投资承诺的最优时间选择，从而发现，有时提前投资是有利的，有时延期投资是有利的，如表1.4中所示：

表1.4 投资最优时间选择的因素分析

（1）排他性越大（小）	延期（提前）进入
（2）竞争带来的损失越小（大）	延期（提前）进入
（3）放弃贴现现金流越小（大）	延期（提前）进入
（4）投资项目相互依赖信息越少（大）	延期（提前）进入
（5）延期投资利息收益越大（小）	延期（提前）进入
（6）投资现金流不确定性越大（小）	延期（提前）进入

由表1.4可知，（1）如果竞争者有同等的投资机会，并且因竞争导致的损失很大，因提前投资可以避免，所以会采取提前投资，反之会延期进入；

（2）如果放弃较大的现金流，那么就会提前进入。反之就会延期进入；

（3）如果投资设法使企业有信息收益，以改进相关投资的质量，也会提前投资。反之就会延期进入；

（4）如果从延期投资中获得利息收益很小，也会提前投资。反之就会延期进入；

（5）如果因为未来不确定性，使灵活性有较低价值，也会提前投资。反之就会延期进入。

事实上，经济结构战略调整过程中受到若干因素的影响，特别是在所有权与经营权分离，委托—代理的情况下，未来不确定性状态和沉淀成本大小也非常关键，它们是产生期权价值的重要条件，从而区别新古典经济学条件下的净现值方法。

在现实条件下，经济结构战略调整过程中很容易产生沉淀成本，特别是在未来不确定性的情况下。而且，结构调整风险不仅来自于市场风云变化，还来自于投资本身或者政策变化等方面的影响，从而使等待（或观望）结构调整获得期权价值，这部分期权价值无形中增大了结构调整的机会成本。

由于经济结构调整具有显著的沉淀成本，所以，一旦进行了投资，就执行了期权，期权价值就消失了，调整后的产品定价时需要考虑这部分机会成本的补偿问题，从而将要素市场和产品市场有机结合起来。这是因为，理性投资者在进行经济结构调整时，投资的贴现现金流必须大于初始投资成本与延期投资的机会成本（延期的期权价值）之和，需要在调整后的产品价格体系中充分体现出来。否则，因调整后的定价中不包含期权价值，经济结构就会不调整。这说明，在确定性条件下，经济结构调整的产品最优选择在边际成本定价上。然而，在未来不确定性条件下，特别是考虑经济结构调整沉淀投资的期权价值时，调整后的产品定价必须大于边际成本，这本身就是一种理性选择的结果。如果不考虑这部分机会成本，将不确定性世界误认为是确定性的世界，那么必然会导致经济结构调整滞后，从而使观望和等待就成为一种理性选择行为。

1.5　凯恩斯经济学：有效需求不足与宏观调控

凯恩斯于 1936 年《就业、利息和货币通论》，通过质疑古典和新古典萨伊定律的假设前提——理性预期假说、真实经济周期、有效市场理论等假设前提，运用风险与根本不确定性的区分，以有效需求理论开创了宏观经济学，提出有效需求的凯恩斯定律。实际上，经济结构战略调整也离不开宏观经济状况，仅仅强调总供给还是不够的，所以需要了解总需求情况，特别是在不确定性条件下，总需求往往是不足的，人民持有货币作为流动性，所以对于经济结构调整也有十分重要的影响。因此，需要创造一个良好的宏观经济稳定环境，以及收入再分配，有助于经济结构战略调整，从而打破古典宏观经济学——萨伊定律——供给自创需求①。

在凯恩斯经济学中，在不确定性条件下做出的选择逻辑和在稀缺条件下做出的选择逻辑是不同的，尽管两者都是理性人逻辑，但市场参与者所获得的信息状态却不尽相同。新古典经济学家公开假定市场参与者对未来事件的概率分布了然于心，这等于说他们面对的都是可计算的风险，在投资时就像保险商一样，把一切可能性都考虑在内了。凯恩斯认为，在很多情况下市场参与者面对的都是无法克服的不确定性，它们置身于一个未知的世界，从而使货币成为人类社会应对不确定性的一种工具或制度。有了货币，人们可以暂时不急于决定购买产品。凯恩斯在解释金融危机和经济萧条的形成时，货币占有重要地位。在 19 世纪 20 年代已出现有效需求的概念。1820 年，英国经济学家马尔萨斯发表《政治经济学原理》，提出由于社会有效需求不足，资本主义存在产生经济危机的可能。1936 年，凯恩斯发表《就业、利息和货币通论》，重提有效需求不足，并建立起比较完整的有效需求不足理论。一改凯恩斯之前的古典经

① 对于凯恩斯革命来说，至少有几大分支主要流派：一个是凯恩斯经济学、新古典综合凯恩斯学派、新凯恩斯经济学，以及后凯恩斯经济学等，都对凯恩斯革命进行了深入研究，但他们之间的侧重点截然不同。其中凯恩斯—后凯恩斯经济学更多强调根本不确定性—货币—货币生产经济—有效需求—宏观调控，而新古典综合凯恩斯和新凯恩斯经济学主要强调短期看来市场不完全，长期看来，又会回到萨伊定律的充分就业均衡。前者主要强调市场不完全，后者主要强调信息不对称。

济学——稀缺性、货币中性、均衡等思想，这一原理是凯恩斯就业理论的出发点，是凯恩斯理论的核心，也被誉为"凯恩斯革命"。凯恩斯经济学的核心是就业理论，而就业理论的逻辑起点是有效需求。

为了突破萨伊定律的微观经济基础，凯恩斯强调他的通论与古典宏观经济学的区别：古典经济学假定事实和期望是确定的；风险——被认为可以得到精确计算。概率计算——被假定能够减少不确定性，直至与可以计算的确定性状态相同——我指责古典经济学理论，因为它对我们对未来所知甚少这一事实进行了抽象，并试图运用漂亮、文雅的技巧来处理抽象出的理论——（每一个古典经济学家）都忽视了现实和他根据现实抽象出的理论之间的区别所具有的确切含义，也忽视了他们很可能会产生的错误结论的性质（斯基德尔斯基，2011）①。为此，凯恩斯认为，总就业量决定于总需求，这和萨伊定律完全相反；凯恩斯将总需求分成两部分：消费需求和投资需求，消费是需求中的稳定因素，而投资是非稳定因素，从而与货币数量论截然不同。失业是由于总需求不足造成的。由于总需求不足，商品滞销；存货充实，引起生产缩减；解雇工人，造成失业。当就业增加时，收入也增加。社会实际收入增加时，消费也增加。但后者增加不如前者增加那么多，这就使两者之间出现一个差额。总需求由消费需求与投资需求两者组成。因此，要有足够的需求来支持就业的增长，就必须增加真实投资来填补收入与这一收入所决定的消费需求之间的差额。换言之，在消费需求已定的情况下，除非投资增加，人为地增加社会需求，否则就业是无法增加的。

（1）资本家在经营生产时，既要考虑商品的总供给价格，又要考虑商品的总需求价格。如果总需求价格大于总供给价格，资本家就有利可图，增雇工人，扩大生产。反之减雇工人，缩小生产。直至两者相等，资本家预期获得的总利润达到最大量，生产和就业都达到均衡状态。此时的社会总需求，就称为"有效需求"。

（2）有效需求包括消费需求和投资需求。由于边际消费倾向的作用造成消费需求不足，也造成投资需求不足，即社会总需求的不足，必然导致社会总就业量的不足和经济危机的产生。

事实上，凯恩斯运用三大心理规律解释有效需求不足，究其本质上是因为对未来不确定性的恐惧。所谓边际效用消费倾向递减，是指随着人们收入的增加，最末一个货币收入单位中用于消费的比例在减少。凯恩斯旨在通过消费解决生产问题，他一反传统经济学认为生产很重要的观点，把消费提到了一个至高无上的地位。在他看来，一切生产之最后目的，都在于消费。他详细考虑了影响消费的客观因素和主观因素。例如他所讲的客观因素包括所得的改变，资本价值的不能预料的变化；主观动机则如建立准备金，预防不测，使以后开支逐渐增加而不致下降。从事投机或发展事业的本钱，遗留财产给后人等。在此基础上，他的总体的结论和系统的见解是：

---

① 罗伯特·斯基德尔斯基：《重新发现凯恩斯》，机械工业出版社，2011年版。

（1）在人们收入增加的时候，消费也随之增加，但消费增加的比例不如收入增加的比例大。在收入减少的时候，消费也随之减少，但也不如收入减少的那么厉害。富人的边际消费倾向通常低于穷人的边际消费倾向。这是因为穷人的消费是最基本的消费，穷人之所以穷，是因为在穷人的收入中基本生活资料占了相当大的比重，而富人之所以富，在于富人早已超越了基本需求层次，基本生活资料在其收入中所占比例不大。

（2）边际消费倾向取决于收入的性质。消费者很大程度上都着眼于长期收入前景来选择他们的消费水平。长期前景被称为永久性收入或生命周期收入，它指的是个人在好的或坏的年景下平均得到的收入水平。如果收入的变动是暂时的，那么，收入增加的相当部分就会被储藏起来。收入不稳定的个人通常具有较低的边际消费倾向。

（3）人们对未来收入的预期对边际消费倾向影响甚大。边际消费倾向的降低，使萧条加剧。

所谓资本边际效率递减规律是指人们预期从投资中获得的利润率（即预期利润率）将因增添的资产设备成本提高和生产出来的资本数量的扩大而趋于下降。凯恩斯在用边际消费倾向规律说明消费不足之后，接着用资本边际效率崩溃去说明投资不足。

因此，凯恩斯认为，国民收入取决于有效需求，失业的产生是由于有效需求不足，从而与古典经济学截然不同，如图 1.5 所示。

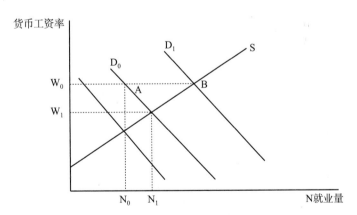

图 1.5　凯恩斯失业的产生

在货币工资 W_0，劳动力需求为 VMP_1 时，失业量为 AB。对于新古典经济学家而言，这种情况不均衡，因为货币工资下降到 W_1，在 N_1 就可以达到充分就业。这是因为，在给定价格水平下，只要货币工资下降，实际工资率水平下降，从而劳动的需求将上升，同时供给下降，从而实现劳动市场均衡。但是，凯恩斯认为新古典的方法是错误的。因为货币工资占边际成本的很大一部分，削减货币工资就意味着边际成本下降。在完全竞争条件下，企业家根据边际成本定价的，从而价格几乎与工资下降得一样多。这样货币工资的下降就意味着实际工资的下降，而就业量不会有任何变化。在图中，这可由边际产出价值下降导致价格下降来表示，即 VMP_1 向左移动到 VMP_0，这样就业量就将保持在 N_0。从而可以看出，货币工资的下降，将导致收入下降，从而减少货币意义上的总需求，这可由劳动力总需求曲线 VMP_1 的左移来表示。因而，在更低的工资下，就业量和以前一样保持不变，失业量为 N_0N_1。在这种情况下，凯恩斯认为，与其等着实际工资下降，不如采取财政政策和货币政策来增加总需求。这意味着 VMP_1 向右移动，直到和劳动力供给曲线相交于 B 点，从而看到，需求决定就业，就业决定边际产出（即实际工资），而不是反向决定。

给人们形成深刻影响的是凯恩斯似乎更着重于消费理论和消费政策。其实不然。在凯恩斯看来所谓的消费问题，只是由于资本边际效率崩溃，投资不足引起的，后者是因前者是果。在《通论》具有总结性的"略论商业循环"一章中，凯恩斯认为，发生商业周期的原因，恰恰在于资本边际效率，以及人们对资本边际效率递减的预期引发了经济周期。凯恩斯写道，对于商业循环的说明，"其尤著者，当推消费倾向，灵活偏好状态，以及资本之边际效率。此三者之变动，在商业循环中各有作用。但我认为商业循环之所以可以称为循环，尤其是在时间期限长短上之所以有规律性，主要是从资本之边际效率的变动上产生的"。

凯恩斯详细描述了对资本边际效率，即资本未来收益的预期，是如何引致了经济周期的。凯恩斯写道："繁荣期之特征，乃一般人对资本之未来收益作乐观预期，故即使资本品逐渐增多，其生产成本逐渐增大，或利率上涨，俱不足阻碍投资增加。但在有组织的投资市场上，大部分购买者都茫然不知所购为何物，投机者所注意的，亦不在对资本资产之未来收益作合理的估计，而在推测市场情绪在最近未来有什么变动，故在乐观过度，购买过多之市场，当失望来临时，来势骤而猛烈。不仅如此，资本之边际效率宣布崩溃时，人们对未来之看法，亦随之黯淡，不放心，于是灵活偏好大增，利率仍上涨，这一点可以使得投资量减退得非常厉害：但是事态之重心，仍在资本之边际效率之前崩溃——尤其是以前被人非常垂青的资本品。至于灵活偏好，则除了由于业务增加或投机增加所引起的以外，须在资本之边际效率崩溃以后才增加"。这就是说，愈是预期资本的边际效率崩溃，愈是不敢投资，不敢消费，从而有了流动性偏好的偏好。

流动性偏好是指人们愿意持有更多具有较高流动性的货币，而不愿意保持其他的资本形态的心理规律。凯恩斯认为，流动性偏好是对消费不足和投资不足的反映，具体而言是由以下的动机决定的：

①交易动机，指为了日常生活的方便所产生的持有货币的愿望；

②谨慎动机，指应付各种不测所产生的持有现金的愿望；

③投机动机，指人们为了在未来某一适当的时机进行投机活动而愿意持有部分货

币的愿望。这三种动机，尤其是谨慎动机，说明面对诸多不确定性时，人们通常不敢轻易使用自己的存款。

凯恩斯曾说过：一切生产都是为了最终满足消费者的需求。然而，在生产者（以消费者为目的）付出成本到最后的消费者购买产品的期间，往往要有一段时间间隔，有时甚至是很长一段时间。与此同时，雇主（包括我们所说的生产者和投资者）必须尽其所能外层一个最好的期望值，这些期望值在经过很长一段时间之后，等到生产者可以供给消费者产品时，消费者愿意付出多少作为代价，雇主（包括生产者和投资者在内）是无法确定的，只可尽其所能做出一些预期。只要雇主需要一定的时间进行生产，那么他除了依靠这些期望值指导自己的将来之外，别无选择。

凯恩斯把与实际收入成正比的交易动机和谨慎动机归在一起，称为 L_1，L_1 随实际收入的增加而增加，即 $L_1 = L_1(Y)$。也可以写作 $L_1 = kY$，（$k > 0$）。又把与利率成负相关的投机性需求称作 L_2，它随着利率的上升而减少，即 $L_2 = L_2(i)$。也可以写作 $L_2 = -hi$，（$h < 0$）。这样就得到以下货币需求函数：

$$Md = L_1(Y) + L_2(i)$$

凯恩斯的以需求管理为中心的一整套政策主张，在战后西方各国得到了不同程度的采用。其在抑制经济危机的破坏力、扩大就业、平缓经济基础周期性波动、促进经济发展等方面的确取得了较为显著的成效。但是凯恩斯方法并不是在任何条件下都能使用的，凯恩斯的药方也并不是百病皆治的神药。

事实上，凯恩斯也承认货币政策对治理充分就业无效的可能性，所以他引入流动性偏好概念，从而否定新古典经济学模型货币流通速度不变的假设，在货币存量上升和价格上涨之间存在简单的联系，图 1.6 说明了流动性偏好曲线。

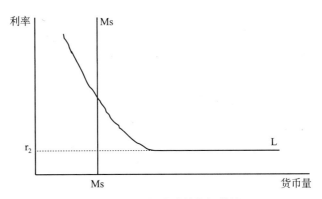

图 1.6　凯恩斯流动性偏好曲线

凯恩斯流动性偏好显示了在不同利率水平下的货币需求量。当利率上升，则投资性货币需求将减少，因为越来越多的投机者相信利率将会下降，从而持有债券的人将实现资本收益。同样我们可以将流动性偏好曲线的上升解释为货币到债券的转变，将曲线下降解释为从债券到货币的转变。实际利率由投机性货币需求和货币存量（货币当局的货币供给）决定的。

当利率为 r_2 时，货币政策在治理萧条上完全无效。因为增加货币供给不会降低利率。当利率为 r_2 时，公众愿意增加持有货币量，因为他们预期未来利率会上升。因为由于害怕遭受资本损失，没有愿意持有债券。一旦达到这一点，政府应该直接投资于各种公共工程以治理失业。也就是说，由于利率不会低于此点，私人投资不会增加，因此建议采取政府直接投资。在这种情况下，更有可能采用的是财政政策——削减税收和政府支出——而不是货币政策。

通过分析可知，凯恩斯的利率理论与新古典经济学模型不同。新古典经济学家认为，利率是实际的，不仅仅是货币现象。利率由对资本的需求（资本的边际生产力决定）和储蓄的供给（由社会的节俭决定）共同决定。因此，利率是生产力和节俭这样的实际变量的函数。凯恩斯反对这个储蓄仅仅是利率的函数，而与收入水平无关的假定。而这是新古典经济学模型所不能解释的，因为根据凯恩斯的观点，那种理论只能解释充分就业的收入水平，而不能解释其他收入的水平。

特别是凯恩斯经济学批判了古典经济学理论与政策主张，正如凯恩斯所说："正如对传统智慧的认识那样，假设存在某种自动平稳运行的自由市场调整机制，只要我们相信自由放任的方法，就能保持均衡。这是教条主义的一种幻想，它漠视历史的经验教训，而且在其背后没有可靠的理论支持"。因此，经济结构战略性调整需要考虑产能过剩和劳动力失业问题，从而无法实现预期的经济结构调整，否定萨伊定律的各种资源充分就业均衡，提出政府干预的重要性，这与主流经济学（萨伊定律）截然不同，但却与主流结构主义经济学家有些相似。

凯恩斯所描绘的经济生活到处充满着不确定性，人们为什么会以流动性的方式持有储蓄，为什么投资是上下波动，为什么利率不会调节储蓄和投资，不确定性成了解释的理由，从而使凯恩斯否认一个充满竞争的只有市场经济会具有正常的趋势来保持充分就业，有很多种均衡出现的可能性，但没有一个会比另一个更自然。正如凯恩斯所说："很明显，我们用来估计任何投资的预期收益时所用的信息基础具有极端不确定性。我们对决定几年以后投资收益的因素的信息通常知之甚少，甚至可以忽略不计。坦白地说，我们必须承认我们用来估计一条铁路、一座铜矿、一家纺织工厂、一种专利药物、一条大西洋航线、一栋在伦敦城的建筑 10 年以后的收益信息非常少，有时没有任何信息；或者说，即使是估计 5 年以后的收益的信息也是如此"①。在这种情况下，政府应该管理需求，把需求波动限制在最小的范围内。国家应该承担的责

---

① 实际上，主流或新古典经济学家假定短期我们信息不完全，长期看来信息趋于完全，我们可以做出理性选择。但是凯恩斯则认为，短期看来我们信息完全，但是长期看来我们就信息不完全，与主流经济学截然相反，从而可以看出凯恩斯革命的意义，以及与演化经济学、奥地利学派和旧制度经济学的关系，突出制度对于应付未来不确定性的重要性，这与戴维森、温特劳布、明斯基等后凯恩斯原教旨主义十分相近。

任是降低不确定性，国家的政策应力图让这个世界更加可预测、更符合高斯曲线，使正态分布曲线的尾巴更细。

1.6　马克思经济学理论：固定资本的特点与社会产品价值实现

通过在宏观层面打破萨伊定律，马克思经济学的社会产品价值实现问题，尽管与凯恩斯经济学有效需求不足有所不同，但在本质上具有一致性。前者通过阶级分析，阐述收入分配的不公平，从而造成有效需求不足，影响经济结构调整，从而打破萨伊定律充分就业均衡。

从经济理论上看，新古典经济模型可能有助于斯密的同时代人更好地理解基本的供求规律。但是从那时起，基本的经济模型几乎没有发生什么变化。今天，在现代工业经济的情况下，同样这些经济模型几乎与现实没有什么关联，非但未能揭示经济体的本质特征，而且还掩盖了非常重要的经济机制。这样，"在竞争充分的条件下，市场交易会使商品价格趋于与该商品的边际生产成本相一致。进入这种价格状态时，一个经济即可以被认为是达到了其最佳产出水平，即达到其生产可能性边界。不幸的是，这一理论只有在投资成本可以不花成本地转移或进出不同行业时——也就是当工业的沉淀成本几乎为零时才起作用"①。这说明，在新古典竞争方法条件下，任何投资成本，不论是固定成本还是可变成本，通过投资生产的产品市场的销售收益，或者通过出售通用性资产出售价值得到回收，不会发生任何投资成本损失。因而说，因为在马克思之前，（新）古典经济学虽然是一种利润驱动性资本主义理论，但它却缺乏与之相适应的资本理论和利润理论……一个主要漏洞，就是缺乏一个能够安置长期固定资本的学说②。之所以如此，就是他们无需考虑固定资产和沉淀成本，隐含假设固定资产只要维修就可以长期使用，价值不受任何损失，缺乏对真实经济的研究，仍然囿于市场供求模型。

然而，从经济现实看，固定资本投资又是经济核心事实，沉淀成本的出现对经济体有重要的影响。没有沉淀成本的经济模型高估市场的稳定性，所以难以满足经济发展的需要。因而需要考虑沉淀成本或固定资本投资。在这一点，马克思经济学中的固定资本具有重要的研究价值。或许这是区别于新古典经济学的重要标志。

1.6.1　马克思经济学对固定资本的本质研究

事实上，马克思不仅根据价值转移方式区分了固定资本和流动资本，而且还根据

①②　迈克尔·佩雷曼：《经济学的终结》，经济科学出版社，2000 年版。

剩余价值产生的作用区分了不变资本和可变资本。在本书，我们仅从前者考虑。马克思已经充分认识到固定资产投资成本与经济增长重要性，以及补偿所面临的障碍对资本主义经济运行的影响。他从生产过程中固定资产发生损耗——折旧成本角度认识到事后沉淀成本的产生。这样，马克思由交易过程回到生产过程中，突出产品市场价值实现作用。

关于这些问题，马克思从固定资产投资成本补偿这一角度分析是十分深刻的。马克思更多地从真实时间的生产过程中考察固定资产有形损耗和无形损耗以及价值转移方式角度探讨沉淀成本的产生。尽管企业内部治理结构也会影响投资成本回收，而他更多关注市场竞争促进生产技术进步和产品创新给在位企业带来的沉淀成本，这实际上也是社会进步必须支付的价格。在这种情况下，马克思区别了市场交易过程和企业生产过程，并且分三个阶段考虑企业投资成本的价值补偿问题。

产业资本循环的第一个阶段是购买阶段，即产业资本家以商品购买者身份用货币在资产市场上购买劳动力和生产资料，为生产剩余价值做准备。产业资本循环第二个阶段是生产阶段。在这个阶段，资本家把购买到劳动力和生产资料结合起来进行生产，生产出商品，其价值包括预付资本价值和剩余价值。产业资本循环的第三个阶段是售卖阶段，即资本家把生产出来的商品出卖换回货币。这时，资本又回到最初的货币形式。但这个货币与开始预付货币不同，在数量上发生变化，除了预付货币资本，还带来剩余价值。

实际上，马克思已经隐含认识到固定资产固有特征——沉淀成本的存在形式及其经济后果。为此，他把投资成本与生产过程结合起来，按照资本价值转移方式划分为固定资本和流动资本，并且指出，流动资本一下子将其价值转移到产品价值中去，而固定资本逐渐转移到产品价值中去。马克思指出，固定资产在使用过程中，因不断受到冲击或损耗，由新变旧，外表形态虽然较长时期保持不变，而它的内在功能却在慢慢地衰退，随着时间的推移，固定资产的使用价值就逐渐地，不同程度地降低，其自身价值也随之相应的减少。固定资产因损耗而减少的价值，称为折旧。将固定资产在使用过程中，因损耗而转移到成本中的那部分以货币形式表现的价值，称为折旧费。

固定资产的价值损耗，是由两方面原因引起的：一是固定资产的有形损耗；二是固定资产的无形损耗。马克思指出："机器的有形损耗有两种。一种是由于使用，就像铸币由于流通而损耗一样；另一种是由于不使用，就像剑入鞘不用而生锈一样。在后一种情况下，机器的损耗是由于自然作用。前一种损耗或多或少地同机器的使用成正比，后一种损耗在一定程度上同机器的使用成反比。固定资产无论使用，不使用，都会发生有形损耗。固定资产因使用而发生的有形损耗是大量的，主要的，这种损耗的程度主要取决于其工作负荷强度和固定资产本身的质量"[①]。马克思还指出："机器

[①] 《马克思恩格斯全集》第 23 卷，人民出版社，1972 年版。

除了有形损耗以外，还有所谓的无形损耗。只要同样结构的机器能够更便宜地再生产出来或者出现更好的机器同原有的机器相竞争，原有机器的交换价值就会受到损失。这两种情况下，即使原有机器还十分年轻和富有生命力，它的价值也不再由实际物化在其中的劳动时间来决定，而由它本身的再生产或更好的机器再生产的必要劳动时间来决定的。因此，它或多或少地贬值了"①。新技术如此迅速地摧毁了原有资本价值，类似于熊彼特所说的"创造性破坏"，实际上这种价值损失就是一种沉淀成本。一般说来，固定资产不定期发生这两种损耗：一种是由于机器设备的再生产成本降低，因而原有的固定资产贬值；另一种因发明和采用更完善的机器迅速提高效率，使得固定资产发生贬值。这样，资本过度积累和资本贬值都分析了固定资本如何损失而构成沉淀成本不可分割一部分。可以看出，固定资本固有特征便是沉淀成本。技术进步导致特定资本过时，使旧设备的市场价格下降，导致了资本品损失，进而提出有形损耗和无形损耗，强调消耗资本成本补偿问题。正是由于资产投资成本无法通过市场转让价格得到补偿或回收，才使马克思更多地关注社会产品价值的实现，这也是经济危机产生的根本原因，从而区别于新古典一般均衡竞争方法。

因此说，资产折旧（有形损耗和无形损耗）是马克思理解固定资本沉淀程度的关键。资产折旧是一个连续过程，随时随地都以不同的速度发生。在这种意义上，折旧成本必须通过有利可图的产品市场销售价值得到补偿，否则沉淀成本不可避免要发生。企业主要目标是产生足够的现金剩余，不仅足以补偿劳动工资，而且还能够补偿资本折旧、商品和劳务再投资成本，以及利息和股东份额。特别是通过产品和劳务市场价值实现是补偿投资成本的重要手段。马克思主要集中在固定资本市场价值损失方面，以及如何看待这些价值损失。马克思指出："这种生产资料把多少价值转给或转移到它帮助形成的产品中去，要根据平均计算来决定，即根据它执行职能的平均持续时间，从生产资料进入生产过程时起，到它完全损耗不能使用，而必须用同一种新的物品来替换或再生产为止"②。

由马克思再生产理论可知，在整个社会再生产过程中，一种是补偿，更换从过去一直到现在已经积累起来的劳动资料，在实物形态上实现其原有规模的再生产；另一种是积累，在实物形态上增加现有的劳动资料规模。马克思指出，"年劳动产品的价值，并不就是这一年新加劳动的产品。它还要补偿已经物化在生产资料中的过去劳动的价值。因而，总产品中和过去劳动的价值相等的那一部分，并不是当年劳动产品的一部分，而是过去劳动的再生产"③。因此说，在全部年产品的价值中，一部分是属于过去劳动的价值，另一部分是属于新增加劳动的价值。在过去劳动的价值中，又可

① 《马克思恩格斯全集》第23卷，人民出版社，1972年版。
② 《马克思恩格斯全集》第24卷，人民出版社，1972年版。
③ 《马克思恩格斯全集》第26卷，人民出版社，1972年版。

以分为两部分，一部分体现在已消耗掉的原料、燃料、辅助材料等劳动对象上面，一部分则体现在已损耗的机器、设备、厂房、建筑物等劳动资料上面。为了使简单再生产正常地维持下去，其中的重要条件之一是，耗费多少劳动资料就要补偿多少劳动资料，只有根据生产过程中的各种损耗与消耗，及时地、足量地进行补偿，才能保证简单再生产顺利进行，为扩大再生产奠定基础[①]。由于资本主义固有矛盾——广大人民群众消费有限性与资本主义生产不顾这种情况而力图发展生产力之间的矛盾，最终导致社会产品价值难以实现，从而因出现沉淀成本而引发经济危机。

马克思对固定资本及其固有特征——沉淀成本的理解，并不是事前给定的，是在历史时间中，因资产有形磨损和无形磨损，以及社会产品价值实现出现失灵的结果。正是固定资产本身损耗无法得到补偿，马克思才认识到社会产品价值实现，以及成本补偿的重要性。在这种情况下，可以从产品价值实现角度直接探讨沉淀成本的产生及其影响，从而认为，与新古典经济学没有沉淀成本和经济危机形成鲜明对照[②]。

1.6.2 固定资本的本质在于沉淀成本

通过以上分析，可以看出马克思的资本理论和利润密切相关。新古典经济学假设当事人完全信息，不会发生沉淀成本，所以，长期固定资本不会给经济带来任何问题，所以也就没有资本和利润理论了，这是新古典经济学探讨市场供求交易的主要原因，从而看不到市场与企业之间的差别，不论固定资本还是可变成本投资都是充分流动的。一旦在信息不完全条件下，长期固定资本问题就会出来，市场与企业之间的差别凸显出来。哈德利是第一个对固定资产研究的先驱（佩雷曼，2000）[③]，随后克莱因、阿尔钦和克劳福德（Klein et al.，1978）[④]，以及交易成本经济学大师——威廉姆森提出资产专用性和交易成本等概念，比新古典经济学前进了一步，为研究资本和利润理论提供了方法。因此说，固定资产使马克思《资本论》与新古典经济学理论不同，从而得出的结论也就不同。把资产市场和产品市场同时联系起来，突出资产有形磨损和无形磨损对沉淀成本的影响，沉淀成本的出现在于价值实现失灵，不仅仅是资产市场价值失灵，主要还是产品或服务价值实现无法补偿投资成本所致，从而任何投资成本都可能发生沉淀成本。与一般均衡理论相比，马克思经济学可以看出沉淀成本

[①] 因为新古典经济学和马克思政治经济学都是为了更好地理解同一个经济制度而提出的，所以，尽管它们之间存在着巨大的意识形态差距，但在纯粹经济分析的许多方面，它们不是不相容的。……两种理论的不相容主要不在于它们对市场经济运行机制的看法差别上，而在于它们赋予这一机制的意义上。这里，马克思主义强调所有生产活动的社会性质，强调矛盾、强调社会变化；而新古典强调个人经济决策的具体细节。两者之间的差别是非常明显的（艾利斯，2006）。

[②] 汤吉军：《马克思经济学与新古典经济学：沉淀成本比较与综合》，《财经问题研究》，2013年第10期。

[③] 迈克尔·佩雷曼：《经济学的终结》，经济科学出版社，2000年版。

[④] Klein, B., Crawford, R., and Achain, A., 1978, Vertical Integration, Appropriable Rents, and the Competitive Contracting, Journal of Law and Economics, 21：297 – 326.

的出现与宏观经济危机具有内在联系。

现假设企业投资资本具有显著的沉淀成本，或者说成本具有耐用性或者专用性。企业补偿投资支出的方式就是去市场上销售生产的产品和劳务以获得利润。从这个角度看，专用性或耐用性成本，与其他任何成本（劳动、原材料等）没有任何差别。投资耐用性和专用性（固定资本、R&D 和诀窍等）都不是企业所担心的，只要企业能够以补偿投资的成本价格销售商品或劳务。在大多数情况下，只要生产的产品和劳务能够以补偿一定时期内的投资成本的价格销售，投资成本的耐用性和专用性都无关紧要。在真实时间流逝过程中，对于投资成本的有形损耗和无形损耗，企业需要通过在市场上销售产品和劳务补偿它们。在企业无法以补偿折旧成本价格在市场上销售商品和劳务时，就会出现沉淀成本，此时不论企业是否退出市场还是继续生产。

对马克思来说，沉淀成本主要是一个价值实现问题。换言之，沉淀成本是一个成本补偿问题。在这种意义上，沉淀成本被定义为，在企业资本投资中，其价值既不能通过生产的产品和劳务得到补偿，也不能通过资本投资本身的残值得到补偿的那部分成本。从而可以推断，尽管资产不是专用性或者它们的服务寿命很短，因为企业不能完全补偿资本折旧成本，企业仍然可以产生沉淀成本。反过来说，尽管资产是专用性或者它们的服务寿命很长，因为企业能够完全补偿资本折旧成本，企业仍然可以没有沉淀成本，从而可以看到，沉淀成本是每一类成本的基本特征。

由此可见，沉淀成本的本质是一个成本补偿问题，或者说是一个价值实现问题。合理补偿投资成本是研究企业再生产的核心内容。对企业的生产耗费来说，再生产中的各种耗费，包括固定资产的损耗，摊入的原材料、辅助材料等，必须如实计入产品成本中，使其价值在产品成本和产品价格中得到正确反映。而且还必须通过市场交换，产品价值得到社会承认，生产过程中和各项耗费全部回流，有的必须一次得到补偿，有的可以多次、分阶段地得到补偿。如果忽视投资成本补偿，就达不到利用它来扩大再生产的目的，甚至还会影响简单再生产过程。

马克思经济学十分关注在真实时间里，生产过程中资产的有形磨损和无形磨损，事实上无法通过自身出售价值得到补偿，这使马克思经济学十分强调社会产品价值实现的重要性，并看到沉淀成本所带来的严重后果——偿还债务。然而，现有的西方经济理论也涉及和突出沉淀成本的一些特征，尽管不够全面，对于深入理解马克思经济学价值实现或成本补偿更有现实意义。

一般来说，西方经济学者着眼于资产交易过程，认为导致狭义沉淀成本产生的主要因素包括：

第一，资产投资专用性是产生沉淀成本的重要原因。这些专用于给定的区位、企业或者产业的资产，当转为他用时，很容易导致经济价值损失，使事后再生产的机会成本很小，甚至没有。威廉姆森（2002）①划分出四类专用性资产：（1）设厂区位专用性。例如，在矿山附近建立炼钢厂，有助于减少存货和运输成本，而一旦厂址设定，就不可转作他用。若移做他用，厂址的生产价值就会下降；（2）物质资产专用性极强。设备和机器的设计仅适用于特定交易用途，在其他用途中会降低价值；（3）人力资产专用性。在人力资本方面具有特定目的的投资。当用非所学时，就会降低人力资产的价值；（4）特定用途的资产，是指供给者仅仅是为了向特定客户销售一定数量的产品而进行的投资，如果供给者与客户之间关系过早结束，就会使供给者处于生产能力过剩状态。这些资产专用性被企业内部化，也会因机会主义使另一方攫取准租金出现敲竹杠问题，也会减少资产专用性投资收益，增大沉淀成本的数量。

第二，交易成本是沉淀成本的重要来源，特别是当交易成本增加初始投资支出以及减少残值时。这些交易成本的存在会进一步减少再出售价格。尽管资产不是产业或企业专用性的，但经常也是部分沉淀的，一般是由于"柠檬"问题，买卖双方对出售资产的质量信息不对称，使资产价值大打折扣而贬值，就像汽车市场上的旧车问题。这与科斯认为利用市场机制是有成本的，因而需要企业制度是一脉相承的。由于没有交易成本，当事人完全信息，可以追求利润最大化，不会导致投资失败，也就不会发生沉淀成本。

第三，显性或隐性契约、政府管制等也会产生沉淀成本。例如，对某些可以流动的资产，政府规定不允许流动就是一个最明显的例子。

1.6.3 固定资本理论的融合与推进

通过理解沉淀成本本质是一个价值实现或成本补偿问题，实际上体现了马克思经济学对固定成本理解的精髓，也是突破资源充分流动性假设关键所在，为研究经济危机和政府干预提供一种新的理论基础，与瓦尔拉斯一般均衡形成鲜明对照。在这里，我们以马克思经济学研究的思路为前提，结合现有的西方经济理论，进一步探讨影响沉淀成本的因素，加深我们对沉淀成本的理解与应用。

事实上，任何一项活动的总成本包括两部分：生产成本和交易成本（或称治理成本）。前者是指将投入品变成产品所耗费的资源成本；后者是指将产权从一个当事人转移到另一个当事人所耗费的资源成本。因此，企业进行投资必然面临着风险，如罗宾逊等所认为，投资的危险性包含两个因素，一个是投机的因素。一些投资提供了一种估计的获得高额利润的机会，但附带有遭受损失的可能性，而其他一些投资则显示能相当保险地获取中等收益前景；另一危险性因素取决于投资承担的义务的固定性，也就是取决于投资结果失望时收回资金的困难。

---

① 奥利弗·E.威廉姆森：《资本主义经济制度》，商务印书馆，2002年版。

为了更好从马克思价值实现角度剖析沉淀成本产生过程，我们将西方经济学者对沉淀成本理解纳入马克思产业资本循环过程中，从而更清楚理解广义沉淀成本的形成过程及其后果，如图 1.7 所示。

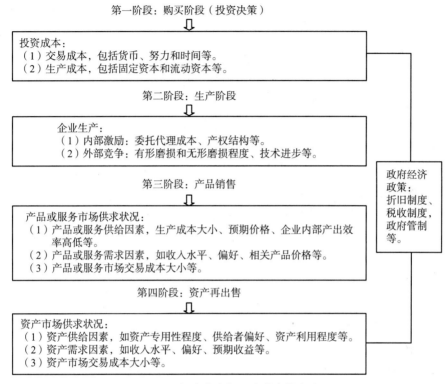

图 1.7   投资成本与沉淀成本的产生

一般看来，在第一阶段企业用货币购买生产要素进行投资，诸如劳动力、生产资料等，进行投资，预期获得一定的利润，此时需要投入相应的生产成本和相应的交易（治理）成本。

在第二阶段是企业生产过程，不仅需要考虑激励机制，还要考虑各类资产的有形损耗与无形损耗程度，从而看到折旧对沉淀成本的影响。

第三阶段是将生产出来的产品和劳务拿到市场上进行销售。市场需求旺盛，则不会出现沉淀成本，需要考虑产品和劳务市场供求状况。如果产品和劳务销售不好，就会出现亏损。此时就需要考虑第四阶段，出售投资资产。如果打捞价值能够补偿投资成本，也不会出现沉淀成本。这时需要考虑资产市场供求状况。

然而，更为重要的是，在投资成本实现价值的过程中，政府无时无刻不在，因而政府的经济政策，诸如折旧制度、税收政策等，乃至总需求政策等，都会影响投资成本的沉淀程度。

最后，需要看一下投资成本价值实现状况，或者说成本补偿状况。如果既无法通过生产的产品和劳务价值，也无法通过资产打捞价值得到补偿，就意味着出现沉淀成本，使企业遭受财务困境。如果波及其他产业乃至国家经济，使国民经济陷入经济危机。如果处于新古典完全竞争市场中，没有沉淀成本，企业通过资产销售很容易解决自身财务困境，也就不会有经济危机。然而，正如马克思（包括凯恩斯）所强调的有效需求不足，投资成本无法通过社会产品价值得到实现，企业也无法通过资产出售得到补偿而产生沉淀成本，很容易产生经济危机。

总之，固定资本的固有特征——沉淀成本，而沉淀成本自身又是一个价值实现或成本补偿问题。而且，沉淀成本的出现对微观和宏观经济都有着严重的经济后果，我们应该重视各类投资成本补偿，加强沉淀成本管理，努力实现投资成本—价值补偿机制，避免出现沉淀成本，至少维持简单再生产过程，在此基础上根据具体约束条件实行外延扩大再生产和内涵扩大再生产。否则，沉淀成本的出现，主要通过流动性约束和财富效应，很容易产生经济危机①。

综上所述，我们沿着马克思经济学的固定资本投资成本补偿或价值实现的思路，反思新古典一般均衡市场模型，再次回到投资—销售的动态过程上来，分析影响固定成本和沉淀成本的诸多因素，可以看出马克思《资本论》优越于新古典经济学的价值所在——恰恰是企业生产过程中固定资本及其沉淀成本的存在，成为市场经济固有特征，超越了新古典经济学的和谐均衡状态——没有固定成本或沉淀成本，走进一个有货币、信贷、固定资本甚至真实时间的世界里。新制度经济学依据资产专用性和交易成本考虑现货市场、长期契约或垂直一体化等边界问题。迪克西特、平迪克研究不确定性条件下的不可逆成本投资，创建了实物期权理论，进一步丰富了新古典净现值方法。虽然这些研究更多关注了沉淀成本，但对于完善马克思经济学对于沉淀成本的本质认识具有重要的补充作用，并给出制度或政策创新的基本原则，关键在于加强沉淀成本管理，这远远超出了交易成本着眼于总供给方法，更需要考虑总需求方法。进一步认为，市场与政府是互补而不是替代关系。

第一，从经济理论上看，现代工业经济固定资本投资显著，供求市场模型难以适用，固定资本的固有特征——沉淀成本的产生是市场经济内在固有的特征，再次打破市场完全假设，不可能忽略真实时间和技术创新的存在。所以，自由放任政策并不可行，需要私人契约制度和政府管制。由于当事人的理性行为导致市场竞争加剧和技术进步等，使早期投资资本价值在生产过程中资产有形磨损和无形磨损十分显著，从而带来极大的沉淀成本损失，加大社会产品实现障碍，因此，有管理的市场是合意的，尤其对资本和技术密集型产业来说。

第二，固定资产投资产生沉淀成本，为研究市场不稳定理论提供了一种分析框

---

① 汤吉军：《马克思经济学与新古典经济学：沉淀成本比较与综合》，《财经问题研究》，2013 年第 10 期。

架。经济巨变源于新技术的创造，但是当一个有活力的经济创造一个新部门时，它同时破坏了整个行业，而不是使经济平稳地的趋向均衡。企业在生产过程中，生产耗费的补偿，既是企业维持简单再生产的起码条件也是进行扩大再生产过程的必要前提。只有不断从产品销售收入中得到补偿，才有可能不断购入新的生产过程所需要的材料，才有可能不断支付职工劳动报酬和其他生产成本，才有可能逐步积累固定资产更新改造准备金，才有可能取得一定的盈利并从中提取企业基金，保证企业再生产的顺利进行。这是从单个企业而言的。即使从一个行业、一个部门，以及一个地区或一个国家，同样如此。一旦企业发生沉淀成本，就会波及其他产业、地区或国家，从而会产生经济衰退或经济萧条，使市场不稳定难以回到均衡状态中。

　　第三，从制度或政策创新看，确立了固定资本、沉淀成本与经济危机的内在联系。对于交易成本与经济绩效分析也可以间接适用于沉淀成本分析。与一般均衡竞争性市场资源充分流动性相比，整个经济是不会存在经济危机的。然而，固定资产或沉淀成本引入，从而很容易发现经济危机的客观条件，在于投资成本无法得到补偿，而交易成本也是其中重要因素之一。为此，如何最大限度减少沉淀成本就成为问题的关键所在，主要包括：一是需要大力完善市场竞争环境，诸如产品市场、资产市场和金融市场制度，大力降低市场交易成本，有助于资产价值和产品价值实现，进而有助于降低沉淀成本数量；二是需要大力完善非市场治理结构，诸如长期契约、垂直一体化或企业所有权调整等，目的是加强企业内部委托代理管理，降低 X 无效率，提高资本使用效率，进而达到降低沉淀成本的目的；三是需要政府制定合理的加速折旧制度、税收优惠政策，以及必要的政府管制等；四是除了需要加强总供给管理之外，更重要的是，还需要加强总需求管理，包括扩张性的宏观经济政策（财政政策、货币政策和对外贸易政策等）、收入分配政策（高工资政策），刺激有效需求水平，有助于产品和服务价值实现，消除生产能力过剩和产品过剩，避免经济危机，也能够达到降低沉淀成本的目的。

1.7　行为经济学：不完全理性与沉淀成本效应

　　行为经济学通过打破新古典经济学的完全理性假设前提，通过引入心理学规律，从而解释经济现象。尤其是打破新古典经济学完全理性条件下沉淀成本决策无关性，从所谓的非理性角度进行阐释，从而再次看到沉淀成本效应以及承诺升级影响①，为

————————————

　　① 实际上，沉淀成本效应并不仅仅局限于心理学因素。如果从传统经济学理论通常假定出发，那么决策具有完全理性、逻辑理性和演绎理性，从而无法看到沉淀成效应。但是一旦打破这些假设前提，例如委托代理、产权结构不同等，那么也会看到沉淀成本效应存在的合理性，从而造成恶性承诺升级或者恶性路径依赖。正是由于完全竞争模型对所作出的决策不再提供足够信息时，它们就有问题了。因此心理学家则采用另一种方法，他们认为个体善于对各种模型识别到建立假说，最后通过利用当前已有的工作假说进行推论从而实现假说替代。换言之，我们不能进行完整的推理或者对问题缺乏完整描述时，我们会用简单的模型来填充我们的认知能力与问题的复杂性之间的差距（亨德里克斯，2007）。

产业结构战略性调整指出了原因。

根据新古典经济理论，边际（机会）成本影响决策，沉淀成本不影响决策。沉淀成本被定义为以前投资的货币、努力和时间等。因此，从新古典经济理论和规范决策理论在决策时出现沉淀成本效应便是非理性的，其中假设个人都能够依据边际收益和边际损失（边际成本）。由于不管选择哪种连续行动，与某种行动的沉淀成本是常量，因此，沉淀成本不应该影响继续投资还是中断投资。

然而，从现实经济条件下，我们会发现大量沉淀成本效应（sunk costs effect）存在，或者说我们常常会掉进沉淀成本谬论（fallacy of sunk costs）之中。例如，由于已经在风险企业中投资很多，所以需要继续经营；由于在当前的制度环境下进行了大量的投资，所以抵制变化，如戴维的键盘经济学；对于职业或者专业进行了大量投资，所以不愿意转换研究领域；在银行业，追加资金往往贷给无法支付现存债务的企业，希望能够给予挽救困境需要的资金。举例来说，一个是购买一个旧电脑，已经花费200元修理，然而又坏了，怎么办？是购买一个200元的新电脑，还是继续花钱修理。当是否购买一个新电脑，许多人都向后看，花费了200元，需要继续修理它。这个所有者并没有认识到200元是典型的沉淀成本，已经支付出去了，它不应该意味着，所有者有义务继续花钱修理，这是因为他已在过去花费了200元。

虽然我们通常认识到沉淀成本效应是非理性的——那种扔完坏钱还要继续扔好钱（throw good money after bad money），但是尽管受到这样的警告，但是我们仍然能够看到大量沉淀成本效应的现象。阿克斯等（Arkes et al.，1985[①]）认为，沉淀成本效应现象十分现实和普遍。我们不会不考虑沉淀成本，很难把沉淀成本一笔勾销，决策者经常感到如果资源不使用，沉淀成本就会出现浪费，似乎认为尊重沉淀成本是理性的，无法将以前的损失（沉淀成本）一笔勾销，简单地让过去的事情过去吧。

新古典经济理论在其严格假设前提下是正确的，然而却隐含着鲜明的问题。事实上人们经常尊重或者重视沉淀成本。虽然新古典经济理论可以应用到一些特定情况，但是，由于现实条件十分复杂，很难希望这一经济理论囊括所有情况，特别是在新古典经济理论假设前提不符合条件下，尊重沉淀成本，或者出现沉淀成本效应，并非是非理性的。

那么，为什么说出现沉淀成本效应是非理性的，这是因为，根据预期效用理论，满足理性的条件如下：（1）理性选择依据当前决策者的资产；（2）依据选择的可能后果；（3）当这些条件不确定时，可能性可以通过不违背概率理论规则而获得。这些条件类似于新古典完全竞争假设前提，当事人可以把可能的结果排序，进而做出满足最大偏好的选择。那么选择最高排序结果相关的行动。这些条件试图说明最佳手段

---

① Arkes, H. R., and Blumer, C., 1985, The Psychology of Sunk Costs, Organational Behavior and Human Decision Processes, 35: 124 – 140.

与目的的约束条件。

如何说这些条件与沉淀成本关系，答案十分简单。如果进行决策时所有的条件都考虑到了，那么就没有给沉淀成本留下出现的空间，以至于一个人应该做什么没有任何差别，换言之，一个人实际上必然是理性地决策。

然而，我们时常也会发现，人们经常承诺，包括口头协议或者签订契约，很少有人认为守诺是非理性的。守诺是过去的事情，无需考虑，类似于沉淀成本。然而，尊重沉淀成本并不是非理性行为，这是因为从守诺中获得一种声誉效应，这种声誉效应，很可能将来有人愿意和他进行互利交易，那样当然需要考虑守诺了，这样我们仅仅把这个人视为尊重沉淀成本之人，就类似于守诺之人，结果他保护自己的现有资产。这样，他便把尊重沉淀成本之人的声誉作为当前资产，这样他当然不愿意违约。他或许成为不尊重沉淀成本之人。不管怎样，我们认为尊重沉淀成本之人违背了理性选择一些条件。

如果守诺表明是理性的，在某些情况我们认为是理性的，因此它出现，如同尊重沉淀成本那些情况一样，但是却很少有人归结为理性。

然而，在以前的投资无法得到补偿出现沉淀成本，是否影响决策？依据心理解释、经济理性解释沉淀成本效应，即出现亏损之后会继续投资。

沉淀成本效应是指一旦投入了货币、努力和时间投资（类似于生产成本和交易成本——货币支出和非货币支出，主要是指自身无法直接得到补偿），经常出现一种较强的继续努力的倾向。

（1）对于这种非理性行为的解释主要是因为避免出现资源浪费（Arkes and Blumer，1985）[1]。这是因为，如果投资很多资源，一旦不考虑，就变成一种资源浪费，人们是不愿意这样做的，这也是沉淀成本效应大量出现的原因。

（2）认知不一致（cognitive dissonance）理论（Festinger，1957）[2]。一旦对项目的大量任务进行扩张努力支出，那么任务就会被重新高估。与没有以前投资支出相比，这种高估会导致对任务进一步扩大资源支出。在这种情况下，与没有沉淀成本的那些人相比，有沉淀成本的那些人往往会过高估计一个项目成功的可能性。人们往往在坏钱扔下之后继续扔好钱，这与前景理论十分一致（Kahneman and Tversky，1979）[3]。

（3）沉淀成本效应来自于陷阱理论（entrapment）（Brockner，Rubin and Lang，1981）[4]。在掉进陷阱情况下，当追求最后的目标，可以导致连续的，较小的损失。

① Arkes, H. R., and Blumer, C., 1985, The Psychology of Sunk Cost, Organizational Behavior and Human Decision Processes, 35：124 – 140.

② Festinger, L., 1957, A Theory of Cognitive Dissonance, Stanford：Stanford University Press.

③ Kahneman, D., and Tversky, A., 1979, Prospect Theory：An Analysis of Decision under Risk, Econometrica, 47：263 – 291.

④ Brockner, J., and Rubin, J., and Lang, E., 1981, Face – Saving and Entrapment, Journal of Experimental Social Psychology, 17：68 – 79.

他们以等待公共汽车为例。在长期等待之后，是否换乘出租车，这类似于沉淀成本情形：等待时间已经支付出去，这是典型的沉淀成本。人们不愿意乘坐出租车，而愿意继续等待。因此，掉进陷阱对于沉淀成本效应很重要，这是因为连续的损失可以通过未来的投资得到补偿。

（4）沉淀成本与承诺升级。早期研究（Staw，1976）[①] 认为相对于有利可图投资，无利可图的投资往往可以得到更多的追加资金。对于初始投资负责的人也会导致更愿意追加更多的资金，特别是当投资无利可图时。斯特瓦指出，在面临损失的情况下，以自我正确概念解释承诺升级。因为个人试图证明某些初始决策是理性的。在最近升级文献里面，斯特瓦和罗斯（Staw and Ross，1989）[②] 认为，承诺一个连续行动，承诺是否升级取决于继续行动的可察觉效用与退出或者改变行动的可察觉效用之间的比较。由于大量因素决定这些效用函数，为此，他们划分四个类别：项目因素、心理因素、社会因素和结构因素。斯特瓦及其同事最终研究结果是，人们确实在扔完坏钱之后继续扔好钱。

（5）沉淀成本和信息处理。当涉及沉淀成本是决定行动持续性的决定因素时，沉淀成本对持续的预期效用和退出效用的影响在某种意义上是个人决策时组织和处理信息的函数。前景理论也被用来解释升级承诺问题。根据怀特（Whyte，1986）[③]，斯特瓦的自我正确解释沉淀成本效应，以及他自己的前景理论解释的重要差别，是前者认为动机是理性的，即回顾过去，而后者依靠信息处理能力。从前景理论可以得到三个命题，也可以用来解释沉淀成本对决策的影响，首先，假设个人能够从参照点以收益和损失估计决策的结果；其次，假设个人受确定效应影响，可能结果不如确定的结果；最后，对于收益的效用函数假设是凹的，而损失的效用函数是凸的，并且比收益陡峭。

沉淀成本可观察的情况也是决策面对退出选择的情况，其中初始投资已经发生，收益还没有补偿那些投资，或者追加投资使行动连续起来。前景理论有助于解释沉淀成本对这些决策的重要影响。首先，相对于由决策者初始资产投入的参照点而言，在缺乏收益的现存投资很可能被看作损失；其次，从行动中退出导致确定性损失；最后，损失的价值函数凸性导致当投资进一步增多，负效用递减。也就是说，我们构造了一个选择发生——退出有着确定沉淀成本损失，持续性有着补偿机会和较高新增损失。卡尼曼等人（Kahneman and Tversky，1984）[④] 指出，必须考虑损失条件下价值函

① Staw, B. M., 1976, Knee - Deep in the Big Muddy: A Study of Escalating Commitment to a Chosen Course of Action, Organizational Behavior and Human Performance, 16 (1): 27 - 44.

② Staw, B., and Ross, J., 1989, Understanding Behavior in Escalation Situations, Science, 246: 216 - 220.

③ Whyte, G., 1986, Escalating Commitment to a Course of Actionin: A Reinterpretation, Academy of Management Review, 11: 311 - 321.

④ Kahaneman, D., and Tversky, A., 1984, Choices, Values, and Frames, American Psychologist, 39: 341 - 350.

数的凸性，这个构造的决策影响，才能有助于解释为什么出现坏钱扔完之后继续扔好钱。

（6）绝对沉淀成本和相对沉淀成本对承诺升级作用。在前景理论中，卡尼曼等（1979）认为，可供选择的结果与某些重要的参照状态比较，这导致估价收益和损失在是相对而不是绝对意义上。前景理论对于收益和损失总是有一个参照点，在给定项目情况下，参照点将是总资源支出量对于项目的分配。此时，人们将以比率条件把沉淀成本与某个总预算相比。即，给定同样的成本支出，个人应该持续性当且仅当在预期预算中有较高比例。相对沉淀成本的存在，与前景理论一致，而且也与心理学解释一致，其中对于各种刺激敏感性是不一样的。另一方面，他们也考虑最小沉淀成本数量问题，即个人考虑对于某一行动花费的绝对努力或资源价值。当持续性行动决策受沉淀成本程度而言，持续的可能性将是沉淀成本数量的函数。

格兰德和纽波特（Garland and Newport，1991[①]）考察绝对支出以及相对沉淀成本对连续行动的影响。以前的研究没有考察这一问题。阿克斯等（1985）不可能区分相对沉淀成本和绝对沉淀成本效应；其他研究者或者使用较大数量研究战略选择（Staw，1976；1981），或者小数量研究赌博行为（Lichtenstein and Slovic，1973[②]）。更为突出的是，这二人研究区分了个人背景和商业背景。在以政治导向组织决策理论（Salancik and Pfeffer，1974[③]），以组织背景为前提，自我保护比利润最大化更加符合现实。同样，斯特瓦（Staw，1981[④]）认为，外部正确和自我保护要比自我正确更容易在组织情况下出现沉淀成本效应。因此，对于更多商业比个人决策更容易尊重沉淀成本。因此当沉淀成本绝对数量大时，对于无利可图的行动也需要继续下去。他们的研究考察前景理论通过相对沉淀成本和绝对沉淀成本对连续行动的影响程度。结果表明，沉淀成本对决策的影响是分配对项目支出的比例函数，而不是绝对支出，这个比例支出效应是唯一影响连续行动的重要因素。

（7）风险态度与承诺升级。斯查波克和戴维斯（Schaubroeck and Davis，1994[⑤]）考察了投资主体风险态度对决策行为的影响。投资选择决策往往都嵌入在过去的决策，现存的环境，以及未来预期当中。一方面，传统的升级承诺理论认为，对初始投

① Garland，H．，and Newport，S．，1991，Effect of Absolute and relative Sunk Costs on the decision to Persist with a Course of Action，Organizational Behavior and Human Decision Processes，48：55 - 69.

② Lichtenstein，S．，and Slovic，P．，1973，Response - Induced Reversals of Preference in Gambling：An Extended Replication in Las Vegas，Journal of Experimental Psychology，101：16 - 20.

③ Salancik，G．，and Pfeffer，J．，1974，The Bases and Use of Power in Organizational Decision Making，Administrative Science Quarterly，19（4）：453 - 469.

④ Staw，B．M．，1981，The Escalation of Commitment to a Course of Action，Academy of Management Review，6：577 - 587.

⑤ Schaubroeck，J．，and Davis，E．，1994，Prospect Theory Predictions When Escalation is Not the Only Chance to Recover Sunk Costs．Organizational Behavior and Human Decision Processes，57：59 - 82.

资负责的人会继续投资，出现沉淀成本效应，已经被大量研究。贝兹曼（Bazerman，1984①）注意到，前景理论这种预测需要考虑决策背景如何影响风险态度，而且他认为风险态度更可能解释承诺升级，不同于现存的心理学理论。许多人已经认为它可以解释观察到的升级效应（Arkes and Blumer，1985；Garland，1990②；Neale and North-craft，1986③）。如果前景理论正确，那么决策者可察觉的风险可能作为升级问题的关键所在。斯查波克和戴维斯（Schaubroeck and Davis，1994④）指出，如果风险态度不同，对初始投资负责任的人可能借助于以前的绩效信息（以前选择的东西以及这种意识的意义）作为选择的基础，这可以从自我辩护的心理学得到解释。同样，对于不负责任的决策者来说，他借助以前的绩效信息可能认为避免再投资是正确的，这是因为他不被以前的决策所刺激。尽管出现各种可供选择的投资机会，也有可能减少再投资行为，这主要是因为决策者的风险态度不确定。上面的分析正确性取决于失败投资者的风险态度。当面对可行的再投资机会，并且有不同的风险水平，风险态度应该是保守型的；而且，风险态度要比对以前的决策负责任更为重要。因此风险态度不同可能避免沉淀成本效应。

总而言之，以上各种解释，包括心理学、经济学的解释，都指出沉淀成本效应存在的合理性，它们之间并不是替代关系，而是互补关系。在自我正确理论和前景理论之间没有内在冲突。由于不负责任的决策者表现风险中性，这将表明未必继续投资，例如，自我正确理论可以解释为什么沉淀成本信息影响决策者，以致需要以赤字角度估价未来。虽然前景理论解释最基本的承诺升级行为，但是大量的升级心理学文献也有助于潜在地解释个人如何形成不同的风险态度。另一方面，在升级背景下风险态度表明，承诺升级的自我正确理论有边界。前景理论突出风险认知和风险态度的重要性，很可能进行不同预测。除非风险相同，否则，需要消除风险偏好，才能避免出现沉淀成本效应。不同的背景主要体现在信息处理对沉淀成本的影响。这意味着理解沉淀成本效应，与心理过程有关，人们组织和处理信息的反应也应该考虑进来。避免资源浪费心理、自我正确动机和信息处理能力也有助于解释沉淀成本效应，只是有些是相对沉淀成本函数而不是绝对沉淀成本函数。

通过综述分析可知，沉淀成本效应存在是一个普遍的判断错误，它本身就是一种理性行为，并不是非理性行为，只是它们所面临的约束条件不同而已。由于新古典完

---

① Bazerman, C. , 1984, Modern Evolution of the Experimental Report in Physics: Spectroscopic Articles in Phys-ical Review, 1893 – 1980, Social Studies of Science, 14: 163 – 196.

② Garland, H. , 1990, Throw Good Money after Bad: The Effect of Sunk Costs on the Decision to Escalate Com-mitment to an Ongoing Project, Journal of Applied Psychology, 75: 728 – 731.

③ Neale, M. A. , and Northcraft, G. B. , 1986, Experts, Amateurs and Refrigerators: Comparing Expert and Amature Decision Making in a Novel Task, Organizational Behavior and Human Decision Processes, 38: 305 – 317.

④ Schaubroeck, J. , and Davis, E. , 1994, Prospect Theory Predictions When Escalation is Not the Only Chance to Recover Sunk Costs. Organizational Behavior and Human Decision Processes, 57: 59 – 82.

全竞争假设前提很难与现实条件相符合，一旦偏离，就会发现沉淀成本效应不仅普遍存在，而且还具有极大的理论与应用价值。对于所有的历史决策，需要下意识地努力忽视任何沉淀成本——不管是心理上的还是经济上的，这些沉淀成本会扰乱对手头方案的选择。

因此，我们需要研究那些导致沉淀成本效应的约束因素，为什么不放弃或中断行动，而是连续行动。这样，有助于我们试图化解沉淀成本对决策的影响。在这个方面，诺斯卡莱弗特和尼尔（Northcraft et al.，1990①）认为，对于那些无利可图的房地产工程，如果提供给个人其他有利可图的资金收益，那么会导致注销沉淀成本（损失和负担），以及出售未完成的工程。还有，迪瓦特帮和马斯金（Dewartripont and Maskin，1995②）把软预算约束作为沉淀投资一个动态承诺问题，摆脱了（Kornai and Weibull，1983③）作为父爱主义解释，从而寻找硬化预算约束，并不是一个政策问题，而是一个制度设计问题。

然而，由于解决沉淀成本效应的那些制度或者手段，并不是完全理性或者完美的，同样也遭受交易成本的困扰，因而更可能陷入沉淀成本效应，或者沉淀成本谬误之中。在这种情况下，我们有可能离开新古典方法，历史、社会、政治等因素在起作用，强调路径依赖重要性，从而可以透视出历史经济学或者演化经济学的价值。

1.8 小结

从经济学的观点来看，社会观念与制度之间的冲突所造成的后果在不同的历史时期会有很大的差别。这里将其划分为几个历史时期来考虑是很有价值的：1776 年以前的重商主义时期；随之而来的经济自由主义时期；时间距现在更近的从中央计划经济到指令经济等形式的新重商主义时期；刚刚才发展起来的、在反对各种形式的中央集权和独裁专政等制度化秩序过程中所形成的新自由主义时期④。通过上面的经济理论发展渊源与综述，我们发现，这些经济理论都不时提及沉淀成本，都有不同程度的论述，对于我们创新沉淀成本概念具有重大的启发和借鉴作用，从而将这些理论着眼于沉淀成本方面进行综合，以获得这些经济理论与沉淀成本之间的双向影响关系。如

---

① Northcraft, G. B., Neale, M. A., and Earley, P. C., 1994, Joint Effects of Assigned Goals and Training on Negotiator Performance, Human Performance, 7: 257 – 272.

② Dewartripont, M., and Maskin, E., 1995, Credit and Efficiency in Centralized and Decentralized Economies, Review of Economic Studies, 62 (4): 541 – 555.

③ Kornai, J., and Weibull, J., 1983, Pateralism, Buyeers and Sellers Markets, Mathamatical and Social Sciences, 6: 153 – 169.

④ 西奥多·舒尔茨:《报酬递增的源泉》，北京大学出版社，2001 年版。

果不区分理论模型的分析属性与经济事实之间的差距将是一个严重的错误，这一事实是人类并不总是处于均衡状态中，而且他们不能瞬间恢复均衡。实际上，所有的理论都基于假设，在没有分析这些假设是什么及其对论点是否至关重要之前，无法评判这些理论。最大的挑战在于，这对相互竞争的假设进行严密且建设性的辩论。我们对于什么重要和什么可以抽象的隐含性手法，在很多时候反映出个人所持有的学术传统。换言之，既然沉淀成本如此普遍和如此重要，那么我们自然就需要反思新古典经济学的假设前提，从而通过沉淀成本透镜观察经济现实。在这种情况下，我们发现阿罗－德布鲁－瓦尔拉斯一般均衡理论体系是一个没有沉淀成本的理论模型，从而依靠要素市场－产品市场价格完全可以实现帕累托最优。但是，一旦离开完全竞争市场环境，由于市场不完全、信息不完全、契约不完全（产权结构关系）、交易成本、不确定性等因素的存在，沉淀成本远比我们想象的要普遍得多，从而需要正视它，进而将它再次纳入理性选择分析中，进而获得沉淀成本内在机制，拓展我们研究经济结构战略性调整问题的视角，正如科斯（2014①）所说："我们无需抛弃标准的经济学理论，但这并不意味着不需要把交易成本纳入分析——因为经济体系所产生的大量制度设计要么是为了减少交易成本，要么是阻止交易成本的发生。不把交易成本纳入分析的经济学理论会趋于虚弱贫瘠。当然，其他因素也应考虑添到分析中。但是，如果没有比今天更多的关于经济行为实际如何开展的知识，我们就很难改善我们的分析"。因此，我们通过现有经济理论再次划分有无沉淀成本两分法，通过综合和发展现有经济理论，将理论研究向前推进，进而强调沉淀成本经济理论体系价值，看到要素和产品相对价格调整及其滞后对于经济结构战略调整具有重大理论创新与实践指导意义，更好地指导经济发展实践。

---

① 科斯：《企业、市场与法律》，格致出版社、上海三联书店、上海人民出版社，2014年版。

第 2 章

沉淀成本理论创新及其制度创新意义

综合上面的理论渊源，我们从中理顺关于沉淀成本存在的经济价值，并应用到经济结构战略调整中来，这是传统经济学分析中忽略的主要经济变量。也就是说，在没有沉淀成本的世界里，很容易实现帕累托最优。然而，一旦考虑沉淀成本，那么没有理性选择的方法就会受到严重影响。这并不是意味着理性选择失灵，而是意味着现有的简单的理性选择的方法还是远远不够的，更需要考虑更多的复杂的因素，才能透视出经济结构调整的内在机理与演变规律。

不管经济学哪个分支，都是对新古典经济学假设前提的突破①，不论是哪一方，都是对现实世界的一种抽象，从而形成自己独特的解释力和预测力。然而，我们通过对现有相关文献的总结，以及结合中国经济结构战略性调整的现实条件，我们提炼出沉淀成本经济理论，并且将突破新古典经济学——资源充分流动或完全可逆的假设，从而判断出理论前进的方向，以及未来研究的前景，对于经济结构战略性调整具有重大的理论意义与现实意义。

2.1 沉淀成本方法的引入

2.1.1 研究方法转变的必要性

新古典完全竞争市场模型作为经济学研究的参照系，为我们研究视角转换提供了

---

① 政治经济学就是在政治与经济诸制度背景下的理性选择研究。它的核心信念是，要对经济现象做深入理解，就要获得有关政治制度、行动者，以及体现在决策过程中的激励的知识。反过来说，只有借助经济学的理性行动者假定并对政治选择的后果作持续观察，才能深入研究这些政治变量。经济学家专心致志地研究市场活动，并在很大程度上将政治与制度视为给定。另一方面，政治科学则致力于研究制度如何与个体互动，以及个体如何为制度塑型，从而为跨学科发展奠定了条件。也就是说，政治科学家强调制度，而且他们的工作可以帮助经济学家清楚理解制度的结构如何影响绩效的。反过来，经济学家的个体选择方法也已令政治科学更为严肃地范式它关于制度的形成、演变与维护的理论（班克斯，哈努谢克，2010）。

营养。沉淀成本这一概念最早用于分析不完全市场的形成原因，是打破资源充分流动性这一假设的重要概念。在新古典经济学中，固定成本（fixed cost）和沉淀成本（sunk cost）概念很容易造成混淆。如果我们把固定成本和沉淀成本区别开来，就可以清晰地理解二者差别及其作用。固定成本是指与产出水平变动无关的成本。结果，如果企业停产，那么资产可要的是，固定成本资产对于外部企业仍然有价值，因而不会再产生利息负担。相比能被出售，其再出售价值可以消除现有的债务关系，如果企业停产，沉淀成本资产仅之于，沉淀成本是指承诺之后不能得到补偿的成本。更为重要的是，沉淀成本资产仅对企业自身有价值。如果企业停产，那么资产没有再出售价值，仍然需要偿还利息负担。在这种情况下，我们从两个视角看总成本的构成①：一种角度是总成本等于固定成本和可变成本之和；另一种角度看，总成本等于沉淀成本与可避免成本之和。后定成本和可变动态概念，成本是否沉淀取决于决策时成本是否得到补偿，前者是一种静态者是一种动态概念，是由生产技术决定的，投入要素，以及与此相关的成本是否固定，取决于投入要素使用时是否随着产出水平变动而发生变动。长期看来是没有沉淀成本，这是因为所有的成本都是可避免的，但却有可能有长期可避免固定成本。

在许多经济学教科书、管理经济学和产业经济学中，都已经阐述固定成本和沉淀成本二者之间的差别。这表明，经济学家已经认识到沉淀成本的重要性以及它与固定成本二者之间的差别。例如，在进人感慨的情况下，是沉淀成本而不是固定成本具有承诺的，或者是沉淀的。一旦生产产量为零，可避免固定成本便不会发生。在短期看来，可避免固定成本也被称为准固定成本。固定成本部分或者全部沉淀，如果生产来，有一些不能避免的那些成本。沉淀成本是指承诺之后无停产，有一些不能避免的那些成本。在这个固定成本和沉淀成本的定义条件下，我们把这两个法得到补偿的那些成本。在这个固定成本和沉淀成本的定义条件下，我们把这两个定义加以区别：

固定成本＝沉淀成本＋可避免固定成本

为了清楚理解沉淀成本概念，我们首先需要了解沉淀成本概念及其意义。事实上，我们已经把固定成本的概念标准化了，认为固定成本是与产出变动无关的成本，而可变成本是与产出的变动相关的成本。在短期看来，固定成本或者是可避免的，或者是沉淀的。可避免固定成本是可以沉淀。诺之后无法得到补偿的那些成本。这种定义无法清楚二者之间的差别及其作用。同时，这些教科书也都专门论述了沉淀成本概念。许多教科书，管理经济学和产业组织

---

① 在固定成本和可变成本之间做区分只是会计上的一种分类。对契约研究来说，更重要的是资产是否可重新配置（Klein and Leffler, 1981）。在会计师们所谓的固定资产中，有许多资产事实上可以重新配置，如中心区通用性的厂房和设备。会计师们视为可变成本常常有很大一部分不可回收，例如，企业的人力资本投资，从而区别于新古典经济学所谓的固定成本和可变成本所做的划分方法。

理论等已经阐述二者之间的差别。这意味着，经济学家已经认识到沉淀成本重要性以及它与固定成本之间的差别。例如，在遏制进入的情况下，是沉淀成本而不是固定成本因具有承诺价值而造成战略效应。还有，在长期退出和短期停产问题上，决策都是依据可避免成本，包括可变成本和可避免固定成本，这是因为沉淀成本无关性。既然沉淀成本概念如此重要，以致需要澄清，为什么沉淀成本通常又被称为固定成本？

实际上，某些教科书确实采用这种方法。他们用固定成本代替沉淀成本，使沉淀成本不需要出现。例如，范里安（Varian，1999①）定义固定成本"是指与产出水平无关，特别是企业是否生产产量都需要支付的那些成本"。显然，这是沉淀成本特征。范里安也认识到可避免固定成本，但却使用准固定成本——"也是与产出水平无关，但仅仅是在生产产量的情况下需要支付的那些成本"。

范里安所使用的固定成本实际上是指沉淀成本，准固定成本是指可避免固定成本，因而无法挽救固定成本概念。然而，他确实知道沉淀成本十分重要，因此他专设一节论述沉淀成本，试图把固定成本和沉淀成本区别开来。他实际上讨论的是他的固定成本和准固定成本之间的差别，并没有真正定义沉淀成本。毫不奇怪，这很可能使我们混淆固定成本和沉淀成本，特别是把固定成本作为沉淀成本。

需要指出，固定成本就是沉淀成本这一认识是不正确的，这是因为固定成本还包括可避免固定成本。

总之，如果我们把固定成本和沉淀成本区别开来，就可以清晰地理解二者差别及其作用。固定成本是指与产出水平变动无关的成本，沉淀成本是指承诺之后不能得到补偿的成本。在这种情况下，长期看来是没有沉淀成本，这是因为所有的成本都是可避免的，但却有可能有长期可避免固定成本。

为了进行正式讨论，我们利用范里安（Varian，1992②）的论述，以短期企业追求成本支出最小化为例进行说明。

$$\underset{x_1}{Min}wx = w_1x_1 + w_2x_2$$

$$s.\ t.\ f(x_1,\ x_2) = y,\ x_2 = x_{20}$$

其中，y 是产出量，$f(x_1,\ x_2)$ 是生产函数，$w = (w_1,\ w_2)$ 是要素价格向量，$x = (x_1,\ x_2)$ 表示投入要素数量向量。在这里，y、w 和 x_{20} 是外生给定的变量，其中 x_1 是内生变量，需要在这个成本最小支出中求解。

由于 $x_2 = x_{20}$ 是外生的，这些成本是事先决定的，意味着它们承诺之后不能通过自身得到补偿。这些成本被称为沉淀成本；另一方面，由于 x_1 是内生变量需要求解，它们代表的成本是可以避免的，当 $x_1 = 0$ 时，这些成本就不会出现。最优的 x_1 内生变量，是所有外生变量的函数，$x_1^* = x_1(y,\ w,\ x_{20})$。然而，我们又可以把 $w_1x_1(y$，

①　Varian, H. R., 1999, Intermediate Microeconomics：A Modern Approach, New York：Norton.

②　Varian, H. R., 1992, Microeconomic Analysis, New York：Norton.

w，x_{20}）划分为：

$$w_1x_1(w，x_{20}) + w_1x_1(y，w，x_{20})$$

这样，$w_1x_1(w，x_{20})$ 是可避免固定成本，它们独立于产出水平，尽管产出水平 $y \geq 0$；如果产出 $y = 0$，它们可以避免。$w_1x_1(y，w，x_{20})$ 被称为可变成本，这是因为它随着产量的变化而变化。值得注意，w_2x_{20} 是沉淀成本，尽管 $y \geq 0$，它独立于产量，因而也是固定成本。

现在，我们总结总成本、固定成本、可变成本、沉淀成本和可避免成本之间的关系，表述如下：

（1）总成本 = 沉淀（固定）成本 + 可避免固定成本 + 可变成本；

（2）固定成本 = 沉淀（固定）成本 + 可避免固定成本；

（3）可避免成本 = 可避免固定成本 + 可变成本；

（4）在短期看来，至少某些成本是沉淀，但仍然有可避免固定成本；

（5）在长期看来，没有沉淀成本，但却可能有固定成本。经济学家往往把短期看作某些要素是固定的时期，而把长期看作所有要素是可变的最短时期。实际上，所有要素在某种程度上都是可变的，但生产过程对新安排或者某些新投入变动的变动速度却受到两个条件约束：一个是现存生产过程的可避免成本中不包括沉淀成本，但是新生产过程的可避免成本包括所有的成本，特别是新增要素投资事后看沉淀成本事前却是成本。二是与有关不同生产过程变动或者某些生产要素的利用调整都需要时间的投入。生产要素的利用速度取决于调整成本，例如，安装新增资本取决于资本生产、运输和安装的速度。最优的安装取决于快速安装的成本收益之间的替代，结果导致某些延期。正是这两种原因我们区分特定生产水平的短期成本和长期成本。

因此，当 $x_1 = x$，$x_2 = 0$ 时，可以得到长期成本函数。显然，从长期看来，没有沉淀成本，但却可能有可避免的固定成本，如果 $w_1x_1(w) > 0$。

由贝恩开创的产业组织理论，以及鲍莫尔等，一直到萨顿等认为，固定成本划分为沉淀成本和可避免固定成本两部分是非常关键的。在新古典模型中，长期看来是没有沉淀成本，所以不需要区分。至少在短期看来，有沉淀成本，这主要取决于生产要素市场不完全性。如果在市场完全的情况下，没有风险，没有交易成本，无需区分专用性资产和通用性资产，不会产生沉淀成本。然而，由于生产要素市场不完全、交易成本等存在，才会导致沉淀成本的出现。

可避免成本是指一旦停产这些成本都可避免。相比之下，沉淀支出是指如果企业停产，成本支出不可避免。沉淀支出之所以发生，这是因为生产性活动经常需要专用性资产，专业化或专用性资产不能轻易地转为其他用途。沉淀成本是指事前的机会成本与其打捞价值或者事后的机会成本之差。沉淀成本是指从初始生产性活动中退出无法得到补偿的那部分成本。我们能够区分产业专用性资本和企业专用性资本。飞机对于航空产业来说是沉淀成本，因为其价值在非航空产业来说价值很小，但是对初始投资的航空产业来说并不是沉淀成本。这取决于航空产业的状况，飞机可以在二手市场上无损失地出售。

正是因为沉淀成本普遍存在，导致一系列问题的存在。这是我们着眼于沉淀成本的重要原因，如果都是可避免成本，那么任何问题都不会存在，比如信息不完全、风险，以及不确定性等，都是因为专用性资产的存在才会出现问题。一方面，沉淀成本决策无关性使在位企业具有成本优势，构成竞争优势，造成潜在企业的进入障碍；另一方面，这些沉淀成本又构成在位企业退出时的自身负担，构成企业的退出障碍，因而退出无法忽视沉淀成本的存在，特别是沉淀成本对当前决策的影响。

实际上，某些经济学教科书确实采用这种方法。他们用固定成本直接代替沉淀成本，使固定成本成为沉淀成本的同义语，使沉淀成本概念不需要出现，即对于固定成本的货币支出不可能得到补偿。为此，我们总结总成本、固定成本、可变成本、沉淀成本和可避免成本之间的关系（Wang and Yang，2001[①]），如表 2.1 所示：

表 2.1　　　　　　　　　　　　　成本分类比较

经济学教科书的成本分类		修改的成本分类	
总成本		总成本	
固定成本	其他成本类型	沉淀（固定）成本	可避免固定成本
	可变成本		可变成本

这样，我们可以清楚表述这些成本之间的关系：

总成本 = 沉淀（固定）成本 + 可避免固定成本 + 可变成本

固定成本 = 沉淀（固定）成本 + 可避免固定成本

可避免成本 = 可避免固定成本 + 可变成本

在短期看来，至少某些成本是沉淀，但仍然有可避免固定成本；在长期看来，没有沉淀成本，但却可能有固定成本。

在短期内，固定成本或者是可以避免的（avoidable），或者是沉淀的（sunk）。如果可以避免，这意味着当企业关门或者产量为零时，不会遭受这部分固定成本的损失，所以从这个角度分析，我们通常把这类可以避免的固定成本称为准固定成本（quasi-fixed cost）；如果不可避免，或者说是沉淀的，这意味着当企业关门或者产量为零时，也需要有这部分成本支出，那么这类不可避免的固定成本就构成企业的沉淀成本。

① Wang, X. H., and Yang, B. Z., 2001, Fixed and Sunk Costs Revisited, Journal of Economic Education, 31 (2)：178－185.

贝恩（Bain，1956①）则认为，进入壁垒是指和潜在的进入者相比，现有企业所享有的有利条件，这些条件是通过现存企业可以持久地维持高于竞争水平的价格而没有导致新企业进入反映出来的。作为分析进入壁垒的先驱，贝恩把进入壁垒分为三种：绝对成本优势；大规模生产的经济要求大量的资本支出；产品差别等。应用贝恩对进入壁垒的定义来研究退出问题，则如果在位企业获得利润比那些没有进入该产业的企业少，那么退出壁垒就存在。斯蒂格勒对进入壁垒的一般化也可以用来测量退出壁垒，即以企业离开某市场所必须承担的成本衡量退出壁垒，而该成本对那些没有进入该市场的企业来说或者已经建立并不撤出的企业是不必承担的。其中，关于退出壁垒直接定义是，当企业打算退出市场时其供给契约带来的成本或由其规章制度带来的一笔支出。简单地讲，退出壁垒就是退出障碍，指阻碍现有企业退出市场（行业）的因素，包括沉淀成本、违约成本、行政法规壁垒、声誉损失等。

2.1.2 研究方法转变的现实性

按照新古典经济学完全竞争市场模型来说，资源具有充分流动性，企业可以自由进入和自由退出，毫无障碍。然而，由于完全竞争市场这一假设前提无法得到满足，因资产专用性、交易成本和政府等因素，沉淀成本普遍存在，从而难以发生转型，进而造成路径依赖或锁定效应。换言之，根据新古典经济学零沉淀成本假设得不到满足，产业结构转换不容易，从而更加困难。特别是由于沉淀成本的存在，往往陷入"项目怪圈"，进一步追加原先的投资承诺，从而限制产业结构调整与国有资产重组效率。

事实上，企业的整个生产过程，既是物质消耗和资金消耗的统一，又是生产成本和交易成本的统一。任何一个企业，在生产过程中总是千方百计地采用新技术、运用先进的管理方法，力争将生产成本降到最低，因此，对生产成本问题的研究，从古典经济学家到现代的经济学家、管理学家一刻都没有停止过。长期以来，由于经济研究都是在"完全竞争市场"和"零交易成本"的假设条件下进行的，认为市场自身有能力达到资源的最优配置，交易过程不存在摩擦、也不存在成本，所以，在总成本中占有很大比重的交易成本往往被忽视，致使在新制度经济学创始人罗纳德·科斯之前并没有受到经济学界的重视。在这种情况下，当人们抛开这个假设进行思考问题时，原来新古典经济学无法解释的许多现实世界里的经济现象都变得更清晰了。这个假设就是，新古典经济学理论假设交易是不需要支付成本的。换句话说，所有交易都是在良好的信息环境中进行的，而任何一方都不可能不遵守协议。尽管如此，这个假设在

---

① Bain，J.，1956，Barriers to New Competition，Cambridge：Harvard University Press.

现实生活中很少得到满足，从而发现，即使交易对交易各方和整个社会来说都是有利的，但这项交易却无法实现。

正是科斯发现，交易没有实现就是因为该交易存在较高的交易成本，从而致使交易失败。科斯在 1937 年最早提出"交易成本"的概念，它是指推动交易发生时所产生的谈判、估量和实施等成本，从而使经济理论研究从企业"黑箱"（black box）向现实性方向迈进了一大步，使人们清晰地认识到，企业生产过程中除了活劳动成本与物化劳动成本外，存在着另一种成本即交易成本——包括动用资源建立、维护、使用、改变制度和组织等方面所涉及的所有成本，且交易成本是一个在经济生活中无时不在、无处不在、又时常令人感到朦胧的问题，对企业的效率高低有着重要的影响。在这种意义上，可以说，科斯开创了一场经济学革命，与凯恩斯经济学也有所不同。后者忽略了交易成本的存在，高估了宏观经济调控的功能。

由于企业是一系列契约的联结物，企业的生产成本与交易成本至少可以在产出和企业的管理目标上统一。既然如此，一方面可以通过采用先进的科学技术，运用科学的管理方法，吸收优秀的人力资源，改善企业的生产条件，降低生产成本；另一方面也应该通过给予企业合理的内部和外部制度安排，降低企业的交易成本。只有做好这两方面的工作，才能使企业达到提高生产效率的目的。

新古典经济学在资源充分流动性的假设框架下，将企业的成本限制为生产成本，是符合它的分析基础的。但是，新古典经济方法对经济运行的解释与经济现实之间严重不和谐，即完全竞争、完全市场、完全理性、完全知识、无固定资本在现实生活中是不存在的。要修正这种理论缺陷必须以其基本理论假设的修正为出发点，而代之以信息不完全或不对称或长期固定资本的假设，从而可以看到沉淀成本存在的前提条件。

在图 2.1 中，横轴表示资源型产品的数量 R，纵轴表示非资源型产品的数量 N。在资源可以充分流动情况下，市场价格机制可以引导资源最优配置。我们假设，资源型地区要素禀赋结构使最优组合点在 E 点，此时资源型产品数量为 R_1，非资源型产品数量为 N_1（非资源型产品数量大于资源型产品数量）。但是为了实现重工业优先发展的赶超战略，政府人为的最优组合在 E_1 点，此时资源型产品数量为 R_2，非资源型产品数量为 N_2（非资源型产品数量小于资源型产品数量）。从 E 点向 E_1 点转移过程是由传统的计划体制实现的，而不是通过市场价格机制实现的，即通过人为压低要素价格和产品价格实现的。由于资源型产品的国有企业缺乏比较优势和竞争力，所以很容易亏损。因此，需要将亏损产业的生产要素转移到有利可图的产业上去，即从 E_1 点再移回 E 点，从而矫正扭曲的经济结构，以便符合资源型地区当前的要素禀赋结构。

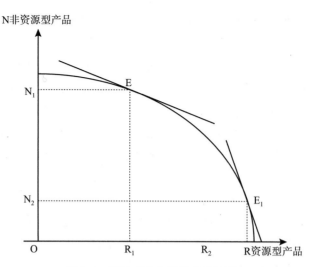

图 2.1　沉淀成本与经济结构调整

当没有生产要素沉淀成本时，资源型产品的生产要素具有通用性，生产要素完全可以通过其价格来生产非资源型产品，使缺乏比较优势的产业自动向有比较优势的产业转移用途，即减少资源型产品的数量，如 R_2R_1，此时节省下来的生产要素完全可以用来增加生产非资源型产品数量，如 N_2N_1，使产品组合点仍然停留在生产可能性曲线上，不会带来任何生产要素的浪费。

然而，当有生产要素沉淀成本时，资源型产品的生产要素有专用性，生产要素不可能用来生产非资源型产品，缺乏比较优势的产业无法向有比较优势的产业转移用途，即减少资源型产品的数量，如 R_2R_1，此时节省下来的生产要素不可能完全用来生产非资源型产品数量，如 N_2N_1，最优组合点停留在生产可能性曲线内部，这样会带来生产要素的浪费。因此，为了避免生产要素浪费或出现沉淀成本，资源型的产业或企业会进一步增加投资，从而带来投资过度，造成"大而全""小而全"的局面，进一步固化原有的产业结构，致使经济结构调整问题更加突出。

因此说，由于资源充分流动情况根本不存在，所以我们不能使用零沉淀成本理论。正是由于市场不完全、信息不完全、契约不完全或正交易成本的存在，才使考虑沉淀成本成为一种理性选择。为此，我们首先区分固定成本和沉淀成本，引入沉淀成本概念，不使用诸如生产成本、交易成本等其他成本概念，主要基于以下几点：

第一，如果市场完全，那么就不会存在沉淀成本。现有的生产成本和交易成本概念都是属于事前机会成本概念，忽略了事后机会成本的研究，往往是指固定成本，类似于资产具有完全通用性。决策者在决策时，事实上已经将预期沉淀成本（prospective sunk cost）考虑了，所以，它忽略了时间和空间的影响，所以需要重新考虑沉淀成本概念的含义。即使交易成本经济学也是如此。"照此情况，交易成本经济学似乎无法扩展到厂商发展及其动力过程问题。在交易成本经济学中，比较静态分析大行其道。尽管威廉姆森（Williamson，1993①）多次强调真正的动态过程分析的重要性，但交易成本经济学的分析工具仍然难以胜任这项任务。如果详尽分析动态过程（而非着眼于预先假设的结果），我们似乎无法绕过有限理性的个体学习过程这一问题。这一问题正是演化能力理论中居于中心地位的主题"。②

　　第二，如果交易成本为零，那么也不会存在沉淀成本。甚至可以说，完全契约也不会导致沉淀成本出现。现有的生产成本和交易成本都属于静态均衡分析和资源配置，隐含假设信息完全，忽略了生产投资的可持续增长条件。强调最大化和最小化行为，即使在有限理性的条件下也坚持最优化，其隐含假设新古典经济学和新制度经济学仅仅着眼于事前决策的理性行为，忽略了外部不确定性事件的冲击给决策者造成的影响。"这给我们出了一道难题：如威廉姆森所说，有限理性代理人无法预测未来的偶然事件，因而不可能签订完全契约，那他们又怎么可能预见到哪种类型的治理结构将最有效呢"③；另一方面，决定交易成本经济学适用性的另一种条件分类，与市场竞争性/非竞争性或可竞争性/非可竞争性有关。当市场是竞争性的或可竞争的，交易成本最小化的治理结构能够驱逐其他成本较高的治理结构。但是，在其他条件下，低效的治理结构能够继续存在。

　　第三，完全理性或者没有有限理性，也不会出现沉淀成本。甚至可以说，信息完全也不会导致沉淀成本出现。现有的经济理论着眼于外生沉淀成本概念，忽略了内生沉淀成本概念，往往出现所谓的新古典化趋势，并没有给予沉淀成本解释和足够重视。通过重新定义沉淀成本，从而发现沉淀成本本身是时间或状态概念，更多关注物质资本等生产投资方面④，寻找时间和历史约束，适合动态演化分析，超越了生产成本和交易成本无历史的静态配置概念，但并不意味着它们之间没有关系，而是说生产成本和交易成本是发生沉淀成本的必要条件而不是充分条件。倘若信息完全，没有交易成本，那么就不会发生沉淀成本，不论发生条件变化，信息完全和资产通用性都可以重新配置。反过来说，如果发生了沉淀成本，那么必然存在有限理性和环境不确定性，存在着因逆向选择和道德风险带来的交易成本，导致潜在的交易损失发生，使沉淀成本无法消除，更好地理解沉淀成本的内生性，并不走向无摩擦均衡世界，从而可

　　①　Williamson, O. E., 1993, The Evolving Science of Organization, Journal of Institutional and Theoretical Economics, 149: 36－63.

　　②　克劳奈维根:《交易成本经济学及其超越》，上海财经大学出版社，2002 年版，第491 页。

　　③　克劳奈维根:《交易成本经济学及其超越》，上海财经大学出版社，2002 年版，第489 页。

　　④　在这里，投资非常符合凯恩斯的定义。凯恩斯将经济投资视为机器、设备等资本品购买。另外，当销售下降、未出售产品存货增加时，会发生预期之外的投资。注意经济投资与金融投资之间的区别，金融投资包括购买股票、债券和其他金融资产工具。金融投资并不是凯恩斯意义上的投资，因为它并不直接代表对资本品的购买。对于凯恩斯而言，金融工具仅是对于人们的储蓄可供选择的仓库。行为金融学探讨了沉淀成本效应，却很少涉及经济投资方面的沉淀成本效应。由此可知，沉淀成本大多着眼于生产投资的增长方面，而交易成本往往着眼于资源配置的静态分析。

以看到无摩擦均衡世界根本无法实现，滞后效应始终会存在。

因此，可以简单地说，恰恰是由于偏离瓦尔拉斯一般均衡，才会导致沉淀成本的出现。正如贝克尔（Becker，1993）所说："经济学与其他社会科学的差别不在于研究方法，而在于研究对象"①。沉淀成本远比我们想象的要多，要普遍的存在。认识到沉淀成本概念本身主要是时间和状态依存的经济变量，完全胜任经济结构战略调整分析②，可以将真实时间，以及投资成本与收益流之间的关系联系起来，很容易发现影响沉淀成本的因素，从而为避免沉淀成本效应问题提供指导原则。通过区分固定成本和沉淀成本，进一步放松新古典经济学零沉淀成本（资源充分流动性）的假设前提，突出沉淀成本的经济学价值，修改新古典经济学的假设前提，将沉淀成本作为经济结构战略调整的研究框架，从而将经济结构战略调整过程中的垄断、敲竹杠、滞后效应、观望和承诺升级与制度创新结合起来。

2.2 沉淀成本的形成条件及其分类

2.2.1 沉淀成本概念及其形成条件

沉淀成本（sunk costs），是指在投资承诺之后，退出时无法得到补偿的那部分成本，通常又被称为承诺成本、资产非流动性成本、不可补偿成本或者交易专用性成本。换个角度，可以说沉淀成本，指的是一项投资（不管是有形资产的投资还是无形资产的投资）的价值既无法通过其自身生产的产品或提供的劳务在产品市场上得到补偿，也无法通过资产本身在资本市场上的再次出售而得到补偿，前一种情况是产品或服务的价值无法得到实现，后一种情况主要是指资产的账面价值与市场价值不符，账面价值大于市场价值，从而使得资产在出售的过程中出现损失。通常情况下，我们所说的沉淀成本都是指的第二种情况，即一项投资无法通过其自身在资本市场上的再出售来获得等价值的补偿而产生的成本。进一步讲，资本市场越不完全，沉淀成本就会越大。为了更清楚理解沉淀成本概念，我们将沉淀成本定义为资产在初级市场的购买价格大于其在二手市场的出售价格（或流动性或清算价格）。反之，当购买价格小于出售价格便不存在沉淀成本。那么，哪些条件下会产生沉淀成本？

① Becker, G. , 1993, The Economic Way of Looking at Behavior, Journal of Political Economy, 101 (3): 385 – 409.

② Monaldi, F. , 2001, The Political Economy of Expropriation in High Sunk – Cost Industries, Paper Presented at the Annual Meeting of the American Political Science Association.

1. 资产市场不完全、资产专用性对沉淀成本的影响

资产专用性是影响沉淀成本形成与沉淀成本大小的原因之一。专用性资产的投资与沉淀成本的产生有直接的关系。其中初始价值与打捞价值之间的差额便是一种沉淀成本。资产本身或互补资产是企业或产业专用的，是产生沉淀成本重要条件。专用性可能造成因果模糊、社会复杂以及路径依赖等。不仅有形资产交易发生损失，而且无形资产不可能无损失交换。资产专用性投资理论被威廉姆森（Williamson，1975[①]）、克莱因等（Klein et al.，1978[②]）、格鲁特（Grout，1984[③]）、格罗斯曼和哈特（Grossman and Hart，1986[④]）、罗特姆伯格和萨龙纳（Rotemberg and Saloner，1986[⑤]）和费因斯坦和斯坦因（Feinstein and Stein，1988[⑥]）。其中，交易成本经济学主要代表人物、2009年诺奖得主威廉姆森（Williamson，1985[⑦]）将资产专用性划分为四类：（1）设厂位置专用性。这种专用性资产要求企业的所有权要统一，这样才能使前后相继的生产阶段尽量互相靠近。因为所使用的资产无法移动，也就是说，它们的建设成本以及（或者）搬迁成本太高。因此，一旦这类资产建成投产，就要求各生产阶段互买互卖，才能有效发挥其生产能力。例如，在矿山附近建立炼钢厂，有助于减少存货和运输成本，而一旦厂址设定，就不可转作他用，即这些资产不可能流动——它们不能用于其他地方或者需要极大的成本损失。若移作他用，厂址的生产价值就会下降；（2）物质资产专用性。如果资产可以移动，其专用性又取决于其物质特征，那么，把这些资产（如各种专用模具）的所有权集中在一个企业，就可以由整个企业作为统一的买方，到市场上竞价采购。如果契约难以执行，买方还可以撤回这些购买要约并另找卖主，这就表面避免了那种"锁定"问题。例如，有些设备和机器的设计仅适用于特定交易用途，在其他用途中会大大降低其价值；（3）人力资产专用性。任何导致专用性人力资本边的重要的条件——无论是"实践出真知"，还是那些导致人力资本整批流动的可怕的问题。例如，在人力资本方面具有特定目的的投资，主要来自于知识和经验的积累。当用非所学时，就会降低人力资产的价值；（4）特

---

① Williamson, O., 1975, Markets and Hierarchies: Analysis and Antitrust Implications, New York: Free Press.

② Klein, B., Crawford, R., and Achain, A., 1978, Vertical Integration, Appropriable Rents, and the Competitive Contracting, Journal of Law and Economics, 21: 297 – 326.

③ Grout, P., 1984, Investment and Wages in the Absence of Binding Contracts: A Nash Bargaining Approach, Econometrica, 52: 449 – 460.

④ Grossman, S., and Hart, O., 1986, The Costs and Benefits of Ownership: A Theory of Vertical and Lateral Integration, Journal of Political Economy, 94: 691 – 719.

⑤ Rotemberg, J., and Saloner, G., 1986, A Supergame – Theoretic Model of Price Wars during Boms, American Economic Review, 76: 390 – 407.

⑥ Feinstein, J., and Stein, J., 1988, Employee Opportunism and Redundancy in Firms, Journal of Economic Behavior and Orgainzation, 10: 401 – 414.

⑦ Williamson, O., 1985, The Economic Institutions of Capitalism, New York: Free Press.

定用途的资产，是指供给者仅仅是为了向特定客户销售一定数量的产品而进行的投资，如果供给者与客户之间关系过早结束，就会使供给者处于生产能力过剩状态。后来，威廉姆森（Williamson，1996[①]）又增加品牌资本和临时专用性。

而且，多瑞格和皮奥罗（Doeringer and Piore，1971[②]）也描述了专用性任务："几乎每一种工作都包含一些专用性技能，甚至最简单的看守工作，只要熟悉工作场所的实际环境，也能对这类工作有促进。……也就是说，在一个团队中进行工作所需的技能永远不会和另一个团队所需的技能完全相似"。哈耶克也对专用性的影响作了如下描述："……实际上，每个人相对于他人都有某些优势。因为它拥有一些独一无二的信息，这些信息可能有有利的用途……在这种职业中，对人、局部环境和具体环境的了解是一项多有价值的资产"。一般说来，任务专用性至少有四种形式出现：（1）由非完全标准化的设备——它可能是普通设备——引起的设备专用性；（2）过程专用性，它是由工人和他的同事在具体的操作中形成或"采用"的；（3）非正式的团队适应性——由各方在不断接触中的相互适应导致；（4）信息沟通专用性，即指在企业内部才有价值的信息渠道和信息符号。

这样，因资产专用性难以转为他用，其再生产的机会成本降低而很容易产生沉淀成本，这是产生沉淀成本的最根本的客观条件。

2. 信息不对称对沉淀成本的影响

如果投资者具备信息完全条件，长期固定资本将不会给经济带来任何问题。这是因为投资者只能够在获得预期利润回报的前提下购买资本品，不会出现投资失败情况。然而，在给定资产出售价格不受损的情况下，交易成本的存在也会产生沉淀成本。在信息不充分的情况下，投资者只能依靠猜测决定其投资方向，很难完全预测未来的信息，这样很容易出现投资错误或失误，此时买卖之间对资产的质量信息不对称可以导致市场失灵，正如柠檬市场模型所描述的那样。信息不对称是指交易双方中有一方拥有另一方所不知道的信息。正是由于信息不对称造成的机会主义行为（欺骗的可能性），信息少的一方对私有信息的一方不信任。这时明明互利的交易却由于欺骗的可能性和缺乏互信而不可能实现。

经济学中这类信息不对称造成的交易成本的模型被称为逆向选择。最早就是柠檬模型：如果潜在买者不知道二手资产的质量，他仅仅愿意支付其预期平均质量下的价格。高质量资产的卖者对于二手价格不愿意出售其资产，从而退出市场。所以，市场的平均质量继续下降直到最低质量的资产得到交易为止。即使投资不具有企业或产业专用性，资产在购买之后，因信息不对称会使资产再出售价格也会下降，也会产生沉

---

① Williamson, O., 1996, The Mechanisms of Governance, Oxford：Oxford University Press.
② Doeringer, P., and Piore, M., 1971, Internal Labor Markets and Manpower Analysis, Lexington：Heath.

淀成本。

因此，"柠檬"问题（Akerlof，1970①）也会产生部分沉淀成本。例如，企业设备、计算机等都不是企业或产业专用性的，但是出售价格仍可以小于购买价格，尽管它是新的。与此同时，正是因为这种信息的不对称，将很容易导致"逆向选择"和道德风险问题，而在交易时产生沉淀成本就更易发生了。所以，尽管生产要素不是产业或企业专用的，但由于交易成本的存在也会经常产生沉淀成本。尤其在考虑到交易双方所掌握的信息不同的情况下，获取估价信息将变得十分不容易，这将造成信息的不对称更加严重，从而使投资的风险加大，更易产生沉淀成本。

3. 交易成本对沉淀成本的影响

即使不考虑资产专用性的影响，也就是说，即使资产再次出售的价格不会由于资产专用性而降低的假设前提下，交易成本也是产生沉淀成本的重要来源。尤其是，当交易成本会增加某项投资的初始投资支出（即交易成本会提高该资产的购买价格）或减少该投资的打捞价值（即因为交易成本而降低该资产的再出售价格）的时候，都将很容易产生沉淀成本。此时沉淀成本可能与交易成本成正相关关系，如信息成本和运输成本等。从而可以看出，交易成本可以产生沉淀成本，导致资产出售价格下降。这不仅取决于交易成本之大小，而且还取决于需求和供给曲线弹性的大小。同样，在有交易成本的情况下，也会存在委托代理关系，从而也会导致沉淀成本的产生。委托—代理理论认为：沉淀成本是随着生产力大发展和规模化大生产的出现而产生的。其原因一方面是生产力发展使得分工进一步细化，权利的所有者由于知识、能力和精力的原因不能行使所有的权利了；另一方面专业化分工产生了一大批具有专业知识的代理人，他们有精力、有能力代理行使好被委托的权利。在委托—代理的关系当中，由于委托人与代理人的效用函数不一样，委托人追求的是自己的财富更大，而代理人追求自己的工资津贴收入、奢侈消费和闲暇时间最大化，这必然导致两者的利益冲突，从而造成效率损失，进而产生沉淀成本。

4. 不确定性或有限理性、有形损耗和无形损耗对沉淀成本的影响

诺贝尔经济学奖获得者西蒙（Simon，1945）认为，在现实的社会经济条件下，投资决策者通常都是有限理性的，他们在进行投资决策时，往往不是按照严格的数学推导来进行风险控制，而是更多的使用启发式判断来辅助决策，这与奈特（1921）和凯恩斯（1936），甚至哈耶克（1937）都是一脉相承的，尽管这部分理论不被主流经济学所重视，但却成为非主流经济学研究的重点。也就是说，在现实的经济活动

---

① Akerlof, G., 1970, The Market for Lemons: Quality Uncertainty and the Market Mechanism, Quarterly Journal of Economics, 84: 488 – 500.

中，经济活动的主体不可能总是非常清楚地知道他的每一个决策做出后将会发生什么样的结果，而各项决策在实施的过程中也不可能都按照预期的方向发展，通常都会出现不可预期的变化，即通常都会存在不确定性（根本不确定性）。尤其是固定资本的投资，一方面受其资产专用性的限制产生沉淀成本，另一方面也会随着时间推移，导致其市值有形无形地磨损，如科技创新都会给原来的资本造成冲击，使得资本价值下降，这是另外一种沉淀成本。资产账面价值往往与折旧有关，所以，折旧率也会影响资产的沉淀成本数量，它是私有企业投资者回收固定资本的重要手段，也以投资者的生产成本形式出现的。由于技术进步和设备更新都会使资产购买价格进一步得到降低。

事实上，西方经济学者使用沉淀成本概念，实际上认为折旧成本完全可以得到补偿，仅仅考虑市场交易产生的沉淀成本就可以了。然而，虽然马克思并没有提出沉淀成本概念，但他已经认识到沉淀成本概念的本质特征。他没有从资产专用性等物质特征，以及资产市场交易成本角度考虑沉淀成本，而是从历史时间考虑沉淀成本的产生。换言之，马克思不是从交易过程角度考虑沉淀成本，他是从生产过程和历史时间角度，即从补偿投资成本角度考虑沉淀成本的，考虑了沉淀成本产生的客观性。为此，马克思按照资本价值转移方式划分为固定资本（fixed capital）和流动资本（circulating capital），认识到我们今天被称作的沉淀成本。例如，他区分固定资本的交换价值与使用价值，剖析承诺的固定资本变成不可补偿成本的过程。同样，在时间流逝过程中，资本过度积累和资本贬值如何使固定资本价值损失而变成沉淀成本。

马克思指出，资本主义日益依靠多期资产以增加生产的迂回性。如果世界都是流动资本，那么生产在每期都可以重新开始；另一方面，如果资本品在时间维度上有承诺价值，那么就会很昂贵，降低了资产灵活性。例如，固定资产在使用过程中，因不断受到冲击或磨损，由新变旧，外表形态虽然较长时期保持不变，而他的内在功能却在慢慢地衰退，随着时间的推移，固定资产的使用价值就逐渐地，不同程度地降低其价值也随之相应的减少。固定资产因磨损而减少的价值，称为折旧。将固定资产在使用过程中，因磨损而转移到成本中的那部分以货币形式表现的价值，称为折旧费。

固定资产的价值耗损，是由于两方面原因引起的：一是固定资产的有形耗损；二是固定资产的无形耗损。固定资产的有形耗损是由于固定资产的使用磨损和自然耗损引起的；无形磨损则由于科学技术不断进步，新技术新产品的迅速出现，和由于劳动生产率提高促使固定资产市场价值下降或者使其使用效益降低，迫使其提前淘汰而引起的固定资产耗损。这样，资本过度累计和资本贬值都分析了固定资本如何损失而成为沉淀成本。可以看出，固定资本固有特征是沉淀成本。技术进步导致特定资本过时。新技术的引入，使旧设备的市场价格下降，导致了资本品损失，提出有形磨损和无形磨损，从而看出沉淀成本形成还是由生产过程本身造成的。

由于马克思把企业作为生产过程，是随着时间的变化而变化，因此，他不仅划分出固定资本和流动资本，而且特别指出固定资本固有特征是折旧，仅仅关注客观时间对折旧，乃至对沉淀成本的影响。马克思一再强调，新技术如此迅速地摧毁原有资本的价值以至于没有一个工厂能实际收回其当初的投资成本。在一封给恩格斯的信中，马克思写道："20多年前我就断言，在我们现在的社会中不存在可以延续60～100年的生产工具，没有一个工厂、建筑等能在它们被废弃之前已经收回了当初的生产它们的成本。现在我还是认为，无论怎么看这一观点都是完全正确的。"设想这样的一个行业，其技术正在高速发展。马克思引证的案例，是查尔斯·巴贝奇关于纺机专利转让的研究。开始时，纺机专利转让费为1200镑，几年之内就跌到了60镑。

从马克思有形磨损和无形磨损角度看，不仅仅在资产转让过程中会出现沉淀成本，更多的是市场竞争和技术进步，以及外部不确定性冲击所带来的不可避免的资产损失，是固定资产无法通过自身再出售价值得到补偿的，从而会发现，技术进步或者追求高新科技水平，不仅会带来生产效率的提高、产出增加，但是它也会带来不利的一面——沉淀成本的产生。换言之，技术进步产生无法补偿的沉淀成本，会摧毁原有资本的价值，造成资产价值损失，这是产生沉淀成本的客观现实，无法回避。只有加强耗费成本的补偿，才会使企业再生产过程顺畅起来。

5. 不完全契约承诺或不完全管制对沉淀成本的影响

由于资产专用性普遍存在，长期契约或口头协议也普遍存在，其中，包含显性契约和隐性契约。一方面，契约的存在可以减少资产专用性损失；另一方面，契约的存在带来刚性，很难适应意外事件的冲击，所以，契约安排的存在遭受不利冲击的情况下也会因契约承诺的存在产生沉淀成本[①]。例如，契约（显性和隐性），以及政府管制等都会产生沉淀成本，使有些再生产的机会成本难以实现，从而造成所谓沉淀的机会成本（sunk opportunity cost）。例如，事前契约规定生产要素价格是11万元，事后市场价格是10万元，则对购买者产生沉淀成本。如果政府不允许出售资产或重新配置资本，购买的资本品价格是100万元，政府规定不允许买卖，则沉淀成本则为100万元，如果允许自由买卖，也会降低沉淀成本的数量，从而使机会成本重新发挥作用。

总之，沉淀成本仅仅关注资产市场交易状况，包括资产专用性和二手市场交易成本，以及要素市场结构和资产生产过程中有形磨损和无形磨损等。当决策者信息完全时，完全预期未来各种可能事件，不仅不会发生交易成本，而且也不会发生沉淀成本。因为在完全信息情况下，任何投资资产不会出现投资错误或投资失败，可以按照收益率排序选择最大的投资项目，从而不会发生沉淀成本。然而，当信息不完全时，

---

① 在这里，我们也可以区分政治性沉淀成本、经济性沉淀成本、社会性沉淀成本，甚至还可以区分出资产性和制度性沉淀成本，包括正式制度沉淀成本、非正式制度沉淀成本等，包括文化、意识形态沉淀成本等。

对未来预期只能依靠猜测，因不确定性①存在专用性资产交易成本昂贵，发生有形磨损和无形磨损等，从而造成资产本身市场价格损失而产生沉淀成本。这是因为，在发生不确定性条件下，通用性资产可以瞬时退出，转为他用，不会出现任何损失。

6. 个人理性导致集体非理性对沉淀成本的影响

这就说我们常说的合成谬误。在微观层面上，每个企业可以出售资产获得现金用于偿还贷款，这确实是合理性的假设。但是从宏观层面上，却不尽然。我们固然可以卖掉企业资产来获得现金，但是如果同时有无数个亏损企业都想上市场上出售，那么价格就会暴跌，就会产生大量的沉淀成本。这类似与凯恩斯提出的"节俭悖论"和卡莱茨基提出的"成本悖论"。前者是指，虽然从单个人角度看，储蓄或节俭是一种美德，但是在没有充分就业情况下，从宏观层面上看，节俭或储蓄却变成一种罪恶，使经济越来越衰退。后者是指从单个企业角度看提高工资水平或提高成本，使企业利润减少，但是从宏观角度看，收入增加、消费增多、企业利润反而增多。这也是一种严重的外部性，致使经济学第一定律失灵，促使经济学家去研究经济学第二定律，个人理性为什么导致集体非理性。这样我们会发现个人理性与集体非理性几种组合，如表 2.2 所示。

表 2.2   个人与集体理性关系组合

		个人状况		
		理性	非理性	
集体状况	理性	看不见的手	策略博弈？	
	非理性	合成谬误	？	

通过上表可知，我们很多人坚持"看不见的手"——追求私利无意识地导致社会繁荣，看不到其他几种情形，尤其是合成谬误或囚犯困境问题。这主要是受"只见树木、不见森林"思维习惯，致使很多问题有待进一步研究。例如个人非理性如何导致集体理性，或者个人非理性导致集体非理性等一系列问题都是颇需要加以研究

---

① 不确定性与风险差别首先是由奈特（1921）和凯恩斯（1921，1936）区分了。奈特将可度量的不确定性定义为风险，用不确定性指不可度量的风险。风险的特征是概率估计的可靠性，以及因此将它作为一种保险的成本进行处理的可能性。估计的可靠性来自于所遵循的理论规律或稳定的经验规律，对经济理论的目的来说，整个概率问题的关键是，只要概率能够用这两种方法中的任何一种以数字表示，不确定性就可以排除。与可计算或可预测的风险不同，不确定性是指人们缺乏对事件的基本知识，对事件可能的结果知之甚少，因此不能通过现有的理论或经验进行预测或定量分析。参见奈特：《风险、不确定性与利润》，中国人民大学出版社，2005年版。从而，不确定性是沉淀成本或者错误失败出现的根本原因。同时，凯恩斯（1921）在《概率论》中也指出不确定性——没有任何概率分析基础的价值，从而构成其 1936 年《就业利息货币通论》的理论基础，造成有效需求不足的关键所在。在这里，沉淀成本与不确定性结合起来更加增加经济结构调整难度，从而摆脱确定性条件下的新古典成本—收益原则。

的，以应用到经济结构战略性调整上来。

2.2.2 沉淀成本的分类

如前所述，为了研究问题的方便和简化，我们依据沉淀成本的本质特征，我们针对经济结构战略调整的具体情况，将沉淀成本具体划分为经济性沉淀成本、制度性、社会性和生态性沉淀成本[①]，尽管它们有可能会发生交叉，但并不影响我们分析的基本结论。只不过，这样分类为我们研究经济结构战略调整做铺垫，更能寻找到沉淀成本存在形式和影响，以及更容易寻找出相应的对策。

1. 经济性沉淀成本

首先，专用性资产形成的沉淀成本。投入企业的生产性资产，由于只能用于特定的生产和服务，这样在企业退出某一产业而进入另一产业时，这些资产很难随企业被带入所进入产业继续发挥作用，难以回收投资成本，因而企业面临处置这些资产的障碍。尤其是国有企业的产业分布相当分散，而且沉淀在各产业中的资产又有相当大的规模，这样为资源型城市转型带来很大困难。按照威廉姆森（2002）[②] 对专用性资产划分可知，（1）专用性物质资本、人力资本等投资有沉淀成本。资源型城市企业需要投入生产性资产，如矿产地质勘查、开采以及加工所投入的物质资本、人力资本等，由于专用性较强，从原产业退出时难以回收投资成本。有些企业的厂房、机器设备即使能够折价出售，更因资产市场不完善，特别是信息不完全造成的阿克洛夫（1970）"柠檬问题"现象，也不能按照正常折旧后的价值出售，这些无法回收的资产价值，有可能是沉淀成本的重要来源；（2）目前商业性地勘市场尚未形成，投资主体多元化，不论开采成功或失败，都需要支付大量搜寻信息等交易成本。这些交易成本本身都是沉淀成本。同时，沉淀成本也来源于城市非交易产品部门。在房地产、基础设施或设备的投资都是为了满足人口增长带来的需求。这些投资既不能迅速地转移到交易产品生产部门去，也不能转移到其他区位。因此对于非交易产品投资往往产生沉淀成本；（3）区位偏离也是沉淀成本的重要来源。矿业城市区位偏离，主要指矿业城市依资源而居，大多位于内陆，边远荒漠地区，地理环境闭塞，远离交通干

---

① 对于沉淀成本分类研究，并不意味着它们之间是泾渭分明的，而是为了突出研究问题的需要而设计的。实际上，就沉淀成本本身而言，我们也可以分为经济性沉淀成本、政治性沉淀成本、意识形态或偏好沉淀成本等，还可以区分空间沉淀成本、时间沉淀成本等，也可以区分资产性沉淀成本、制度性沉淀成本或政策性沉淀成本，使用时有些差别，但基本原理不变。只是根据中国经济结构战略调整的现实需要，我们区分了经济性、制度性（或称体制性）、社会性和生态性沉淀成本，从而说明沉淀成本对于我们研究相关问题十分重要，是不可能忽略的，必须将沉淀成本概念纳入理性选择分析之中，就像交易成本概念需要纳入理性选择分析之中一样，从而产生一场革命，掀起沉淀成本经济学帝国主义研究热潮。

② 奥利弗·威廉姆森：《资本主义经济制度》，商务印书馆，2002年版。

线、远离工商业发达地区，远离国内、国际市场，区位条件较差。为了摆脱区位偏离，需要投入运输网络和储藏基础设施。在城市地区，往往集中在公路、铁路、电信系统以及储藏设施，虽然这些投资本身并不一定是沉淀成本，但这些投资都具有厂址区位专用性，难以移动到其他地区，从而很容易产生沉淀成本。

第二，固定成本转型过程中形成的经济性沉淀成本。它主要包括：（1）离退休劳动力安置成本，企业退出后要给劳动力重新安排工作或重新培训，而这笔培训成本和转移成本往往很高；（2）因企业退出造成终止各种契约所必须支付的违约成本；（3）退出企业职工情绪下降引起的生产经营状况恶化，使企业收益减少等。由于中国的特殊情况，在竞争性产业领域的国有企业数量庞大，在这些国有企业工作的职工更是数以千万计，一旦这些企业退出，能否支付这笔巨额劳动力安置成本、重新培训成本等，将成为国有企业退出某些产业最突出的问题，这也成为资源型城市转型的面临的重大问题。

第三，国有企业巨额负债形成的经济性沉淀成本。国有企业大多数是一个高昂的负债率，而且大部分是欠国有银行的，国有商业银行是国有企业最大的债权人。按国际经验，企业自有资本和借入资本的比例大体各占50%，显然，国有企业的债务比例很高。尽管国有企业亏损会成为从竞争性产业退出的最好理由，但亏损严重的企业是很难转移出去的。如果通过破产的方式退出，国有银行也会破产，因此国有银行宁愿维持国有企业的现有状态。政府也会为了保住国有银行不至于发生危机，而采取维持国有企业现有状态的政策。国有企业债务负担形成资源型城市巨大的经济性沉淀成本，严重影响国有企业退出的可能性，进而限制民营经济，以及接续产业的发展。

第四，因交易成本导致市场不完善形成经济性沉淀成本。主要包括：（1）劳动市场不发达造成的沉淀成本障碍。由于劳动市场发展缓慢，而且很不规范，国有企业职工在从某些产业退出时，借用现有的劳动市场实现大规模退出企业职工转移，其作用是十分有限的。因信息不完全所导致交易成本是阻碍职工流动的重要因素；（2）资本市场不完善、不发达造成的沉淀成本障碍。由于资本市场不完善、不发达，信息更加不完全，资本价格无法发挥配置资源的作用。在这种情况下，国有企业从某些产业退出时，不能很好地利用资本市场，实现退出企业资产的迅速转移或变现。因此，需要借贷和资本供求者支付巨大的搜寻、签约和履约等交易成本；（3）产权市场发育滞后造成沉淀成本。中国产权市场发育滞后，非市场化倾向明显，市场退出多数停留在"关、停、并、转"上，导致产权交易不活跃，不少产权市场还是有场无市，规模小，交易极为清淡，退出企业的资产和产权无人问津，加上中介组织不足，信息量少，造成产权交易困难重重，进一步加大退出沉淀成本。

2. 制度性沉淀成本形成

第一，政府主管部门和地方政府的阻碍。尽管中央政府在对待国有企业实施产业重组上态度是明确的，但政府主管部门和地方政府仍然会设法阻止所属企业的退出，一方面需要维持自身的声誉，避免出现声誉资产沉淀成本；另一方面，因为这些主管部门和地方政府有自身独立的既得利益，让其所属企业退出本行业，无异于自己消灭自己。所属企业尽管有亏损，甚至全行业都是亏损的，但亏损企业会得到中央政府的财政补贴，自身的压力并不很大。更重要的是主管部门掌握着所属企业的人事任免权。如果这些企业退出本行业，主管部门和地方政府也就丧失了这些利益和权利，所以他们会制造出种种可能的退出障碍。有时中央政府出于政府信誉和社会稳定的考虑，会推迟对国有企业实施产业重组的计划。

第二，市场退出的决策主体错位。市场退出的决策本应由企业所有者（主要是出资者）做出，但对中国国有企业而言，由于"所有者缺位"，退出决策成为政府部门、企业经营者和职工公共选择的讨价还价过程。从政府角度看，不会允许国有企业退出，因为这与国有制是相容的。如果允许退出，那么必然由非国有企业来接管。由于国有企业所有权不可退出，进而产生剩余索取权和剩余控制权不可转让性。同时，让一个亏损企业维持生产不仅有利于缓解就业压力，而且还显示当地政府的政绩，因而常常倾向于继续生产而不退出市场。对于企业经营者来说，由于产权因素和债权因素的双层软化，维持亏损状态可以维持既得利益。对于企业职工来说，长期享受稳定的工资待遇和福利待遇，市场退出使其面临下岗威胁，市场的不确定性越大，职工退出越难。

第三，企业"内部人"的阻碍。"内部人"是指由企业的经理人员和职工共同组成的利益集团。从国有企业的经理人员来看，由于政府在同国有企业经理人员的委托代理关系上，缺乏严格的监督约束机制，国有企业的经理人员可以利用手中的权力牟取私利。如果企业要退出，许多老职工应当得到那部分非工资福利就会丧失掉，他们自然会出来抵制企业退出。这里当然也包括职工不愿意退出的复杂"惜退"心理成本。

3. 社会性沉淀成本

在改革开放以前，社会保障①——预防疾病、残疾、养老和失业——一直主要是国有企业的责任。随着经济体转型，这些责任很可能是政府的主要职能之一。由于当前中国的社会保障体系尚不健全，国有企业从某些产业中退出时，无法将原有企业部分离退休职工转交给社会，而必须自己承担这部分职工医疗、住房和养老金等成本。换言之，国有企业面临"企业办社会、债务负担和冗员负担"三大障碍，一并产生

---

① 在中国整个历史长河中，家庭保障是主要模式。但是在新中国成立之后，国有企业成为主要保障主体。但是随着经济体制，政府成为社会保障的主要部门，但这并不排除一些家庭保障问题，因此，深化劳动市场改革，也显得十分重要，从而使家庭保障与社会保障形互补关系。

显著的制度性沉淀成本，阻碍经济结构战略调整。企业办社会是就业、福利和保障三位一体的体制，不能随便解雇职工，如果解雇工人，需要承担起身份置换成本。冗员问题与企业办社会极其相关，没有相应的社会保障制度，职工很难自由退出，因为身份一旦变化，福利、就业和保障将丧失掉。国有企业职工失业不仅仅失去工资，而且还会失去福利和保障利益。如果不建立完善的社会保障体制，职工流动会产生大量的制度性沉淀成本，从而阻碍经济结构战略调整。

4. 生态性沉淀成本

为了把重工业作为重要目标，把发展生产力建立在向自然界索取的基础上，取之于自然过多，挥霍过度，使自然资源供给相对萎缩，超负载运载，出现存量锐减，生态系统失衡，环境日益恶化，出现大量的生态性沉淀成本。一方面，将自然资源排斥在价格体制之外，从而造成粗放方式掠夺资源；另一方面，出现大量资源赤字，造成环境不断恶化，从而造成无价或者廉价开采使用。资源的存量和用量不计，很少考虑对其耗用、保护与管理，最终形成一些与资源密切相关的初级产品，所谓"原"字号的产品价格一直是低廉的。资源价值在产品生产成本中得不到正确体现，要素成本构成不完整，又导致采掘和开发资源所形成的初级物质产品拿到市场交换收回的货币价值，补偿和恢复不了这些资源的耗用。不仅如此，由于长期以来对资源耗用不进行折旧，也就无法通过正常的资金来源渠道去保护和管理资源，更无法对其再生及替换，致使资源耗用量逐年增多，有限的资源存量锐减，甚至枯竭，对社会再生产运动及其整个经济运行产生强烈冲击作用。由于在东北地区长期积存上述一些大量的资源价值补偿不足，致使相当一部分生产要素是没有价格的，不必通过市场与货币交换就进入生产流通领域，从而造成产品与货币市场上各种价值符号扭曲，经济运行机制畸形，生态环境失衡，从而衍生出大量的生态性沉淀成本，严重影响东北地区经济发展和人们福利水平。

由此可见，经济结构战略调整不仅面临着因资产专用性和固定成本等带来经济性沉淀成本，而且还面临着因国有企业"三座大山"——企业债务、冗员和企业办社会等产生的制度性沉淀成本，以及因自然环境恶化造成生态性沉淀成本和社会性沉淀成本。一旦进行经济结构战略调整，不仅会出现巨大的沉淀资产，还会丧失掉职工的就业工资、医疗保险、养老金等福利待遇，以及由此产生的生态性沉淀成本。因此，这些沉淀成本阻碍经济结构战略调整，严重影响可持续发展。

这样，针对经济结构战略调整研究，我们需要考虑经济性沉淀成本、制度性沉淀成本、社会性沉淀成本和生态性沉淀成本的大小和组合类型，从而更能清楚经济结构战略调整过程中沉淀成本大小和种类。表 2.3 为沉淀成本种类组合。

表 2.3   沉淀成本种类组合

		经济性沉淀成本	
		大	小
		制度性/社会性沉淀成本	制度性/社会性沉淀成本
生态性沉淀成本		大	小
	大	区域 A	区域 B
	小	区域 C	区域 D

其中，体制性、社会性和生态性沉淀成本无法通过自身得到补偿，但可转嫁出去。而经济性沉淀成本中，也需要再细分哪些是可补偿的，哪些是不可补偿的，从而将经济性沉淀成本作为考察的重点。只有发现沉淀成本在经济结构战略性调整中的作用，我们才能寻找到解决面临经济问题的方法。只有解决了现有这些沉淀成本问题，经济结构才能实现战略调整，进而实现可持续发展。否则，因沉淀成本的存在及其影响，往往会破坏可持续发展的条件。因此，只有了解沉淀成本的存在形式、形成过程及其影响，我们才能重视沉淀成本对经济结构战略调整的影响，从而确立一个良好的投资补偿机制，将经济、社会、资源等纳入可持续发展框架中，避免产生沉淀成本。只有这样，我们真正做到落实科学发展观，实现和谐社会，最终才能实现经济结构战略调整的战略目标。

2.3　包含沉淀成本的经济结构调整模型

基于上面的例证分析，为了进一步说明经济性沉淀成本和制度性沉淀成本对经济结构战略调整的影响，我们有必要从微观角度分析经济性沉淀成本对企业投资的影响。令 I_t 是当事人在时间 t 的物质资本投资数量，$I_t = I_t^+ + I_t^-$，该变量有助于当事人控制增加或减少物质资本数量，如下：

$$K_t = (1 - a)K_{t-1} + I_t \tag{2.1}$$

其中，K_t 是在时间 t 物质资本数量，a 是物质资本折旧率。当我们理解当事人的投资行为，便可以理解其进入与退出行为。

在时间 t，当事人的利润函数为 $\pi_t = R(K_t) - C(I_t)$，其中 $R(K_t)$ 为总收益，$C(I_t)$ 为总成本。将等式（2.1）放到成本函数中会产生 $\pi_t = R(K_t) - C[K_t - (1-a)K_{t-1}]$。当事人的利润约束为：

$$\pi_t = R(K_t) - C[K_t - (1-a)K_{t-1}] \tag{2.2}$$

现考虑 I_t 投资行为的符号：当当事人进行投资时，它可能为正（$I_t^+ > 0$）；当在资本市场上不投资时，它可能为零，即 $I_t = 0$；当进行负投资时，或者为负，$-(1-a)$ $K_{t-1} < I_t^- < 0$。正如前面所述，沉淀成本很容易出现，为此，我们假设投资的边际成本总是大于负投资的边际成本。换言之，获得资本的成本总是大于废弃的价值，二者之间的差额便是沉淀成本。

当企业追求利润最大化，根据边际收益等于边际成本，其最优原则是：

$$P \times MPI = MCI \tag{2.3}$$

其中，P 是产出的价格，MPI 是投资品的边际价值产品，MCI 是投资品的边际成本。这是标准的新古典竞争结论。然而，当物质资本投资是部分沉淀时，这一决策规则对物质资本配置有什么意义？

在发生沉淀成本的情况下，等式（2.3）依赖物质资本的边际价值产品及其自身沉淀成本产生了四种可能的投资行为，这些证明参见图2.2中。在图2.2中，物质资本投资的边际成本等于单位购买价格 $S(I_t^+ > 0)$，由 SS 曲线表示。物质资本负投资等于其打捞价格 $s(I_t^- < 0)$，由 SS 曲线表示。S > s 表明有沉淀成本。在第一种情况，物质资本的边际价值产品较高，与投资的边际成本曲线 SS 相交于正投资区域，这表明当事人处于投资行为；在第二种情况下，物质资本的边际价值产品处于中间阶段 Ss，这表明他既不正投资也不负投资。在这个产固定区域，当事人不易受外部经济环境的影响，这恰恰是因为沉淀成本导致的结果。在第三种情况下，物质资本的边际价值产品较小 ss，当事人进行部分负投资。最后，当物质资本的边际价值产品极小时，导致总投资完全退出。

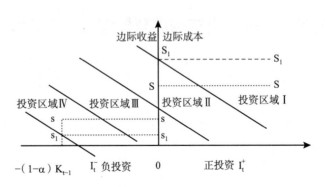

图2.2 存在沉淀成本情况下的投资行为

在图2.2中，横轴表示投资，右侧为正投资，左侧为负投资。纵轴表示投资或负投资的边际收益和边际成本。如果 S = s，即 SS 曲线与 ss 曲线重合，表明没有沉淀成本，投资者完全受外界条件的变化而瞬时变化。一旦亏损，当事人会立刻进行负投资。反之，一旦有利可图，当事人会立刻进行正投资，这是标准的新古典竞争模型。然而，如果 S > s，至少部分沉淀，一旦投资失败，有可能会等待退出，这偏离了标准的新古典结论。具体分析如下：

（1）沉淀成本将使当事人没有任何激励参与资本市场。例如，在投资行为 II，此时往往出现观望，等待时机，没有任何投资发生。

（2）沉淀成本可以产生不可逆行为和滞后效应。滞后效应以不可逆效应为特征。例如，考虑当事人在时间 t 处于投资行为 II，在时间 t+1 处于投资 I，在时间 t+2 需返回投资 II，这个当事人在时间 t+1 进行投资，在时间 t+2 不会进行负投资，尽管他事先知道在时间 t+1 需要返回时间 t+2。这是因沉淀成本带来的调整障碍。

（3）在有沉淀成本的情况下，信息不完全对投资有不利影响。在有沉淀成本的情况下，这意味着在后来的负投资时需要承担沉淀成本：沉淀成本越大，面对的可能性越大，投资的负激励越强。同时这也意味着信息不完全和沉淀成本对投资有负面影响，影响企业进入。

（4）与第三种含义相关的是，进入要求进行投资，沉淀成本和信息不完全相互作用对进入（投资）有负面影响。换言之，沉淀成本和信息不完全构成了企业的进入壁垒。如果信息完全，不会发生沉淀成本，不会阻碍进入。只有在信息不完全的情况下，投资者害怕投资成本无法得到补偿，从而造成投资不足。

（5）沉淀成本对退出有阻碍。在有沉淀成本的情况下，该投资者将面对后来再投资或重新进入的沉淀成本：沉淀成本越大，面对的沉淀成本可能性越大，负投资（退出）的激励越小。这表明信息不完全和沉淀成本减少企业负投资和退出的激励，构成退出壁垒。因而，在这种情况下，很容易出现投资过度。

需要强调的一点是，这一模型同样也适用于自然资本、人力资本等经济性沉淀成本对企业进入与退出的影响。

接下来将制度性沉淀成本、社会性沉淀成本和生态性沉淀成本纳入分析框架，也不改变我们的基本结论，它的作用只是扩大沉淀成本的范围，增大了当事人结构刚性调整的空间，增大了当事人的退出和进入障碍，使价格信号更难以发挥作用。实际上，这些沉淀成本相当于增加了企业的成本，也就是说，在当事人进入市场时，必须付出更大的代价，而当其退出市场时更没有讨价还价力量，只能以更低的价格出售其资产，进而使企业正投资的边际成本曲线由 SS 变为 S_1S_1 曲线，负投资的边际成本曲线由 ss 变为 s_1s_1，资产的沉淀区域扩大为 S_1s_1。

由此可见，在没有沉淀成本的情况下，只要依靠产品价格信号，便能够有效地配置生产资源。然而，由于沉淀成本普遍存在，减少各类资源的流动性，因而它构成企业投资激励（进入）和负投资（退出）的基本障碍，从而会产生一系列经济问题。

2.4 小结

总而言之，我们运用新古典经济学价格理论方法研究经济结构战略调整，通过福利经济学基本定理（完全竞争市场）和科斯定理（完全产权的私人谈判）的逐步放松假设前提，逐渐贴近现实，一层一层分析，紧紧围绕沉淀成本，以及由此产生的五大机制，从心理层面、制度层面、策略层面和宏观层面等逐步展开，深入探讨经济结构战略调整成功条件、内在机理，寻找一些特定经济变量，包括主流和非主流经济理论，突出沉淀成本理论创新及其价值。甚至可以说，我们主要是在新古典经济学方法下做出来的，对于非主流经济学研究还远远不够。因此，我们很容易发现，生产成本和交易成本是如何产生沉淀成本的，也是需要进一步研究的，如表2.4所示。

由表2.4的四个方格可以看出，在A情形下，在零交易成本情况下，仅仅依靠正常生产成本，就可以实现帕累托最优。即使出现不正常的生产成本，也可以得到矫正，看不到沉淀成本的产生。在C情形下，在正交易成本情况下，就需要投入一些成本，从而也会产生沉淀成本，如果非正常生产成本增多，那么沉淀成本更加显著。

表2.4   生产成本与交易成本组合

	正常生产成本	非正常生产成本
零交易成本	A	B
正交易成本	C	D

如何阐述分散配置机制实现帕累托最优？我们需要具体介绍福利经济学基本定理和科斯定理？其一，福利定理和科斯定理表达了竞争过程中的重要趋势，从中考虑较少限制的情形时至关重要；其二，不了解微观经济学的这些主流思想，是很难搞懂经济学的最新发展，无法激发后瓦尔拉斯经济学的发展；其三，在经济学中，福利经济学基本定理和科斯定理作为标准的一般情形和分析现实问题的起始点；其四，1776年以来，经济学界一直试图阐明亚当·斯密提出的"看不见的手"主张，足以吸引人们的兴趣。实际上，科斯定理和福利经济学基本定理本身相似，未能通过放松定理所要求的严格假设来得到更多的结论。正如法雷尔（Farrell，1987[①]）指出，科斯定理成立所要求的信息条件——不存在有效谈判的障碍——就是那些允许完全契约的条件。因此，科斯定理生效之外，亦是福利定理成立之外，所以科斯定理就不是必不可

---

① Farrell, J., 1987, Information and the Coase Theorem, Journal of Economic Perspectives, 1 (2): 113 - 129.

少的了。在福利经济学基本定理不成立的时候（由于契约的不完全性），科斯定理的零谈判成本也不太可能满足。但不管如何，福利定理看来并没有给出任何政策结论，而科斯的贡献则在于表明，更精确界定和更容易交易的产权以及更有效的谈判环境。在新古典经济学一般均衡及其效率方法中，有许多致命伤（Achilles' Heels——阿基里斯之踵），诺贝尔经济学家大多是突破其隐含的不现实假设而进行理论创新的。否则，在福利经济学基本定理和科斯定理，市场完全可以实现最优的资源配置，从而不会出现沉淀成本。其中，每一个定理都需要极强的假定，比如不存在激励与协调问题，因此通常是逻辑的构造而不是对世界的现实描述。我们也是通过新古典经济学理论隐含的假设——资源具有充分流动性和完全可逆性，亦即所有资产都不是专用性的，都可以轻易地再出售，没有沉淀成本这一严格假定出发点，从而构建新的理论框架与制度创新原则。在新古典世界里，如果资本完全伸缩性，一直到充分就业均衡，那么资本都是流动性替代物，从而导致商品市场—要素市场—资本市场相互独立，所以任何其他经济因素冲击都不会带来经济问题，即使发生不确定性（不仅仅是数学上的概率风险）、机会主义和交易成本也无所谓，资源最终都会实现重新配置，不会出现任何交易成本和调整成本等，自由市场是永恒的主题，政府干预也是不必要的。

　　然而，一旦打破资源充分流动性这一严格假设前提，通过引入沉淀成本概念，我们会发现，商品市场—要素市场—资本市场之间的复杂关系[①]，与标准竞争模型形成鲜明对照，体现了垄断、滞后、敲竹杠、观望和承诺升级等内在机制上，此时从更广泛意义上讲，这两个定理一个重要作用便是提供基准理论，它们指明在何种条件下市场可以良好运作。当对某一特定资源配置方案的效率存有质疑时，上述定理指出了对一个或多个假定的违背可能是导致无效率的原因，并且表述了可能的解决方向，从而改变了我们理解现代经济的自由放任市场思维方式，透过沉淀成本概念性框架对市场效率会产生重大的负面影响，更好地理解私人秩序、制度安排和政府干预的合理性（Chavas，1994[②]）。换言之，如果没有沉淀成本，那么经济是由理性的私利行为构成，从而通过市场机制互动来维持经济的正常运作。然而，当我们懂得现代经济是由沉淀成本，以及由此相关的市场不完全、信息不完全、交易成本（契约不完全）和心理因素等构成，很容易发现：一方面，沉淀成本会产生竞争优势，会产生收益；另一方面，也会因敲竹杠和不确定性等因素产生风险，从而带来扭曲市场绩效，降低经济效率和福利水平，无法实现帕累托最优，私人契约和政府干预是十分必要的，从而

　　① 资本具有两种属性，而这两种属性所各自昭示的作为动态过程的经济增长，通常并非一致。之所以如此，是因为资本的成本属性是关于沉淀投资的，而另一种属性是关于资本提供服务流的贴现值的，它随增长而变化。但增长模型里资本总量暗含的资本同质假设更成问题，从而为沉淀成本的产生体现了两种角度——资本市场和产品与服务市场，参见西奥多·舒尔茨：《报酬递增的源泉》，北京大学出版社，2001 年版。

　　② Chavas, J. P., 1994, On Sunk Cost and the Economics of Investment, American Journal of Agricultural Economics, 76: 114 - 127.

更好地理解投资行为、市场绩效与公共政策选择。更为现实的是，沉淀成本远比通常人们认识得更加普遍，福利经济学基本定理和科斯定理仅仅作为一种特例，仅仅是没有沉淀成本的一种抽象模型，而有沉淀成本则是对现实的一种描述，从而引申出更加真实的政策建议。此时，如果忽略沉淀成本及其影响，仍然坚持自由放任政策，甚至应用到自由国际贸易或全球经济条件下，就会导致经济体十分脆弱，就像凯恩斯所说很容易产生灾难性后果——理论模型与经济现实不一致，因而需要将沉淀成本概念纳入理性选择分析，从而进行相应的理论创新。

进一步说，推进经济结构战略性调整具有潜在收益，导致社会净福利增加。但是这个简化的经济模型具有严格假设前提，从而忽略了经济结构战略性调整所面临的潜在成本或风险。而文中的理论创新，无非是放宽这些简化假定的影响，从而进行更符合现实意义的成本收益分析①。而我们之所以强调沉淀成本，并不意味着把考虑沉淀成本当作唯一目的。只是想说明，这一概念的重要性长期以来一直被忽略或被低估，严重脱离经济发展的现实需要。究其原因，主要是受微观经济学教科书价格理论长期熏陶的结果，这是一种以不合时宜的完全理性模型为前提的。从短期看来，强调沉淀成本决策无关性，看不到沉淀成本的影响，仅仅考虑准租金，边际分析就足够了。从长期看来，资源又具有充分流动性，不会产生任何沉淀成本，依靠市场价格体系一切经济问题都将迎刃而解。即使出现沉淀成本，如果长期契约是完全的，那么沉淀成本也不会阻碍市场竞争。从长期看来，资源又具有充分流动性，不会存在任何沉淀成本，一切经济问题都将迎刃而解，显然过于天真和理想化。有理由认为，人们现在正在努力纠正这种状况。为此，我们综合现有的理论前沿，统一成沉淀成本理论体系，强调沉淀成本而不论其他，无非是为了说明这一概念有助于深化我们改变现有的思维方式，对于经济结构战略调整具有重大意义，提高认知能力和科学决策水平，与市场不完全、信息不完全范式和交易成本范式形成互补关系，进一步缩小理论模型与经济现实之间的缺口。因此，确立沉淀成本方法，不仅具有极大的理论解释力，而且对于政策建议提供一种新的指导原则。一旦将沉淀成本概念纳入理性选择框架中，就会引出一些有价值的见识。其中最明显的是，为什么很多有效率的投资未能发生，相应地，如何解释组织、制度或经济落后的原因。为此，我们阐述沉淀成本而不论其他，无非是为了说明这一概念重要性，不论短期还是长期，理性地考虑沉淀成本，有助于深化我们的认知能力，与信息不对称、不完全契约和交易成本等方法形成互补关系。简言之，通过引入沉淀成本及其影响，大大扩展了新古典资源充分流动条件下的成

---

① 通过利他主义动机理论来解释看起来是自利的人类行为还有大量工作要做——而这样的理论仍然必将存有自私的成分。为什么不让不完全信息和有限理性所协助下的自私动力来做这些工作？尽管对理性模型和自利方法的批评此起彼伏，但是，自利模型到目前为止似乎仍然是制度理论最有前途的方向，就这个目的而言，我们只是刚刚认识到博弈论技术工具的潜在威力而已（班克斯、哈努谢克，2010）。

本—收益分析方法（Bellalah，2001①），更加贴近现实的市场定价、策略与组织或制度行为，进一步缩小理论模型与经济现实之间的裂痕，丰富了市场制度、私人秩序与政府干预之间的边界。因此，区分固定成本与沉淀成本，并不是无关紧要的，而且具有重要理论和政策创新意义，确立沉淀成本理论框架（sunk cost framework），不仅具有极大的理论解释力，特别是要处理好市场与政府关系，为推进成功的经济结构战略调整提供了决策依据和指导原则②。

---

① Bellalah, M., 2001, Irreversibility, Sunk Costs and Investment under Incomplete Information, R & D Management, 31（2）：115 – 126.

② 现代经济是一个高度复杂的体系，至少像物理学家和生物学家们说研究的体系一样复杂。经济生活的体系还有另一层复杂性：它是由活生生的人所组成的，而人可以很机敏地对经济体系做出反应，甚至是改造原有的体系（麦克米兰，2006）。

第二篇

所有制结构调整

第3章

中国所有制结构的历史演变及现状

3.1 中国所有制结构的历史演变[①]

新中国成立以来，中国所有制结构的变革可分为以下几个阶段：第一阶段是从新中国成立初期到1978年党的十一届三中全会之前。这个阶段中国实行的是计划经济，生产资料所有制片面追求"一大二公"，认为公有制的实现形式越纯越好。第二阶段是从党的十一届三中全会至今。所有制结构逐渐呈现多元性和多样性，公有制成为所有制结构的主体，对经济的主导作用越来越强；非公有制经济得到蓬勃发展，成为中国社会主义现代化建设的重要力量。

3.1.1 改革开放前的时期

从新中国成立到党的十一届三中全会，中国所有制结构经历了由新民主主义的多种经济成分并存到社会主义单一公有制的历史性转变主要源于社会主义改革实践及计划经济体制的推行。大致经历了三个阶段。

1. 新中国成立后至三大改造前

新中国成立时中国经济底子十分薄弱，百废待兴。新中国成立后，国家实行了"公私兼顾、劳资两利、城乡互助、内外交流"的基本政策，优先发展国营经济；积极鼓励和扶持合作社经济和公私合营经济；利用和限制私人资本主义经济；对个体经

---

① 该部分的逻辑结构参见桑东华：《新中国成立以来党的所有制政策的演变与中国所有制结构的变迁》，《中共党史研究》，2010年第7期。

济，则通过互助合作的方式，积极而又慎重地引导其发展，从而使五种经济成分在国营经济领导下"分工合作、各得其所"，使中国的所有制结构发生了重大变化：

第一，新中国成立后，国营经济在革命根据地发展的基础上，通过取消帝国主义的特权、没收官僚资本，国营经济空前壮大并确立了自己的领导地位。1949 年底，国营工业在全部工业总产值（包括手工业）中的比重为 26.7%，在全国大型工业总产值中的比重达 41.3%，拥有全国发电量的 58%，原煤产量的 68%，生铁产量的 92%，钢产量的 97%，水泥产量的 68%，棉纱产量的 53%。国营经济还掌握了全国的铁路，绝大部分银行业务和对外贸易，控制了全国的经济命脉。经过三年的经济恢复，到 1952 年，全国工业总产值比 1949 年增长了 145%，平均每年递增 34.8%。（根据《中国统计年鉴 1981》的有关数据计算）而其中的国营工业发展更快，三年增长 287%，平均每年递增 51%。[①]

第二，个体经济比重下降，个体经济基础上的集体经济有了一定的发展。中国由于生产力水平低，经济落后，细小分散的个体经济在整个国民经济中一直占有很大比重。1949 年，在工农业总产值中约占 3/4。经过三年的经济恢复，中国个体经济发生了以下变化：首先是个体经济的比重有所下降。解放后，个体经济在国营经济的扶助下，发展较快，但由于现代工业恢复和发展速度更快，1952 年，个体经济在工农业总产值中的比重下降到 2/3 左右。其次，个体农民的互助合作运动积极而稳妥地开展，集体经济初见端倪。

第三，在中国共产党"利用、限制、改造"政策的指导下，民族资本主义经济发生了深刻的变化，出现了国家资本主义的初级形式。在国民经济恢复时期，民族资本主义经济有了较大的发展，但由于国营经济发展的速度更快，资本主义经济在国民经济中的地位大大下降。私营工业产值在全国工业总产值（不包括手工业）中的比重，由 1949 年的 63.3% 下降为 1952 年的 39%。在一些重工业部门，私营工业比重下降更大。另一方面，国家通过加工订货将其纳入国家计划的轨道，创造了国家资本主义的初级形式。到 1952 年，加工订货、包销、收购的产值已占私营工业总产值的 56%，商业方面也已出现批购、经销、代销等形式。公私合营的工业企业共有 907 家，其产值占全国工业总产值的 5%。[②]

该时期的一系列政策适应中国经济发展不平衡和商品经济不发达的特点与生产力发展要求，使得各种所有制经济成分都得到了较大发展，对繁荣经济和发展生产起到了十分重要的作用，国民经济很快得到恢复和发展。

2. 三大改造时期

在国民经济得到初步恢复后，中国在 1953～1956 年实施了三大改造，使得所有

① 蒋家俊、尤宪迅、周振汉：《中华人民共和国经济史》，陕西人民出版社，1989 年版，第 59 页。
② 陈文辉：《中国经济结构概论》，山西经济出版社，1994 年版，第 29 页。

制结构由多种经济成分并存向单一公有制的过渡。之所以出现这种情况，一方面是因为当时中国百废待兴，工农商业的基础都十分薄弱，开展大规模的经济建设必须集中力量优先发展重工业。原有的多种经济并存的所有制结构难以形成合力，不利于资源的优化配置。另一方面，在当时的历史条件下，国家对社会主义理论与实践的认识更多地是遵循苏联模式，并没有结合中国实际来探索自己的发展特殊模式，简单地认为生产资料的公有制体现了社会主义生产关系的本质要求，认为"只有完成了由生产资料的私人所有制到社会主义所有制的过渡，才有利于社会生产力的迅速向前发展，才有利于在技术上引起一个革命"。

从 1953~1956 年，随着中国生产资料社会主义改造的不断加速，"一大二公"的所有制结构初步形成。表现在：首先，在国民收入中，1956 年同 1952 年相比，国有经济的比重由 19.1% 上升到 32.2%，集体所有制经济由 1.5% 上升到 53.4%，公私合营经济由 0.7% 上升到 7.3%，私营经济则由 6.9% 下降到 0.1% 以下，个体经济由 71.8% 下降到 7.1%。前三种社会主义公有制经济已达 93%。其次，在工业总产值中，1956 年同 1952 年相比，国营工业的比重由 41.5% 上升到 54.5%，集体所有制工业由 3.2% 上升到 17.1%，公私合营工业由 4% 上升到 27.2%，私营工业由 30.7% 下降到 0.04%，个体手工业由 20.6% 下降到 1.2%。前三种社会主义公有制工业已达 98.8%。再次，在商业领域中，以社会商品零售总额为例，国营经济所占比重由 16.2% 上升到 34%，合作社经济由 18.2% 上升到 30.1%，国家资本主义及合作化经济由 0.4% 上升到 28.3%，私营经济由 65.2% 下降到 7.6%。[①]

从 1953 年底到 1956 年，原计划用三个五年计划完成的社会主义改造在极短的时间内就完成了，多种经济成分并存的所有制格局演变为只有全民所有制和集体所有制的单一公有制，而且在生产和流通领域形成了组织形式过于单一的局面，难以发挥个体经济与私人资本主义经济等其他经济在繁荣市场、拾遗补阙等方面的优势。同时，全民所有制经济占绝对优势和垄断地位以后，缺乏必要的外部竞争，使得经济越来越缺乏活力。

3. 1957~1978 年的发展阶段

1957 年以后，中国的所有制结构受"左"的思想的影响，排斥非公有制经济，将"一大二公"作为判断所有制形式先进与否的标准，公有制单一的程度逐步加强，非公有制经济基本上被消除。一方面，片面强调全民所有制的优越性，低估集体所有制存在和发展的必然性，混淆全民所有制和集体所有制的界限，搞所有制的"升级""穷过渡"和"合并"运动，将"一大二公"作为判断所有制形式先进与否的标准，即认为社会主义公有制的范围越大越好，公有化的程度越高越好。另一方面，完全排

---

① 陈文辉：《中国经济结构概论》，山西经济出版社，1994 年版，第 30 页。

斥非公有制经济的存在。连农户搞的一些少量的家庭副业也被当做滋生资本主义和资产阶级的温床，不断地加以挞伐。这种公有制基本上一统天下、国有制又占绝对优势的所有制结构，严重束缚了生产力的发展。在此基础上，建立起来的是高度集中统一的计划管理体制，否定市场机制的作用，微观经济主体无法成为自主经营、自负盈亏的独立的经济实体，经济失去了协调发展的动力与活力。到1978年，在全国工业总产值中，全民所有制经济占77.63%，集体经济占22.37%，非公有制经济几乎没有，所有制结构已成为单一的公有制。而这种单一的公有制结构并不适合中国生产力发展的需要，严重阻碍了社会经济发展。

4. 该阶段所有制结构演变的规律

该阶段中国所有制结构演变具有快速变迁、行政力量主导及单一的特征。改革开放前中国所有制结构如表3.1所示。

表3.1　　　　　　　　　改革开放前中国所有制结构　　　　　　单位：%

年份	国有经济比重	集体经济比重	公有制经济比重	非公有制经济比重
1949	26.29	0.5	26.79	73.21
1950	32.67	0.79	33.46	66.54
1951	34.47	1.29	35.76	64.24
1952	41.54	3.26	44.8	55.2
1953	43.04	3.87	46.91	53.09
1954	47.13	5.34	52.47	47.53
1955	51.29	7.58	58.87	41.13
1956	54.55	17.07	71.62	28.38
1957	53.77	19.03	72.8	27.2
1958	89.17	10.83	100	0
1959	88.55	11.45	100	0
1960	90.6	9.4	100	0
1961	88.51	11.49	100	0
1962	87.8	12.2	100	0
1963	89.33	10.67	100	0
1964	89.54	10.46	100	0
1965	90.07	9.93	100	0
1966	90.18	9.82	100	0
1967	88.46	11.54	100	0

年份	国有经济比重	集体经济比重	公有制经济比重	非公有制经济比重
1968	88.42	11.58	100	0
1969	88.71	11.29	100	0
1970	87.61	12.39	100	0
1971	85.91	14.09	100	0
1972	84.88	15.12	100	0
1973	84.02	15.98	100	0
1974	82.41	17.59	100	0
1975	81.09	18.91	100	0
1976	78.33	21.67	100	0
1977	77.03	22.97	100	0
1978	77.63	22.37	100	0

数据来源:《新中国60年统计资料汇编》,转引自李亚平,雷勇:《建国以来中国所有制结构的演变及效率研究》,《经济纵横》,2012年第3期:54~59。

由表3.1可见,新中国成立后至1958年,公有制经济的比重呈现出快速上涨的趋势,到1958年时,到达了100%,此后一直延续到改革开放,整个国民经济的所有制结构极其单一。非公有制经济在国家的行政力量下,由1949年的73.21%快速下降,直至1958年被消灭。在公有制经济内部,整体上说,国有经济的比重是呈现下降的趋势,集体经济发展比较快,到1978年已经占据了20%以上。

3.1.2 改革开放后的发展阶段

以党的十一届三中全会为标志,中国进入了对内改革、对外开放的新的发展时期,所有制改革成为经济体制改革的重要内容。自1978年至今的30多年来,经过各届政府在理论与实践上的不断摸索与努力,最终确立了公有制为主体、多种所有制经济共同发展的基本经济制度,极大地促进了中国社会经济的快速健康发展。

1. 1978~1988年的演变阶段

该阶段是单一公有制的所有制结构开始转变的时期,公有制经济仍为主体,非公有制经济开始发展,成为了公有制经济的补充。

该阶段最大的突破在于非公有制经济重新出现。以家庭联产承包责任制的普遍推行为标志,农村改革率先取得突破,催生了乡镇企业及其快速发展,不仅创造出大量产值,而且在促进农村劳动力就业、提高农民收入、加速农村城市化进程、增加国家财政收入等方面发挥了重要作用。城镇集体和个体经济的新发展有效地缓解了当时严峻的就业压力，也活跃了经济。以解决就业问题为契机，不仅各类集体所有制企业开始得到大力提倡和鼓励，而且社会主义改造后长期受到排斥甚至被取缔的个体经济也重新获得扶持。

党的十一届三中全会之后，以邓小平为核心的党的第二代领导集体带领全党恢复了解放思想、实事求是的思想路线，坚持生产力标准，积极探索符合中国现实国情的所有制结构。党的十一届六中全会通过的《关于建国以来党的若干历史问题的决议》明确提出："一定范围的劳动者个体经济是公有制经济的必要补充。"1982 年 12 月，这个论断被载入宪法，个体经济获得了合法地位，自此个体经济得到了爆炸式发展。私营经济也得到了合法性。1987 年 10 月，党的十三大明确使用"私营经济"这一概念，作出"私营经济是公有制经济必要的和有益的补充"的论断，强调"目前全民所有制以外的其他经济成分，不是发展得太多了，而是还很不够。对于城乡合作经济、个体经济和私营经济，都要鼓励他们发展"。1984 年党的十二届三中全会通过的《中共中央关于经济体制改革的决定》，进一步对外资在中国社会经济中的地位和作用给予定位："利用外资，吸引外商来中国举办合资经营企业、合作经营企业和独资企业，也是对中国社会主义经济必要的有益的补充"。这标志着，私营经济的合法地位被载入国家根本大法。私营经济在实践上开始受到法律的保护，进入新的发展时期。

此外，长期以来被坚决排斥的外资经济也逐步兴起。党的十一届三中全会决定调整对外经济政策，要求公有制企业"在自力更生的基础上积极发展同世界各国平等互利的经济合作"。1984 年的《中共中央关于经济体制改革的决定》首次就外资经济的地位和作用予以明确定位，指出"利用外资，吸引外商来中国举办合资经营企业、合作经营企业和独资企业，也是对中国社会主义经济必要的有益的补充"，强调要进一步扩大对外和国内的经济技术交流。截至 1985 年底，全国已累计批准建立中外合资经营企业 2300 多家，中外合作经营企业 3700 多家，外商独资企业 120 家。外资投入集中的珠江三角洲、长江三角洲、环渤海三个外向型经济区，成为 20 世纪 80 年代所有制改革和经济发展最快的经济带。

这样，经过几年的改革和发展，中国原来单一的公有制结构逐渐被打破。在坚持公有制经济主体地位的前提下，国有经济的主导地位继续加强；集体经济发展迅速；个体经济、私营经济和外资经济等非公有制经济成分取得了令人瞩目的发展。以公有制经济为主体，非公有制经济为补充的新格局开始形成。这是中国所有制结构伴随改革开放后党的思想理论上的第一次解放所完成的重大改革。

2. 1989 ~ 1997 年的波折发展阶段

随着多种所有制经济共同发展，以及国内外形势的变化，20 世纪 80 年代末、90

年代初期对于姓"社"姓"资"的问题，中国思想领域中出现了很大的混乱。一部分人坚持以公有制，将其作为社会主义的标准，排斥非公有制经济，将其作为资产阶级自由化思潮产生和泛滥的根源。在这种错误思想的影响下个体、私营等非公有制企业的发展遭受了重大冲击。

对于这种思想混乱现象，1992 年邓小平发表了具有深远意义的南方谈话指出，"改革开放迈不开步子，不敢闯，说来说去就是怕资本主义的东西多了，走了资本主义道路。要害是姓'资'还是姓'社'的问题。"并提出了"三个有利于"标准，纠正了错误的思想观点，为改革进一步扫清了思想障碍。党的十四大确立了中国经济体制改革的目标是建立社会主义市场经济体制，鲜明地提出了多种经济成分"长期共同发展"的方针。1992 年党的十四大更加明确地指出："在所有制结构上，以公有制包括全民所有制和集体所有制经济为主体，个体经济、私营经济、外资经济为补充，多种经济成分长期共同发展，不同经济成分还可以自愿实行多种形式的联合经营。"随着社会主义市场经济体制的逐步确立和非公有制经济的迅速发展，进一步深化了中国共产党对社会主义初级阶段多元的所有制结构和积极探索社会主义公有制的实现形式的认识。1997 年党的十五大明确指出：公有制为主体、多种所有制经济共同发展，是中国社会主义初级阶段的一项基本经济制度；非公有制经济是中国社会主义市场经济不可或缺的重要组成部分；国有经济的主导作用主要体现在控制力上，在确保公有制的主体地位和国有经济主导作用的前提下，非公有制经济比重的上升，公有制经济比重的下降，国有经济比重的下降，不会影响社会主义基本经济制度的根本性质。党的十五大关于调整和完善所有制结构的一系列理论创新，是对社会主义所有制结构理论重大的发展和完善。

该阶段是中国所有制结构演变的承上启下的阶段，公有制为主体、多种所有制经济共同发展的基本经济制度的确立，是在生产关系领域一次深刻的思想解放，为加快社会主义市场经济体制的建立，进一步深化国有企业改革，继续调整和完善所有制结构，指明了前进的方向。

3. 1998~2013 年党的十八届三中全会的持续发展阶段

公有制为主体、多种所有制经济共同发展的基本经济制度的进一步完善和发展。

党的十五大以后，按照"一切符合'三个有利于'的所有制形式都可以而且应该用来为社会主义服务"的原则，中国一方面坚持公有制经济为主体，继续深化国有企业改革，积极探索公有制的有效实现形式；另一方面坚持多种所有制经济共同发展，鼓励、支持、引导非公有制经济发展，公有制为主体、多种所有制经济共同发展的基本经济制度得到进一步完善和发展。

继续深化国有企业改革是发展公有制经济的必然要求。党的十五大以后，国家对国有经济进行了大刀阔斧的改革，实行"抓大放小"的战略性调整。国有经济和国有资本逐步向关系国民经济命脉的重要行业和关键领域集中，向大企业集中，国有企业量多面广和过于分散的状况开始有所改观，国有经济布局趋向优化，整体素质有所提高，活力、控制力、影响力得到增强。同时，积极探索公有制的有效实现形式。1998 年以后，按照建立现代企业制度的要求，大批国有企业进行了公司制和股份制改革。不少大型企业和企业集团按照国际惯例进行资产重组后，在境内或境外的资本市场成功上市，不仅募集了大量社会资金，改善了资产结构和经营状况，而且在建立现代企业制度、促进多元化的投资融资体系形成、扩大国家财政收入渠道、提高经济运行效率方面都发挥了重要作用。通过调整和改革，虽然国有企业的数量有所减少，但国有经济的总体实力进一步增强，公有制经济的主体地位更加巩固。

与此同时，国家大力推动非公有经济加快发展。1997 年以后，国家对非公有制经济的发展制定了一系列切实可行的政策措施，非公有制经济由此进入改革开放以来发展最快的时期，显示出蓬勃生机。到世纪之交，非公有制经济在国民经济中所占的份额快速增长，成为支撑中国经济增长的基础性力量。它们在东南亚金融危机后抗击经济衰退、促进经济回升中大显身手；担当了城市下岗职工再就业的主渠道；成为国家财政收入的重要来源；为化解农村贫困、提高农民收入开辟了道路，并推动中国经济进一步向纵深发展。公有制经济和非公有制经济在社会主义市场经济条件下的共同发展，形成了"国进民也进""国强民也富"的生动局面，使社会主义初级阶段基本经济制度的优越性得到充分体现。党的十六大根据解放和发展生产力的要求，进一步强调必须毫不动摇地巩固和发展公有制经济，毫不动摇地鼓励、支持和引导非公有制经济发展。坚持公有制为主体，促进非公有制经济发展，统一于社会主义现代化建设的进程中，不能把两者对立起来。党的十七大从历史发展的新起点出发，在坚持"两个毫不动摇"思想的基础上，又提出了"两个平等"，即坚持平等保护物权，形成各种所有制经济平等竞争、相互促进的新格局，从而进一步深化了对社会主义基本经济制度含义的认识。党的十八大报告强调要完善以公有制为主体多种所有制经济共同发展的基本经济制度。党的十八届三中全会《决定》指出，公有制为主体，多种所有制经济共同发展的基本经济制度，是中国特色社会主义制度的重要支柱，也是社会主义市场经济体制的根基。这种提法提高了非公有制经济的社会地位，它们不仅仍然是"社会主义市场经济的重要组成部分"，而且上升为"中国经济社会发展的重要基础"。提出"非公有制经济财产权同样不可侵犯"，这一提法的最大突破是，从政策和法律角度更加清晰地界定了非公有制经济的财产所有权以及对经营给予合理的保护和承认，必将大大增强各类非公有制经济主体的发展信心与创业动力。这一系列的理论及思想创新，为各种所有制经济的稳步成长及有效融合提供了更加可靠的制度保证，为不断完善社会主义基本经济制度提供了更加坚实的理论基础。

在实践中，政府不断转变政府职能，按照社会主义市场经济的客观要求，不断健全和完善各种相关政策和法规，消除对非公有制经济在价格、税收、金融市场准入等

方面的偏见与歧视。例如《物权法》《企业所得税法》《劳动合同法》《反垄断法》
等多部法律为各类市场主体平等参与市场竞争提供了法制保障。2005 年 2 月，国务
院颁布了新中国成立以来第一部全面促进非公有制经济发展的重要政策性文件——
《关于鼓励支持和引导个体私营等非公有制经济发展的若干意见》。2010 年 5 月，国
务院发布《关于鼓励和引导民间投资健康发展的若干意见》（即"新 36 条"），以拓
宽民间资本的投资领域和投资范围。同时，国家有关部门及各级地方政府也出台了各
项配套政策，基本上奠定了非公有制经济政策体系的基本框架。

4. 2013 年党的十八届三中全会至今

党的十八届三中全会提出要积极发展混合所有制。全会决定坚持和发展党的十五
大以来有关论述，提出要积极发展混合所有制经济，强调国有资本、集体资本、非公
有资本等交叉持股、相互融合的混合所有制经济，是基本经济制度的重要实现形式，
有利于国有资本放大功能、保值增值、提高竞争力。这是新形势下坚持公有制主体地
位，增强国有经济活力、控制力、影响力的一个有效途径和必然选择。全会指出：
"改革开放以来，中国所有制结构逐步调整，公有制经济和非公有制经济在发展经
济、促进就业等方面的比重不断变化，增强了经济社会发展活力。在这种情况下，如
何更好体现和坚持公有制主体地位，进一步探索基本经济制度有效实现形式，是摆在
我们面前的一个重大问题。"全会决定强调必须毫不动摇巩固和发展公有制经济，坚
持公有制主体地位，发挥国有经济主导作用，不断增强国有经济活力、控制力、影
响力。

党的十八届三中全会决定从多个层面提出鼓励、支持、引导非公有制经济发展，
激发非公有制经济活力和创造力的改革举措。在功能定位上，明确公有制经济和非公
有制经济都是社会主义市场经济的重要组成部分，都是中国经济社会发展的重要基
础；在产权保护上，明确提出公有制经济财产权不可侵犯，非公有制经济财产权同样
不可侵犯；在政策待遇上，强调坚持权利平等、机会平等、规则平等，实行统一的市
场准入制度；鼓励非公有制企业参与国有企业改革，鼓励发展非公有资本控股的混合
所有制企业，鼓励有条件的私营企业建立现代企业制度。这将推动非公有制经济健康
发展。这为中国所有制结构调整提出了一个新的方向——混合所有制经济。其有两层
含义，一是宏观层面，是指从整体上说，一个国家或地区既有国有、集体等公有制经
济，也有个体、私营、外资等非公有制经济，还包合资、合作经济；二是在微观层
次，混合所有制是指在一个企业中，产权主体多元化，由不同所有制性质的投资主体
共同出资组建，主要形式是股份制。当前中国的资本可以分为公有制资本与非公有制
资本，而公有制资本又包括国有资本与集体资本。按照党的十八届三中全会关于混合
所有制经济的表述，国有资本与集体资本之间的融合也可以称之为混合所有制。但
是，考虑到中国的集体资本所占公有制资本比重很低，以及当前改革的需要，很多学

者如季晓南（2014）认为，混合所有制经济可以更为准确地定义为公有资本与非公有资本的交叉持股及相互融合。因此，银行业混合所有制经济就是指公有制资本（基本是国有资本）与非公有制资本（包括内资中的非公有制资本与外资）在银行业领域中的交叉持股与相互融合。

在此指导下，中国开始了发展混合所有制经济的新改革。各地都在研究国有企业混合所有制改革的方案。一些传统的国有垄断领域，民营资本逐渐进入有了实质性的进展。例如，虽然对民营资本开放金融市场领域的政策早已出台，但由于缺乏可操作性的实施细则以及既得利益集团的阻碍，直至2014年，由银监会牵头的民营银行试点工作才有了实质性进展，10家民营资本参加首批5家民营银行的试点工作。但是，在改革中如何防范风险，协调不同的利益群体，特别是防止国有资产流失是面临的突出难题。

5. 改革开放后中国所有制结构演变规律

第一，改革开放后，公有制与非公有制比重之间的关系呈现出此消彼长的趋势。以1991～2012年之间的数据为例，中国公有制和非公有制经济结构如表3.2、图3.1所示。

表3.2　　　　　　　　　　1991～2012年中国公有制和非公有制经济结构

年份	国有经济比重	集体经济比重	公有制经济比重	非公有制经济比重
1991	56.17%	32.99%	89.16%	10.84%
1992	51.52%	35.27%	86.79%	13.21%
1993	46.95%	34.02%	80.97%	19.03%
1994	37.34%	37.72%	75.06%	24.94%
1995	33.97%	36.59%	70.56%	29.44%
1996	28.48%	39.39%	67.87%	32.13%
1997	25.52%	38.11%	66.63%	33.37%
1998	28.24%	38.41%	66.65%	33.35%
1999	28.21%	35.37%	63.58%	36.43%
2000	47.34%	17.57%	64.91%	35.09%
2001	44.43%	13.87%	58.30%	41.70%
2002	40.78%	11.73%	52.51%	47.49%
2003	37.54%	9.10%	46.64%	53.36%
2004	35.24%	5.65%	40.89%	59.11%
2005	33.28%	4.42%	37.70%	62.30%

年份	国有经济比重	集体经济比重	公有制经济比重	非公有制经济比重
2006	31.24%	3.93%	35.17%	64.83%
2007	29.54%	3.43%	32.97%	67.03%
2008	28.37%	2.45%	30.82%	69.18%
2009	26.74%	2.44%	29.18%	70.82%
2010	26.61%	2.06%	28.67%	71.33%
2011	26.18%	1.81%	27.99%	72.01%

注：（1）其中，将联营企业中的国有联营，计入国有经济中；将联营企业中的集体联营计入集体经济中；另外，由于国有联营与集体联营数值较小，所占比重相应较少，上表中的计算都将其列入国有经济中，不影响最终计算结果。

（2）股份合作制企业通常是在集体经济中，但股份制企业并不纳入集体经济。

（3）公有经济的计算中采用的是广义的国有企业，即指具有国家资本金的企业，可分为三个层次：纯国有企业（包括：国有独资企业、国有独资公司、国有联营企业）、国有控股企业（包括：国有绝对控股企业、国有相对控股企业）。

（4）公有制经济所占比重与非公有制经济所占比重之和等于1。国有经济所占比重和集体经济所占比重之和为公有制经济的比重，因此，可以算出非公有制经济占工业总产值的比重。

资料来源：历年《中国统计年鉴》和《新中国60年统计资料汇编》。

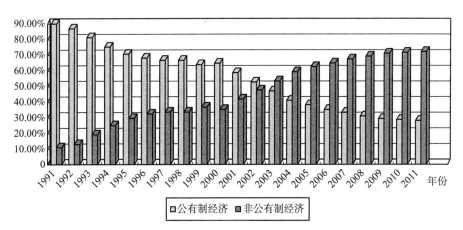

图3.1　1991～2011年中国公有制和非公有制经济结构

资料来源：历年《中国统计年鉴》。

由表3.2显示，中国所有制经济结构逐渐由单一的公有制经济向以公有制为主体、多种经济成分共同发展的所有制结构演变。公有制经济的比重越来越低，2003年时已经不足50%，2011年已经降至不到三成。非公有制经济工业总产值占全部工业总产值的比重呈逐年上升的趋势，由10.84%增至2011年的72.01%，在数量上占据绝对优势。

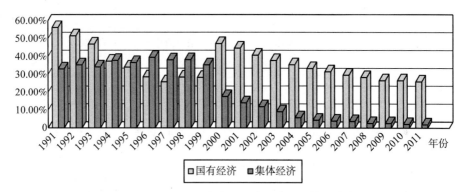

图 3.2　1991～2011 年中国国有经济和集体经济结构

资料来源：历年《中国统计年鉴》。

第二，集体经济比重经历了快速增长，然后快速下降的过程。这与国家的经济政策密切相关。

在公有制经济内部，集体经济例如乡镇企业在经历了快速发展后，在 20 世纪 90 年代占据了相当高的比重，大约 1/3 左右。但是，进入 21 世纪后，随着经济体制改革的不断深入，大量的集体经济实现了改制，厂办大集体越来越少，占整个公有制经济的比重也越来越低，2011 年已经不足 2%，这说明国有经济不断成为了公有制经济的绝对主体。

第三，混合所有制经济兴起，成为所有制结构的重要形式。混合所有制经济是在坚持基本经济制度的前提下，由不同所有制（公有或非公有）的产权主体多元投资、交叉持股、融合发展的经济形式，是中国基本经济制度的重要实现形式，也是公有制经济有效的实现形式。党的十五大在阐述公有制经济的含义时首次提出了混合所有制经济，随后的党的十六大、党的十六届三中全会、党的十七大都从不同的角度提出要发展混合所有制经济，党的十八届三中全会再次提出要积极发展混合所有制，并将其提高到基本经济制度重要实现形式的高度。中国社会主义市场经济的发展实践已经证明，混合所有制经济有助于发挥不同所有制的比较优势，促进公有制与非公有制经济的和谐发展，维护市场公平，深化国有企业改革。在当前深化经济体制改革，加快经济发展方式转变的时代背景下，大力发展混合所有制经济具有很强的现实意义。

下面，本研究将利用 2004～2011 年的相关数据来说明混合所有制经济的发展。

（1）混合所有制经济的范围。

国家统计局与国家工商总局等部门将中国企业按登记注册类型划分为国有企业、集体企业、股份合作企业、联营企业、有限责任公司、股份有限公司、私营企业、港澳台企业、外商投资企业和个体企业等共十大类型，其中五种类型下又分别细分为二至五中次级类型。

　　这十大类企业中，拥有两种性质资本股权以上的企业类型主要是：联营企业中的国有与集体联营企业、有限责任公司中的非国有独资企业、股份有限公司、私营企业中的私营股份有限公司、港澳台企业中的股份有限公司、外商投资企业中的股份有限公司等六种企业。根据党的十八届三中全会《决定》，混合所有制经济是指"国有资本、集体资本、非公有资本等交叉持股、相互融合"的经济形式，这六种类型企业至少有两种以上的不同资本投资形成，因此，都属于混合所有制经济。

　　（2）混合所有制经济主要数据分析范围。

　　以《中国统计年鉴》为代表，中国有关部门公布的经济数据基本上都是国有企业、集体企业、股份合作企业、联营企业、有限责任公司、股份有限公司、私营企业、港澳台企业、外商投资企业和个体企业十大经济类型企业数据，只有少数统计数据，如规模以上工业统计中的部分数据，有上述六种混合所有制经济企业的统计数据。表 3.3 为 2004～2011 年中国混合所有制经济成分情况，表 3.4 为 2004～2011 年中国混合所有制经济结构，图 3.3 为 2004～2011 年中国混合所有制经济结构比重。

表 3.3　　　　　　　　　2004～2011 年中国混合所有制经济成分　　　　　　单位：亿元

类型\年份	其他联营企业	其他内资企业	与港澳台商合作经营企业	中外合作经营	股份有限公司	港澳台商投资股份有限公司	外商投资股份有限公司	有限责任公司中其他有限责任公司	港澳台商合资经营企业	中外合资经营企业	合计
2004	166.30	540.94	1470.21	1666.62	23120.84	1262.85	1696.64	34082.65	9793.71	19967.71	93768.47
2006	208.35	573.62	1632.64	1851.54	33597.46	1672.04	1961.36	55212.96	12643.55	29079.10	138432.62
2007	280	1328	1837	2539	40159	2015	2893	72002	16919	37178	177150
2008	239	1764	1674	2229	50204	2070	3331	90197	18270	43806	213784
2009	149	2173	1706	2073	50209	2182	3563	99049	18678	45783	225565
2010	143	2876	1977	2458	63804	2944	4826	128928	22976	56652	287584
2011	361	10434	2002	2968	83464	3388	4966	166111	27578	63876	365148

资料来源：历年《中国统计年鉴》。

表 3.4　　　　　　　　　2004～2011 年中国混合所有制经济结构

年份	混合所有制经济产值（亿元）	工业总产值（亿元）	比重（%）
2004	93768.47	222315.93	42.18
2006	138432.62	316588.96	43.73
2007	177150	405177	43.72
2008	213784	507448	42.13

续表

年份	混合所有制经济产值（亿元）	工业总产值（亿元）	比重（%）
2009	225565	548311	41.14
2010	287584	698591	41.17
2011	365148	844269	43.25

注：由于公布的统计数据有限，十大类型企业中的联营企业数量很小，有限责任公司中的国有独资公司、私营企业中的私营股份有限公司和港澳台及外商企业中的股份有限公司，占其所在类型企业数量中的比重一般在1%~5%左右，从数据收集可靠和分析方便，我们将有限责任公司与股份有限公司即公司制企业作为混合所有制经济的主体进行数据分析。严格讲，在将公司制企业作为混合所有制经济时，要扣除其中的国有独资公司，同时要加上国有与集体联营企业，以及私营和外资企业中的股份有限公司。这一增一减，总体上看混合所有制经济总量要略大于公司制企业经济总量。

资料来源：历年《中国统计年鉴》。

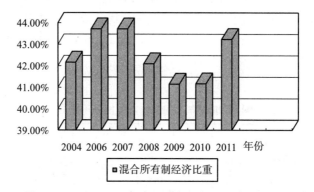

图 3.3　2004～2011 年中国混合所有制经济结构比重

资料来源：历年《中国统计年鉴》。

由表 3.3、图 3.4 及图 3.3 可见，混合所有制经济占中国工业总产值的比重已经非常平稳，在 40% 以上，这说明国企改革与经济结构调整取得了突出的成就。但是，混合所有制经济比重这些年以来没有得到明显增长，这说明混合所有制经济发展遇到了瓶颈，过去国企改革的红利越来越少，必须要进一步深化经济体制改革，释放改革红利。回首新中国成立以来中国所有制结构的演变，可以得出这样的结论：必须坚持以公有制为主体、多种所有制经济共同发展的基本经济制度，而不能搞私有化或"纯而又纯"的公有制。改革开放 30 多年来，由单一的公有制到以公有制为主体多种、所有制经济共同发展的所有制结构模式，中国所有制结构发生了历史性变化，是改革开放以来中国经济奇迹的关键原因之一。改革开放的 30 年，中国综合国力和国际影响力由弱变强，逐步摆脱低收入国家，以年均 9.8% 的经济增长速度。尤其是在国际金融危机下的 2008 年，中国经济在困难中保持了 9% 的增长速度，对于世界经济增长的贡献超过 20%。中国经济迅速崛起的实践证明：以公有制为主体、多种所有制经济共同发展的所有制结构是生产力发展的客观要求。中国特色社会主义的道路和理论体系，明确要求"毫不动摇地巩固和发展公有制经济，毫不动摇地鼓励、支持和引导非公有制经济发展，是中国社会主义初级阶段的基本经济制度"，这为中国所有制结构的发展和完善指明了方向。

3.1.3 若干启示

新中国成立以来中国所有制结构变迁的经验告诉我们，第一，所有制关系有其自身产生、发展和消逝的内在规律，人们必循遵守而不是肆意违背。人的主观能动性的发挥必须要遵循经济规律。公有制还是私有制并不是判断先进性的标准。任何能最大限度地促进生产力发展的所有制形式就是高级的；否则，就是低级的。过去，人们普遍认为，公有制程度越高就越能促进生产力的发展，于是盲目地搞所有制升级，急于消灭非公有制经济，实现在社会主义初级阶段尚不具备条件的纯而又纯的所有制结构，实践证明，这是极其错误的，造成了严重的社会经济后果。在今后的所有制结构调整中，人们必须要充分发挥市场的决定性作用，政府要起到宏观调控的补充作用，要按照市场规律有序渐进地优化所有制结构。

第二，所有制结构调整必须要兼顾效率与公平。所有制结构调整作为一项制度变迁，所产生的收益应当在社会范围内公平、高效地分配。不能像一些前社会主义国家那样成为某些利益集团牟利的供给。公有制经济与非公有制经济应当公平竞争，前者不能依靠政府的扶持而获取垄断利润，这对于非公有制经济是不公平的。同样，不能为了效率，过度迷信私有化，否则会使人民当家作主的地位受到影响。

第三，公有制并不是越少越好。改革开放以来，公有制经济比重逐步下降，而中国社会经济的快速发展。很多人认为，这说明公有制经济越少越好，甚至有人提出完全的私有化。这与认为公有制程度越高越好的观点都是错误的。改革开放后，虽然公有制经济比重下降，但是资产总量、效益确实越来越高，控制力也越来越强，并不能因为比重下降就否定其主体地位。中国人民当家作主的地位决定着公有制必然是国民经济的主体，这与比重并没有必然关系。实际上，公有制经济应当占据多少比重更多地要看市场，能由市场决定的由其决定，决定不了的由政府弥补。

3.2 中国混合所有制结构的现状及存在的问题

3.2.1 中国混合所有制结构的现状

回顾改革开放以来中国的所有制结构调整，可以发现，整个调整过程是一个公有制经济由占绝对优势的比重逐步下降，非公有制经济由无到有，不断上升，并超过公有制经济比重，在数量上占据绝对优势地位的过程。

2011 年中国所有制结构中，公有制经济比重占 27.99%，非公有制经济比重占72.01%（图 3.4），非公有制经济比重远超过公有制经济比重。

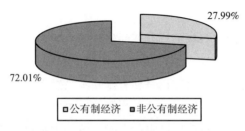

图 3.4　2011 年中国所有制结构成分

注：公有制经济构成：国有经济、集体经济以及混合所有制经济中的国有成分和集体成分。非公有制经济构成：非公有制经济是相对于公有制经济而产生的一个名词。它是中国现阶段除了公有制经济形式以外的所有经济结构形式。它也是社会主义市场经济的重要组成部分。非公有制经济主要包括个体经济、私营经济、外资经济等。

资料来源：《中国统计年鉴》（2012）。

由图 3.5 可知，中国在 2011 年中，在公有制经济中，国有经济比重占主要地位，占公有制经济的 93.53%，而集体经济在公有制经济中的比重较小，仅占 6.47%（图3.5）。

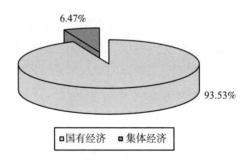

图 3.5　2011 年中国公有制经济成分

资料来源：《中国统计年鉴》（2012）。

由图 3.6 可见，如果将所有制结构分为纯公有制、纯非公有制及混合所有制经济的话，混合所有制经济已经成为了比重最高的所有制形式，占 4 成以上。纯公有制、纯非公有制都不足 3 成，这反映出中国市场的开放程度越来越高，资源配置效率不断提升。

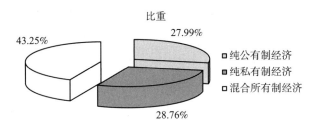

图 3.6 2011 年中国纯公有制经济、纯私有制经济及混合所有制经济比重

资料来源:《中国统计年鉴》(2012)。

从整体结构上说,中国经济的所有制结构已经彻底改变了计划经济时期公有制一家独大的局面,非公有制经济在总量上处于主体地位。但是,公有制经的主体地位仍未改变。党的十八届三中全会明确指出,"公有制为主体、多种所有制经济共同发展的基本经济制度,是中国特色社会主义制度的重要支柱,也是社会主义市场经济体制的根基。"

虽然总量不断下降,但是通过持续的体制改革,原有体制僵化的国有及集体企业逐步改制为符合市场竞争要求的现代企业组织,质量上得到了大幅度的提升,出现了一大批在国际上具有足够竞争力的国有大型企业集团,大量企业入选世界 500 强,并且通过有限责任、股份有限等灵活多样的实现形式,极大地提高了公有制的控制力。此外,随着国有经济战略性调整,一大批处于劣势地位的国有大中型企业先后从纺织、轻工、造纸等竞争性领域退出,国有资本逐步向能源、装备、石化等重要行业、关键领域和大企业集中。国有企业数量过多、分布过广过散的状况明显改观,国有经济比重过高和所有制结构单一的局面得到扭转,已形成国有、民营、外资等多种所有制形式并存的竞争局面。而非公有制经济则是社会主义市场经济的重要组成部分,对促进经济增长、增加就业及促进产业机构优化升级等起着不可替代的重要作用。以国有及国有控股企业为例,见表 3.5。

由表 3.5 可见,1998 ~ 2011 年期间,国有及国有控股工业企业的数量是不断下降的,由 1998 年的 74737 将为 2011 年的 17052,全年从业人员年平均人数由 1998 年的 3747.78 万降至 2011 年的 1811.98 万,这说明国有经济进行了大范围的战略性调整,从很多领域中退出了。但是,工业总产值却是快速增长的,2011 年的总产值是 1998 年的 6.57 倍,利润是 31.35 倍,资产总计是 3.76 倍。可以这么说,随着所有制结构的不断调整,国有经济的市场范围越来越窄,但效率越来越高,很大程度上得益于所有制结构调整。

3.2.2 中国所有制结构存在的问题

虽然中国所有制结构改革取得了突出的成绩,但是,从市场准入、产业结构和布局方面,中国所有制结构仍存在一些问题偏差。

表 3.5   1998～2011 年国有及国有控股工业企业主要指标

单位：亿元

年份	企业单位数（个）	工业总产值	资产总计	负债合计	所有者权益合计	主营业务收入	主营业务成本	主营业务税金及附加	利润总额	全部从业人员年平均人数（万人）
1998	64737	33621.04	74916.27	35648.27	26759.22	33566.11	27092.45	993.53	525.14	3747.78
1999	61301	35571.18	80471.69	49877.69	30566.88	35950.7	28919.13	1062.21	997.86	3394.58
2000	53489	40554.37	84014.94	51239.61	32714.81	42203.12	33473.62	1150.28	2408.33	2995.25
2001	46767	42408.49	87901.54	52025.6	35741.27	44443.52	35522.47	1250.18	2388.56	2675.11
2002	41125	45178.96	89094.6	52837.08	36139.17	47844.21	38048	1401.82	2632.94	2423.63
2003	34280	53407.9	94519.79	55990.53	38381.02	58027.15	45987.63	1589.87	3836.2	2162.87
2004	35597	70228.99	109708.25	62005.79	47479.25	71430.99	57187.96	1921.9	5453.1	1973.2
2005	27477	83749.92	117629.61	66653.58	50625	85574.18	69302.41	2121.74	6519.75	1874.85
2006	24961	98910.45	135153.35	76012.52	58656.37	101404.62	81957.8	2612.74	8485.46	1804
2007	20680	119685.65	158187.87	89372.34	68568.59	122617.13	98515.08	3242.18	10795.19	1742.99
2008	21313	143950.02	188811.37	111374.72	77388.89	147507.9	122504.18	3882.05	9063.59	1794.1
2009	20510	146630	215742.01	130098.87	85186.57	151700.55	124590.48	6199.11	9287.03	1803.37
2010	20253	185861	247759.9	149432.1	98085.57	194339.7	158727.4	8016.31	14737.65	1836.34
2011	17052	221036.25	281673.87	172289.91	109233.21	228900.13	187783.79	9053.12	16457.57	1811.98

资料来源：《2012 年中国统计年鉴》。

1. 国有企业垄断问题

在能源、电信、金融、公用事业、交通运输等领域，公有制经济仍处于绝对主体地位，非公有制经济基本上没有涉足或涉入不够，容易造成垄断，严重影响了非公有制经济的发展和国有经济的战略性调整。虽然国家在 2010 年发布了旨在引导非公有制经济发展的《鼓励和引导民间投资健康发展的若干意见》（"新 36 条"），鼓励与引导民间资本进入基础产业和基础设施建设、金融服务、国防科技工业、国有企业改革等领域，从形式上已经没有了显性的市场壁垒。但这些政策在实践中并没有得到切实落实，市场进入和退出方面仍面临着很高的壁垒。

事实证明，打破国企的行政垄断，非但不会损害国家安全，相反会促进市场效率的提高。以中国汽车产业为例，汽车产业是国民经济重要的支柱产业。1988 年前，中国的汽车产业几乎全部被央企垄断，本国民企和外国资本遇到了极高的市场进入壁垒，此时汽车为奢侈度极高的商品，价格远非普通民众所能承担，且产品类型较少，质量水平很低，带有明显的计划经济印记。此后，国内汽车产业逐步开放，引入了大量外资及先进技术，价格相对降低，品牌逐步增加。但从总体上说，开放程度依然有限。随着改革力度的不断加大，吉利、奇瑞、长城、比亚迪等这些中国汽车民企如雨后春笋般崛起，国外知名品牌的汽车也纷纷进入了中国汽车市场，很大程度上改变了汽车产业的竞争结构。央企的垄断地位不再如以前那样稳固，愈来愈重视成本控制、技术研发、品牌打造等。在市场竞争的作用下，汽车产品的价格不断降低，种类大规模增加，很多不同层次的收入人群都有购置、使用汽车产品的能力，汽车逐步由奢侈品向普通消费品过渡。时至今日，在中国汽车行业当中，央企的垄断势力仍旧存在，一汽等央企仍然占据了很大的市场份额，有着很强的市场控制力，但竞争性的市场结构已经初步形成，市场竞争机制的功能日益显著。[①]

对于垄断问题，需要政府进行有效地管制与监管。当前，中国政府对垄断的监管能力存在很多不足，突出表现在监管意识、人力资本、组织建设、监管手段及方式等多个方面。一是监管意识淡薄，理念落后。政府在监管过程中"官本位"现象严重；在监管过程中，理念上仍受传统计划经济时代的旧观念的束缚，将监管看作一种管理权利，而未作为一种公共服务；还有一些政府及其领导干部对非国有资本尤其是私营企业仍在观念上有一些歧视性的偏见，夸大其追逐利润的天性，在许可证审批、检查及行政处罚等环节，对私人资本设置了很多人为障碍，不利于市场的公平竞争；中国政府在垄断监管人才培育上投入的资源不足，人员选拔机制不合理，缺乏行之有效的培训，很多监管人员根本就不具备监管资质，难以形成熟悉各公用事业的高素质人才队伍，执法效率不高；监管主体单一，缺乏独立性。中国对企业垄断监管的主体却十

---

① 汤吉军、陈俊龙：《打破央企垄断新思维》，《董事会》，2011 年第 5 期。

分单一，政府掌握着几乎全部的监管权利，而社会公众及其他相关利益者却没有相应的监管权利，即使名义上有，那也很难得到切实履行；政府与国有企业存在天然的密切关系，是"父与子"的关系。政府有关机构在对国有企业进行审批、现场及非现存检查、行政罚款等监管的过程中，独立性不强，经常受到上级政府部门及利益集团的干预，难免对国有企业实行一定程度的软约束，实质上违反了公正性原则。

在反垄断法律方面。《中华人民共和国反垄断法》的出台，标志着中国反垄断事业进行了制度化、规范化的轨道，对于深化公用事业改革具有重大的基础性指导意义。但是，该法主要是原则性规定，是一种概括性很强的基本法律，尚没有一套完善的配套政策措施，将原则性的规定具体化、详细化。该法第二条规定指出，"中华人民共和国境内经济活动中的垄断行为"以及"中华人民共和国境外的垄断行为，对境内市场竞争产生排除、限制影响的"，适用本法，并没有将行政垄断与自然垄断进行明确地区分。《反垄断法》对行政权力进行了大量严格的限制，主要针对的是行政垄断，但是对于公共交通、通讯、电力等公用事业，并没有明确是否应该纳入反垄断的范畴，极大地增加了实践中政府对公用事业行业监管的难度，使其无明确的法律可依。这些问题导致了《反垄断法》的实践效果远远低于其象征意义，难以对公用事业垄断实施强有力的监管。

2. 国有与非国有经济缺乏有效合作及融合

国有经济与非国有经济都是促进社会主义市场经济持续健康发展的重要力量，它们之间并不存在对立关系，而是竞争与合作并存的关系。但在实践中，双方的合作及融合程度较低，尚未达到共赢。在当前的社会经济条件下，大力发展混合所有制经济是优化所有制结构的重要途径，党的十八届三中全会就特别提到了要大力发展混合所有制。但是，当前混合所有制经济比重偏低，根据《2012 中国统计年鉴》的相关数据统计，比重仅有 43.25%（统计的是规模以上工业企业），而且质量也不高，存在很多问题，影响了国有企业改革进度、产业结构升级与国民经济的快速发展。

随着国企改革的不断深入，越来越多的国有企业进行了股份制改革，由单一的公有制变为多种所有制并存，扩大了规模，焕发了活力，增强了实力。但是，国有控股企业普遍存在股权结构不合理问题，严重抵消了融合所产生的积极效用。一部分上市公司中的国有股和法人股比重偏高，主要表现在总股本中国有股占据绝对优势，以国有商业银行为例，见表 3.6；总股本中限制流通股的比重过大；法人股股权比重不断上升。同时，外部股东对企业经济行为和经理人的约束作用弱化，无法切实保障中小股东的权益。因为国有股不具备流动性，所以它导致股票市场的资源配置功能弱化，严重抑制了公司控制权市场化的发展。与此同时，股权分置造成流通股东与非流通股东长期存在着利益输送与利益索取的关系，这直接影响到上市公司治理结构的完善。[①] 在此情况下，国有股在国有上市公司中呈现出"一股独大"的现状，容易诱发大股东——国有股东为了维护自身利益而做出有损于中小股东利益的决策，对企业的可持续发展造成损害。

表3.6　　　　　五大国有商业银行股权结构（截至2014年9月30日）

银行	十大股东	股东性质	持有比例
工商银行	中央汇金投资有限公司	国家	35.32%
	中华人民共和国财政部	国家	35.08%
	香港中央结算代理人有限公司	境外法人	24.47%
	中国平安人寿保险股份有限公司－传统－普通保险	境内非国有法人	1.28%
	工银瑞信基金－特定客户资产管理	国有法人	0.30%
	中国证券金融股份有限公司	国有法人	0.23%
	安邦保险集团股份有限公司－传统保险产品	境内非国有法人	0.15%
	中国人寿保险股份有限公司－传统－普通保险产品	国有法人	0.09%
	南方东英资产管理有限公司－南方富时中国A50	境外法人	0.09%
	中国平安人寿保险股份有限公司－传统－高利率	境内非国有法人	0.07%
建设银行	中央汇金投资有限责任公司	国家	57.26%
	香港中央结算（代理人）有限公司	境外法人	29.86%
	淡马锡控股私人有限公司	境外法人	6.39%
	国家电网公司	国有法人	1.08%
	宝钢集团有限公司	国有法人	0.91%
	中国平安人寿保险股份有限公司－传统－普通保险	境内非国有法人	0.86%
	中国长江电力股份有限公司	国有法人	0.41%
	益嘉投资有限责任公司	境外法人	0.34%
	中国平安人寿保险股份有限公司－传统－高利率保	境内非国有法人	0.24%
	中国证券金融股份有限公司	国有法人	0.11%
中国银行	中央汇金投资有限责任公司	国家	67.68%
	香港中央结算（代理人）有限公司	境外法人	29.20%
	The Bank of Tokyo – Mits	境外法人	0.19%
	南方富时中国A50ETF	境外法人	0.05%
	华信信托股份有限公司	境内非国有法人	0.04%
	中国铝业公司	国有法人	0.04%

---

① 罗峰、张准：《国有控股上市公司治理结构存在的问题及对策》，《人民论坛》，2013年第8期。

续表

银行	十大股东	股东性质	持有比例
中国银行	神华集团有限责任公司	国有法人	0.04%
	中国南方电网有限责任公司	国有法人	0.03%
	中国证券金融股份有限公司	国有法人	0.03%
	王景峰	个人	0.02%
农业银行	中央汇金投资有限公司	国家	40.28%
	财政部	国家	39.21%
	香港中央结算（代理人）有限公司	境外法人	9.04%
	全国社会保障基金理事会	国家	3.02%
	中国平安人寿保险股份有限公司 – 传统 – 普通保险	境内非国有法人	1.48%
	全国社会保障基金理事会转持三户	国家	0.41%
	中国人寿保险股份有限公司 – 分红 – 个人分红	国有法人	0.38%
	Standard Chartered Ban	境外法人	0.37%
	中国双维投资公司	境内非国有法人	0.23%
	国网英大国际控股集团有限公司	境内非国有法人	0.23%
交通银行	中华人民共和国财政部	国家	26.53%
	香港中央结算（代理人）有限公司	境外法人	20.08%
	香港上海汇丰银行有限公司	境外法人	18.70%
	全国社会保障基金理事会	国家	4.42%
	首都机场集团公司	国有法人	1.68%
	上海海烟投资管理有限公司	国有法人	1.09%
	中国平安人寿保险股份有限公司 – 传统 – 高利率保	境内非国有法人	0.95%
	中国第一汽车集团公司	国有法人	0.89%
	云南红塔集团有限公司	国有法人	0.89%
	鲁能集团有限公司	国有法人	0.77%

资料来源：网易财经 http：//money. 163. com/。

  软预算约束是一种严重的低效行为，在这里，本研究以此为例来探讨一股独大对企业绩效的损害。假设有一家国有上市公司，国有股份具有控股权，经理人 A 作为国有股份的代表来充当整个企业的代理人，掌握的现金流权，即按持股比例拥有该公司的财产分红权为 $\alpha(0 < \alpha < 1)$，因此 A 成为企业内部的实际控制人，掌握了企业剩余索取权的分配。

　　再假设，经理人 A 面临两个投资项目的选择，一个是好的新项目的新投资，一个是坏的老项目的再投资，新项目 g 可以产生总价值为 V_g，V_g 由经理人的私人收益 S_g 及企业整体（全体股东包括国有股份）收益 T_g 两部分组成，私人收益包括声誉及机会主义行为获取的收益，个人总收益为 $R_g = S_g + \alpha T_g$。老项目 b 可以产生总价值为 V_b，V_b 由经理人的私人收益 S_b 及企业整体（全体股东）收益 T_b 两部分组成，个人总收益为 $R_b = S_b + \alpha T_b$。此外，$V_g > V_b$，但老项目比新项目能够给经理人带来的私人收益 $S_g < S_b$，因此 $T_g > T_b$。如果不存在委托代理问题，那么经理人理所应当会选择好项目，但是如果 $R_g = S_g + \alpha T_g < R_b = S_b + \alpha T_b$，即 $V_g - V_b < \left(\frac{1}{\alpha} - 1\right)(S_b - S_g)$，那么经理人就会选择对老项目进行再投资，而非对新项目进行投资，也就构成了软预算约束。

　　在其他条件既定情况下，经理人掌握的现金流权 α 越高，$\left(\frac{1}{\alpha} - 1\right)$ 值就越小，$\left(\frac{1}{\alpha} - 1\right)(S_b - S_g)$ 就越小，那大于 $V_g - V_b$ 的可能性就越小。反之，α 越小，则 $V_g - V_b < \left(\frac{1}{\alpha} - 1\right)(S_b - S_g)$ 成立的可能性更大，选择对老项目增资也就是软预算约束产生的几率就越大，全体股东包括国有股东的利益受侵害的可能性也就越高。如果公司治理机制完善的话，那么一方面，经理人不会谋求机会主义带来的私人收益，另一方面，除了考虑自身的现金流权外，还必须考虑国有股东的现金流权，而后者往往远大于前者，这样 α 的值就越大，不等式成立及软预算约束的可能性就越小。

　　上述分析指出了经理人与整个企业之间的委托代理问题，假设是股东的利益是一致的。如果股东之间利益存在差别，即使国有股东与其代理人——经理人之间的利益是一致的，同样可能因国有股东追求自身利益而产生软预算约束，分析的逻辑与上述模型分析是一致的，但问题的严重性要轻一些。而这一问题的产生与股权结构，也就是"一股独大"密切相关。包括跨国国有企业在内的国有上市公司普遍"一股独大"，股东大会及董事会被大股东所操纵，成为其而非全体股东的利益代言人，这样大股东收益就包括了控制权收益、扩大投资收益及剩余索取权收益，而中小股东收益仅为剩余索取权收益。也就是对于投资决策，大股东独享投资收益，而风险由全体股东承担。[1] 也就是说，很多上市国有企业的投资决策往往由国有大股东决定，而中小股东尤其是广大散户很难对其决策行为进行有效影响。在缺乏内部利益相关者监督的情况下，软预算约束问题就很容易产生。

　　可见，股权结构不合理作为所有制结构的微观问题，严重影响国有控股企业的生产决策行为，最为严重的情况下，中小股东完全被忽视，成为大股东机会主义行为的

① 汤吉军、陈俊龙：《恶性增资：国企董事会四大病》，《董事会》，2011 年第 1 期。

工具。从微观层面来讲，要想优化所有制结构，必须要完善国有控股企业的公司治理结构。

3. 产权制度不完善

所有制结构的根本还是在于产权制度，产权制度高效了，所有制结构的优化也就有了保证。产权是一种极其重要的制度安排，在公司治理中处于核心地位。剩余控制权与剩余索取权的清晰界定与配置，能够有效地激励及约束相关主体行为，使他们在责任约束下，努力提高经济效率，索取更多的剩余。产权的类型有多种，私人产权的界定与分配往往较为容易，而国有企业产权具有特殊性，具有非排他性，难以清晰界定。从名义上说，国有企业资产属于全体公民，政府作为全民的代理者行使相应的职责。政府内部会设置相应的管理部门来具体管理国有企业及其资产，例如国资委代表国家实施出资者责任。虽然从表面上看产权是清晰的，但是由全民担当国有企业产权主体的可操作性太低，实施成本过高，因此长期以来，国有企业产权主体"虚置"现象一直存在，也就是产权主体模糊，缺乏能真正负得起责任的所有者。因此，产权明晰一直以来是国有企业改革的重大难题与重要方面。党的十六届三中全会《决定》提出要建立一个"归属清晰、权责明确、保护严格、流转顺畅"的现代产权制度，指出了国有企业产权制度改革的目标及方向。具体到跨国国有企业海外投资，境外国有资产产权不清也是长久以来存在的问题，而且与国内国有资产相比，由于重视程度不够，政策制定及实施较晚，加之信息成本高昂，产权不清、分布混乱、虚置的问题更为严重。[①]

对于非国有企业而言，同样也存在着一些问题。一些私营企业在发展到一定程度时，故步自封，不懂得股份制对企业可持续发展的重要性，丧失了很多难得的机遇。更为重要的是，对于私人产权的保护，还存在很大的制度漏洞与制度冲突。中国私营企业的成长与私有产权制度的发展是紧密相关的。1988 年与 1999 年中国就私营经济问题先后进行了两次修宪，极大地促进了私营企业的成长，但是仍未达到国外发达国家对私有财产的保障力度。例如，对于"私有财产神圣不可侵犯"原则仍存在极大的争议。党的十八届三中全会指出，"完善产权保护制度。产权是所有制的核心。健全归属清晰、权责明确、保护严格、流转顺畅的现代产权制度。公有制经济财产权不可侵犯，非公有制经济财产权同样不可侵犯。""国家保护各种所有制经济产权和合法利益，保证各种所有制经济依法平等使用生产要素、公开公平公正参与市场竞争、同等受到法律保护，依法监管各种所有制经济。"与过去相比，将非公有制产权与公有制经济产权放在了平等的地位，是私人产权保护制度取得了跨越式的进步，但其切实执行，还需要很长的路要走。

---

① 陈俊龙：《中国国有企业海外投资软预算约束问题研究》，吉林大学博士学位论文，2013 年。

4. 各地域不同所有制企业发展不均衡

从地域上看，中国所有制结构呈现出，中西部、东北地区所有制结构调整滞后，公有制经济比重高，非公有制经济发展滞后，而东部沿海发达地区所有制结构呈现调整快，公有制经济比重低，非公有制经济快速发展的格局。所有制结构地区分布的不均衡是与中国地域辽阔，经济发展极不平衡的客观的生产力背景相适应的，这也是中国所有制结构市场化过程中一个必然的阶段。

公有制企业与非公有制企业发展差异大。虽然非公有制经济的比重已经超过了公有制经济，但非公有制经济普遍存在规模小、发展不规范、生命周期短等特点，与国有企业尤其是大型央企差距十分明显，竞争力明显不足。这种巨大的差异一方面制约了非公有制经济质量的提升，使其在与国有企业的竞争中处于不利地位；另一方面，使得其与国有企业融合缺乏条件，因为国有企业不会选择与自己差距过大的企业合作的。例如，在 2012 年世界 500 强排行榜中，中国上榜公司达到 79 家（含港、台），达到历史最高水平，已经超过日本，仅次于美国。其中，国有及国有控股企业达到了64 个，处于绝对的主体地位，内地的民营企业却很少。这充分体现了国有企业与民营企业发展之间巨大的不均衡。

5. 逐渐重视私人经济的发展

第一，当前，对于石油、通讯、电力等垄断行业，虽然国家出台了"新36条"等鼓励非公有制资本进入的措施。但实际上，"玻璃门"与"弹簧门"依旧存在，导致很多非公有制资本难以进入市场与国有企业竞争，即使进入了也面临大量的政策性与市场性障碍，产生大量的沉淀成本。一些积极推动混合所有制改革的国有企业尤其是央企，虽然开放了一些领域，但多属于微利甚至亏损业务，私人资本也很难自立门户与国有企业进行行业内的公平竞争，导致私人资本不愿意深度参与国有企业主导的混合所有制改革。

第二，受传统计划经济体制的影响，长期以来，姓"资"姓"社"的问题一直存在着激烈的争论，很多人依旧对非公有制经济存在"所有制歧视"，不利于其发展。"唯成分论"的思想还没有完全肃清；"恐私、怕私、惧私"的传统观念还在束缚人们的手脚；所有制关系的"补充论"、不同所有制成分的"机械数量论"、所有制的"优越程度排座次论"等导致体制内外仍然是"两张皮"。对于非国有企业而言，在当前国家积极促进国企民企融合的时代背景下，很多企业家对政策抱有怀疑态度，不愿意或害怕与国有企业融合，怕被国企吞掉，丧失企业控制权。这些思想误区自改革开放以来都是制约中国所有制改革的重要障碍。

第三，国有企业股权结构下存在着大量既得利益者，为了维护当前股权结构下的既得利益，对于减低国有股比重的改革兴趣不大，甚至是反对，更不用说丧失大股东地位而从属于同行业或相似行业的私有资本。加之，与私有企业相比，国有企业在规模、实力、政策支持、社会资源等各个方面处于优势地位，很多国有企业即使想吸收外来资本，也主要关注海外资本及其他优质的国有资本，对同行业或相似行业的私有资本抱有错误的思想观念。另外，由于私有企业发展存在很多问题，国资有关职能部门出于保证市场控制力及防范国有资产流失的考虑，对民营资本带有歧视性偏见，只愿意转让少量国有股权给私有资本，以避免民营资本的进入影响国有企业的稳定发展。这些都导致很多国有企业虽然形式上实现了混合所有制，但一股独大严重，无法将同类行业中的优质私有资本吸收，无法真正发挥混合所有制优势。

第 4 章

竞争性市场条件下最优所有制结构分析

4.1 竞争性市场条件下最优所有制结构

在新古典瓦尔拉斯一般均衡的完全竞争市场上，由于经济主体信息完全，不存在不确定性，交易成本为零，产品市场和生产要素市场都是完全没有任何市场交易成本，不会带来任何投资损失，使私有企业都可以追求利润最大化。厂商仅仅被看作一个生产函数，内部也没有任何交易成本，仅仅依靠价格信号调节生产和资源配置。在这种情况下，我们不会遇到机会主义、有限理性，以及资产专用性等问题，经济都会达到最优配置。

因此，分析生产的帕累托最优条件的方法与分析交换的帕累托最优条件的方法相似，仍采用埃奇沃思框图来分析。假定市场中有生产要素为劳动（L）和资本（K），劳动与资本的数量是不变的。假设市场是完全竞争的。此时，需要将两种生产要素在国有企业与非国有企业之间进行分配，生产出公有制企业产品 X 与非公有制企业产品 Y。用埃奇沃思图进行分析，如图 4.1 所示。

框图的水平长度表示资本的数量 K，框图的垂直高度表示劳动的数量 L。O_X 为公有制企业产品的原点，O_Y 为非公有制企业产品的原点。从 O_X 水平向右代表公有制企业对资本的消耗量 K_X，垂直向上表示公有制企业对劳动的消耗量 L_X；从 O_Y 水平向左代表非公有制企业产品对资本的消耗量 K_Y，垂直向上表示非公有制企业对劳动的消耗量 L_Y。$K_X + K_Y = K$，$L_X + L_Y = L$。U_X 为公有制企业的等产量线，U_Y 为非公有制企业的等产量线，都有无数条。双方无数条等产量线的切点代表着帕累托最优的实现，这些切点组合而成的线如果偏离，而在契约曲线以外的任何一点，则存在帕累托改进的余地。最有效率的生产，应该在两条等产量曲线的切点上。这些切点组成的曲线叫做生产契约曲线，为 I，既可以是曲线，也可以是直线。

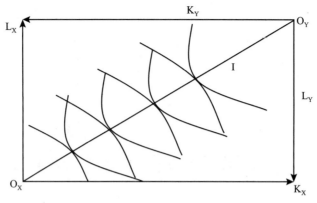

图 4.1　生产的帕累托最优

由于每一个生产契约曲线上的点都是生产的帕累托最优，每个点都对应着相应数量的 X 与 Y，因此可以看作是最大程度上所能实现的两种产品的产量组合。这样就可以推出生产可能性边界 V，如图 4.2 所示。

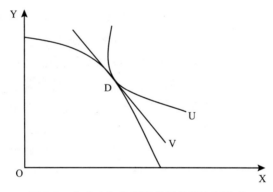

图 4.2　完全竞争条件下的最优所有制结构

每一种产品组合都会给社会带来不同的社会福利，公有制企业产品更注重一般性，非公有制企业产品更具有私人性，因此存在社会无差异曲线 U。U 与 V 的切点 D 是最优点，代表着生产帕累托最优与社会福利最大化。此时，分配给国有企业与非国有企业的资源是最优的，由此而形成的所有制结构也是最优的。

4.2　完全竞争条件下最优所有制结构分析的局限及拓展

以上分析基于的是传统新古典经济学完全竞争的假设，假定要素市场和产品市场都是完全的，企业处于规模收益不变或规模不经济（收益递减的小企业）条件下，资源充分流动或者完全可逆（full reversibility），没有任何沉淀成本投资，产品市场的价格变动瞬间会引起要素市场的价格变动。反之，要素市场的价格变动也会瞬间引起产品市场的价格变动。从长期看来，将会实现帕累托最优配置。为了进一步突出"看不见的手"机制，即使处于规模经济（收益递增的大企业）情形下，假定要素市场完全，投资都是固定成本，并没有沉淀成本，潜在竞争这一"弱看不见的手"机制，也会使自然垄断企业至少会实现帕累托次优，亦即拉姆齐最优（Baumol et al.，1982[①]）。此时即使发生了不确定性冲击或机会主义行为，因没有沉淀成本，资源可以自由进入和自由退出市场或产业，也可以无成本损失地实现重新优化配置，不会产生任何经济问题。在此条件下，公有制企业与非公有制企业能自由地进出市场，按照边际收益等于边际成本的利润最大化原则来进行是否进入市场，投入多少，是否与其他所有制企业合作等决策，此时所有制结构就会在市场机制的作用下自然而然达到最优，不会出现"国进民退"还是"民退国进"之争。

第一，为什么需要国有经济与民营经济共同发展，而不是国有经济大规模私有化，这些对于经济结构战略调整具有什么重要意义。究其原因就是因为国有企业，尤其是大型国有企业具有沉淀资本或专用性资产，从而无法轻易地市场化。依据科斯定理，在交易成本为零条件下，产权的界定不会影响经济效率。换言之，这是在完信息条件下做出的，因此我们需要理解为什么所有制结构调整困难？为什么国有企业不能完全私有化？民营企业为什么进入困难？第二，如何才能实现国有经济与民营经济平衡？最根本的问题是，国有企业投资具有沉淀成本，以及由此引起的有限理性和不确定性（或交易成本），最终使私有化（自由市场）——国有垄断被私人垄断代替。如果不私有化，由于国有企业沉淀投资，而被代理人或经营者所敲竹杠，尤其在信息不完全条件下，致使国有资产流失和侵蚀利润。反过来说，如果国有企业没有沉淀成本，资产具有完全通用性或者没有沉淀成本，那么国有企业也会在市场上重新配置资源，不会遇到任何经济问题。第三，恰恰是由于沉淀成本的存在，才使国有企业走向重组之路，包括国有企业一体化、组建企业集团，而没有走向大规模私有化道路。在这种情况下，还要积极鼓励民营企业进入，从而与国有企业共同发展。在这种情况下，如何形成国有与民营经济之间的均衡关系。因而可以根据国有与私营运行的不同成本变化分析国有经济与民营经济之间的均衡及其变动。第四，解决所有制结构调整的重点是管理好沉淀成本，使国有经济与民营经济共同发展，最终目标是促进整个社会和谐发展，如图 4.3 所示。

---

① Baumol, W., Panzar, J., and Willig, R., 1982, Contestable Markets and the Theory of Industry Structure, New York：Harcourt Brace Jovanovich.

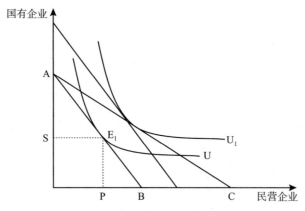

图4.3 国有企业与民营企业平衡及其变动分析

可以看到，在当前的经济条件下，完全国有化不符合经济发展现实，完全私有化也无法满足经济发展需要，因为任何制度运行都需要支付一定的成本，而这个成本也就是它们运行的价格。如果国有和民营经济运行，必将出现单位货币的边际效用相等而达到均衡，进而分析是国有或民营运行价格发生变化，以及偏好发生改变，导致均衡点发生变化，以及理解发挥好国有经济的主导作用、处理好国有经济和民营经济的关系，分析如何坚持"两个毫不动摇"，即第一，必须毫不动摇地巩固和发展公有制经济；第二，必须毫不动摇地鼓励、支持和引导非公有制经济发展，本身恰恰由于沉淀成本所致，由此产生委托代理和敲竹杠问题。即是私有企业运行也需要花费成本。

但是，完全竞争存在致命缺陷，就是严重地偏离现实，因此基于其的最优所有制结构在现实当中也不会出现，如果我们忽略现实而盲目地追求完美条件下的所有制结构的话，那必将事倍功半。问题的关键之一在于忽视了沉淀成本，突出表现为交易成本，沉淀成本的存在导致市场是不完全竞争的。所谓沉淀成本是指投资承诺之后无法通过转移价格或再出售价格得到完全补偿的那些成本，它是投资者的一种净损失。它产生的原因主要有：（1）信息不完全导致利益受损会产生沉淀成本。信息不完全散布于市场中，远非真实，虚假信息以及噪音相互交织在一起；而且信息的生产、传递与验证都需要投入时间和资源，使经济主体利益不会形成理性预期，因而有些潜在利益无法实现；（2）专用性资产投资特征产生沉淀成本；（3）信息不完全条件下引发的交易成本也是沉淀成本的重要来源，特别是当交易成本增加初始投资支出以及减少打捞价值时。例如，解雇工人，培训，谈判成本，运输成本，在买卖间信息不对称等都会进一步减少再出售价格；（4）政府的折旧政策、税收政策等也是产生沉淀成本的重要原因。大多数的研究没有重视资产折旧对于沉淀成本的影响。相反，把资产价值下降看作生产效率下降的反映；（5）因交易成本存在，经济主体有限理性，使任何契约安排都不是完美。经济主体往往既无确实可靠信息，又无将信息去伪存真、正确分析和利用能力，实际中经济主体仅仅是有限理性的主体。此时，因资产专用性、机会主义和交易不确定性，使契约安排不完美，从而会出现"敲竹杠"现象，减少投资主体的经济利益，这也会产生沉淀成本。由于契约不完备，经济主体的利益不可能完全被预见，因而很容易遭受机会主义和有限理性因素干扰而使利益受损，以致产生沉淀成本。从现代产业组织理论之父贝恩（Bain，1956）开始，一直将沉淀成本看做市场不完全竞争的来源。他们认为，沉淀成本是企业进入（投资）、退出（负投资）和进入威慑博弈的决定因素，考察了沉淀成本对在位优势和竞争优势的影响，解释了可竞争市场与产业结构之间的反方向关系，并得到沉淀成本与市场结构之间的经验关系（Sutton，1991[①]；Ross，2004[②]；Kessides and Tang，2010[③]）。对于所有制结构而言，必须要研究在不完全竞争，尤其是寡头垄断条件下的所有制结构最优问题，否则将无法适应中国国情。

　　基于此，我们试图从存在交易成本、垄断这两种情况来更为现实地剖析所有制结构问题，构建一个更为实际的理论框架，找出中国所有制结构调整的问题及障碍，提出可操作性强的对策建议。

　　① Sutton，J.，1991，Technology and Market Structure：Theory and History，Cambridge：MIT Press.

　　② Ross，T.，2004，Sunk Costs and the Entry Decision. Journal of Industry，Competition and Trade，4（2）：79 – 93.

　　③ Kessides，I. N.，and Tang，L.，2010，Sunk Costs，Market Contestability，and the Size Distribution of Firms，Review of Industrial Organization，37（3）：215 – 236.

第 5 章

交易成本、敲竹杠与所有制结构调整分析

5.1 交易成本概述

5.1.1 交易成本的概念及产生原因

交易成本是普遍存在的，契约的复杂程度与期限直接关系到交易成本的高低。所谓交易成本，学者们从不同的视角进行了大量的论述。科斯从契约的角度研究企业问题，提出了交易成本的概念，认为企业和市场都是资源配置机制，市场配置依靠的是价格机制，企业配置依靠的是行政协调，而企业就是市场机制的替代物，实质上为的是节省交易者之间的交易成本。弗鲁博顿、芮切特（2006）认为，"交易成本包括动用资源建立、维护、使用、改变制度和组织等方面所涉及的所有成本。"[①] 科斯将交易成本解释为"利用价格机制的成本"。阿罗认为交易成本是"经济制度运行的成本"。张五常形象地把交易成本比喻为鲁宾逊世界中不存在的成本。威廉姆森认为交易成本是"经济系统运转所付出的代价"。交易成本一般分为市场型、管理型和政治型交易成本。市场型交易成本包括搜寻及信息成本、讨价还价的成本、监督和契约义务履行成本；管理型交易成本包括设立、维持或改变组织设计的成本以及组织运行的成本；政治型交易成本包括设立、维持和改变体制中的正式与非正式政治组织的成本以及政体运行的成本。从本质上说，它是人们在社会交换活动中为了达成合作所付出的各项成本，它存在于经济、政治、文化等各个领域。

交易成本理论认为，市场与企业是相互替代的交易机制，两者可以相互替代；企

---

① 弗鲁博顿、芮切特：《新制度经济学》，上海三联书店、上海人民出版社，2006 年版，第 55 页。

业取代市场的原因在于减少交易成本，这也是企业存在的原因；企业内部也存在交易成本，表现为管理型交易成本；交易成本的降低是企业制度演变的动力。交易成本理论很注重微观分析，在人性假设上更贴合现实，例如有限理性、机会主义行为等；注重利用交易成本来进行制度的比较分析；将企业作为一种治理结构，而不像新古典经济学那样作为一个生产函数。交易成本是对有限资源和社会财富的无效或低效配置，它的提出突破了传统古典与新古典经济学只认识到生产领域中的资源配置无效或低效，忽略了经济交换中有高昂代价的局限。它本身是不可能彻底消除的，但是可以采取适当的措施进行降低，促进可能有利交易的顺利进行，"制度所提供的交换结构，加上所用的技术决定了交易费用与转化费用。"①

对于交易成本产生的原因，威廉姆森将其分为人的有限理性、机会主义、资产专用性、不确定性、交易的频率、环境不确定性六种因素。一是人的本性。市场中存在大量的信息不对称，交易各方都要随时提防对方的机会主义行为。人们的这种机会主义倾向增加了市场交易的复杂性，产生了交易成本，导致了市场低效；二是资产专用性。资产专用性反映了某些资产在投入后被锁定的程度，资产专用性越高，被敲竹杠的几率越高，垄断程度也就越高；三是人的有限理性。人们在进行决策时，智力是有限的，认知能力也是有限的。正如威廉姆森所说，"理性有限是一个无法回避的现实问题，因此就需要正式为此所付出的成本，包括计划成本、适应成本，以及对交易实施监督所付出的成本。"② 人的有限理性、机会主义是产生交易成本的主观条件，而资产专用性是产生交易成本的客观条件，其中机会主义最为根本。威廉姆森还将资产专用性、交易频率、交易的不确定性作为交易的三种维度，它们不仅决定了交易成本的大小，还可以用来区分不同的交易，从而设置适当的治理结构以有效地降低交易成本。交易成本的提出突破了传统古典与新古典经济学只认识到生产领域中的资源配置而忽略了经济交换中有高昂代价的局限。交易成本是不可能彻底消除的，但是可以采取适当的措施（制度与技术）进行降低，促进交易的顺利进行。③

5.1.2　交易成本的类型

由于产权不清、委托代理、国有资产管理体制不健全等一系列的因素，企业具有高交易成本的特征。一是企业内部的交易成本过于高昂。（1）公司制改革不彻底，国有企业不仅承担着经济职能，还承担着一定的社会职能，内部存在着人员臃肿、管理不善等一系列组织问题，增加了企业内部交易成本；（2）许多企业经营者没有意

---

① 诺思：《制度、制度变迁与经济绩效》，上海三联书店、上海人民出版社，1994 年版，第 46 页。
② 威廉姆森：《资本主义经济制度》，商务印书馆，2002 年版，第 70 页。
③ 汤吉军、陈俊龙：《交易成本与企业成长分析》，《江汉论坛》，2010 年第 7 期。

识到交易成本的重要性，过于重视生产，忽略用于交易活动的各项成本；（3）企业内部存在着严重的委托代理问题，造成了高额的代理成本（交易成本），对企业有限的资源造成了严重的浪费，有研究发现国有企业的代理成本相当于60%～70%的利润潜力；（4）企业一直处于改革、转轨的动态发展中，在这个过程中，必然会出现各种摩擦，甚至冲突，产生交易成本。同时，改革过程中存在"一股就灵"的误区，没有根据不同企业的实际情况确定适应的治理结构，造成了治理结构与企业自身条件的冲突，产生了更多的交易成本。二是企业外部的市场交易成本。中国现有的市场体系仍不完善，缺乏高效率的为产品、资本、经理人等市场提供有序运行的制度支持，最主要的是相关法律法规制度供给不足或已有供给效率低下，对市场交易中违法行为的发现、惩治等仍缺乏有力的制度约束，使国有企业在与其他企业和个人交易的过程中，不得不花费大量的交易成本来防范机会主义行为。在与政府的交易行为中，仍然存在着政企不分，政府与企业的权责利划分不清，政府过多干预企业的生产经营，容易出现利益冲突，企业既要维护好与政府的关系，又要维护自身利益，必然会投入一定的成本用于解决双方的摩擦，比如用于寻租的成本。①

5.2 资产专用性与所有制结构调整

所有制结构的调整是一种动态的经济结构变化，无论是国有经济还是非国有经济比例占优势，关键看是否实现了资源的优化配置，而资产专用性则是理解问题的关键之一。

资产专用性（asset specificity）的相关思想最早可以追溯到马歇尔、贝克尔、马斯查克（Marshall、Becker、Marschak）等学者关于人力资本的论述，由克莱因等（Klein, et al., 1978）首次提出，后经威廉姆森（Williamson）等学者不断发展，已经形成了比较成熟的资产专用性理论。按照威廉姆森的解释，资产专用性是指"在不牺牲生产价值的条件下，资产可用于不同用途和由不同使用者利用的程度。"所谓资产专用性（asset specificity），是指一项资产用于特定用途后，很难再移作他用，即使用于其他领域也会致使其价值的大幅度降低，甚至可能变成毫无价值。如果交易一方在交易中进行了过高的专用性资产投资，那么对方就会产生机会主义动机。如果投资方要退出契约就会承担高昂的成本，那就很有可能被对方锁定，遭受"敲竹杠"也就是剥削行为，例如经典的 GM - Fisher 案例。按照威廉姆森（2002）② 的分类，资产专用性可以划分为：一是设厂区位专用性，例如，在矿山附近建立炼钢厂，有助

---

① 汤吉军、陈俊龙：《交易成本与企业成长分析》，《江汉论坛》，2010年第7期。
② 奥利弗·E. 威廉姆森：《资本主义经济制度》，商务印书馆，2002年版。

于减少存货和运输成本，而一旦厂址设定，就不可转作他用，若移作他用厂址的生产价值就会下降；二是物质资本专用性极强设备和机器的设计仅适用于特定交易用途，在其他用途中会降低价值；三是人力资本专用性，在人力资本方面具有特定目的的投资。当用非所学时，就会降低人力资产的价值；四是特定用途的资产，是指供给者仅仅是为了向特定客户销售一定数量的产品而进行的投资。如果供给者与客户之间关系过早结束，就会使供给者处于生产能力过剩状态。这样，因资产专用性在转移过程中很容易带来沉淀成本。对于二手资本资产支付的价格，特别是资本投资的沉淀成本部分。资产沉淀成本程度取决于资产和二手市场的特征。对于非专用性资产的打捞价值通常较高，因为这些资产有较高的流动性，例如，汽车、航空飞机和办公建筑物。这些投资专用于给定的场址、企业或者产业，有可能是沉淀成本最重要的来源。当投资是场址专用性，其物质特征使其难以安装，移动或者重新寻找位置，就像基础设施等；当投资是企业或产业专用性时，其物质特征难以再转移到其他企业或产业。在许多情况下，甚至较小的产品或劳务的调整很可能需要显著的调整成本。

　　资产专用性的存在会导致交易不确定性的增加，产生交易障碍尤其是退出障碍，从而增加交易成本，影响到双方之间的信任，最后影响到交易的达成与契约的顺利履行。当交易者打算进行大量资产专用性投资时，会面临着对方机会主义行为的威胁，要想降低对方进行"敲竹杠"的动机和能力，有效的解决方法是设计明晰的契约保护条款，将其与交易者的声誉资本紧密地相结合。例如，可以利用一份长期合约来控制潜在的"敲竹杠"行为。但是，由于现实中契约是天然不完美的，无论多么缜密的契约设计在防止"敲竹杠"问题上都会存在疏漏。因此，如果交易者想要协商出既能够降低受到"敲竹杠"的可能性，又能够利用不完全契约来进行"敲竹杠"的契约条款，那么就需要耗费与相关专用性投资紧密相关的高额契约谈判成本。另外，交易者认识到契约条款是不会涵盖所有事后条件变化的，而这可能诱发"敲竹杠"，当他们做出专用性投资并且达成不完全契约时，还需要承担事后的协调成本。

　　虽然专用性投资会使得投资方事后依赖另一方，并且面临剥削的危险，但是人们对于专用性投资的意愿是不同的，一些经济主体比其他主体表现出明显的投资倾向，而这与交易制度安排上的不同密切相关，也在某种程度上与专用性投资所产生的依赖性有关。需要指出的是，资产专用性对于合作不仅仅是负面作用，还能够同时产生两种可产生依赖性的激励，可以促使投资方进行事后合作：一是正面激励，能够促进合作，它的存在是因为合作是获取潜在准租金和声誉资本的必要条件；另一个是抑制负面因素的激励，有助于防范背叛，它的存在是由于一个人如果背叛的话，可能会失去准租金与声誉资本。这样一来，资产专用性就有规避机会主义的功能，这是因为机会主义行为存在破坏交易关系的风险，而这与"利己主义（self-interest）"是相悖的。

　　作为交易成本经济学中的核心概念之一，资产专用性可以通过相应的作用机制对企业微观行为产生影响，进而对所有制结构产生影响。基于此，有必要剖析资产专用性对所有制结构的影响，探索所有制结构调整的方向。

5.2.1 阻碍企业的市场进入与退出

可竞争市场理论指出，在可竞争性的市场结构下，企业进入市场与退出市场不会遇到障碍，也就是不存在沉淀成本，只要有利可图，企业就能够迅速进入市场，当市场价格下降导致无利可图时，可以全身而退。如此一来，企业就能够根据自身利润最大化，自由、灵活地进入及退出市场，所有制结构也就符合拉姆齐最优。资产专用性是产生沉淀成本的重要因素，生产要素的资产专用性会产生市场进入及退出成本，其中有大量的沉淀成本。如果一种生产要素的资产专用性很强，那么该要素在不同行业间的再配置就会产生大量的沉淀成本，资产专用性越强，生产要素转换成本越高，沉淀成本就越高，行业的壁垒和垄断程度就越高，这样就会导致垄断的市场结构，进而使所有制结构偏离拉姆齐最优。

假设企业面临着生产要素配置，以物质资产为例，数量是一定的，为固定值 K，面临着行业 1（横轴）及行业 2（纵轴）两种选择。企业当前的投资配置是将所有的资本投入到行业 1 中，即 A 点，截距为 K。L 为当前企业投资所遇到的投资预算线，具有方向性，也就是说由 A 点开始，不断地减少配置到行业 2 的资产，增加配置到行业 1 上的过程中的预算线，不能逆向，也就是不能表示是减少配置到行业 1 的资产而增加配置到行业 2 中的预算线，原因在于已经转换为行业 2 的资产同样具有资产专用性，再想转移为行业 1 的资产的话，必须还将面临价值损失。U_1、U_2、U_3 是企业效用的无差异曲线，是能够给企业带来同样效用的投资配置组合，离原点越远，效用越大。假设同样的生产要素在行业 1 能够比行业 2 产生更多的效用，经济含义是行业 1 比行业 2 更有益于企业的发展，也就说明了企业退出某些市场领域，进入其他领域的必要性，这就决定了无差异曲线的斜率小于 1，形状平缓，见图 5.1。

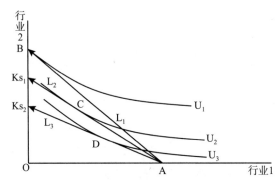

图 5.1 资产专用性与市场退出及进入

在投资不具有专用性的情况下，行业 1 中的资产转换为行业 2 的物质资产转换为另一个行业的边际替代率为 1，也就是不存在用途转换所带来的价值损失。因此，预算线在横轴和纵轴的截距都为 K，交点分别为 A 与 B。在这种情况下，U_1 与 L 的交点 B 点为效用最大化的均衡点（由于无差异曲线平缓，斜率小于 1，因此不会与 L 有切点），企业投资配置在市场机制的作用下，会减少对行业 1 的投入，将减少的资产转换为投入到行业 2 的资产，由 A 点达到 B 点的最佳配置。

现在引入资产专用性，用 1 - s 表示（0 ≤ s ≤ 1），s 为通用性水平，值越高，资产专用性越低，当 s = 0，通用性为零，也就是一旦转为他用，没有任何价值；当 s = 1 时，投资为通用性资产，转为他用不会造成任何价值损失。当 s = 0 时，预算线为横轴，A 点为均衡点。当 s = s_1 > 0 时，预算线变为 L_1，在纵轴的截距变为 Ks_1，与无差异曲线相交于 C 点，此时的企业效用较 B 点降低。如果 s 进一步下降，例如下降为 s_2，均衡点为 D，企业效用会进一步降低。因此，企业一旦进入了某个市场，会产生大量的沉淀成本，要想将已有生产要素转移到其他领域，会面临着效用损失。除了物质资本之外，劳动力、经理人等生产要素也存在资产专用性，同样也会构成企业退出与进入市场的障碍。

可见，资产专用性对企业的市场进入及退出起阻碍作用，如果公有制企业（主要是国有企业）已经投入了大量的专用性投资，一旦转作他用，就会面临大量成本沉淀，从而降低企业效用，阻碍国有经济的战略性调整。极端的情况下，资产通用性为零，所有的资产就会被限制在一个固定的行业中，难以退出市场。这可以解释为什么中西部及东北老工业基地经济增长依然过分依赖公有制经济，国有经济发展质量不高，改革进程缓慢，而东部沿海非国有经济发展迅速。中西部及东北老工业基地矿产资源丰富，在计划经济时代是国家资源型工业发展的重点，国家及地方建立发展了一大批资源型国有企业，投入了大量的专用性资产，包括区位、厂房、设备、技术及工人等，资产专用性极高。这些专用性资产虽然在当时极大地促进了老工业基地的发展，但改革开放后，这些国有企业面临的内外部环境发生了翻天覆地的变化，必须要按照市场竞争将资源配置到最优领域，然而大量的专用性资产构成了极大的资源再配置成本，构成了严重的路径依赖，制约了公有制经济尤其是国有经济的进一步的战略性调整。而东部沿海地区资源型企业数量不多，因此专用性资产较少，改革开放后，战略性调整的速度也就较快。

同样的逻辑也适用于非公有制企业，非公有制企业虽然想进入一个新的领域，但受到资产专用性的影响，已有领域也存在一定的专用性资产，转作他用也会造成损失。此外，转作它用的资产同样也具有资产专用性。非公有制企业进入到由公有制经济支配的行业中，需要耗费大量的生产及交易成本，例如购买新的专业技术设备，雇佣新的技术人员，建立新的营销网络关系，通过各项行政审批的花费等，其中很大一部分具有较强的资产专用性，会产生大量的沉淀成本，如果在与国有企业的竞争中失利，退出成本将显得十分高昂。预期到这一点，非公有制企业进入公有制经济占支配地位的行业的意愿也就降低。政府能否提供良好的制度环境对非公有制企业的市场进入决策十分重要，如果制度环境不优越，非公有制企业会面临各种各样的行政审批程序，程序越复杂，耗费时间越久，付出的成本就越高，由于这些成本具有资产专用性，会沉淀一大部分，因此市场进入的壁垒就越高。反之，则非公有制企业市场进入的障碍就越小，越能通过资源流动实现配置的优化。这也可以在某种程度上解释为何政府治理与市场环境更为优越的东部沿海地区比中西部及东北地区非公有制经济发展更为迅速。

5.2.2 对公有制与非公有制企业合作及融合的双重影响

1. 事前的阻碍作用

交易成本是造成交易难以达成的关键原因，资产专用性、不确定性与交易频率作为交易的三个维度，关系到交易成本的高低，其中资产专用性最为重要。专用性投资会产生沉淀成本，如果交易被提前终止，这部分沉淀成本将难以转作他用。此时，未进行或少进行专用性资产投资的交易方可能采取"敲竹杠"（hold up），要求攫取对方专用性投资所产生的准租金，否则就以终止交易为威胁，使投资方损失更多。预期到这一点，双方会付出相当的交易成本进行讨价还价，进而阻碍双方合作。

公有制企业与非公有制企业的合作需要双方都进行资金、技术、设备、人员、时间等资源投入，如果投入都是完全通用性（general assets）的，不确定性就大为降低，一旦出现违反契约的行为，投入者就能迅速改变资产用途而不受损失，交易就很容易达成。但是，专用性资产不可避免地存在，公有制企业与非公有制企业之间会针对专用性资产投资讨价还价，任何一方都不希望自己付出更多的专用性资产，以此来掌握主动权并避免对方攫取自己的准租金。因此，在交易达成前，双方会针对谁进行专用性资产投资，投资多少，采取何种保障措施等问题进行讨价还价，严重影响了双方合作的达成。虽然可以通过制定完善的契约或组织例如纵向一体化来保障专用性资产安全，但由于有限理性，契约不可能完备无缺，纵向一体化这样组织保障的实现同样需要前期投入专用性资产，产生交易成本。如果成本过高，会使企业缺乏追求一体化的内在动力，这就在某种程度上解释了中国混合所有制经济比重低的原因。例如，国有资本与私人资本在进行通过一体化组建混合所有制企业的谈判中，由于契约不完全，私营企业害怕出现国有股"一股独大"，因此要求控股权，而国有企业也怕丧失控制权，遭受"敲竹杠"，因而一体化难度很大。

2. 事后的保障功能

虽然专用性投资会让投资方对另一方产生依赖，面临被"敲竹杠"的风险，但是却能够在事后激励投资方为了保障准租金及声誉而遵守契约，维护合作关系而不采取破坏合作的机会主义行为。如果一方进行了资产专用性投资，实际上就是向对方释放了一种尊重交易、维护契约的一种信号，可以成为一种维持持久契约关系的承诺保证。专用性投资越高，受剥削的可能性越大，因此在高资产专用性的情况下，交易者会采取一体化策略。在垂直一体化后组织中，专用性投资所形成的所有权会增强企业内部抑制机会主义的约束力，为投资者提供更为有效的报酬激励机制，使一体化后不同交易主体的利益更加紧密，从而可以有效地抑制机会主义行为。

假设公有制企业 A 与非公有制企业 B 实现了合作，面临遵守与背叛两种策略，不存在专用性资产投资。当双方都选择遵守契约时，双方受益都为 R；当一方选择遵守，另一方选择背叛，遵守方利益会受损，获得 T < R 的收益，而背叛方获得更多的好处 S > R；双方都背叛时，双方收益都为 H，S > H > T。具体收益矩阵见表 5.1。

表 5.1　　　　　无资产专用性条件下的非公有制与公有制企业博弈

A＼B	遵守	背叛
遵守	R, R	T, S
背叛	S, T	H, H

很容易看出，这是一个典型的"囚徒困境"，背叛对双方来说都是最优策略，双方博弈的结果是纳什均衡（背叛，背叛），双方在不进行专用性资产投资的情况下选择背叛，也就是合作遭到破坏。

现在放宽条件，假设公有制企业投入了 K_1 的专用性资产，专用性为 v_1；非公有制企业投入为 K_2，专用性为 v_2。K_1 与 K_2 的区间为 (0，R]，v_1 与 v_2 的区间为 (0，1]。如果双方都守约的话，双方能保障专用性资产的准租金，收益仍为 R；否则的话，将不得不转作他用，公有制企业损失 K_1v_1，非公有制企业损失 K_2v_2。此时，收益矩阵发生变化，见表 5.2。

表 5.2　　　　　存在资产专用性条件下的非公有制与公有制企业博弈

A＼B	遵守	背叛
遵守	R, R	$T - K_1v_1$, $S - K_2v_2$
背叛	$S - K_1v_1$, $T - K_2v_2$	$H - K_1v_1$, $H - K_2v_2$

与前面的收益矩阵相比，此时收益矩阵中双方的背叛成本增加，因为一旦交易被

破坏，就要损失专用性投资，因此会弱化背叛的激励。当 $S - K_1 v_1 < R$，$S - K_2 v_2 < R$，即 $K_1 v_1 > S - R$，$K_2 v_2 > S - R$ 时，按照条件策略下划线法，可以得出该博弈具有两对纳什均衡（遵守，遵守）与（背叛，背叛）。

对于多重纳什均衡，可以采用帕累托最优标准与风险优势标准，前者偏重于理论，后者偏向于实践。按照帕累托最优标准的话，由于 $R > H$，所以（遵守，遵守）无疑是最优的纳什均衡。如果按照风险优势标准，则要考虑不同策略均衡的风险状况，风险小者优先。在这里，我们运用偏离损失比较法，公有制企业与非公有制企业偏离（遵守，遵守）的损失分别为 $R - S + K_1 v_1$，$R - S + K_2 v_2$，偏离（背叛，背叛）的损失为 $H - T$，当 $(R - S + K_1 v_1)(R - S + K_2 v_2) > (H - T)^2$ 时，（遵守，遵守）比（背叛，背叛）具有风险优势，在双方都是风险规避者的情况下，会被优先选择。在其他条件既定的情况下，非公有制与公有制企业的资产专用性资产投资数额越大，专用性水平越高，$K_1 v_1$ 与 $K_2 v_2$ 就越大，前面的不等式就越容易成立，（遵守，遵守）更容易被选择。可见，资产专用性有助于破除"囚犯困境"，对公有制及非公有制企业之间事后合作的维持起保障作用，这种作用的程度取决于专用性资产投资的数量及专用性水平。如果双方都进行了足够多的高专用性资产，那么合作就能得到保障。如果双方投入都不足，或者一方投入过低，则不能破除"囚徒困境"[1]。

5.3 交易成本、所有制结构调整与混合所有制经济发展[2]

5.3.1 发展混合所有制经济是所有制结构调整的方向

混合所有制经济是中国基本经济制度的重要实现形式。党的十五大首次提出了混合所有制经济的概念，随后的党的十六大、十六届三中全会、十七大都提出要发展混合所有制经济，党的十八届三中全会再次提出要大力发展混合所有制，由此可见混合所有制经济的重要性。发展混合所有制经济对所有制结构优化具有以下作用：

一是解放思想，破除对公有制偏好，私有制偏见的错误的观念，从而一视同仁，公平竞争。国有经济与非国有经济都是促进社会主义市场经济持续健康发展的重要力量，它们之间并不存在对立关系，而是竞争与合作并存的关系。但在实践中，双方的合作及融合程度较低，尚未达到共赢。而发展混合所有制经济，可以将公有制与非公

---

[1] 在博弈论的世界里没有仁慈或怜悯，只有自利。大多数的人只关心自己，而这也是人之常情。……但是……即使每个人都以完全不讲情面和极端竞争的行为处事，博弈论的逻辑还是经常会使自利的人携手合作，甚至相待以之诚，彼此尊重（米勒，2006）。

[2] 陈俊龙：《交易成本、科斯定理与混合所有制经济发展》，《学术交流》，2013年第4期。

有制的利益紧密地联系在一起，有助于解决该谁进谁退的争议，转变人们的错误观念，实现各种所有制经济的共存与协调发展，进而优化所有制结构。

二是发挥不同所有制的比较优势，在市场配置资源起决定性作用前提下实现共赢。公有制经济具有规模及政府政策优势，但是体制相对僵化，缺乏创新，对市场的反应能力差；非公有制经济的优势在体制灵活，创新动力强，劣势在于规模小，抗风险能力差。这些都严重制约了所有制结构的质量。发展混合所有制经济可以将分散广泛、规模过小的非公有制资本聚集起来，吸纳到公有制经济当中，一方面有助于深化国有企业改革，搞活国有经济，另一方面为非公有制资本增值提供更高更广的平台，提高风险抵抗力与生产能力。因此，发展混合所有制经济有助于提高不同所有制经济的质量，进而提升所有制结构的层次。

党的十五大以来的改革实践证明，混合所有制经济对所有制结构的优化作用是显而易见的。通过股份制改革，公有制企业初步建立了现代企业制度，产权问题得到缓解，生产运营效率提高，公有制经济的控制力显著提升，非公有制经济涉足的市场范围越来越广，规模越来越大，初步形成了公有制与非公有制资本的有效融合。可见，大力发展混合所有制经济是优化所有制结构的有效途径。

当前，中国混合所有制经济已经取得了长足的发展，但是仍然存在着总量不足，质量不高的问题，制约了其功能的有效发挥。基于此，本研究从交易成本及科斯定理的视角剖析中国混合所有制经济发展问题。

5.3.2 中国混合所有制经济中的交易成本分析

1. 混合所有制经济中的交易成本

威廉姆森（Williamson，1985[①]）从资源转移的视角将交易成本划分为事前与事后两个类别，事前交易成本主要包括合同签约成本、谈判成本及契约保障成本，事后交易成本包括不适应成本、讨价还价的成本、建立及运作成本及约束成本。在此基础上，结合中国混合所有制经济实际，我们将其存在的交易成本分为以下几个方面：

一是企业决策所产生的交易成本。公有制企业与非公有制企业在进行是否以有限责任、股份制、联营等方式与对方组成混合所有制企业的决策时，需要协调好各自内部的利益关系，不可避免地要耗费交易成本。对于公有制企业而言，受长期计划经济体制的影响，形成了一大批安于现状的利益团体，改革会冲击他们的切身利益，例如，大规模的并购重组需要裁汰冗员，还直接涉及很多领导者的岗位安置问题，这些人会千方百计阻碍改革，而要协调好这些利益关系，需要付出相当大的成本。对于非

---

① Williamson，O.，1985，The Economic Institutions of Capitalism，New York：Free Press.

公有制企业而言，一些企业内部人员由于害怕丧失决策权等利益，根本不想与公有制企业融合，想要说服他们也需要付出交易成本。

二是信息成本。双方都会从各种渠道搜集对方相关信息，包括对方的规模、员工数量与质量、运营状况、公司治理结构、发展战略、合作诚意等，以此来缓解信息不对称，便于在谈判中取得信息优势。这个过程需要花费信息搜集及分析成本，而由于中国市场发育程度较低，企业信息与信用系统不健全，信息不对称现象严重，因此信息成本很高。

三是谈判成本。公有制与非公有制企业在组建混合所有制企业时需要进行谈判。双方存在利益差别，公有制企业想通过合作盘活闲置资产，优化管理体制，摆脱沉重的历史负担，增强公有制经济的控制力，而非公有制企业则想通过融合弥补自身缺陷，借助公有制资本力量更好更快地发展，获得更多的经济利润。因此，双方在融合形式、股权结构、管理层构成、未来发展战略与规划方面会进行反复的讨价还价，会耗费大量人力、物力、财力与时间成本，尤其是股权分配及股东权益保障问题，是双方谈判的焦点，谈判成本很高。

四是市场进入及退出产生的交易成本。公有制企业及非公有制企业想要组建混合所有制企业，需要将生产要素重新配置，也就是要进入市场或退出市场。在这个过程中，生产要素价值可能遭受损失，而且企业在遇到行政审批时也要付出相应的成本，这些都属于交易成本。如果政策不允许，或是行政审批过于繁琐，那付出的交易成本将极高，甚至会让企业打消融合的念头。

五是事后整合资源、协调冲突、监督产生的交易成本。仅仅具有混合所有制经济的形式并不能真正地发挥混合所有制经济的功能，还需要有效整合各方资源。两种不同所有制企业在发展战略、管理体制及手段、企业文化等方面存在着巨大的差异，要想将两者有效融合，充分发挥各自的比较优势，必须要付出相当多的交易成本来解决各种整合冲突。同时，谈判时不可能将所有可能发生的情况考虑在内，必然会存在契约不完善或真空的部分，特别是在政府主导的情况下，更容易引发事后冲突。此外，为了保障契约得到贯彻，双方在事后也会付出相应的成本用于监督，目的在于及时发现存在的问题，保障自身权益。

2. 混合所有制经济高交易成本产生的原因

混合所有制经济发展面临高交易成本，既有人的主观原因，也有外部的客观原因，既具有一般性，也有特殊性，主要表现在以下三个方面：

一是人的因素。现实中的人理性是有限的，不可能掌握全部信息，会导致契约不完全，进而产生交易成本。此外，人们都具有投机性，为了满足自身利益会损害他人利益，也就是存在机会主义行为倾向，抑制这种行为也需要付出交易成本。中国混合所有制经济的出现和发展是社会主义市场经济不断探索的结果，在不断摸索的过程中人们的理性十分有限，根本无法达到完全理性，很多人对混合所有制经济的认识是模糊、错误的，因此规范混合所有制经济发展的相关制度安排难免存在很多缺失，这些都带来了大量的交易成本。此外，制度的缺失助长了人的投机倾向，使混合所有制经济中充满着机会主义行为，也导致了大量的交易成本。

二是资产专用性或沉淀投资。资产专用性、交易频率与不确定性是交易的三个维度，其中资产专用性最为重要与关键。对于交易双方来说，如果一方进行专用性投资，而另一方违约，提前终止交易，专用性资产投资方会遭受损失，因为专用性资产会有一部分沉淀，转作他用会产生价值损失。如此一来，未进行或少进行专用性资产投资的交易方可能进行终止交易的可置信威胁，要求攫取对方专用性资产的部分准租金。为了避免遭受"敲竹杠（hold up）"，双方会付出大量的交易成本来保障自己权益。混合所有制企业是公有制资本与非公有制资本的融合，需要双方进行投资，其中一些投资具有专用性。尤其是对于一些专用性投资高的行业，例如资源型产业，需要进行大量的专用性资产投资，例如厂房、专用性设备、技术及工人等，容易沉淀。此时，双方为了保障自身利益，就会针对谁进行专用性资产投资、投资多少及如何保障等问题进行讨价还价，产生大量成本尤其是时间成本，进而影响混合所有制企业的形成。

三是市场环境。交易需要在特定的市场环境下进行，包括法律环境、政治环境、经济环境、技术环境和文化环境等。良好的市场环境能够为交易双方提供有效的环境约束，遏制机会主义行为，提供更多真实有效的信息，有助于降低交易成本。中国市场经济发展起步晚，距离发达国家和地区差距明显，政府缺乏制度创新的动力，对市场的行政干预过多，市场壁垒高，市场基础设施建设滞后，导致不同所有制企业融合的高交易成本。虽然国家出台了"新36条"等鼓励非公有制企业发展的政策，但过于原则化，缺乏实施细则，政府在执行这些政策上更多地是停留在纸面，市场环境没有得到明显优化，非公有制企业想要进入某些市场领域与公有制企业组建混合所有制企业面临着高交易成本。

5.3.3 交易成本对中国混合所有制经济发展的路径依赖影响

按照完全竞争的标准，交易成本会造成交易障碍，对人类稀缺资源造成无效损耗，阻碍有益于社会福利增进的交易，进而造成经济效率的低效。交易成本越高，经济效率（产出）越低，反之，则越高。

具体到中国的混合所有制经济。在完全竞争的理性状态下，契约是完全的，不同所有制经济之间的融合不存在任何障碍，也就是交易成本为零，各种所有制经济可以根据需要来决定是否融合成为混合所有制经济，而不需要担心机会主义行为。这种情况下，混合所有制占整个所有制结构中的比重是最优的，最能够发挥出混合所有制经济的好处。但是，由于人的有限理性与信息不对称，在混合所有制经济组成及发展的过程中，交易双方要付出各种讨价还价、监督、协调等成本，也就是交易成本，会制约混合所有制经济的发展。可以说，交易成本是制约中国混合所有制经济发展的关键因素之一。

一是阻碍混合所有制经济的产生。中国混合所有制经济经历了由无到有，再到迅速发展的历程。混合所有制经济的现实形态是现代企业制度，发展混合所有制经济符合现代大生产与市场竞争的需要，是建立健全现代企业制度的必由之路，在未来理应成为基本经济制度的主要表现形式。但是，公有制与非公有制资本在组建混合所有制企业时，会进行成本—收益分析，只有在收益大于成本的情况下才会选择融合。事前及事后大量的交易成本，直接增加了交易方组建混合所有制企业的成本，在很多情况下，当期成本要大于预期收益，这样企业就不会选择混合所有制的经济形式。从微观层面来讲，高昂的交易成本使得很多国有企业未进行股份制改革，仍是国有独资；很多非公有制企业虽然想与公有制企业融合，获得更高的发展平台，但是过高的交易成本使企业无法融合。从宏观层面讲，导致中国混合所有制经济总量并不大，占整个经济的比重不高。以 2011 年工业企业为例，见表 5.3，在工业企业中，中国混合所有制经济比重为 43.25%，尚未达到一半，还需要进一步的大力发展。

表 5.3 　　　　　　　　　　中国混合所有制经济的构成及所占比重

企业类型	产值（亿元）	占工业总产值的比重
其他联营企业	361	0.04%
其他企业（内资）	10434	1.20%
中外合作经营企业	2968	0.35%
合作经营企业（港或澳、台资）	2002	0.24%
股份有限公司（内资）	83464	9.89%
港澳台商投资股份有限公司	3388	0.40%
外商投资股份有限公司	4966	0.59%
其他有限责任公司（内资）	166111	19.68%
合资经营企业（港或澳、台资）	27578	3.27%
中外合资经营企业	63876	7.57%
总计	365148	43.25%

注：统计的是规模以上工业企业。
资料来源：《2012 中国统计年鉴》。

二是混合所有制经济质量不高。当前，大部分国有企业完成了股份制改革，通过股份制尤其是上市，吸收了大量社会资金特别是非公有制资本，已经在形式上成为了混合所有制企业。但是，混合所有制企业内部不同性质的产权主体难以达到利益协调一致，产生了大量的交易成本，造成企业有限资源的损耗，抵消了混合所有制经济所带来的部分好处，影响了混合所有制企业的可持续成长。具体表现在：股权结构不合理，国有股"一股独大"，中小股东尤其是内资中非公有制股东持股比重过低，造成股东地位实际的不平等，加之上许多政策规定和法律法规并不完善，使国有股东能够按照自身利益最大化来进行决策，中小股东尤其是广大股民难以对国有股东产生有效的内部约束，权益也难以得到切实保障，不利于国有企业转型；法人治理结构不健全，形式主义严重，股东大会、董事会、监事会、经理人之间没有形成相互制约的机制，激励及约束机制不完善，影响了企业治理效率；很多企业改制后只是形式上发生了变化，并没有建立起完善的现代企业制度，传统体制弊端依旧存在，没有发挥出不同所有制的比较优势。

5.3.4 科斯定理与混合所有制经济发展

科斯定理是新制度经济学的重要基石，它将产权、交易成本及资源配置效率有机地联合起来，是理解制度的枢纽。科斯定理源于科斯对外部性问题的分析。外部性是市场失灵的表现之一，传统的福利经济学主张征收庇古税，即如果一方行为对另一方产生了负外部性，那么就对行为实施方采取征税、罚款或其他措施，实现社会成本与收益的均衡。庇古税强调公平，主张谁造成了负外部性就必须得补偿。而科斯在《社会成本问题》一书中认为，庇古税方案并不正确，因为如果想要避免对一方的伤害，就必须对另一方造成伤害。例如，对污染企业征税避免了对周围居民的危害，但同时也损害了企业的污染权利。因此，应当解决的问题是如何避免更大的伤害，实现产值的最大化。科斯将外部性当成一种可以交易的权利，认为其所有权的归属要依据产值的最大化，并且讨论了在交易成本为零及不为零的情况下，权利的初始配置对经济效率的影响。这种解决外部性问题的思想构成了著名的科斯定理。

科斯定理的内容主要有：（1）在交易成本为零的情况下，权利的初始配置显得无关紧要，不会对经济效率产生影响。这反映的是一种无摩擦的理性世界，在这个世界中，私人成本与社会成本，私人收益与社会收益不会分离，产权安排与资源配置效率无关，也不存在外部性问题；（2）在交易成本为正的情况下，产权权利的初始界定将对资源配置效率产生影响。因此，产权的初始界定是重要的。政府应该把权利界定给能够实现社会福利最大化的一方。即使权利的初始配置已经确定，也可以通过权利交易来改进社会福利，前提是交易成本不能过于高昂。

科斯定理对于混合所有制经济发展的启示便是重视产权的重要性。由于交易成本是客观存在的，权利的初始配置显得尤其关键，不同的产权配置导致不同的经济效率。混合所有制经济是不同产权主体的融合，按照科斯定理，在交易成本一定的情况下，当不同主体的权利界定清晰，流转通畅，并将权利配置给最能产生效率的主体时，才能有效地解决外部性问题，增进社会福利。非公有制企业产权界定比较明晰，流转也相对通畅，但国有产权具有非人格特征，天然地具有模糊性，很多国有企业在改组重组的过程中没有对资产进行认真清查和资产评估，也没有对债权、债务进行彻底清理和产权界定，国有资产流失问题突出，而且流转面临的障碍也很多，转让价格机制不健全，流动性不够，外部监管不力。此外，在当前的制度环境下，发展混合所有制经济更多地是公有制企业的权利，公有制企业在国家政策支持引导下吸引非公有制资本参股，或参股到非公有制企业。而非公有制企业受限于政策，很难主动地吸引公有制资本参股，有时即使想参与一些垄断行业的国有企业改制重组，也面临很高的市场壁垒。根据科斯定理，这些产权问题严重影响了混合所有制经济的效率。

科斯定理强调产权的界定，隐含的前提假设是权利一旦界定就会被很好的保护。但是，由于产权保护需要成本，政府不可能对每项产权都进行保护，必定存在保护不善或空白的部分。在中国，对公有及非公有产权虽然进行了一定程度的界定，出台了一系列的法律法规及政策，但是人们产权保护意识还很薄弱，产权保护制度建设滞后，直到2007年才颁布《中华人民共和国物权法》这部真正保护私有产权的法律。公有产权保护虽然受到了国家的重点关注，也出台了大量的保护政策与措施，但缺乏配套的实施政策，在实践中的效果不尽如人意。这些问题导致政府行政权力的滥用，产权保护不力，存在大量公有及非公有产权被侵犯的现象，严重影响到资源的优化配置，也直接影响到混合所有制经济的发展。

从深化中国国有企业改革实践来看，很多学者都使用新古典经济学，仅仅强调自由市场和私有化，即使华盛顿共识也在积极倡导"看不见的手"机制，反对任何政府干预。因此，如何从经济学理论角度阐述国有产权作为一种治理结构选择存在的合理性，超越简单的非此即彼意识形态之争，深入分析影响国有企业经济效率的各种因素，在充分认识自由市场弊端的情况下，迫切需要理解完全国有化与完全私有化两分法，寻找介于二者之间的混合所有制结构。

正是在这种理论模型与经济现实相脱节背景下，我们需要摆脱完全竞争范式，转而运用科斯—威廉姆森交易成本传统，特别是从不完全契约角度分析国有企业资产专用性投资所带来的敲竹杠问题。作为所有者的政府，一旦进行了沉淀成本投资，那么事后就被捆绑在一起。契约不完全意味着人们不能事前明确配置事后的剩余。剩余的配置取决于事后的讨价还价地位。因此，当存在交易成本和信息问题时，财富和产权如何配置就显得十分重要。

5.3.5　资产专用性投资、"敲竹杠"与治理结构变迁

交易专用性投资是交易成本经济学的关键性要素。我们可以用准租金来说明缔约

时间问题存在的大小。一项投资的准租金，它等于总收益减去可回收成本。而剩余被定义为总收益减去总成本。前者是从事后角度看的，而后者是从事前角度看的。沉淀成本影响事前投资决策，但是沉淀成本一旦投资，则无法回收，因而无法影响事后决策，就像微观经济学教科书那样——不考虑已经投入的沉淀成本，仅仅考虑沉淀投资的回报——准租金的大小。在完全竞争条件下，从长期看来，准租金等于沉淀成本，此时准租金完全为投资者所有，致使投资者的任何成本都可以得到相应的补偿，不会出现任何投资损失。其中，准租金与剩余的区别主要在于沉淀成本。准租金至少与剩余一样大。当进行专用性投资时，准租金就会产生。

然而，在不完全契约情况下，就会出现事后机会主义行为，尤其当涉及交易专用性投资时，尽管投资所有者不考虑沉淀投资，但是交易另一方却考虑它，从而造成威廉姆森所说的根本性转变，进而产生契约纠纷问题，而这与不完全竞争市场并不一样——准租金或垄断租金完全被投资者所全部占有。事实上，许多投资者都会进行专用性投资。但是，由于投资在这个关系中的价值最高，这个投资者事后就被完全锁定在该关系中，合作产生的剩余部分要根据所制定的契约条款进行分配。然而，契约事前没有包含所有可能的情况下，所以剩余的分配在一定程度上也取决于事后讨价还价地位。如前所述，资产专用性可以有多种表现形式，一旦被另一交易方采取机会主义行为，都很难在别处得到回收，从而很容易被敲竹杠，与微观经济学那种完全和谐情形形成鲜明对照。

进行关系专用性投资的一方由于另一方削减契约价格的多种可能性而处于不利境地。未进行专用性投资的契约方可能利用结束契约这一威胁规定比最初议定的条款更好的契约条件，这是比较现实的事情。之所以如此，是因为契约是不完全的，任何一方都有机会主义追求自己的利益动机：一是写一份复杂的契约所需要的成本可能非常昂贵；二是可能很难预测所有可能出现的情况；三是语言经常取决于语境，由于有限理性或者机会主义的存在，对同一语言有不同的解释；四是对于第三方而言，有关变量可能是可观察的、但不是可证实的。而且，投资的沉淀性导致缺乏备选契约人。未加说明的意外情况带来契约的漏洞，缔约另一方可能对此加以利用，通过损害另一方的利益来改善自己的处境。

事实上，"敲竹杠"（也是一种变相垄断行为）不一定是无效率的，就像完全垄断条件下完全价格歧视那样，并不缺乏效率，但却会引起收入分配不公平问题。如果没有财富效应，并且最终进行了投资，则可以实现经济效率，敲竹杠的唯一影响是准租金的重新分配。但如果投资者有敲竹杠预期，那么企业就不会投资，从而出现投资不足和短缺现象，类似于囚犯困境情形，这显然是无效率的。

如果涉及大额的交易专用性投资，则市场关系不是合适的治理结构或组织形式。进行投资之后，因为契约不完全，会产生各种事后机会主义行为的可行性，而敲竹杠就属于这一类。因此，契约并不能很好地解决信息和激励问题。专用性投资者一旦预期到这些问题，可能将不会投资，此时有必要依靠治理结构来创造实现专用性投资的环境，这也就是为什么有价值的专用性投资不一定会发生的经济逻辑①。

交易成本经济学集大成者——威廉姆森认为，交易是分析单位，交易的特征决定了治理结构。交易的特征是外生变量，包括交易频率、资产专用性程度和交易不确定性，而内生变量是治理结构。行为假设是机会主义和有限理性。由于资产专用性是交易成本经济学中不可或缺的一个重要因素，因此，我们发现，（1）资产专用性是资产交易的专用性，不同的交易具有不同的属性，专用性交易不仅需要专一性，而且还需要交易对方的专一性，从这一点上看，专用性资产是交易专用性资产，也就是关系专用性资产；（2）资产专用性与清算价值有关。资产专用性越大，清算价值越小，反之亦然；（3）资产专用性的实质是一种锁定效应。一旦做出了专用性投资，在一定程度上就锁定了当事人之间的关系，长期契约关系就会发生"根本性转变"，事前竞争就会被事后垄断所代替，从而导致"敲竹杠"这类机会主义行为发生。也就是说，关系专用性投资提高了对市场交易伙伴的依赖，资产专用性越高，对交易伙伴依赖性越强，在没有相应的制度保证情况下，专用性投资一方会被交易另一方的机会主义损害也就越大；（4）资产专用性只有在契约不完全条件下才能显示出来。如果在完全契约条件下，就可以通过无成本谈判达成最优解。然而，由于契约不可能是完全的，所以，交易双方的利益矛盾和冲突是不可能在事前完全解决的，只能是拖到事后，这样交易双方都会使谈判和履约变得十分困难，从而在一定程度上导致专用性投资不可能达到帕累托最优。

由此可见，资产专用性在治理结构中的作用是不可忽视的。它不仅引发了交易活动的事前反应，而且还涉及交易活动的事后规则，正如威廉姆森指出，"资产专用性对交易成本经济学的重要性无论怎样强调也不过分，……与此相同，如果没有资产专用性，交易成本经济学就没有了说服力。因此，资产专用性既是划分在交易问题上重要派别的依据，也是造成了大量可批驳的歧义的根源"。如果资产专用性水平不高，市场则成为有效的治理结构。在这种治理结构下，人们不担心被敲竹杠，同时也没有内部组织问题，表5.4总结了在只考虑资产专用性和不确定性程度这两个变量时所得出的预测情形。

同样，我们也可以用资产专用性水平和交易发生频率来显示治理结构的选择。在单边的治理结构中，一方握有权力，垂直一体化即为一例。双边治理结构便是长期契约，此时双方是独立的，双方所具备的权力不相上下。许多买者与卖者都具有这种特点。当双方的交易是专用性并且不经常发生时，交易通常通过一个外部的中间人得以实现，类似于三边治理结构，此时中间人的声誉非常重要，如表5.5所示。

---

① 汤吉军、郭砚莉：《资产专用性、敲竹杠与国有企业治理结构选择》，《经济体制改革》，2014年第6期。

表5.4　　　　　　　　　　治理结构是资产专用性及不确定性的函数

		不确定性程度	
		低	高
资产专用性	低	市场	市场
	高	长期契约	垂直一体化

表5.5　　　　　　　　　　治理结构是资产专用性及交易频率的函数

		资产专用性		
		低	中	高
交易频率	低	市场	三边治理结构	三边治理结构
	高	市场	双边治理结构	单边治理结构

　　如果资产专用性水平较高，则长期契约和垂直一体化都可能是有效率的治理结构。交易不确定性在一定程度上显示了契约的不完全程度，同时也显示为了获得大份额的剩余而进行事后重新谈判的可能性。不确定性高为事后重新谈判提供了诸多困难性，因为很难发现和证明某一特定结果的原因。因此，垂直一体化将先前的相互冲突的利益联系在一起并且消除了许多选择机会。也就是说，如果交易发生在市场关系中，当资产专用性水平较高时，无法创造准租金的投资，从而垂直一体化消除了各方利益冲突而阻止敲竹杠问题。然而，垂直一体化也会引起许多组织内部问题。当存在不确定性时，内部组织问题带来的成本大于垂直一体化带来的收益。因此，当市场上的不确定性程度不高时，长期契约便成为有效率的治理结构，因为此类市场上好名声非常重要。

　　市场无法有效率治理那些需要大量专用性资产投资的交易，从而需要不同的治理结构相匹配。将资产专用性定义为 k。如果投资的资产专用性程度低，即 $k < (0, k_1)$，则市场治理结构的成本 $M(k)$ 最低，如果资产专用性水平较高 $k > k_2$，则垂直一体化（科层制度）治理结构的成本 $H(k)$ 最低。在科层治理结构中，资产专用性投资的一方对于所有可能发生的未预期到的情况都拥有剩余控制权。当资产专用性水平处于中间阶段，即 $k < (k_1, k_2)$，混合治理结构可以最小化治理成本，主要包括长期契约、关系契约和交叉所有权等，如图5.2所示。

　　同样，如果按照威廉姆森研究治理结构选择方法研究金融工具选择，从而认为，债务与股权既是金融工具又是治理工具，如图5.3所示。

　　在图5.3中，$D(k)$、$Y(k)$、$E(k)$ 分别对应企业债务成本、混合融资成本和股权成本，这三类成本都是资产专用性程度 k 的函数，从而预测出来的相应结果。也就是说，随着市场经济不断发展，资产专用性投资会增强，股权融资会越来越重要，否

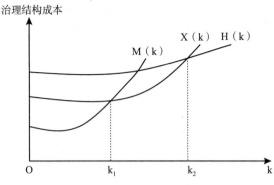

图 5.2　治理结构与资产专用性

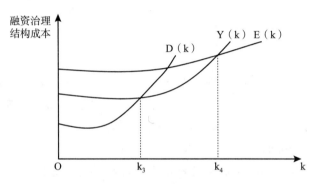

图 5.3　融资治理结构与资产专用性

则，只能处于通用性资产投资阶段，处于债务融资。在没有资产专用性的情况下，债务融资是可信的，资产可以毫无损失地转为他用，即可以自由地进出市场或产业，很容易通过出售资产偿还债务，即 $k < (0, k_3)$。但是，如果投资资产专用性较高，股权融资是可信的，因为资产具有专用性，不可能毫无损失地转为他用，在其他产业生产的机会成本较低，只能通过准租金来补偿，很难退出产业或市场，即 $k > k_4$。当资产专用性水平处于中间阶段，即 $k < (k_3, k_4)$，就需要采取混合融资结构，例如认股证和可转换债券，从而形成歧视性组合（discriminating alignment），类似于垄断市场上的价格歧视那样。但究其本质，这样的融资结构的选择都是沉淀资产投资方追求交易成本最小化的理性选择结果。

　　此外，产权界定固然重要，产权主体能否有效行使权利也关系到资源配置效率。如果产权主体未能有效行使权利，会造成资源浪费，对经济效率产生负面影响，应当对产权权利按照产值最大化的原则进行重新分配。在国有控股的混合所有制企业中，领导者被国家及股东大会赋予企业资产的使用权与部分收益权，但是由于缺乏内部有效的激励约束制度，这些领导者没有认真履行自身职责，为了谋求私利甚至会损害企业整体利益，也就是没有有效行使产权权利，而当前的制度并无法将这种权利进行重新的优化配置，结果影响了混合所有制企业的效率。

　　综上所述，混合所有制经济中存在着大量的交易成本，影响了混合所有制经济的产生及质量；科斯定理指出产权的重要性，中国在产权界定、分配、保护制度上存在的缺陷，同样影响了混合所有制经济的发展。要想积极发展混合所有制经济，有两条路径：一是降低交易成本，二是建立完善的产权制度。制度是降低交易成本最有效的工具，完善的产权制度不仅有助于资源优化配置，也有助于降低交易成本。因此，最根本的途径在于制度建设，关键在于产权制度的完善。

第 6 章

垄断市场结构与所有制结构调整

完全竞争的理想状态在中国的现实经济条件下是不存在的，更为现实、更有研究意义的市场结构是寡头垄断与自然垄断，而其产生都与沉淀成本交易成本具有很大的关联，可以说，是导致寡头垄断及自然垄断的重要因素。例如，自然垄断需要前期投入大量的固定成本，而很大一部分属于沉淀成本，尤其是短期。如果没有沉淀成本，大量的企业会进入市场采取"打了就跑"的策略，垄断寡头的市场结构就会受到很大冲击，很难形成。此外，寡头垄断与自然垄断这两种市场结构也是今后所有制结构调整的重点。因此，本部分将从这两个市场结构出发，探索中国所有制结构调整的路径。通过分析，试图证明私有化的主张并不是所有制结构的灵丹妙药，更为现实的选择是发展混合所有制经济。

6.1 基于双寡垄断模型的所有制结构调整分析[①]

改革开放后，通过行之有效的市场体系建设及国有企业改革，国有企业独家垄断的局面被打破，市场开放与竞争程度不断提高，市场的基础性地位逐步加强，社会福利得到显著提升。由于中国实行以公有制为主体的基本经济制度及外部性、公共产品供给等市场失灵问题，国有企业在很多关系国家战略安全的重要行业及关键领域处于寡头垄断。对此，很多人强烈呼吁加快垄断国企改革，塑造公平公正的市场环境。一种观点认为，国有企业凭借行政垄断而非竞争力的提升获取了超额利润，是做大做强的主要原因，并产生了垄断低效，严重影响了公众福利。这种观点假定寡头市场垄断与所有制性质存在必然联系，认为因为有国有企业，所以才产生垄断问题，因此主张对国有企业进行私有化改造。实际上，由于市场失灵，寡头垄断是一种市场经济中十

---

① 陈俊龙、汤吉军：《基于双寡垄断模型的垄断国有企业改革分析》，《华东经济管理》，2013 年第 6 期。

分常见的市场结构，即使是在市场经济发达的美国亦是如此，而且范围更广、隐蔽更深、程度更为严重。垄断国有企业的低效，不仅存在于国有企业，很多大型的私有企业也仍然存在，是垄断企业的通病。再者，私有企业追求利润最大化，与社会福利目标存在偏差，公共产品问题就是典型的表现。与其相比，国有企业基于的是整体社会福利，需要承担稳定及促进经济发展、保障人民生活基本需要、提升国家竞争力等公共目标，可以弥补市场失灵，也具备私有企业没有的一些优势，这些都有助于提高社会福利。但是，不能因此就断定国有企业垄断就完全合理。垄断国有企业的确存在很多问题，例如内部人控制、腐败问题、管理体制落后、人事制度过于行政化、社会责任意识不够等，正是因为如此，才有改革的必要性。

本研究认为，垄断国有企业改革不能局限于所有制范畴，要用理性的经济学思维，科学地分析国有企业垄断市场结构及其绩效。对于改革的方向，不管是进行私有化还是进行混合所有制改革，都要基于社会福利的最大化，只有这样改革才有意义，才能让公众获益。基于此，本研究试图基于双寡垄断模型，将企业类型分为国有、私有及混合所有制企业，从由国有企业组成的双寡垄断市场出发，分析不同组合的垄断市场结构及均衡，比较各种均衡下的社会福利，结合中国国有企业垄断实际，为垄断国有企业改革及所有制结构调整提供理论及现实依据。

6.1.1 基于双寡垄断的模型分析

垄断是市场失灵的典型表现之一，会损害社会福利。国有企业垄断一直以来都是学术界研究的热点与难点。其中，很多研究基于古诺或斯塔克尔伯格模型研究不同类型双寡垄断市场中的不同所有制性质企业（私有企业、公共企业、混合所有制企业）之间的博弈关系、总产出及对社会福利。

已有研究多使用古诺模型及斯塔克尔伯格模型，尤其是后者被广泛研究，重点之一在于谁应当成为领导者。基于不同的前提假设及垄断环境，学者们得出的结论并不一致，但都具有一定的合理性。这些研究成果都对中国国有企业寡头垄断问题很有借鉴意义。在借鉴已有研究的基础上，结合中国国有企业垄断实际，进行如下模型分析。

假设存在一个双寡垄断市场，分别为 A 与 B，可能是国有企业、私有企业及混合所有制企业。两个企业面临的市场需求函数为 $P = a - Q$，P 是市场价格，Q 为市场供应量，$Q = Q_A + Q_B$。企业产品是同质的，没有任何区别；产量是决策变量，双方都准确地了解市场的需求曲线；没有外部企业的进入。国有企业的边际成本为 b，私有企业的边际成本为 c，且 $a > b$。$a > c$ 双方之间的竞争可能是古诺竞争，也可能是斯塔克尔伯格竞争，这取决于双方的实力与传递信息的可置信性。

1. 由国有企业组成的双寡垄断市场

假设市场中都是国有企业。一般来说，古诺模型中两个厂商势均力敌。在斯塔克尔伯格模型中，领导者实力雄厚，而追随者实力较弱。由于两个企业都是国有企业，在政策上都会受到政府的扶持。因此，可以假设他们之间的竞争是古诺竞争。两个企业的边际成本都为 b。

国有企业 A 的利润 $\pi_A = Q_A(a - Q_A - Q_B - b)$，国有企业 B 的利润 $\pi_B = Q_B(a - Q_A - Q_B - b)$。国有企业与私有企业不同，追求的不是利润最大化，是整个社会福利的最大化，因此其决策要实现消费者剩余及整个行业生产者剩余的最大化。[①] 生产者剩余为：$[a - (Q_A + Q_B)](Q_A + Q_B) - b(Q_A + Q_B)$；消费者剩余为：$\dfrac{(Q_A + Q_B)^2}{2}$。国有企业 A 的效用函数为：$U_A = (a - b)(Q_A + Q_B) - \dfrac{(Q_A + Q_B)^2}{2}$，效用最大化满足：

$$\frac{\partial U_A}{\partial Q_A} = a - b - Q_A - Q_B = 0 \tag{6.1}$$

同理，国有企业 B 效用最大化满足：

$$\frac{\partial U_B}{\partial Q_B} = a - b - Q_A - Q_B = 0 \tag{6.2}$$

由式（6.1）和式（6.2）可得，同时满足双方效用最大化的条件是 $Q_A + Q_B = a - b$，此时双方达到古诺均衡，产品价格为边际成本 b，效率达到了完全竞争的标准，实现了帕累托最优。在这种情况下，社会福利实现了最大化，为 $W = \dfrac{(a - b)^2}{2}$。表面看来，不存在帕累托改进的余地。但是，前提是双方的边际成本是固定的，如果双方的边际成本降低，社会福利会进一步提升。

2. 由私有企业与国有企业组成的混合双寡垄断市场

假设 A 为私有企业，B 为国有企业，双方构成混合双寡垄断市场。一般来说，国有垄断企业优势在于规模经济与资源优势，但机制不灵活，内部交易成本高；私有企业体制灵活，但政府扶持力度不足，资源获取难度大，往往难以实现规模经济。对于国有企业与私有企业效率，普遍的一种观念认为国有企业边际成本高于私有企业，例如乔治、拉曼纳（George and La - Manna, 1996）[②]。而且，中国寡头垄断国有企业普

---

① 国有企业一般都存在委托代理问题，导致企业目标与社会福利、企业目标与经理人目标相偏离，进而导致低效。在这里，为了便于分析，我们假设委托代理问题所产生的效率损失都体现在边际成本上，委托代理成本越高，边际成本越高。

② George, K., and La - Manna, M., 1996, Mixed Duopoly, Inefficiency, and Public Ownership, Review of Industrial Organization, 11: 853 - 860.

遍存在的问题之一是成本高，导致了高价格。因此，我们假设私有企业的边际成本 c＜b。此时，双方之间的竞争不再是古诺竞争，而是实力雄厚的国有企业与相对较弱的私有企业之间的斯塔克尔伯格竞争。国有企业会成为领导者，一方面是由于国有企业受国家扶持，规模大，市场地位高，而私人企业规模小，市场地位不及国有企业。另一方面，放宽信息对称的假设，一般来说，政府凭借自身信誉能够通过对外发布国有企业产出政策与目标来传递清晰的可置信信息，而私人企业信息传递则缺乏这种承诺机制。因此，国有企业更适合充当领导者。

私有企业 A 产出决策不需要考虑其他企业及消费者剩余，基于的是利润的最大化，利润最大化条件为：

$$Q_A = \frac{a - c - Q_B}{2} \tag{6.3}$$

将式 (6.3) 代入国有企业 B 的效用函数

$U_B = Q_B(a - Q_A - Q_B - b) + Q_A(a - Q_A - Q_B - c) + \frac{(Q_A + Q_B)^2}{2}$，其最大值满足条件：

$$Q_B^* = a + 3c - 4b \tag{6.4}$$

将式 (6.4) 代入式 (6.3) 得出 $Q_A^* = 2(b - c)$。令 $a - c = e$，$b - c = f$，社会福利 $W^* = 2f^2 + \frac{e^2}{2} - ef$。

3. 私有企业组成的双寡垄断市场

如果两个企业都是私有企业，那双方决策基于的是利润最大化。同时，假设双方势均力敌，这样双方之间的竞争是古诺竞争。

私有企业 A 与私有企业 B，实现利润最大化的条件分别为式 (6.3) 及 $Q_B = \frac{e - Q_A}{2}$，可以得出满足双方利润最大化的纳什均衡产量 $Q_A^{**} = Q_B^{**} = \frac{e}{3}$，社会福利 $W^{**} = \frac{4e^2}{9}$。

4. 私有企业与国有混合企业组成的混合双寡垄断市场

假设 A 为国有与私有资本融合而成的混合所有制企业。所谓混合所有制就是由非公有制资本（国有及集体资本）与非公有制资本（个体、私营及外资）相互融合、交叉持股而成的一种企业形态与经济形式。混合制所有制企业既含有国有资本，又含有私有资本，参见广明井野、亨弘松村（Ino and Matsumura，2010)[1] 与杨全社、王

---

[1] Ino, H., and Matsumura, T., 2010, What Role Should Public Enterprises Play in Free - Entry Markets?, Journal of Economics, 3：23 - 45.

文静（2012）[①] 的做法，假设混合制国有企业 A 的效用函数为：

$$U_A^M = \gamma \left[Q_A(e - f - Q_A - Q_B) + Q_B(e - Q_A - Q_B) + \frac{(Q_A + Q_B)^2}{2} \right]$$
$$+ (1 - \gamma)Q_A(e - Q_A - Q_B) \tag{6.5}$$

γ 代表着国有化程度，$0 < \gamma < 1$，值越高说明国有化程度越高，值越低说明私有化程度越高。

假设双方之间的竞争依然是斯塔克尔伯格模型，改制后的国有企业由于吸收了更多的社会资金，实力增强，因此再假设混合制国有企业 A 为领导者。B 为私有企业，效用最大化条件为 $Q_B = \frac{e - Q_A}{2}$，代入式（6.5）后，解出满足混合制国有企业 A 效用最大化的产量为：$Q_A^{**} = \text{Max}\left\{ 0, \frac{2e - 4fr - er}{4 - 3r} \right\}$，进而推出 $Q_B^{**} = \frac{e - re + 2fr}{4 - 3r}$。此时，社会福利 $W^{****} = -\frac{Q_B^{**2}}{2} - frQ_A^{**} + \frac{e^2}{2}$。

5. 由混合所有制企业组成的双寡垄断市场

如果市场中的企业都为混合所有制企业，而且双方之间势均力敌，那么竞争关系是古诺竞争，企业 A 的效用函数将变化为：

$$U_A^M = \gamma \left[(Q_A + Q_B)(e - f - Q_A - Q_B) + (1 - \gamma)Q_B f + \frac{(Q_A + Q_B)^2}{2} \right]$$
$$+ (1 - r)Q_A(e - Q_A - Q_B)$$

其效用最大化需要满足

$$Q_A^{****} = \frac{e - fr - Q_B}{2 - r} \tag{6.6}$$

同理得出国有企业 B 效用最大化时的最优产出：

$$Q_B^{****} = \frac{e - fr - Q_A}{2 - r} \tag{6.7}$$

由式（6.6）和式（6.7）得出，古诺模型的纳什均衡产出：$Q_A^{****} = Q_B^{****} = \frac{e - fr}{3 - r}$，社会福利 $W^{****} = \frac{2(2 - r)(e - fr)^2}{(3 - r)^2}$。

6. 由国有企业与混合所有制企业组成的双寡垄断市场

如果是一个由国有企业与混合企业组成的双寡混合市场，A 为混合企业，B 为国

---

① 杨全社、王文静：《中国公共服务供给的最优市场结构研究——基于混合寡头垄断市场的博弈分析及模拟检验》，《中央财经大学学报》，2012 年第 10 期。

有企业。A 与 B 的效用函数分别为：

$$U_A^M = \gamma \left[(Q_A + Q_B)(e - f - Q_A - Q_B) + \frac{(Q_A + Q_B)^2}{2} \right] + (1 - \gamma) Q_A (e - Q_A - Q_B)$$

$$(6.8)$$

$$U_B = (rQ_A + Q_B)(e - f - Q_A - Q_B) + (1 - \gamma) Q_A (e - Q_A - Q_B) + \frac{(Q_A + Q_B)^2}{2}$$

$$(6.9)$$

双方之间的寡头垄断博弈可以分为古诺竞争、由混合企业或国有企业充当领导者的斯塔克尔伯格竞争三种情况。在中国的寡头垄断市场中，大部分的垄断国有企业基本上都已经实现了形式上的混合所有制，纯国有企业已经不多。混合所有制企业仍然有政府扶持与资源获取优势，并扩充了资金，扩张了规模，实力得到了大幅度提升，比纯国有企业更有实力成为价格领导者。因此，结合中国实际，这里只讨论古诺竞争与由混合企业充当领导者的斯塔克尔伯格竞争。

一种是古诺竞争。通过计算可得双方效用最大化需要满足 $Q_A = \dfrac{e - fr - Q_B}{2 - r}$ 与 $Q_A + Q_B = e - f$，可以推出古诺均衡的产量为 $Q_A^{****} = f$，$Q_B^{****} = \text{Max}\{0, e - 2f\}$。此时，社会福利 $W^{****} = (1 - r)f^2 + \dfrac{(e - f)^2}{2}$。

二是由混合所有制企业充当领导者的斯塔克尔伯格竞争。将 $Q_A + Q_B = e - f$ 代入 (6.8) 中可以推出整个市场都由 A 来生产，即 $Q_A^{****} = e - f$，此时的社会福利 $W^{****} = \dfrac{e^2 - f^2}{2} - (e - f)fr$。

基于以上分析，可以得出不同组合的双寡垄断市场的产量、价格及总体社会福利，如表 6.1 所示。

表6.1　　　　不同组合双寡垄断市场的产量、价格及总体社会福利

比较指标 寡头垄断模式	产量	价格	社会福利
由国有企业组成的双寡垄断	$a - b$	b	$\dfrac{(a - b)^2}{2}$
由国有与私有企业组成的混合双寡垄断	$e - 2f$	$2b - c$	$2f^2 + \dfrac{e^2}{2} - ef$
由私有企业组成的双寡垄断市场	$\dfrac{2e}{e}$	$\dfrac{a + 2c}{3}$	$\dfrac{4e^2}{9}$
由私有与混合所有制企业组成的双寡垄断	$\dfrac{3e - 2re - 2fr}{4 - 3r}$	$\dfrac{4a - 3ra - 3e + 2re + 2fr}{4 - 3r}$	$-\dfrac{Q_B^{**2}}{2} - frQ_A^{**} + \dfrac{e^2}{2}$

比较指标 寡头垄断模式		产量	价格	社会福利
由混合所有制企业 组成的双寡垄断		$\dfrac{2(e-fr)}{3-r}$	$\dfrac{3a-ra-2e+2fr}{3-r}$	$\dfrac{2(2-r)(e-fr)^2}{(3-r)^2}$
由国有与混合 企业组成的 双寡垄断	古诺竞争	$e-f$	b	$(1-r)f^2+\dfrac{(e-f)^2}{2}$
	混合所有制 企业领先	$e-f$	b	$\dfrac{e^2-f^2}{2}-(e-f)fr$

6.1.2 不同模式寡头垄断市场社会福利的比较与讨论

比较不同模式寡头垄断市场的社会福利，对各种垄断及所有制改革方案进行比较，可以对垄断企业改革的方向，进而对所有制结构调整提供理论与实践上的思路与依据。通过分析，我们可以得出以下命题：

命题一：私有化是解决国有企业寡头垄断的一种方案。私有化尤其是完全的私有化并不一定能解决国有企业寡头垄断问题，进而，优化所有制结构，提升社会福利。

从理论上说，私有化能够带来边际成本的降低，提升经济效率。但是，私有企业追求自身利润最大化，而不像国有企业要考虑整体社会福利，会存在市场失灵带来的效率损失。只有私有化使边际成本降低到一定的程度，弥补私有企业与社会福利目标差异带来的损失，私有化才有意义。

为了证明这一点，首先来比较由国有企业组成、由国有企业与私有企业组成（部分私有化）与由私有企业组成（完全私有化）的双寡垄断市场社会福利。

通过比较，很容易得出 $W^* > W$，即将部分的垄断国企私有化，会改变竞争模式，有助于提升社会福利。令 $\Delta W = W^* - W^{**} = 2f^2 + \dfrac{e^2}{18} - ef$，通过计算可以算出，当 $f < \dfrac{3-\sqrt{5}}{12}e$ 时，$\Delta W > 0$。当其经济含义是，当国有企业边际成本低于一定程度时，部分私有化比完全私有化的社会福利更高。此外，还可以证明，当 $\dfrac{e^2}{(e-f)^2} < \dfrac{9}{8}$ 时，$W > W^{**}$，即如果私有企业的边际成本低于国有企业边际成本的程度不够，与完全的国有化相比，完全的私有化反而会恶化所有制结构，降低社会福利。

命题二：混合所有制有助于解决国有企业垄断低效问题，优化所有制结构，提升社会福利。

混合所有制经济一方面有助于国有企业吸收更多的非国有资本，扩大规模，优化企业管理体制，提高经济效率，增强国有资本的控制力。另一方面，让私有资本有机会进入国有企业垄断市场，在更高的平台实现价值增值，促进可持续发展。通过比较，很容易得出无论是古诺竞争还是斯塔克尔伯格竞争，$W^{*****} > W$，斯塔克尔伯格竞争下的 $W^{*****} > W^{*}$。这说明，发展混合所有制有利于改善国有垄断市场效率。

但是，在某些情况下，混合所有制提升社会福利的作用不如私有化的解决方案。例如，对于由私有企业与国有混合企业组成的寡头垄断市场，可以证明当 $\dfrac{e}{4f} < 1$ 且 $r > \dfrac{2e}{4f+e}$，社会福利为 $\dfrac{3e^2}{8}$，小于 W^{**}。但是，在当前中国的基本经济制度下，在一些关系到国计民生的重要行业与关键领域，需要坚持国有经济的主导作用，因此发展混合所有制经济是解决国有企业垄断问题，优化所有制结构的务实有效的现实选择。

命题三：混合所有制企业股权结构影响社会福利，作用机理取决于市场竞争类型与双方的边际成本。在特定条件下，存在最优的股权比例。

先看由私有企业与国有混合企业组成的寡头垄断模型。根据其社会福利的构成，r、e、f 是影响其大小的因素，同时也决定着双方的均衡产量与市场份额。通过计算可以证明，当 $\dfrac{e}{8f} > 1$ 时，Q_A^{**} 与 r 正相关，r 越大（混合企业国有股权越高或私有股权越低），Q_A^{**} 越大，也就是混合企业所占的市场份额越大，利润也就越高。当 $\dfrac{e}{8f} < 1$ 且 $\dfrac{e}{4f} \geq 1$ 时，Q_B^{**} 与 r 正相关，r 越大，Q_B^{**} 越大，即私有企业所占的市场份额越大，利润越高。当 $\dfrac{e}{4f} < 1$ 时，如果 $r > \dfrac{2e}{4f+e}$，那 $Q_A^{**} = 0$，也就是所有的产品由私有企业生产，此时形成了独家垄断，社会福利为 $\dfrac{3e^2}{8}$。当 $r < \dfrac{2e}{4f+e}$ 时，社会福利 $W^{****}(r)$ 在 $\left(0, \dfrac{2e}{4f+e}\right)$ 上单调性不唯一。当 $\dfrac{e}{8f} = 1$ 时，Q_A^{**}、Q_B^{**} 与 r 的大小无关，为固定值 4f 与 2f，r 与社会福利是负相关关系，但 r 与混合企业效用正相关。再看由国有企业与混合所有制企业组成的双寡垄断市场，无论是古诺竞争还是的斯塔克尔伯格竞争，r 与社会福利是负相关关系，r 值越大，社会福利越低。可见，混合企业国有股权并不是越高越好，也不是越低越好。在某些情况下，国有股权越高，混合企业效用越高，但社会福利越低，这说明混合企业中的国有股权在一定情况下会降低社会福利。但是，不能因此否认国有股权的重要性，国有股权的存在可以改变市场竞争类型，有助于维护公众权益。例如，对于由混合企业充当领导者，国有企业充当跟随者的斯塔克尔伯格竞争，如果国有股过低，那么这种竞争结构可能变为古诺竞争模型，当 $e > 2f$ 时，社会福利会降低。

再看由混合所有制企业组成的双寡垄断市场。在特定的情况下，存在最优股权结构，在一定的区间内，国有股越多，越有利于提升社会福利。再令 $h = \dfrac{e}{f}$，社会福利可表示为 r 的函数，$g(r) = \dfrac{2f(2-r)(h-r)^2}{(3-r)^2}$。通过计算可以推出，当 $h \leqslant 12$ 时，$g(r)$ 在（0，1）上是减函数，即国有股权越高或私有股权越低，社会福利就越低。当 $h > 12$ 时，$g(r)$ 在 $\left(0, \dfrac{9-h+\sqrt{h^2-14h+33}}{2}\right]$ 内是增函数，在 $\left(\dfrac{9-h+\sqrt{h^2-14h+33}}{2}, 1\right)$ 内是减函数。也就是说，混合企业存在一个最优的股权比例。可以证明，最优股权比例对应的社会福利要大于 W 与 W^{**}。其经济含义是，混合所有制企业需要设置科学的股权结构，最大程度发挥不同所有制产权主体的比较优势。

本部分基于双寡垄断模型，分析了由不同性质企业（国有企业、私有企业与混合所有制企业）构成的各种双寡垄断市场，对其社会福利进行了比较研究与讨论。其结论有以下几个方面，（1）判断一个寡头垄断市场效率的标准是社会福利的最大化，而不是所有制性质。在提升社会福利方面，私有企业的优势在于效率，即边际成本低，但其与社会福利目标存在偏差。国有企业的优势在于全面考虑生产者剩余与消费者剩余，但效率较低。无论是国有企业、私有企业还是混合所有制企业寡头垄断，最根本地还要看能否提升社会福利。（2）私有化并不是在任何情况下都能提升社会福利，需要满足一定的条件，私有企业边际成本要低于国有企业边际成本一定的程度才能够真正发挥出私有化的好处。如果国有企业能够通过改革有效地提升效率，完全可以不用采取私有化的解决方案。在一定条件下，部分私有化要比完全私有化的政策更能提升社会福利。因此，基于新自由主义思想的全盘私有化的改革建议并不符合经济学逻辑，在实践中也没有可操作性。（3）发展混合所有制经济是解决国有企业寡头垄断的有效途径。混合所有制企业能够发挥国有资本与私有资本的比较优势，有助于改善由国有企业组成的双寡垄断市场绩效。但在某些情况下，其效果不如私有化措施。（4）混合所有制企业的股权结构十分重要，影响着所有制结构及整体社会福利。对于国有股份比重，并不是越多越好，也不是越少越好，取决于市场竞争类型与双方的边际成本情况。在一定条件下，存在最优的股权比例。

6.2　交叉所有权、国有股最优比重与混合所有制发展分析

在对国有股最优比重的已有研究中，通常假设国有企业的股份制或部分私有化改革是通过引入外部的非国有资本完成的，同一行业或相似行业的私有企业是不参与的，也就是与国有企业只存在竞争关系，不存在交叉所有权安排。交叉所有权（cross ownership）是指一种单个个体拥有两个或更多处于个相同或相似的竞争市场中的企业的投资安排。有时也指一种投资者拥有其他不同企业（与投资者所拥有的企业存在交易关系或竞争关系）大量股份的投资安排。交叉所有权不同于交叉持股（cross-shareholding），不是企业间股权的相互持有而是单向的。同时，又不同于股权投资（equity investment），其投资方向局限于同一个或相似的市场，从这一点来说，与横向一体化（horizontal integration）具有相通之处。一般来讲，一个企业持有竞争对手的股份（交叉所有权），可以获取对方创造的一部分利润，通过投资组合多元化分散风险；加强企业间的联系，控制企业间的竞争水平；获取对方的专用性技术，增强自身的竞争力。国内外大量的经验证据表明，实现部分私有化的国有企业与私有企业在市场中已经实现了竞争与共存，交叉所有权并非仅仅存在于私有企业之间，也广泛地存在于国有企业与私有企业之间。

实际上，交叉所有权与国有股比重存在相互作用的关系。一方面，政府对于国有企业的股份制改革具有重要的决策权，会受竞争企业交叉所有权安排的影响。在确定国有股比重时，主要考虑的是整体社会福利（生产者剩余与消费者剩余之和）而不像私有企业那样只考虑自身利润。私有企业对国有企业的交叉所有权安排会改变国有企业和私有企业的效用函数及原有的市场均衡状态，私有企业是否持有国有企业股份将影响到国有企业股权结构改革的预期，进而影响到政府对于国有企业国有股比重的决策。

另一方面，政府对于国有企业国有股比重的决策也会影响到私有企业是否实施交叉所有权安排。一个持有竞争对手的股份并不代表着控制对手的决策，对决策制定的控制力取决于持有股权比重的高低。一个企业是否持有竞争对手的股份以及持有多少基于的是自身利润的最大化，前提是从竞争对手利润中获取的收益要大于原企业因均衡价格或产量变化所带来的损失，而这与竞争对手的目标函数密切相关。因此，国有股比重是交叉所有权不可回避的问题，国有企业中的国有股份比重多少决定着企业是国有控股还是非国有控股，进而决定着私有企业交叉所有权安排是否有利可图。

国有股比重问题是关系混合所有制经济发展的重要问题之一。如果国有股比重过高，容易导致企业控制权牢牢地掌握在国有股东手中，非国有股东话语权得不到保障，存在被国有大股东攫取准租金的风险。如果国有股比重过低，企业被非国有资本控制，那么容易出现在某一行业国有经济的控制力受到影响，企业经营目标偏离社会福利最大化，国有资产也面临流失与损失的风险，这一点已经从20世纪国企改革的教训中得到验证。因此，应当探索国有股最优比重，充分发挥出交叉所有权对混合所有制经济发展的推动作用。

交叉所有权安排对于混合所有制经济也具有一定的影响。从直接的角度来看，党的十八届三中全会指出，"国有资本、集体资本、非公有资本等交叉所有权、相互融合的混合所有制经济，是基本经济制度的重要实现形式。"通过交叉所有权安排，可以将与国有企业密切相关的私有资本引入到国有企业，形成不同类型资本的相互融合与制约，一方面有助于促进规模经济，拓展市场范围，增强企业的核心竞争力；另一方面，由于同处的行业相同或类似，交叉所有权安排有助于各种资源的高效整合，减少不必要的交易成本，提高整个行业的经济绩效。从间接来看，由于交叉所有权安排会影响到国有企业股权结构改革的预期及政府的相关决策，而国有股比重对于混合所有制经济具有直接作用，所以交叉所有权安排对于混合所有制经济具有间接作用。但是，由于私有企业追逐的是自身利益最大化，如果私有企业的效率达不到一定的程度，那么交叉所有权安排所导致的产量及价格变化很可能不利于社会福利的提升。

总之，交叉所有权与国有股比重存在相互作用的关系，是私有企业与国有企业进行博弈的重要变量。交叉所有权与国有股比重对于混合所有制经济具有一定的影响，进而对社会福利产生作用。在不同的条件下，产生的作用也不尽相同，既有可能促进，也有可能阻碍。

为了证明以上论点，我们构建由国有企业与私有企业的双寡垄断市场模型，剖析该种市场结构下私有企业对国有企业的交叉所有权、国有股最优比重与社会福利。

1. 模型构建

假设存在一个由国有企业与私有企业构成的双寡垄断市场，分别为企业 1 与企业 2。Q 为市场供应量，$Q = Q_1 + Q_2$。两个企业产品既可能是同质的，也可以存在差异，取决于 $\partial(0 \leqslant \partial \leqslant 1)$ 的数值，∂ 越大，产品的差异程度就越小。当 $\partial = 0$ 时表示两个产品没有任何同质性，当 $\partial = 1$ 表示两企业产品是完全同质的。企业 i 面临的市场需求函数为 $P_i = a - Q_i - \partial Q_j$，$i$ 及 j 的取值为 1 或 2，而且 $i \neq j$。为了简化分析，得出更为清晰的结论，我们假设 $\partial = 0$，即双方是同质的。

双方之间的竞争是古诺竞争，产量是决策变量，双方都准确地了解市场的需求曲线。没有外部企业的进入。企业 1 与企业 2 的生产技术都是规模报酬不变的，因此他们的成本都是常数，假设企业 1 的边际成本为 b，企业 2 的边际成本为 c，且 $a > b$，$a > c$。对于国有企业与私有企业的效率对比，学者们一般认为，由于产权不清及委托代理问题，国有企业效率普遍低于私有企业，即边际成本高于私有企业。但也有一些学者认为两者是相同，甚至国有企业效率有时高于私有企业效率。对于中国来说，国有企业长期以来存在委托代理、一股独大、政企不分等问题，严重影响了国有企业效率，但是通过持续的国有企业改革，国有企业效率显著提升，与私有企业相比具有明显的规模经济优势。所以，与私有企业相比，国有企业的相对效率应该分为两种情况。一种是私有企业的边际成本 $c < b$，第二种是两种企业效率相等，即 $c = b$。假设企业 1 与企业 2 的利润分别为 π_1 和 π_2。

国有企业与私有企业不同，其目标不仅局限于自身利润的最大化，而是追求整体社会福利的最大化。其效用函数 $W = \pi_1 + \pi_2 + CS$，CS 代表消费者剩余（consumer surplus），$CS = \dfrac{(Q_1 + Q_2)^2}{2}$ 股份制改革改变了国有股比重，使企业 1 的目标偏离了社会福利目标，效用函数变为 $U_1 = (1 - \delta)\pi_1 + \delta W$。假设企业 1 进行股份制改革或私有化决策，关系着是否及多大程度上打破国有股的垄断地位，吸收非公有制资本进入。当前中国大多数国有企业已经实施了此项改革，未来将进一步深化，大力发展混合所有制经济。假设改制后的国有股比重为 $\delta(0 \leq \delta \leq 1)$，$\delta$ 越大，表明国有股比重越高，吸收的非公有制资本就越少。当 $\delta = 1$ 时，意味着没有进行股份制改革；$\delta = 0$ 时，表明实现了完全的私有化。此时，δ 成为企业 1 效用大小的内生变量，企业需要选择最优的 δ 值来实现效用的最大化。

企业 2 作为私有企业，其追求自身利润的最大化，即 $\mathrm{Max}\pi_1$。鉴于交叉所有权的好处，企业 2 会决定是否持有竞争对手企业 1 的股份以及持有多少，假设持有的股份占非公有制股份的比重为 $\lambda(0 \leq \lambda \leq 1)$，$\lambda$ 值越大，持有国有企业的股份就越多。当 $\lambda = 0$ 时，表明没有发生持股行为，$\lambda = 1$ 时表明企业 2 实现了对企业 1 最大程度的持股。这样，企业 2 的效用函数可以表示为：$U_2 = \pi_2 + \lambda(1 - \delta)\pi_1$。

假设企业 1 与企业 2 进行的是三阶段的序贯动态博弈。

阶段 1：制定国有企业股权改革方案，确定国有股比重，即确定 δ 的数值；

阶段 2：私有企业根据国有股权改革方案，选择最优的参股水平，即确定 λ 的数值；

阶段 3：在混合双寡垄断的市场结构下，分别进行产量决策。双方之间的竞争即可能是古诺竞争，也可能是斯塔克尔伯格竞争。该阶段最终决定社会福利的大小。

由于企业 1 与企业 2 进行的是古诺竞争，双方同时进行产量决策，即第三阶段是静态博弈。

2. 边际成本不等情况下的古诺模型分析

现在假设企业 1 与企业 2 效率不等，按照传统的观点，国有企业效率低于私有企业，因此 $c < b$。借鉴简恩、帕尔（Jain and Pal，2012）[①] 的研究思路及方法，并为了便于处理，假设 $c = 0$，且 $0 < b < \dfrac{a}{4}$。[②] 通过计算，可以推出均衡状态下的产量、价格、利润、消费者剩余以及整体的社会福利，如下：

---

① Jain, R., and Pal, R., 2012, Mixed Duopoly, Cross – Ownership and Partial Privatization, Journal of Economics, 107（1）：45 – 70.

② $0 < b < \dfrac{a}{4}$，是为了保证企业产量在均衡状态下为正。

企业 1 的均衡产量 $Q_1^* = \dfrac{a-2b}{1+(2-\lambda)(1-\delta)}$

企业 2 的均衡产量 $Q_2^* = \dfrac{b+(a-a\lambda+b\lambda)(1-\delta)}{1+(2-\lambda)(1-\delta)}$

市场中的均衡价格 $P^* = \dfrac{(1-\delta)(a-b\lambda)+b}{1+(2-\lambda)(1-\delta)}$

企业 1 的均衡利润 $\pi_1^* = \dfrac{(a-2c)^2(1-\delta)}{[1+(2-\lambda)(1-\delta)]^2}$

企业 2 的均衡利润 $\pi_2^* = \dfrac{[b+a(1-\lambda)(1-\delta)+b\lambda(1-\delta)][a(1-\delta)+b-b\lambda(1-\delta)]}{[1+(2-\lambda)(1-\delta)]^2}$

均衡状态下的消费者剩余 $CS^{**} = \dfrac{[a-b+(a-a\lambda+b\lambda)(1-\delta)]^2}{2[1+(2-\lambda)(1-\delta)]^2}$

均衡状态下的社会福利：

$$SW^{**} = \frac{\begin{array}{l}a^2[1+(1-\delta)(3-\lambda)][1+(1-\delta)(1-\lambda)]+2ab[(1-\delta)(-3+\lambda)\\+(1-\delta)^2\lambda-1]+b^2[3-(1-\delta)(-8+2\lambda+\lambda^2-\lambda^2\delta)]\end{array}}{2[1+(2-\lambda)(1-\delta)]^2}$$

首先看博弈的第一阶段。在不存在交叉所有权，即 $\lambda=0$ 时，可以证明：

当 $b<\dfrac{a}{5}$ 时，符合社会福利最大化的最优国有股水平 $\tilde{\delta}=\dfrac{a-5b}{a-4b}$；

当 $\dfrac{a}{5}\leqslant b<\dfrac{a}{4}$ 时，$\tilde{\delta}=0$。

其含义是，在不存在交叉所有权安排的情况下，国有企业效率越低或两者间的效率差距越大，国有股比重越低。当效率差距高到一定程度时，完全的私有化是最优的。

再看第二阶段的博弈。在国有股比重既定的情况下，观察企业 2 的交叉所有权行为，求均衡结果。当 $\delta(\delta>0)$ 满足 $b+3b(1-\delta)-2(a-3b)(1-\delta)^2-3(a-2b)(1-\delta)^3=0$ 时，设为 $\bar{\delta}$，可以推出：

当 $0\leqslant\delta\leqslant\bar{\delta}$ 时，均衡的持股水平 $\tilde{\lambda}=1$；

当 $\bar{\delta}<\delta<1$ 时，均衡的持股水平 $\tilde{\lambda}=0$。[①]

其含义是，如果国有股比重低于一定的水平，那么私有企业应当持有其全部非国有股份；如果高于一定的水平，则不持有任何股份。同时，企业 2 的交叉所有权决策只有不存在（$\tilde{\lambda}=0$）与完全持股（$\tilde{\lambda}=1$）两种，不存在部分交叉所有权的均衡状态。

给定任意数值的 λ，求均衡状态下的国有股比重。可以证明，如果 λ 的值满足

---

① 具体的证明参见 Jain and Pal (2012)。

$\dfrac{\partial SW^*}{\partial \delta}|\delta = 1 < 0$，那么政府对国有企业进行股份制改革是最优的。前面已经证明当 $\lambda = 0$ 时，国有企业实施股份制改革甚至是完全私有化是最优的。现在考虑 $\lambda = 1$ 时的情况，可以证明，此时 $\dfrac{\partial SW^*}{\partial \delta}|\delta = 1 > 0$，其含义是当存在完全交叉所有权安排时，完全的国有化是符合社会福利最大化目标的最优选择。但是，$\lambda = 1$ 只有在 $0 \leqslant \delta \leqslant \tilde{\delta}$ 时才可成立。可见，国有企业与私有企业的相互博弈不会出现产生交叉所有权安排的均衡状态。但可以证明，在满足 $\tilde{\delta} < \bar{\delta}$，即 $b < \dfrac{a(9 - \sqrt{13})}{34}$ 时，双方存在博弈均衡，均衡条件下，不存在交叉所有权，对国有企业实施混合所有制对于政府来说是最优的。当 $b \geqslant \dfrac{a(9 - \sqrt{13})}{34}$ 时，$\tilde{\delta} \leqslant \bar{\delta}$，存在完全的交叉所有权，最优国有股比重比没有交叉所有权安排时要低。其含义是，如果国有企业与私有企业的效率差距达到并超出一定的水平，交叉所有权安排的存在影响了国有企业的最优国有股比重。

3. 边际成本相等情况下的博弈

假设企业 1 与企业 2 的效率相等，即 $c = b$。给定具体的 δ 与 λ 值，可以得出均衡状态下的产量、价格、利润、消费者剩余以及整体的社会福利，如下：

企业 1 的均衡产量 $Q_1^{**} = \dfrac{a - c}{1 + (2 - \lambda)(1 - \delta)}$

企业 2 的均衡产量 $Q_2^{**} = \dfrac{(a - c)(1 - \lambda)(1 - \delta)}{1 + (2 - \lambda)(1 - \delta)}$

市场中的均衡价格 $P^{**} = \dfrac{a(1 - \delta) + c[1 + (1 - \delta)(1 - \lambda)]}{1 + (2 - \lambda)(1 - \delta)}$

企业 1 的均衡利润 $\pi_1^{**} = \dfrac{(1 - \delta)(a - c)^2}{[1 + (2 - \lambda)(1 - \delta)]^2}$

企业 2 的均衡利润 $\pi_2^{**} = \dfrac{(1 - \delta)^2(a - c)^2(1 - s)}{[1 + (2 - \lambda)(1 - \delta)]^2}$

均衡状态下的消费者剩余 $CS^{**} = \dfrac{[1 + (1 - \delta)(1 - \lambda)]^2(a - c)^2}{2[1 + (2 - \lambda)(1 - \delta)]^2}$

均衡状态下的社会福利 $SW^{**} = \dfrac{[1 + (1 - \delta)(3 - \lambda)][1 + (1 - \delta)(1 - \lambda)](a - c)^2}{2[1 + (2 - \lambda)(1 - \delta)]^2}$

在企业 1 与企业 2 产品同质、边际成本相同的情况下，假定 δ 为任意定值且大于 0，λ 为变量。可以推出：$\dfrac{\partial Q_1^{**}}{\partial \lambda} > 0$，$\dfrac{\partial Q_2^{**}}{\partial \lambda} < 0$，其经济含义便是交叉所有权安排使得企业 1 的产量增加而使得企业 2 的产量下降，持有企业 1 股份越多，企业 2 在市场竞争中会比以往缺乏侵略性与强度，导致产量就越低，企业 1 的产量就越高。

此外，交叉所有权对于企业 1 产量的边际增加额要小于企业 2 产量的边际减少额 $\left(\frac{\partial(Q_1^{**}+Q_2^{**})}{\partial\lambda}<0\right)$，从市场总产量而言，企业 2 掌握的企业 1 的股份越多，总产量降低地就越多，直接导致消费者剩余降低 $\left(\frac{\partial CS^{**}}{\partial\lambda}<0\right)$。

还可以推出：$\frac{\partial\pi_1^{**}}{\partial\lambda}>0$，$\frac{\partial\pi_2^{**}}{\partial\lambda}<0$，表明企业 1 的利润与企业 2 持有企业 1 的股份大小正相关，持有股份越多，利润越高。企业 2 的利润则反之。但是，无法推断出交叉所有权对于整个市场总利润的影响，即无法判断出 $\frac{\partial(\pi_1^{**}+\pi_2^{**})}{\partial\lambda}$ 与 0 的关系。但是，可以推出 $\frac{\partial SW^{**}}{\partial\lambda}<0$，其含义是交叉所有权不利于增进社会福利。

再假定已经存在了交叉所有权，对于任意水平且大于 0 的 λ 值，在产品同质，边际成本相同的情况下，可以推出，对于任意的 δ(0≤δ≤1)，都有：

$$\frac{\partial Q_1^{**}}{\partial\delta}>0，\frac{\partial Q_2^{**}}{\partial\delta}<0，\frac{\partial(Q_1^{**}+Q_2^{**})}{\partial\delta}>0，\frac{\partial CS^{**}}{\partial\delta}>0，\frac{\partial\pi_2^{**}}{\partial\delta}<0，\frac{\partial(\pi_1^{**}+\pi_2^{**})}{\partial\delta}<0。$$

其含义是，国有股比重越高，企业 1 的产量就越高，企业 2 的产量与利润就越低，总产量与消费者剩余就越高，市场上的总利润就越低。对于国有股比重对社会福利的影响，则取决于消费者剩余的增加额与市场总利润的减少额之间的比较，最终取决于 λ 的数值。可以证明，当 λ = 0 时，只有 δ = 1 时，社会福利（SW）达到最大化。其含义是，在不存在交叉所有权的情况下，国有企业实现完全的国有化是社会最优选择。由此，可以得出均衡状态下，不存在私有企业对于国有企业的交叉所有权安排，国有企业不会进行股份制改革，完全的国有化是最优的。

通过以上分析，我们得出如下结论：

结论 1：交叉所有权与政府的国有股比重决策具有相互作用，共同对社会福利产生影响，政府可以通过国有股比重决策来影响私有企业的交叉所有权策略；只有在国有股比重足够低的情况下，交叉所有权安排对私有企业才是有利可图的；在均衡环境下，交叉所有权安排对于私有企业而言是无利可图的，但这并不能意味着政府不会对国有企业进行股份制改革或混合所有制改革。

结论 2：在国有企业与私有企业边际成本相等的情况下，交叉所有权行为并不能增进社会福利；在不存在交叉所有权的情况下，完全的国有化是最优的；在均衡状态下，不存在交叉所有权行为。

结论 3：当国有企业效率低于私有企业效率时，不存在最优的部分交叉所有权安排；在国有企业与私有企业效率差距低于一定水平时，会出现博弈均衡，在均衡状态下，不会存在交叉所有权行为，混合所有制经济对于政府而言是最优的。如果国有化水平足够低，则完全交叉所有权对私有企业来说是最优的；反之，则交叉所有权不会出现；在不存在交叉所有权的情况下，如果国有企业的边际成本足够高或国有企业与私有企业的效率差距足够大，对于政府而言，完全的私有化是符合社会福利最大化的选择；反之，则最优的国有股比重与国有企业的边际成本或国有企业与私有企业的效率差距负相关；在国有企业与私有企业效率差距超过一定水平的情况下，交叉所有权安排对最优国有股比重产生影响。

以上分析为政府对私有企业在双寡垄断市场中的交叉所有权安排控制提供了一个新的工具，即国有股比重的确定。这是一种经济手段，比严厉的法律规制及行政手段往往更为尊重市场规律，更能体现出市场的决定作用。本研究着眼的社会福利只是针对的一个行业而言，在国有经济战略性调整的大局中，为了完成整体和长远的战略性目标，政府可以利用这种工具来吸引本行业或类似行业中的私有企业来入股甚至是兼并，从而使国有资本向更为高效的领域流动。

6.3　自然垄断行业的所有制结构调整

6.3.1　国有企业自然垄断是市场失灵的必然结果

从传统经济学的意义上讲，单个企业生产产品的固定成本过高，长期平均成本随着产量的增加而递减，企业的产量需要达到一个很高的量，才能实现规模经济，平均成本才能最低。而这个产量基本可以占据很大的市场份额，单一企业或者是若干企业就可以承担整个社会对某种产品的需要，由此产生的垄断就是自然垄断。从这一层面来看，自然垄断并不是遏制竞争的结果，反而是市场竞争及实现规模经济的必然要求。但是，这一逻辑成立的前提条件是垄断企业必须要像竞争企业那样具有竞争意识及创新动力，而不是安于现状，出现 X 非效率。在中国，很多自然垄断领域都由国有企业控制，从经济学角度看，具有必要性，是市场失灵的必然结果。

第一，增强社会福利，优化资源配置。价格是垄断问题的核心，人们对于国有企业垄断的抨击集中体现在高价格上。假设存在一个自然垄断企业，企业最优价格决策，从理论上应按照边际成本等于边际收益的原则确定。在没有政府价格管制的情况下，对于私人厂商而言，按照 MR = MC，价格为 P_1，产量应为 Q_1，与垄断竞争及完全竞争的企业经济利润为零不同，垄断企业会获取垄断利润，但同时也会产生垄断低效，偏离帕累托最优状态。如果政府进行管制，按照社会剩余（消费者剩余及生产者剩余）最大化的要求，选择需求曲线 AR 与 MC 的交点所对应的价格 P_3，相应的产量为 Q_3，实现了帕累托最优。与没有政府价格规制时相比，价格降低，产量增加，属于帕累托最优改进。但此时，我们可以发现，当产量为 Q_3 时，AC > AR，也就是企业会面临亏损。对此有两种解决方案，一是价格管制。政府对企业亏损的部分进行财政补贴，使其获得正常利润，激励其继续生产及供给；垄断厂商选择一个合理的资本回报率，即选择 AC 与 AR 的交点所对应的价格 P_2，此时企业获得零经济利润。与没有价格管制时相比，产量增加，价格下降，社会福利得到提升。但是与边际成本定价法相比，价格高，产量低，也就是说存在帕累托改进的空间，不是最优状态（见图 6.1）。第二种方式是成立国有企业进行垄断经营的方式。前种解决方案存在信息不对称问题，私人企业往往为了自身利益最大化，可能会隐瞒或伪造信息，容易产生高昂的交易成本。而后者由于是由国家直接出资建立，更容易掌握相关信息。所以，政府经常采取成立国有企业的方式。

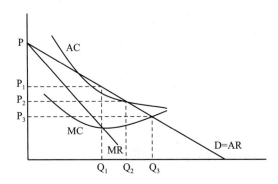

图 6.1　自然垄断条件下政府管制

第二，自然垄断行业固定成本高，前期投资巨大，私人部门往往力不从心，而公共企业可以凭借国家强有力的资金扶持进行投资。

第三，维护社会公平。对于一些利润过少甚至亏损的公共品，私人企业没有动力去生产，这时就需要国有企业介入，维护社会公平，保障社会福利。例如，中国邮政，遍布全国各个角落，无论是发达东部沿海地区，还是偏僻的山区，都设置网点，有些网点的设置从成本收益的视角来说都是不理性的，但是为了维护社会公平，中国邮政都在这些地方设置了网店。而一些比如中通、汇通、圆通之类的私人部门，一般是不会在这些偏僻地区设置网点。

6.3.2　自然垄断行业所有制改革的路径

市场化改革是防止垄断的有效手段之一，很多西方发达国家面对国有企业的低效率，纷纷进行了市场化或者说是民营化的改革。例如，英国在 20 世纪 90 年代进行了电力行业的民营化改革，开放了发电及配电市场，实行了电价形成的市场化，降低了电费，增加了发电量，改革效果明显。改革开放之后，随着中国社会经济发展对公用事业需求的不断加大，由政府大包大揽的传统运营体制越来越不适应公用事业的可持续发展，存在诸多严重的弊端，尤其是价格机制不健全。对此，中国也逐步尝试并展开了公用事业市场化的改革实践，各级政府出台了一系列的指导意见，通过招标、授权特许经营的方式，在公共交通、燃气、电力、环保等多个公用事业中引入了非国有投资者，形成了多元化的投资结构，较为有效地缓解了政府的财政压力，为中国公用事业的发展注入了新的活力。

但是，市场化也存在着风险，一是私人资本的逐利天性。私人资本参与公用事业建设，固然有助于发挥效率，使公众获得高质量、足够数量的产品或服务，但是追逐利润的天性决定着其不可能充当公益者及社会公平的维护者，很可能会在提高经济效率的同时，损害公平，背离了公用事业本身的目标，不利于社会经济的稳定。

二是虽然市场化是打破垄断的手段之一，但如果处理不当，无法在民营企业之间形成有效的竞争，那么政府垄断可能会转化为企业垄断，公众仍面临着高垄断价格，产量也是偏离帕累托最优的。尤其是自然垄断行业，其规模经济的特征决定着无论是由国有企业还是民营企业，市场上都会只有一家或几家企业，如果盲目的市场化，很难取得理想的反垄断的效果。

三是国有资产流失风险。国有企业在"抓大放小""有所为有所不为"等国有企业改制中，巨额国有资产被低价、甚至是无偿转变为私人资产，导致了国有资产极其严重的流失及损失。公用事业市场化也是如此，由于相关法律法规等制度安排不健全及人的机会主义倾向，国有资产面临着诸多流失及损失的风险，包括非法转移、恶意低估、寻租等。

四是沉淀成本风险。公用事业投资的一大特点便是固定成本高，其中就有大量的沉淀成本，包括厂房、专用技术设备、技术人才等，一旦对实行市场化，这些沉淀成本就会如可竞争市场理论所讲的那样，面临着沉淀风险，出现沉淀成本效应，进而形成强大的退出壁垒，对政府及国有企业产生巨大的改革压力。

五是不完全契约的风险。信息不对称及人的有限理性，决定着契约是不可能完全的。公用事业市场化实质上是一种契约关系的转变，由公众与政府之间的契约关系转变为公众、政府及企业之间的关系，核心在于政企之间的契约关系。整个契约的签订、履行、争议及控制过程，由于制度不健全及有限理性，会造成严重的信息不对称，诱发"道德风险"与"逆向选择"。企业与政府都存在侵害对方利益的机会主义行为，从而产生巨大的交易成本，影响改革的效率。

由此可知，市场化并不是解决自然垄断效率问题唯一的良丹妙药，会面临着各种风险，当积累到一定程度，会产生严重的社会经济问题，损害社会福利。此时，政府的作用就显得尤其突出，有力、高效的政府是保障公用事业市场化成功的关键。政府在公用事业市场化改革当中，应当慎之又慎，做好整个改革过程的监管工作。

通过以上论述，我们可以发现，自然垄断的出现与发展并不是单纯的市场问题或者说是政府问题，很多行业尤其是公用事业之所以主要由政府及其国有企业承担，是市场失灵的表现。但是，由此产生的垄断问题，会影响社会福利，政府有必要加强监管。而公用事业市场化，则是应对政府失灵的对策之一，而市场天然的不完全性也需要政府监管来抑制风险，维护社会福利。

可见，自然垄断行业改革作为所有制结构调整的重要领域之一，不可以实行激进的私有化的解决办法，这是因为，一是在位企业自然垄断的成本结构——成本次可加性，从而导致极高的进入壁垒；二是在位企业可能合谋对抗潜在竞争对手，特别是在集中、以前是国有垄断的公共部门私有化。在这种情况下，市场自由化竞争难以实现帕累托最优（Stiglitz，2002）。由于私有化失灵，政府干预必须提供基本品的供给，主要是公用事业部门，包括自来水、电力、基础设施等。其调整方向应当是渐进的，从外部来讲要加强政府管制，从内部改革来讲，对于公用事业等传统国有企业自然垄断领域，只要不威胁到国家经济、战略及国防安全，都可以适度让非公有制经济参与，甚至可以让其在与国有企业混合所有制公司中拥有控股权。随着技术进步、垄断行业改革和中国经济结构调整步伐的加快，某些原来的自然垄断业务或环节已经不再具有自然垄断属性。这时就完全可以放开这些业务或环节，让民营经济充分参与进来，打造成混合所有制经济。如移动通信行业，随着运营商的增多以及互联网时代微信等新技术的出现，现在已经基本具备了竞争性行业的特征。

第 7 章

加快所有制结构调整以推进经济结构战略性调整的政策建议

坚持公有制为主体，促进非公有制经济发展，统一于社会主义现代化建设的进程中，不能把这两者对立起来。改革实践充分证明，各种所有制经济完全可以在市场竞争中发挥各自优势，相互促进，共同发展。

7.1　完善现代市场体系

完善现代市场体系是保证所有制结构优化的先决条件。需要采取以下措施，为所有制结构调整奠定良好的市场基础。

第一，充分发挥市场的决定性作用。逐步弱化价格管制和行政审批的功能，加快推进生产要素价格体制改革，形成客观反映资源稀缺程度和市场供求关系的价格形成机制，尤其注重用严格的法规来规制企业开发利用资源的行为，将环境污染、生态破坏等负外部性内部化，从根本上解决资源浪费与低效利用问题，促进资源的优化配置，缓解或消除资源供需的尖锐矛盾。具体来说，需要强化市场竞争机制，进一步深化垄断行业改革，充分发挥市场竞争的功能，形成多元化的竞争主体；进一步调整国有经济的布局，不断优化国有经济布局和结构，区分竞争性领域与垄断性领域，坚持"有所为，有所不为"的原则，对于电力、石油、通讯等关系到国家安全的关键领域和特殊垄断行业，在不影响宏观经济稳定的前提下，还需要对垄断性产业实行结构重组，实现自然垄断业务与竞争性业务拆分，形成竞争性市场结构，引导企业将利润的获取由主要靠垄断转向依靠企业的技术创新、管理创新、品牌创造，提升经济发展的质量。以此来为国有企业资源提供良好的资本流动条件，并吸引非国有资本进行更高效率的配置。提升国有经济布局及市场的有效性，切实提升国有资源配置效率。

第二，进一步完善产品市场。在现有改革的基础上，一方面推进产品市场改革，促进其不断完善与发展形成成熟、竞争性的产品市场，充分发挥价格机制的作用，使国有企业经营者的业绩能通过利润、市场占有率等反映企业绩效的市场指标充分地表现出来，所有者可以凭借商品市场反映出来的信息来对经营者的成绩进行客观的分析，从而进行适当的奖惩，这样就形成了对国企经营者的外在压力，使其不得不约束自己的行为，促进各有企业发展。此外，要完善产品市场，打破产品市场垄断结构，允许国有企业与民营企业公平竞争，自由进入和自由退出。进一步完善当前促进公平竞争的相关政策法律，并在实践中保障已有制度的有效实施；切实减少产品市场中妨碍进入及退出的壁垒，尤其是繁琐的行政审批程序，降低各类型企业的沉淀成本；进一步推进政企分开，割裂国有企业与政府的特殊联系，真正地将国有企业塑造成自主经营、自负盈亏的独立的竞争主体。

第三，要完善要素市场结构，打破行政垄断和区域垄断，降低交易成本，允许生产要素区域间和国际间充分流动。（1）切实贯彻党的十七大关于收入分配制度改革的相关精神，"健全劳动、资本、技术、管理等生产要素按贡献参与分配的制度"，将按生产要素分配由确立原则上升为健全制度；（2）进一步扩大市场开放的程度，在基础设施和基础产业、金融、教育、医疗、文化等领域，进一步破除垄断、鼓励竞争，实现国有企业与民营企业的公平竞争，促进各种生产要素在更广泛领域的高效流动；（3）完善劳动力市场，促进劳动力要素市场化改革。完善维护劳动者合法权益的制度建设，尤其是法律制度的完善，为劳动者权益提供制度化保障；推动职工工资集体谈判与支付保障制度建设，切实提高劳动者收入水平，使劳动者真正地从国有企业发展中获得实惠；充分重视并加强国有企业党代会、职代会、工会的组织机制建设，与现代企业制度进行有效衔接，充分发挥维护职工权益及监督经营者的功能，使其真正地为广大职工权益服务。

第四，创造公平的市场竞争环境。有竞争才能有锐意进取的动力，国有企业的成长不光要考自身努力与国家的支持，非国有企业的竞争压力及互补也是十分重要的。长久以来，人们对私营与国有企业之间的关系存在一定的认识误区，有人认为私营企业与国有企业发展是矛盾的，要么"国进民退"，要么"民退国进"。而我们认为，两者是可以共同进步的，非国有企业具有自身的比较优势，能够弥补国有企业的先天不足，其对于国有企业健康发展也是有着一定的促进作用。只要符合市场竞争要求，合理优化两者资源，两者完全可以实现共同成长，而并非一定要打压一方。非国有企业可以参与到国有企业改革中去，在国有企业做大做强的同时，也为自身成长可持续成长提供机遇。通过审视国有企业改革的历史沿革，我们可以发现非国有企业在其中起到了不可忽视的重要作用，盘活了沉淀的国有存量资产，促进了当地产业结构及产品结构的优化，安置了大量劳动力，增加了税收，有的还实现了规模经济，不断做大做强。因此，我们有必要创造良好的市场竞争环境，以非国有企业的发展来加快国有企业发展。

各级政府要"坚持权利平等、机会平等、规则平等"的原则，在当前政策的基础上，制定并出台更多的配套政策措施及相应的配套实施细则，加大税收优惠、补贴等优惠政策的力度，鼓励和支持私营企业参与国有企业改革。注重市场政策的有效性，切实落实"新 36 条"等鼓励私营企业投资的政策，促进生产要素价格机制的完善，给予私营企业投融资、市场准入方面的公平待遇，并完善资产交易尤其是二手交易市场，实行加速折旧与税收减免等供给政策；充分发挥国家作为出资者及所有者的权利，加强对国有企业改革的有效引导，并规范自身行为，尊重市场机制的基础性作用，减少对企业改革的不合理干预；政府要搭建国有企业与私营企业之间的信息沟通平台，发挥好纽带作用，对国有企业改革相关信息与私营企业信息进行双向沟通，为双方选择合作对象及合理的合作方式提供信息服务，并以此促进私营企业在参与国有企业改革中的公平竞争；加大对国有企业的历史遗留问题的援助力度，包括增加经济补偿金支付比例、进一步豁免历史欠税、完善社会保障体制等，激励私营企业积极参与到国有企业改革当中，促进自身成长；政府要做好协调工作，对于私营及国企在合作过程中及事后所发生的摩擦与矛盾，政府要动用自身资源，协调好双方之间的利益纷争，避免矛盾激化，将损失降到最低；工商联充分发挥桥梁作用，加大宣传及引导作用，为参与改制的私营企业排忧解难，努力引导私营企业抓住机遇，积极参与国有企业改革；要完善法律制度，保障私营企业权益。在当前已有相关法律制度基础之上，结合中国国情，加大理论研究与创新，进一步完善私营企业相关立法及相关实施细则的制定与实施，真正给予私营企业在法律地位和法律保护方面给予"国民待遇"；进一步简政放权，深化行政审批改革，简化办事程序，做到"一站式"审批、"一个窗口"收费和"一条龙"服务、"一条线"应诉，为非公有制经济发展营造优越的市场竞争环境。

第五，完善资本市场，增强国有股流动性。国有股充分流动是实现国有股最优比重的前提。虽然经过了国有股减持与股权分置体制改革，但是国有股流动性依旧较弱，受行政因素的干扰，难以根据市场要求自由流通。对于流通股权，主要靠原值或净现值评估出来，无法正确衡量与确定国有股市场价格及其获利能力，导致国有资产贬值风险，进一步抑制了流动性。对此，需要进一步完善资本市场，坚持公开、公平和公正的"三公"原则，在充分保护国有资产安全及中小投资者利益的前提下，完善国有股定价机制，规范国有股流通程序及通道，实现全过程的公开化，稳步推进国有股减持。

7.2　加强沉淀成本管理

第一，加强专用性资产管理。所有制结构调整的关键因素之一在于资产专用性。

资产专用性会造成企业进入及退出市场的壁垒，不利于实现所有制结构的拉姆齐最优。围绕资产专用性，需要制定并采取有效的市场与非市场政策。具体来说，要完善各类生产要素的价格形成机制，大力发展二手市场，为企业专用性资产提供有效的价值转移渠道，对专用性资产采取加速设备折旧、适度税收减免、补贴等优惠政策，降低使用专用性资产带来的机会成本。企业要完善专用性资产投资决策制度，优化投资决策程序，严格控制风险，明确投资责任，切忌盲目投资。维护好、使用好已有的专用性资产，对厂房、设备等专用性资产做好日常的维护、维修、保养及升级，减少有形及无形损耗；对人力资本专用性资产，要加强人力资源管理，培养高素质复合型人才；对品牌专用性资产，要做好品牌管理，维护及提升企业声誉；对专项专用性资产，要加强事前谈判，合理分摊成本；对于临时专用性资产，要加强时间或过程管理，保证按时完成项目目标。

第二，优化企业的市场准入及退出机制。健全市场准入制度，尽快降低市场准入门槛，保障各类市场主体依法、平等、高效进入。具体包括：按照公平、法制的市场经济要求，加大配套政策供给，切实落实好党的十八大及其三中全会有关精神及"新36条"等鼓励非公有制经济发展的政策；加快推进石油、天然气、电信、铁路运输、银行等领域的垄断行业改革，在行动上消除所有制歧视，为非公有制企业进入垄断行业创造必要的条件；大力改革行政审批制度，严把合法关、合理关与监督关，尽快落实2013年国务院提出的133项行政审批的取消与下放工作，继续简化行政审批，取消已经没有审批必要的事项，把一些适合由地方管理的事项下放给地方，做好对非公有制企业的市场准入服务，激发私人资本的积极性。完善各项市场退出制度，对资源型等专用性投资高的国有企业创造良好的市场退出条件。具体包括：建立完善的退出援助机制，规范企业破产保护制度，成立专门的改革基金、投资补贴和税收优惠等方式，合理承担国有企业退出成本；打破制约劳动力自由流动的行政性及市场性障碍，为国有企业劳动力的有效转移创造良好的市场条件，减轻企业改革进程中因劳动力尤其是富余劳动力安置问题带来的沉淀成本压力；大力加强职工培训，增强专用性工人技能和素质，为其转业提供有效的信息服务及优惠条件，增强其再就业能力及流动性；进一步完善社会保障体系，保障国有企业尤其是老工业基地资源型企业市场退出后离退休、下岗人员的生活，为国有企业市场退出奠定良好的社会保障。

第三，投资者需要采用适用的生产技术，即选择符合比较优势的生产技术，而不是采取人为的赶超高新技术，避免出现无形损耗而引起的沉淀成本，如同熊彼特所说的"创造性破坏"——当一种有活力的经济创造了崭新的部门时，它同时破坏了整个工业，而不是使经济平稳地趋向均衡。因为技术进步可以摧毁现有生产技术投资的原有价值而产生沉淀成本，所以需要采用符合资源禀赋的比较优势，不仅可以降低生产成本，而且还会有助于原有机器设备的成本回收，有助于减少沉淀成本，从而有利于企业或产业生产技术有序升级。[①]

第四，在某些情况下，沉淀成本可以由私人或政府间接管理，特别是间接地减少它们出现的概率。例如，私人保险和政府保险、社会安全网（食品和福利计划）、价格支持计划（最低工资或最低生活保障标准），以及采取加速折旧和税收优惠政策等，这些补偿机制都可以减少沉淀成本。[②]

7.3 降低交易成本与风险

制度是降低交易成本的重要工具，制度最核心的功能是对市场经济中的经济主体提供激励与约束，通过降低不确定性、抑制机会主义行为、外部性内在化来实现交易费用的降低，如产权制度，通过对剩余索取权与控制权的合理配置，能够减少摩擦，促进交易的顺利进行。因此企业内部与市场外部的制度效率影响着交易成本的高低。设计、实施合理的制度安排，实现制度耦合，保证制度的适应性效率，有利于对企业内外部的交易主体进行激励与约束，减少用在解决纠纷、冲突的费用，促进混合所有制经济发展。

科斯定理认为，在交易成本大于零的情况下，不同的权利配置界定会带来不同的资源配置，因此产权制度是重要的，在所有的制度集合中，最基本、最重要的制度安排就是产权制度。产权制度实质上是产权关系的制度化，是划分、确定、界定、保护和行使产权的一系列规则。高效率的产权制度，能够实现产权关系明晰，界定交易双方之间的权责利，减少不确定性；通过外部性内在化，对产权主体产生激励，进而可以达到降低交易成本的作用。因此产权制度的完善是降低交易成本，促进企业所有制结构调整的基础条件。

产权结构是产权制度中最深层次的问题。企业产权包括剩余索取权与剩余控制权，产权结构是两种权利的相互关系和归属状况，最主要地表现为两种权利的结构，从古典型企业到现代企业制度的转变，实质上是产权结构的变迁过程。不同的企业产权结构决定着不同的交易成本，独资型企业剩余索取权与控制权相结合，拥有较少的代理问题，因此存在较小的代理问题带来的交易成本，但是由于企业主认知能力的限制，往往会产生用于学习、获取信息上的高额交易成本。股份制公司由于两权的分离，存在较高的用于解决代理问题的交易成本，但是在信息获取、决策正确性、专业性上又具有降低交易成本的优势。现代企业形式大都实行股份制，存在大量的代理问题，因此有必要强调治理结构的重要性，法人治理结构及其配套措施是重要的制度安

---

①② 汤吉军、郭砚莉：《沉淀成本、交易成本与政府管制方式——兼论中国自然垄断行业改革的新方向》，《中国工业经济》，2012年第12期。

排，合理、完善、高效的治理结构将代理人的行为置于严格的约束框架下，减少代理成本，也就是委托人与代理人之间的交易成本。因此，企业要根据自身的实际情况，选择合理的产权结构和内部治理结构，完善相应的配套制度建设，最大限度地提升企业的价值。

对于市场交易而言，要强调市场体系的完善，而高效率的法律法规等正式制度，价值理念、意识形态等非正式制度是完善市场体系的重要手段。产权明晰、法制完善、诚信至上的市场体系下，各种市场有机结合、有序进行，竞争性与有序性并存，经济主体之间的交易被置于国家严格正式与非正式制度的框架之下，机会主义倾向受到抑制，不确定性减少使人们交易的风险降低，交易得以顺利进行，充分发挥市场生产规模经济与范围经济的优势，有效地降低交易成本，如避免专业性资产投资所产生的沉淀成本。其中最主要的制度是产权制度，它是由国家制定的正式制度，具有权威性，是市场经济存在和发展的基础。产权制度的效率高低决定着能否明确交易主体之间的权责利，减少企业与交易对象（国家、企业、个人）在交易标的所有权的转移过程中的冲突，保障企业的合法权益，使企业减少用于防范风险的交易成本，将有限的资源用于生产经营，在市场配置资源起决定性作用下实现所有制结构优化，从而有助于实现企业健康发展。

7.4 渐进式发展混合所有制经济

7.4.1 采取渐进式制度变迁审慎地对待私有化

党的十八届三中全会提出，"公有制为主体、多种所有制经济共同发展的基本经济制度，是中国特色社会主义制度的重要支柱，也是社会主义市场经济体制的根基。公有制经济和非公有制经济都是社会主义市场经济的重要组成部分，都是中国经济社会发展的重要基础"。"要完善产权保护制度，积极发展混合所有制经济，推动国有企业完善现代企业制度，支持非公有制经济健康发展"。要深刻领会党的十八届三中全会有关精神，转变将国有经济与非国有经济对立的陈旧思想，认识到不一定非要"国进民退"或是"民退国进"，完全可以共同发展，而混合所有制经济是实现共同发展的有效途径。此外，在当前中国的国情下，全面私有化这种激进式的变迁方式并不是解决国有企业垄断问题的灵丹妙药，东欧国家的转型实践已经证明了这一点。在推进国有垄断企业改革时，不能盲目地实施私有化。稍有不慎，就可能使国有资产遭受严重流失及损失，危害社会公众利益。最稳妥、最符合公众利益、并被多年来实践证明有效的是渐进式的制度变迁方式，越来越多的学者已经达成基本共识，尽快停止复制旧体制，继续坚持市场化、法制化，进一步完善社会主义市场经济体制①。通过持续深入的国有企业改革，让国有企业建立健全现代企业制度，更好地履行社会责任，真正地树立市场竞争与自主意识才是改革的可行路径。

7.4.2　继续完善产权制度

社会主义市场经济本质上是法治经济。使市场在资源配置中起决定性作用和更好发挥政府作用，必须以保护产权、维护契约、统一市场、平等交换、公平竞争、有效监管为基本导向，完善社会主义市场经济法律制度。健全以公平为核心原则的产权保护制度，加强对各种所有制经济组织和自然人财产权的保护，清理有违公平的法律法规条款。创新适应公有制多种实现形式的产权保护制度，加强对国有、集体资产所有权、经营权和各类企业法人财产权的保护。国家保护企业以法人财产权依法自主经营、自负盈亏，企业有权拒绝任何组织和个人无法律依据的要求。加强企业社会责任立法。完善激励创新的产权制度、知识产权保护制度和促进科技成果转化的体制机制。进一步健全"归属清晰、权责明确、保护严格、流转顺畅"的现代产权制度。加强产权理论研究，帮助人们提高产权意识，树立正确的产权观念，为产权制度改革提供理论依据与思想基础。在已有产权制度的基础上，加强法制建设，进一步健全《企业国资法》《物权法》等法律制度，并尽快制定与各项法律配套的系列法规及规章制度，提高制度的可操作性。完善公有产权制度，摸清改制国有企业的产权状况，清理产权分布混乱、不清的现象，做好产权登记及变更工作，尽快出台科学、合理、稳定性强的规范制度，为国有资本合理流通创造条件；国资委要履行好出资人职能，其他监管部门也要发挥好各自职能，理清各自的职权范围，加强对国有企业产权信息的掌握，防止国有资产流失。政府要转变职能，坚持市场公平原则，依法行政，保护各种所有制经济产权和合法利益，做到"公有制经济财产权不可侵犯，非公有制经济财产权同样不可侵犯"，让它们能够依法平等使用生产要素，同等受到法律保护。完善股权自由转让制度，健全公司股权流转的法律法规，将股权转让纳入到多层次的资本市场体系，并建立科学完善的统一监管体系。

7.4.3　推进国有企业混合所有制改革

混合所有制并不是适用于任何国有企业的改革良药，要对国有企业混合所有制改革进行分类，树立正确的思想观念。发展混合所有制经济的根本目的在于提高社会福利，这是改革的最终落脚点。所以，不能为了改革而改革，要具体问题具体分析，关

---

① 樊纲：《制度改变中国——制度变革与社会转型》，中信出版社，2014 年版。

键看交叉所有权是否提高了社会福利。发展混合所有制经济不要"一刀切",否则在特定的情况下,反而会损害社会福利,违背发展混合所有制经济的初衷。要根据不同行业、不同类型、不同情况的企业实施"一企一策",确定国有企业中国有股的最优比重。对于一些效率很高、竞争力很强的国有企业,没有必要非得推进混合所有制改革。对于一些效率较低的国有企业,也需要在综合考虑市场结构、竞争对手、效率差距等一系列因素。对于国有独资企业,要在条件成熟的情况下,积极进行股份制改革及并购重组,争取上市,吸收广泛的非公有制资本进入,成立混合所有制企业,实现产权多元化。除了个别关系到国家战略安全的企业需要国家独资外,包括一些国企控股母公司在内的其他国有独资企业,应当加快推进股份制改造,采取各种灵活形式与非公有制资本融合,并在条件成熟的情况下上市,实现产权多元化与重组。对于已经是混合所有制的国有企业,要深化股权结构改革,适度减持国有股,增加非国有股份,实现国有股高效的流通转让,设计和完善内部员工持股制度,逐步允许企业员工持股。对于需要国有控股的企业,国有资本未必非要绝对控股,也可以采取50%以下的相对控股。完善法人治理结构,继续加强股东大会、董事会、监事会及各种专业委员会建设,构建各方相互制衡的稳定结构,强调务实高效,摒弃形式主义,向有关监管部门及社会公众及时披露治理信息,接受外部监督。完善激励机制,国资委要尽快出台员工持股办法,允许混合所有制企业员工直接持股,形成资本持有者和劳动者的利益共同体,激发员工的积极性与创造性。完善国有股权转让制度,从法律的角度清晰界定国有股权转让,制定稳定的政策,明确转让程序,设计科学合理的国有股权转让定价机制,防止国有资产流失。加快推进公有制企业与非公有制企业交叉持股,形成相互制衡机制,抑制事后的机会主义行为。采取有效措施鼓励非公有制企业通过参股、控股、资产收购等多种方式参与国有企业的改制重组,实现优势互补与共赢。要吸取以前的改革教训,避免一刀切的改革措施,不能认为"一混就灵",要深入调查研究,进行科学论证,制定科学合理的改革方案,因地制宜地推进国有企业混合所有制改革。对于一些关系到国家安全的特殊行业,或者是国有企业效率已经很高的行业,混合所有制改革要慎重。

此外,要降低市场壁垒,创造公平的市场环境,更需要考虑的作用①。在不存在交叉所有权的情况下,要想发展混合所有制经济,形成最优的国有股比重,需要从外部吸收足够的社会资金。在今后的改革中,要降低准入门槛,创造优越竞争环境。按照公平、法制的市场经济要求,加大配套政策供给,切实落实好党的十八大及其三中、四中全会有关精神及"新36条"等鼓励非公有制经济发展的政策,加快推进垄断行业改革,逐步放开更多的垄断市场领域及业务;大力改革行政审批制度,严把合

---

① Schmitz, P. W., 2000, Partial Privatization and Imperfect Contracts: The Proper Scope of Government Reconsidered, Finanz Archive, 57: 394-411.

法管、合理关与监督关，做好对非公有制企业的市场准入服务，为私人资本进入市场并实施交叉所有权策略提供条件。此外，政府要突破自身狭隘利益的局部意识，着眼于社会福利最大化的大局意识。党的十八届三中全会提出的发展混合所有制经济，与以往的不同之处在于，将国有企业与非国有企业放在了同等的位置，强调非公有制企业也可以对混合所有制企业进行控股。因此，即使非国有股份比重较高，甚至是超出了国有股，但只要符合公众利益，有助于促进社会经济发展，政府都应当积极推动。

7.4.4 非公有制企业要加快自身发展

非公有制企业要加快自身发展，增强自身实力，一方面主动与国有企业的广泛合作与融合，另一方面增强企业声誉，吸引有实力的国有企业与其合作，同样也需要民营经济转型发展[1]。

一要进一步地优化产权结构，为发展方式的转变奠定坚实的产权基础。非公有制企业尤其是中小企业要关注治理机制的建设，建立适合自身的产权结构形式，明晰各方的权责利关系，降低交易成本，协调好各方之间的利益关系，最大化地发挥产权的激励功能，激励个利益主体共同为企业发展方式的转变而共同努力。尚未建立现代企业制度的非公有制企业尤其是家族制企业要有长远的发展眼光，并在机会成熟的条件应当积极发展股份制，从单一家族制向股权多元化转变，充分吸收社会资源来为企业注入转型所必须的新鲜血液。对于已经实现股份制的企业，不断促进产权的多元化，在更广泛的领域与其他类型的资本展开合作。

二要促进技术能力提升，为发展方式的转变奠定坚实的技术支持。先进技术能够降低成本与浪费，提升经济效益，发展方式的转变必须要有坚实的技术能力作为支撑。对于科技含量高、市场前景好、发展潜力大的新兴市场如新能源，非公有制企业尤其是领导者，要有开拓进取的精神，一旦发现好的市场机会，要抓住机遇，积极进入，通过加大技术、产品创新力度来提升企业竞争力，加快促进发展方式的转变，获取更高的市场份额与利润。由于市场中充满着信息不对称、不确定性高，这就对企业领导者的素质提出了高要求。领导者应不断地提升各方面的素质，尤其是进取精神、竞争意识及敏锐的市场洞察力，抓住市场机遇，加快发展方式的转变。同时，非公有制企业要有效地利用国家优惠政策，加大技术投入，通过引进、创新、联合攻关等形式，切实提升企业自身的技术能力尤其是自主创新能力，以技术实力作为提升产品质量、开拓市场、降低成本、增加利润等强有力的支撑，促进企业的可持续成长。

三要完善激励与监督机制，实施员工持股，为发展方式的转变奠定管理基础。根据企业自身实际，进一步完善符合各自需求的激励机制与约束机制，设计出一套能最

---

① 王国太：《经济新常态下民营企业的发展与转型》，《企业改革与管理》，2015 年第 8 期。

大化激励及约束企业人员积极性与创造性的奖惩制度，减少委托代理成本，将企业人员的利益与企业的优质发展紧密地联系在一起。在激励方面，除了采用剩余索取权来激励高层管理人员及决策者之外，要注意扩大激励范围，对于技术人员、普通员工也要采取适当地方式进行激励，具体的激励方式可以是奖金、员工持股计划、股票期权等方式，激励企业人员为了企业长远的发展而努力，推动发展方式转变。在约束方面，实现股份制的私营企业应当进一步健全法人治理结构，要加强董事会制度建设，真正地发挥股东大会、监事会、董事会的监督职能，防止"内部人控制"等机会主义行为，保障广大股东的合法权益，切实提高企业内部的治理效率，防止阻碍企业发展方式转变的不利因素。尤其要注重推行严格的企业预算管理制度。实行合理的预算约束，加强财务监管与规范，抑制企业无谓浪费资源、盲目投资的行为，防止产生无谓沉淀成本，使其为了利润将有限的资源投入到更优的领域，例如加大技术创新力度，培养高素质专业人才等，自觉地推动企业向集约型发展。

第三篇

产业结构调整优化

第 8 章

中国产业结构的发展历程、
现状及存在主要问题

8.1 中国产业结构的发展历程

1949 年 10 月新中国成立，但是经济上却处在极端落后的境地，全国表现出的不是一个工业国家的现状，而是纯粹落后的农业国，不仅如此，整个国民经济体系都没有处在独立的状态，因此，国家为了尽快摆脱这种局面，尽快把中国经济从泥潭中拖拽出来，在一段时期内建立了单纯计划的经济体制，被称为"计划经济"时期。尽管这种计划经济体制后来遭到各方诟病，但在新中国刚刚成立初期对经济的复苏与振兴做出了巨大贡献。首先，国家确立了以重工业为主的产业发展模式，优先发展重工业，党中央和国务院十分重视重工业对国家经济发展与经济安全的重要作用，在政府的相关政策及各方面的努力下，中国的工业化水平得到了显著提高，产业内容也在逐渐形成，产业结构也在不断调整，但是产业结构依然很不合理，层次不高，这是计划经济与市场经济矛盾的结果，我们深处在市场经济的大环境当中，单纯的发展计划经济，我们的反应与发展节奏都无法与之协调。于是，1978 年改革开放以来，国家的经济体制先后经历了以计划为主以市场为辅、社会主义市场经济等三个重要时期，在这期间，国民经济发展不断创造出新的佳绩，国民收入水平不断提高，各行业发展都在提速，产业结构与产业层次都得到了显著增强。产业结构也因为改革开放缘故出现了根本性转变，我们就此把中国产业结构变动分为改革开放前的产业结构演变和改革开放后的产业结构调整优化两个阶段。

8.1.1　改革开放前的产业结构演变

（1）优先发展重工业，迅速提升国力阶段（1952～1957年）。

这一阶段也有人称之为初步工业化阶段，或者工业化初期阶段。实际上这些称呼都不准确，因为我们国家刚刚成立时的目的不是要走工业化道路，而且短时期内也不可能实现，这是任何人都不能逃避的事实。新中国刚刚成立时，尽管中国共产党人已经取得政权，但政权还很不稳固，国内的一些偏远地区还存在硝烟的味道，国家经济发展工作并没有提到日程，整体经济形势十分混乱，国民生活很艰苦，可以说，新中国成立之初，真正意义上的经济发展应该是从1952年开始的。资料记载，1952年国家开始经济的清理整顿工作，通过没收和和平赎买的方式将资本家手中控制的资本收归国有，与此同时，新中国国内的三大产业也初步形成，如表8.1所示。据统计，1952年末，中国的人均GDP仅为104元，产业结构中第一产业和第二产业中的轻工业占据主导地位，也有一些现代工业，但规模十分弱小，规模最大的产业是第一产业，产业结构比例为51.7，其次是第二产业，产业结构比例为23.1，第三产业最为弱小，产业结构比例为19.2。不仅如此，产业的空间布局极其不合理，这可能与新中国成立后的军事设施及人口布置有关。大部分工业都集中在了外围，特别是东部的沿海地带，中西部很少，西南、西北和内蒙古则更少，从土地面积看，西部地区土地面积超过60%，但工业经济总量还不到全国的10%。[①]

表8.1 　　　　　　　　1952～1957年全国GDP及三次产业产值情况　　　　　　　　单位：亿元

年份	GDP	第一产业产值	第二产业产值	第三产业产值
1952	679	342.9	141.91	194.19
1953	824.19	378.3	192.86	253.85
1954	859.38	391.88	211.41	255.24
1955	910.78	421.7	222.23	266.86
1956	1028.98	444.52	280.91	303.55
1957	1069.29	430.92	317.58	321.86

资料来源：《中国统计年鉴》（1986）。

从1953年开始，中国正式迈开了经济发展的脚步，出台了第一个"五年计划"。该计划的重点是完善中国产业内容，使产业结构不断完整。针对1952年中国产业发

[①]　《中国统计年鉴》，中国统计出版社，1986年版，第55页。

展的现状，该计划提出要重点发展重工业，附带发展轻工业。在该计划实施过程中，采取了高度计划统一的管理思想，从计划到财政，从工业到基础等，各个领域都实行高度计划的模式，也正因为如此，中国才被称为集中计划经济体制。但是大家需要看到，这种方式采取的是具有特殊历史意义的，一个最重要的变化就是产业结构得到优化。首先，总量均有显著发展，这一时期，无论是第一产业，还是第二产业、第三产业，国民生产总值均有较大幅度提升。其次，各产业增加值变化情况向良性方向发展。据统计，1952 年，三次产业增加值分别为 51.0%、20.9% 和 28.2%，到"一五"结束时，即 1957 年，上述指标变化为 40.6%、29.6% 和 29.8%，[①] 第二产业的指标变化还存在另外一个细节，即工业增加值的变化中大部分来自于纯工业，建筑业的增长幅度并没有起到关键作用。经过五年建设，三次产业比例分别表现出下降、上升、上升的趋势，但第二产业增加值上升幅度较大。这一变化结果是经济发展所呈现的产业结构变动规律的内在要求。根据产业经济学基本理论，随着工业化的发展，一定会出现第一产业产值逐渐下降、第二产业产值逐渐上升、第三产业产值也上升的局面。由此可见，"一五"对中国经济发展起到了至关重要的作用。那么，是什么原因促成了"一五"期间中国经济发展的模式呢？我们认为至少有以下几个方面原因：

一是经济发展的动力主要来自于对三大产业的成功改造，特别是顺利完成了对农业、手工业以及其他一些行业的社会主义改造，还有就是对资本主义工商业的改造工作，这些行业的成功转型从根本上为全国经济的发展提供了动力。应该说，改造的目标设定受到了苏联经济体制改革的深刻影响，但是党和国家领导人在充分认清中国国情后，在步骤和具体方式、方法上选择了适合于中国经济社会发展的具体措施，具有一定独创性，随着改造的逐渐深入所凸显的一些问题也是苏联时期不存在的，因此，必须采取特殊的补救措施，也正因为如此，才保证了中国的农业、工商业、轻工业尤其是手工业具有一定的增长空间。

二是计划经济体制伴随着社会主义和平赎买的改造过程逐步建立起来。计划经济体制是以中央计划机关命令的方式决定总供给与总需求的，这是一种在社会主义国家成立以前从未出现过的经济体制，但这种经济体制有一个最大的好处就是，在经济发展的困难时期能够帮助经济朝着预期的方向继续前进，并逐渐消化掉经济发展导致的膨胀因素。但是就"一五"时期而言，不同年份所表现出的计划经济体制状态是不同的，"一五"的头三年，由于还存在较大比重的非社会主义经济成分，即大量的个体经济、私人资本主义经济，市场经济体制的作用依然存在，计划经济是逐渐才占有主要地位的，但并没有全面占据。在"一五"后期，随着社会主义改造工作的全面完成，计划经济体制在全国经济体制中占据了统治地位。这为后来计划经济体制全面

---

① 《中国统计年鉴》，中国统计出版社，1986 年版，第 54 页；《新中国六十年统计资料汇编》，中国统计出版社，2010 年版，第 14 页。

发挥作用奠定了坚实的基础。与经济体制相对应，中国社会的整体风貌保持良好，首先是党风廉政建设比较理想，各行政部门都能够按照国家计划指令高效地完成任务，国家整体的供销状态很平衡。此外，计划经济体制在这一时期能够充分发挥作用还得益于这一时期商品经济发展几乎停滞，社会资源配置必须靠计划来协调。

三是"一五"期间社会主义改造工作是以生产为中心展开的，到了"一五"的后期，由于前期的计划作用被放大而导致运动频发。1957年，国家出现了反对右倾政治运动，但是持续的状态很短，所造成的影响也很小，并没有给国家产业发展造成实质性损伤，因此，就整个"一五"而言，国民经济的发展依然是得到了国家政策的强有力支持，并没有受到过多的干扰，发展状态依然良好。

四是以生产为中心展开的"一五"计划，计划的重心则是大力建造社会主义工业，努力摆脱落后农业国的帽子，这是党和国家领导人充分认清了实际经济形势与政治格局作出的科学举措。因此，所有的政策颁布与实施都是紧紧围绕着工业化来进行的，这期间颁布了一系列产业发展政策，对于促进产业协调、产业完善与产业结构优化都起到了至关重要作用：（1）这一时期冒进倾向不断，导致生产操之过急，揠苗助长，因此，有必要出台相关政策克服这种"左"倾冒进行为，使得国家生产建设与需求速度相适应，保持各产业协调比例发展；（2）不仅注重核心任务的发展，也关注非核心任务的建设，在着重加大力度发展重工业时，轻工业也受到了一定程度的重视，第一产业和第三产业也倍受关注；（3）受到国际政治环境的影响，急需的设备、技术与人才只能从苏联和东欧等社会主义国家引进，但这并没有影响我们国家工业化建设的进程，相反，在一定程度上倒是促进了我们国家工业化的步伐；（4）人民生活由于工业的发展，质量得到显著提高，人们深刻相信在党和国家的正确领导下一定能够领导全国人民走向共同富裕，以1957年为例，当时全国城镇居民、农民和全国居民的消费水平分别较1952年有了较大幅度上升，其中，城镇居民生活水平由154元上升到222元，农民的消费水平由65元上升到82元，全国的平均水平则由80元上升到108元，1952年至1957年5年间年均增长速度分别为5.7%、3.2%和4.5%。[1]

上述表现不仅是产业结构调整与优化的结果，更在一定程度上促进了产业结构趋向良性发展，人们看到了国家产业结构调整的经济实惠，更加坚定了国家支持产业发展的决心。但是需要强调的是，上述结论只能代表"一五"时期的部分内容，还不能充分说明三次产业发展的真正格局问题，内在存在一定的发展结构问题，最典型的就是1953年和1956年的第一产业和第二产业发展速度问题。据统计，1953年第一产业和第二产业发展速度为1.9%和35.8%，1956年这一数值为4.7%和34.5%，虽然第一产业呈现加速增长趋势，但是第二产业增长速度十分惊人，导致两个产业在短期内呈现发展失衡问题，特别需要说明的是，在第二产业中建筑业发展的速度尤为惊

---

① 《新中国六十年统计资料汇编》，中国统计出版社，2010年版，第14页。

人，1953 年仅为 36.4%，到 1956 年时超过了 70%。[①] 这表明工业的增长速度很大程度上依赖于基础设施等建设项目的投资。第一产业与第二产业发展的脱节最终促成了中国城乡二元经济格局，工业农业发展也出现了价格"剪刀差"现象，这使得全国产业结构出现明显失衡现象。据统计，第一产业增加值 1953 年占 GDP 比重为 51%，1956 年这一指标出现了下降趋势，变为 46.3%，而与之相对应的是第二产业增加值占 GDP 比重、由 1953 年的 20.9% 上升到 23.4%。由于工业和农业发展的严重脱节，造成农产品供给匮乏是必然的，实际上，在"一五"期间，国家曾针对工业与农业发展脱节问题作出过调整，例如 1954 年和 1957 年都对工业的增长速度提出了限制，试图想改变这种状况。从实际的运行效果看，这些调整起到了一定作用，使得产业结构趋向于协调与优化。

（2）工业发展过快，产业结构失衡与调整（1958～1965 年）。

受到西方政治气候的影响，以及计划经济体制短时期内功效放大作用，1958 年，党和国家领导人提出了"超英赶美"的发展战略，这在后来被证明是反生产力的做法，但在当时的确刺激了生产的发展，但后果很严重。1958 年，国家号召全国上下采取"鼓足干劲、力争上游、多快好省"的方式，加速社会主义国家经济建设，全国人民在建设社会主义总路线的指导下放弃了所有的必要活动，都投身于工业建设当中，特别是钢铁冶炼当中，农业生产也因此几乎停滞，各条战线也都缺岗缺人，大家都想尽一切办法炼制钢铁，有甚者将自家的铁锅溶掉充公，所以，1958 年整个国家产业发展是混乱的，这一现象一直持续了三年之久，这三年间给国民经济发展带来的危害是巨大的，如表 8.2 所示。据统计，截至 1960 年，第一产业所创造的国民生产总值占全部国民生产总值的比重为 23.6%，而第二产业所创造的国民生产总值占全部国民生产总值比重为 44.5%，第三产业也有所增加变化为 31.9%，1957 年上述指标是什么样子的呢？分别为 40.6%、29.6% 和 29.8%。[②] 到了 1960 年，产业结构出现严重失调，工农业之间工业发展抑制了农业，在工业内部重工业的发展又抑制了轻工业，在重工业内部又出现冶炼加工能力同采掘能力、机械加工能力和原材料生产的矛盾。经过三年突飞猛进式发展，产业结构出现了实质性改变，即第二产业在国民经济中占据主要地位，表面上似乎我们已经进入了工业社会，实际上，我们是靠着短时期过度耗费资源为代价的，因此，最终的产业结构表现出的是一种失衡的状态。

表 8.2　　　　　　　　1958～1965 年全国 GDP 及三次产业产值情况　　　　单位：亿元

年份	GDP	第一产业产值	第二产业产值	第三产业产值
1958	1440.36	384.58	616.47	440.75
1959	1457.47	341.05	648.57	467.85

①② 《新中国六十年统计资料汇编》，中国统计出版社，2010 年版，第 10 页。

年份	GDP	第一产业产值	第二产业产值	第三产业产值
1960	1220.94	441.98	389.48	390.7
1961	1151.24	453.59	360.34	337.31
1962	1236.37	498.26	408	328.87
1963	1455.54	558.93	513.81	381.35
1964	1717.2	650.82	602.73	463.64
1965	1440.36	384.58	616.47	440.75

资料来源:《中国统计年鉴》(1984)。

为了纠正"大跃进"的错误生产方式,国家从1961年开始进行了大范围的国民经济调整计划。1961年召开了党的八届九中全会,会议的一个核心议题就是纠正"大跃进"的错误行为,提出要对整个国民经济采取8字方针,即"调整、巩固、发展和提高"。这也是新中国成立以来党和国家领导人面临的第二次重大经济发展问题,第一次是百废待兴,第二次则是这次的修正。修正的重点是放慢工业增长速度,规范工业的合理化发展,在工业内部针对不同类型的工业发展给予不同支持,从而形成不同的增长速度,在工业外部,与农业相比,要适当提高农业发展速度,特别是尽快恢复荒弃的农业生产,在具体的工业内部优先注重生产性工业,放慢基础建设类工业增长,优先发展原材料类工业发展而放慢加工制造业生产,在产品生产环节优先注重配套生产,放慢主机生产速度,以减少产品供给过剩局面,更加强调质量。与此同时,还加强了国家薄弱经济环节的生产工作等,这些措施都对产业结构调整优化起到了积极的作用。经过调整,第一产业增长速度得到提升,第二产业增长速度有所放慢,但是工业生产得到恢复,而且,第一产业和第二产业的发展都在这一期间超过了历史最好水平,产业结构失衡问题得到控制。据统计,截至1965年,第一产业、第二产业和第三产业在国民经济中的比重出现了显著变化,各比例之间呈现协调发展态势,分别为38.7%、35.1%和26.7%,其中,在工业内部纯工业为31.8%,而建筑业为3.2%。[①]

(3)产业发展停滞(1966~1978年)。

到1966年,"文革"开始。到1977年,全国国民经济发展几乎一直处在停滞状态,但产业结构并没有太大变化,这与整体经济停滞有关。但是,"文革"期间也出现了经济发展过热现象,待"文革"结束后,国民经济开始恢复生产,产业结构问题又再度出现。到1978年,产业结构已经出现极度不平衡状态,表现为工业发展极度超前,在工业内部,加工制造业和基础设施产业比例又极度失调,第一产业和第二

[①]《新中国六十年统计资料汇编》,中国统计出版社,2010年版,第10页。

产业发展受到严重阻碍，如表 8.3 所示。截至 1978 年，第二产业生产总值占国民生产总值比重为 47.9%，1965 年这一指标为 35.1%，这期间工业总产值比重增长了十几个百分点。但这并不是工业发展的结果，而是各行业发展停滞的结果，特别是农业和服务的发展呈现极度萎缩状态。据统计，1978 年，第一产业生产总值占国民生产总值比重为 28.2%，而这一指标 1965 年的水平为 38.7%，下降了近 10 个百分点；1978 年，第三产业生产总值占国民生产总值比重为 23.9%，而这一指标 1965 年的水平为 26.7%。[①]

表 8.3 　　　　　　　　　　**1966~1978 年全国 GDP 及三次产业产值情况** 　　　　　　单位：亿元

年份	GDP	第一产业产值	第二产业产值	第三产业产值
1966	1873.08	704.28	711.77	457.03
1967	1780.28	717.45	605.3	459.31
1968	1730.16	730.13	539.81	461.95
1969	1945.78	739.4	692.7	515.63
1970	2261.32	795.98	915.83	549.5
1971	2435.26	830.42	1027.68	579.6
1972	2530.22	832.44	1090.53	609.78
1973	2733.35	912.94	1178.07	642.34
1974	2803.74	950.47	1197.2	656.08
1975	3013.11	976.28	1376.99	659.87
1976	2961.47	971.36	1344.5	642.64
1977	3210.15	943.78	1511.98	751.18
1978	3645.22	1024.3	1757	863.92

资料来源：《中国统计年鉴》（1984）。

上述事实表明，这一时期，国家产业发展所面临的结构失衡问题已经十分严重，从范围上看，是全面的，从问题严重性上看，是极端的。结构失衡问题不仅表现在第一产业和第二产业之间，第三产业和建筑业的发展也存在严重滞后问题。根据产业结构发展的一般规律，农业发展落后于工业发展的程度不宜太低，服务业应该在工业化过程中呈现逐渐增加态势，但是，在这一期间，农业发展呈现极度萎缩趋势使得失衡程度达到了极点，此外，服务业的发展也出现了反产业结构规律的状态。总之，诸多事实表明，这一时期尽管大部分时间产业结构发展是平稳的，但是却导致产业结构问

[①] 《新中国六十年统计资料汇编》，中国统计出版社，2010 年版，第 10 页。

题愈演愈烈，究其原因，可能有以下几点：

第一，计划经济体制在此期间十分强大，以至于经济政策受到政治因素影响较大，从而导致由经济政策所推动的产业发展出现扭曲。自1958年以来，30年时间，中国的计划经济体制发展日趋受到国家政治气息的干扰，尤为突出的就是国家宏观经济调控措施时刻受到"左"倾思想的支配，社会资源在此思想的支配下进行配置必然出现经济发展失衡的问题，因此，这可能是造成1970年和1978年两次大的产业结构失衡的根本原因。

第二，实现工业的重要战略被盲目扩大，从而本应该起到积极作用的措施却产生了负面影响。一般情况下，一个社会经济的进步应该得益于工业的发展，特别是重工业的发展，重工业不仅是国家经济实力的象征，更是带动各行业发展的主要动力源，然而遗憾的是，由于我们对经济发展规律和产业结构变动规律掌握不足，导致我们在使用这一措施时出现了片面性、盲目性，并且这种片面性与盲目性在很长时期内都得到了应用。这在一定程度上加速了经济失衡发展的局面。

第三，政治活动对生产干扰作用极大。"文革"期间，一切生产都必须以服从政治导向为前提，因此，大的宏观经济环境严重阻碍了经济发展，三次产业失去了良性发展的土壤，即使能够发现问题，由于政治的因素，可能必要措施也很难展开，例如1971年，周总理针对1970年出现的严重产业结构失衡问题提出的"三突破"措施，一直无法推行下去，与此相呼应的则是1975年时任国务院副总理的邓小平也进行过类似的整治措施，但也没有推行下去。应该说，这两次没有推行下去的治理与整顿意见在内容上是很全面的，不仅涉及了产业结构调整，还涉及了国民经济发展各种问题，但由于大环境因素均以夭折告终。

第四，二元经济结构问题不仅没有得到改善反而强化。二元经济结构是很多国家在走工业化道路过程中都出现过的现象，但是在我们国家表现的尤为明显，受到伤害最深的则是第一产业劳动者。"文革"期间，虽然三次产业发展均处停滞状态，但是工农业产品的价格剪刀差问题却越来越突出。

第五，城市发展停滞不前。经济的发展必然带动城市发展，城市成为工业和服务业发展的核心地带。城市发展的一个重要标志就是人口的增长，但是1978年城镇人口占全国人口比重居然出现了下降趋势，这不是一个经济正处在发展中国家的正常现象。城市发展即将呈现萎缩状态，这也表明城市对人口的吸引力在下降。

第六，经济封锁作用导致中国经济可利用的外部资源贫乏。并非我们自身想要封锁，而是国际政治环境使然，应该说我们能够在如此艰难的环境下有今天的成就是十分了不起的。但是当时国际上的经济封锁的确给我们造成了很大的发展困境。

第七，我们一直将国民生产分为创造价值部门和不创造价值部门。这种简单的两分法导致的直接结果是第一产业、第二产业以及一些必要的运输服务业和商业被定义为创造价值部门，而一般性的服务业则被定性为不创造价值部门，从而在发展上形成了一种重视生产轻视服务的局面。

第八，"文革"期间人民生活水平不升反降。到1978年，在经过对"文革"反思和整理整顿的基础上，全国人民的生活水平得到了提高，较之1965年，全国居民、农村居民和城镇居民的消费水平依次分别由108元上升到184元，由82元上升到138元，由222元上升到405元；三者年均增速依次分别为1.7%、1.4%和2.4%。[①] 但是需要指出的是，1958年至1960年三年间，上述各指标呈现的则是负增长态势，其中农村居民的收入水平减少程度超过了5%。人民收入的减少必然要打击劳动者的生产积极性，各行业发展会受到不同程度的影响。

8.1.2 改革开放后的产业结构演变

改革开放为中国经济发展沐浴了春风，改革也为中国经济发展提供了持续动力，时至今日，改革工作依然在进行，从历史上看，改革是永无停息的，始终处于进行时之中。通过不断地纠正偏差实现经济的正常发展，这是每个改革者都希望看到的，中国改革开放后经济发展也并非十分平稳，而是跌宕起伏的，但是在国家宏观经济政策的调控下这种波动显得不那么剧烈，从改革开放后的产业结构变动便可窥一斑。

（1）改革开放初期的轻工业飞速发展阶段（1978～1989年）。[②]

1978年的"文革"风波给国家的经济生活带来了巨大灾难，党和国家领导人在对这场风波进行了正确的研究、梳理和探讨之后，下决心要改变过去的经济发展方式，强调经济的作用，以满足人民生活水平提高为最终目标，因此，在众多领域都决心进行彻底改革。在产业发展上，产业结构问题一直是制约经济增长重要原因，因此，产业结构调整也是改革的重要内容。1978年党的十一届三中全会胜利召开，确定了改革开放的总体思路，同时也对产业结构调整做出了具体规划。在三次产业比例上要求平衡三次产业发展速度，鉴于前期工业增长过快的局面，提出要适当降低工业增长速度，并且针对内部发展不均衡问题，对重工业和轻工业发展的速度也提出了新的要求，鼓励优先发展轻工业，特别是对纺织行业的发展应加大力度，提出六条优惠原则，即能源供给优惠、原材料采购优惠、投资渠道与成本优惠、进口材料与成本汇兑优惠、仓储物流运输优惠等措施；对于重工业发展则要求从方向与内部结构两方面进行调整，方向上要求重工业尽可能地生产一般消费品，特别是普通居民消费品，实现产销的良性循环，破除自我循环的不良机制；此外，对军工业也提出了新的要求，不只接受国家的一般指令计划，要求其将大量闲置资源投入生产，向社会提供民用产品。对于第三产业，以产业结构演变规律为准绳，鼓励个体工商业和城镇集体企业发

① 《新中国六十年统计资料汇编》，中国统计出版社，2010年版，第6、14页。
② 《新中国六十年统计资料汇编》，中国统计出版社，2010年版，第10、11页。

展，以满足人民群众的一般生活需求，如表8.4所示。在外部资金使用上，采取两种方式，一是设立特区，特区内的产业实行优先优惠发展策略，二是积极吸引外商资金，特别是中国急需尽快发展的投资领域，为社会经济发展提供必要的资金补充。这一时期具体还可以进一步划分为两个阶段：

表8.4   **1978～1989年全国GDP及三次产业产值情况**   单位：亿元

年份	GDP	第一产业产值	第二产业产值	第三产业产值
1978	3645.22	1027.59	1745.33	872.67
1979	4062.58	1270.37	1913.48	878.74
1980	4545.62	1371.41	2191.9	981.85
1981	4891.56	1559.43	2255.5	1076.63
1982	5323.35	1777.47	2383.26	1163.15
1983	5962.65	1972.44	2646.22	1338.02
1984	7208.05	2315.95	3105.95	1786.15
1985	9016.04	2564.16	3866.98	2584.9
1986	10275.18	2789.71	4492.31	2994.19
1987	12058.62	3232.92	5251.53	3574.17
1988	15042.82	3866	6587.25	4589.56
1989	16992.32	4266.77	7277.81	5447.7

资料来源：《中国统计年鉴》（1990）。

第一阶段：1978～1984年。在国家政策大力扶持和引导下（党的十一届三中全会确定的农村土地联产承包责任制的大力推广），第一产业特别是农业产值连年递增，增长速度高达7.6%，在农业作物中，粮食和棉花的产量尤为突出，1984年这两种作物的产量达到了历史的最好水平。由于农业的大力发展，使得失衡的产业结构得到了有效缓解，工农业产品价格差歧视问题明显弱化，1982年，这一情况就得到了有效验证。第二产业方面，重工业发展按照预期速度得到有效限制，增长速度明显下降，相比之下，轻工业发展十分迅猛，速度上升较快，从1982年开始轻工业和重工业的产值比例大体相当，1982年为50.25：49.5，在随后的几年中这一比例基本没有变化。从第一产业和第二产业发展的具体速度看，经过1982年的大力调整，1983年全国农业平均增长速度为13.8%，工业的增长速度大约为14%，其中重工业增长速度略高为14.8%，轻工业增长速度为13.6%，这表明，第一产业与第二产业增长速度开始才出现有层次的协调增长局面。不仅如此，这一时期的产业结构调整也使得产业的技术水平得到显著提升，最典型的就是轻工业的发展所产生的加工技术的提高，使得产品的深加工程度进一步增强，不仅促进了产业结构升级，也为产业发展带来了更多经济效益。但是由于对这一发展趋势过于乐观，到 1984 年底又出现了产业结构发展失衡的局面，这是对轻工业发展过于乐观的典型症候，尽管第一产业与第二产业没有太大的失衡，但是工业内部的失衡也同样不适合经济发展。但是从三次产业结构看，依然存在失衡的局面。具体而言，1978 年，第一产业产值占 GDP 比重为28.19%，第二产业产值占 GDP 比重约为 47.83%，第三产业产值占 GDP 比重约为23.94%，到 1983，第一产业产值比重变化为 33.18%，第二产业产值比重变化为44.38%，第三产业产值比重变化为 22.44%。第一产业产值比重上升了 5 个百分点，而第二产业和第三产业产业分别下降了 3.45 和 1.5 个百分点。这期间第一产业一直保持上升趋势，而第二产业则一直保持下降趋势。但第三产业则表现出相对波动趋势，1980 年产值比例曾一度下降到 21.6%，随后又逐渐上升，这说明，第三产业正在逐渐兴起。

第二阶段：1984 ~ 1988 年。鉴于 1984 年产业结构再次出现失衡局面，国家从1985 年开始再次进行产业发展的均衡性调整。1984 年和 1985 年，第二产业的增长率失衡表现的尤为突出，1984 年，第二产业增长率为 14.48%，1985 年该增长率为18.57%，这一增长速度是惊人的，比第一产业增长速度高出一倍还多。同时，受到国家刺激经济发展政策的带动，第三产业发展也十分迅速，增长率也显著高于第一产业，1978 年至 1984 年期间的三次产业均衡增长局面再次被打破。截至 1986 年，第一产业产值占 GDP 比重为 27.2%，第二产业产值占 GDP 比重为 43.7%，第三产业产值占 GDP 比重为 29.1%，而这一数值在 1984 年时表现为 32.1%、43.1% 和 24.8%。从 1984 年开始，三次产业发展再次出现不均衡局面，而且有逐年加深的迹象。仅从比例上看，似乎无法准确说明三次产业结构变化给产业发展带来的危害，似乎第一产业发展滞后仅仅是农业内部建筑业与服务业发展迅速的单纯原因所致，实际上，就建筑业的发展而言，并不是盲目性和扩张性的，而是一种大面积重建和恢复性的，第三产业的发展也具有同样的特征。与此形成鲜明对照的则是第二产业的比重居高不下，换言之，第二产业的高速发展挤占了第一产业发展空间，第二产业的高速发展导致了第一产业与其他产业的发展脱节。那么，第二产业与第三产业在此期间快速发展的原因是什么呢？鉴于 1984 年出现的经济发展过热问题，党和国家领导人在 1984 年召开的党的十二届三中全会上重点讨论了一下步经济体制改革方向问题，通过了《中共中央关于经济体制改革的决定》，明确了经济体制改革的空间范畴，即改变以前以农村为重点的经济体制改革路线，转为城市经济发展的体制改革攻坚，目的是扫清城市经济发展的诸多障碍。该《决定》揭开了中国城市经济体制改革的序幕，通过推行、鼓励、限制等多项措施，对第二产业的发展限制问题逐步肃清，使得工业发展道路十分顺畅，第二产业的高速发展也由此产生。与此相对应，第三产业也大多存续在城市当中，城市经济体制改革也为第三产业的发展带来了巨大生机，商品交换式的经济空前活跃，第三产业产值迅猛增加。与此同时，伴随着改革开放的重大举措，地域经济发展也异军突起。根据改革开放的总体要求，东部沿海地区成为首批受惠的城市，其中包括深圳、汕头、厦门和珠海等城市，在这些城市中先后设立了经济特区，鉴于这些城市经济发展的良性表现，1984 年又在上海和天津等十余个沿海城市实施了开放战略，这些城市也得到了迅速发展，随后长三角、珠三角、辽东半岛、胶东半岛以及闽南厦漳泉三角地区又再次被批准设立经济特区，以达到了海陆通商，开放贸易的目的。在这些开放特区中，海南省的经济特区设置相对较晚，但也同样得到了巨大经济实惠。改革开放不仅活跃了经济，也使得经济发展出现了地域的不平衡，尤其是产业的地域不平衡，例如，在 1988 年，国家大范围推行东部沿海等地的对外开放战略后，东部沿海地区经济发展远远超过全国其他地区发展速度，特别是在沿海地区外部资金的进入形成了一批新兴产业形态，三资企业和三来一补企业数量急剧增长，在这些地区加工制造业和农产品深加工业均表现为出口形态，在此带动下其他工业也有长足发展。正是因为这些战略的实施导致这一时期全国产业结构出现新的局面。据统计，1984 年三次产业产值占 GDP 比重分别为 32.13%、43.08% 和 24.78%，到 1988 年这一比重变化为 25.7%、43.79% 和 30.51%，从比重上看，第二产业比重比较稳定，出现变化的是第一产业和第三产业，其中第一产业下降了 6.4 个百分点，而第三产业则上升了 5.8 个百分点，换言之，第一产业产值的下降几乎全部转移到了第三产业。第一产业产值比重呈下降趋势，由 1984 年的 32.13% 降至 1988 年的 25.70%，其下降的份额几乎全转移到第三产业，第三产业比重由 1984 年的 24.78% 升至 1988 年的 30.51%，第二产业产值比重比较平稳没有明显升降。

（2）由第三次大调整到现代化工业化建立与发展（1989 ~ 2002 年）。[1]

在国家政策鼓励和引导下，各行各业尤其是工业和服务业大力发展，但同时也造成了经济过热的局面，这一问题实际上从 1984 年就已经开始显现，到 1988 年时经济再次出现过度增长局面，经济的增长速度以连续超过 10% 的速度增长，导致这期间有人曾盲目地认为我们很快就将跻身世界强国之列，这种认识是错误的，是有悖经济发展客观规律的，开放经济条件下高增长必然伴随着高通货膨胀，经济发展将处在一种泡沫状态，而这种泡沫一旦破裂将产生巨大的消极影响，如表 8.5 所示。据统计，1988 年经济增长速度依然保持 11% 以上的水平。于是从 1998 年开始，国家专门成立了负责产业发展与规划的机构，以期达到对产业协调发展调控实现经济平稳发展的目的。1989 年国家又出台了《中国产业政策大纲》，第一次提出产业政策对产业发展的限制性作用，强调对一些国家继续的行业采取有线发展的方式，而对影响经济总体发展的行业则要采取限制性措施，为此，《大纲》对优先发展的具体行业做出了描述，包括第一产业中的农业及农产品深加工工业、第二产业中的纺织业和其他轻工业、基

---

[1] 《新中国六十年统计资料汇编》，中国统计出版社，2010 年版，第 10、11 页。

础设施建设工业、典型的重工业、机械制造业、高科技产业和拥有汇兑业务的金融服务业；而需要限制发展的部门则包括生产力水平落后的行业、资源浪费行业、环境污染行业、低技术附加值行业以及能源消耗较大的行业和汽车加工制造业。同年，国家在出台了《大纲》之后，又出台了《关于当前产业政策要点的决定》。该决定从目标设定出发，首先确定了国家优先发展行业中的重点行业与领域，并对具体产业发展和产品的生产提出了规划，通过正确使用融资方式为企业发展注入活力，通过税率、利率和贷款的差异化策略，重点扶持一些产业优先发展。1990年，国务院又重新做了产业发展规划，对前期产业发展的领域重新作了调整，具体内容有六个方面，一是激活农村经济，提升农村经济总量，强化农业基础；二是加强基础设施建设，使得基础行业与先头行业同步发展；三是重点发展体现国家经济实力的支柱产业；四是调整外向型经济发展结构，提高出口产品的国际竞争力；五是推动高科技产业发展，努力培育新兴产业与新兴技术，加快技术转化；六是统筹兼顾地协调与促进第三产业发展。1992年，在党的十四大报告中，对上述政策与意见又再次强调，"要调整和优化产业结构，高度重视农业，重点发展基础工业，基础设施和第三产业" "要振兴机械电子、石油化工、汽车制造和建筑业，使它们成为国民经济的支柱产业。"

表8.5　　　　　　　　1990～2002年全国GDP及三次产业产值情况　　　　单位：亿元

年份	GDP	第一产业产值	第二产业产值	第三产业产值
1990	18667.82	5062.71	7717.28	5889.7
1991	21781.5	5343	9102.49	7338.19
1992	26923.48	5866.63	11695.56	9358.6
1993	35333.92	6964.32	16455.01	11914.6
1994	48197.86	9523.9	22445.74	16180.02
1995	60793.73	12073.63	28682.48	19976.82
1996	71176.59	14014.67	33837.35	23324.57
1997	78973.04	14444.17	37543.78	26985.09
1998	84402.28	14821.04	39002.29	30578.95
1999	89677.05	14769.81	41036.22	33781.34
2000	99214.55	14941.71	45559.32	38713.52
2001	109655.17	15779.38	49399.65	44366.48
2002	120332.69	16533.71	53897.01	49901.97

可以看出，新时期的第二个阶段，首先是国家产业政策发展的再次调整阶段，调整时间从1988年开始到1992年，历时五年，调整的效果比较明显，这一时期，国家

重点、优先发展与服务的行业都得到了长足发展，例如电子信息行业与能源行业，通讯运输行业发展也较为显著，此外，国内的产品深加工行业技术水平不断攀升，产业组织的专业化水平也得到显著提高，纺织业不仅满足了国内市场的需求，在国际市场上也占有了一席之地，纺织产品出口程度大大增加。从三次产业结构看，1989 年第一产业产值占 GDP 比重为 25.11%，第二产业产值占 GDP 比重为 42.83%，第三产业产值占 GDP 比重为 41.34%，到 1990 年年末，第一产业产值占 GDP 比重为 27.12%，第二产业产值占 GDP 比重为 41.3%，第三产业产值占 GDP 比重为 31.55%。第一产业比重有所上升，而第二产业和第三产业均有所下降，这与受到国际经济环境的影响有关。随着国际因素的逐渐消散，各产业产值比重重新回到正轨。1991 年第一产业产值占 GDP 比重由 1990 年的 27.12% 下降至 24.53%，第二产业基本保持不变，但第三产业产值占 GDP 比重则呈现大幅上升趋势，上升至 33.69%。

产业结构的调整与国家刺激经济发展的政策实施极大地促进了全国经济发展，提升了经济发展速度，因此，1992 年至 1994 年间，国家经济发展保持了更高的增长速度，即 14.2%、14.0% 和 13.1%，进一步加剧了前期经济增长过热的局面，产业结构发展失衡又再度加剧。1992 年，在中国经济发展史上是具有重要历史意义的一年，邓小平总书记南巡，并对东部沿海地区的改革开放成绩给予了充分的肯定，鼓励有条件地区也采取同样的发展方式，这给中国经济发展再次注入活力，在产业发展上表现得尤为明显。第二产业 1992 年的增长速度为 21.15%，1993 年的增长速度为 19.87%，第二产业产值占 GDP 比重 1992 年为 43.44%，1993 年变化为 46.57%，这一发展趋势在很长时间内得到巩固和加强；第三产业产值占 GDP 比重虽然变化不大，但是从 1992 年至 1997 年的六年中也呈现上升趋势，并且在 1998 年以后，这一趋势得到显著加强；1997 年第三产业产值占 GDP 比重仅为 34.13%，尽管这一比重较第一产业相比已经处于很高水平，但是到 2002 年这一比重则变化为 41.47%，上升幅度十分巨大；与第二产业和第三产业形成鲜明对照的则是第一产业的发展，从 1988 年产业结构调整开始，第一产业产值比重只有最初几年的短暂上升趋势，大部分时间都处在下降的状态之中，但是与以往不同的是，这一期间的第一产业产值比重下降并不是因为第一产业自身发展出现了问题，而是第二产业与第三产业发展过快的结果，因此，工农业产品价格剪刀差问题不断出现。

（3）产业结构调整进入优化阶段（2003 年至今）。①

产业结构优化不等于三次产业结构同步协调发展，特别是在开放经济条件下，各产业的供需平衡不仅依赖于国内的有效需求，同时还依赖于国际的有效需求，经济增长的"三驾马车"包括投资、需求和出口，其中投资既包括国内投资也包括国际对国内的投资，而需求与出口则一方代表国内需求而另一方则代表国际需求。因此，这

---

① 《新中国六十年统计资料汇编》，中国统计出版社，2010 年版，第 10、11 页。

也就不难理解为什么在开放经济条件下，三次产业发展会出现不同步的状态，但就供需平衡而言，只要不存在明显偏差产业结构便依然处在合理的发展区域，2003 年至 2007 年中国三次产业的发展便说明这个结论，如表 8.6 所示。

表 8.6　　　　　　　　　1990～2007 年全国 GDP 及三次产业产值情况　　　　　　单位：亿元

年份	GDP	第一产业产值	第二产业产值	第三产业产值
2003	135822.76	17385.31	62437.72	55999.72
2004	159878.34	21407.71	73911.76	64558.87
2005	184937.37	22562.36	88215.13	74159.89
2006	216314.43	24443.53	105345.13	86525.77
2007	265810.31	30036.57	129183.81	106589.93

　　2003 年至 2007 年间，三次产业结构变化具有比较鲜明的趋势，即以农业为代表的第一产业产值占 GDP 比重呈现逐年下滑的趋势，但是这种变化不是因为第三产业增长所产生的挤出效应所致，而是三次产业持续增长但增长速度不同所致，最突出的例子是第二产业产值占 GDP 的比重逐年上升，2003 年比重为 44.79%，到 2007 年这一比重变为 48.6%，第二产业的这种发展势头与自身内部工业发展重型化密切相关。但是第三产业的相对比重却呈现先上升后下降的趋势。在三次产业发展，尤其是第二产业、第三产业发展的带动下，全国的就业结构也出现了新的变化。在第一产业内部就业结构呈现显著下降的趋势，如果从 1978 年作为就业的起始点，那么到 2007 年为止，农业吸引劳动力的数量由原来的 70.5% 下降到 40.8%。就业幅度上升较快的产业是第三产业。1978 年，第三产业就业比例为 12.2%，到 2007 年这一比例变化为 32.4%。相比之下，第二产业吸引就业的比例并没有明显变化，2007 年仅比 2003 年增长 5 个百分点。这是一种相对良性的变化，第三产业在经济发展过程中吸收劳动力的比例应该表现为越来越高的趋势，这符合产业结构演变的一般规律，这也进一步说明，第一产业产值下降并没有影响到第一产业就业结构。

　　经济刺激政策和产业结构的不断调整使得经济再次飞速发展，2006 年开始，中国经济又出现了过热势头，2007 年这种势头尤为严重，中国股指曾一度超过 6000 点，泡沫十分严重，任何一次风吹草动都有可能引发经济急剧下滑，不期而遇，2008 年爆发了由美国次级贷款所引发的全球性金融危机，在开放经济条件下，中国经济也被席卷其中，这场世界性的金融危机把本来已经弱不禁风的中国经济直接由高速增长带向了下滑趋势。2006 年，中国经济的增长速度还处在 10% 以上的水平，2007 年更是达到了 13%，但是 2008 年开始经济增长速度则显著回落，到 2009 年第一季度，经济增长速度降为 6.1%，2009 年全年的经济增长为 8.7%，到目前为止，中国经济增长依然表现为增速下滑状态。中国经济发展中，各类产业受到打击最大的就是中国的出口业务，由于金融危机的作用，国外市场极度萎缩，中国外向型企业有的甚至因此而破产，2007 年中国商品和劳务出口对中国经济增长的贡献程度还将近 20%，但是到了 2009 年，出口贡献率下降到了个位数。但是仅从三次产业结构的变化上看，这种冲击并不明显。到 2009 年，全国第一产业产值占 GDP 比重为 10.6%，比 2008 年的 10.7% 下降了仅 0.1 个百分点，第二产业产值占 GDP 比重为 46.8%，比 2008 的 47.5% 下降了 0.7 个百分点，而第三产业产值比重则上升了 0.8 个百分点，由 2008 年的 41.8% 变化为 42.6%。但从比例上看，第一产业产值依然呈现稳步下滑趋势，而第三产业产值则呈现稳步增长趋势，第二产业产值有所下降，三次产业结构仍在持续优化。实际上，金融危机对三次产业冲击都很明显，以第三产业中的餐饮业为例，在金融危机中，中国的一线城市很多餐饮业都不得不关闭，再以第二产业中的建筑业为例，房地产行业被视为中国经济的晴雨表，金融危机不仅使得该产业的需求萎缩，更因为银根缩紧导致该产业融资存在巨大困难，很多地产企业被迫破产，当然这也是市场经济优胜劣汰的必要环节。

自 2009 年以来，中央在充分审视国际政治经济环境基础上，不断推出新举措，以缓和产业发展压力和振兴相关支柱产业，因此，自 2009 年以来，中国产业结构发展一直处于优化调整与不断升级阶段。

8.2　中国产业结构的现状

金融危机所引发的中国经济增长问题被各界人士普遍关注，从而引发了新一轮中国经济增长动力的探讨，为此，中央在深刻反思中国经济在危机中所表现出的疲态和困境之后，制定了通过扩大内需、调整经济结构以实现保增长的发展方式。一国经济的平稳发展内部需求至关重要，在开放经济条件下，过分依赖外部需求，而忽视内部需求，当外部风险过高时，经济发展势必会受到波及，世界上开放程度较高的国家在此次危机中都没能幸免于难，而且有些国家甚至背负着即将破产的压力，因此，国家提出扩大内需的调整方式是十分正确的。在调整过程中，国家重点规划了十大产业的调整与振兴工作，具体包括装备制造业、有色金属产业、电子信息产业、汽车产业、钢铁产业、石油化工产业、纺织工业、轻工业、轮船制造产业等。这一规划把"调整和振兴结合起来，兼顾解决当前困难和制约长远发展的深层次问题，更加强调结构调整对产业振兴的作用"（周叔莲，2009）。可以说，此次产业结构的调整工作十分艰巨，如果调整得当，利用市场机制不仅可以淘汰落后产业，更能保证支柱产业平稳发展，稳定就业形势，反之，如果调整不当则有可能将本来就已经处于失衡状态的产业结构进一步加剧。

2009 年，全年国内生产总值 335353 亿元，比上年增长 8.7%，其中第一产业增加值 35477 亿元，增长 4.2%；第二产业增加值 156958 亿元，增长 9.5%；第三产业增加值 142918 亿元，增长 8.9%；第一产业增加值占国内生产总值的比重为 10.6%，第二产业增加值比重为 46.8%，第三产业增加值比重为 42.6%。[①] 到 2013 年年末，全年国内生产总值 568845 亿元，其中，第一产业增加值 56957 亿元，增长 4.0%，第二产业增加值 249684 亿元，增长 7.8%，第三产业增加值 262204 亿元，增长 8.3%；第一产业增加值占国内生产总值的比重为 10.0%，第二产业增加值比重为 43.9%，第三产业增加值比重为 46.1%，第三产业增加值占比首次超过第二产业（中华人民共和国国家统计局，2013 年报）各行业都保持了较为稳定的增长态势，第一产业产值增长速度依然在稳步下降，而第二、三产业产值则在稳步上升。表明，中国产业结构演变正沿着合理的方向前进。

8.2.1　三次产业发展现状

1. 第一产业发展呈现相对下降趋势，但其作用依然巨大

从经济增长角度看，第一产业，特别是农业，对中国经济增长的贡献率在逐年下降，经济增长的主要动力多来自于第二产业的发展，第三产业所产生的经济增长效果也高于第一产业，但是不能就此认为中国经济增长与第一产业关系不大，一个简单例子就是农产品的加工业需要农业的支持。中国农村有 8 亿人口，在扩大内需过程中，这 8 亿人口并没有被充分挖掘出来，有一些企业通过"产品下乡"的方式实现供需协调，但并不是所有产品都适用于该类做法，因此，还需要更多有效途径激发农村消费热情。仅就农业发展看，农业经营管理体制改革是中国经济体制改革的始作俑者，在改革过程中，农业得到了空前的发展空间，随着农业生产率的提高，农村剩余劳动力日益增多，这为城市经济体制改革提供了大量劳动力，而且在劳动力转移过程中，劳动者技能得到不断增强，一部分劳动者逐渐从低附加值产业向高附加值产业转移，例如向建筑业、制造业和与此相关的配套服务业转移。因此，农村经济发展对中国经济增长作用至关重要。在未来很长一段时期内，国家必须持续加大对农业发展的投资力度，特别是农村基础设施建设方面，这是实现从农业国向工业国转型的必要措施。农村的城镇化建设也要求农村的基础设施建设要处在优先发展位置，这不仅能够实现农业生产现代化，提高农业生产率，同时更能为扩大内需提供可靠保障，农村的公路建设、电网建设、电视电话网络建设以及电气化建设都能够产生有益效果，通过长时期的支援农村农业发展更能够缩小城乡差距。

---

① 中华人民共和国国家统计局：《中国发展报告 2009》，中国统计局出版社，2009 年版。

2. 第二产业发展表现相对稳定，对中国经济增长起到主要作用

第二产业包括重工业、轻工业，还有建筑业等众多行业，从行业细分角度看，包括十几大类的具体行业，从产业振兴规划看，当前一些产业发展仍需进行调整。

第一，钢铁产业作为为基础设施建设提供必要物资的行业发展态势良好。钢铁产业既有内部需求也有外部需求，同时钢铁产业的价格也受到国际国内经济形势影响，尤其是炼钢所用的铁矿石，我们国家曾一度因为铁矿石资源不足而与国际铁矿石厂商签约以期望其能够以合理的价格水平供货，但谈判效果并不理想，甚至遭到了"敲竹杠"威胁。从中国钢铁行业最近的发展来看，钢铁产业的发展制约因素还不仅仅是原材料问题，还有来自于炼钢所用的煤炭资源价格问题。煤炭行业市场化，导致煤炭价格飙升，从而催生一系列依赖煤炭生存产业产品价格飙升，除了钢铁产业，电力产业也受此影响。还有煤炭的运输问题。为此，国家于2006年在钢铁协会的督促下，要求铁路部门做好煤炭的运输工作，以缓解钢铁企业对煤炭的需求。这样一来，国家在政策和指令性保证了煤炭的生产。与此同时，国家为摆脱金融危机所进行的四万亿元投资还处在消化阶段，基础设施建设项目还没有全部完成，因此，对钢铁的需求数量依然很大。面对不断上涨的价格压力，依然庞大的市场需求在一定程度上缓解了钢铁的供需矛盾，尽管钢铁产业增长较快，但同时必须看到产能过剩问题，基础设施建设不是无止境的，过剩的产能势必会给钢铁产业自身的发展带来障碍。此外，居民消费品中钢铁结构产品消费比较旺盛，这可能在一定程度上对缓解钢铁的供求压力起到相同作用。针对当前钢铁行业发展现状，中国应该尽快出台一系列政策措施，加强钢铁企业生产的转型与引导工作，提高炼钢技术，节约能源，生产高质量的节能环保钢材。当前中国经济正处在这样一个质的转换期，钢铁产业可借此实现顺利转型。

第二，电力产业还不能满足日益增长的电力需求。中国各行业发展都离不开电力能源，可以说，电力产业的发展对中国经济的整体发展起到决定性的作用。中国电力产业长时期采用国家垄断方式经营，在国家整体经济规划与部署下，在过去的二十几年里还能够维持对电力的供需平衡，从而保证了国民经济整体发展的基本需要。但是，随着经济的持续发展，原有产业的扩大和新兴产业的异军突起，势必对电力的发展产生更多需求，此外，终端消费者越来越多地依赖于电气化设备，同样增加了对电力需求的负担，更为重要的是，中国产业结构调整力度在不断加大，一些产业需要重点扶持与培育，电力能源成为其有效存续的根本保障。但传统的政府绝对管制限制了电力行业对电力市场的反应灵敏程度，很大程度上，一些行业电力短缺不是因为电力供给不足，而是电力产品无法及时有效地做出针对性调整配送所致，因此，改变过去政府绝对管制，引入市场竞争机制将成为下一步电力产业发展与改革的重点，这是产业结构调整内部优化的必然要求。

第三，建筑材料行业发展也十分好。伴随着国家经济的发展，国家各行各业的建

设工作都离不开建筑材料，因此，建筑材料工业将长期在国民经济生活中扮演重要角色。从 20 世纪 80 年代开始，中国建筑建材工业一直处在良性发展势头当中，尤其是水泥行业，大理石与花岗岩板材行业发展势头也颇为良好，而且这种势头还将延续下去。

第四，石油、煤炭等能源需走节能环保道路。当今社会，任何一个国家都离不开能源，这些能源包括常规能源和新型能源，常规能源主要有石油、天然气和煤炭等，新型能源包括太阳能、风能、水能以及其他高科技能源。从能源消耗上看，中国最近二十几年的能源消耗较前一个时期增加了一倍还要多，这种增长可以归结于经济发展的需要，这其中对常规能源的消耗尤为严重，然而常规能源是不可再生的，必须寻找安全可靠的替代能源，核能能够为社会提供动力，但是所产生的危害也是巨大的，因此，从环境保护和可持续发展角度是不提倡核能的，相比之下，新型能源将会受到越来越多的青睐，因此，国家在能源行业发展上也在注重生产方式转型与生产科技含量的提高。

3. 第三产业稳中有升，对国民经济的贡献率大体维持在 40% 的水平

按照产业结构演变规律，随着产业结构的不断升级，第三产业产值所占比重应该越来越大，中国当前的第三产业贡献率在 40% 以上。在过去，中国经济发展一味地强调工业发展，对待第三产业发展问题上采取放的措施，并没有太多的政策扶持，这也造成了第三产业产值比重一度较低的局面，随着改革开放的不断深入，商品经济的不断活跃，第三产业发展得到了显著加强，2013 年第三产业增加值首次超过了第二产业，这标志着中国经济发展进入后工业社会时期。在今后的发展中，随着我们国家建设小康社会步伐的加快，第三产业发展还会更加迅猛，其中最为关键的第三产业就是金融业及其服务业，这些行业是为其他行业发展提供必要资金支撑的，第二产业发展对金融业需求更为迫切。但是目前这些行业还处在垄断状态，对其他行业融资设置门槛过高，致使产业沉淀成本加剧，在一定程度上给行业发展设置了障碍。因此，从战略角度看，对于某些支撑性第三产业国家应尽快引入竞争机制，而对于那些竞争性第三产业则需要保护和扶持。

8.2.2　产业结构演变现状

1. 产业结构演变规律反常化时常出现

从工业化与工业增长程度看，一般而言二者存在正向关系，即工业化程度与工业增长率正相关，这在发达国家的工业化进程中已经得到了证实。但是在我们国家，这种关系却表现出相反的常态。当前，我们国家经济发展过程中，工业化程度

仅达到一半的水平，但是工业增长率却十分高，从工业增长对国民经济增长的贡献看，其贡献率甚至超过了80%，尽管统计数据显示其增加值仅为40%左右，但是其产生的辐射作用远大于40%，换言之，中国当前经济的发展还是依靠工业的高速发展在支持。按照国际惯例，工业的飞速发展对应的全社会经济也应飞速发展，但是在我们国家表现出来的则是一种相反的趋势，特别是在最近的几年，国民经济发展一直处于下行趋势，但是工业增长速度却很高，工业增长所带动的其他行业增长依然很高。

2. 在产业结构调整上，中央与地方政府政策温和效果较差

这是我们国家产业结构调整过程中的一个重要特征，中央政府通过一段时期的深入研究与分析，结合国家战略发展需要作出的产业调整政策，需要地方政府快速有效地做出反应，但是地方政府出于自身利益考虑，往往对中央政府政策先实行观察与揣测态度。政策实施的效果具有一定的时效性，长时间的观望和思考固然能将所有可能出现的问题规避掉，但同时也丧失了产业发展的机遇。同时，中央政府站在全局角度规划全国产业发展，有些地方政府在没有充分解读中央政策文件的情况下，项目乱上马现象比较普遍，这样做的一个直接后果就是重复建设，产能过剩，这是地方政府没有充分认清自身产业发展优势所致。此外，由于地方政府经济利益缘故，一些本该退出的行业并没有退出，而本该大力发展的行业也没有做到及时发展，地域内部产业结构存在矛盾。

3. 中国工业"打工"现象严重

我们国家由于工业化起步比较晚，无论在行业结构完善程度上，还是在行业发展的科技水平上，都无法与世界发达国家相比，但是为了能够尽快实现技术飞跃，我们采取了引入外部技术的策略，但外部技术由于受到产权保护和商业机密等限制，我们在短时期内很难获取全部技术数据，尽管我们的技术研发人员也同时在研发属于我们自己的技术，并且在很多领域都达到了世界先进水平，但是在一些关键技术领域我们还必须依靠外部技术，我们需要更大的技术研发加速度才能赶上世界先进水平，在一定时期内我们的一些产业还处在为外部技术组装产品的初级阶段，例如电子信息产业。

8.3 中国产业结构存在的主要问题

前文在分析中国产业结构现状时，提到了一些中国产业发展所表现出的特征，这些特征在一定程度上也可以视作中国产业发展存在的问题，但是过于抽象与笼统，接

下来我们所要探讨的则是中国产业发展中所面临的具体问题，特别是产业结构方面存在的具体而又关键的问题。

8.3.1　三次产业发展比例不合理

在产业结构变迁过程中，第一产业比重应该不断下降，第二产业和第三产业比重应不断上升，其中第三产业最终会超越第二产业而成为最大产业。但从目前看，中国的三次产业结构还存在不合理之处。尽管 2013 年中国的第三产业产值比重已经实现了对第二产业的超越，但是，依然处在较低水平。从经济发展的一般规律看，越是高度发达的第二产业，越要有高度发达的第三产业提供更优质的配终端服务体系；从单纯的市场发展看，商品的活跃程度将越来越高，与之相适应的应该是与终端旺盛消费相一致的服务体系，例如高质量的仓储服务产业、高效的运输服务业、灵活的批发与零售业等；从市场推广角度看，任何市场主体都需要有良好的营销渠道，渠道外包成为当今世界市场主体的一大趋势，企业的大部分精力都将用于生产，随着科技化程度的逐渐提高，企业的研发也将独立于企业生产而成为独立的部分，作为科技型企业而向同类或不同类企业提供技术服务，通过品牌渗透的方式实现企业间的资源整合；从专业化角度看，企业的经营业务越来越单一，传统的大而全企业很难在市场竞争中充分实现自身优势，有时甚至因为业务领域的过于宽泛而导致企业经营战略顾此失彼，这就要求企业间的合作越来越密切；从消费者消费感知上看，人们已经不再满足于单纯物质利益的追求，更多地选择了精神消费，生活质量提高的需求，内心世界丰富的需求，对科教文卫产业也在不断提出新的需求。因此，第三产业的显著上升才是产业结构趋向合理化的典型标志。从世界发达国家发展经验看，第三产业产值占 GDP 比重已经超过 60%，在这一水平线，全国的服务业发展才勉强实现现代化水平，而在这水平之上则意味着，服务业的现代化已经基本实现，例如美国 1990 年第三产业的比重已经达到了 70%，而这一比重一直在上升，到了 2005 年，已经超过了 75%，与美国发展相类似，英国和意大利的第三产业产值比重于 1999 年也超过了这一比例，法国是世界上拥有国有资产较多的国家之一，但法国实现这一比例超越的速度仅次于美国，于 1992 年，全国第三产业产值比重就超过了 70%，与上述国家相比，第三产业发展较慢的是日本和德国，但也接近 70% 的水平。[①] 世界的发达国家第三产业发展的平均水平是产值比重占 GDP 约 70% ~ 80%，而实现第三产业现代化的最低经验比例要求则是 60%，我们国家 2013 年第三产业产值比例仅为 46.1%，第三产业发展之路还很漫长。

---

① 赵峥、姜欣：《中国产业结构演变的历史进程与现实问题分析》，《创新》，2012 年第 1 期。

8.3.2 三次产业科技含量较低

传统产业中技术含量水平整体较低，且产品质量标准较低，同质现象严重，缺乏高质量产品，企业之间的竞争往往是低层次的价格竞争，直接影响到企业的经济效益与市场竞争力。由此产生的恶性循环，致使产业结构始终处于较低水平。另外，企业联合作为产业整合的有效举措，随着改革的不断深入，难度愈加增加尤其是跨地区的重组，这主要是因为存在地方保护主义，影响到相关主体的利益。这里面有认知上的因素，也有"统一所有、分级管理"模式和"分税制"财税体制所带来地方政府间的利益矛盾，企业高层人事安排以及历史遗留问题等原因。再者，技术创新是提升产业结构层次的有效手段，但是除了一些实力雄厚的大型国有企业，中小国有企业的技术创新能力普遍缺乏，过多地依赖技术引进，并形成了路径依赖，缺乏自主创新意识与能力，使自己陷入了"技术落后—引进技术—技术升级—再落后—再引进"的循环，始终处于学习与落后的地位。产业的科技含量是产业高级化的主要标志，反映出产业发展的综合素质。从中国当前三次产业发展现状来看，无论是第一产业，还是第二产业，更或是第三产业，在产业的科技化程度上还没有达到应有的水平，如果现在有人认为，我们国家已经进入现代化发展模式当中，结论不免为时过早。

首先看第一产业。第一产业中农业占有较大比重，在农业的实际种植上看，机械化程度并不高，仅在一些少数地区实现了机械化耕种与收割，大部分地区依然由劳动力方式主宰农业的生产方式，这不仅耗费了大量的劳动力，同时生产效率也是极其低下的；在农业的经营管理上，由于人才流动的积聚效应，大部分拥有现代化农业知识的人才并没有出现在第一产业，而是转向了与第一产业相关的农产品深加工工业，第一产业的初加工科技含量极低；从农业生产经营的人力资本结构看，整体文化素质偏低，一些有文化的年轻劳动力都因为城市化的发展涌向了经济中心地带，留在农业从事生产的人员文化素养极度贫乏，这给农业生产现代化造成了很大障碍。

其次看第二产业。从生产方式上看，我们国家一直以来强调集约型经济增长方式，所谓集约型就是变过去粗放型生产为科学合理地利用资源生产，这其中最重要的一项就是打破过去劳动密集型生产模式，转向资本密集型和技术密集型生产；从科技使用程度看，我们国家一直强调自主知识产权和民族品牌建设，但是长期以来，多数时间我们都是在引进技术，在技术的研发和应用上还没有跟上世界发展的节奏；从企业人员构成看，企业中科技人员比重不足或者质量不高具有普遍现象，在利益的驱动下，在科技研发的风险面前，大多数企业选择了技术外包，大部分技术从外部购入，自身只从事简单的组装加工；从研发的投入上，大量数据表明，中国的科技研发投入显著低于世界发达国家平均水平。再看第三产业。第三产业的存在一个最重要目的就是为第二产业和第三产业发展提供服务，这种服务是全面的，高端的，就我们国家目前的第三产业发展现状看，高端的科技型服务企业规模还很狭小，由于农业与工业的整体科技含量较低，技术更新换代速度慢，在一定程度上又限制了第三产业科技服务的发展，这是因为，第三产业的科技成果需要转化，但是却找不到潜在的市场需求，第一产业与第二产业由于对科技产品认知程度不足，对科技服务不够信赖，从而限制了第三产业科技含量的上升。

再看第二产业。中国的第二产业总体规模庞大，从中国发展的经济总量看，第二产业占据近一半份额，这也是中国经济长时期高速增长的主要来源，从而使得中国经济总量一跃成为世界第二大经济体，但是第二产业的经济增长质量和竞争力不强依然很显著。从全球价值链循环角度看，我们国家的工业产品大多处于全球产业链的末端，多年来一直从事为世界提供廉价产品，并由此得名"世界工厂"，这不是对中国经济发展的褒奖，而是一种价值链歧视。不仅如此，我们在出口领域科技附加值较低的产品比比皆是，例如 20 世纪 90 年代以来，中国的服装和鞋的出口在欧美地区增速度极快，而其他类型产品则很少能够在欧美市场上见到，最为典型的就是服装在所有向美国的出口产品中增长最快，而且在欧洲鞋子的出口总量增长度几乎翻了一番。

产业结构科技化含量不高的另外一个表现就是市场投资主体缺失。中国的经济发展可以说是改革的结果，在改革中，企业受到改革风险的困扰往往止步不前，需要政府引导，为了能够实现投资的稳步增长，政府必须提供必要的投资资金，但是长时期的政府投资给经济发展造成一种过度依赖的非正常局面。特别是在科技投资方面，政府并不是以市场主体身份研究市场需求的新产品新技术的，这就造成一种科研与生产脱节，一些高端技术无法真正应用于市场。据有关资料显示，研发投入与科技进步对中国经济增长贡献率还不到 30%，与中国形成鲜明对比的则是发达国家的科技贡献率，以美国为例，美国的经济增长中大约有 80% 的因素来自于科技的研发与应用。

8.3.3　三次产业内部结构优化调整与路径依赖

除了三次产业之间的发展比例问题和科技含量过低问题，各产业内部也存在结构失调问题。

首先看农业。从总量看，中国的农业发展一直处于增长状态，但是内部产品种类和加工程度以及农业空间布置还很不合理。就农产品品种而言，大体上可以分为实物类和非实物类两种，其中实物类又分为肉类、水产品、水果、蔬菜、粮食等，非实物类又分为棉麻、皮革、丝、茶等，可以说，中国农产品品种十分丰富，但是产品品质较低，尤其是近些年中国农产品市场上屡次出现以次充好、毒物质等，极大地损害了人们消费的积极性，这在很大程度上归咎于监管不严，但制度变革所存在的缺陷在所难免，对于处在变革中的中国而言需要做的则是尽可能地做好监管工作，但由此所产生的负面影响则是巨大的，农业向高精尖方向发展内在动力被大大削弱。就农产品加工程度而言，我们的外向型农产品在国际上具有显著的价格优势，那是来自于低价的加工成本，但是我们的产品很少出现在国家高端市场，大多充斥于外围市场。就农业布局而言，各地区也没有很好的发挥农业资源优势集约生产，而是混合型生产长期存在。

其次看第二产业。第二产业也在不断研发高科技型产品，但是低附加值产品也在不断生产，在低附加值产品市场不断萎缩而高附加值产品市场需求不断膨胀的现实条件下，导致工业品生产出现严重的结构不合理，即低附加值产品过剩，而高附加值产品短缺。据估计，在全国生产的全部工业品中，大约有超过 80% 的产品存在生产过剩问题，但是国内的高附加值产品还存在短缺局面，以至于不得不通过进口方式弥补需求缺口。此外，第二产业生产路径依赖极为严重，由于我们技术能力有限，大部分高附加值产品只能接受国际订单，在此期间一些企业由于自身地域优势和人力成本优势形成了可观的利润，缺少自主创新的动力，从长远角度看，对中国第二产业升级是十分有害的，因此，解决问题的根本出路就是加快自主创新步伐，加大自主创新力度，努力实现高科技附加值产品国产化。

再看第三产业。中国的第三产业发展不仅存在前文提到的发展程度问题，还存在内部结构问题。从世界经验看，发达国家的第三产业已经晋升为以电子信息产业、金融产业和科技研发产业为主的一种产业群体。从中国第三产业发展实际情况看，餐饮业和交通运输业在第三产业中的贡献率一直居高不下，在国家整风运动的约束下，一些地方甚至出现了因为餐饮业消费有限而导致第三产业产值急剧下滑的不良局面。从任何意义上说，餐饮业和交通运输业都不能算作是第三产业中具有高附加值的产业。我们国家新型的电子信息技术产业已经有了一定程度的发展，有了像华为、海尔等这样大型的电子信息企业，但是产品市场占有率很低，对第三产业的贡献程度并不明显。但是这的确是一个较好的开始，国家可以以此为发展第三产业的突破口，重点扶持拥有核心技术能力的高端技术产品产业，这样才能不断缩小我们与发达国家在第三产业方面产品结构以及企业构成上的差异。

第9章

产业结构变动对经济增长的影响分析

当今的经济发展具有国际化和趋同化的态势，从全球看，世界产业分工正在逐渐形成，各个国家在经济全球化发展过程中扮演着优势产业规划的角色，在这场无声的较量中，发达国家已经占得先机，产业结构得以升级，并且处在了价值链的顶端，但是这并不是世界发展的最终结果，处在价值链其他位置的国家也在不断地发展本国产业，以期通过各种方式实现自身产业结构升级，实现与发达国家并驾齐驱甚至超越的最终目标。因此，各个国家内部产业也在不断地进行着结构的调整与演化。人类社会发展的历史已经证明，在经济发展出现巨大提升的几次变革中，产业结构也发生了巨大的变革。从这个意义上讲，产业结构的变化与经济发展的变化具有密不可分的关系。产业结构是一国乃至世界资本配置的分界点，一国经济的飞速发展势必会对该国资本存量流动方向、人力资本就业结构和消费品的循环提出新的要求，直接表现为，在资本逐利的驱使下，大量资本会被产业利润信号牵引，人力资本也会随着不同产业收入水平的不同而呈现不断转移状态，产品也会随着大家需求偏好的差异而从国内流向国外，与此相对应的也一定会有产品从国际流向国内。

但是一国的经济发展很难实现全部行业的均衡常态，在大多数时间都将处于不均衡发展态势，但是这种不均衡的最终目的又是为了实现产业均衡化。在这样的一个理论逻辑下，中国经济实现腾飞必须依靠产业间为协调而不均衡发展。尽管，理论上合理的产业结构应该是各行间、各行业内部生产要素投入比例高度协调一致，但这只能维持产业的均衡发展，而不能实现产业发展的有效突破，真正有效的措施则是设定各产业发展目标、培育基础产业和支柱产业、鼓励新兴产业，通过政策调整的方式加速资源流动与整合，这本质上就是产业结构的调整工作。各部门之间的增长率保持一个略为超前的态势是促进经济增长的关键因素之一。

结构主义者认为，在产业结构调整与经济增长的比较上，经济增长只能算作是产业结构调整的一个结果而已，因为，要想真正实现一个国家经济的持续、稳定、快速增长，最为关键的一点就是生产要素的配置必须是合理的，即资本、劳动、技术、土地、人力资本的众多要素必须有机地结合在一起，要实现经济的突飞猛进，必须打破原有的组织结构与产业状态，使得上述要素能够处在一种更为优越的配置状态，从而迸发出经济发展的潜在能量。因此，产业结构的变化对经济增长有巨大的推动作用。正如库兹涅茨等人研究的那样，经济的增长不是个量的简单加总，在很大程度上表现出的则是一个总量问题，而且产业部门的变化与经济发展总量变化相互关联，因此，在研究产业结构时必须纳入到总量框架之中。[①] 与库兹涅茨持有相似观点的是罗斯托，他也提倡从总量研究经济增长，特别是从产业结构变动的总量还探究经济增长的源泉，并充分认识产业结构变动与经济增长的关系。罗斯托认为，产业结构的变动对经济增长促进作用有可能导致经济的持续繁荣，因此，在分析经济增长问题时最为关键的研究领域就是产业结构调整与升级。他通过假定经济中存在主导部门与辅助部门来分析产业结构间的带动关系，并进一步设置了派生的增长部门。[②]

无论如何，大量的研究成果表明，产业结构调整与升级对经济增长的作用是至关重要的，任何一个国家的经济发展都离不开产业结构的调整，任何企图单纯从微观主体出发试图激发市场活力的做法都将是徒劳的，产业间资本流动、技术外溢、劳动力的流动等问题被忽视，将是一个经济发展的灾难。本部分接下来在承认产业结构良性变动对经济增长促进作用的前提下，着重分析产业结构变动如何推动经济增长、导致产业结构变动的因素以及产业结构变动可能存在的问题，为此，本部分将运用一定的理论模型加以说明，最后对中国产业结构变动与经济增长的关系做出简要的实证分析。

9.1 产业结构变动"红利"

一个重要结论是，当今社会各国的经济增长无不伴随着产业结构的调整，而产业结构的调整又伴随着产业间各要素配置的调整。刘易斯早在 1954 年就形成了这一结论，他通过构建二元经济模型，得出在二元经济结构下部门结构的变动尤其是二元部门结构的变动对经济增长以及社会福利提高起到了显著作用，相反，二元结构相对稳定的状态是无法实现经济持续增长的[③]。对此，库兹涅茨的解释是，在假定的二元经济结构下，第一产业部门将存在大量的剩余劳动力，而这些劳动力又是第二产业发展所急需的，当第二产业的发展足以引致第一产业剩余劳动力开始流动时，就意味着这

① Kuznets, S., 1979, Growth and Structural Shifts, in：W. Galenson, ed., Economic Growth and Structural Change in Taiwan：The Postwar Experience of the Republic of China. Ithaca, New York：Cornell University Press：130 – 132.

② W. W 罗斯托：《经济增长的阶段》，中国社会科学出版社，2010 年版。

③ Lewis, W. A., 1954, Economic Development with Unlimited Supplies of Labour, Manchester School, 22 (2)：139 – 191.

种产业结构已经产生效率[1]。塞奎因（Syrquin，1984）在研究产业结构与经济增长关系时进一步指出，为数众多的研究成果已经能够充分证明二者之间的关系[2]，随后又有一些学者通过对亚洲经济特别是东亚经济发展进行了研究，再次证实了上述结论，例如纳尔逊、帕克（Nelson and Pack，1999）[3] 等。

由此而带来的进一步的问题就是，产业结构变动是如何影响经济增长的呢？为此，我们将引入数学模型加以分析，分析的起始点是储蓄率问题。在此之前已经有学者对此作出了一定的研究。例如刘易斯（1954）就指出高储蓄率是一国经济增长的基本前提，该国必须在经济发展的初期把储蓄率从较低水平迅速提升到较高水平，以此来为产业变动提供足够的资本支撑。对这一观点，罗斯托（1962）也是极为赞同的，认为储蓄率问题是制约产业结构调整的重要因素，只有高额的储蓄率才会引致产业结构的变动。进一步的证实来自于曼昆、罗默、威尔（Mankiw，Romer and Weil，1992）[4]、伊斯拉姆（Islam，1995）[5] 等人的研究，他们通过对经济增长长期化的分析发现，高额储蓄率的确能够转化为经济增长的动力。上述研究成果为我们的研究提供了必要理论支撑，但是我们并不是要研究储蓄率，最终目的是要透过储蓄率理清产业结构变动对经济增长的红利效应。一个显而易见的结论是，当一国拥有较高的储蓄率时，该国就储备了足够的资本，资本积累的速度已经达到预期目标，这对于发展中国家而言是十分重要，发展中国家在经济发展的初期对资本的渴求是十分迫切的。但这似乎表明我们的分析思路是高储蓄率引致产业结构变动，进而引致经济增长，恰恰相反，在储蓄率与产业结构变动问题上，我们将从反方向研究，我们的最终观点是产业结构的变动能够引致高水平的储蓄率，进而实现上述循环。

那么，该如何具体分析产业结构与经济增长问题呢？我们认为恩格尔定律能够为后面的分析提供相应思路[6]。假定一国的经济体处在封闭状态，那么该国的经济发展很有可能处在很低级的阶段，即以农业发展为主的阶段，例如朝鲜。根据恩格尔定律，当一个经济体并不富裕时，它的大部分支出都将用于购买居民生活必需品，特别是粮食等产品，那么，由此导致的就是国民收入的大部分都将用于粮食的购买支出。

———————————

[1] Kuznets, S., 1979, Growth and Structural Shifts, in: W. Galenson, ed., Economic Growth and Structural Change in Taiwan: The Postwar Experience of the Republic of China, New York: Cornell University Press: 130 – 132.

[2] Syrquin, M., 1984, Resource Allocation and Productivity Growth, In: Syrquin, M., Taylor, L., Westphal, L. E. (Eds.), Economic Structure Performance: Essays in Honor of Hollis B. Chenery. Orlando: Academic Press: 75 – 101.

[3] Nelson, R R, and Pack, H., 1999, The Asian Miracle and Modern Growth Theory, Economic Journal, 109 (457): 416 – 436.

[4] Mankiw, N. G., Rmer, D., and Weil, D. N., 1992, A Contribution to the Empirics of Economic Growth, Quarterly Journal of Economics, 107 (2): 407 – 437.

[5] Islam, N., 1995, Growth Empirics: A Panel Data Approach, Quarterly Journal of Economics, 110 (4): 1127 – 1170.

[6] Laitner, J., 2000, Structural Change and Economic Growth, Review of Economic Studies, 67 (3): 545 – 561.

换言之，在这样的国家中，经济的发展以第一产业为主，该产业在三次产业体系中占有核心地位，并主导了其他产业发展，进而引起土地资源的价格不断上升，人民生活将处在一个较低级的阶段，生育问题也随之而来，人口将不断增长。在这种状态下，社会财富的保值工作将十分简单，那就是以越来越昂贵的土地作为存储的标的物，人们会不自觉地将财富转而投向土地资源。那么，由此引发的一个直接后果就是，社会的储蓄水平不可能很高，甚至随着经济的发展会出现不断下降的趋势。一个原因之一就是产业结构没有升级，居民收入过低，而越来越多的家庭消费支出又加重的储蓄的困难程度。相反，如果居民收入能够得到显著提高，那么就会发生不同的变化趋势，居民就会有储蓄需求，银行存款会增加，随着财富积累效应的显现，储蓄水平会逐渐升高，如此一来，消费者消费工业产品的能力就会增强。这种过程的实现需要有收入不断提高为前提，而收入的提高不可能指望国家发福利券，只能通过高度的勤俭节约，而在落后经济条件下几乎是不可能的。所以，情况有可能是反向的，即通过某种方式实现产业的繁荣发展，从而引致居民生活水平的提高和收入的上升，我们认为这种反向的变动就来自于产业结构的调整。接下来将进一步就上述结论作出理论分析，在分析过程中所建立的经济模型充分借鉴了索洛的经济增长模型和刘易斯、罗斯托的经济起飞模型。但是在他们的模型中，高收入或者高储蓄率并不是自发产生的，而是一种强制措施，得出这一结论的根本原因就是他们没有看清结构与效用的关系，与这些分析不同，我们的分析将表明，一方面落后经济体的储蓄有可能保持不变，另一方面，稳定的储蓄水平在国家发展过程中会随着产业结构的变化而可能逐渐提高，从而能够为经济发展提供足够的资本支持。假定：

（1）一个国家只有两个产业部门，即农业部门和工业部门（这实际上是对刘易斯二元经济结构的肯定）；

（2）农业部门生产的必要生产资料是土地，而工业部门的必要生产资料是资本；

（3）技术水平保持不变，换言之，不存在因技术变迁而导致的经济增长；

（4）恩格尔定律发挥作用，即居民的消费倾向符合恩格尔规律；

（5）以家庭为单位的储蓄水平必须满足家庭生存需要；

（6）单个家庭不能永远存续，最多能存续两期（这种假定又被称为时代交叠形式）

（7）下一代不能不劳务地生存，即上一代不留遗产给下一代。

（8）假定家庭的最初状态是年轻状态，并且任何家庭在第一阶段所能够供给劳动是1，在这一时期家庭收入所得必须进行消费和储蓄配置，但是在第二阶段，家庭成员都停止劳动，生活所需资金仅来自于第一阶段的储蓄。

那么，在 t 时期，年轻家庭的总数可表示为：

$(1+a)^t$，$a>0$，其中 a 表示家庭数量增长率。

进一步假定，当只有劳动技术提升时，劳动力就会被节约，那么，作为一个年轻家庭的有效供给将发生变化，根据假定，第一阶段的供给是 1，那么在存在一定劳动技术节约率时，年轻家庭的有效劳动数量将变为如下形式，即

$(1+b)^t$，$b>0$，其中 b 表示劳动技术节约率。

我们在对家庭消费的成本与效用函数做出假定。假定在 t 阶段新组建的家庭在下一时期的消费农业产品的单位成本为 $C_{N,t+1}$，消费工业产品的单位成本为 $C_{G,t+1}$，而农业产品和工业产品的价格分别为 $P_{N,t+1}$ 和 $P_{G,t+1}$，劳动的价格为单位劳动工资水平，即 W_t，t 时期整个过程的储蓄率为 r_t，那么，在第 t 阶段新组建的家庭将会有如下的效用函数和约束条件，即

$$MaxU = MaxU(C_{N,t+1}, C_{G,t+1}) \tag{9.1}$$

$$P_{N,t+1} \times C_{N,t+1} + P_{G,t+1} \times C_{N,t+1} \leqslant (1+r_t) \times W_t \tag{9.2}$$

根据恩格尔定律，当一个家庭收入较低时，它将主要以消费农业品为主，这里我们假定这样的家庭将全部消费农业品，但是当收入增加到一定程度后，他们消费的产品会出现选择，会使适当地消费一定数量的工业品。如果假定在消费工业品与农业品之间存在一个成本点 c，那么，这样家庭的效用函数可用如下方式替代，即

$$MaxU = \begin{cases} C_N \\ C_G + c \end{cases} \tag{9.3}$$

当 $C_N < c$ 时，效用函数表示为 C_N；当 $C_N > c$ 时，效用函数表示为 $C_G + c$。

前面的分析可以看作是需求，那么，进一步的分析是劳动供给问题。在现有假定条件下，一个年轻家庭的劳动总供给水平将取决于当前的劳动技术水平，也就是劳动节约率，因此，如果假定单个家庭 t 时期劳动总供给为 S，那么就将有：

$$S = [(1+a) \times (1+b)]^t \tag{9.4}$$

进一步假定第一产业的生产只通过劳动力和土地来实现，那么就可以构造一个类似于索洛经济增长模型的第一产业产量公式，即

$Q_{N,t} = S_{N,t}^{1-\alpha} \times L^{\alpha}$，其中 α 与索洛经济增长模型中系数意义相同，L 表示土地资本的投入量。

那么，假定所有有效耕地都已经被开发使用，那么便可以忽略了土地投入带来的收入效应，因此，我们假定 L = 1。显然，在这种情况下，第一产业的产量将由劳动力的有效供给唯一决定，即

$$Q_{N,t} = S_{N,t}^{1-\alpha} \tag{9.5}$$

年轻家庭除了能够利用土地带来农产品外，其拥有的劳动技能也可以用来生产工业产品，于是，当我们假定在 t 时期因为农业产出的增加而导致有了高额的储蓄，并且储蓄又用作了资本在下一时期投入使用（这里还有一个更为严格的假设就是在下一时期资本实现完全折旧），如果工业产品产量与资本数量之间具有一定比例关系，那么，利用资本投入量和劳动力投入量便可得到第二产业产量。这里进一步假定工业产品产量与资本数量具有 1:1 的关系，那么，工业产品产量可以表述为：

$$Q_{G,t} = K_{t+1} = I_t = S_{G,t} \quad (9.6)$$

如果土地、投资和资本在不同时期都有自己的价格，那么在 t 时期，三者价格可表述为如下形式，即 $P_{L,t}$、$P_{I,t}$ 和 $P_{K,t}$。

显然，上述所列各项参数和指标都应为正或零，只有这样产业结构才能实现正向发展，为负的情况可能会在极端条件下出现，我们在这里不予过多关注。那么，接下来的问题是，产业结构变动是如何引起经济增长的呢？关于这一点可以从如下的联立方程引入，即

$$\begin{cases} S_{N,t} + S_{G,t} \leqslant S_t \\ S_{N,t} \times W_t = (1-\alpha) \times P_{N,t} \times Q_{N,t}, \ S_{N,t} > 0 \\ W_t S_t = P_{L,t} L + P_{I,t} I \\ P_{L,t} = \dfrac{\alpha P_{N,t+1} Q_{N,t+1} + P_{L,t+1}}{1 + r_{t+1}} \\ P_{G,t+1} = 1 + r_{t+1}, \ 当 Q_{G,t+1} > 0 \\ P_{K,t} = P_{G,t} \\ P_{I,t} = W_t \end{cases}$$

上述联立方程中 $S_{N,t} + S_{G,t} \leqslant S_t$ 式对劳动力在第一产业与第二产业间作了分配；$S_{N,t} \times W_t = (1-\alpha) \times P_{N,t} \times Q_{N,t}$，$S_{N,t} > 0$ 式则表明在农业生产领域通过利用有限的资源能够实现利润最大化；$W_t S_t = P_{L,t} L + P_{I,t} I$ 式表明，当社会不进行第一部门与第二部门区分并且土地的供给量设定为 1 的前提下，在 t 时期社会财富可以表示为单纯的劳动者收入，但是如果对社会活动进行区分，变为两部分，则这一财富可以分解成为农业生产的价值增值与工业生产的价值增值；$P_{L,t} = \dfrac{\alpha P_{N,t+1} Q_{N,t+1} + P_{L,t+1}}{1 + r_{t+1}}$ 式表明如果一个年轻家庭在前一时期购买了土地，并在下时期能够获得租金，那么前一时期的土地价格就可以表示为上述式子；$P_{G,t+1} = 1 + r_{t+1}$ 式表明如果该年轻家庭将剩余财富用作了投资，那么投资的收益率应改为 r_{t+1}，那么，与此相对的则是另一种情况，即如果投资回报率比预期回报率要高，甚至更高，那么，对于该家庭来说，他们的选择将会是放弃土地而持有资本，换言之，相反的情况也是成立的；$P_{K,t} = P_{G,t}$ 式表明了投资品与工业产品的价格在同一时期是相等的，这与我们的假定有关，即一单位资本转化为一单位工业产品，这一假定直接限制了二者之间的转换关系，同样的道理 $P_{I,t} = W_t$ 物质资本的价格与工资率的等价关系也如出一辙。

如果要求发展中国家最初的产业结构是只有农业状态，那么进而的推断就是工业资本的资本投资活动几乎为零，那么资本存量可以用零来表示，如果进一步要求全社会利用农业生产刚好能达到平衡，那么，我们就能够得到一个关于农业生产产出的关系式，即

$$Q_{N,t} = S_{N,t}^{1-\alpha} \times L^{\alpha} < \frac{c}{1+a}, \text{ 并且 } S_{N,t}^{1-\alpha} \times L < c$$

简化的第一时期的关系式为如下形式，即

$$Q_0 = S_0^{1-\alpha} \times L^{\alpha} < \frac{c}{1+a}, \text{ 其中的约束条件是一致的。}$$

我们现在需要考虑的是两种不同的具体情况，这可以用如下参数表示，即 $[(1+a) \times (1+b)]^{1-\alpha}$ 与 $(1+a)$ 的关系，二者关系对我们的分析至关重要。一种情况是，当 $[(1+a) \times (1+b)]^{1-\alpha}$ 小于 $(1+a)$ 时，表明劳动节约率的进步程度无法使得农产品的消费达到需要对工业产品进行投资的临界点，导致这一结果的原因在于土地数量的有限性以及产出的边际收益率递减，那么，在人口增长的压力下，由于技术进步的困境，人均收入无法突破界限，从而导致所谓的"马尔萨斯陷阱"[①] 的出现，在此陷阱下，这些家庭的收入勉强能够维持温饱，那么，也就没有任何额外资本进行产业投资。特别是，当一个国家拥有较为丰富的土地资源时，"马尔萨斯陷阱"更容易出现，在上述关系下，一个国家将永远无法实现工业化。另外一种情况是 $[(1+a) \times (1+b)]^{1-\alpha}$ 大于 $(1+a)$ 的情形。在这种情况下，生产状况将完全不同，所有年轻家庭将存在一定的积蓄用于购买工业品，工业将得以发展。下面我们就两种情况进行具体分析。

第一种状态：$[(1+a) \times (1+b)]^{1-\alpha} < (1+a)$。由于所有家庭都无法进行工业品投资，那么工业品的所有投入产出指数都可视作为零，如果进一步假定土地供给和劳动报酬率都为1，那么，我们就能够得到马尔萨斯贫困陷阱，每个人都无法购买工业产品，即工业品产量、价格、追加投资等都为0，此时所有劳动力都在农业中工作，则当工资率和土地供给都为1，那么便可得到以下公式：

$$P_{N,t} = \frac{S_{N,t}^{\alpha}}{1-\alpha}$$

农业产品的价格可以近似地认为是农业产出的价格化，因此上式可以看成是总产值，结合联立方程可以进一步得到，土地价格为 $P_{L,t} = S_t$，进而能够得到一个近似马尔萨斯均衡的结果，即

$$1 + r_{t+1} = \frac{\alpha P_{N,t+1} Q_{N,t+1} + P_{L,t+1}}{1+r_{t+1}} = \frac{L_{t+1}}{L_t(1-\alpha)} = \frac{(1+a)(1+b)}{1-\alpha}$$

在这一水平下，年轻家庭在维持平衡的条件下，只能在第一阶段将全部收入用于购买土地，并且在第二阶段将现有土地出让以获取租金收益。但接下来的情况将完全不同，家庭收入用于工业品的投资，从而产生更大的经济增长总量。

第二种状态：$[(1+a) \times (1+b)]^{1-\alpha} > (1+a)$。在这种状态下，农业生产的产品将有富余，家庭有更多收入用于购买工业品，从而使得社会生产模式不再局限于农业

---

① Malthus，T. R.，1798，An Essay on the Principle of Population，Dent.

生产，对工业生产也将产生需求。

我们可以假定一个发生变化的临界时间点为 t_0，在这一时间点上，满足约束条件 $Min(t) = Min\{t : S_{N,t}^{1-\alpha} > c(1+a)^{t-1}\}$，即在农业产值超过必要临界值的最小时间点。一个直观的结论是，在 $t_0 - 1$ 之前的各个位置都出在马尔萨斯所描述的窘况当中，从事生产的任何家庭都没有足够多的收入用来购买工业品，都不能腾挪出多余的资金用于第二产业投资，因此，在这种状态下，各个家庭的全部收入都将用于农业生产。这种情况在第一种状态下已经做了分析，这里只是对这种状态进行显性的数学描述。但比较有意义的是对这一时间点前后的劳动与资本存量进行描述。当 $t < t_0$ 时，农业虽然处在平衡状态，但是由于生产率低下，导致大量劳动力被束缚在了农业资本上，只有当 $t > t_0$ 家庭才可以出现空闲劳动力与资本。根据这一设定，可以进一步测算出当时间运行到 t_0 时，农业的投入与产出情况，即投入为 $\{c(1+a)^{t-1}\}^{1/(1-\alpha)}$，由于土地投入设定为 1，那么农业的产出与投入应该相同。当时间跨越 t_0，多余的产出将投向工业，那么流向工业的收入可表示为 $S_{I,t} = S_t - S_{N,t}$，这意味着，在 t_0 时期以前农业没有多余产品用于超额投资，特别是在 t_0 时点上更是农业的产出将达到边界值，因此，在 t_0 时刻一定存在一个边际上相等的农业投资回报率与工业投资回报率。为了能够说明产业结构调整红利问题，还需要进一步说明产业间的劳动力分配均衡问题。

在全部的产出关系中农业产出与工业产出拥有如下等式，即

$$P_t = P_{N,t} + P_{G,t} = S_{N,t} + S_{G,t}$$

结合前面的联立方程我们可以得到进一步的结论是

$$1 + r_{t+1} = \frac{\alpha P_{N,t+1} Q_{N,t+1} + P_{L,t+1}}{P_{L,t}}$$

再次结合联立方程，我们可以得到资本投资的收益为

$$P_{K,t} = P_{I,t} = \begin{cases} 1+r, & t \geq 1 \text{ 且 } L_{G,t-1} > 0 \\ 0 \end{cases} = \begin{cases} 1, & L_t > 0 \\ 0 \end{cases}$$

为了能够得到一个劳动力在不同产业间分配的均衡，我们还需要一个均衡条件，即家庭的地租收入、出售土地获得的收入和第二产业投资收入与两个产业的产出相等，即总供给等于总需求，有 $\alpha P_{N,t+1} Q_{N,t+1} + P_{L,t+1} + P_{K,t+1} K_{t+1} = P_{N,t} Q_{N,t} + P_{G,t+1} Q_{G,t+1}$，这一条件能够在一定程度上说明产业结构变动对农业和工业的影响，从而得到对经济总量的影响结论。当农业产出增加到临界值后，随着农业生产率的提高，农业开始出现大量的剩余劳动力，加上由于家庭对工业产品需求所导致的工业部门的兴起，劳动力开始向报酬更高的部门转移，从而导致整个家庭的收入上升。正如前面所分析的，传统的分析产业结构问题是从储蓄率着眼的，但是我们找到了比储蓄率更为基本的因素。那么随着第二产业的兴起，将会进一步引导劳动力的转移，从而推动产业结构变动，因此，在我们的分析中，产业结构变动在不受外界干扰，或者不存在摩擦成本的情况下，产业结构变动将在工资和利润等价格信号的指引下自发进行，当这

种状态周而复始不断演变时，整个社会的经济发展将实现帕累托最优。

对于帕累托最优问题，我们只需证明在第二种情况下全社会的福利状况好于第一种情况就可以。由前面分析可知，在 $t < t_0$ 时，$1 + r_{t+1} = \dfrac{(1+a)(1+b)}{1-\alpha}$，当 $t > t_0$ 时，

$$1 + r_{t+1} = \frac{\alpha S_{N,t+1} + (1-\alpha)S_{N,t+1}}{(1-\alpha)S_{N,t}} = \frac{1}{1-\alpha} \cdot \frac{S_{N,t+1}}{S_{N,t}} = \frac{(1+a)^{1/(1-\alpha)}}{1-\alpha}$$

。由于在第二种情况下，有严格的限定，即 $[(1+a) \times (1+b)]^{1-\alpha} > (1+a)$，那么，在第二种情况下的财富增长率要低于第一种情况。由于我们使用的是名义利率，也就是说 r_{t+1} 不能反映真实利率水平，需要剔除价格因素，剔除后的结果也可分为 $t < t_0$ 和 $t > t_0$ 两种情形。

当 $t < t_0$ 时，$1 + R_{t+1} = \dfrac{1}{1-\alpha} \cdot \dfrac{S_{N,t+1}}{S_{N,t}} \cdot \dfrac{P_{N,t}}{P_{N,t+1}} = \dfrac{[(1+a)(1+b)]^{1-\alpha}}{1-\alpha}$，而 $t > t_0$ 时，第一产业的相对重要性将下降，直至趋于零，相反的情况则是，第二产业的相对重要性将逐渐上升，最终将趋于 1。那么，由此，我们能够得到国民财富与 GDP 间的比率了。

即当 $t < t_0$ 时，

$$\theta = \frac{P_{L,t} + P_{K,t}K_t}{P_{N,t}Q_{N,t} + P_{G,t}Q_{G,t} + P_{I,t}I_t} = \frac{P_{L,t}}{P_{N,t}Q_{N,t}} = 1 - \alpha$$

第一阶段的家庭与第二阶段家庭之间存在互补关系，即在这种情况下，第二阶段家庭只能通过向第一阶段家庭购买农产品的方式维持生存，这在一定程度上降低了农业部门的工资水平，正如刚才所看到的，当 $t < t_0$，农业部门国民财富占 GDP 比重将受到农业土地投入弹性的影响，其结果恰好等于劳动力供给弹性。那么，由此而得到的一个结论就是，随着 α 的增加，农业的工资水平会不断降低，但是在 $t > t_0$ 时将表现出完全不同的变化趋势。

当 $t > t_0$ 时，产业结构将发生变动，即工业部门将兴起，但是就像刚才分析的，工业部门最终也将实现生产可能性边界，工业部门生产份额将趋于 1，因此，我们得到如下关系：

（1）$\dfrac{P_{L,t}}{S_{L,t}} \to 0$；

（2）$\dfrac{I_t}{S_t} \to 1$；

（3）$\dfrac{P_{N,t}Q_t}{S_t} = 1 - \alpha$；

（4）$\dfrac{K_t}{S_t} = \dfrac{I_{t-1}}{S_t} = \dfrac{1}{(1+a)(1+b)}$。

利用等式 $P_{K,t} = P_{G,t} = 1 + r_t$ 和 $P_{I,t} = W_t = 1$，我们能够得到当 $t > t_0$ 时的国民财富占 GDP 比例关系，即

$$\theta = \frac{P_{L,t} + P_{K,t}K_t}{P_{N,t}Q_{N,t} + P_{G,t}Q_{G,t} + P_{I,t}I_t} = \frac{1}{1 + \dfrac{(1+a)\ (1+b)}{1+r}} \rightarrow \frac{1}{1 + \ (1-\alpha)}$$

这再次表明，随着各个家庭生活富裕程度的不断提高，整个社会的财富占 GDP 比重反而下降了，这一结论与库兹涅茨（Kuznets，1961）[①] 分析极为相似，他指出，随着工业化程度的不断提高，社会财富在 GDP 中的比重呈现下降趋势，他把导致这种变动的因素限定为土地资源变得越来越不重要，同时，产业结构推动经济增长的程度也在降低，这两方面原因导致了社会财富比率不断降低。但这并不是我们分析的出发点，也并不关心这种变化是由什么导致的，而更关心这种产业结构变动是否真的能够给经济增长带来红利问题。

显然，当一国经济居民收入与支出符合恩格尔定律时，财富的形式将不断转换，由消费品会像投资品转移。但是在以单纯农业为主的产业结构中，居民财富只能表现为对土地资源的占有，但是土地的流动性非常差以至于很难把它变成普通资本，因此，在这样的产业结构下，居民的储蓄率几乎为零；导致这一问题的另外一个原因就是土地资本的不需要再投资就可以重复利用。但是与此相对的工业化程度不断提高的国家，其储蓄率则明显不同，该储蓄率可用投资占 GDP 比率来表示，即 $\gamma = \dfrac{P_{I,t}I_t}{P_{N,t}Q_{N,t} + P_{G,t}Q_{G,t} + P_{I,t}I_t}$，在极限情况下将无限收敛于 $\dfrac{1}{[(1+r)/(1+a)(1+b)]+1}$。

这里给我们的启示是，当一个国家由落后农业国准备向工业国过渡时，这一过渡过程或者说产业结构调整的过程能够促发更高的储蓄倾向，那么，接下来的变化将是刘易斯与罗斯托意义上的产业结构变动推动经济增长。需要强调的是，当恩格尔定律在发挥作用时，工业部门将获得更多的发展机会，从工业发展的初期看，边际报酬有可能出现反规律的状况，即边际报酬递增，因此，可以断定，产业结构的变动的确能够在很长一段时期内促进一国的经济增长，到此为止，这些很好地证明了我们所提出的观点。

9.2 产业结构调整 "陷阱"

尽管产业结构能够促进经济增长，就像不断降低利率以刺激经济一样，产业结构调整同样存在陷阱，当产业结构推动经济增长达到一定峰值后，结构状态将发生变化，产业结构必须重新进行调整，以适应新的经济发展形势。这种现象也被称之为"鲍莫尔成本病"。在接下来的分析中将重点就"鲍莫尔成本病"的成本及危害进行

---

① Kuznets, S., 1961, Quantitative Aspects of the Economic Growth of Nations: Long – Term Trends in Capital Formation Proportions, Economic Development and Cultural Change, 9 (4): 1 – 124.

分析。

丹尼尔·贝尔（1986）[①] 指出，当一个国家成功地实现了工业化发展时，那么，该国的经济体就会进入到"后工业社会"时期。后工业社会又被经常称之为知识社会，是工业社会发展到一定阶段的必然结果，美国学者丹尼尔·贝尔于1986年提出了这一概念，他把人类社会的经济发展以工业社会为中心划分为三个不同阶段，即前工业社会时期、工业社会时期和后工业社会时期。在后工业社会中，经济形态不再以工业发展为主，取而代之的知识经济与知识产业，整个社会变成一个大脑性的知识集合体，换言之，知识大爆炸是这一时期发展的典型特征，社会组织间的竞争方式不再是价格、服务等传统方式，而是知识，社会的上层人物大多是用于高科技知识储备的科技型人才，这是因为，科技专家所拥有的知识具有高度的沉淀作用，当他们融入社会之后，社会对其依赖程度会越来越高，从而导致其在社会中的地位越来越高。那么，从产业上看，后工业社会时期核心产业不再是传统工业，而是以电子信息技术研发与制造为主的产业。正如丹尼尔·贝尔指出的，在后工业社会，社会各阶层的层级划分更看重知识，从而导致与知识相关的相关产业得以发展，例如教育、电子信息技术等，从而使得整个社会变成以知识为中心的全面结构。

当一个国家的经济发展进入工业社会后，原有的商品经济主导的经济形态将逐渐被以提供服务为宗旨的服务行业所取代，即通常所说的服务性经济取代商品经济。如果仅就各国的产业结构看，发达国家的产业结构实际上已经出现了变化。如前所述，美国等发达国家第三产业尤其是电子信息产业对社会经济发展的贡献率超过了一半，而且还有上升趋势，因此，在这样的国家其产业结构已经基本实现了主导产业的转型与升级。但是一个重要问题是，第二产业与第三产业发展的性质存在根本的差别，例如生产率方面，由于第三产业多以服务见长，因此，其生产率很难用一般标准衡量，再比如需求弹性，后工业社会的第三产业科技含量较高，其需求弹性也具有高度的不确定性，还有就是组织形式，传统的产业组织形式具有高度职能性，而后工业社会中的第三产业组织形式往往比较松散，对人数要求也没有那么苛刻，完全处在一种大脑工作状态，对工作场地也没有特殊要求，工作人员无需聚集在一起，高度发达的信息网络足以完成共同与协商工作。这就给产业发展带来一个问题，就是第三产业发展也必须有足够的需求，以高科技为主的第三产业其产品大部分为研发工作，需要与第二产业进行有效的衔接，但由于二者本质不同，尤其是内部结构变化的不同，导致的因各自调整而产生的结构效应也会不同。换言之，如果后工业社会主要由高科技产业带动经济增长，那么整个社会的结构效应将完全不同于工业社会时期，前文论述的产业

---

① 丹尼尔·贝尔：《后工业社会的来临》，商务印书馆，1986年版。

结构调整所促发的结构红利有可能消失。对此鲍莫尔（Baumol, 1967）[1] 早就给出了深刻的研究，他在《不平衡增长的宏观经济学》一书中对后工业社会的产业结构变动对经济增长的影响作了详细的分析。

鲍莫尔（Baumol, 1967）认为，在后工业社会发展的初期，由于三次产业部门存在着较为明显的生产率差异，那么，当社会经济持续发展时，整个社会发展所需的成本将会越来越多地由生产率较低的部门承担，这种情况的一个直接后果就是那些生产率较低的行业或部门由于承担了过多成本压力，不得不采取极端手段，例如提高价格或者削弱产品质量等手段，来缓解承担额外成本的负担，从而产生对整体经济发展的拖累作用，这就是"鲍莫尔成本病"的全部内涵。我们对此进行论述并不是要说明后工业社会的出现会对人类社会的进步产生阻碍作用，而是想强调，一个国家的经济发展要想从工业社会进入后工业社会同样需要产业结构转换的成本，而这些成本在一定意义上有可能形成积淀，而无法得到有效补偿，例如鲍莫尔强调的社会生产效率下降就是这一结论典型说明，但是一旦该国成功地进入了后工业社会时期，那么原有的福利耗散会因为后工业社会经济的再次高速发展而得有回补。

鲍莫尔（1967）指出，通过对比第二产业与第三产业可以发现，从生产率角度看二者存在显著差异，第二产业生产率通常较高，而第三产业生产率通常较低而且还伴随着高度不确定性，但是一个相反的状况则是成本，第三产业的成本上升速度却显著高于第二产业，这是由于第三产业在低效生产时人力资本成本越来越高。对这一发展过程不利的另外一个因素就是第三产业产品的需求弹性，通常第三产业产品的需求弹性就很小，在这种情况下，第三产业就会发生与垄断相似的问题，即消费者对于第三产业越来越高的服务收费不仅没有怨言，反而会欣然接受，从而导致消费者会把越来越多的收入分配到第三产业消费当中，而第三产业在鲍莫尔看来是经济发展的停滞部门，由此，一个国家的经济体将患上"鲍莫尔成本病"。从经济发展的总体效率来看，经济效率并非简单的各产业部门效率的加总，而是一种加权平均的结果，但是"经济停滞"部门产值比重的上升，对经济总体的效率确实会产生拖累的效应，对此萨缪尔森、诺德豪斯（2008）[2] 将其称为增长过程中的怪病，即"增长病"。那么，这种现象是如何发生的呢？接下来通过引入鲍莫尔经济发展模型来加以说明。

鲍莫尔为了分析这一问题提出了六个前提条件，即假定：

（1）在后工业社会时期，经济发展"停滞"部门成本上升更快，并且增长部门或者递进部门与停滞部门的产品价格足以弥补生产成本，这意味着第三产业的产品价格上升速度也更快；

---

① Baumol, W. J., 1967, Macroeconomics of Unbalanced Growth: The Anatomy of Urban Crisis, American Economic Review, 57 (3): 415 - 426.

② 萨缪尔森、诺德豪斯：《经济学》，人民邮电出版社，2008 年版。

（2）经济发展"停滞"部门与经济增长部门对社会经济发展的贡献程度相对不变，也就是说，第二产业的产值比重与第三产业的产值比重不发生变化，这意味着即使社会整体会增长但不是因为产业结构变动所致；

（3）真实增长率不变，但名义增长率不同，即第三产业的名义增长率在经济增长贡献中会不断攀升，这是由前两个假设所致；

（4）为了实现假设（2）一个必要条件就是第二产业部门的劳动力要不断向第三产业转移，以应对第三产业的不断发展所产生的人力资本需求；

（5）对工资率作一致性假设，要求第二产业与第三产业拥有同样的工资水平；

（6）由于上述五个假设的存在，经济发展将出现"增长病"，这是因为产业间生产率不同，成本上升速度又是反向的，这样的一种状态将最终导致经济发展总量上的生产率下降，从而降低经济增长速度。

在上述六个假设前提下，鲍莫尔（1967）进一步将社会产业部门分为"递进部门"和"停滞部门"两大类，其中，递进部门属于第二产业，停滞部门属于第一产业与第三产业，从模型看，鲍莫尔更倾向于将停滞部门限定在第三产业。他同时要求只有在"递进部门"中劳动生产率才能带来正常增长，所谓正常增长，在鲍莫尔看来是因为递进部门内部产业自身研发所产生的经济增长机制，而非技术外包。此外，鲍莫尔还要求在递进部门的正常增长中，规模经济效应也发挥作用。因此，从这个意义上说，鲍莫尔模型所划定的正常经济增长是一种以物质作为基础以技术研发为推动的资本增进创新的增长模式。与第二产业的增长方式不同，在停滞部门，由于无法实现以物质资本和技术创新相结合的发展模式，而使得这一部门很难实现鲍莫尔意义上的正常增长。

但是，需要特别指出的是，鲍莫尔并没有否定第一产业与第三产业的经济增长，他只是强调在这类产业当中增长的程度要很弱，对全社会的真实经济增长贡献没有第二产业那么强烈，也不能像第二产业那样实现经济的长久发展。正因为如此，鲍莫尔谨慎地假定经济发展停滞部门的劳动生产率相对固定，在这一条件下，如果人力资本可以在不同部门间无障碍流动，那么最终将导致各部门的名义工资率相同，与此同时，由于利润率的趋同，最终将导致各部门的名义工资水平与其生产力水平相同。由于两部门存在生产率差异，在名义工资而不是实际工资相同的情况下，停滞部门的真实工资水平将更高。下面我们用数学模型的方式对此作进一步的分析。

假定两部门的生产要素只有劳动，我们可以用下列等式表示两部门的生产关系，即 $Q_{1t} = nL_{1t}$ 表示经济递进部门的产出，$Q_{2t} = mL_{2t}$ 表示经济停滞部门产出，单纯以劳动计算的生产率增长速度设定为 λ，第一个等式的含义就是当劳动生产率以 λ 速度增长时，该部门的产出情况。其中 L_t 表示两个部门在 t 时刻的劳动力供给情况，n 和 m 为表示劳动力与产出关系的不变常数。在两部门工资率保持恒定的情况下，t 时刻的工资水平可以用如下关系表示，即 $W_t = \beta^{rt} w$，其中 w 可以看作是名义工资的初始值，换句话说是个常数，β 是名义工资的增长效应系数，其中 rt 表示与利率相关的名义工资增长效用关系。至此，我们实现了鲍莫尔意义上的不均衡增长的模型构建，下面让我们来展示一下"鲍莫尔成本病"问题。

经济递进部门的产出成本为 $C_1 = \dfrac{W_1 L_{1t}}{Q_{1t}} = \dfrac{\beta^{rt} w L_{1t}}{n \beta^{rt} L_{1t}} = \dfrac{w}{n}$，而经济停滞部门的产出成本则为 $C_2 = \dfrac{W_2 L_{2t}}{Q_{2t}} = \dfrac{\beta^{rt} w L_{2t}}{m L_{2t}} = \dfrac{\beta^{rt} w}{m}$。在经济递进部门，我们可以看到，其成本由于受到生产率与名义工资率无限接近的约束，最后生产成本为 $\dfrac{w}{n}$，而在经济停滞部门由于不存在这种干扰，导致其生产成本为 $\dfrac{\beta^{rt} w}{m}$，这说明，经济递进部门随着时间推移其成本函数将趋于稳定，不会随着时间改变而改变，但是经济停滞部门则会随着时间推移成本不断上升。换句话说，当产品的价格与生产成本上涨速度相同时，如果产品的需求还存在一定的价格弹性，那么，很有可能最终导致停滞部门无法持续存在。鲍莫尔（1967）曾指出，在城市中有大量类似的行业生产空间可能越来越小，例如手工艺行业，我们能够看到有很多手工艺已经几近失传，有的甚至消失了，再比如大剧院，在大剧院兴起的时候一度被人们视为十分理想的有限场所，但是随着票价不断升高，该产品越来越不受欢迎。一个很好的转换途径是，传统的服务业将不断提升自身的成本，并向生产高档服务转移。

但是，一个特殊问题是，就在停滞部门几乎不发展的同时，却存在能够提供需求弹性很低产品的行业，例如教育行业和医院等医疗机构，这种部门的存在同样能够促进经济的增长，但增长幅度有限，随着劳动力的不断转移最终将导致整个经济处于增长率为零的状态。

根据前面的假定，经济发展递进部门与经济发展停滞部门具有相同的比例关系，也就是说，两部门经济增长比率是不变的，即

$$\phi = \frac{mQ_{1t}}{nQ_{2t}} = \frac{\beta^{rt} L_{1t}}{L_{2t}}$$

两大部门的全部劳动投入可以用各自劳动投入之和表示，也就是说劳动者在二者之间不存在交叉劳动，则有 $L = L_{1t} + L_{2t}$，进一步有 $L_{1t} = L - L_{2t}$，则 $L - L_{2t} = \dfrac{\phi L_{2t}}{\beta^{rt}}$，由此能够得到 $L_{2t} = \dfrac{\beta^{rt} L}{\beta^{rt} + \phi}$，那么，$L_{1t} = L - L_{2t} = \dfrac{\phi L}{\beta^{rt} + \phi}$。由我们的假设可知，随着时间的发展，经济停滞部门的劳动力总量将趋于 L，即 $\lim L_{2t} = \lim \dfrac{\beta^{rt} L}{\beta^{rt} + \phi} = L$，相反的情况是经济递进部门的劳动力总量将趋于零，即 $\lim L_{1t} = \lim \dfrac{\phi L}{\beta^{rt} + \phi} = 0$。在假定的两大

部门前提下，最终将导致全部的劳动力资源都转向经济发展停滞部门，并且经济最终将陷入停止发展困境（关于这一问题的进一步讨论可见于佩内德（Peneder，2003）[①]、默多斯等（Maudos et al.，2008）[②] 和马洛图—桑切斯和夸德拉多—鲁拉（Maroto - Sanchez and Cuadrado - Roura，2009）[③] 等人的研究成果，我们在这里不再赘述）。

到目前为止，我们已经向读者展示了产业结构变动能够促进经济增长，但这种增长有可能使得经济发展最终陷入停滞状态，当前英美等发达国家的经济发展过程已经在一定程度上证实了这一结论，美国连续的 GDP 增长不超过 3%，其真实的 GDP 增长可能还要更低，但这不是我们分析的关键，我们的初衷，既然鲍莫尔成本问题的确存在，那么能否突破鲍莫尔限制呢？我们的观点是，如果将经济完全处于放任自由的状态，那么，经济发展路径锁死将不可避免，唯一能够起到打破路径的就是政府干预，作为一个发展中国家，在没有庞大而坚实的工业作为基础前，过早地进入后工业社会对整个经济发展是十分不利的，应该尽量在工业的发展潜力被挖掘之前和科技创新达到瓶颈之前继续工业化发展道路，走一条新型工业化发展模式，只有这样经济才能保证持久的生命力。

① Peneder, M., 2003, Industrial Structure and Aggregate Growth, Structural Change and Economic Dynamics, 14 (4): 427 - 448.

② Maudos, J., Pastor, M., and Serrano, L., 2008, Explaining the US - EU Productivity Gap: Structural Change vs. Intra - Sectoral Effect, Economics Letters, 100 (2): 311 - 313.

③ Maroto - Sánchez, A., and Cuadrado - Roura, J. R., 2009, Is Growth of Services an Obstacle to Productivity Growth? A Comparative Analysis, Structural Change and Economic Dynamics, 20 (4): 254 - 265.

第 10 章

传统产业结构理论缺陷及沉淀成本的重要性

产业结构理论包括产业结构调整理论与空间布局理论，这些理论在指导世界各国经济发展中起到了极其重要的作用，但这些理论都存在一个先天的不足，即假定经济世界运行无成本，从而忽略了产业结构调整面临的巨大的沉淀成本问题，如果把沉淀成本引入产业结构理论中来，那么，传统产业结构理论的某些结论有可能需要修正，例如配第—克拉克定理所强调的，随着社会的发展，产业结构出现的变化是第二产业在产业中的比重越来越大，第三产业最终将超越第二产业，而第一产业比重越来越小，不可否认，世界经济的发展验证了这一结论，或者说，这一结论是在经济发展过程中凝炼与抽象出的一条规律，伴随着产业发展的变化，劳动力资源也会从第一产业逐渐向第二产业与第三产业转移。如果将沉淀成本因素引进来，我们会发现，传统产业结构理论所形成的结论就会发生变化，人力资本有可能因为沉淀成本因素而形成路径依赖或锁定效应，从而导致人力资本转移效率下降，这在一定程度上将阻碍产业结构的转型，因此，国家在进行产业结构调整时不得不考虑沉淀成本因素，所推行的政策应该尽可能地降低沉淀成本效应。正因为如此，我们认为有必要对传统产业结构理论进行重新梳理，探讨当沉淀成本发挥作用时产业结构调整理论应该如何变化，我们不打算对所有产业结构理论进行述评，只选取了三个比较典型的理论，即配第—克拉克定理、霍夫曼比例和筱原三代平的产业结构理论。

10.1 配第—克拉克的产业结构理论及其局限性

10.1.1 配第—克拉克理论

在产业结构理论发展的历史上，威廉·配第是较早地研究产业结构并形成理论的研究者之一。他在《政治算术》[①] 一书中特别提到了产业结构问题，他考察了三次产业的平均收益，他发现，仅就收益而言，第一产业所实现的收益呈现下降趋势，而第二产业和第三产业实现的收益则处在上升趋势，其中第三产业上升的速度较快，用他在《政治算术》中的原话则是"工业的收益比农业多得多，而商业的收益又比工业多得多"。随后配第的观点被克拉克所完善，形成了配第—克拉克定理。配第在形成结论时曾经一度对当时盛极一时的重商主义所引发的经济发展有所不解，由此可以看出威廉·配第当时是一个彻彻底底的重农主义者，但是随着经济发展，第二产业的崛起第三产业的兴盛，配第开始对自己的重农主义倾向有所动摇，正如恩格斯所言，配第在后来所著的《货币略论》中所表现出的已经不是一个重农主义者的状态了，他更多地关注了商业，也承认了商业对经济发展的带动作用。

在威廉·配第之后，被视为经济学鼻祖的亚当·斯密发表了《国富论》一书，该书中所描述的一些经济理论与规律至今仍然适用。亚当·斯密虽然没有以产业结构理论的身份提及产业结构的变迁，但是当他论述不同产业部门的产业发展以及产业投入时却形成一套类似的规律，即先农业——后工业——再批发零售等商业的规律[②]。其实在配第发表《政治算术》一书时恰逢西方国家工业革命酝酿时期，此时农业发展依然是经济的主导产业，重商主义的出现在一定程度上限制了第二产业和第三产业的发展，换句话说，当时的重商主义在金钱观念的驱使下导致第二产业发展受到极大限制，第三产业空前繁荣也造成了过多的资本无法消耗，虚拟财富与真实财富不平衡，从而引发通货膨胀。在亚当·斯密时期，出现了工业部门的两次技术革命，在此事件的推动下，以制造业为主的第二产业发展十分迅猛，第三产业也因为第二产业的发展提供配套服务而逐渐繁荣。随后的研究者费雪（Fisher）通过对当时西方国家经济发展的实证分析显示，即使经济社会发展摆脱了农业社会的状态，但是配第的结论依然成立，并首次提出了关于产业结构的三次划分法，到此为止，产业结构理论已经初具形态。在上述研究基础上，美国学者克拉克通过进一步考察了各产业的劳动力人数和各产业产值情况，他发现：不仅劳动力在随着产业结构的变化而变化，国民收入也随着产业结构的变化而变化，而且二者变化趋势趋于一致。为此他在 1940 年出版的《经济进步的条件》[③] 一书中，认真总结了劳动力与国民收入的变化规律，并形成了克拉克法则，即在三次产业间，随着经济的发展，劳动力人数将逐渐由第一产业向第二产业转移，随着经济的进一步发展，劳动力人数将从第二产业向第三产业转移。

比配第、费雪和克拉克更进一步的研究来自于库兹涅茨，他在《现代经济增长》[④] 一书中对克拉克的研究作了转换，即把克拉克研究所使用的 GDP 数据看作了

---

①　威廉·配第：《政治算术》，中国社会科学出版社，2010 年版。
②　亚当·斯密：《国富论》，陕西师范大学出版社，2010 年版。
③　Clark，C. A.，1940，The Conditions of Economic Progress，London：Macmillan.
④　西蒙·库兹涅茨：《现代经济增长》，北京经济学院出版社，1989 年版。

经济增长，从克拉克所使用的实际数据看，时间序列上 GDP 大体都处在一个上升趋势，因此，库兹涅茨用了帕累托最优的措辞方式来描述经济增长，当经济增长时表现出的是这样一种状态，一方面人口持续增加，另一方面全部的社会产品也在持续增加，但是全社会的产品并没有因为人口总数的增加而导致人均产品出现下降，或者人均量更差。他指出，一个国家的经济增长必须同时具备两个表征指标：一是人均产品的增长，二是人口总量的增长。也就是说，经济增长不能以牺牲人口或者社会产品为代价，如果简单地以人均产品量上升为标志，就像人均 GDP 一样，有可能导致偏差。例如当社会两极分化极为严重时，有可能该社会的经济发展出现停滞不前的局面。再比如由于某些特殊原因导致的人口锐减时，人均产品也有可能上升，这些情况都不能被看成是真正意义上的经济增长。他在对经济增长进行了界定之后，将全社会产业部门也进行了划分，与一二三产业划分不同，他更侧重于各产业的实际内涵，因此，他将产业部门划分为：第一是农业部门、第二是工业部门、第三是服务业。通过分析库兹涅茨再次验证了由克拉克所总结的配第理论。

关于这一理论的进一步事实验证来自于 20 世纪 70 年代的大萧条之后，这次大萧条典型的特征就是滞胀，而西方国家在应付滞胀过程中采取了自由主义的策略，这也使得产业结构重心自发地由原来的工业部门转向了服务业部门，无论是劳动力还是人均 GDP，第三产业都表现出了极高的水平。由此，西方国家开始进入到了丹尼尔·贝尔所说的"后工业社会时期"。

10.1.2　配第—克拉克理论的一般性局限

从配第—克拉克理论的演变看，不同的学者都在不断地验证劳动力数量与产业收入增长情况在不同产业间的表现，尽管配第自己曾经因为商业的崛起而困惑过，但其提出的产业结构理论依然得到了广泛认同，特别是库兹涅茨的研究精准地归纳和总结了前人的理论，这一点在西方国家得到了验证，特别是 20 世纪 60 年代以后，发达国家的经济发展出现了新的变化，产业结构的确如理论所言，从农业为主的产业结构经过以工业为主的产业结构进入到了以服务业为主的产业结构，但是，库兹涅茨所提到经济发展并没有如期出现，相反的情况是在 20 世纪 70 年代，西方国家广泛地陷入了经济发展滞胀状态。不仅如此，这种以第三产业主导的经济发展模式在亚洲表现也不理想，例如日本，在 20 世纪 70 年代以前曾经一度是以工业为主的经济发展模式，但是在 20 世纪 70 年代后进入到了以服务业为主的经济发展模式，但第三产业发展并没有带来期望中的经济持续发展，反而形成了本部分第二章所称的经济停滞，最典型的就是 1973 年后出现的"列岛改造热"和 1987 年后的"日本泡沫经济"，日本的第三产业发展最终导致经济发展出现衰退迹象，与此同时，受到日本经济的影响，美国经济发展也十分缓慢，经济长时期处在颠簸状态，这一状况在后来的西方所有国家几乎都发生了，发达国家的经济发展状况与发展中国家正好呈现反向变动状态，导致众多学者对这一理论产生了质疑。

根据配第—克拉克的研究结论，经济发展到以第三产业为主导的产业结构模式下依然能够持续发展，但是实际的情况是，经济发展出现了停滞，甚至衰退。那么，这一理论为什么解释不了由此引发的经济问题呢？应该承认，配第—克拉克定理在一段时期确实起到了对经济发展的积极促进作用，但由于受到自身所处的历史环境影响，不可避免地存在着一定的局限性。

第一，库兹涅茨定义上的经济增长具有一定的欺骗性。从经济增长的内涵看，应该表现为两个方面，一个是总量上的绝对增加，另一个就是总量的增长速度不断提高。但是配第—克拉克定理所关注的是经济发展的长效状况，所以在研究时他们选取了大量的时间序列数据。单纯从经济的绝对增长看，样本的选择是正确的，但是进入后工业社会后，各国经济普遍出现的一个严重问题导致样本失效，而呈现出明显的时段效应，即在后工业社会时期由于第三产业的发展没有如期实现经济的不断增长，经济发展的状态呈现出波动状态，因而时间序列数据已经不能很好地解释当时的经济发展状况。经济社会从出现一直到今天，世界各国的生产力已经达到了十分发达的程度，社会运行过程中出现的各种问题完全可以通过国家调控的方式来解决，这在一定程度上抵消了由于非人为因素对第一产业发展的干扰，也弱化了工业部门因为原材料紧张和需求旺盛或者相反的趋势所形成的矛盾。从这个意义上讲，每个国家的经济发展都可以实现总量上的绝对增长，因此，绝对量的增长速度不应该再成为一个国家经济发展的重要标志，而应该将此标志限定为相对量的增长，即经济增长速度。当一个国家处在经济增长路径上时，不仅应该表现出绝对量的增长，更为重要的就是经济增长速度在提高。当经济增长速度趋于下降时，尽管经济的总量指标在扩大，但实际上经济发展在边际上已经开始出现衰退迹象。因此，当我们看到一个国家的经济总量指标高于其他国家，但是经济增长速度在不断下降时，这个国家的经济发展很有可能在不久的将来被其他国家超越，中国经济发展与美国经济发展就是最好的例子。尽管中国目前的经济发展并没有超过美国，但是中国经济的增长速度足够快，以至于在一个时点上，中国一定会超越美国而成为世界第一大经济体。

第二，产业结构理论的结论具有明显的时效性。配第时期各国产业结构的发展在一定程度上依赖了当时的海上贸易，各国内部的产业之间衔接并不紧密，或者在一定意义上说第一产业、第二产业与第三产业之间是独立的，原因就在于海上贸易的繁荣促进了西方各国国内出现了新兴产业，但这些产业的需求并不来自于国内，换句话说不是正常产业发展所演变出的领域，而更多地是适应了外部需求所设置的，就像当今的发达国家与发展中国家关系一样，有人认为发展中国家正在成为发达国家的世界工厂，实际上在 20 世纪初甚至更早的时候，发达国家也曾一度是其他国家的世界工厂，他们为其他国家提供产品然后换回货币，一些人由于拥有了货币后变得更富有，对第三产业便产生了需求。因此,在配第时期,三次产业间衔接程度很弱。尽管存在三次产业劳动力的流动,但这种流动不是产业结构调整所致,而是社会成员对利润偏好所致,随着世界市场的丧失,发达国家国内的产业结构矛盾问题便日益凸显。克拉克对于这一时期产业结构问题的理解范围有所扩大,其选取的样本是从第二次产业技术革命之后的数据。从西方各国产业结构发展来看,20 世纪 70 年代以前,产业发展的全部能量几乎完全来自于技术革命,因为其不仅给各产业带来了更高的生产率,而且还因为技术创新原因出现了新产品,从而产生了巨大的市场需求。库兹涅茨所处时期与克拉克具有异曲同工的效果,即也是由于科技进步所导致的产业发展,丹尼尔·贝尔所提的后工业社会则是由于第三次技术革命所促发的。因此,这一理论都具有较为明显的时效性,经济发展的事实也证明了这一点。

第三,关于产业结构问题的分析方法具有一定局限性。在该理论的形成过程中,经验性的观点占据了主要地位,产业结构的研究者仅仅依据历史发展的数据作为实证分析的唯一依据具有很大的随意性,并没有考虑不同国家产业结构不同所致的产业增长率差距变化因素。正如日本学者大川一司所说,这一理论没有提出那些单纯依靠农业作为主导产业国家的产业发展情况,例如新西兰,因此,用这一理论比较发达国家与发展中国家各产业劳动生产率时存在明显的误差,大川一司认为,如果剔除这类因素,那么,发达国家与发展中国家的三次产业发展差异并没有库兹涅茨所得出的结论那么大。此外,这一产业结构理论在分析经济发展时所使用的数据没有剔除通货膨胀因素,而是一直使用期末的实际数值,这在结果上可能是比较理想的,但是缺乏科学性,从而导致他们忽视了在此期间产业发展与产业结构演化的波动问题。也正因为方法上的问题,库兹涅兹在进行产业结构研究时无法对第三产业的急速增长原因作出准确回答。库兹涅茨认为,国民经济发展主要是需求弹性和科技创新所引致的,即第一产业需求弹性较低,因而科技创新的可能性较小,加上第一产业投资又受到收益递减规律的作用,投资成本逐渐攀升,因此,加大了该行业科技创新的难度。与第一产业相比,第二产业产品需求弹性较高,由此而引发的技术创新较快,因此,第二产业的产品生产效率与第二产业总量会不断攀升,与此同时,由于第二产业科技创新所引发的替代问题又会使得第二产业经济发展趋于稳定。第三产业的发展则具有需求弹性最高的特征,但由于产业进入壁垒较低,行业内部竞争是常态,而且越演越烈,这使得第三产业发展不具有任何优势。库兹涅茨通过需求和科技创新角度分析产业结构变化同样具有局限性,因为科技创新并非产品的需求弹性所致,而是利润的驱使所致。

以上分析表明,由库兹涅茨归纳总结的配第—克拉克理论确实存在着明显的局限性,我们认为,从他们的理论与实践的发展来看能够得到如下几个方面的启示:一是人类社会最重要的两个产业结构将始终存在,即第一产业和第二产业,第三产业是人类社会发展的必然结果,但很难作为主导产业存在。即使在一些国家第三产业在国民经济发展中所占的份额越来越大,但是第三产业主导的经济发展模式很难存续。二是从产业结构的长期趋势看，第一产业相对比重可能持续下降，而第二产业与第三产业比重可能持续上升，但是第二产业与第三产业的持续上升将呈现波动式形态，换言之，第三产业的产值随着经济的波动有可能呈现降低趋势。三是从经济增长角度看，经济增长的原动力一定是物质部门，非物质部门很难取代这一地位，发达国家的经济发展正是因为对此产生了错误认识才导致经济发展逐渐趋于下降趋势，因为经济增长较快的时期恰恰是物质部门增长较快的一个阶段，过快的第三产业发展最终将导致经济的滑坡。四是关于历次产业结构变迁的启示，就是在这一过程中技术变迁都发挥了重要作用，利用新技术实现传统产业升级，实现产品的丰富多样化，以满足不断膨胀的物质需求。

10.2 霍夫曼的产业结构调整理论及缺陷

10.2.1 霍夫曼德产业结构理论及存在的历史背景

1931 年，德国经济学家霍夫曼（Hoffmann）在《工业化的阶段与类型》[①] 一书中提出了一个产业结构演变的比例关系，被后人称为霍夫曼比例，有时也称为霍夫曼系数。根据霍夫曼自己的描述，我们可以把该比例归纳为如下内容：当一个国家处在工业化的早期阶段时，经济发展所需的消费部门在全部产业中将占有绝对的优势，此时，经济发展的霍夫曼系数应该在 3.4 ~ 6.5 之间；随着经济的发展，产业结构将出现变化，特别是对劳动力与生产设备的需求方面将呈现不断增加趋势，此时，消费部门将不再具有优势，取而代之的则是以资本投入为主的部门，该部门的表现与消费部门的表现具有同样的高速增长与扩张的趋势，此时的霍夫曼系数应改在 1.5 ~ 3.5 之间；随着经济的进一步发展，原有的消费部门优势逐渐降低，而新工业部门的优势逐渐显现，但不会一直此消彼长下去，而是在某一临界点上处于相对平衡状态，即资本品工业与消费品工业增长速度大体相当，此时的霍夫曼系数应改在 0.5 ~ 1.5 之间；随着工业化进程的推进，资本品工业生产的优势将越发明显，并最终成为社会的主导产业，此时整个社会将实现工业化，相对应的比例应为 0 ~ 0.5，也就是说此时，资本品工业的优势几乎将消费品工业的优势全部丧失。

霍夫曼系数是霍夫曼通过总结多个国家不同时期制造业的发展资料而取得的，在分析汇总时，他将不同国家的产业划分为消费品部门和资本品工业部门两大类，把两大部门的产值进行比较，他发现在一个国家经济发展过程中，尽管各国的产业总量不

---

① Hoffmann, W. G., 1958, The Growth of Industrial Economies, Manchester: Manchester University Press.

同，但似乎存在一种相似的变化趋势，即消费品部门与工业品部门的比例关系不同阶段相对一致，因此，他的研究能够为一国的工业化过程中工业发展定位与工业发展模式选择提供帮助。他首先选取了德国当时国内超过十个工业品领域的生产部门作为分析对象，然后通过观察工业品的最终走向来判定该工业部门的性质，如果该工业部门生产的全部产品有超过75%的产品被作为最终消费品消费掉，那么便将该部门列为消费品工业部门，而如果一个工业部门生产的全部工业品有超过75%的产品用于投资使用，那么这类工业部门便列为资本品工业部门。根据这种分类，霍夫曼进一步通过各个国家国民的具体生产状况，考察样本工业部门在国民经济生活中的相对地位，他将所选的超过十个以上工业部门进行筛选，最终保留了其中八个工业部门，其中资本品工业部门主要存在领域为有色金属行业、机械制造行业、化学行业和交通运输行业，消费品行业主要包括服装鞋帽行业、食品加工和饮用品制造行业、家具制造行业和烟草业等。关于数据的选择，他将上述各领域的工业品数据向前延伸到了18世纪70年代，一直到20世纪50年代。他把这一时期各个国家在上述八个领域中的发展数据作了详细比对，并最终确定了前文提到的霍夫曼比例。

从霍夫曼选取的数据时间跨度看，各国在这一时期的经济发展正处在两次产业技术革命时期，而正是这两次产业技术革命的作用对各国的经济发展都产生了极大的促进作用，实现了各国各行业的高速增长。与此同时，各个国家的社会生产方式也发生了深刻变革，即原来以手工生产的工场手工业转变成了以机器生产的大工业时期；生产要素的投入也发生结构的实质性变化，即原来单纯以土地和劳动为生产要素的投入方式转变为以资本、劳动、土地和技术投入为主的多元化投入方式。因此，霍夫曼比例的形成势必会受到当时经济发展的实际情况影响，因此，对霍夫曼比例形成的社会背景进行分析是有必要的。

第一，在样本中的各国工业发展随着时间的推移其在社会经济发展中的地位在不断上升。在1770年以前，欧洲国家的整体产业模式依然是以农业为主的产业结构，农业在大多数国家中占有地位是不容轻视的，但是由于工业品需求被人口膨胀、城市发展以及殖民地的扩张促进而发展，在这些国家中资本主义式的生产方式得到了迅速的发展。此外，就在样本数据起始点之前，欧美国家还发生了推动其发展的关键事件，即产业技术革命，极大地促进了社会生产力的提高，从而导致与生产力相适应的生产关系也发生了根本性转变，这是资本主义生产关系得以确立的重要前提。关于这一点，我们可以从罗斯托的研究中得到证实。他在估算世界工业生产指数时形成了关于世界工业发展的路径，即截至1820年，美国和欧洲等发达国家的工业生产总值超过了农业的生产总值，平均比重在45%左右，不仅如此工业部门产出的增长速度增长势头也十分显著。①

---

① Rostow, W. W., 1978, World Economy: History and Prospect, New York: MacMillan: 662.

第二，美国和欧洲各国的工业化进程离不开劳动力的投入。应该说，劳动力在西方国家工业化过程中起到了非常重要的作用，在此过程中，工业发展所需的劳动力数量与能力不断提高，这是工业化能够进一步发展的重要因素，特别是在工业化过程的早期阶段。在早期，工业化过程的要素投入表现出来的实际情况与工业化前的工场手工业的投入基本相似，产业技术革命刚刚开始时劳动力并没有表现出过剩的状况，相反，由于技术革命所引发的机器设备与技术的应用，使得一些工业部门迅速兴起，从而对劳动力产生了大量的需求，这一需求上升的速度超过了劳动力因技术与设备的应用而释放的速度。这样的一个国内劳动力不足的状况也引发了人口的跨国流动，例如美国在此期间有大量的外来人口不断流入，这些人口在很大程度上弥补了因工业化的超速发展而导致的劳动力供给不足问题，为经济的快速发展提供了大量的劳动力要素投入。这一点得到了霍夫曼本人的高度认同。

第三，样本区间内各国的经济资源与社会环境对经济的发展并没有产生明显的抑制作用。然而，实际上，经济资源与社会环境对一个国家的整体经济增长起到的闲置作用是十分明显。在工业化进程中，工业的发展需要大量的能源支持和原材料供应，而这两项资源在一定程度上具有不可再生性，尤其是能源，工业化时期，需要大量的煤炭资源、石油资源，受当时的技术限制，新能源没有被开发利用，导致不可再生能源不断被消耗，这在工业化的早期阶段可能不会对经济发展产生抑制作用，但是随着工业化进程的加深，能源不足问题将逐渐显现，这也是当今世界各国工业发展的一大难题。此外，由于能源的消耗所产生的废气、废水和废渣的排放问题，对环境造成了极大的破坏，从而导致经济发展的可持续性受到限制。对此，霍夫曼以及处在同一时期的大多数经济学家都没有意识到问题的严重性，而对于能源短缺问题，霍夫曼则天真地认为国际贸易可能是解决问题的最好方式。

第四，霍夫曼研究的是第二产业中的制造业问题，没有把第三产业纳入研究范畴，忽视了第三产业在国民经济中的重要作用，特别是对第二产业提供技术支持、金融支持等服务性作用。第三产业并不是在工业化时期发展起来的，在人类的经济发展史上一直都存在着第三产业，但第三产业仅被作为简单的商业加以忽视，在西方国家受重农主义思想影响，曾一度认为商业部门的存在几乎没有任何必要，在中国历史上也把商业作为较低级的领域，例如在中国的各行业层次上就有"士工农商"的分类方式。但是，不可否认的是，商业的发展对经济社会的促进作用是十分巨大的，通过商业模式运作能够最有效地实现财富的集中，从而实现某些特殊组织的特殊诉求，在中国战国时期，大秦帝国的产生与吕不韦的商业财富有着密切关系。此外，商业没有被得到更多的关注还有一个重要原因就是工业化发展初期，商业为工业提供的服务并不多，从而商业实现的产值也不高，在1970年左右，美国和欧洲各国的商业比重还不到30%，随后就是战争的到来，不仅限制了各国的工业发展，其他行业也没有长足的进步，直到第二次世界大战结束，各国开始恢复性建设，特别是美国，美国不仅几乎没有受到战争的影响，相反在战争中经济得到了迅猛发展，从而带动了国内第三产业的发展，在战后重建中，各国看到美国经济发展的效果，开始纷纷效仿美国的发展模式，于是，在第二次世界大战结束后，一直到 20 世纪 70 年代，各国的第三产业开始迅猛发展，并成为国民经济的主导部门。因此，霍夫曼的产业结构理论仅仅分析的第二产业中的制造业，完全不顾服务业对经济发展的促进作用是没有道理。

10.2.2 霍夫曼产业结构理论存在的缺陷

通过上述分析可见，霍夫曼的产业结构理论由于受到时代经济环境的影响，势必会存在理论上的不足，其中最为重要的缺陷就是霍夫曼的产业结构理论与现实经济发展存在巨大偏差。根据霍夫曼的研究，我们不难发现，其理论的前提假设、理论内涵、适用的范围和现实条件都与当今社会的经济发展不相符，因此，再次应用这一理论来指导当前各国的产业结构调整不免会产生错误。

第一，当今社会各国对产业的划分标准已经发生了很大变化，霍夫曼时期的产业结构已经不复存在，甚至有些产业部门也发生了质的变化。这是霍夫曼的产业结构理论适用性受到限制最大的地方。霍夫曼在选取产业部门时重点选取了对经济发展比较重要的产业部门，更进一步的说是主导产业部门，但是，一些对经济发展至关重要的产业部门却没有纳入分析范围，导致这种状态的一个直接原因可能是当时各国的第二产业中主导产业更替比较快，另外一个重要原因可能是霍夫曼本人在选取行业时所依据的标准有可能不是很合理。前文提到，霍夫曼在确定消费品部门和资本品部门时把应用比例设定为 75%，由此将直接导致那些对国民经济发展起到至关重要的部门，但是无论是从消费品角度还是从资本品角度其产品的消耗程度均为超过 75%，这样的部门会因此而被剔除掉。显然这样的做法对于分析产业结构问题是极不合理的。例如，在当时美国和欧洲各国的经济发展中，纺织行业都占据了主要地位，并在工业中扮演着主导部门的角色，但是在霍夫曼的分析中却因为比例不符而没有纳入被考察之列，一些自然垄断行业也未被纳入分析范围，尽管像水电煤气等自然垄断行业向社会提供的是基本生活用品，但这些行业发展很快，仅仅是由于这些行业霍夫曼比例无法确定而遭到排除显得有些武断。假如，霍夫曼没有将上述部门剔除掉，霍夫曼将又会得出什么样的结论呢？答案是，霍夫曼比例依然会出现，只是数值大小和临界点不同而已，但这样一来，很容易让人认为霍夫曼的结论是预先设定好的。

第二，霍夫曼时期的经济环境与随后的经济环境大相径庭，对霍夫曼比例的适用性问题提出了极为严厉的挑战。正如前文在提到霍夫曼产业结构理论所面临的社会环境时指出的那样，霍夫曼的样本实际上处在了第二次技术革命和第三次技术革命区间，但是 20 世纪后半期，由于第三次技术革命的发生，西方国家乃至日本的经济都出现了巨大变化，主要体现三个方面：一是经济全球化一体化趋势明显，一个国家的经济发展受到其他国家的影响越来越大，国内市场已经不能满足自身经济发展需求，例如过剩资本投资问题、原材料采购问题、经济互补问题、技术互补问题等。这样一来一个国家的产业格局将严重不同于以往的情况，产业的国际分工将驱使各国的产业在产业链上形成垂直分工。二是由于科技革命带来的经济增长一度被认为是能够使得经济实现长期高速增长，因此，这一时期科技在国民经济发展中越来越受到重视，而与科技有关的领域也蓬勃发展。在第三次科技革命的初期，西方国家的确实现了经济的高速发展，这在第二章中就已经有了结论，对此美国经济学家丹尼森（Denison[①]）曾作了研究，他测算了当时美国、日本和西欧国家的经济增长，他是利用全要素生产率来估算的，他发现当时上述三个经济体在经济发展过程中，全部要素对经济增长的贡献程度都超过了 60%，在西欧甚至达到了 80%，而这其中资本、土地和劳动等要素对经济增长的贡献远没有这么高，这意味着经济增长中有相当一部分来自于技术进步的贡献，这也是为什么当时经济学家们乐观地认为由于科技进步的存在人类经济社会将实现持续发展的原因。三是经济发展在这一时期开始受到经济资源与社会环境的制约。西方国家的经济崛起，使得经济开始走向国际化，资本和产品的国际输出成为常态，但与此同时原材料采购与能源供应的国际化也出现了，由于国内资源的匮乏，对外部资源的渴求程度越来越高，传统的殖民和战争方式已经不能适应当今经济社会的发展，必须通过贸易的方式，而贸易所带来的成本是不容忽视的，这在一定程度上制约了西方国家经济的发展。例如，就经济发展的能源而言，一份来自于国际上的权威机构调查显示，进入到 21 世纪，人类发展所需的基本能源，像天然气、煤、石油等将会加速减少，天然气的使用年限大约为 70 年，而煤炭的使用年限大约为 200 年。还有一份来自于欧盟的研究报告显示，到 21 世纪 30 年代，世界经济发展对能源的需求将更加旺盛，据估算，到 2030 年，各国经济发展所产生的能源总需求将比目前的需求量增长一倍以上，由此而产生的环境污染程度也在增加，欧洲的温室效应增长将达到将近 20%，而美国则大约 50%。

从霍夫曼产业结构理论产生的背景及其适用程度上不难看出，他的产业结构理论实际上只适用于工业化过程，当经济发展超越这一过程时，该理论将不再适用。同时，他的工业化理论与经典的经济增长模型（HD 模型）的分析思路十分相似。根据霍夫曼模型，在工业化不断发展的过程中，经济增长的主要动力只能是资本的不断积累，这种资本的不断积累与集中是资本主义经济形态的典型特征，从而使得资本主义生产方式在这一过程中得到进一步强化。从霍夫曼比例的形成过程看，是其对西方发达国家经济中工业部门内部结构变化的一种归纳与总结，揭示了当时西方国家工业化

① Denison, E. F., 1967, Why Growth Rates Differ: Post-war Experience in Nine Western Countries, Washington: Brookings Institution: 319 – 345.

过程中重工业部门作为经济发展的主要力量在工业中的地位不断提升，但并不是一个国家实现工业化发展的一般规律。但是值得肯定的是，透过霍夫曼的分析可知，他对重工业的偏好较强。一方面，他认为重工业不仅对国家的经济发展具有重大影响，对实现国家经济安全也具有非常重要的意义，关于这一点的认识对于后发国家具有重要借鉴，特别像中国这样的超级大国，经济发展必须要首先实现经济安全。另一方面，霍夫曼认为工业对国民经济的主要作用在很长时间都将存在，甚至可能一直存在。关于这一点的认识，霍夫曼没有作进一步研究，这也构成了其理论的局限性，但后工业化时期经济的低速发展，甚至衰退在一定程度上验证了霍夫曼理论所隐含的结论，但遗憾的是他没有对此形成比较鲜明的结论。

10.3 筱原三代平的产业结构理论及其局限性

10.3.1 筱原三代平的产业结构理论[①]

筱原三代平的研究对象是日本的产业结构问题，他在 1957 年发表了文章《产业结构与投资分配》，在这篇论文中，他利用收入弹性和生产率的提高速度研究了日本未来产业发展问题，并形成了具有较大影响力的产业结构调整理论。此外，筱原三代平的经济学相关著作也对日本的经济学界产生了重大影响。正因为如此，他的研究得到当时日本国内著名经济学家金森久雄的称赞，他把筱原三代平称之为日本经济领域实证研究的领导者。后人把筱原三代平研究中所提到的收入弹性和生产率上升速度称为产业结构调整的"两条原则"。根据这两条原则筱原三代平指出，日本经济要实现产业结构调整而带动经济发展必须依靠上述两原则而实现产业较高的转换能力，这也是筱原三代平产业结构理论的核心模块，日本战后的重建工作，特别是 20 世纪 60 年代的产业政策都可以看作是对筱原三代平产业结构理论的较好应用。总体看，筱原三代平的产业结构理论内容包括三个重要方面：

第一，关于产业结构理解。筱原三代平对产业结构的内涵和外延作了较为深入的探讨。他指出一般意义上的产业结构应该就是各产业之间的结构状态，他认为这种产业结构仅限于国家的中观层面的理解，只能用劳动力投入和资本投资来衡量，还应该存在一个更为宽泛的产业结构含义，即产业组织。产业组织是产业活动的主要单元，产业组织结构也应该属于产业结构研究范畴。无论如何，筱原三代平也赞同产业结构的调整对经济增长的促进作用观点。他对此的理解曾有一个精辟的比喻，他把产业结

---

① 杨治：《筱原三代平的产业结构理论》，《现代日本经济》，1982 年第 4 期。

构比作一个人的成长过程中身体的变化，当一个人从孩童时代迈入成年人阶段时，身体的各个部位将发生显著的性征变化，而到了晚年时期，各个部位的功能又将出现新的变化，这是一个人的正常生长发育过程，但是在发育过程中，如果身体的某些部位出现问题，那么人的进一步成长将无法实现持续。他指出经济发展就像一个人身体成长过程，虽然身体的成长对各部门的变化起到了一定作用，但是反过来，身体各部门的变化也时刻影响着经济的发展。从这个意义上说，产业结构与经济增长之间是一种相互促进的关系，而绝非经济增长决定产业结构调整或者产业结构调整促经济增长。

第二，产业结构转换的两原则："收入弹性原则"和"生产率上升率原则"。

收入弹性是西方经济学中较为常见的术语，其基本含义是需求变化的百分比对收入变化的影响，也就是边际需求对边际收入的影响，因此，筱原三代平所指的收入弹性准确的说应该是需求的收入弹性。这一弹性在微观经济学中经常被使用，但是在分析产业结构时所强调的需求收入弹性与微观经济学中所强调的又有所不同，一个最大的区别就是用来构成弹性的两个变量更为宏观，即全社会产品的总需求增长情况和GDP 总量增长情况。因此，筱原三代平所指的收入弹性实际上可以概括为一国全部经济产品的增长速度与国民收入增长速度的比率。即 $\varepsilon = \dfrac{dQ/Q}{dY/Y}$，其中 Q 表示一个国家社会产品的总需求，Y 表示一个国家的国民收入。当一国的收入弹性较高时，意味着该国在经济不断发展过程中对社会产品的需求程度较高，反之，当一国的收入弹性较低时，意味着该国的经济发展对社会产品的需求较弱。从总量上看，当一国收入弹性较高时，意味着经济发展动力较强，而收入弹性较低时经济发展有可能出现衰退迹象。但总量分析并不能给产业结构问题研究提供很大帮助，有意义的启发是，国民经济各行业都存在自身的收入弹性问题，因此，筱原三代平强调，在利用收入弹性原则分析产业结构时要从各产业自身的收入弹性着手，而对于日本这样的高度外向型国家而言，来自于国际市场的收入弹性影响将显著高于国内市场的影响。他把行业作了发展先后的分类，将那些拥有较高收入弹性的行业作为优先发展部门，并在产业发展规划中作为重点培育对象，以使得该行业的产出水平在国民经济中的份额逐渐增高。由于因收入上升导致的居民消费结构将发生变化，在消费社会产品时就将存在不同的需求结构，从而也导致各产业的需求收入弹性存在较大差异，而且这种需求收入弹性差异也存在于投资活动当中。

筱原三代平指出，在经济发展过程中，一些生产机器设备、能源制造等重工业的需求收入弹性将相对较高，而生产服装鞋帽、食品加工等轻工业的需求收入弹性较低。他进一步指出，当一国的经济发展导致国民收入不断上升时，消费者会对不同产业产品产生不同需求，但总体而言，大体呈现重多轻少农次之的一个变化趋势，即在重工业领域无论是产品的消费需求还是投资需求收入弹性都较高，而轻工业领域则相对较低，农业领域的需求收入弹性则更低。所以，在筱原三代平时期，日本的经济发展所倚重的产业结构调整只能是优先发展重工业，其中尤为需要优先发展的是重化工业，包括设备制造、化工业和金属冶炼等工业。这些领域生产的产品收入需求弹性都较高，例如以生产机器设备和电器为主的设备制造业，生产的产品从交通工具、到家庭日常使用、再到一些名贵钟表产品等，这些既是耐用消费品同时又是机械工业产品，但消费品的生产在经济发展过程中会逐渐趋于稳定，例如美国的产业结构学者库兹涅茨曾对美国的消费品生产进行过研究，得出的结论是在经济的持续发展中重工业的比重可能越来越大，但是消费品的生产相对比较稳定，即消费品工业部门产量相对恒定，随后日本的经济学家也作了类似的研究，他选取了美国和瑞典两个国家进行了这一研究，得出了同样的结论。筱原三代平对上述研究结论十分关注，因此，他在分析时特别强调日本在发展重化工业时不应挤兑消费品的生产，虽然重化工业对经济发展起到至关重要作用，但是重化工业中对经济起到极大促进作用的又是耐用消费品的生产。在筱原三代平这一理论观点的带动下，日本于 20 世纪 50 年代出现了以消费耐用产品为热潮的产业发展。据统计，1955年，日本的耐用消费品生产增长了 32.9%，到 1956 年时，耐用消费品生产增长已经达到了 44.3%，较前一年增长了 11.4 个百分点，到 1959 年耐用消费品增长更是达到了 67.4%，较 1955 年翻了一番还多，到 20 世纪 80 年代为止，日本的制造业依然很庞大，其中电气化设备制造尤为突出，其实现的净产值占全部制造业10% 以上，而在电气设备制造业中家用电器的产值占到了一半以上[①]。由此可见，日本在产业结构调整与发展过程中，并没有出现类似于美国等发达国家的消费品增长稳定的状况，而是呈现出不断增长趋势，这正是筱原三代平理论指导现实的最好体现。消费品生产的不断增长，增加了产业的最终需求，从而实现了产业的持续发展，但是问题在于，日本是一个外向型经济国家，外部市场的需求对其产生的影响不可忽视，国内生产的众多耐用消费品大多销往国外，因此，国际市场的持续扩张成为日本经济发展的最主要动力。

生产率上升率原则是筱原三代平在其 1965 年编制的《日本中期经济计划》中提到的概念，他认为不仅各产业间的需求收入弹性不同，各产业的技术进步程度与应用状况也是不同的，从而导致不同产业间的生产效率存在较大差异，技术进步的效果将直接影响产业的生产效率，这是因为，在这样的产业中，由于技术进步带来了生产技术的改良和原材料使用的节约，劳动生产率得到提高，单位产品的成本下降较为显著，如果这样的生产部门能够拥有较为庞大的需求，那么，在随后的发展中，这类部门实现的收入将不断增加，而利润增加并不是因为使用了更多的劳动力，相反是因为技术的进步导致劳动力和原料等的节约，从而实现产品拥有较高的技术附加值与经济

---

① 杨治：《筱原三代平的产业结构理论》，《现代日本经济》，1982 年第 4 期。

附加值。根据这一观点，他认为如果在产业结构调整过程中，把这样的产业部门定为优先发展部门，当它们在产业结构的比重中不断增加时，带动的国民收入的增长将是十分显著的。由此可见，生产率上升率原则实际上是一种技术进步导致的生产效率的提升，而在实际应用时应该重视技术进步的重要作用，并按照生产率上升率可能性大小安排各类产业发展优先顺序。

如果把收入弹性原则看作是筱原三代平对社会产品需求的考虑，那么，生产率上升率原则就是筱原三代平对社会产品总供给的考虑。因此，这两个原则在筱原三代平分析产业结构调整时必不可少，否则将违背经济学的一般逻辑。而依据这两个原则，加上日本的经济发展特征，在选择优先发展的行业时重化工业一直被日本列为重点发展行业，是工业中的主导产业。

第三，由收入弹性原则和生产率上升率原则推演出的动态比较成本理论。李嘉图在《政治经济学及赋税原理》①中对国家之间经济交换产生的原因进行了分析，并形成了"比较优势理论"（comparative advantage theory）。该理论认为，一个国家的经济发展不应仅从该国国内的情况出发来分析经济增长的模式与产业结构与布局的模式，而应该着眼于全球。从全球范围看，世界各国都存在自身的各种优势，有的国家有丰厚的资本，有的国家则有丰厚的劳动力，还有一些国家可能有丰富的资源，也有些国家上述各种有时都兼备，但是要想实现各国在世界经济交换中的互利效应必须从自身的优势出发，这意味着，该国应该重点发展那些虽然不具有绝对优势但是在国内具有相对优势的产业。实际上，"比较成本理论"是在假定世界各国不存在国别差异、不存在经济发展诉求，甚至不存在政治诉求的情况下形成的，因此，在实际应用中势必会造成巨大阻碍。

从日本经济发展的实际情况看，在 20 世纪五六十年代开始实现经济的飞速发展，但其倚重的重化工业发展程度还不够，无论是在生产技术上还是在产品质量上都无法与欧美国家相同产品相比，不仅价格昂贵而且质量较差，唯一具有一定优势的产品则是服装鞋帽等轻工业产品。正因为如此，日本当局才有了优先发展重化工业的想法，但是由于缺乏理论支撑与解释并没有马上实施，直到筱原三代平基于收入弹性原则和生产率上升率原则提出的动态费用比较理论，该理论不仅很好地为日本政府发展重化工业提供了有利的理论支撑，同时也改变了传统比较优势理论所形成的结论。根据传统国际贸易与国际分工理论，日本不应该发展重化工业，因为日本国内不具备这样的优势，不仅缺少资本，战后日本的劳动力也十分短缺，更为重要的是实现筱原三代平理论的技术进步能力也很弱，根据李嘉图等的国际贸易理论，日本应该重点发展劳动密集型产业，而不是资本与技术密集型产业，因此，筱原三代平编制的日本产业发展

---

① 李嘉图：《政治经济学及赋税原理》，光明日报出版社，2009 年版。

规划与传统经济理论完全背道而驰①。对此，在日本国内曾出现过争论，一些人认为日本应该发展汽车产业，但是另一些人认为日本的汽车产业十分弱小，即使生产也无法与国外抗衡，因此，根本没有发展的必要。显然，持有后一种观点的人是李嘉图的崇拜者，筱原三代平并没有受到当时日本学者来自不同方面声音的影响，而是坚定地认为日本经济如果被纳入到了国际分工体系，那么日本要想实现经济腾飞几乎是不可能的，因为，在垂直分工体系下，日本将不断扮演着其他国家经济发展的一个重要部门，很难成为独立的经济主体。但是受到日本资源匮乏的限制，该如何发展本国产业成为重要课题，筱原三代平找到了实现日本经济发展的理论依据，即德国经济学家李斯特的产业结构理论，李斯特（List）认为一个国家要想实现经济腾飞与经济独立必须优先扶植"幼小产业"，筱原三代平发展了这一理论，认为应该优先发展幼小产业中收入弹性较高和生产率上升率较高的行业。由于战后资本与德国同样都遭到了重创，因此，在理论上一脉相承也在情理之中，如果日本没有受到战争冲击，其经济发展很可能早已经被纳入到了西方垂直分工的世界经济格局当中了。

筱原三代平正是基于上述分析，判断当时日本国内的汽车和钢铁产业虽然在价格和质量上没有任何优势，但是经过一定的产业政策倾斜一定能够实现这些产业的高速发展，并能对国民经济生活带来巨大的增长作用，日本经济发展的过程证明了筱原三代平的观点，也进一步坚定了日本经济发展道路。通过不断观测日本各产业的收入弹性和生产率上升率，来调整日本国内产业结构的变化，这一理论被称为动态调整理论。筱原三代平曾指出"扶植幼小产业这种观点，是为重视自由发挥市场机制作用的现代经济学所不欢迎的。然而，世界上没有任何一个国家像战后的日本经济那样明确地采纳它，坚决地实行它。"他进一步指出，正是日本的经济发展"由于撇开了现代经济学的传统观念，才使追赶发达国家的目标成为可能。"在筱原三代平的观点逐渐被执政当局大多数人认同后，通过结合日本国内经济发展的现状，最终编制了《日本中期经济计划》，在该计划中有着这样一段关于日本产业政策选择的描述，即"产业结构的高度化从根本上说，是以依赖于国内外的价格机制，实现资源的最优配置，从而使经济效率——技术效率和配置效率最好的产业得到发展。但在现实经济条件下，国内的市场机制未必能够充分发挥其机能。"因此，日本要谋求经济的腾飞必须改变常规做法，尽管根据上述两个原则在短期内可能对日本的产业发展造成不良影响，但是从长期看，当日本的这些扶持产业发展起来后，世界分工体系可能发生有利于日本经济发展的改变，从而实现日本经济发展的目标。

显然，筱原三代平的"动态比较优势理论"分散了来自于国际分工的压力，摆

---

① 关于这一点，我们认为很值得中国借鉴，我们在关注中国经济发展时，有很多学者不假思索地引入外部经验，而忽视中国政治经济实际情况，认为西方国家的经济发展或者日本的经济发展模式适合于中国，这是完全不现实的，我们不应该也不可能按照它们的经济发展路径来走，更为可行的则是从中国经济社会文化出发打造出适合中国经济发展的产业结构调整理论，我们认为在这一点上，筱原三代平给了我们足够的启示。

脱了传统国际贸易理论的束缚，从而真正实现了日本经济的腾飞，从这个意义上讲，日本的产业结构调整经验在某些具体领域值得借鉴。

10.3.2　筱原三代平产业结构理论的缺陷

筱原三代平的产业结构理论完全从日本国内的实际情况和其所处的世界大环境出发形成的一种全新理论。在他看来，收入弹性与生产率增长速度二者是某一产业在一国经济发展不同阶段表现出的基本特征，依靠这种特征来确定产业发展的优先顺序能够有效地实现产业结构升级，他以第二次世界大战后英国产业发展作为例子来证实他的结论。他指出如果英国没有加入世界经济发展格局，而是像日本一样为了本国经济的繁荣而发展应该发展的产业，那么英国不会陷入像美国经济一样的困境当中。他还进一步阐述了中国产业发展应该选择的路径，他强调中国不应只发展劳动密集型产业，因为这样的产业无论是在收入弹性上还是在生产率增长速度上都不具有优势，因此，这类产业不适合中国重点扶持与发展。应该承认筱原三代平对产业结构理论作出了重要贡献，尤其是他的理论在日本的经济腾飞过程中起到了决定性的作用，但是由于该理论具有较强的实践性与经济发展意图，因此，导致这一理论也同样具有一定的局限性。

第一，日本选择收入弹性高和生产率上升速度快的行业作为重点扶持领域具有特殊性。根据筱原三代平的观点，日本经济发展必须实现产业结构的高"转换能力"，由此才能实现工业化。那么，高的转换能力如何实现呢？从产业发展看，只要政府大力扶持某个行业的发展，那么这个行业的发展速度一定很快，那么，如何确定哪个行业应该优先发展呢？这需要找到一个较为科学的标准，于是他依据收入弹性与生产率上升速度提出了动态费用比较的理论模型，但是这一模型能够得以有效应用还必须有赖于日本当时的国情。一是企业与政府结合紧密。有人将此称为"官民"一致，这种概括不准确，因为这种情况在西方国家也很常见，在美国大企业集团入主国会并不是什么新闻，因此，日本的这种政府与企业的结合只能说是政企结合紧密，由此而形成的政治体制是"官企协调体制"，而不是"官民协调体制"。政府为了尽快培育一些弱小产业，通过发布政策、颁布法令等方式确立某些产业的发展目标和具体经济政策，例如实现金融资本的支持、税收减免等。一些处在被扶持领域的企业或者潜在企业可以很容易地获得上述政策及经济优惠，但必须以实现产业发展目的为交换条件。换句话说，一旦政府与企业之间达成协议，那么企业就必须完全按照政府的发展意图来经营管理企业。因此，在西方国家看来，日本的这种做法似乎是把企业纳入到了国家这样一个大公司当中，而企业只充当其中的职能部门。二是日本产业结构所拥有的高转换能力还必须依靠日本企业集团的规模。在日本存在几大产业集团，例如松下、东芝、索尼、尼桑、丰田、本田、凌志、三菱等，这些财团几乎涵盖了日本的大半个工业生产，正是因为这些财团的存在，使得他们的产业政策推行具有较低的阻碍，与这些财团配套的一些企业会随着大企业的转型而转型。三是超强的模仿能力。日本在第二次世界大战后为了迅速实现经济复苏，制定了一系列技术引进计划，但这并不是日本经济发展的初衷，其最终目的则是要在模仿中学习，在学习中创新，以尽快缩短与发达国家之间的技术差异。四是银行成为日本企业发展的资金保障。第二次世界大战后，日本优先发展的企业中最大的股东都是银行，这样就从根本上解决了日本企业发展的资本不足问题。

第二点局限来自于日本的自然经济环境。日本的岛国属性被世界公认，由此而产生极为严重的问题就是，由于地域狭小，用于经济生产的资源十分有限，不仅如此，居民的生活资料都十分匮乏①。因此，日本要实现经济的真正腾飞必须克服资源的束缚，而通过战争掠夺资源的途径已经行不通，那么唯一的出路就是尽可能多地换得外汇，然后再从国外购买到足够多的原材料和能源，而单纯依靠比较优势原则确定的产业无法实现这一目标，因此，日本必须寻找长期的外汇储备来源。正因为如此，在日本的产业规划当中国际贸易问题备受关注。实际上，就像前文提到的，在这份产业发展规划当中所确定的产业发展模式是在争论中形成的。当时的日本政界针对产业发展问题存在明显的两派，一派认为日本应该着重开发本国自有资源，然后进行深加工再出口换取外汇，进而实现稀缺资源的购买，另一派则认为日本应该发展适合于出口的产业。从日本当时的国际环境看，上述两种方案都很难实行，单纯搞自有资源的加工生产由于受到自有资源稀缺的限制又无法短时期内建立起庞大的产业群体，而单纯搞贸易出口不具有明显的竞争优势。在这种情况下，日本借鉴了美国在治理国内经济危机期间所采用的贸易保护措施，并实行了筱原三代平的产业发展模式。由此可见，日本产业结构的发展是在不断的探索中实现的，并不具有一般性。

10.4 沉淀成本对产业结构调整的路径依赖性

上述各种经典的产业结构调整理论对各国经济发展起到了极大的促进作用，而且随着经验的不断丰富和研究的不断深入，各种理论得到了逐步完善，但是，正如我们所分析的，各种理论都存在一定的使用缺陷，很难在一般意义上形成产业结构调整的指导性理论。这其中最为重要的一条原因就是，各种理论都是从本国的实际情况出发或者从各国当时的发展状态出发，通过对各国产业数据的比较分析形成的经验性结论，尽管在筱原三代平那里使用了收入弹性与生产率增长速度两个分析工具，但是仍然没有摆脱日本岛国经济的现实。传统产业理论都基于了这样一个事实：产业结构与

---

① 日本之所以捕食鲸鱼主要原因就是因为资源禀赋的束缚。

经济增长之间具有相互促进的作用，但是却无法解释为什么各国的产业结构调整所依据的理论会不同，为什么日本按照一般的分析逻辑应该发展优势产业没有得到优先发展反而实现了较高的经济增长，更无法解释同样的产业结构理论为什么在不同国家的应用效果却不同，并没有导致该国经济实现腾飞？我们认为，造成这种差异的主要原因就是，传统产业结构调整理论是顺接结构主义分析思路而衍生出来的理论，而结构主义在分析产业结构与经济增长关系时都不约而同地忽略了一个重要变量，即沉淀成本（sunk costs），从而形成的结论就是产业结构的变化能够很快地实现经济的增长，这是新古典经济学在分析经济问题时所形成的经济政策缺少时效性的根源所在。

改革开放以来，中国开始逐步摆脱农业基础薄弱、工业发展水平较低、服务业发展严重滞后的局面，但还存在第一产业不稳、第二产业不强、第三产业不大的问题。世界各国产业结构演变的基本趋势，都是从第一产业依次向第二产业、再向第三产业转移。因此只有通过提高第一产业和第二产业的效率才能获得长期稳定的经济增长。

因此，我们研究的主要问题是，一是，为什么第二产业，如制造业发展不强，第一产业，如农业不稳，而第三产业，如金融业发展不大，究其根本在于各产业面临的沉淀成本不同，所以发展路径也不同；二是，第二产业与第三产业发展并不是相互脱节的，而是需要保持一定的平衡比例关系。如果过度发展制造业，就会导致服务业资本不足，难以发展。同样，如果大力发展第三产业，就会导致第二产业投入不足，从而造成二者比例失衡；三是，在推进经济结构战略性调整过程中，需要保持第二产业和第三产业之间平衡关系，而不是一味地强调谁主导的发展模式，制造业主导必然失败，金融业主导也必然失败。因此我们以制造业与金融业为例加以说明，二者之间的均衡及其变动关系；四是，这种均衡关系，如果在资源增加条件下，也会导致制造业与金融业增加。同样，制度创新或管理创新也会导致制造业与金融业增加。四是，一旦引入沉淀成本，就会发现现有的产业结构调整并不容易，依靠市场是行不通的，从而造成路径依赖，以及垄断情况，限制资源充分流动。所以，要解决现有的产业结构扭曲情况，必然以减少沉淀成本为基本原则。否则，因沉淀成本，以及由此生的垄断、路径依赖，甚至是恶性承诺升级问题，不仅偏离经济结构战略性调整目标，而且难以进行经济结构战略性调整，不得不处于现有的产业结构中而无法自拔。

因此，促进第二产业，如制造业发展，必然考虑沉淀成本投资。同时，推进第三产业，如金融业现代化发展，不是为了服务业本身，而是为了制造业服务，最终刺激经济长期健康的发展，这就需要让第二产业与第三产业保持一定的平衡发展，如图10.1所示。

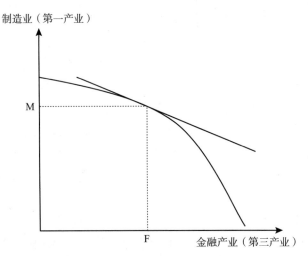

图 10.1　制造业与金融产业之间均衡关系

从长远看，如果第二产业制造业不能大力发展，那么第三产业（包括金融业）就难以得到持续发展。然而，金融资本会有负面作用：金融资本比工业资本更具有流动性。因为建立一座工厂不需要几年也需要几个月，而打造世界级公司积累所需要的技术和组织诀窍需要几十年。相比之下，金融资产则可以在几分钟甚至几秒钟内进行流动和重组。这种巨大的差距带来了严重的问题，因为金融资本寻求短期收益，从而造成经济不稳定，削弱了生产率提高，因为长期资本将不断受到削减，以满足金融资产寻求。由于金融资产变化无常，托宾才提出征收金融交易税（托宾税）。当然，所有这些并不是说金融系统与实体经济之间的速度差距应当缩小为零。金融的全部问题在于它比实体经济流动得快得多，包含的风险小，持有的资产成本低等。但是，如果金融部门流动过快，它将导致与实体经济脱节。由于存在短期金融利润的巨大压力，经理们不能从事有利于实体经济健康发展的长期投资项目，其结果是，公司利润受损，因追求短期利润压力的强化而受损，从而损害工人、顾客和社会整体利益，甚至损害他们所控制的企业的长期健康发展。

也就是说，第二产业与第三产业应该保持一定比例关系。制造业主导发展经济模式不行，金融主导发展模式也不行，只有二者平衡起来，才能促进经济平衡发展。一方面，制造业需要大量固定资本投资，沉淀成本显著；另一方面，金融业沉淀成本较少，流动性强，所以，投资者都愿意进行金融资产投资，而不愿意进行制造业投资，造成第二产业和第三产业之间的巨大差别，即使第一产业农业也需要固定资本投资，也会阻碍农业发展。因为制造业发展需要投资沉淀成本，一旦遇到外部冲击，这些资产变动很容易变成沉淀成本，不会轻易地转为他用，从而带来均衡点变动只能在生产可能性曲线里面。在中国资源一定的条件下，不仅阻碍第二产业发展，而且还会造成第三产业与第二产业脱节，不利于经济发展。

　　近年来，关于经济的现实问题与理论问题脱节的研究十分丰富，并涌现出了新的经济学流派，即新制度经济学，他们认为，经济现象具有高度的复杂性和不确定性，纯粹的理论所形成的结论在实践中只能是理论而已，无法有效地与现实情况对接，例如完全竞争固然对社会福利是最好的，由此而得出的结论是虽然各种行业实现完全竞争将是有效的，但是由于交易成本的存在导致完全竞争是不可能的，由此垄断竞争模式可能比完全竞争更有效率，而新古典经济学在讨论垄断竞争时，引入了范围经济和规模经济的概念，并强调这样的行业由于具有上述效应而实行垄断是有效率的，这又与完全竞争的结论相背离。如果考虑沉淀成本的存在，不仅能够很好地解释上述问题，而且能够发现更多的关于产业结构调整有意义的分析。实际上日本的产业结构的高转换能力并不是政府发布几个政策那么简单，更多的是一些产业发展所必需的投资都通过金融支持的方式转嫁给了政府，而这些投资随着时间的推移有很大一部分都将表现为沉淀成本，如果沉淀成本过高，而这些成本又必须由企业去承担，那么，很难想象在市场经济条件下会有企业愿意执行国家的产业政策，因此，当企业考虑沉淀成本时，任何产业结构理论的应用都将受到阻碍。日本的发展实际只是几个大的企业集团在发挥作用，中国不可能像日本一样打造出几个企业集团就能够实现经济腾飞，因为中国有广阔的市场空间，任何庞大的集团都不可能独占市场，因为这样做是没有效率的，一方面，企业存在着交易成本与管理成本的边界，另一方面，市场需要竞争的因素不断提高市场活力。因此，只有充分考虑产业发展过程中的沉淀成本因素，才能从根本上解决中国产业结构调整带动经济腾飞问题。

10.4.1　沉淀成本对产业结构调整的一种投资方法

　　沉淀成本对产业结构调整的影响从投资便开始了。在现代市场经济中，投资具有两个典型的特征：一个高度的不确定性。不确定性不同于风险，风险可以通过保险机制来分摊或者抵消，但是不确定性是无论如何都无法克服的，只能在一定程度上减少[①]。不确定性加大了投资者对信息获得的难度。一般而言，一个投资者要想做出完全理性的决策必须依赖完全的信息，但是现实世界中到处存在交易成本，导致在信息的获取上一定是不完全的，即便投资者能够获得足够多的信息，但是他还需要对信息分析处理以便决策，在新古典经济学中，人的能力是无限的，换言之，无论有多么复杂的信息，经济人都不会因为对信息的不熟悉和无知而形成错误的结论，事实上，投资者的这一完全理性中对于信息的超强处理能力并不存在，现实世界中的经济人面对纷繁复杂的投资信号时只能做出一个大致判断，这种结果与理想化的状态之间的差异便是经济人的有限理性在作怪。因此，任何一项投资决策都不可能是完全可靠的，无

---

　　① 关于风险与真正不确定性的研究，可参见奈特（2005）。

论做出决策的经济人多么精明，都只能在一定范围内使得决策具有效率。投资的高度不确定性的另外一个表现就是对收益的估计。一个决策在最初时可能是有效率的，但随着时间的推移，由于经济环境发生了变化，原有的投资策略便需要转型，如果对此没有做出足够的估计，而一味地膜拜固有的投资策略，那么势必会对收益产生巨大影响，例如发生于 1997 年的金融危机便是被誉为最稳妥的投资模式出现了问题，没有对系统性风险做出足够估计所致，而且这些现象在经济生活中层出不穷。

投资的另外一个特征便来自于沉淀成本的影响。沉淀成本总与资产专用性相伴而生，而资产专用性又时刻存在。有人曾分析了资产专用性与专有性的区别，通过钳子和其他专用设备的实际使用和变现能力来判断二者的区别，实际上这种类比是不科学的，从理论上，任何一项资产都具有专用性，只是专用程度不同而已，从广义上看，即使是货币资产也存在专用性问题，例如当一笔资金投入到了某一个领域时，虽然货币资本具有超强的变现能力，但是由于投资行为导致货币资本出现了机会成本损失，这种损失也是一种沉淀成本。对此，西方管理学家泰勒曾给出过解释，他指出沉淀成本不同于固定成本，但仅限于程度上的区别，固定成本可以看作是短期投资行为当中能够实现回收的成本，而沉淀成本虽然不能实现回收，但是能给产业组织带来持续的现金流，一个简单的例子就是假如一个产业组织在市场上购得一部机器设备，而在短时间内能够将它出售并换回货币资本，那么对这台设备的投资就不是沉淀成本，相对的情况则是如果无法脱手，则这台设备的投资就是沉淀成本。这种简单的两分法不能说明沉淀成本与固定成本的差异，正因为如此，泰勒给出的结论是，沉淀成本与固定成本并不存在本质上的区别，因此，沉淀成本的存在不会对产业组织产生关键性的影响。对此，经济学家德姆塞茨（Demstz）给出了不同的见解，他认为沉淀成本对产业组织地投资行为具有显著的限制作用，当一个企业了解自身对某一领域的投资将存在高额的沉淀成本而又无法得到弥补时，它将不会选择在该领域进行投资，除非投资所获得的收益不仅能够抵消沉淀成本损失，同时能够获得超额收益。①

对于投资不确定性产生的消极影响是无论如何都不能消除的，但是对于沉淀成本所产生的消极影响却很容易治理，例如一个国家在发展某个产业时，可以通过产业政策保证来抵消沉淀成本因素，日本的产业发展便是很好的例子。那么，影响投资决策的沉淀成本因素有哪些呢？对此，威廉姆森给出了较为合理的解释。他认为，经济发展的专业化带来分工效率的同时也产生了巨大的资产专用性，因为各经济体所使用的资产都具有专用属性，不仅很难变现，即使在同一企业内用作其他用途也越来越困难。威廉姆森进一步指出，在产业组织内部较高的资产专用性主要表现在两个方面：一是实物资本的资产专用性。如果企业通过购入的方式获得实物资产，那么，由于实

---

① 杨蕙馨：《企业的进入退出与产业组织政策———以汽车制造业和耐用消费品制造业为例》，上海三联书店、上海人民出版社，2002 年版；张志强：《期权理论与公司理财》，华夏出版社，2000 年版。

物资产的技术创新问题、设备的专用性质问题，在购入后，如果出现产业政策的调整，或者企业在该领域的发展无利可图，企业如果想处置这些资产将十分困难。二是人力资本的专用性。在早期关于资产专用性的探讨中没有涉及到人力资本，那是因为社会对特殊人力资本的需求并不旺盛，更多的则是普通劳动型的人力资本，而这些资本无论是在专业知识上还是在专业技能上所表现出的专用性都不强，随着分工的加深、人力资本竞争环境的加强，人力资本需要不断学习特殊知识以形成特殊技能才能在竞争中取得优势，而这些特殊知识与技能又将限制人力资本的流动仅限于这一领域，很难进行岗位转型，例如一个企业内部专门研发的技术人员就很难胜任管理岗位工作，再例如一个专业企业的管理人才会受到行业性质的不同而形成自身特殊的管理体系，若他失业，这些管理体系将很难用于其他企业，而必须重新对他即将选择的行业知识进行获取与学习。对企业而言，如果想进入一个陌生领域，那么它不仅要承担来自实物专用性资产发生沉淀成本的风险，同时还要组建一批在陌生领域工作的专业人才，需要对人力资本进行培训投资，这也都将影响企业的投资决策。此外，关于企业的专用性资产研究还把目光放在了技术资本上，专用技术的研发投入如果无法在市场上得到足够回报，那么，这些投入也将转为沉淀成本。但这些成本可以通过企业与国家的保险机制得到弥补，例如国家的产业政策、企业的培训协议和技术保密协议等。对此，汤吉军等（2008）也曾做出过深入分析[1]。他把存在于企业的专用性资产分为四类：一是用于投资设厂因区位问题产生的专用性厂房资产，二是机器设备等实物专用性资产，三是人力资本专用性资产，四是用于特殊生产建设的资产。他指出，"当这些专用性物质资产和人力资产一旦从初始生产性活动中退出，其投资再生产的机会成本很小，甚至没有，因而无法通过再出售价格得到完全补偿而出现资产损失，这部分成本损失就是沉淀成本"，特别是在经济转型时期，沉淀成本的上述作用表现的更为明显。

由此可见，沉淀成本的存在将对企业投资行为产生重大影响，但这并不是分析产业结构调整问题所需要的结论，进一步的结论则是由于企业投资行为受到沉淀成本的影响，一个行业中的产业组织在选择投资策略时，将更倾向于那些沉淀成本发生概率小或者期望沉淀成本较小的领域。

10.4.2　沉淀成本对行业市场竞争结构的影响

中国的经济发展不可能把一个行业以一个企业集团的身份出现，在广阔的市场为既定事实前提下，市场竞争将是有效率的，但是由于沉淀成本的存在，一个行业产业

---

[1]　汤吉军、郭砚莉：《沉淀成本、市场结构与企业战略博弈分析》，《产业经济评论》，2008 年第 4 期。

组织在竞争中所实施的策略可能会受到影响。对此，汤吉军（2008）① 给出了解释，他首先把沉淀成本作了详细分类，然后他将沉淀成本等于一种名为打捞价值的元素，并构建了沉淀成本与企业投资决策模型。通过模型分析，他认为沉淀成本的存在势必会影响一个企业对某一领域的投资决策，从而影响企业对这一领域的进入行为，这是因为，既存企业为了阻止潜在企业的进入会想方设法将自由资产的一部分转化成具有一定"专用性的沉淀资产"，这些资产会使得潜在进入企业认为投资这一领域将无利可图，从而构成一种进入威胁，进而保持既存企业的竞争优势。他指出，"当企业拥有的资产具有较强的专用性或较高的交易成本时，企业垄断租金不仅可以得到有效的保护，而且靠这些资产还可以侵蚀对手的市场领地；或者操纵市场价格使之处于有利自己的水平"。

他进一步指出沉淀成本在企业竞争中是通过所谓的"可信性威胁"这一机制实现竞争优势的。当企业面临的要素市场不是新古典意义的市场时，在竞争中，经济人就会预先采取某种行动，从而向竞争者和潜在竞争者发出信号，从而实现影响其竞争策略的目的。他把这种信号称为"可信性威胁"或者"竞争承诺"。已经取得竞争优势的企业通过向市场发出沉淀成本投资信号，使得那些企图进入的企业或者企图与其争夺市场份额的企业受到威胁，如果贸然行事可能会付出昂贵的代价。他认为，这种威胁不能以口头或者书面的方式向市场散播，而只能是以一种高额投资专用性的表征作为唯一信号。在这种信号下，既有优势企业在看到其他企业做出了策略调整后，会作出对自己最为有利的选择，一旦其他企业采取了"不理智"的行为，这种威胁将立即出现，从而导致这些企业发生巨大的沉淀成本而无法转型，甚至被兼并。

因此，有沉淀成本产生的这种所谓的"可信性威胁"对企业的战略投资具有重要的意义。正如伊顿和利普西（Eaton and Lipsey，1981）② 所言，在企业竞争中，拥有竞争优势的企业如果仅仅依靠资本作为"可信性威胁"，那么，由于资本在不断的折旧中得到了充分补偿，这种威胁也将失效。与此相类似的观点来自于夏皮罗（Shapiro，1989）③，他肯定地认为不能收回的投资在未来的竞争中形成对企业自身有利的"可信性承诺"，这与伊顿和利普西（Eaton and Lipsey，1981）④的分析结论是一致的。他指出，在市场中的任何企业都会进行降低自身产品边际成本的投资决策，这就在接下来的竞争中产生了影响，假如竞争对手对该企业的投资行为感到恐惧，那么它将退出市场，该企业会因此而获利，而要做到这一点，该企业的投资决策必须具备两点要求，一是投资具有可视性，二是投资具有沉淀成本特性。当企业进行了这类投资后，在未来的竞争中就可以利用这种投资所发出的信号实现自己的战略目标。

① 汤吉军、郭砚莉：《沉淀成本、市场结构与企业战略博弈分析》，《产业经济评论》，2008 年第 4 期。
②④ Eaton, B., and Lipsey, R., 1980, Exit Barriers are Entry Barriers: The Durability of Capital as a Barrier to Entry, Bell Journal of Eeonooics, 37 (10): 271 - 279.
③ Shapiro, C., 1989, The Theory of Business Strategy, Rand Journal of Economics, 20 (1): 125 - 137.

由于各种原因导致的企业沉淀成本，对在位企业和潜在企业的影响主要表现在企业产品的边际成本和企业所承担的风险上，潜在进入企业会由于边际成本的增加而出现沉淀成本效应，正如鲍莫尔和威利格（Baumol and Willig，1981）[①] 曾指出的那样，沉淀成本构成了潜在企业进入的威胁。总之，如果一个行业的要素市场是完全的，即生产要素会在没有任何障碍的情况下自由流动，那么，要素市场是不会失灵的，企业间的竞争也将是完全竞争状态，但是如果情况很糟糕，要素市场是不完全的，那么，沉淀成本在企业的竞争中就会扮演重要角色。

与沉淀成本影响投资决策一样，对企业竞争行为的影响也不是我们所要看到的结论，更进一步的推论则是，由于市场竞争行为受到影响，行业的市场格局将完全不同，从筱原三代平的产业结构内涵可知，产业内的结构甚至是产业组织自身的结构都可视作产业结构，那么沉淀成本最终将影响一个产业的竞争格局，产业发展需要不断打破这种僵局，形成新的格局，而在这期间，政府需要不断扶持出新的具有较低沉淀成本投资的企业，以改变行业的非效率状态。那么，产业政策的制定就要充分考虑沉淀成本因素，尽可能降低行业的沉淀成本，提高资源流动性，摆脱产业结构调整过程中的路径依赖。

---

① Baumol, W., and Willig, R., 1981, Fixed Costs, Sunk Costs, Entry Barriers, and Sustainability of Monopoly, Quarterly Journal of Economics, 96（3）: 408 –431.

第 11 章

沉淀成本与产业结构调整的路径依赖

11.1 产业结构调整的沉淀成本效应

11.1.1 历史沉淀成本及其分类

所谓历史沉淀成本，就是"以前或过去投资承诺之后不能完全得到补偿的那些成本损失，往往是以货币、时间、努力和资本存量的形式出现的，包括沉淀的生产成本和沉淀的交易成本"①。当经济试图从一种发展状态迈向另一种发展状态时将产生四种不同的历史沉淀成本：第一种是因为经济要素本身的性质所产生的固有沉淀成本。经济要素通常包括物质资本、人力资本和技术资本，这些资本都具有不同程度的资产专用性，例如物质资产一旦投入企业将有一部分残值产生，而这些残值就可以视为沉淀成本；人力资本也会因为技能与经验形成过程中的都将会有一部分投资无法实现完全回收，例如培训投资和自身为提升技能而进行的考试等，导致自身的可应用范围越来越小；技术资本只要体现在研发上，研发投入与产出的严重不成正比必然要存在沉淀成本。第二种当资产以一种经济使用方式存在向另一种存在方式过渡时，由于交易成本的存在，导致这种转化也将存在成本。例如，有形资产会因为变现价格的甄别而出现二次沉淀成本，人力资本也会因为过多的投入或搜寻工作机会而形成更多的沉淀成本。第三种历史沉淀成本来自于决策失误。这种沉淀成本也是不可避免的，这是因为，决策的人具有有限理性，不可能对未来完全预知，相反，而是存在着决策的高度不确定性，习惯的决策方式则是主要根据历史的经验，相信历史会重演，事实证

---

① 汤吉军、郭砚莉，《历史沉淀成本与经济转型的路径依赖及其超越》，《经济学家》，2009 年第 7 期。

明，历史重演的程度并不像人们期望的那样准确，而仅仅是相似而已，完全依赖过去的经验而对未来进行决策又会失去冒险而出现的创新机会，因此，这种决策上的不确定性同样会导致经济组织运行产生沉淀成本。第四种沉淀成本是制度变迁本身的成本。前期的制度之所以变迁是因为不适应经济发展，但一种制度变成另一种制度或者制度之间的略微调整，都会影响到经济组织的效率，从而使得经济组织不得不承担因为制度变迁过慢而导致的效率损失，这也是制度变迁成本；主动产业结构调整不是由经济组织自发完成的，而是由经济政策的引导，规章制度的废立过程来实现的，在这期间前期的各种经济制度都有可能被更新，制度制定的成本也成为一种沉淀成本。

11.1.2　历史沉淀成本在产业结构调整的锁定效应

新中国的第一次转型产生于改革开放，由计划经济体制向社会主义市场经济体制转型，计划经济时期由国家进行了大量的投资，当经济体制向市场经济体制转型时，一些前期的投入便无法收回，有被"丢弃"的风险，因此，在转型初期，为了保证这些投资的安全性和经济性，一种无奈的做法司空见惯，例如不断追加资本，从而使得沉淀性越来越突出，从而使得经济发展无法用一般的经济理论进行分析，必须考虑沉淀成本的作用，而沉淀成本的存在造成的则是被动的路径依赖问题，正因为如此，我们认为，当经济从一种状态向另一种状态转型时沉淀成本的作用至关重要，那么，沉淀成本是如何具体影响经济发展的呢?

第一，当经济体处在战略调整时期时，一些既存的资产仍然具有实用价值，因此，在转型过程中，这种资产便被另一种状态的经济发展形势所无偿使用，从而产生历史沉淀成本问题。理论上，经济发展的各个时期既是相互关联又是相互独立的，相互关联是指经济发展具有连续性，而相互独立则是指每个时期的经济发展函数都要重新基于效用最大化进行设定，这就意味着在每个时期经济发展开始时任何投资都是有成本的，不存在无偿使用的情形。当产业结构调整时，由于一些资产使用寿命等诸多问题，大量资产被下一时期的经济发展无偿使用，这种情况的一个直接后果就是，产业结构调整很难顺利完成，因为不能消除过去资产的影响作用，例如那些具有通用性的资产和专用性资产。一般而言，资产越具有通用性就越容易获得，同时也越不容易在经济发展中退出，但专用性资产也不同，不仅很难变现，同时由于经验和学习问题又很难实现传递，这就会影响产业结构调整路径。对于一个具体的经济体，在转型时，技术也成为其实现转型的关键，但纯粹的技术创新又不可取，因此，在转型时不仅要了解现存技术的使用情况，同时还需要掌握技术可再次利用的程度，而这些活动终将付出高额的成本。正如纳尔逊、温特（Nelson and Winter, 1982）所言，要想低成本地模仿已有技术几乎是不可能的，成本与时间都将成为模仿的代价①。

除了传统经济要素可以被继承外，制度也可以被继承，而且制度变革也被视作是经济发展的重要因素之一。在结构调整过程中，制度需要变革，有些制度具有普遍的适用性，或者适用性很强，另一种制度则具有高度的专用性。对于具有较高适用性制度而言，其调整幅度较小，调整速度较快，而对于专业制度而言，由于只适用于经济发展的某一阶段或者某一特定经济体抑或某一领域等，这样的制度在产业结构调整过程中有可能因为其适用性问题而被废止，从而带来新制度建立的问题，否则制度变迁的速度也将十分缓慢，从而给制度与现实发展造成了不匹配从而产生沉淀成本效应。

第二，现实中的有限经济人所固有的缺陷，导致决策时产生历史沉淀成本。有限理性的经济人包括两方面内容：一是追求自身利益最大化，二是精于成本收益计算以获得最大化结果。但是，这两个条件的成立要求不存在任何交易成本，不存在认识偏差。否则经济人很难实现完全理性，只能做到有限理性。如果一个经济人从不完全理性迈向完全理性，那么，经济人本身需要在各个方面投入更多的成本，随着理性程度的提升，边际上终将超过其获得收益，因此，完全理性是不可能的。对于有限理性的经济人而言，其有限理性的表现有哪些呢？一是信息获得不完全；二是信息的处理不完全；三是经验不可复制；四是决策充满不确定性。因此，当有限理性的经济人在进行理性决策时，由于其自身有限理性的限制，很有可能犯错误。这似乎与认知有关，但即便如此，认知本身并不是外生变量，它还要受到不同社会文化的限制，两个拥有不同文化底蕴的经济人面对同一问题产生的观点可能完全不同，因此，认知不仅与社会文化有关，同时还与社会的政治经济环境有关，从而形成沟通的不同模式。奥地利经济学家哈耶克（Hayek，1937）② 曾指出，一些基于经验的交流具有极强的隐蔽性质，无法或者很难通过交流完全获得，但却可以通过边干边学的方式获得。当人们在工作时，由于工作环境的需要会激发人的潜在知识含量的爆发，从而形成学习的效应，而这些早已经存在于大脑中的那些被再次考虑及应用便是历史沉淀成本效应。

第三，经济行为之间的契约关系产生历史沉淀成本。现代经济社会中，经济行为人之间普遍存在的是委托代理关系，委托人凭借货币资本与人力资本达成协议，希望人力资本能够为委托人效力。但是一个关键问题是如何判断一个代理人的忠诚度和约束代理人能够继续保持甚至超过原有的忠诚度。在交易成本为零的世界中，这些问题都能够得到有效解决，一个人力资本市场便对人力资本本身具有了足够的约束与激励作用，因此，代理人只能获得与其自身投入相等的报酬，而无法获得超额收益。但是在交易成本为正的世界中，代理人的行为具有高度的隐蔽性，企图通过监督的方式实

① Nelson，R.，and Winter，S.，1982，An Evolutionary Theory of Economic Change，Cambridge：Harvard University Press.

② Hayek，F. A.，1937，Economics and Knowledge，Economica，4：33 - 54.

现代理人的忠诚度是不可能的。一个可行的做法则是代理人的历史行为会形成对其未来性的约束机制，而这一约束机制可能比其他监督更为有效。克瑞普斯、威尔逊（Kreps and Wilson，1982）[①] 依据代理人历史行为所产生的声誉价值很好地解释了连锁店的经营管理问题；而米尔格罗姆、罗伯茨（Milgrom and Roberts，1982）[②] 则应用这一机制分析了定价问题。代理人的能力决定于其掌握的私有信息量，从而形成对企业进行何种生产方式的决策。当代理人利用其自身拥有的信息含量而选择机会主义性改变生产方式，那么，在声誉机制发挥作用的条件下，代理人的这种行为将导致他的声誉受到严重损害，从而影响其未来的价值实现，甚至是经济生活的其他方面。经济发展方式转变需要事先生产的升级，但是当声誉机制不存在时，生产升级将不会发生。这是因为，市场不再以其声誉来衡量其自身的价值，从而导致其机会主义行为泛滥，生产方式将不会按照委托人的意愿来进行，因此，改变生产方式实现代理人利益最大化将极为普遍。由于委托人并没有主动进行生产方式转换的意愿，代理人的任何转换想法都将通过声誉机制受到限制，因为，这样做的结果是被认为代理人违反了委托人的意志，从而导致代理人不敢进行生产方式转换，但这也同样带来了沉淀成本问题，因为代理人不得不维系以前的生产方式，并且与市场发展的距离越来越大。

第四，为规避投资损失而进行的经济决策产生历史沉淀成本。代理人对未来的投资往往遵循"前景理论"的逻辑。卡尼曼和特维斯基（Kahneman and Tversky，1989）[③] 对传统主观期望效用最大化理论进行了修正，建立了基于风险决策过程两阶段性的前景理论。该理论认为基于不同风险进行决策的人的行为是可预测的，从而形成了人们决策的不同效应。前景理论的一个重要特征就是"S"的价值函数，该函数意味着决策者在应用前景理论进行决策时由于前景理论所暗含的诸多效应，决策者主观对待收益损失的态度与客观的差异形成了沉淀成本。前景理论的另一个重要特征则是用于风险规避的确定效应。前景理论认为，对于一个赌徒已经能够获得的收益才是最安全的，所以赌徒常常有见好就收的心理，这也充分说明了，赌徒在风险赌博过程中对风险的厌恶问题。对经济组织的决策者而言，虽然不具有赌徒的性质，但是其存在的收益与损失的确定性效应却与前景理论中的确定效应相似。在经济组织中，代理人的收益和损失往往是确定的，并且存在收益被高估而损失被低估的情况，根据前景理论的确定效应，收益存在时，往往会导致赌徒止步不前，而损失出现时则会诱发赌徒以身涉险。经济发展转换形态时，对于一个已经出现亏损的企业而言，决策者往往会为了挽回损失而进行更为冒险的追加投资，这便形成了更多的历史沉淀成本。

————————————

①　Kreps，D.，and Wilson，R.，1982，Reputation and Imperfect Information，Journal of Economic Theory，27：253－279.

②　Milgrom，P.，and Roberts，J.，1982，Predation，Reputation and Entry Deterrence，Journal of Economic Theory，27：280－312.

③　Kahneman，D.，and Tversky，A.，1979，Prospect' Theory：An Analysis of Decision under Risk，Econometrica，47：263－291.

第五，"节约"心理导致决策者决策时产生历史沉淀成本。这种沉淀成本多见于项目建设中。项目建设投资不能一蹴而就，需要时限，那些处在产业结构调整前期和当期的项目会因为产业结构调整而失去原有的战略意义，其存在的价值会大大降低，但是这种项目还必须继续进行，否则就将成为一种资源消耗性的损失，正如阿克斯和布鲁默（Arkes and Blumer, 1985）[①] 指出的那样，由于调整前项目投入和很多经济资源，这些资源存在预算问题，在预算约束下，原有项目建设过程将形成路径依赖，无法调整，在这种情况下，决策者为了避免先期资源投入浪费现象的发生，将不得不对原有项目进行追加投资，姑且不论原有项目自身的沉淀成本问题，由于资金的追加所导致的财富再分配问题将产生更多的沉淀成本。

第六，对未来经济走势的判断方式选择形成沉淀成本。假如推理、信息搜寻都不存在成本，那么决策者就可以按照最后的决策路径进行分析预判未来走势，那么未来的经济发展也将不存在不确定性，但是处理信息所需的思考成本大到足以令任何一个决策者犯下错误，而不敢采取冒险行为，一个理性的选择是：当面对多种选择时，决策者更愿意选择比较熟悉的一种运作方式，而放弃其他可能带来更高效率但同时存在更高风险的方式，这又被称为启发式的思考方式。在企业中过多的启发思考与应用将葬送企业的自我创新潜力，因此启发式推断本身是一把双刃剑。通常启发式思考方式分为两种模式：一种被称为代表性的启发方式，这种方式思考问题的模式较为固定，俗称为思维定式，人的大脑会自动根据所认知事物的特征进行归类，对那些相似的事物采取相同的措施；另一种是经验式或者熟识式启发方式，这种方式根据人们对事物的了解程度，而不仅仅对事物进行特征性划定，通过比较两种事物哪一种是人们更为熟悉的，从而选择那些能够相对了解并且很好驾驭的选择。而一旦一个团队达到认知统一后，决策者因为使用启发式思考方式所出现的错误将是致命的，这种错误导致的资源损失也是一种沉淀成本。与此相似，在产业结构调整过程中，市场经济体制具有高度竞争性，那么，经济组织将面临较大的生产压力，当决策者采取启发式思考方式时就是使得企业的发展畏首畏尾，无法进行创新，加上决策者自身影响的外溢性，其团队的其他成员也将采取类似的做法，这样整个团队都达到了无效率的一致性程度。关于这一点，我们可以进一步通过下面的分析展示出来。

在传统分析模式下，完全理性成为必要假设，因此，传统经济分析中边际因素被使用的极为频繁，任何最优的选择都是从边际上确定的，经济行动的依据就在于边际收益与边际成本的比较，最优点始终出现在二者相等的情况。这是一种完全不考虑交易成本的状态，由于交易成本的存在，沉淀成本成为产业发展不可避免的问题，当经济组织意识到企业的任何投资都将产生沉淀成本时，企业投资的边际成本将上升，最

---

① Arkes, H., and Blumer, C., 1985, The Psychology of Sunk Costs, Organizational Behavior and Human Decision Processes, 35: 124 – 140.

优点不再保留在边际成本与边际收益相等的位置，而至边际沉淀成本与边际投资成本之和相等的位置。

如图 11.1 所示，MR 为投资的边际收益线，MC 为不考虑沉淀成本时的边际成本线，MC + TrC 为边际交易成本和边际投资成本之和线，MC + SC 为边际沉淀成本、边际交易成本和边际投资成本之和线。在产业结构调整过程中，不仅要考虑投资成本，还要考虑交易成本和沉淀成本，那么，一项投资决策的最佳选择将是 MC + SC 与 MR 相交的位置。

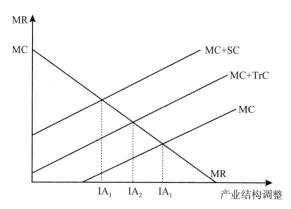

图 11.1　当考虑沉淀成本时产业结构调整滞后

因此，在产业结构调整过程中，沉淀成本的经济学意义同样重大，通过将沉淀成本因素引入到均衡分析模式中，我们发现，在考虑沉淀成本及其诱致性因素时，整体经济发展将发生重要变化。均衡不会出现在最佳位置，而是要小于最佳位置，位于生产可能性边界的内部，这种效果正是考虑了沉淀成本因素的结果，从而使得帕累托效率出现损失，而损失的部分都可以概括为沉淀成本因素或者沉淀成本效应，而这一效应在产业结构调整过程中又是不可避免的，因此，在产业结构调整过程中，较为合理的选择是在考虑历史沉淀成本前提下，尽量减少产业结构调整的障碍，降低因为过多的制度束缚而导致更多的沉淀成本出现。

根据上述分析，我们可以断定，历史沉淀成本使得经济发展方式转换形态背离了传统的经济学分析范式，不再以完全理性作为假设前提，取而代之的则是有限理性和沉淀成本，这种沉淀成本包括向前的历史成本和向后的历史成本两部分，正因为如此，中国经济转型受到了世界的普遍关注，很多好的经验被其他国家效仿。因此，当经济体进行转型发展时，充分考虑历史沉淀成本因素具有十分重要的理论价值与现实意义。

首先，历史沉淀成本效应为产业结构调整提供了一种新的分析视角。在传统经济学理论中，并不存在沉淀成本假设，更不会出现因为沉淀成本存在而引发的一系列问题，很多经济现象也都无法有效解释，这是传统经济学的硬伤所在，我们在这里并不对传统经济学理论的优劣进行过多评论，重点是要说明，承认历史沉淀成本，对经济学理论的完善具有重要的意义。任何人进行经济决策时考虑更多的是成本收益，收益存在于未来，需要预测，而成本则具有更大的现实性，这不仅包括过去的投资，更包括无法回收的成本，即沉淀成本。任何不考虑沉淀成本的决策绝不是科学的决策，而是一种资源减值决策。然而，一旦考虑沉淀成本，决策又将陷入路径依赖，持续的投资决策将更多地选择在原有投资上追加或者项目上改进，而不会选择对现有投资项目的实质性突破，因此，在中国经济进行转型时，一些企业长期受到计划经济影响后，便很难摆脱这种影响。

其次，当我们承认了历史沉淀成本，特别是当经济处在转型时期必须克服历史沉淀成本时，便使得我们的分析具有了更高的现实价值。经济发展状态的转换必然要突破制度封锁限制，一个好的能够顺利实现经济转型的经济体制一定是具有更为灵活的制度安排。因此，当我们承认了历史沉淀成本后，在一定意义上也实现了对新制度经济学中交易成本理论的超越。

再次，当我们分析经济问题把历史沉淀成本作为一个外生变量时，我们会发现，客观世界具有不可抗性，唯一可以改变的则是我们对客观世界的适应性，或者利用客观世界的真实资源使得某些限制性条件达到最为理想的状态。

最后，认识历史沉淀成本有助于决策制定者采取有效措施以尽可能地降低历史沉淀成本。（1）历史沉淀成本的存在导致市场竞争无法实现应有的效率，因此，政府干预成为必然，其中最为典型的手段就是政府管制，那么，在历史沉淀成本范式中，政府管制的重点将是建立能够促进市场经济发展的一般性竞争规则；（2）对于具体经济组织而言，要想克服历史沉淀成本效应可选择有效的不同的合作方式，即战略联盟式的框架协议、价值流程的资源整合以及股权结构调整等制度性措施；（3）如果考虑历史沉淀成本，政府对市场经济的干预行为主要是如何能够有效地控制经济发展过程中形成的历史沉淀成本。上述的结论并不意味着政府仅仅通过对沉淀成本初次形成阶段的控制便可以实现政策意图，除了初次投资外，历史沉淀成本的累积效应和成本转换过程中的再产生效应也有可能使得产业结构调整受到阻碍，因此，政府干预除了需要注意一般性投资所形成的初次沉淀成本外，还需注意初次沉淀成本形成过程中交易成本问题，防止沉淀成本再次增加。

总而言之，历史沉淀成本使得经济发展状态转换不仅要向前看，同时还需要回过头来审视历史，预期沉淀成本与历史沉淀成本将构成制度转换的关键制约因素。中国产业结构调整的最终意图是要实现经济的集约化发展，实现科技创新，实现可持续发展，这本身就是一种产业结构调整，这其中所面临的沉淀成本将十分庞大，因此，实现中国产业结构调整与升级的关键因素将是对产业结构转换过程中不同产业所存在的历史沉淀成本和预期沉淀成本的管理与控制。

11.2　沉淀成本对产业结构调整的滞后效应

在传统经济学那里，最为重要的分析因素是机会成本，认为，一切问题皆起源于机会成本，而忽略了还有能够发挥同样重要作用的沉淀成本。事实上，沉淀成本对经济发展的影响也极为重要，有时是甚至会超过机会成本的作用，正如前文分析的那样，历史和预期的沉淀成本都会对经济的决策产生重要影响，之所以传统经济学无法有效解决产业调整问题就在于忽略了沉淀成本因素。在中国的改革开放过程中，也不乏这样的观点，最初的经济理论大多沿袭了新古典经济学分析范式，因此，在指导中国的国有企业改革时出现了类似的问题。从国有企业改革的指导理论看：一类产权改革理论，这类理论以张维迎（1995，1998）[1] 等为代表，认为国有企业改革的关键在于找到国有资产的真正所有者，因为，当所有者无法确定时，国有企业的经营者将以代理人身份侵吞或者挥霍国有资产，以实现自身效用最大化，这便产生了因为所有者缺位而导致的委托代理问题，而有效地解决办法则是通过激励的方式缓解约束不足。但是关于所有者缺位问题，林毅夫等（1997）[2] 和杨灿明（2001）[3] 提出了不同的见解。前者认为国有企业所有者并不存在缺位问题，只是因为代理人无法有效地实现出资人的义务，并且，这种由国家所有的企业在国外也常见，并没有出现类似我们国家的情况，问题的根源并不是所有者缺位，而是监管不到位所致。二是产业结构调整理论，以林毅夫等（1997）为代表。该种观点认为，搞活国有企业应该从产业结构调整着手，旨在促进公平竞争，通过优胜劣汰机制增强国有企业活力，因此，减轻国有企业负担，创造公平的市场竞争环境成为该种观点的核心政策建议。但与产权改革理论观点相类似，也犯了忽视约束条件的错误，这其中最重要的约束条件就是沉淀成本。

一些研究经济史的学者不断地告诫经济学家，历史信息对未来的经济发展十分重要，但传统经济学似乎并没有完全理解这种告诫的准确含义，或者说仅理解了一小部分而已。一些致力于中国国有企业改革的经济学者依然遵循着的新古典的分析模式，认为经济增长的路径实际上与收益递增因素和正外部性有着密不可分的关系，但忽略了沉淀成本对经济增长路径的影响，因此，在使用传统分析方式研究国有企业改革时一些问题得不到有效解决，例如在探讨国有企业战略重组问题时更多地强调公司治理

---

① 张维迎：《控制权损失的不可补偿性与国有企业兼并中的产权障碍》，《经济研究》，1998 年第 6 期；张维迎：《企业的企业家——契约理论》，上海三联书店、上海人民出版社，1995 年版。
② 林毅夫、蔡昉、李周：《充分信息与国有企业改革》，上海三联书店、上海人民出版社，1997 年版。
③ 杨灿明：《产权特性与产业定位：关于国有企业的另一个分析框架》，《经济研究》，2001 年第 9 期。

结构与机制问题，强调经营者对剩余控制权的渴求（张维迎，1998）①，但没有意识到各种资产的沉淀成本属性对重组的负面影响。不可否认，边际成本分析方法具有更为一般的应用价值，但在边际分析时只强调机会成本的边际作用，而没有考察沉淀成本的边际作用，这是因为，在传统经济学理论的世界中，是不存在交易成本的，因此，任何投资都可以实现完全的回收，对于那些在现实世界中的耐用资产在传统的经济学世界中不会出现，当一个企业或者项目需要转型时，企业或者项目资产将无任何损失地从一种用途转换成另一种用途。传统的产业组织理论也忽略了沉淀成本，当经济状态不可能以完全竞争状态存在时，沉淀成本的作用将得到显现。首先，对于产业组织结构而言，收益递增问题和竞争方式问题对各自的市场份额产生影响；其次，导致不完全竞争的重要因素已经被证明是沉淀成本（Sutton，1991）②，并且有学者认为是沉淀成本决定了企业对某一行业的亲远程度，沉淀成本决定了产业组织的进入或者退出行为（Baumol et al.，1988③；Dixit，1980④；Eaton et al.，1980⑤）。除了上述的研究，更为有意义的关于沉淀成本的研究来自于威廉姆森（Williamson，1975）⑥，他在探讨组织间的经济关系时，引入了资产专用性和沉淀成本两个重要变量，并且认为机会主义行为与二者有着密切关系，在很大程度上资产专用性和沉淀成本导致了机会主义行为的发生，从而使得交易成本增加，并导致交易失败或者未来损失加大。当沉淀成本与不确定性的现实情况并存时，尽管可以将经济组织间的战略协作关系忽略，但经济组织间仍然面临投资选择问题（迪克西特等，2002）⑦，例如时间、期权定价、延期支付决策问题等。

从前期的研究成果看，经济学家已经逐渐开始接受沉淀成本对产业调整能够产生影响的观点了，但是仅仅是将沉淀成本作为企业进入或者退出某一领域的障碍，往往将其应用在某一产业内部产业组织间竞争博弈分析，那些在位企业之间或者其与潜在企业之间的竞争结果将由沉淀成本决定，但是这些研究都存在相同的一个缺点，就是他们认为沉淀成本能够对产业组织的进入与推出产生影响，没有意识到沉淀成本影响持续性问题，即沉淀成本刚性（汤吉军，2009）⑧。因此，我们在分析时将更多地强调构成经济组织的经济要素所具有的沉淀成本属性以及经济要素之间结合的契约所具有的沉淀成本属性，同时考虑市场的不完全竞争状况，由此，我们将探讨沉淀成本对

---

① 张维迎：《控制权损失的不可补偿性与国有企业兼并中的产权障碍》，《经济研究》，1998年第6期。
② Sutton, J., 1991, Technology and Market Structure：Theory and History, Cambridge：MIT Press.
③ Baumol, W. J., Panzar, J. C., and Willig, R. D., 1988, Contestable Markets and the Theory of Industry Structure, Revised Edition, Sen Diego：Harcourt Brace Jovanovich.
④ Dixit, A., 1980, The Role of Investment in Entry Deterrence, Economic Journal, 90：95–106.
⑤ Eaton, B. C., and Lipsey, R. G., 1980, Exit Barriers are Entry Barriers：The Durability of Capital as a Barrier to Entry, Bell Journal of Economics, 10（2）：271–279.
⑥ Williamsom, O., 1975, Markets and Hierarchies, New York：Free Press.
⑦ 迪克西特、平迪克：《不确定性条件下投资》，中国人民大学出版社，2002年版。
⑧ 汤吉军、郭砚莉：《历史沉淀成本与经济转型的路径依赖及其超越》，《经济学家》，2009年第7期。

产业结构调整影响的经济性与社会性。

11.2.1　沉淀成本为零时产业重组的规律与社会福利

这是一种近乎完全竞争的状态。在这种状态下，任何经济要素都可以实现自由流动，当经济要素试图从一个经济领域进入另一经济领域时并不存在任何障碍，不需要为这种转换付出任何代价，此时是一种没有任何沉淀成本的状态，任何在现实世界中经济要素转移有可能出现的损失这里都不存在。进一步地讲，在这种状态下，那些具有耐用特性的资本品是不存在的，经济资源在任何时刻根据任何需要都可以实现完全转换，这意味着，在这样没有任何流动障碍的世界中，经济资源将实现配置上的帕累托最优，那么，在价格信号的指引下，资产的任何转移都将导致经济效率最大化和社会福利的最大化。但是如果沉淀成本不为零，上述的情况将发生巨大变化。沉淀成本使得资产具有专用性质，此时如果经济组织试图从一个经济领域向另一经济领域转移，那么必然会出现一部分投资无法回收，出现损失，尽管经济组织可以利用沉淀投资在市场上获得租金收益，但是由于沉淀投资无法进行持续生产，租金收益不足以实现资本对利润的渴求，同时已经得到补偿的部分投资虽然可以获得其他收益，但对在位企业而言，确定性收益可能对其产生更多的偏好，从而导致在位企业不愿意退出市场。这就是由于沉淀投资的单向性所导致的产业结构调整滞后现象，产业结构调整越是滞后，沉淀投资将越多，这就是产业结构调整刚性和沉淀投资刚性。那么，在沉淀成本为正的世界中，企业一旦进入某一领域，它将尽可能地停留在这一领域，尽管促使其进入该领域的最初条件发生了变化，但由于沉淀成本的不可逆性导致其不得不依然滞留在某一领域很长时间，因此，当初始条件刚刚改变时，或者初始条件不是用来改变沉淀投资，那么，经济要素配置效率与社会福利都将受到严重影响，不仅不会提高甚至有可能出现下降。

在新古典完全竞争市场条件下，通用性的生产要素充分流动，可以毫无成本损失地进入和退出市场或产业。此时投资成本没有沉淀成本，完全都是可补偿成本。因为退出的企业，其投资资产机会成本价值不变，完全是固定成本，可以得到重新配置和使用，因此可以通过企业重组或一体化提高经济效率和福利水平[①]。

为了突出无沉淀成本对企业重组的影响，我们通过以下假设构造一个经济模型：

第一，只有一种产业，生产两种产品，分别为 X 产品数量和 Y 产品数量。

第二，企业在生产中只用单一物质资本这一生产要素，不仅依靠竞争性市场进行交易，而且，其总量为 K。

第三，Y 产品的生产需要 K_Y 单位资本，且 Y 产品作为价值尺度，我们认为 Y =

---

① 汤吉军：《基于沉淀成本视角的企业重组博弈分析》，《中国工业经济》，2009 年第 10 期。

K_Y，此时假设资本品的出租价格为1。

第四，物质资本的数量为 $K_X + K_Y \leq K$。而且，家庭对 X 和 Y 产品有无差异曲线。

最后，X 产品数量的生产需要 K_X 个单位资本，其中，有 n 个相同的处于收益递增企业。单个企业的成本结构为 F + cx，F 为固定成本，c 为边际成本，x = X/n，$K_X = nF + cX$；根据寡头市场价格条件下，企业追求利润最大化原则——边际收益等于边际成本，我们可得：

$$p[\,1 - 1/(n \times e)\,] = c \tag{11.1}$$

其中，p 是产出的单位价格，n 为企业的数目，e 为 X 产品的需求弹性，c 为单个企业的边际成本。由于进出市场或产业无成本，所以，n 的企业数目是由零经济利润条件获得。其中，(11.1) 式的推导过程如下：

由于生产 X 产品有 n 个相同的企业，因企业之间进行产量竞争，从而构成古诺竞争模型。市场的反需求函数为 p(X)，假设每个企业选择产量为 x，产业总产量为 $X = \sum x$，单个企业的成本函数为 c(x)。每个企业追求利润最大化，其利润函数为：

$$\text{Max}\pi[\,xp(X) - c(x)\,]$$

对 x 求一阶导数，并令其等于零：

$$\partial\pi/\partial x = p(X) + xp'(x) - c'(x) = 0$$

我们可以进一步将其转换为：

$$[\,p - c'(x)\,]/p = s/e,\ i = 1,\ 2,\ \cdots,\ n$$

其中，s = x/X，它表示单个企业的市场份额，p 为市场均衡价格，e 为产品的需求价格弹性。e = p(X)/[Xp'(X)]。如果像上面的古诺纳什假设的那样，每个企业的边际成本相等，并且为常数 c，每个企业的市场份额为 1/n，此时，古诺均衡定价变为：

$$(p - c)/p = 1/(n \times e) \tag{11.2}$$

这样，我们发现式 (11.2) 与式 (11.1) 可以互换。如果企业重组，那么就会导致产量增加，产品价格下降，进而需要企业重新配置现有资源。

当物质资产沉淀成本为零时，即完全具有通用性时，我们用图 11.2 来说明在没有沉淀成本情况下，企业重组的经济效率和福利状况。

在图 11.2 中，横轴表示 X 产品数量，纵轴代表 Y 产品数量。ABC 和 AB_1C_1 表示生产可能性曲线，U_1 和 U_2 表示家庭无差异曲线。该图证明了没有沉淀成本对企业重组的影响。ABC 是企业重组前的生产可能性曲线，BC 斜率的绝对值是边际成本 c。AB 为总固定成本 nF，它是 n 个企业生产 X 产品时所需要的总固定成本。它表示，从 Y 产品角度看固定成本的机会成本以及在开始生产 X 产品所需要的资本数量。在 A 点，资本总量为 K，完全用于生产 Y 产品而不生产 X 产品，此时 Y 的数量为 K。

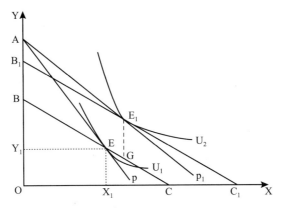

图 11.2　零沉淀成本与企业重组

其中，E 点为企业重组前的均衡点，AE 斜率的绝对值等于平均成本，且等于产品价格 p。X 产品的平均成本为 $AC_{X1} = K_{X1}/X_1 = (OA - Y_1)/X_1$。由于企业自由进入和自由退出，价格等于平均成本，最终实现零经济利润条件，此时价格、平均成本与边际成本之间的差异与固定成本数量没有任何关系，仅仅与 n 和 e 直接相关，由式（11.1）可以看出。

然而，在企业重组之后，价格下降到 p_1，均衡点在 E_1，它是由两个效应实现的：EG 代表 n 个企业重组后的产量扩张效应，GE_1 代表 X 产品价格下降导致企业退出效应。之所以如此，是因为在没有沉淀成本的情况下，生产 X 产品的固定成本 AB 在企业重组后退出时能够毫无损失地转移到 Y 产品的生产上。因此，企业重组后的生产可能性曲线移动到 AB_1C_1，家庭效用水平也由 U_1 移动到 U_2，此时物质资本因自身通用性可以充分流动，再次实现资源最优配置，它会随着企业重组达到最大经济效率和福利水平的。

实际上，企业重组这个过程与资本存量（capital stock）充分流动是直接相关的。如果假设总固定成本 F 是完全沉淀成本，由 AB 表示：事前的可补偿生产要素一旦构成固定成本之后便成为企业或产业专用，不能转为他用而变成沉淀成本。在图 11.2 中，AB 代表 n 个企业的沉淀资本数量必然落在 ABC 上，不会因企业重组而向上移动，此时企业重组前后均衡点只能停留在 ABC 上。可以看出，只要物质资本发生沉淀成本，企业重组的经济效率和福利水平与没有沉淀成本的情形相比总是偏低的。虽然总固定成本完全构成沉淀成本这一分析是不现实的，但是我们可以看到，只要投资成本包含一部分沉淀成本，企业重组的经济效率和福利水平就会下降。

由于没有沉淀成本，在位企业和潜在企业的成本函数相同，此时价格、平均成本与边际成本之间的差异与沉淀成本数量没有任何关系，仅仅与企业的数目 n 和产品需求弹性 e 直接相关。然而，一旦我们引入沉淀成本，这时，在位企业和潜在企业的成本函数就会不同，从而发现沉淀成本对企业重组的影响。

11.2.2　基本经济模型的扩展

为了理解沉淀成本如何作为退出障碍，我们可以假设单个企业固定成本的沉淀率为 δ，其中，$0 < \delta < 1$。

考虑某一企业要进入由 $(n-1)$ 个企业构成的产业中。企业的进入决策是：

$$(px) \geqslant cx + F \tag{11.3}$$

当企业运行时，在位企业仅仅以市场价格支付可补偿生产要素成本，不会考虑过去发生的沉淀成本，此时沉淀资产的收益（或称准租金）将以剩余方式被决定 $[(p-c)x-(1-\delta)F]$。因为沉淀资产的所有者没有再生产机会收益或机会价值，只要那些沉淀资产获得正的准租金，那么企业的最优行为是不退出市场。此时，企业退出市场条件为：

$$px \leqslant cx + (1-\delta)F \tag{11.4}$$

然而，在没有沉淀成本的情况下，退出市场的条件为：

$$px \leqslant cx + F \tag{11.5}$$

通过比较式（11.4）和式（11.5）可知，我们发现，沉淀成本充当了退出障碍。尽管沉淀资产的收益低于市场平均收益，由于企业投资了沉淀成本，仍然承诺在市场上。此时，它会向潜在企业发送承诺信号——它不会轻易地退出市场的。这说明，因物质资本没有任何其他用途而成为沉淀成本，只要企业准租金为正，它就不愿意退出市场，从而构成退出障碍。

图 11.3 证明沉淀成本是如何影响企业重组的经济效率和福利水平。其中，ABCD 是重组前的生产可能性曲线，它由三部分构成：ABC 是用于生产 X 产品的总固定成本，因其具有沉淀性，所以假设其中的 AB 为沉淀成本数量，相当于 $(n\delta F)$，BC 为可补偿成本数量 $[n(1-\delta)F]$。CD 斜率的绝对值代表边际成本 c。OB 表示，从 Y 产品角度看固定成本的机会成本以及生产 X 产品所需要的资本数量，资本流动总量为 $[K-(n\delta F)]$，完全用于生产 Y 产品而不生产 X 产品，此时 Y 的产品数量为 $[K-(n\delta F)]$。

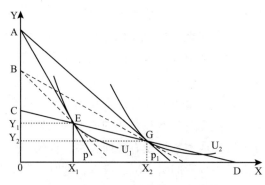

图 11.3　正沉淀成本与企业重组

　　由图 11.3 可知，企业重组前的均衡在点 E，AC_{x1} 为企业的平均成本，它不包括沉淀成本，由 BE 斜率的绝对值给出。此时 $p > AC_{x1} > c$，这是因为 $AC_{x1} = [OA - (n\delta F) - Y_1]/X_1$；而企业重组前产品价格等于潜在企业的平均成本，它包括沉淀成本，p 是由 AE 斜率的绝对值给出，$p = AC_{x1} = K_{X1}/X_1 = (OA - Y_1)/X_1$。这时，我们发现，企业重组之后的效率与产品价格、平均成本和边际成本之间的差异有关，不仅取决于产品需求弹性 e 和企业数量 n，而且还取决于沉淀投资的数量（$n\delta F$）。

　　由于没有沉淀成本，在企业重组前，潜在企业在进入前需要考虑所有成本，所以 AE 斜率的绝对值代表其平均成本，且等于价格 p。在图 11.3 中，与没有沉淀成本情形一样，企业重组后产量扩大，均衡价格下降到 p_1，新的均衡点在 G 上，因 AB 表示沉淀成本，所以生产可能性曲线不可能再向上移动。虽然价格下降到 p_1，但是平均成本 AC_{x2} 是由 AG 斜率的绝对值给出。由于这一价格（p_1）仍然大于企业重组后企业的平均成本 AC_{x2}，即 $p_1 > AC_{x2}$，企业不愿意退出市场。这是因为，只要可补偿的要素成本可以得到补偿，沉淀资产的所有者没有激励退出，因为有准租金总比没有租金好。虽然沉淀成本对于在位企业直接定价决策无关，但却通过可补偿要素成本间接影响定价。

　　与没有沉淀成本的企业重组相比，沉淀成本数量越大，其退出激励越小，企业重组的经济效率越差。反之，沉淀成本数量越小，其退出激励越大，企业重组的经济效率越好。显然，只要物质资产退出之后没有其他用途，沉淀资产获得正的收益，企业就不愿意退出。正是因为不退出市场，无法实现资源优化配置，难以提高企业重组的经济效率和福利水平。

　　同样，需要指出的是，不仅物资资产会产生沉淀成本，人力资产和自然资产，以及与此相关的基础设施也会产生沉淀成本，都会影响企业重组的效率水平。

第 12 章

加快产业结构调整以推进经济结构
战略性调整的政策建议

12.1 产业结构调整升级基本思路

依据资源禀赋优势，坚持市场化导向，使市场在资源配置中发挥决定性作用，增强资产流动性，为传统产业结构转型资源重新配置提供良好的外部条件。在传统产业结构调整转型的过程中，需要建设统一开放、竞争有序的市场体系，是使市场在资源配置中起决定性作用的基础。具体来说，需要强化市场竞争机制，进一步深化传统产业垄断改革，充分发挥市场竞争的功能，形成多元化的竞争主体，进一步区分关系国计民生的特殊领域与普通的垄断性领域和竞争性领域，坚持"有所为，有所不为"的原则，提升经济发展的质量。按照党的十八届三中全会报告中讲到的"处理好一对关系"（处理好政府与市场关系）、"两个毫不动摇"（毫不动摇巩固和发展公有制经济，毫不动摇鼓励、支持、引导非公有制经济发展）、"三个保证"（保证各种所有制经济依法平等使用生产要素、公平参与市场竞争、同等受到法律保护）来严格规范自己与市场行为。搞计划经济，只需一只手操作，一切由政府说了算；搞市场经济，需要两只手，一只手是市场，一只手是政府，简政放权，降低政府直接干预民营经济投资，而是逐步完善和优化投资环境，创造公平竞争机制。改革开放以来，中国对产业结构进行了不断调整，经济得以快速发展，目前经济总量已经跃居世界第二位，但是人均收入水平依然较低，因此，各产业发展任务依然艰巨。

在中国，关于采用何种路径实现产业结构升级的看法并不统一。一种观点主张要想实现产业结构升级必须依靠第三产业的推动作用。基于这种观点的人主要是看到了国外的发展经验，例如美国、英国等欧美国家，持这种观点的人主张经验嫁接的方式，以尽快实现转变，但这种制度与制度的融合并非能立竿见影，需要很长时间的相互吸收与容纳，特别是外部的制度模式与内部制度模式不一致所导致的经验失效问题更为显著。但是这并不否认国外的成功经验能够为中国的产业结构升级提供有力参考，换言之，中国的产业结构也将呈现国外的产业格局，但是最大的区别在于实现的方式不同，国外是靠若干年来市场经济的推动形成的，在形成过程中，各项规章制度相对完备，相比之下，中国如果照搬国外的经验，盲目推动第三产业发展，由于制度缺失问题、市场体制不健全问题等，将导致产业结构升级失败。因此，借鉴国外第三产业发展支持产业结构升级的观点需要结合本国国情批判运用。第二种观点则主张中国的产业结构调整的方向为重工业化。这是典型的苏联经济发展模式。工业在国民经济中具有不可替代的作用，但不能过分地夸大工业的作用，经济发展具有内部可循环性，如果只强调重工业，轻视其他产业，势必导致工业发展出现严重脱节现象，工业所需原材料得不到有效补充，工业所需技术也得不到快速更新，最终重工业的发展模式必然要陷入僵局。中国幅员辽阔、地大物博，国家的振兴与崛起不能依赖于其他国家，特别是在工业方面，需要有自己的民族工业，有自己的竞争优势，但是不能为了实现这一夙愿而过度强调这一内容，需要兼顾发展，才能使得工业化具有稳固的根基。第三种观点主张除了重工业外还应重视农业的发展。尽管这种观点较第二种观点具有进步性，但是忽视第三产业对第二产产业和第一产业的推动作用，从世界经济格局看，如果忽视第三产业的发展后可能使得中国真正变为世界的工厂，只能生产低附加值产品，即使有高附加值产品也是为他人作嫁衣而已。我们认为三次产业的发展对中国经济的整体发展都具有重要的战略意义，任何一个产业发展不足都将成为经济整体发展的掣肘。

从中国产业政策上看，基于中央政策的指导下，各地在制定产业结构调整方案时存在明显的政策对立问题，例如用于发展第三产业的政策与第二产业的政策经常相互矛盾，甚至在一些个别城市为了实现自身区域的工业化目标，不惜牺牲第三产业甚至第一产业，出现产业发展区域畸形的局面，从产业布局而言，如果各个地区均发挥自身优势发展某一类型的产业，从总体上看能够实现宏观层面产业布局的改善，但是产业发展所需的价值流在大范围的转移过程中势必会出现大量的效率损失，当这一损失超过效率改善时，这种布局便失去了应有战略意义。我们的观点是，在当前阶段，首先应该考虑区域间协同发展问题，然后是区域内部协调发展问题，各地区均有足够的产业完整度，充分认识各地区存在的优势与不足，避免盲目推进产业的高度与规模。从总体看，我们应该严格根据中国经济发展的实际情况，包括经济水平、能源情况、原材料情况、人力资本情况、环境情况以及社会文化发展等诸多因素，结合未来中国经济发展的总目标，来制定中国产业结构调整与升级的总体思路，我们的观点主要基于以下三点考虑：

第一，中国的产业发展虽然已经从工业化早期阶段进入到了中期阶段，而且第二产业中的重工业产值占 GDP 比重均高于其他产业，但是这只是中国经济发展所必须经过的过程，我们的最终目标并不是要实现工业化，而是要实现经济增长方式的转变。长期以来，中国为了追求经济高增长，形成了粗放型的经济增长方式，这种方式不具有持续性，它需要依赖于无限的经济资源，而集约型的增长方式能够弥补因资源不足而导致的经济增长缓慢甚至衰退问题。而要实现经济增长方式的转变必须依赖于技术创新，因此，从长期看，技术进步对中国经济增长方式的转变起到了至关重要的作用，如果技术进步缓慢，那么将成为经济增长方式的严重障碍，尽管可以通过外部技术来实现这一目标，但技术封锁问题将困扰技术进步，从而影响经济发展速度很难实现超越。因此，着重发展技术型第三产业对中国经济增长具有长远战略意义。

第二，基于理论与经济发展脉络可以看出，如果经济发展过度依赖于重工业将产生很多问题，例如内部需求不足。重工业的过度发展，其所生产大量产品无法寻求有效地需求，经济体当中用于居民消费的部分明显不足，同时由于重工业产品滞销问题还将引起居民收入下降，从而进一步导致居民消费不足；还有经济体的内部与外部经济结构失衡、社会矛盾愈发严重，从而制约经济增长。从世界各国产业发展轨迹看，那些产业发展较好的国家，在任何时点上，发展重工业的同时都没有忽视其他产业发展，特别是第三产业的发展，而且第三产业的总量呈现不断放大的趋势，这不是国家侧重发展第三产业的结果，而是第二产业与第一产业发展需要第三产业，第三产业自我发展的结果。换言之，在发展工业的同时，应该鼓励发展第三产业，而不是限制。

第三，产业升级不只是对第二产业与第一产业，第三产业同样需要升级。第一产业的升级除了来自于自我研发外，还可以借助第三产业提供的技术支持，但是第三产业的升级则只能依靠自身研发能力的不断提高。产业结构升级的真正含义是第一产业与第二产业均实现高技术附加值生产模式，因此，即使第三产业自身科技水平较高，但是无法应用于第二产业与第一产业，或者无法帮助第二产业与第一产业实现生产方式转型，那么，这种产业发展模式也将是背道而驰的。中国要实现产业结构高度化与布局的不断优化，必须通过对传统的第二产业与第一产业进行改造升级，一方面促进产业内部组织能力的发挥实现产业升级，另一方面充分利用第三产业的关键技术，加速成果转化。

基于上述分析，我们认为，中国产业结构升级的总体思路应该是：重视科技型第三产业发展，尤其是那些能够显著提高科技含量和提高劳动生产率的行业，使其成为促进产业整体升级的持续动力，强化科技转化部门的发展，以科技带动第二产业与第三产业升级。总体策略则是：以降低成本为核心，积极探索制度变革，以减少产业结构升级的沉淀成本，降低产业结构转换的成本效应，提高资源使用效率。

12.2　金融服务业与第二产业协调发展

金融服务业的发展对第二产业的快速升级起到了至关重要的作用，构筑良好的金融服务体系，是实现第二产业结构调整与升级的关键。不仅要在全局构建科学合理快捷高效的金融服务体系，更要针对不同地区的各自特点发展具有经济发展区域特色的金融服务机制。

12.2.1　调整金融产业发展以实现金融业与第二产业协调发展

首先是金融产业发展的理念问题。从资产总量上看，中国的金融业规模已经十分庞大，并且随着金融信贷的不断提高，金融资产总量的增长速度也保持较高水平，如此庞大的金融资产如果不能被用于经济发展，那么势必对经济发展速度产生制约效果。但是，传统的金融业在业务拓展上要么接受国家指令，要么过度热衷于典型的吸储放贷业务，在银行业的整体发展规划中，其首要目标虽然是促进经济的整体发展，为各行业提供必要的资金支持，但是在实践操作中，虽然中国金融资产总量已达到很高的水平，对经济发展的促进作用并没有发挥出来。这是一个金融业发展的观念问题，必须转变。其次，金融服务业在促进经济发展时重点应该放在促进第二产业的结构转换与升级。中国经济在今后很长一段时期都将处在产业结构转换阶段，从世界各国经济发展的经验来看，即使经济发展进入到了后工业社会，经济发展的持续动力依然来自于第二产业，第三产业的最重要任务就是对第二产业的持续发展提供有利的支撑，而其中最为重要的就是资金支持。因此，政策当局在制定金融业发展在支持第二产业发展问题的政策上必须有足够的认识，通过引导、干预等性质的政策使得金融业更好地为第二产业服务。最后，金融业向第二产业提供金融支持的最终目的是实现中国经济发展方式的转变。当前中国的经济发展方式集约化程度、资本化程度和技术附加程度都不足，但这些转变都必须有足够的转换成本作为支撑，对任何一个企业而言，这些成本都有可能导致企业无法持续发展而放弃长远目标，金融业的参与能够解决这一问题，从而为资本与生产要素在企业层面的流动减少障碍。那么，金融业发展有哪些具体思路与观念问题需要修正呢？

第一，金融业对第二产业支持应以引导为主。金融业正在进行市场化改革引入竞争机制，但这不应成为金融业自身发展的核心问题，而是关系到金融业能否实现对第二产业提供更多更好资金支持的重大问题。金融业的竞争固然能够提高金融行业的运作效率，但同时也必须在政策上对其业务加以引导，使其信贷资金向高经济附加值与高技术附加值的领域流动，其用意就是通过银行资本的输血功能达到对需要自主研发行业提供有力的资本保证的目的。在某些领域拥有较强创新功能的中小企业同样需要金融资本的支持，这些都需要从政策上加以引导和落实。

第二，提高金融业的资本渗透能动性。既然金融资本能够对其他产业起到很好的资本保障作用，那么，金融业就应该将业务领域向其他产业渗透，传统的资本渗透模式是政策驱使型的被动模式，这种方式需要转变，需要变被动为主动，在国家政策的指引下，金融业应该果断地制定信贷资金使用方案，将主动参与并促进产业结构升级、满足不同行业发展对资金的需求作为其业务的重点拓展领域。

第三，加强金融业与其他产业的合作。这种合作是具有战略意义的，不能单纯用市场经济发展的标准衡量合作的效率问题。一方面，具有高技术附加值的企业或者说是以科技创新与研发为主的企业发展需要大量的资金支持，这就需要其不断地与金融业的信贷支持相接洽，在产生足够的投入产出的现金流后便可实现较高的收益率，而这些收益当中有相当一部分来自于技术因素。当高技术产业得到了有效发展，那么这些技术的外溢效应就会使得其他传统产业得到升级，高能耗的企业会降低能耗，高污染的企业会减少污染甚至杜绝污染，高浪费的企业则会节约原材料与能源，总之，这种合作无论是对高技术行业还是对传统行业都是有极大好处的。另一方面，金融不仅仅是个行业，还是大量消息的来源，金融市场到处充斥着资本信号，成为社会多余资金的引导者，在这一意义上，金融业的发展会成为市场配置资本的有力手段，政府不必再为此而投入过多的人力物力，更为重要的是，金融系统的信息能够为政府进行经济决策提供强有力的帮助。

12.2.2 从金融市场制度设置着手降低融资成本

从前文的分析可知，当一国的产业结构由金融业作为坚强后盾时，产业结构升级需要金融业的帮助，金融业的发展能够为其他产业升级提供不同的方式，日本就是比较典型的产业结构升级的例子，日本通过金融业的强有力支持，使得国内的产业实现了腾飞，并最终将产业发展的权利归还给了产业，这些都会给我们提供足够多的关于金融业发展与产业结构升级的启示，那么，金融业该如何发展才能够有利于其他企业对资本的获取呢？

第一，以现代资本市场为依托实现资本的有效流动，就必须对股票市场的融资程序进行改革。首先是股票的发行，在一个企业企图通过上市的方式融资时，其核准的机制还不够健全，不利于企业在股票市场融资规模的提高。从当前的情况看，中国的股票市场有三个市场，即主板市场、中小企业版市场和创业板市场。仅从构成上看，中国的资本市场与国外的资本市场结构是相同的，但是市场的资本容量很小，还须进一步扩大，这就需要在股票的发行制度上做出转变，改变核准制那种僵化的模式，变为注册制，从而降低以股票方式融资的条件，增大股票市场容量。

第二，充分发挥企业债的作用。近年来越来越多大企业利用自身的信用发行企业债，债务资本用于企业的一些特殊项目或者必要项目融资。大企业之所以选择这种融资方式，主要是因为这种融资的成本相对较低，因为企业在发行企业债时可以选择在信贷成本与储蓄成本之间的债权收益率作为企业债的成本。从中国企业债发展的实际情况看，几乎不存在一个完整的企业债发行体系，只有国债和金融业发展银行债券。与我们国家落后的企业债市场情况不同，发达国家的债券市场中已经在一定程度取代了股票市场，而作为融资的另一有效途径。此外，债券融资除了支付的成本较小外，还有两点好处，一是债券作为一种合约能够保证投资人的财产在法律上的安全，二是债权人有权对自己的投资进行关注，因此，能够对债务人产生足够的约束作用。

第三，交易成本会对金融市场的发展产生足够的制约作用，因此应该想方设法降低这种影响。企业利用金融市场融资，必须对金融信息进行搜寻与甄别，但这些都不是免费的，有的时候甚至会付出十分高额的成本。能够降低交易成本的有效途径则是金融基础设施的建设。当今时代互联网技术使得金融的信息得以迅速流传，但是这需要网络设备供给的充足性、高效性与安全性，这些都能够降低信息处理的成本，减少融资阻碍。

第四，更大程度地实现金融信息共享。这种信息的共享不仅要求金融业自身的信息要共享，同时需要通过金融市场融资的企业也要公开真实的信息，即所谓的信息披露制度。金融业的信息将有利于融资企业迅速搜集到有用的资本获取信息，而企业的信息则有利于债权人对企业的经营状况进行监督，因为这些状况对债券来说至关重要。金融部门应该尽可能地降低融资双方的信息不对称问题，避免因逆向选择和败德问题影响金融市场的资本配置功能。

第五，强化立法功能，严格按照法律规定行使相应职权。企业融资信息的共享应该是双向的，拥有资本的机构需要了解哪些企业对资本有潜在需求，而有融资需求的企业同样需要了解有哪些机构能够为其发展提供合适的资金。这些信息似乎可以通过企业自身发布来实现，实际上，这种做法是无法持续的，在自发公布消息的初期可能并不存在虚假信息的问题，但是随着企业对资本渴望程度的增加以及资本投资欲望的增加，一些人很有可能利用这种信息无法证实的漏洞而进行欺骗或欺诈。因此，必须通过法治的方式将信息公开方式固定下来，并对信息来源进行核实与查证，防止不法之徒的机会主义行为。

12.2.3　加强资本市场建设

第一，继续稳步实施金融制度体系改革。

中国的金融制度体系既有区域结构问题，又有区域内发展的结构问题，如果期望在短时期内能够发挥中国金融市场的融资作用，从整体上实现产业结构升级，既要解决区域发展的不平衡，又要实现区域内金融业制度体系的完善。因此，中国金融制度体制改革应该包括金融市场参与主体的改革用以提升金融机构的市场竞争力、改善金融业对产业结构升级的支持性服务方式与方法、对金融机构向融资主体提供的融资渠道进一步规范、构建高效的金融行业主体治理机制、建立有效的融资风险评价机制等。

此外，对于完善中国金融制度体系更为重要的一个方面是尽快实现金融市场运行主体多元化。传统的金融市场主要都由国有金融机构控制，非国有金融机构凤毛麟角，这对于活跃金融市场、拓宽融资渠道十分不利。国有金融机构长时间对市场的掌控，使得这些金融机构缺乏应有的市场竞争压力，金融机构本身的服务效率呈现下行趋势。相比国有金融机构，非国有金融机构在这一方面做得比较好，效率也很高。因此，中国应该鼓励非国有金融机构适当发展，这不仅能够有效地为产业结构升级提供更多的资金支持，同时，由于非国有金融机构的参与，市场竞争压力将加大，国有金融机构为了市场竞争环境必须转变传统的发展模式，无论是对待市场的态度，还是企业自身的体制建设，都将越来越符合市场发展的规律。为此，我们认为，中国金融市场体系多元化发展，需要完成以下任务：首先，扩大非国有金融机构的市场容量，实现金融市场资本结构的优化，从而破除国有金融机构的长期垄断。鼓励民间资本、外资等多种类型的资本进入金融领域，能够有效地优化中国金融市场组织结构与行为，正确看待非国有金融机构的性质及作用，促进非银行的金融机构健康发展，平衡其与银行类金融机构市场份额，引导各类金融机构呈现良性竞争的发展格局，充分发挥各种金融机构在产业结构升级过程中的作用。特别值得一提的是，近些年出现的城镇商业银行、信托投资公司、租赁公司、小额贷款公司和典当行等金融机构，对中国各产业发展同样起到了巨大的金融支持作用，因此，在推动中国金融市场体系发展的同时，不应该忽略这些非银行的金融机构的作用。其次，除银行业以外，在中国还存在两大市场，即证券市场和保险市场，尤其是证券市场现在越来越受到各类企业融资的青睐。从融资规模上看，非国有金融机构的融资更为灵活、方便快捷，但规模有限，适合于一些小微型企业，对于发展比较成熟的大型企业而言，其融资需求无法完全通过非国有金融机构实现，也不可能全部通过银行类金融机构实现，因为这样会使公司招来更多的负债，更好的选择就是通过证券市场的公开募集资金。近年来，中国保险业的发展十分迅猛，国家与社会越来越重视对个人的生命与财产的关注，因此，保险行业吸纳了大量的资金，这些资金需要通过投资的方式实现收益，充分利用保险业的投资需要，为产业发展注入更多的货币资本也是比较理想的选择。

第二，资本市场的运行机制建设需要进一步加强与完善。

资本市场的最重要作用就是对潜在的资本和已经处于市场的资本进行有效配置，因此，资本市场在金融体系中具有不可替代的作用，特别是产业结构升级所需的资本配置。伴随着中国改革开放进程的不断深入，中国社会主义市场经济体制不断得到完善，与市场经济体制相适应的市场环境不断得到改善，产业结构升级所需的资本支持将会越来越多地依赖于资本市场。通过改善资本市场的运作方式，更好地发挥资本市场的资金配置功能，对产业结构调整与优化提供更为特殊的资本配置方式。资本市场的总容量也需要不断扩大，更多的资金需求需要更多的资本存在于市场之中，产业结构升级所需的资本需求也将是十分巨大的，因此，更快、更好地建设资本市场是中国完善金融体系的关键所在。

针对资本市场的运作方式还有两个方面需要进一步完善，即上市制度和资本市场运作的参与主体。就上市制度而言，应该使得那些符合条件的企业能够较为容易地申请上市，特别是一些需要进行产业结构转换的行业，这些产业具有符合产业扶持政策的特点，但产业扶持不是产业发展的长久之计，让产业能够自发地通过资本市场融资，并实现自身的良性循环才是产业发展的硬道理，这也是产业扶持政策的最终目的。就资本市场的参与主体而言，一方面参与主体相对单一，一些能够提供更多资本的国外投资者很难进入资本市场，另一方面，国内参与者投资行为过于短期化，加重了市场的投机氛围，不利于资本市场的健康发展。作为资本集中运作的场所，应该尽可能保证资本的充足性，实现资本投资的长期化，这样用于各产业发展的投资资本才能被产业所接受，得到相应资金支持的企业才不会因为投资者的机会主义行为而做决策时瞻前顾后。

此外，资本市场的层级结构也需要进一步调整。世界各国资本市场的发展经验表明，多层次性是资本市场的一大特征。中国资本市场目前的层级状况是三板市场同时存在，但无论是中小企业板市场还是创业板市场，抑或非传统意义的证券市场即场外交易市场和产权市场，发展的步伐都十分缓慢，还不能很好地满足产业发展的层次性需求。而产业结构升级所需的资本大部分都属于风险资本，投资时期长、回报率高，但成功率较低，在这种情况下，如果第三板市场发展缓慢，那么，产业结构升级将面临严重的资本约束。

企业间的战略整合对资本市场的良性发展也具有重要的意义，特别是国有企业间的战略整合更能有利于资本市场的健康发展。资本市场为企业进行资本整合提供了十分便利的条件，国有企业通过资本市场发出资本整合信号，使得其他类型企业能够较为容易地参与到国有企业资本运作当中，国有企业也能够因此而获得更多的发展资金，进一步剥离不良资产，整合优质资产。资本市场的退出机制对产业结构升级也至关重要。过高的退出门槛意味着更高的沉淀成本，如果一个企业试图通过资产市场进行融资，而发现资本市场的退出门槛很高或者退出的沉淀成本很高，那么，该企业的最优选择将是放弃资本市场融资的行为，然而，与资本市场相比，其他融资方式可能又更为困难，那么，对于那些需要进行升级产业，其内部的企业发展将处在尴尬境地。良好的资本市场退出机制还意味着投资的成本十分低廉，从而能够激发潜在投资者选择那些高收益的风险投资领域。因此，从风险资本的供给与需求两个角度看，资本市场的退出机制对一些重要行业的产业结构升级是十分重要的。

12.2.4 平衡区域资本市场构建协调发展机制

由于中国各地区经济发展环境不同，使得各地区产业发展状况也有很大差异，这就决定了通过金融服务支持全社会产业结构升级时必然要实施差异化战略，但这种战略并不意味着各地区要采取完全不同的金融政策，而是为了促进产业结构的全面升级而采取的暂时性差异化举措，其最终目的是要实现各地区产业全面、协调发展与升级。具体而言，这种不同地区的金融协调发展机制应该包括以下几方面内容：

第一，就整体而言，各地区首先应该发挥产业的固有优势和潜在优势，在此基础上实现产业结构优化与升级，这就要求各地区既要强调科技含量较高的产业发展，同时又要重视固有产业和潜在产业的发展，因此，在促进各地区产业结构升级方面应该采取多种措施。

第二，针对中国地区经济发展的不平衡状况以及区域经济发展不平衡的固有特点，应该持续加强区域间的金融互动。从中国的实际情况看，相对于西部、东部和中部地区经济发展速度较快，金融体系也相对完善，服务机制更加具有效率，因此，在实现各地区产业结构协调发展与升级过程中，应该加强东部和中部地区金融业向西部地区支持的力度与强度，打破资本区域束缚壁垒，从而很好地带动西部地区经济的持续发展。

第三，各区域内部要进一步健全金融服务体系。在中国各地区的金融体系都存在不同缺陷，其中一个共同的问题就是对中小微企业的金融支持都较弱。尽管中国已经在一些地区出现了多层次的金融服务体系，但范围十分狭小，其作用也仅局限于该地区，并没有惠及到全国范围。因此，当前各区域要想实现金融服务体系的协调支撑作用，其内部也应该努力完善不同层次的金融体系。尽快建立具有多层次性、立体化和全方位的金融服务架构。

第四，通过国家政策导向，满足中部和西部发展对资本的大量需求。自改革开放以来，由于地域劣势，中国的中部和西部地区发展一直相对落后，两大地区发展的核心优势主要是利用自身的资源禀赋，形成区域独特的产业结构，但对自然资源的合理开发与利用需要投入大量的资金，同时经济效益可能又相对较低，这一现实情况导致资本不"愿意"向这些地区流动，这就需要通过行政手段为这些地区经济发展注入活力，国家已经不断地通过出台一系列鼓励和发展中部和西部的经济政策，但是金融支持的力度远远不够。我们认为，在这些地区设立专门的政策性或开发性的金融机构将是具有重要战略意义的。从各国地区产业发展的实践来看，这类金融机构不仅能够解决地区金融市场不发达所导致的融资不足问题，同时又能够弥补东部金融中心辐射能力不足的缺陷，能够为这些地区的经济发展提供主要动力。

第五，在不同区域中，中部和西部地区金融体系较为落后，无论是体制上还是实际运行上都存在较大问题，阻碍了中部和西部地区通过金融支持方式实现产业结构转换。因此，有必要调整以往过于严格的金融政策，而是实施相对宽松的货币政策与监管方式，例如，在存款准备金制度上可适当宽松、在利率制度上弱化限制自由放任、积极培育与发展合作式的金融机构、通过政策允许民间信贷发展等。上述措施有利于在中部和西部地区形成一批具有规模小、灵活性高、相对分散等特点的金融机构，这些机构不仅能在很大程度上、在一定时期内缓解这些地区产业发展的资本压力，同时由于这些金融机构自身的特点不会对中部和西部地区的金融市场带来很大的负面影响，因此，在可控的范围内积极发展这类金融机构对于两大地区的产业发展无疑将起到重要的推动作用。

第六，鉴于中部和西部地区很难受益于东部金融中心的辐射作用，有必要在这两大地区建立特有的战略性金融中心。产业结构理论中有一个非常重要的理论，即发展极理论，该理论强调经济发展的不平衡是必然的，但是这种不平衡不应愈演愈烈，而应该形成一种高度发展带动后发展地区发展的增长模式。那么，在中部和西部地区同样存在着增长极，如果能够在这样的地区建立新型的金融中心，一定会增加金融体系的辐射作用，例如东北的沈阳地区、河南的郑州地区、陕西的西安地区、湖北的武汉地区和四川的成都地区等，建立多个战略性金融中心，以发挥金融中心的辐射作用。

第七，建立适合高风险企业发展的市场环境。中部和东部地区要想实现真正的产业结构升级，必须有足够的技术支持，而技术投资的高风险性又将降低投资者的投资热情，这会在很大程度上减缓这些地区产业升级的步伐。因此，风险投资体系的建设对中部和西部地区发展同样重要。由于这两个地区国有经济成分较大，国有经济市场效率相对低下，导致这两个地区市场活跃程度不足，特别是资本市场的活跃程度。因此，在这两个地区建立健全风险投资体系，首先要解决国有经济活力问题，这就需要对国有经济主体进行适当改革与改造，与此同时，加大对风险投资制度建设的政策支持。其次，在选择建立风险投资中心位置上，可利用东部地区风向投资体系的辐射作用，由中部地区逐渐延伸到西部地区，形成点、线、面的协调发展格局。

12.3 全球贸易分工视角下的产业结构升级

12.3.1 全球网络化生产网态势促使中国产业结构须尽快转型

第一，全球网络化生产的根源在于产业分工。一般而言产业分工可分为三个阶段，即基于产品结构和工序工艺的分工、产业内组织分工和不同产业间互补性分工，国际分工也经历了同样的过程，而且，在当前状态下，上述三个阶段的产业分工同时存在，但与其他两个分工相比基于结构的产品分工最为引人关注。在这一个分工过程中，将产品生产的不同阶段、同一阶段的不同步骤、甚至生产产品的不同地区作为分工对象。由此可见，给予产品结构及工序工艺的分工是当前全球网络化生产的微观特征。只有产品分工还不足以形成全球网络化，还必须有贸易的发生，因此，产品分工与更广范围的贸易使得分工的范围被扩大至国际层面，从而出现了，一个产品生产所需的零部件、技术、组装等过程被分散到了全球，对于一个最终生产某一产品的企业而言，可能并不需要进行过多投入，只需把零部件和技术等进行外包即可，企业可以专心地生产其认为的核心部件，这样就在价值链上出现了价值分解现象。一般而言，价值分解可分为三个部分：一个就是被称之为大脑的技术部分、一个是被称之为身体的生产部分，另一个则是被称之为手脚的销售部分。这样，在国际间，不同企业之间便出现了因为生产产品的不同元素而构成的分工，每个生产集团都成为了跨国公司。跨国公司不仅专注于进行技术领域的研发工作，同时还注重关键性资源的搜寻与积累工作，其最终目的都是要将技术转化为产品，因此，最后必须将技术通过某种生产方式实现由虚拟向实际的转化，对于国际分工状态的企业而言，其生产业务不在本部，而是外包给了其他企业集团，从而在每个集团间均形成具有竞争优势的结构。从微观到宏观看，先是每个环节的生产形成不同的企业集团，然后则是由不同的企业集团组成产品各部件的生产，最后则是产品组装集团的领域，由此各国的产业便实现了跨国转移。随着技术的累积效应和原材料的成本效应，国际化程度进一步加深，进而推动了大量以制造为主的产业由国内向国际间转移。价值链的全球性空间重组和全球生产网络的形成推动了制造业的大规模国际转移。因此，由产品分工到产业分工，再到产业在国际间的分工最终使得产业发生了国际化变化。

第二，全球网络生产使各国产业出现"集群式"转移。在跨国公司的带动下，各国产业为追求更高的收益和更低的成本而出现"成群结队式"的由国内向国际转移现象。从价值链角度看，跨国公司以其核心业务为基础，将产品的整个价值分为不同部分，由国际上其他企业或者跨国公司来完成，这就形成了产品价值构成的模块化和空间化，而这种变化的一个重要结果就是在空间上形成了价值的条块生产与经营的结构，各大区域间具有价值的相对独立性，而各大区域内部又具有相同价值的集群性，这就是通常所说的产业国际化发展的"GVC 地理分布特征"。正如刘友金和胡黎明（2011）[1] 所作的比喻一样，从世界范围看，整个经济体系相当于一串珍珠项链，各地区相当于珍珠，价值链则是用来穿起珍珠的绳索，而珍珠内部又是由同质的珍珠元素构成，因此，跨国公司所起的作用则是绳索的作用，它将各个产业群珍珠连接成

---

① 刘友金、胡黎明：《产品内分工、价值链重组与产业转移：兼论产业转移过程中的大国战略》，《中国软科学》，2011 年第 3 期。

紧密的整体。在每个产业集群内部，各个企业都生产相同或相似的产品，企业由于产品各部件需要不同的供需，而为了实现分工效率，各工序再次进行分工，从而实现集群内部各企业间具有较强的相互依赖性，任何一个企业的存在与否都与其他企业息息相关，一旦一个企业出现破产或者资产转移或者业务转移，由于原有的相互依赖关系，各企业也都将受到不同程度的影响，其中最大的影响来自于业务转移。例如中国的沿海城市，当深圳的经济发展实现产业集中后，带动的是周边地区例如珠江三角洲等地的投资"洼地效应"。从上面的分析可以看出，今后的产业转移将不再仅仅局限于某一个企业或者某一个项目，而是相互具有高度依存的生产相同或相似企业群的转移，他们之间通过某种技术或者资本为纽带形成一个与核心组织的共同体，这也导致了世界各国的经济之间相互依赖程度越来越高。

第三，随着全球网络生产程度的加深，服务业越来越受到关注。从世界范围看，产业发展十分迅猛，自 20 世纪 90 年代以来，发达国家由于知识的大爆炸，产业发展随之也进入了知识时代，产业结构演化呈现出了新的态势，即产业发展的元素越来越依靠知识，而以知识为主要支撑的产业大多是服务业，即提供技术服务的行业。各国产业结构的服务化程度逐渐提高，服务化产业产值在国民经济中的比重成为一个国家产业结构优化的重要指标。据统计，截至 2010 年，全球服务产业产值占到全球国民生产总值的比重已经接近 70%，其中最为显著的变化来自于发达国家，在发达国家，其服务产业产值比重 10 年间增长了近 15 个百分点，2008 年的这一数值为 75%，到 2010 年这一比重仍然在提高。世界各国服务产业比重均有不同程度的提升，总量增长十分快速，粗略估计，2000 年到 2008 年，世界服务产业产值总量年均增长 10% 左右；与总量增长相适应，服务贸易也在增长，并且服务贸易的结构也呈现出了显著变化，从行业细分看，产值比重不断上升的行业主要有新兴技术产业，例如电子信息产业、技术研发产业和金融服务业，而传统的服务业例如交通运输、旅游开发等其产值比重则不断下降。[①]《世界投资报告（2009）》显示，1990 年，新兴产业产值比重仅为 37.5%，而到 2008 年，这一比重则超过 50%，达到 50.8%。以技术为基础的全球服务贸易迅速增长也促进了产业的国际间转移，世界分工性质的产业结构不断高度化。自 20 世纪 90 年代以来，产业转移的国际化趋势发生了重大变化，传统的转移以原材料行业、初级产品加工工业、制造业以及其他传统产业为主，转移的主要部分为工业，而新的变化趋势则是高附加值产品加工与生产工业、服务业和新兴工业。促成这一变化的重要元素则是跨国公司，主要方式则是业务的国际化外包和境外资本输出，来自联合国贸易和发展会议（简称贸发会议，英文是 United Nations Conference on Trade and Development，英文简称是 UNCTAD）的资料显示，从 2004 年至 2010 年，全球范围内由跨国公司组织实施的并购活动超过 50% 的份额用于服务行业的资本整

---

① 《2009 年世界投资报告》，第 14 页。

合，截至 2010 年用于服务行业并购的总资本超过一万亿美元，其中并购的重点是金融领域，比例超过了 15%，这也进一步说明，跨国公司在实施服务外贸战略时更多地强调资本对服务发展的支撑作用。

第四，产业发展的全球化与网络化趋势促进了各国产业结构升级。判断产业结构是否升级与产业的划分标准有关，通常，产业的划分存在由低到高的结构，但就具体产业而言，这种笼统的划分只能起到指导作用。从经验看，传统的产业根据资本、劳动与技术三要素划分为了劳动密集型、资本密集型与技术密集型三大类产业。这种划分强调的是三要素构成产业的比重，当劳动密集型在三要素中的地位十分突出时，便可认定为是劳动密集型，其他两类产业的判定也是如此。根据这种划分方式，产业结构由低到高的顺序是劳动密集型产业、资本密集型产业和技术密集型产业，那么，产业结构升级的次序就是由以劳动密集型为主的产业结构发展成为以资本密集型为主的产业结构，再由资本密集型为主的产业结构发展成为技术密集型为主的产业结构。但是产业发展的国际化使得产业分工越来越精细，已经由原有的行业分工发展成为了产品分工，并且这种产品分工是以价值链为纽带紧密连接在一起的。在这种分工模式下，产业间相互渗透与融合的情况十分普遍，劳动密集型产业中也包含了越来越多的资本元素与技术元素，同样的资本密集型产业也呈现出相似的变化，各产业的技术附加能力越来越突出。在这种情况下，产业结构升级的模式不再是由劳动到资本再到技术变迁方式，而是以技术附加值为核心要素的新模式，即产业结构由低附加值产业向高附加值产业发展。面对此种情况，结合中国产业结构的实际情况，必须重新定位产业结构升级的内涵。我们认为，中国当前的产业发展水平还不完全具备高技术含量的产业升级模式，但也绝非是单纯的三要素之间的变迁过程，而是二者兼而有之，既有三要素的更替，同时在每类产业内部还要强调技术附加值的作用，因此，在国际化背景下，中国产业结构升级需要完成两个方面的任务：一是产业发展主导要素的更替过程，二是价值的升级过程，二者必须同步进行。

12.3.2　产业发展国际化背景下的机遇与挑战

第一，产业国际间的转移导致大量的服务产业崛起，而服务产业又都以外包的方式实现效率，这能够为中国的产业结构升级带来大量机遇。据有关资料显示，仅2010 年一年，世界各国的服务外包总量就超过了 6000 亿美元，粗略估算，预计到2020 年，全世界的国际外包服务总量有可能达到 1.8 万亿美元。[①] 中国的产业需要发展，科技研发需要转化成生产力，仅靠国内市场是无法完全消化技术进步的，而全球服务外包总量的增长将给中国的技术服务输出提供更为巨大的市场。虽然中国的很多

---

① 《2009 年世界投资报告》，第 33 页。

技术在先进程度上还无法与英美等发达国家相比，但是世界各国技术进步程度呈现出的梯度状况为中国的技术服务输出提供了可能，例如爱尔兰、马来西亚、泰国、越南、非洲等一些欠发达地区，中国无论是在技术上还是在资本上都有巨大的竞争优势，一方面我们拥有丰富的劳动力资源和自然资源，资本相对也十分充足，技术处在领先水平，另一方面，中国的消费市场十分庞大，由消费带动的服务产业升级将成为必然，还有就是随着改革开放所带来的经济变革，中国在市场结构上呈现出多元化特征，地区之间、经济发展水平上、技术进步程度上，都呈现出多元化格局，而多元化的融合必然实现范围经济。面对如此机遇，中国应该充分认识上述优势所能产生的经济效果，通过不断接受来自国际上的外包服务，实现产业结构向以第三产业为主的模式过渡。

第二，产业国际转移还有可能给中国的技术进步带来阻碍。产业国际转移形成的一个直接结果就是不同国家的比较优势越来越突出，从国际贸易角度看，各国发挥比较优势是可取的，能够充分实现资源在世界范围内有效流动，从而为世界创造出更多的价值。但是，这种无障碍的流动由于资源属性问题，当国家利益与世界资源整合相互冲突时，国家利益往往占据上风。在这种情况下，产业的国际转移往往带有极强的战略性，各国都试图将本国经济发展成为世界上最繁荣的状态，中国也不例外，我们国家不可能永远从事低附加值产业生产，要想实现中国梦，必须转变这种为他人打工的情况，在这种战略构想下，产业转移必然是有进有退、有所为有所不为的，这样技术扩散的速度将减慢。还有一个情况同样甚至更能阻碍技术进步，即来自于企业对利润的追逐。技术垄断能够使得一个企业具有长久的生命力，能够实现持续的现金流，反之如果在投入了大量的研发之后，技术很容易就扩散了，将很难有更多的企业参与到技术创新之中。由于中国经济欠发达，技术水平不高，各产业基本处于价值全球化的末端，而我们的目标是要实现向价值链的顶端迈进，而如此一来，一些已经扎根于中国或者与中国有业务往来的企业将很难再赚取更多的利润，因此，跨国公司在制定战略时一定会考虑到技术保存问题，并且利用中国对技术的渴望实现技术控制，尽管在这过程中会形成一定的技术扩散效应，但这种扩散的速度是十分缓慢的，往往是在别国已经开发出了更新的技术后进行技术转让才出现的技术扩散现象，一旦因为技术扩散使得这些跨国公司利益受损，他们将以技术淘汰的方式使得产业在产品与工艺方面具有更高的技术含量（刘广生，2011）[1]，当我们越来越多地依赖外部技术而缺少自主研发时，产业结构会因为技术停滞而出现断点现象，甚至无法实现升级。面对此种情况，需要仔细、谨慎处理技术引进问题，否则中国将陷入"微笑贫困陷阱"之

---

① 刘广生：《基于价值链的区域产业结构升级研究》，北京交通大学博士论文，2011年。

中（许南、李建军，2011）①。

第三，产业国际转移还会给中国经济发展带来资源环境方面的压力。产业结构升级必然要耗费资源。而绝大多数资源都具有不可再生性，如果为了实现高度的发展而将资源耗尽，那么，这种发展也必将是短暂的，因此，实现资源的循环利用势在必行。但当前中国在资源的回收利用技术方面还很不发达。解决问题的方式有两种，一种是自主研发，另一种则是引进技术。就自主研发而言，具有极大的难度，在研发过程中，我们的产品将很难实现资源节约，这就使得产品的成本下降速度缓慢，从而使得产品不具有竞争优势，例如汽车行业。而就引进技术而言也不完全可取，虽然通过高价购买的方式能够将国际上较为先进的技术引进来，但是由于技术的封锁效应，我们将对其产生依赖，我们在资源环境的处理能力上将随着外部技术的变化而变化，无法实现真正的赶超。除了资源耗费外，环境问题也是极为严峻的现实问题。产业发展必然要产生"三废"，这些将对环境产生极大的破坏，需要对这些有害物质进行妥善处理，否则将产生不可估量的后果，例如日本福岛核电站泄漏问题。而处理这类问题时同样需要较高的技术，还有就是因为自然资源减少所带来的生态破坏问题，同样不能依赖外部。

第四，产业全球化背景下中国产业发展应对策略。从上面分析可知，融入世界经济格局，实行产业国际化转移利弊均占，有利的是我们能够通过业务承接实现资源转换，不利的则是有可能面临强大的技术封锁。在这种机遇与挑战并存的局面下，中国要实现产业高度化发展必须要从战略高度上充分认清国际经济形势以及自身的不足。中国经济正处在转型的关键时期，产业结构升级是实现经济腾飞的重中之重。一方面，我们要重视产业国际转移给我们带来的机遇，充分利用国际资源与国际消费市场，另一方面，我们还必须千方百计打破来自国际经济势力的技术封锁。中国应该充分发挥广阔的国内市场优势，变国际价值链转移为国内价值链转移，充分发挥各地区的比较优势。从中国各地区经济发展及资源禀赋的实际情况看，东部及沿海地区拥有较高的技术、服务以及人力资源，而中部地区则拥有良好的接收扩散效应的区域优势，西部地区则拥有丰富的自然资源以及廉价的劳动力。基于价值链的构成，各地区所重点发展的行业也应有所不同，例如东部重点发展位于价值链顶端的高技术附加值产业，中部地区则可重点发展位于价值链中部的生产环节，而西部地区则可重点发展原材料的初加工和深加工产业，从而形成产业结构发展的 NVC 格局。需要强调的是，打造 NVC 格局，不仅需要市场、技术，同时更需要地区间的技术创新网络和强大的政策支撑。尽管，国际化促使开放经济国家产业实现世界性的融合，但是我们也必须清醒地认识到 GVC 格局的利与弊，在利用国际市场的同时一定不能忽视国内市场的

---

① 许南、李建军：《全球价值链研究新进展：俘获型网络的形成与突破对策》，《湖南师范大学社会科学学报》，2011 年第 1 期。

建设与发展，GVC 的不足无疑由 NVC 来弥补，从而实现在开放经济条件下产业结构的持续升级与区域经济协调发展。

12.4　后发优势条件下国家技术创新策略选择

理论与实践均证明，技术创新是一个国家实现经济长远稳步发展的重要元素，哪个国家率先取得先进技术并应用于实践，便能够在发展中取得优势。中国经济发展水平不高，技术创新能力有限，但拥有较高的增长速度和科技创新积累率，这被视作后发优势之一，这也是发展经济学研究的重要主题[①]。然而，技术创新存在诸多的困难，一方面，投入巨大，另一方面，研发具有时效性，此外，技术扩散受到技术封锁的限制，技术壁垒长期存在。在这种情况下，中国的产业结构升级所需的技术如何实现创新呢？中国最大的技术创新优势来自于大量而相对成本较低的人力资源，但是与欧美等发达国家相比存在明显的体制问题，尤其是自主创新的基础体制不够坚实，从而在很大程度上限制了各类主体进行的自主创新试验。一般而言，企业不仅是市场主体，同时也是技术创新主体，企业不仅拥有资金，同时还拥有技术研发团队，便于技术创新，而且这种关键性的技术创新大多发生在较为大型的企业当中，然而，中国一些较为大型的企业多数为国有企业，由于国有企业产权结构的特殊性问题导致其公司治理结构不完善，从而在技术创新上缺乏应有的动力。相比之下，海外企业发展较为成熟，尤其是来自于发达国家的跨国公司，但这类企业在中国投资设厂之后，并不把其核心技术应用于中国，使其形成一种分公司对母公司的技术依赖现象，而且几乎都受制于母公司，例如一汽大众，无法成为中国自主创新需求的有效主体。在中国还存在另外一支生力军，即民营企业，但民营资本规模较小，技术实力不足，同时一些创业型民营企业发展所需的资金无法得到有效满足，金融系统对其设置的门槛限制太过严格。科研院所也是一支重要的研发力量，但研发成果转化成现实生产的速度较慢，技术孵化效率不高。由此可见，单纯依靠任何一支力量都不可能有效实现中国的技术创新需求，必须融合各种力量的优势资源，共同开发。

第一，充分利用外部的科技力量，加速研发进程。中国自身的科研能力有限，但可以寻求外部科技力量的弥补，例如在其他拥有较为雄厚科技实力的国家建立研发中心。这样做的一个最大好处在于可以充分运用国外的科技型人力资本。从当前世界科技水平看，能够适合中国在海外建立研发机构的国家应该是那些既有经济发展需求同时科技水平又高于中国的国家，再有就是不容易产生技术封锁障碍的国家，因此，中

---

① Amsden, A. H., 1989, Asia's Next Giant: South Korea and Late Industrialization, Oxford: Oxford University Press.

国可以首先考虑与我们有战略伙伴关系的国家，然后是那些政治经济地位较为中性的国家，例如俄罗斯、印度、芬兰等。有数据显示，目前中国在海外的科研中心已经超过了 70 家，这对于快速有效地吸收国外先进技术并转化成国内经济发展动力大有裨益。

第二，比建立更为快捷的方式则是收购。建立海外研发机构相对而言周期较长，与收购行为相比面临的风险较高。因此，直接收购海外科研中心的做法也受到了国内一些大企业的关注，例如 TCL 就通过收购行为并购了法国的电视部门，从而获得了在法国、美国和新加坡等三个国家的三个科研机构，再比如京东方则通过收购行为实现了对韩国液晶研发部门的控制，联想也通过同样的模式获得了 IBM 的相关业务机器科研部门。但是收购同样面临风险，因为，被收购的部门往往是对方视为发展潜力较小或者经济附加值较低的部门，而那些拥有高附加值的科研中心在国家的庇护下则不会轻易被收购，这意味着，收购虽然能够获得研发的基础，但是研发的未来前景不容乐观。

第三，吸收外部科技型人力资本。相比前两种方式，这种引进海外人才战略成本相对较低，一些国内大型公司都纷纷采取此种策略，例如奇瑞汽车的研发队伍中便有从国外引进的科技型人才。人才引进成本低，用于研发的资源成本低，有利于形成强劲高效的研发实力，从而使得奇瑞汽车公司能够在很短时间内不断实现车型的更新与换代。另外一种引进人才策略则是先输出后吸纳的方式，例如对海外留学人员的运用，这是一种反向的人才引进方式，但同样能够发挥较强的技术研发优势。

第四，鉴于国内风险投资不足问题，可以考虑充分吸收与利用来自于国际上的风险投资基金和资本市场。科技创新与进步不单单是大企业的责任，中小企业的作用也不可忽视，由于中小企业面临生存与发展的双重困境，企业对技术进步要求更为迫切，一些刚刚进入某一领域的中小企业的研发可能来自于外部，但中小企业要想实现长久发展，必须打造自身的科技团队，形成科技优势，但中小企业在科研方面面临的最大难题则是资金问题，由于科技创新投入高、风险高、成功率低，对于那些不具备雄厚资本实力的中小企业而言，要想实现研发的连续性则难上加难，因此，充分利用国内外风险投资资本不失为一条有效途径。

第五，寻求国际合作。国际合作的方式主要有两种类型，一个是国内的课题研究形成国际联合研究模式，另一个则是将部分或者全部的研究课题以委托的方式由国外研发机构完成。一般而言，选择国际合作的方式往往是一些重大、攻关性的课题，这种课题往往为国家发展所必须且具有高度的技术外溢性，不需要过多关注技术保密问题。但从这两种国际合作的方式相比，直接委托的方式的技术壁垒要高于合作研究，因为，在直接委托模式下，尽管科技创新的成果所有权归中国所有，但是科技成果实现的相关资料及过程并不被我们掌握，因此，后续的技术创新与升级将对外部的研究机构产生较强的依赖性，这无疑会加大技术封锁问题。

12.5　基于低碳经济的产业发展策略

　　绿色发展是以效率、和谐、持续为目标的经济增长和社会发展方式。当今世界，绿色发展已经成为一个重要趋势，许多国家把发展绿色产业作为推动经济结构调整的重要举措，突出绿色的理念和内涵。低碳经济发展模式是当前世界各国普遍认可的发展模式。2003 年英国出版了《我们能源的未来：创建低碳经济》的白皮书，该书首次将低碳经济作为未来重要的战略发展方向。不久，原世界银行的首席经济分析师尼古拉斯·斯特恩在其研究报告中指出，如果世界能够将一定的 GDP 用于改善环境，那么由此所换来的节约将超过投入，他进行了估计，大约每投入 1% GDP，世界的资源将得到 5%～20% 的节约，他进而也赞同低碳经济发展模式。2007 年，美国国会通过了一项重要法案，即《低碳经济法案》，这是低碳经济发展模式首次被写入法律，标志着世界经济发展模式的转型。中国于 2009 年也开始尝试走低碳经济发展道路，但我们起步相对较晚，而且低碳经济所需技术含量较高，所以，我们在探索低碳经济发展模式时困难较大。可以预见的是，未来经济的发展一定是低耗能、高节约、可循环的持续发展模式。在这种大趋势下，各国的经济发展都将朝着这一方向迈进，而实现这种发展模式的重要举措就是产业结构调整与升级，淘汰高耗能企业，淘汰资源浪费企业，淘汰环境污染企业，大力发展那些有利于可持续发展的新兴产业。基于此，我们国家也必须采取适当的措施以适应世界经济环境发生的重要转变。

　　福克森（Foxon，2008）[①] 指出低碳经济的实现得益于合力的作用，既需要经济发展，同时还需要制度变革，换句话说，低碳经济需要以经济增长为基础，以制度变革为动力。付允等（2008）[②] 指出，就中国经济发展而言，由于经济发展所释放出的温室气体、能源枯竭和环境破坏等多方面因素迫使中国不得不重新思考经济发展模式。但中国向低碳经济模式发展具有优势的同时还具有制约因素（金乐琴、刘瑞，2009）[③]，因此，要想实现低碳经济发展模式应该借鉴国外的经验，特别是发达国家的经验（郭印、王敏洁，2009）[④]。从中国的实际情况看，经济的可持续发展与产业结构升级不仅都是中国经济发展的重要任务，同时二者还有着千丝万缕的联系。张丽峰的研究就曾指出，从产业角度去实现低碳经济发展模式更为有效。刘再起和陈春也指出，世界各国产业结构的调整对经济环境的影响都十分显著，中国低碳经济发展也

---

　　① Foxon, T., Kohler, J., and Oughton, C., 2008, Innovation for a Low Carbon Economy: Economic, Institutional and Management Approaches, Edward Elgar Publishing.
　　② 付允、马永欢：《低碳经济的发展模式研究》，《中国人口·资源与环境》，2008 年第 3 期。
　　③ 金乐琴、刘瑞：《低碳经济与中国经济发展模式转型》，《经济问题探索》，2009 年第 1 期。
　　④ 郭印、王敏洁：《国际低碳经济发展经验及对中国的启示》，《改革与战略》，2009 年第 10 期。

应该重视产业结构变化所引致的经济发展模式的转变，他们进一步指出，就能耗而言，模型的数据分析充分显示三次产业的能耗关系，第一产业与第二产业能耗较大，但二者贡献率却悬殊，与第一产业和第二产业相比，第三产业能耗非常小，但经济贡献率却很高，由此他们形成结论是，产业结构升级与低碳经济发展并举的方向则是提高第三产业在国民经济中的比重。通过以上研究不难看出，低碳经济与产业发展密不可分，低碳经济为产业结构升级提供了方向，产业结构升级能够保证低碳经济的实现。从战略上，首先，尽管第一产业比重较低，贡献也较低，但是为实现低碳经济发展也不能放弃第一产业，第一产业提供的都是人们生活所必需的产品，其战略意义更为显著。其次，可适当降低第二产业比重，淘汰那些技术附加值较低的部门，实现第二产业内部结构的优化，提高第二产业科技含量，利用各种优势加快技术创新，特别是实现环境保护方面的技术创新。最后，不断提高第三产业比重，其关键在于加强技术的自主创新，目的在于为第二产业与第三产业的进一步升级提供足够的技术支撑，从而实现产业结构的整体升级。

第一，在低碳经济模式下，必须大力开发低碳技术，使传统高碳化产业向低碳化方向发展。从中国经济发展的实际情况看，传统产业发展模式相对粗放，不仅资源与能源的利用率普遍偏低，而且还存在明显的"三高"现象，即高能耗、高排放和高污染，这不仅极大地破坏了生态环境与经济发展环境，同时也制约了中国经济的增长速度。因此，应尽快开发与引进低碳技术用以改造传统产业，通过政策调整与产业的自组织能力实现对传统产业的引导，从而改变中国产业发展的高碳化模式。我们认为，在这一过程中首先要做好以下两个方面的基本工作。一是对第二产业能源使用与排放的限制，发展绿色工业[1]。第二产业是能源使用与排放的最主要部门，在高压下，强化其节能减排，能够促进产业的组织创新能力，建立起以产业组织为中心、以科研院所为技术支撑的低碳技术应用体系，鼓励一些有能力的企业进行高效节能减排的试点，并将技术进行推广，促进终端产品升级。二是大力提高第一产业生产能力。第二产业与第三产业的发展需要第一产业提供源源不断的初级产品，但随着第二产业与第三产业的发展壮大势必会出现第一产业产品供应不足局面，长期依赖进口将使得我们国家的经济发展受制于人，因此，除了第二产业要强化节能减排外，加快第一产业对技术的吸收与应用进程也至关重要。

第二，不断提高科研投入强度。低碳技术研发不能一蹴而就，需要长期不懈的努力，大量的资本投入成为其实现技术创新的必不可少要素。企业的自组织所形成的技术创新尽管具有持续性，但是过程相对缓慢。从发达国家低碳技术开发经验看，只有率先掌握低碳领域的先进技术才能在低碳经济竞争中掌握主动性。显然，我们在这一方面已经处于下风，这就要求我们在低碳技术开发方面要加大投入力度。一般来说，

---

① 张永亮等：《新常态下中国绿色增长：机遇和挑战》，《环境与可持续发展》，2015 年第 1 期。

低碳技术主要分为项目低碳研发技术、不可再生能源使用效率技术、可再生能源利用技术和新能源开发技术等。从中国的实际情况看,当前承担低碳技术开发的主体主要是环保企业,无论是从范围上还是从研发能力上都不够,需要拓展低碳技术研发领域,加快低碳技术的开发与转化速度。

第三,重视低碳产业发展。产业的低碳化对整个经济发展具有极其深远的战略意义,因此,大力发展低碳产业促使其技术外溢成为未来产业发展的关键。我们国家把这一产业定义为战略新兴产业,从内容上看,不仅仅包含低碳产业,但低碳产业的却是其中重要的组成部分。"十一五"时期,国家对新兴产业做了范围上的概括,即节能环保产业、新一代信息技术产业、生物制药产业、高端装备制造产业、新能源产业、新材料产业和新能源应用产业等。国家把上述七大产业划定为战略新兴产业,充分表明中国对产业发展低碳化的迫切需求,对中国经济发展所必需的能源环节具有重要的战略意义。

第四,强调金融发展低碳化。近年来,社会各界开始关注金融的发展问题,普遍认为,单就产业发展看,金融对各产业发展具有极大的促进作用,这在我们的论证中也得到了相应的验证。但是各产业发展的战略意图要求,产业发展不能仅仅需要一般性资金,还需要有战略性资金,因此,强调金融业的低碳化发展具有重要的现实意义。其中最为重要的一点就是金融的资本支持可以设定相关条款,专门用于低碳技术的研发等工作,就像世界银行用于政府采购的贷款一样,在使用这一贷款过程中,金融部门要严格监管资金的使用及效果,必要时可以参与项目的进展工作,形成金融部门—资金—项目—企业—金融部门的资金使用模式。从中国当前的实际情况看,已经有金融部门开始涉及低碳业务,例如低碳产品研发和绿色信贷等,但由于刚刚起步,经验不足,不仅没有充分认识低碳经济的战略意义,更是对资金的使用监督不当,从而导致各金融部门在低碳业务方面信贷的收缩,这不利于低碳技术的开发与应用。因此,就金融支持低碳业务而言,当务之急则是创新金融监管制度,建立低碳资金专项监管办法,实现资金高效利用,促进产业的低碳化发展。

12.6 开放经济条件下产业结构升级策略

中国经济发展正在进入到一个新的重要战略机遇期。作为一个发展中的经济大国,中国已初步摆脱全球金融危机的阴影而率先走向复苏,能否实现下一步经济发展的战略目标关键在于加快产业结构升级的步伐,实现经济发展方式的根本转换。无论从国际还是从国内的环境来考虑,现有的经济发展方式都到了难以持续的地步,未来必须通过产业结构升级来支撑经济总量的增长,协调各方面的经济利益关系。在今天这个特定的时点上,应当也必须要特别重视协调好开放模式转型与产业结构升级之间的关系，努力通过构建新型的开放模式来有效地促进和支撑产业结构升级。

随着整个国民经济发展从总量扩张至上转向结构升级为主的阶段，中国扩大和深化对外开放要把重心放到培育动态比较优势上来，逐步从根本上克服后进国家开放过程中的资源锁定效应，形成对经济结构升级具有积极影响的新型开放模式。与初始的开放模式相比较，新型的开放模式应当具有的一个明显的特征就是：整个对外开放的目标要努力增进国民福利水平。必须要尽快改变开放初期以来形成的偏重 GDP 增长的习惯开放思路，未来扩大开放要优先考虑能否给国民带来真正的实惠，是否有利于促进各方利益关系的协调。只有真正以国民福利的改进为目的，才能有效地实现对外开放与经济结构升级两者之间的融合，形成两者之间的良性互动。

经过卓有成效的对外开放，当前中国也已经具备提高开放经济水平，加快开放模式转型的必要条件。国民经济综合实力已经有了长足的进步，国内市场上资金供给充裕，工业产出规模庞大，技术水平进步明显，市场经济体制基本建立，已经有实力改变中国在国际分工体系中的低端定位。中国在全球国际贸易和国际投资中的地位日益上升，对外部经济的影响力不断增强，也为提升在未来国际分工中的地位奠定了基础。当前需要也应当努力从改变国内资源格局被国际市场机制盲目调节着手，适时地摆脱对低层次外部需求的过度依赖，摆脱对美国主导的国际经济秩序的过度依赖，实行更加自主和主动的对外开放，力求让今后的开放有更加合理的目标和更高的效率，构建起以新型开放模式支撑和引领产业结构升级的发展格局。

第一，以结构升级为导向优化开放方式，加快中国产业高级化的进程。在国际商品进出口方面中国已经成为贸易大国，相比之下服务贸易的发展则明显滞后，今后一个时期应当有步骤地把发展重点从有形贸易转向无形贸易，通过大力发展服务贸易降低出口商品的资源和能源消耗，提高附加价值，同时为加快国内第三产业的发展提供导向。随着出口的持续增长，要加快调整进口商品的规模和结构，改变外贸发展偏重于满足生产增长需要的传统模式，更多地服务国内的消费需求，通过消费升级促进国内产业升级。引进外商直接投资要努力提高产业层次，把扩大利用外资与加快产业结构高级化进程更好地结合起来。

第二，以自主创新为重心提高开放水平，加速中国产业技术升级步伐。开放条件下中国培育自主创新能力要面对一些特殊的挑战和风险，对此务必要保持清醒的认识。当然，自主创新不能也不应当是在封闭的环境中来进行，但决不能以继续放弃或损害自主创新为代价来对外开放，先前已有过的经验教训要认真吸取。在未来扩大和深化对外开放的过程中，必须坚定不移地坚持自主创新优先的原则。要努力形成外贸发展与自主创新之间的良性循环，重点鼓励具有自主创新与自有品牌的产品出口，把外需从技术创新的阻力转变为自主创新的拉力。要大力调整中国未来引进外商直接投资的方式，实行以知识的输入含量和外溢效应作为外资项目市场准入的基本标准，合理发挥利用外资对培育自主创新能力的积极影响。

　　第三，以持续发展为目标健全开放政策，增强中国产业结构调整的力度。多年来中国的对外开放主要是利用优惠政策来加以推动的，对产业结构升级的不良影响日益显现。当前应当把深化对外开放的重心放到制度创新上来。一是要以健全的产业政策为基础扩大开放。比如，要充分统筹不同区域之间经济发展平稳，充分考虑产业升级和可持续发展的要求，对促进外贸和引进外资方面的政策进行重新整理和完善相关的开放政策，严格约束地方政府在优惠政策方面相互竞争，把重点从鼓励外商转向对本土企业的激励。二是对外汇管理制度等宏观政策做出适当调整。汇率政策等不应过于偏向鼓励出口，而应更多地考虑有利于国内产业结构升级和改进国民福利。

　　第四，以内外均衡为支撑构建开放体系，增大中国产业结构升级的空间。对外开放要把重点从赚取外汇和引入外部资本转向服务于扩大内需，逐步形成以外需启动内需，外需和内需相互融合、相互支撑的良性循环，促使整个国民经济发展尽快地转型为内需拉动为主，从而为产业结构升级提供广阔的天地。近期一方面应当大力加快国内企业走出去的步伐，利用海外投资这个特别的路径把部分国内产能转移出去，同时更好地获得经济发展需要的资源保障，并更有效地吸收国外的先进技术。另一方面要努力加快人民币国际化的进程，使中国企业在国际经济交往中获得新的竞争优势和更好的市场效益，从根本上提升中国企业在全球国际分工体系中的地位。

　　（1）在健全政府宏观调控手段的同时充分发挥市场对经济结构调整的积极作用。

　　一是减少政府对经营性活动和一般竞争性领域的直接参与，创造和维护有利于公平竞争的市场环境，推动企业遵循市场机制进行产业结构优化和升级。二是积极推进全国统一的市场体系的建立。地方保护、市场封锁与产业结构趋同，互为因果，互相关联，因此，必须深化市场化改革，摒弃地方保护主义，构建全国统一的市场体系。三是降低企业退出壁垒。通过不断推进的市场化改革来解决企业普遍存在的产业进入和退出成本过高等问题。四是建立合理的价格体系，促进生产要素的合理流动，使各地根据比较利益原则发挥地区优势，从而避免各地区在同一产业上进行低水平竞争。

　　（2）大力调整服务业结构，积极推进传统服务业的转型和现代服务业的发展。

　　今后中国服务业的发展重点是优化结构，提高产业竞争力。大力发展作为商品生产中间投入和中间需求的生产性服务业，积极发展新兴服务业，在充分竞争的基础上，运用现代技术和现代经营方式，改组改造商贸、餐饮等传统服务业，提高技术水平和经营效率。优化企业组织结构，依托有竞争力的企业，培育形成一批多元投资主体的大公司和大集团，促进企业联合重组，实行网络化、品牌化经营，同时鼓励中小企业发展。

　　（3）努力协调发展服务业和吸纳就业的关系。

　　目前在中国服务业中吸纳就业的主要行业以传统服务业为主，由于传统服务业对经济增长的拉动力和对就业的贡献率很有限，因此过度依赖传统服务业吸纳就业，不能从根本上有效地解决经济增长和资本深化带来的就业问题，也不利于优化产业结构和提升服务业结构。因此，应在挖掘传统服务业就业潜力的同时，大力发展生产性服务业，着力扶持技术含量高的现代服务业和新兴服务业。包括发展新兴服务业中就业容量大的社会服务业（例如，物流、社区服务、信息服务等），通过全面提高服务业的质量和水平来改善服务业对就业的带动作用。

（4）充分发挥经济杠杆调节作用。

一是制定财政政策和土地政策引导投资结构，发挥经济杠杆优化经济结构的调节作用。从财政政策来看，应通过投资方向调节税来引导投资方向和促进投资结构优化，从而避免因投资结构不合理而导致经济过大幅度波动的风险。除了严格控制土地供给的土地政策以外，应当充分发挥土地价格的调节作用，使地价的高低能够影响不同行业与不同地区的投资成本，发挥对经济结构调整的信号作用；二是深化环境和资源有偿使用制度改革，构建生产要素投入的约束机制。就资源使用而言，建立各类企业都要为取得重要资源使用权和开采权付费的机制。同时，各地应强制建立起生态修复保证金制度和安全投入制度。就环境保护的约束机制而言，政府要承担起保护环境和资源方面的公共职责，要明确"先支付费用，后取得排污权"的原则，各地要以优化经济结构促进保护环境目标的实现，通过制定严格的产业投资的环境标准推动经济结构的优化，从而在环境保护和经济结构优化两个目标之间形成互动和协调发展的良性格局。

（5）发展服务业与推进新型工业化相结合。

在经济服务化和工业化作为发展中国家不可逾越的发展阶段的条件下，发展服务业与推进工业化非但不矛盾，而且能够在更高程度上相互促进、相互融合，成为推动经济增长和社会进步的力量。一是随着产业内部专业化分工的深化，工业越来越依赖于服务业发展的规模和发展的程度。二是信息化是提升工业科技含量、带动工业企业经营管理创新、业务流程再造、组织制度创新的重要推动力量。三是从产业关联角度分析，工业的发展对服务业提出了日益增多的个性化需求和提供数量更多服务的需求。尤其是生产性服务业既是随产业分工从工业中分离的独立产业部门，同时工业也决定了对生产性服务业的需求规模和产品结构。另一方面，第二产业作为第三产业的中间产品和投入发挥重要作用，尤其是服务业所需的基础设施、消费品以及生产资料等基本上由第二产业提供。

（6）培育跨区域进行要素优化重组的大型产业资本集团。

世界各国的工业化的经验证明，产业的空间合理配置和区域经济合理分工主要不是靠政府推动，而依靠大型产业资本集团来完成。在中国原有体制下，企业对地方政府存在着很强的依附性，缺乏有能力跨地区对资源要素实行优化重组的大型、特大型产业资本集团。这种状况在目前尚没有根本改变。在政府推动建立跨区域的大型产业资本集团的同时，还应该消除限制企业跨区域生产、销售、采购、人员流动、投资等方面的限制措施，为企业能够进行跨区域要素重组营造良好的政策环境和法制环境。

第四篇

区域经济协调发展

第 13 章

区域经济协调发展的相关理论与实践

13.1 区域经济协调发展的内涵

区域差距在很多国家都存在，而且在发展中大国尤其突出，尽管对于多大区域差距是合理的本身就存在着很大争议，但忽略中国区域差距不断扩大的事实可能会导致灾难性的后果，这是任何政治家都不愿意看到的。前南斯拉夫分裂了，并爆发了长时间的内战；墨西哥较贫困的山区发生了叛乱和暴动；印度尼西亚发生了民众骚乱和野蛮屠杀，几十年的经济建设成果在一夜之间轰然倒塌；中国边疆少数民族集聚地区经常有人以各种理由挑起民族纠纷，究其原因，区域差距扩大虽然不一定是祸首，但肯定是祸因之一。因此没有哪个国家中央政府可以漠视区域差距的恶化而不采取积极措施来消除或减轻这一趋势（邓翔，2002①）。在传统经济学中，只有区域平衡发展和区域不平衡发展两种发展模式，是没有区域协调发展这一区域发展模式的。新中国成立以来，中国在改革开放前实施是区域均衡发展战略，20 世纪 80 年代实施了区域非均衡发展战略。进入 21 世纪，国家加大了统筹区域发展的力度，推进了西部大开发战略、启动了东北地区等老工业基地的振兴，中部崛起战略在 2004 年进入到实施阶段，由此，中国开始进入实施区域协调发展战略的新阶段。

要更好地理解区域协调发展的内涵，必须认识到什么是区域不协调发展，区域协调理论是为了解决区域不协调发展而提出的，很多学者在论及区域协调发展时往往忽略了这一简单的逻辑。在中国区域不协调发展表现为以下几个方面：（1）区域差距不断扩大，而且目前没有缩小的迹象。库茨涅茨（Kuznets，1955②）、威廉姆森

---

① 邓翔：《中国地区差距的分解及其启示》，《四川大学学报（哲学社会科学版）》，2002 年第 2 期。
② Kuznets, S., 1955, Economic Growth and Income Inequality, American Economic Review, 45 (1): 1 – 28.

（Williamson，1965①）、诺思（North，1955②）关于区域经济收敛的倒"U"型曲线的描述极其形象且给落后地区极具希望的启示，随着经济的发展，区域差距会经历一个从扩大到逐步缩小，最后达到趋同的一个漫长的过程。可是很多经济学家使用全球或地区数据并没有得出这一结论必然成立（Barro and Martin，2004③），反而得出"俱乐部"趋同的结论（沈坤荣、马俊，2002④），目前理论界已接受了中国已经形成了东部的富裕"俱乐部"和中西部贫困"俱乐部"的现实；（2）区域恶性竞争明显，市场严重分割。对中国市场分割和地方保护的研究，有不少文献，大致有两类观点，一类认为市场分割一直比较严重；另外一类认为市场分割逐渐减轻。大多数学者认为，区域市场分割对国民经济运行会产生持续的危害，刘培林（2013）⑤运用数据包络分析方法（DEA）对2000年中国31个省级行政区21制造业部门的经济绩效进行了分析，结果表明，产出配置结构扭曲，以及生产要素在省区市之间配置结构扭曲，如果消除各省区市可以在不增加任何投入的情况下，使中国该年度制造业产出增长大约5%。区域市场分割主要表现为四个方面：

第一，严重地扭曲了价格信号，阻碍要素的自由流动，导致资源的不合理配置。这将不利于发挥地区专业化分工、规模经济、技术外溢及区内有效竞争产生的效应，使中国无法实现潜在的国内大市场所能带来的效益（Kumar，1991⑥；Young，1998⑦）。

第二，阻碍区域间的协调发展，限制区域间的分工和交换，进一步强化了重复建设和产业结构趋同，导致不合理的产业布局，影响了产业集聚效应的充分发挥。

第三，影响国内竞争机制的形成，削弱了中国的国际竞争力，这将难以适应经济全球化的要求。同时，市场分割使企业在国内异地市场销售产品时面临较高的一次性进入成本，当进入国外市场的成本较低时，以出口为基础的开放经济分离均衡出现，这可能使中国企业长期被"锁定"于OEM（代工生产）的出口贸易方式。长此以往，企业由于无法获得核心技术，难以形成自主品牌，加之采购销售都严重依赖于国际市场，最终将严重影响到国家整体竞争力的提高。

第四，扭曲货币政策的传导机制，影响货币政策的有效性，在不完全整合的经济中，针对通胀压力或高失业率的货币政策都难以发挥其有效性。垂直的区域分工体系导致欠发达地区的可持续发展能力越来越弱，一些中西部地区单纯成为东部发达地区

① Williamson, J. G., 1965, Regional Inequality and the Process of Addtional Development：A Description of the Patterns, Ecnomic Development and Cultural Change, 13（4）：3 – 45.

② North, D. C., 1955, Location Theory and Regional Economic Growth, Journal of Political Economy, 63：243 – 258. 从这里可用可看出，一方面，诺思后来转向新制度经济学研究；另一方面，又将地理等因素纳入广泛的制度变迁中，显得更加有意义。

③ Barro, R. J., Sala – I – Martin, X., 2004, Economic Growth, Cambridge：MIT Press.

④ 沈坤荣、马俊：《中国经济增长的"俱乐部收敛"特征及成因研究》，《经济研究》，2002 年第 1 期。

⑤ 刘培林：《区域发展水平收敛意味着未来增长潜力缩小》，《投资北京》，2013 年第 3 期。

⑥ Kumar, K., 1991, Utopia and Anti – Utopia in Modern Times, Oxford and Cambridge：Basil Blackwell.

⑦ Young, A., 1998, Growth without Scale Effects, Journal of Political Economy, 106：41 – 63.

的劳动力、能源、原材料供应地和工业产品的倾销地，由于工业产品在市场上具有较强的垄断性，大量价值流向发达地区，欠发达地区承担了环境破坏、资源浪费、人口流动等压力，如中国著名的煤炭产地的山西省，全省地下约 1/8 已经被采空，但这并没有带来全省居民的生活富足。[①] 中东有石油，中国有稀土。然而，比石油还珍贵的稀土，却未能为中国换来可观的财富。如今由于乱采乱挖，中国在世界上的稀土储量已由 20 世纪中期的占全球的 80% 降至目前仅占全球的 31%。[②]

因此，可以从以下五个方面来定义区域协调发展：（1）区域经济发展差距日益缩小，并保持在合理的范围内，各地区居民能够享受到均等化的基本公共服务和等值化的生活质量，并逐步走向共同富裕；（2）区域分工合作机制日渐合理，各地区优势能够得到充分有效的发挥，并形成合理分工、各具特色的产业结构，区域利益共享政策机制逐步建立；（3）区域可持续发展得以实施，落后地区区域发展能力逐步增强，并形成自我发展的良性循环，同时保持地区间人口、经济、资源、环境的协调发展，即地区人口、经济与资源、环境的协调发展，以及地区人口分布与经济布局相协调；（4）保持国民经济的适度空间均衡，即从大区域的角度看，既要防止出现经济过度拥挤问题，同时避免某些地区出现衰落或边缘化；（5）区域文化多样性得以保持，不同区域之间文化相互融合，优秀的文化得以发扬光大，国家凝聚力得到加强。在这些诸多内涵中，地区间居民收入差距的缩小和基本公共服务的均等化是最为关键的，特别是教育服务尤其是基础性教育的公平性是一切社会走向公平发展的第一手段。由上面的定义可得，除去第（5）条之外，其他都是经济上定义，所以本研究所说的区域协调发展与区域经济协调发展是通用的。

13.2　区域经济协调发展的相关理论

在一个国家经济发展过程中，由于资源的稀缺性，导致对于不同区域可以选取不同的发展顺序，即：是否让一定区域优先发展，或者国家内部诸多区域共同发展，特别是落后地区经济增长采取什么样的方式进行，是与发达地区齐头并进，还是"礼让三先"，根据不同区域发展先后的关系，从理论上将区域发展模式概括为两类，即区域均衡增长与区域非均衡增长理论。

---

① 2010 年 12 月 13 日，国家发展和改革委员会正式批复设立"山西省国家资源型经济转型综合配套改革试验区"，山西省副省长牛仁亮在发布会上公布的数据。

② 2012 年 6 月 20 日，国务院新闻办发布《中国的稀土状况与政策》白皮书中数据。

13.2.1 区域经济均衡发展理论

如果国民经济的不同部门或国家的不同区域，按照相同的比率或相关的比率进行投资，以实现各个部门或各个区域之间经济增长的相互支持、相互配合、全面发展，从而达到落后地区的高度工业化和经济增长的目标，这一模式称为均衡式经济增长（谭崇台，2001[①]），根据其所强调的侧重点不同，常分为三种类型：

1. 极端的均衡增长理论

罗森斯坦—罗丹（Rosenstein - Rodan，1943[②]）在"大推进理论"中提出了均衡增长模式，由于生产函数的不可分性、储蓄供给的不可分性和需求的不可分性，小规模、个别部门的投资只能带来整体经济的更加失衡，因此，只有对各个工业部门同时进行大规模的投资，这样不同部门、不同区域之间生产的产品才能相互交换、相互依赖、互为市场，从而使产品的生产与需求达到相互平衡，"大推进"式的经济增长战略才能促进欠发达地区经济发展。同时，罗森斯坦—罗丹指出，在工业化过程中，为了避免和控制某些部门过度增长或产品过剩，必须在投资时做到按同一投资率对各工业部门投入相应的资本，只有这样，才能保证各工业部门之间协调地、均衡地按同一增长速度推进，从而促进区域经济增长。

2. 温和的均衡增长理论

纳克斯（Nurkse）从资本供给和资本需求两个方面来论述了均衡增长的必要性。资本积累不足是落后地区的"通病"，由于人们的收入水平低，收入水平低意味着较低的储蓄率，结果必然是资本积累速度慢，另外收入低也意味着较低的市场需求，市场需求抑制了投资的力度，没有需求的投资在市场中是不可想象的，这导致了资本供给和对资本的有效需求的同时不足，落后地区的经济增长不得不长期处于"贫困的恶性循环之中"，这循环可从两个方面来考察，一是从资本供给角度，二是从对资本的需求角度。因此，只有对国民经济各部门同时进行大量投资，才能形成充足的市场，人均收入的提高会带来足够的投资刺激，也会带来储蓄的来源，这一"贫困的恶性循环之中"困境的突破，会为经济的进一步增长创造条件。纳克斯虽然也主张对国民经济各部门同时进行大规模投资，但他主张按不同的比率来进行而不是按同一比率来投资和发展。纳克斯认为，应以各部门产品的需求价格弹性和收入弹性的大小

---

① 谭崇台：《发展经济学》，武汉大学出版社，2001年版。

② Rosenstein - Rodan, P., 1943, Problems of Industrialization of Eastern and Southeastern Europe, Economic Journal, 111: 202 - 211.

作为其投资比率的依据。因为需求和收入弹性大表示这个部门发展不足，是经济发展的瓶颈，理所当然投资的比率较大，且生产的扩张很有潜力，对这些部门多投资，不仅投资回报高，重要的是发展快，瓶颈一旦消除，可获得经济的协调发展，实现供求均衡。需求和收入弹性小的部门说明其发展已相对过快，应投入较小比率的资本，以较小的速度发展可使其与其他部门保持均衡和协调。

3. 完善的均衡增长理论

完善的均衡增长理论介于极端的和温和的均衡增长理论之间，是一种折中的均衡增长理论，这一理论的主要代表人物是斯特里顿（Streeten）。斯特里顿一方面强调大规模投资于国民经济各部门的重要性，有利于克服供给方面的不可分性和需求方面的互补性，保持各部门均衡增长；同时，他认为应当根据不同产业部门产品的价格弹性和收入弹性，确定不同产业部门不同的增长比率和投资比率，通过部门间相互协调不同比率的增长，以实现区域均衡增长。斯特里顿认为，由于落后地区人们消费水平普遍较低，当人们的某些基本欲望满足之后，会随即产生新的欲望，存在着一种"欲望合成代谢"，因此各部门的同步发展和产出的同比例增长并不能永远地解决有效需求不足的问题。应当把投资集中起来，实行不均衡增长，优先发展某些主导部门，在实施了一定时期的不均衡增长后，一旦经济增长中的瓶颈被消除，就应当使国民经济各部门按一定比例均衡增长。实际上他的理论综合了罗森斯坦—罗丹和纳克斯理论的要点，把不均衡增长作为实现均衡增长的手段和短期过程，把均衡增长作为长期目标和过程。因此，完善的均衡增长理论是一种动态均衡增长理论。

13.2.2　区域经济非均衡发展理论

赫希曼（Hirschman，1958[①]）等人的"增长极大化学说"、罗斯托（Rostow，1960[②]）的"经济增长阶段学说"、弗莱德曼（Friedmann，1963[③]）和阿隆索（Alonso，1964[④]）的"核心——边缘模型"及其模拟的城镇群体运作过程、佩鲁（Perroux，1955[⑤]）的"增长极或发展极理论"等。佩鲁（Perroux，1950[⑥]）注意到经济增长往往并不在一个国家所有地区同时出现。一个区域的经济增长，往往依赖于某个

[①] Hirschman, A. O., 1958, The Strategy of Economic Development, New Haven：Yale University Press.

[②] Rostow, W. W., 1960, The Stages of Economic Growth：A Non – Communist Manifesto, New York：Cambridge University Press.

[③] Friedmann, J. R., 1963, Regional Economic Policy for Developing Areas, Papers and Proceedings of the Regional Science Association, 11：41 –61.

[④] Alonso, W., 1964, Location and Land Use, Cambridge：Harvard University Press.

[⑤] Perroux, F., 1955, Note Sur la Notion de' Pôle de Croissance, Économie Appliquée：307 –320.

[⑥] Perroux, F., 1950, Economic Space：Theory and Application, Quaterly Journal of Economics, 2：44 –49.

部门或企业的成长，这些企业或部门称为推进型单位（propulsive unit），它具备三个典型特征：技术密集、大规模生产、高成长性。随着先进技术的采用和生产规模的扩大，工厂生产率得以提高，生产成本得到降低，工厂规模得到扩展，投入要素需求将不断增加，带来相关部门和上下游企业的增长更快，这种由主导部门优先增长而带动经济率先增长的先发地区就是"增长极"。

根据增长极理论，经济增长并不是在所有地区、在所有行业或部门，按照相同的速度进行的。经济增长的先导区域通常位于一些创新能力较强的大城市或产业集中区域，他们通过吸收周边的优质生产要素不断扩大自身的生产规模，并最终带动周边区域的技术进步和产业升级。增长极只会在具有区位优势的少数地点、区域内各种条件优越、主导产业发展迅速的地区形成，并很快使周围的地区发展成为极化区域。当增长极扩张到足够强大时，极化作用达到一定程度，就会将生产要素扩散到周边的区域，从而带动周边区域的增长，这就是增长极的扩散效应。

非均衡增长理论的主要代表人物赫希曼、辛格、缪尔达尔（Hirschman、Singer、Myrdal①）等。他们认为，由于落后国家的资源特别是资本十分有限，不可能向所有部门大规模地投资，更有效地解决落后地区普遍存在的资本不足的问题的办法是，集中优质生产要素投入到某些有带动性的部门，通过优先发展某一类或几类有带动作用的部门，从而带动其他部门的发展。赫希曼认为，一个产业的关联效应，通过上下游产业间的联系，分为后向联系（backward linkage）和前向联系（forward linkage）效应，凡是有关联效应的产业，关联效应的大小可以用该产业产品的需求价格弹性和需求收入弹性来衡量，通过这个产业的扩大而产生引致投资，不仅能促进前向联系、后向联系部门的发展，而且反过来还可以推动该产业的进一步扩张，从而使整个产业部门得到发展，实现经济增长。他还以发达的北区和落后的南区之间的关系为例，来说明区域经济发展的顺序，北区通过吸收南区的生产要素表现为极化效应，但会对南区的制造业和出口部门的挤压，进而导致南区的迟缓和衰落，但从长期来看，北区对南区投资与购买的增加，将促进南区的发展，北区对南区失业人员的吸引和提供工作机会，有助于南区劳动生产率和收入水平的提高，他将这种向不发达地区的扩散效应称为"涓滴效应"（trickling down effect②）。

1944年谬尔达尔在其《美国的两难境地》中首次提出了累积因果（cumulative causation）效应，他认为在社会经济发展的动态过程中，各种影响因素是相互联系互为因果的，由于集聚经济效益，发达地区会处于持续累积的加速增长之中，市场的力

---

① Myrdal, G., 1957, Economic Theory and Underdeveloped Regions, London：Duckworth.

② 涓滴效应，也称为涓滴经济学，常用来形容里根经济学。它是指在经济发展过程中并不给予贫困阶层、弱势群体或贫困地区特别的优待，而是由优先发展起来的群体或地区通过消费、就业等方面惠及贫困阶层或地区，带动其发展和富裕，或认为政府财政津贴可经过大企业再陆续流入小企业和消费者之手，从而更好地促进经济增长的理论。

量倾向于增加而不是减少区域间的差异，但当发达地区发展到过度膨胀的时点，发达地区的资源就会向落后地区扩散，这两个区域间的发展同时产生扩散效应（spread effect）和回波效应（back wash effect）。发达地区越来越发达，落后地区越来越落后，就是各种因素相互作用累积循环的结果。

13.2.3　区域经济均衡发展与非均衡发展的关系

表面上看，区域均衡增长和非均衡增长理论是互不相容、相互对立的，但从经济发展的长期来分析，两者只是从不同的角度、不同的时期和不同的阶段来考虑问题而已，如果对两种观点加以若干界定，就可以发现它们实际上是互相补充、相辅相成、共同作用的。一般来说，一个国家在经济增长的初级阶段，除劳动力以外其他资源特别是资本是非常有限的，如何把有限的资源分配到最有潜力即关联效应最大的产业部门或最有发展潜力的地区，而不是平均分配，通过先发地区或主导部门的优先发展，来克服经济发展的生产要素的稀缺性问题，这时所采取非均衡增长战略，更有利于具有较强经济增长潜力的区域或行业发挥优势，从而带动其他产业或国家整体经济的发展。但当国民经济发展进入较高阶段，市场的需求取代生产要素的供给成为经济发展的主要矛盾，产品过剩取代短缺成为经济常态，这就要求国民经济不同区域、各个部门应保持合理的比例关系，均衡增长战略又势在必行。以此逻辑分析，非均衡增长的目的正是为了实现将来更高水平和更高层次的均衡增长。因此可以说，均衡增长是目标，非均衡增长是手段。赫希曼（Hirschman）指出，在经济增长的高级阶段，经济发展需求的是均衡增长，而引起这种均衡增长的可能性正是过去非均衡增长的经历。斯特里顿也认为，均衡增长和非均衡增长之间的选择，是在不同时期内的选择而已。总之，两者并没有本质的区别，只有时间长短的区分，短期内的非均衡增长是实现长期内的均衡增长的手段，二者相互统一于经济共同发展的过程。

13.3　中国区域经济协调发展的实践

13.3.1　中国区域经济协调发展思想的演化

1. "充分利用沿海，实现均衡布局生产力"的区域发展战略

新中国的成立结束了长达半个多世纪的国内革命战争，迎来了和平建设时期，国内经济建设的热情持续高涨。1956 年，毛泽东的《论十大关系》公开发表，在这一

文章中，他首次把正确处理沿海与内地发展的关系当作新中国成立初期中国经济建设过程中的重大关系之一提出来。毛泽东认为："好好地利用和发展沿海的工业老底子，可以使我们更有力量来发展和支持内地工业"。"沿海的工业基地必须充分利用，但是，为了平衡工业发展的布局，内地工业必须大力发展"，显然，在当时的历史背景下，一方面中国仅有工业基础位于沿海几个大一点的城市，还有一些善于经营工厂的"红色资本家"，而落后地区人民为新中国的建立付出了巨大的牺牲，难道不也是为了后代人生活得更美好吗？充分利用沿海工业基础，加快经济发展，增加足够的积累，为实现全国经济发展的均衡布局而奠定发展必要的物质基础。毛泽东的区域战略思想就是通过均衡布局发展经济，最终走向共同富裕。这一区域经济思想及其策略构想，充分考虑到了当时国内工业布局的现状，对于改变落后地区的工业状况，乃至为后来对欠发达地区的开发，都奠定了良好的基础，无疑是正确的决策。

2. "优先发展沿海、实现共同富裕"的区域发展思想

1978 年 12 月，邓小平提出了中国经济"两步走"发展战略。"文革"让中国经济走到了濒临"破产"的边缘，世界科技进步日新月异，全球科技竞争进程明显加快，走出"拨乱反正"的中国经济发展在哪里寻找突破口？邓小平高瞻远瞩，提出区域发展两步走的理论，第一步，"沿海地区要加快对外开放，使这个拥有两亿人口的广大地带较快地先发展起来，从而带动内地发展，这是一个事关大局的问题，内地要顾全这个大局。"第二步，"在本世纪末达到小康的时候"，"又要求沿海拿出更多力量来帮助内地发展，这也是一个大局。那时沿海也要服从这个大局。""在经济政策上，我认为要允许一部分地区、一部分企业、一部分工人农民，由于辛勤努力成绩大而收入先多一些，生活先好起来。一部分人生活先好起来，就必然产生极大的示范力量，影响左邻右舍，带动其他地区、其他单位的人们向他们学习。这样，就会使整个国民经济不断地波浪式地向前发展，使全国各族人民都能比较快地富裕起来。"进入 20 世纪 90 年代，他多次强调"大原则是共同富裕"。1992 年初，邓小平在南方谈话中指出，"一部分地区有条件先发展起来，一部分地区发展慢点，先发展起来的地区带动后发展的地区，最终达到共同富裕。""可以设想，在本世纪末达到小康水平的时候，就要突出地提出和解决这个问题。"很显然，邓小平区域经济不均衡发展的思想，就是充分利用经济发展条件好的地区优先发展，通过鼓励一部分地区、一部分人先富起来的策略，让他们带领和帮助欠发达地区，以达到共同同富裕的目标。

3. "坚持协调发展，缩小区域差距"的区域战略思想

改革开放政策的实施，极大地调动了东部地区经济发展的积极性，一直到 20 世纪末期，全国经济一直保持在两位数的增长速度，但是经济发展中一个突出问题就是东部地区经济增长速度明显高于欠发达的中西部地区，沿海地区与内陆地区的发展差

距迅速扩大，广大中西部对经济发展的诉求长期得不到实现，区域差距已严重影响到了民族的团结、社会的稳定、国民经济整体的可持续发展，公平取代效率成为国民经济发展中的主要矛盾。此时，国民经济经过改革开放以后二十多年的高速发展，全国已总体上实现了小康，国家积累了大量的财富，解决东部与中西部地区发展差距问题的条件已齐备，实施邓小平提出的第二步区域发展战略目标的时机成熟，因此，区域协调发展再次进入国家高端决策视野。2001 年，江泽民在党的十四届五中全会上专门就沿海与内陆地区进入 21 世纪区域协调发展方略进行了论述，尤其是"十一五"规划出台以后，中国区域协调发展的理念受到全面重视。党的"十六大"将"统筹区域发展"列入科学发展观的"五个统筹"之一，2005 年 10 月党的十六届五中全会通过的"十一五"规划建议，以实现区域协调发展为目标，进一步提出了要按不同功能区的要求确定区域发展定位和按照公共服务均等化的原则调整不同区域的利益关系，从而深化了对区域协调发展战略和思路的认识。从不同区域来看，2005 年"促进中部崛起"成为备受关注的话题，"十一五"规划明确将中部崛起作为战略重点；"西部大开发"进入了实施的第二阶段，西部地区在第一阶段的发展中，基础设施建设取得了阶段性成果。同时，泛珠三角经济合作圈、泛长三角经济合作圈形成，东部经济发展重心逐渐北上，环渤海经济圈成为重点发展区域。至此，中国区域发展的思路从"效率优先，兼顾公平"转向了"效率与公平兼顾"，地区发展战略由突出重点区域转向了各地区协调发展转变，地区发展目标由强调经济发展转向了强调经济、社会和生态的全面发展。

13. 3. 2　区域经济协调发展总体战略的形成

改革开放以后，在邓小平"两个大局"区域战略思想的指导下，"效率优先，兼顾公平"开始主导区域经济发展战略的政策安排，向沿海倾斜开始成为区域经济格局调整的主基调。由沿海地区向内陆地区、由东部逐步向中西部、由加工业逐步向金融业的开放步伐稳定推进。在综合考虑中国现实的经济发展能力，强调东中西部非均衡发展，以优化区域生产力空间布置为主线的发展战略，完全不同于新中国成立初期以来的均衡发展思路。区域非均衡发展的结果是区域差距逐步扩大，而且没有缓和的迹象，区域差距正成为中国宏观经济发展中诸多不均衡之一。这种不平稳带来了中国经济体系中的诸多矛盾，一是宏观调控的困难，针对中国经济过热所进行的调控每一次所伤害的都是中西部地区，因为中国经济只是局部过热，中西部一些地区域是长期过冷；二是内需型发展模式转变的矛盾，外向型经济发展已经走到了尽头，但由于中国四大区域发展的差距过大，有的地区已经处于提高生活质量阶段，有的地区仍处于起飞前的准备阶段，还在千方百计地以廉价的资源换取资本进行积累的阶段，导致中国启动内需常常是"启而不动"；三是区域间的摩擦加大，区域为争夺发展资源和发展机会，采取市场封锁和恶性竞争的方式，导致中国统一市场的建设困难重重；四是产业布局的混乱，产业同构现象严重，各地争相发展高附加值的产业，而置一些于民有利的产业于不顾，发达地区成为外国企业的附属加工厂，而内地企业成为发达市场的资源供给地，就业这一西方政府的首要目标反而成为中国地方政府最次要的目标，地方财政才是首要目标。但这种状况在进入21世纪有所转变，以1999年中央工作会议上提出的"西部大开发"战略为起点，2003年3月长春会议提出"振兴东北"战略，2004年政府工作报告中提出实施"促进中部崛起"战略，中国全面进入以区域经济协调发展为主旨的区域发展战略。"十一五"时期以后区际关系得到了相当程度的改善，区域经济协调发展开始成为高层决策的指导思想，中央政府从加快现代化建设全局和全面建设小康社会出发做出了区域发展总体战略部署，西部大开发战略的实施，振兴东北地区等老工业基地，促进中部地区崛起，鼓励东部地区率先发展，东中西互动、优势互补、相互促进、共同发展的格局已初具雏形，区域经济协调互动机制正在健全，合理的区域发展格局正在形成。

第 14 章

中国区域经济差距发展的现状

14.1　区域经济发展差距的研究综述

由于受自然条件、人文地理、发展历史和国家区域发展战略等因素的综合影响，地区经济社会发展不平衡成为了中国经济发展中的一个突出问题，尤其是 20 世纪 90 年代以来，中国东部、中部和西部三大板块之间的差距持续扩大，引起了政府和学者们的高度重视。

国内对于区域经济差异的研究是在 20 世纪 90 年代以后，随着中国现实区域差距的显性化而逐渐兴起的，众多学者对中国区域差距进行了大量研究，集中分析了区域差距的发生根源、存在现状、变动趋势，并提出了许多具有建设性的建议。关于三大区域之间的差距，诸多学者的研究结论是：20 世纪 90 年代之前区域差距稳定或者有下降的趋势，但是进入 90 年代之后，地区间的差距明显扩大，尤其是东部和中西部的差距在扩大，并且这种趋势在短期之内不会有明显逆转。区域差距体现在人均GDP、人均收入水平和人均消费水平上。

杨开忠 (1989)[①] 以省区为单元，采用加权变异系数，以人均 GNP 指标计算得出结论：中国省区经济差距变化以 1978 年为转折，大致呈 "倒 U" 型变动；杨伟民 (1992)[②] 采用基尼系数分析地区之间收入差距的变动，得出的结论是：东部布局优先和政策倾斜的发展战略并没有从总体上扩大全国以及东、中、西部三大地带之间的经济发展差距，经济发展水平的总体差距没有扩大，反而缩小了；魏后凯 (1995)[③]

---

① 杨开忠：《中国区域发展研究》，海洋出版社，1989 年版。
② 杨伟民：《地区收入差距变动的实证分析》，《经济研究》，1992 年第 1 期。
③ 魏后凯：《区域经济发展的新格局》，云南人民出版社，1995 年版。

认为，新中国成立以来，中国区域经济增长大致可以分为三个时期：1952～1965年，随着工业化由沿海向内地的推进，人均国民收入差距出现了一定程度的缩小，1965～1978年，尽管国家在"三线"地区投入大量资金，但由于指导方针的失误，再加上"文革"的影响，地区间差距扩大，1978年以后由于改革在地区推进上的时差，再加上调控政策的不健全，各地区的人均收入水平不平衡格局加剧，魏后凯（1997）① 采用泰尔系数和广义嫡指数方法对地区差异的地理构成进行了分解，发现中国地区间居民收入差异主要表现为三大地带间差异和东部地区的省际差异，自1985年以来，中国地区间居民收入差异和东部地区内的省际差异64%以上是由东西部之间差异扩大引起的，有28%左右来源于东部地区内省际差异的扩大，对城乡居民收入差异进行分解的结果表明，1985年以来，中国城乡收入总体差异的扩大，大约有55%是来源于城乡之间居民收入差异的扩大，另外有38%左右则是由农村地区内省际收入差异扩大引起的；胡鞍钢、邹平（2000）② 按各地区1978年不变价格，较全面地计算了中国主要经济发展指标（包括人均GDP、人均财政收入和财政支出）的地区差距数据，得出了以下结论，从主要人均经济指标衡量（人均GDP指标）的地区差距数据，得出了以下结论，从主要人均经济指标衡量，中国已属于世界上经济发展差距较大的国家之一，新中国成立以来，中国经济发展差距变化经历了三个阶段（1952～1978年人均国民收入和人均GDP相对差距扩大或趋异阶段，1978～1991年期间为相对差距缩小或趋同阶段，1991～1995年期间为重新扩大或趋异阶段，今后一段时间内还呈现扩大趋势），根据他们的分析，改革开放以来，各地区人均国内投资总额相对差距不断扩大，并且高于人均GDP的相对差距，这一情况不利于消除地区间经济发展差距；蔡昉、都阳（2000）③ 认为，是人力资本禀赋稀缺、市场扭曲和开放程度不足使得中西部难以实现与东部地区的趋同；沈坤荣、耿强（2001）④ 认为，外商直接投资在区域间的不平衡分布加剧了地区间的不平衡发展；林毅夫、刘培林（2002）⑤ 认为，中国各省区之间发展水平差距主要原因是重工业优先发展的赶超战略下所形成的生产要素存量配置结构，与由许多省市的要素禀赋结构所决定的比较优势不一致；魏后凯（2002）⑥ 在分析1985～1999年的外商直接投资数据后进一步指出，东部发达地区与中西部落后地区之间GDP增长率的差异，大约90%是由外商投资差异引起的；沈坤荣、马俊（2002）⑦ 对1978年以后省际间的经济增长差异进行实证分析，认为

① 魏后凯：《中国乡镇企业发展与区域差距》，《中国农村经济》，1997年第5期。
② 胡鞍钢、邹平：《社会与发展——中国社会发展的地区差距研究》，浙江人民出版社，2000年版。
③ 蔡昉、都阳：《中国地区经济增长的趋同与趋异》，《经济研究》，2000年第10期。
④ 沈坤荣、耿强：《外国直接投资、技术溢出与内生经济增长——中国数据的计量检验与实证分析》，《中国社会科学》，2001年第5期。
⑤ 林毅夫、刘培林：《中国的经济发展战略与地区收入差距》，《经济研究》，2003年第3期。
⑥ 魏后凯：《外商直接投资对中国区域经济增长的影响》，《经济研究》，2002年第4期。
⑦ 沈坤荣、马俊：《中国经济增长的"俱乐部收敛"特征及成因研究》，《经济研究》，2002年第1期。

按照传统的东、中、西部划分不仅存在内部的集聚现象，而且存在条件收敛的特征，即在具有相同的人力资本、市场开放度等结构性特征的经济体之间存在一定的增长收敛趋势，也就是"俱乐部收敛"的现象；王文利（2004）[①] 分别将东部、西部的城镇居民收入和农民纯收入进行对比，得到一致结论：总体上看，20 世纪 70 年代末以来，东西部地区居民的差距呈现逐步扩大的趋势；张爱婷（2005）[②] 认为，自改革开放以来，东部、中部和西部三大经济区区域内部的省际差距在不断缩小，而三大区域之间的差距在不断扩大；李国平、范红忠（2003）[③] 认为，中国区域差距扩大的主要原因在于生产不断向东部地区集中的同时，人口没有相应地向那里集中，造成核心发达区域生产与人口分布的高度失衡；韩凤琴（2004）[④] 认为，东部与中西部差距不断扩大的主要原因在于制度差异，西部地区存在制度短缺，比如资源开发的价格补偿政策、传递制度等供给不足，也存在制度供给过剩，如地方政府的"零地租"等过度优惠制度；陈秀山、徐瑛（2004）[⑤] 计算的基尼系数、变异系数和 Theil 指数都显示：改革开放前，区域差距是比较大的，改革开放后一直到 1992 年之前，区域差距有所缩小，之后差距扩大得很快，从 1993 年开始，三大地带间的差距对于泰尔指标的贡献超过了地带内的差距，这说明从 1993 年开始，地带间差距开始成为中国区域差距的主要影响力量；徐现祥、李郁（2005）[⑥] 认为，地区差距主要是由产业结构变动和产业空间布局变动产生的；李善同、许召元（2005）[⑦] 研究表明，改革开放以来，中国的地区差距经历了一个先缩小后持续扩大的历程，2000 年以后，中国区域差距仍然在扩大，但扩大的速度已经逐步在减缓，特别是 2004 年出现了区域差距减小的迹象，这表明，政府采取适当的政策措施，包括促进落后地区的经济增长，减少农民负担，增加农民收入水平等，可以减缓区域差距扩大的趋势，实现区域经济协调发展的目标；刘夏明、魏英琪、李国平（2007）[⑧] 考察了 1980～2001 年间中国地区差距的演变趋势，并对基尼系数进行了分解，结果表明：中国地区总体差距在 20 世纪 80 年代有所下降，但在 90 年代却呈上升趋势，地区经济的总体差距主要来自沿海和内陆地区的差距，在各区域内部不存在所谓的"俱乐部"收敛。

---

① 王文利：《不均衡发展与中国东西部地区居民收入差距的实证分析》，《经济问题探索》，2004 年第 2 期。

② 张爱婷：《区域经济非协调发展的表现及原因》，《集团经济研究》，2005 年第 6 期。

③ 李国平、范红忠：《生产集中、人口分布与地区差异》，《经济研究》，2003 年第 11 期。

④ 韩凤琴：《地区差距：政府干预与公共政策》，中国财政经济出版社，2004 年版。

⑤ 陈秀山，徐瑛：《中国区域差距影响因素的实证研究》，《中国社会科学》，2004 年第 5 期。

⑥ 徐现祥、李郁：《市场一体化与区域协调发展》，《经济研究》，2005 年第 12 期。

⑦ 李善同、许召元：《近年来中国地区差距的变化趋势》，《国务院发展研究中心调研报告》，2005（41）。

⑧ 刘夏明、魏英琪、李国平：《收敛还是发散？中国区域区域经济发展争论的文献综述》，《经济研究》，2007 年第 7 期。

14.2 中国区域经济差距的现状

前述已经对区域差距的衡量分析进行了阐述，可以使用不同的方法来衡量中国区域差距及其变化趋势，表 14.1～表 14.4 就是根据前述中列出的公式所得到的使用不同表示方式来描述中国不同区域间的发展差距的明细表。

表 14.1 中国区域加权人均 GDP 比较 单位：元/人

年份	全国平均	东部平均	中部平均	西部平均
1978	366.7300	466.2000	312.9100	266.0000
1979	411.6200	516.5600	358.2100	294.1300
1980	453.0700	573.8900	391.2100	318.6000
1981	486.4400	613.6400	425.7000	336.6000
1982	534.5400	674.2200	462.0200	379.6500
1983	594.8400	745.7500	521.2500	417.0500
1984	699.3800	885.5100	608.4600	483.6200
1985	836.7200	1070.0900	719.4900	570.8600
1986	924.0200	1180.7500	797.0300	628.9000
1987	1085.8000	1407.6900	922.7300	722.5500
1988	1348.7600	1777.1900	1118.6400	889.3400
1989	1512.9100	1997.9700	1239.7900	1015.2500
1990	1660.4700	2151.2700	1371.8300	1173.4300
1991	1715.2800	2288.5100	1373.5300	1213.9700
1992	2078.7800	2855.0300	1619.2000	1398.0600
1993	2862.8000	4129.1200	2121.4900	1789.9900
1994	3851.3500	5470.5300	2917.4300	2408.1900
1995	4880.4900	6874.9400	3721.4600	2909.2700
1996	5731.8300	8106.3000	4444.9500	3485.7900
1997	6377.7900	9025.3900	4969.0900	3832.5600
1998	6818.2400	9686.1600	5280.0600	4089.9100

年份	全国平均	东部平均	中部平均	西部平均
1999	7164.1300	10309.8200	5429.0000	4250.4600
2000	8020.8600	11559.3200	5926.3400	4612.0500
2001	8602.6100	12465.5500	6419.3300	4988.6600
2002	9465.4900	13799.0400	7014.5000	5443.3000
2003	10893.0400	15949.6300	8028.0800	6147.0100
2004	13107.6600	19023.8500	9723.4800	7527.5000
2005	14185.3600	22431.9000	10261.7200	8534.1300
2006	16499.7000	27638.9500	11002.8300	9443.7900
2007	20169.4600	32282.9300	12754.1500	13212.0700
2008	23707.7100	42819.9000	17784.0800	15666.3200
2009	25575.4800	49073.3700	20499.2200	18234.1500
2010	29432.6788	56721.4889	23461.3127	20591.4615
2011	35416.5179	67654.3028	28415.9606	25215.8735
2012	38328.4321	79774.3125	29988.9167	28587.9166
2013	44581.7118	98292.0855	32154.7413	31635.1264

资料来源：根据相关年份《中国统计年鉴》数据计算整理得到。

　　从表14.1可以看到全国平均加权人均GDP从1978年的366.7300元/人增长为2013年的44581.7118元/人，平均增长速度为14.94%；东部地区平均加权人均GDP从1978年的466.2000元/人增长为2013年的98292.0855元/人，平均增长速度为16.81%；中部地区平均加权人均GDP从1978年的312.9100元/人增长为2013年的32154.7413元/人，平均增长速度为14.47%；西部地区平均加权人均GDP从1978年的266.0000元/人增长为2013年的31635.1264元/人，平均增长速度为14.88%。东部地区的平均加权人均GDP与中部地区和西部地区存在着显著的差异。

表14.2　　　　　　　　　　　中国区域人均GDP差距

年份	标准差	极差	变异系数	极值比率
1978	451.46	2310	0.97	14.28
1979	465.14	2352	0.92	12.59
1980	502.72	2506	0.91	12.5
1981	509.06	2558	0.86	11.62

续表

年份	标准差	极差	变异系数	极值比率
1982	518.23	2586	0.8	10.35
1983	544.31	2645	0.78	9.81
1984	544.31	2645	0.78	9.81
1985	712.57	3391	0.73	9.18
1986	745.19	3489	0.71	8.58
1987	817.24	3794	0.68	8.05
1988	960.16	4397	0.65	7.56
1989	1016.28	4612	0.62	7.32
1990	1099.24	5101	0.6	7.3
1991	1271.2	5765	0.63	7.76
1992	1558.26	7174	0.65	8.37
1993	2094.46	9827	0.67	9.32
1994	2734.8	12801	0.67	9.79
1995	3391.03	15953	0.68	10.22
1996	3907.46	18599	0.68	10.08
1997	4475.05	21147	0.7	10.4
1998	4926.34	22842	0.72	10.66
1999	5391.99	24526	0.74	10.64
2000	6042.23	27288	0.73	10.89
2001	6602.33	29333	0.73	10.78
2002	7397.17	32188	0.74	10.88
2003	8485.46	36429	0.75	10.84
2004	9924.34	42438	0.74	10.83
2005	11122.03	47008	0.72	10.3
2006	12395.74	51936	0.7	10.02
2007	12107.22	59452	0.66	9.68
2008	15451.91	64300	0.61	8.29
2009	16991.26	68680	0.63	7.66
2010	16994.58	69251	0.69	8.33
2011	17032.86	69949	0.73	9.36
2012	17077.96	70992	0.71	10.11
2013	17135.69	71449	0.70	9.68

资料来源：根据相关年份《中国统计年鉴》数据计算整理得到。

仅从标准差和极差两项指标分析，中国区域发展的绝对差距是不断扩大的，从
20 世纪 90 年代中期开始区域差距有加速扩大化的趋势，这也就是为什么从 20 世纪
90 年代中期开始，学者们更加关注中国的区域差距问题；二是从相对指标分析，变
异系数和极值比率两个指标在 1978～1990 年间是呈现稳步下降的，在 1991～2002 年
间是稳步上升的，在 2003 年至今是下降的，特别是 2007 年以后有较大的下降幅度，
这也可能得益于中国区域协调发展战略的实施。

表 14.3　　　　　　　　　　　中国三大区域 GDP 绝对总量差距

年份	绝对差差距值		相对差距	
	东部与中部	东部与西部	东部与中部	东部与西部
1978	755	1299	41.48	71.41
1980	931	1661	40.47	72.24
1982	1147	2041	40.85	72.68
1984	1513	2737	40.33	72.95
1986	2142	3795	41.65	73.79
1988	3618	5925	45.67	74.79
1990	4507	7299	45.13	73.11
1992	7509	11136	50.93	75.53
1994	14391	20992	53.8	78.48
1996	20362	29915	51.51	75.48
1998	25001	36563	51.96	75.99
2000	31474	44536	54.51	77.13
2002	39359	54853	55.64	77.54
2004	55564	78587	56.34	76.68
2006	72030	84739	60.75	71.46
2007	84535	98447	61.03	71.08
2008	99834	116353	60.43	70.43
2009	115304	134032	59.41	69.06
2010	127982	120617	58.07	70.33
2011	121061	103664	60.21	64.56
2012	124476	105262	58.24	68.17
2013	116916	119378	59.82	69.53

资料来源：根据相关年份《中国统计年鉴》数据计算整理得到。

从中国三大区域 GDP 总量的构成观察，同样呈现出东部地区和中部地区、西部地区相比存在较大的差异。从相对差距看，改革开放之初，1978 年东部地区和中部地区、东部地区和西部地区的相对差距分别为 41.48、71.41，而 2013 年东部地区和中部地区、东部地区和西部地区的相对差距分别为 59.82、69.53。经过近 40 年来改革开放，东部地区和中部地区的相对差距不断扩大，而东部地区和西部地区的相对差距却维持在一个较高的水平。

表 14.4　　　　　　　　　　　　中国区域加权变异系数

年份	省际差距	东部内部差距	中部内部差距	西部内部差距	东中西区域间差距
1978	0.8078	0.9791	0.3022	0.265	0.2394
1979	0.7452	0.9098	0.2716	0.2296	0.2316
1980	0.7337	0.8801	0.2816	0.2474	0.2418
1981	0.6703	0.7908	0.2507	0.2437	0.2404
1982	0.6297	0.7347	0.2567	0.2347	0.237
1983	0.611	0.7219	0.2413	0.2159	0.2347
1984	0.5877	0.676	0.2481	0.209	0.2436
1985	0.5803	0.6537	0.2129	0.2433	0.2545
1986	0.5586	0.6227	0.214	0.2409	0.2539
1987	0.5368	0.5713	0.2145	0.215	0.2698
1988	0.5204	0.5238	0.2146	0.234	0.2859
1989	0.4971	0.4885	0.2124	0.201	0.2863
1990	0.4767	0.4829	0.2145	0.2127	0.2633
1991	0.5355	0.538	0.224	0.23	0.2875
1992	0.5621	0.5375	0.2149	0.2402	0.321
1993	0.5669	0.4741	0.1705	0.2912	0.3796
1994	0.5368	0.4527	0.2092	0.2177	0.3611
1995	0.5284	0.4443	0.1767	0.2382	0.3626
1996	0.5234	0.4389	0.1754	0.2024	0.3587
1997	0.5337	0.4549	0.1782	0.2193	0.3603
1998	0.5495	0.4747	0.1738	0.2174	0.3643
1999	0.5712	0.4882	0.1737	0.2128	0.3788
2000	0.5913	0.4956	0.1878	0.2312	0.3926
2001	0.5986	0.509	0.1957	0.2294	0.3911
2002	0.6021	0.5066	0.1866	0.2284	0.397

续表

年份	省际差距	东部内部差距	中部内部差距	西部内部差距	东中西区域间差距
2003	0.6104	0.5059	0.1788	0.2368	0.4051
2004	0.5944	0.4937	0.1696	0.2405	0.3955
2005	0.5935	0.4874	0.1688	0.2511	0.3949
2006	0.5942	0.4762	0.1695	0.2544	0.3952
2007	0.5901	0.4713	0.1695	0.2557	0.3926
2008	0.5819	0.4684	0.1696	0.2651	0.3871
2009	0.5817	0.4672	0.1756	0.2642	0.3873
2010	0.5850	0.4539	0.1862	0.2732	0.3956
2011	0.5359	0.4963	0.1997	0.2644	0.3182
2012	0.5745	0.4637	0.1810	0.2600	0.3309
2013	0.5347	0.4666	0.1890	0.2716	0.3713

资料来源：根据相关年份《中国统计年鉴》数据计算整理得到。

从表14.4和表14.5的比较来观察，中国区域差距有两个明显的特点，一是长期性，中国的区域差距长期以来居高不下，改革开放初期虽然有较大幅度下降，下降的幅度接近一半，但很快这一差距又迅速扩大，省际差距的加权变异系数21世纪以来稳定在0.5~0.6之间；二是中国的区域发展差距世界罕见，在发达国家的发展史上，省际差距的加权变异系数大于0.5的不多，而中国除个别年份低于0.5的，区域差距长期高于世界上其他国家的历史最高水平，所以人们用中国人生活在四个世界来形容中国的区域差距，东部人生活在欧洲，而大多数中西部人生活在非洲，正是对中国不同区域巨大的长期发展差距的生动写照。

表14.5　　　　　发达国家历史上地区差距最严重时期的加权变异系数值

国家	年份	加权变异系数
英国	1937	0.116
意大利	1952	0.384
荷兰	1938	0.302
德国	1907	0.242
挪威	1939	0.424
加拿大	1935	0.237
美国	1932	0.410
法国	1955	0.305
瑞典	1930	0.539

资料来源：转引自王绍光、胡鞍钢：《中国：不平衡发展的政治经济学》，中国计划出版社，1999年版。

将表 14.6 中的中国区域差距的 Theil 指数（1978~2013）的分解结果中可以很清晰地观察到中国三大区域内部的差距以及中国不同区域之间的差距，区域之间的差距和东部地区的内部差距是导致中国区域差距居高不下的两大主导因素，总计贡献了中国区域差距的 85% 以上，东部地区的差距在改革开放初期比较大，随着中国经济的发展其内部的差距总体上呈现逐步缩小的趋势，这也就是说东部正在走向"富裕俱乐部"趋同，中部内部和东北三省内部的差距都很小，但西部地区内部的差距正有逐步扩大的趋势，这可能是由于某种原因导致不同地区发展能力的差异，区域间的差距贡献了中国区域差距的近 60%，在 1978~1990 年间区域间的差距是稳步缩小的，但从 20 世纪 90 年代这一差距扩大得很快，在 2003 年达到顶峰后开始减小，但减小的速度有限，区域差距仍然高于 20 世纪 80 年代水平。中国 31 个省（市区）的人均收入的基尼系数变化图分析，农村居民的人均收入水平的基尼系数一直高于城市居民的人均收入水平的基尼系数，高出将近一倍，说明中国农村地区分化现象已经相当严重；但两者具有近乎相同的变化趋势，在 1988~2000 年期间基尼系数呈现持续变大的趋势，从 1988~1996 年更是呈现加速上升的趋势，从 1996~1998 年有所缓和，但从 1998~2000 年提速上升，2000~2001 年出现快速下降，2002~2009 年开始一个相当长时间的缓慢下降的过程。

表 14.6　　　　　　　　　　　　　中国地区差距分解

年份	泰尔指数	东部贡献	中部贡献	西部贡献	东北贡献	区域间贡献
1978	0.2107	48.4	1.17	5.4	1.29	43.74
1979	0.1945	48.4	1.77	4.42	1.22	44.2
1980	0.1937	46.8	1.14	5.03	1.53	45.5
1981	0.1756	45.5	1.09	5.37	1.2	46.85
1982	0.1621	43.32	1.51	4.24	1.25	49.68
1983	0.1564	43.33	1.15	4.79	0.95	49.67
1984	0.1504	41.08	1.92	5.5	1.12	50.38
1985	0.1488	39.81	1.39	7.37	1.31	50.12
1986	0.1437	38.8	1.25	6.89	1.53	51.52
1987	0.1385	35.49	1.08	6.11	1.22	56.2
1988	0.1321	31.66	1.04	6.42	1.15	59.73
1989	0.1245	29.82	1.33	5.91	1.52	61.42
1990	0.1171	31.47	1.65	6.82	1.37	58.68
1991	0.1278	29.1	1.52	6.4	1.45	61.53
1992	0.1365	24.86	1.27	5.97	1.53	66.36

续表

年份	泰尔指数	东部贡献	中部贡献	西部贡献	东北贡献	区域间贡献
1993	0.1492	21.15	1.01	5.89	1.87	70.08
1994	0.1535	18.94	0.79	6.63	1.37	72.27
1995	0.156	19.06	0.71	6.76	1.02	72.45
1996	0.1609	18.12	0.85	6.5	0.81	72.72
1997	0.1613	20.43	0.98	6.2	1.05	71.34
1998	0.1657	20.83	0.99	5.72	1.05	71.42
1999	0.1716	20.82	0.9	5.08	1.05	72.14
2000	0.1804	20.79	0.96	5.53	1.1	71.62
2001	0.1822	21.12	1.02	5.47	0.92	71.46
2002	0.182	21.1	0.83	5.78	0.88	71.41
2003	0.1849	21.44	0.61	6.36	0.78	70.81
2004	0.1815	21.57	0.51	6.73	0.71	80.48
2005	0.1604	20.89	0.91	10.32	0.73	67.82
2006	0.1557	20.25	0.91	10.32	0.71	67.82
2007	0.1484	20.47	1.06	11.68	0.72	66.07
2008	0.1456	20.15	1.09	12.02	0.72	66.02
2009	0.1412	20.26	1.08	11.98	0.72	65.96
2010	0.1274	19.12	1.49	11.38	0.65	66.71
2011	0.1286	19.15	1.82	11.43	0.13	66.91
2012	0.1332	20.67	1.37	11.15	0.65	67.29
2013	0.1328	20.55	1.90	11.41	0.69	66.91

资料来源：根据相关年份《中国统计年鉴》数据计算整理得到。

第 15 章

资本的国内跨区流动与中国经济结构调整

15.1　跨区流动资本的类型

一国或一地的经济增长在短期受投资、消费和进出口贸易这"三驾马车"的影响较大，在长期则更多地取决于资本、劳动力、自然资源（土地、矿产等）以及科技的进步。由此可见，资本的流动和合理配置，既能带来短期的，也能带来长期的经济增长。从其实际效果来看，资本的净流入能增强流入地的发展能力，资本的跨区流动能通过调整各区域的收入结构、产业结构和发展水平来推动整个国家的经济结构调整。在中国的中西部地区，资本是最稀缺的生产要素，资本的合理流动能有效地引导其他生产要素的流动，引导其流动到适宜的地区和适宜的产业。跨区流动资本种类多样，但基本可以分为政府主导型的跨区资本和市场主导型的资本，而这两种类型的资本相互配合，则可称为混合型的资本流动。

15.1.1　政府主导型的跨区资本流动

在改革开放之前，中国的跨区资本流动几乎完全由政府来完成。这种局面的产生有着深刻的历史背景，不能简单地从经济学角度加以评判。毕竟新中国成立初期的各种资源都很有限，政府主导型的资本流动可以产生更高的效率，尽管这种效率很大程度上依赖于决策者。改革开放以后，随着经济的发展，以及政府对民间资本从开禁到鼓励的政策转变，市场主导型的跨区资本开始迅速增长。虽然如此，政府主导型的资本在中国整体的跨区资本流动当中，仍然具有重要的影响力。政府主导型的资本流动相对于产生的经济效益，往往更为重视社会效益，带有鲜明的政治性和战略性。比如改革开放初期，政府主导的资本流动大量地注入东部地区，尤其是经济特区，目的是加快培育经济的增长极，以带动国家整体经济的发展。而 20 世纪 90 年代末期，国家主导的跨区资本开始更多地支持中西部等内陆地区，目的是为了促进区域的协调发展，缩小内陆与东部沿海地区的发展差距。国家主导型的跨区资本主要以三种形态存在：一是财政系统的转移支付，二是国家控制的金融系统的贷款，三是大型国企的跨区投资。

政府主导型的资本流动很大程度上依赖于决策者，因此这类资本流动的效果有很大的不确定性，一旦决策违背了经济发展的客观规律，并且长期坚持运用，就可能使国民经济出现极为严重的恶化。而且没有证据表明，在长期，政府可以比市场更高效。

15.1.2　市场主导型的跨区资本流动

顾名思义，市场主导型的跨区资本流动是一种市场行为，因此这种流动的驱动力主要就是利润。古典经济学派相信"看不见的手"能自动实现资源的优化配置，最终达到帕累托最优状态。但利润并不是市场主导型资本唯一的驱动力，具体而言，主要的因素还包括：价格低廉的生产要素、空间上的便利条件、更为广阔的市场以及政府制定的优惠政策等。在中国东部向中西部地区的产业转移过程中，这几大因素都有涉及，在这一过程中，影响最大的就是生产要素的价格差别。东部地区的快速发展对高消耗、低产出、重污染型产业的依赖非常严重，这种增长方式在土地、资源、劳动力和环境等诸多方面都受到了越来越严重的束缚，生产要素的价格提高迅速，这使得劳动密集型产业的利润受到了严重压缩。而中西部地区的要素价格相对较低，对东部地区的资本形成了较大的吸引力。虽然市场主导型的跨区资本流动拥有多种优势，比如规模大、效率高、成本低等，但它也存在着较为明显的弊端，比如它较少考虑经济结构的合理性，并且忽视对资源和环境的影响。这容易造成区域发展的"马太效应"，并且可能导致资源的浪费。

15.1.3　混合型的跨区资本流动

由上可知，政府主导型和市场主导型各有利弊，而这两者的综合作用则可能实现取长补短。理想的情况是政府制定合理的规划，运用政策法规和其主导的资本与资金引导和影响市场资本进行跨区流动。在这一过程中，政府主导型与市场主导型的跨区资本各有分工，相互配合，相互支持。然而现实当中，政府参与的程度很难把握。干预得过少，则无法减弱市场主导型资本的弊端，无法实现经济结构的优化；干预得过多，则会降低投资的效率，造成与民争利的挤出效应，而错误的决策又可能严重影响宏观经济的发展，无法充分发挥社会资本的积极作用。显然中国的跨区资本流动属于这一类情况。

15.2 中国区域资本流动现状及存在问题分析

15.2.1 各地区资本形成总额的现状和趋势对比

资本形成总额是常住单位在一定时期内固定资本形成总额和存货变动价值之和，它可以看作是国民经济的投资需求。从总额的绝对值来看，全国各个地区在 2000 年至 2011 年这 12 年间（名义值）都有了非常大的提高。东部地区从 2000 年的 2.31 万亿元提升至了 2011 年的 13.0 万亿元，提高到了近 6 倍；西部地区也从 0.69 万亿元提高到了 7.21 万亿元，提高到了 10 倍以上。中部地区无论是在投资总量还是人均值上，都与西部地区非常接近。不难看出，中西部地区的增长速度远远高于东部地区，这种速度上的超越的趋势是从 2004 年前后开始的。而从各地的人均资本形成总额来看，东北地区在 2008 年竟然以 1.72 万元超越了东部地区的 1.62 万元，打破了东部地区保持了数十年的领先地位，并且这一优势在此后还出现了扩大的趋势。这与中国加快实施振兴东北等老工业基地战略是相符合的，为东北地区加快弥合与发达地区的差距创造了坚实的物质基础。而中西部地区与东部地区的人均值也出现了逐渐弥合的趋势。[1]

从投资率（我们以资本形成总额和 GDP 的比值作为投资率）来看，经济最发达的东部地区的投资率从 2005 年的 41.5% 缓慢上升至 2010 年的 49.9% 的高点，又回落至 2011 年间的 48.0%，六年间趋势比较稳定。西部地区的投资率在"十一五"期间一直在稳健上升，从 2005 年的 52.7% 快速上升至 2010 年的 76.0%，这与国家于 2000 年启动的"西部大开发"战略是吻合的。中部地区的投资率增长得更为迅速，但投资率的绝对水平一直低于西部（但高于东部地区）。东北地区投资率的增长速度是四大区域中最为强劲的，在 2000 年时，该区域的投资率还仅仅为 32.3%，但到了 2010 年，投资率已经提高至 82.0%，虽然在 2011 年回落至 71.9%（与当年的西部地区相同），但十几年间超过一倍的增加仍然非常可观。东北地区的投资率快速提高得益于国家于 2003 年推出的"振兴东北老工业基地"战略，而且辽宁省的优异表现带动了全区域的提升。还有一点值得注意，四大区域在 2011 年，投资率均出现了不同程度的下降，幅度最大的东北地区一年之间竟然下跌 10%。从数据来看，造成这种现象的原因是由于 2011 年各省市的资本形成总额相对于本地 GDP 而言增速大减，以

---

① 相关数据来源于历年《中国统计年鉴》。

东北地区为例，2011 年区域 GDP 增速为 21%，但当年资本形成总额却仅增长了 6.2%，而 2010 年的这一对数据却是 20.6% 和 29.5%，可见投资下滑非常明显。四大区域均出现投资率的明显下滑，并非反映地区经济摆脱了对投资的过度依赖，而是国务院"四万亿"投资刺激计划效果减退的征兆。投资与经济增长存在时滞，在增长方式没有出现根本性改变的情况下，2011 年的投资大幅下滑势必会影响接下来两三年的总体经济表现，值得我们关注。从各区域的资本形成总额占全国资本形成总额的比率来看，东部地区在稳步下降，从 2000 年的 56.2% 下降至 2010 年的 46.9%，而西部和东北这两个区域的占比则在缓慢提升，共同分享了东部地区"让出"的这近 10 个百分点。中部地区在这十年间的占比则基本没有变化。从这一变化可以看出，东部地区与其他三大区域在投资水平上的相对差距在缓慢缩小，初步扭转了自改革开放以来的分化趋势。①

15.2.2 各地区银行信贷资金分配的现状和对比

改革开放以后，国家对资金流动的管制逐步放松，信贷资金在不同区域间的流动也逐步扩大。另外，银行信贷也在一定程度上也替代了部分过去财政的功能。1996 年，全国统一的银行间同业拆借市场正式建立，极大地推动了不同区域间银行机构的资金流动，客观上也提高了信贷资金在推动区域经济发展领域的作用。各地区金融机构的存贷款总量分布情况是考察银行信贷资金区域分配情况和流动情况的重要指标。金融机构信贷资金的跨区流动的主要形式包括：存贷差额、银行间同业拆借净额以及银行资金的汇入和汇出。由于相关数据难以获得，下文针对金融机构存贷款资金存量和存贷差额变化展开分析。首先，中国三大区域的存款总额和人均存款差距巨大，但比重基本维持。东部地区在本外币存款总额上始终占据绝对优势，而且增长迅猛，从 2000 年的 8.8 万亿元快速增长至 2011 年的 47.2 万亿元，增长超过 5 倍，总量最少的东北地区也从 1.1 万亿元增长至了 5.6 万亿元，增长也超过了 5 倍（见表 15.1）。从能更准确反映地区差异的人均值上来看，西部、中部和东北地区之间的差异不明显，基本上各自是东部地区的一半上下。其次，四大区域的贷款总额和人均贷款差距同样巨大。四地贷款的对比情况与存款类似，可以明显地看到 2008 年之后，各地的贷款有了一个非常明显的加速增长态势。这个特别的增长是由于 2008 年国际金融危机席卷全球时，中国政府为了对抗危机，保证增长而采取的"四万亿投资计划"，各地都明显增加了投资数量，这使得这一时期的存款和贷款都有了非常明显的额外增长。然而从地区差距来看，这 12 年间四大区域间的（无论是总量还是人均值）差距仍然在扩大。但最近 5 年，四地的占比基本稳定了下来。从人均贷款的增速上来看，国家明

---

① 相关数据来源于历年《中国统计年鉴》。

显加大了对西部的支持力度。从 2004 年起，西部地区的贷款增速常常居于四大区域首位。而除去 2009 年这个特殊年份之外，东部地区的贷款增速总体上是在逐渐下降的，这也反映出国家对东部的调控思路。

表 15.1　　　　2001～2011 年三大地区金融机构本外币人均贷款余额增速

年份	东部地区	中部地区	西部地区
2001	17.9%	6.7%	8.2%
2002	20.9%	14.2%	13.9%
2003	24.6%	16.5%	19.0%
2004	13.4%	10.8%	14.9%
2005	9.0%	10.3%	8.2%
2006	15.2%	14.7%	15.5%
2007	15.9%	16.7%	19.2%
2008	13.2%	9.8%	14.1%
2009	40.0%	34.8%	37.4%
2010	14.7%	21.6%	25.4%
2011	10.9%	14.0%	18.9%

资料来源：根据相关年份《中国金融统计年鉴》数据计算整理得到。

15.2.3　各地区外国直接投资的对比

外国直接投资（Foreign Direct Investment，FDI）是现代的资本国际化的主要形式之一，是指在投资人以外的国家所经营的企业拥有持续利益的一种投资，其目的在于获得东道国企业的全部或部分经营控制权。

外国直接投资是经济增长的重要推动力量，在弥合中国区域差距方面也有着重要的影响。尤其是对于相对落后的非东部区域，外国直接投资往往可以带来大量资金、较为先进的技术与管理，以及创造大量就业机会。这有利于当地经济的长期发展。但对于外国投资者来说，非东部地区的缺陷也很明显：一是基础设施落后，二是交通比较闭塞，三是产业链不完整，四是市场消费能力一般。所以，中国三大区域的外国直接投资呈现出的情况是，东部地区占据了绝对优势，即使不考虑物价和汇率因素，其他两个区域仍然没有达到东部地区十多年前的水平。

东部地区即使是在 2008 年和 2009 年国际金融危机最严重的两年里，也只是出现了微量下滑，随即又恢复了强劲增长，这也充分说明了外国投资者对中国东部地区的信心。而非东部地区在金融危机发生后的几年间几乎没有受到影响（就整个区域来看确实如此，但具体到各个省份，则确实有些省份的 FDI 出现过大幅度的下降，比如山西省的 FDI 在 2009 年出现了高达 50.4% 的重挫），这种表现很可能是由于非东部地区的 FDI 多投资于非出口领域，因此对国际环境不甚敏感。

15.2.4　存在的主要问题

中国计划经济时期主要依靠行政命令调配资金，这种命令较少考虑成本与收益，更多的是体现政治意志。这种做法也有不得已的现实背景：新中国成立初期，全国的资本都很稀缺，有限的资本只能由行政的力量来集中起来办大事。同时，新生政权面对的国内外形势极为复杂和险峻，许多经济建设政策往往更多地要考虑许多经济之外的因素，这也就决定了当时的资本流动只得依赖政府调节。但随着经济的发展以及国内外形势的改变，这种调配方式的弊端变得愈发明显，且不论行政命令很少考虑成本与效益，就算考虑了，也不可能比市场更"聪明"、更"高效"。20 世纪 70、80 年代，改革开放打破了原有计划经济体制之后，东部地区凭借政策、地理以及历史因素，得到了非常迅猛的发展，其与中部、西部和东北地区的差距逐渐拉大。这种差距使东部地区具备了强大的吸引力，内陆的绝大部分地区不仅很难吸引到外部投资，就连自身的资本都在大量外流，而且外流的不仅是资本，包括劳动力、技能人才和自然资源等几乎所有可流动的生产要素都大量地流向了东部地区。

单从资金方面考察这种流失，主要有两种渠道：首先是通过银行的信贷资金和资本市场渠道流向东部地区。非东部地区的居民的存款所形成的贷款并没有用于本地区的经济发展，而是由银行机构投放至经济发达省份。资本市场也是类似的情况，东部地区的公司通过资本市场在非东部地区吸收资金。

以上渠道是"可见"的方式，但在东部地区和非东部地区之间还存在着较为隐蔽的方式。非东部省份由于工业化水平比东部地区要低，所以在国内的产业链上处于上游位置，大多只能向东部地区提供原材料和初级工业品。而东部地区凭借较高的工业化水平，将制成品销往非东部地区。而且在很长时期内，中国的价格体系并不尽合理，原材料和初级品价格受抑制。导致非东部地区在这种交易中遭受到了"剪刀差"，西部地区从国家获得的财政补贴仅够弥补这种损失而已。在这样的价格体系和分工格局之下，非东部地区自然资源开发的越多，损失的剪刀差也就越严重。这种隐性的资金流动也是造成区域经济失衡的重要因素。这里似乎是一个悖论：计划经济体制的资金调拨方式不符合经济规律，改革开放后的资本流动符合经济规律，却造成了地区经济差异拉大。马克思主义哲学指出：人们不能创造、消灭或改变客观规律，但却可以改变规律赖以发生的条件，让事物按照人们意愿的方向去发展。用数学的角度来看，马克思这一思想可以理解为：人们无法改变客观规律的"函数形式"，但却可以调整"规律函数"的"自变量"数值。

在资本跨区流动这一经济现象背后的客观规律就是资本的逐利性。资本自发流动的重要原因就是为了逐利，有利可图才会流动起来。就如同两条并联的电路，一条的电阻低，一条的电阻高，那么低电阻的线路所获得的电流一定高。资本之所以更乐于从西部流向东部，不仅仅是因为东部的投资机会多，投资回报高，还由于非东部地区的资本流动"阻力"很大。这里的"阻力"就是资本流动的成本，主要是指政策成本。资本海量地从非东部地区流向东部地区，境外投资也主要流向东部地区，这是资本在"用脚投票"。正如同人们不可能改变电流流动的规律，但可以通过降低线路电阻来增大电流一样，政府部门应该通过降低资本在本地区流动的成本，培育当地的"产业黏性"来吸引投资。

15.3 资本的国内跨区流动与经济结构调整的关联性分析

15.3.1 资本跨区流动对中国投资、消费和出口部门的影响

宏观经济发展的"三大需求"是指投资、消费和进出口。如前所述，中国宏观经济对投资的依赖非常严重，而消费却一直不振。中国的消费率在1995～2000年曾一度上升至62.3%的高位，随后就开始了长达10年的下滑，至2010年的48.2%。而投资则几乎呈现出完全对称的走势，投资率从1995年的40.3%持续下降至2000年的35.3%的最低点，随后迅速上升至2004年的43%，之后的三年保持在41%的水平上，非常平稳。进入2008年之后，投资率由于经济刺激计划又开始迅速提高，至2011年的48.3%的历史最高水平。投资和消费构成了中国国民生产总值的绝大部分，净出口所占份额大多位于5%以下。从三大需求对GDP增量的贡献率来看，见表24.2，消费的增长贡献率从1995年的44.7%振荡下降至1999年的35.8%，随后快速上升至2003年的39.6%。从2003年起，消费的增长贡献才开始出现平稳缓慢的上升趋势。2011年，回升至43.9%。而投资的增长贡献率则比消费要震荡得多，但2001～2011年，除了2005年的87.6%以外，投资的增长贡献率均超过了40%。[①] 虽然2009～2011年，该比率呈现明显的下降趋势，但绝对水平仍然非常高，反映出中国近十几年来的经济增长对投资的依赖仍然很高。净出口的增长贡献率波动得更为严重，反映出国际贸易环境的高度不稳定性，但波动的大趋势是在下降。

综合以上分析可知，中国目前仍然是典型的投资拉动型经济。虽然笔者一直强调中国经济增长对投资的过度依赖，但应该承认，一个经济体在经济发展的起步阶段，

---

① 历年《中国统计年鉴》。

对投资的高度依赖有一定的合理性。世界各国发展经验表明，在经济高速增长阶段，投资对经济增长的贡献普遍高于消费，尤其是对于两位数以上的经济增长而言。

　　一般认为，7%的经济增长率可以被视为经济高速增长与中速增长的分界线，根据国家统计局2013年公布的统计公报，中国2012年的经济增速已经下降至7.8%，已经逐渐接近了中速增长的状态。根据世界各国的一般经验，中速发展阶段中，消费对经济增长的贡献将逐步超过投资。可以认为一国的投资相对于消费而言具有更高的外生性，因此投资对经济增长的贡献率相对于消费来说往往波动更为剧烈，这在表15.2中也有体现。在经济中速发展阶段，投资的增长率往往会逐渐下降，而相对稳定的消费将逐渐接过投资的"接力棒"。而资本的跨区流动能够在这一过程中发挥积极作用。分析它的作用之前，要先研究造成中国消费水平低，投资水平高以及出口水平高的内在原因。根据经济学基本原理可知，在两部门经济中，投资恒等于储蓄，而储蓄被定义为总收入减去消费。因此当消费低迷时，储蓄会增加，导致投资大量增加。当加入外贸部门以后，如果消费仍然不振，而投资由于政策等外生性原因仍处高位，那么经济体就会被动地通过增加出口来消化过度增加的投资。

表15.2　　　　　　　　　　　中国三大需求对经济增长贡献分析

年份	消费		投资		净出口	
	贡献比例	拉动点数	贡献比例	拉动点数	贡献比例	拉动点数
1995	44.7	4.9	55	6	0.3	0
1996	65.1	5.5	22.4	1.9	12.5	1
1997	50.2	4.2	49.9	4.1	−0.1	0
1998	43.9	4	48.5	4.4	7.6	0.7
1999	35.8	3.6	63.2	6.3	1	0.1
2000	39.5	4	54.5	5.5	6	0.6
2001	38.7	4.4	38.5	4.3	22.8	2.6
2002	40.4	5.1	43.6	5.5	16	2.1
2003	39.6	5.6	42.5	6	17.9	2.6
2004	44.1	4.2	46.9	4.5	9	0.9
2005	49.8	4.6	87.6	8.1	−37.4	−3.5
2006	43.1	4.5	52.9	5.5	4	0.4
2007	55.5	5.2	48.8	4.5	−4.3	−0.4
2008	44.7	4.9	55	6	0.3	0
2009	65.1	5.5	22.4	1.9	12.5	1
2010	50.2	4.2	49.9	4.1	−0.1	0
2011	43.9	4	48.5	4.4	7.6	0.7

资料来源：根据相关年份《中国统计年鉴》数据计算整理得到。

因此可以发现，刺激消费对于改变投资、消费和进出口贸易的经济结构具有决定性意义。而资本的跨区流动可以显著提高落后地区，尤其是农村地区人民的收入水平。

首先分析中国消费的结构。中国按支出法统计国内生产总值时的消费包括政府消费（即经济学中的"政府购买"），从表 15.3 中我们可以看到，1990～2011 年这 22 年间，虽然有波动，但总体趋势是政府消费在消费总额中的比重缓慢提高。对比美国的这一比重：2011 年，美国的消费结构中，居民消费占比 78.0%，政府消费占比 22.0%。这一比例与中国 1990 年的比例几乎一样。如果说发达国家与中国国情差异过大，那么印度的消费比例对于中国可能更具参考价值，印度 2009 年的居民消费比重在 82.3%，政府消费占 17.7%，政府消费的占比美国还低。与中国消费结构相近的大国是具有强势政府色彩的俄罗斯，2009 年的这一比例为 73.4% 和 26.6%。

表 15.3　　　　　　　　　　1990～2011 年中国消费结构分析

年份	消费总额结构		居民消费结构	
	居民消费比重	政府消费比重	农村居民消费比重	城市居民消费比重
1990	78.2	21.8	49.6	50.4
1991	76.1	23.9	47.4	52.6
1992	75.6	24.4	44.9	55.1
1993	74.9	25.1	41.8	58.2
1994	74.7	25.3	40.6	59.4
1995	77.2	22.8	39.7	60.3
1996	77.3	22.7	41	59
1997	76.7	23.3	39.5	60.5
1998	76	24	36.9	63.1
1999	75.3	24.7	34.8	65.2
2000	74.5	25.5	33	67
2001	73.9	26.1	31.9	68.1
2002	73.9	26.1	30.7	69.3
2003	74.2	25.8	28.3	71.7
2004	74.5	25.5	27.1	72.9
2005	73.4	26.6	27.4	72.6
2006	73	27	26.4	73.6
2007	72.9	27.1	25.2	74.9
2008	72.8	27.2	24.8	75.2

年份	消费总额结构		居民消费结构	
	居民消费比重	政府消费比重	农村居民消费比重	城市居民消费比重
2009	73	27	23.5	76.5
2010	72.5	27.5	22.7	77.3
2011	72.2	27.8	22.7	77.3

资料来源：根据相关年份《中国统计年鉴》数据计算整理得到。

在居民消费之中，有更为明显的变化趋势，那就是城市居民的消费占比在22年间大幅上升27个百分点，到2011年时，城市居民的消费总额已经是农村居民消费总额的3.4倍以上，而当年的城镇总人口却只比农村总人口多5.2%。值得注意的是，1990年，城市居民消费总额与农村居民基本持平，但当时的农村人口却是城镇人口的2.8倍之多。这也就意味着，二十多年前，城乡消费总额相当，但人口相差近3倍，二十多年后，城乡人口相当，但消费总额却又相差近3倍。可以得出的结论是城乡人均消费对比情况在1990年之后的变化很小。其次，从劳动收入占国内生产总值的比重来看，2006~2008年这三年的该比例一直稳定在40%上下，而2009年这一比例突增至46.6%，随后又逐年下降至2011年的44.9%。纵观世界新兴经济体，印度、巴西和俄罗斯劳动报酬占比均在40%或以下，发达国家除澳大利亚接近50%外，其余国家均在50%以上，最高的为美国，达56.92%。应该说"劳动者报酬"是很难准确统计的，因为如今居民的收入来源种类繁多，难以准确界定哪些才属于劳动者报酬。但这一比例的变化趋势还是说明了中国收入分配方面存在的一些问题，也因此对中国居民的消费产生了重要的影响。

那么资本的跨区流动能如何促进中国的消费呢？首先，资本的跨区流动，尤其是从发达区域向落后区域的流动，可以显著改善中国"二元经济"的现状，提高落后区域居民的收入水平和生活质量。众所周知，收入水平是消费水平的决定性因素。而且低收入者的边际消费倾向也往往高于高收入者，因此落后区域居民收入的提高会显著提高中国整体的消费水平。其次，引导跨区资本流向民生领域，有利于释放民众的消费意愿。中国的投资向来"重生产，轻生活"，政府主导或引进的投资的全部目的几乎都是为了拉动经济总量。这样缺乏规划的投资往往造成大量的低水平重复建设，和产能过剩，浪费了大量资源，还破坏了资源环境。因此我们强调的跨区资本流动，是指以改善民生为直接目的的资本流动。比如大型高效的仓储物流体系（降低商品，尤其是鲜活农产品的流通成本），运营规范分布合理的学前教育和养老机构，保障房和经济适用房的建设以及与民生关系密切的轻工业等。最后，引导跨区资本流向"三农"领域。农业、农村和农民合称"三农"问题，目的是要解决农民增收、农业增长、农村稳定。如前文所述，中国改革开放之后，新增资本长期忽视农业领域，导致中国的农田基础设施建设严重滞后，农业技术和装备水平也远远落后于发达国家水平，与中国整体的经济社会发展情况也不匹配。"三农"问题不仅关系着国家的长治久安，也是制约中国整体消费水平的重要瓶颈。政府应主动将资本投向"三农"领域，并为这种流向的社会资本提供更多的优惠政策。

跨区的资本流动对于中国投资的影响主要在于：第一，资本的跨区流动可以提高投资的效率。提高消费对经济拉动的贡献率，也就相对降低了投资的贡献率，这种降低主要不是通过降低投资的绝对量来实现的，而是通过提高投资的效率，让单位投资产生更高的产出。而当前东部地区的投资面临着土地、资源和劳动力成本的多重挑战，转而流向内陆区域可能获得更高的回报。第二，资本的跨区流动可以将政府投资引向非生产经营性的项目，为民间资本留出发展空间。必须明确地认识到，政府获得收入（主要体现为税收）的根本目的是更好提高人民群众的物质文化和精神文化水平。因此政府主导的投资应尽量避开生产经营项目，避免与民争利。第三，跨区的银行信贷资金流动应加强对小微企业的支持。小微企业对于经济活力、经济效率和吸纳就业的意义非常重大。但由于金融业的体制问题，以及小微企业自身建设的不规范，导致大量的小微企业不得不向高利贷寻求融资。而另外，银行的大量信贷资金却流入了大型国有企业，如前所述，这些资金很大一部分变成了"高利转贷"，恶化了小微企业的融资环境。因此下一阶段的跨区信贷资金流动应及时纠正这一不良趋势，这无疑将提高中国投资的整体效率。中国的出口部门积累了大量的外汇，但却无法有效利用，这也就等同于中国无偿地在为外国（主要是西方国家）提供资源和劳动，这样做的主要目的就在于保障就业。而中国的就业之所以如此依赖出口部门，就是由于中国的出口部门多属于技术门槛较低的劳动密集型产业，就业吸纳能力非常可观。每年的大量投资造成的过剩产能最终只能通过出口部门消化。因此破解这一难题，核心就是要转移就业，也就是要在升级改造传统产业的基础上，大力发展现代服务业。从生产力角度上来说，就是通过提高传统产业的产出效率，来释放该产业的劳动力，让这些劳动力从参与初次分配转为参与再分配。也就是说，大力发展现代服务业并不是一个孤立的过程。升级改造传统产业，其实很大程度上指的是出口部门。尽管中国也有部分企业，比如华为和中兴等，拥有强大的技术优势和国际竞争力，但中国大多数的出口导向型的企业仍然是利润微薄、缺乏创新的劳动密集型企业。这类企业生存的根基就在于低廉的劳动力和土地成本，以及污染破坏环境的低成本（甚至是零成本）。一旦本地区的劳动力和土地成本上涨到一定程度，或者环境法规开始完善和严格，这些企业就很难生存下去。由于利润微薄，这类企业对汇率的波动也异常敏感。据品牌顾问公司 THEKEY 统计，一只在美国市场上售价为 24 美元的鼠标，渠道商能获得其中的 8 美元，品牌商获得 10 美元，而东莞的加工厂商只能从中获取 0.3 美元。然而随着中国巨额"双顺差"连年持续，人民币的升值压力越来越大，对中国低端出口制造业的生存也构成日益严重的威胁。对于一些处于产业链底部的、技术水平较低的初级制造业，应尽快转移到其他发展中国家或者中国的内陆地区，其中那些资源消耗大，环境污染严重的企业应坚决淘汰。对于基础较好的制造业企业，应进行产业升级，提高产品的技术含量，或者在原有基础上生产技术水平更高，附加值更大的产品。比如前面提到的鼠标制造厂，就应在长年代工当中逐渐掌握制造技术，力争创建自己的品牌。产业升级，创立品牌，当然不是一件轻而易举的事，资本的跨区流动在这一过程中可以发挥积极作用，政府应适当引导区域资本流向企业的研发领域以及高新技术产业。产业的升级换代不仅需要资本，更需要人才，而中国当前的高等教育与产业脱钩较为严重，而职业教育又普遍受到学生和社会的歧视，没有得到充分的发展。因此，政府在引导资本流向的同时，也应加大对教育领域的改革，提高产学研的结合度，并切实地发展职业教育，也即同时提高高技术人才和普通劳动者的素质。有了人才，更要用好人才，留住人才，政府和企业还应在用人机制上更为关注。只有这样，资本的跨区流动才能实实在在地助力传统产业的升级。传统产业的升级往往伴随着企业对劳动力需求的相对下降，出口部门吸纳就业的能力会逐步下降，这就要求我们在升级传统产业的同时，大力发展现代服务业。根据 2012 年 2 月，国家科技部发布的第 70 号文件，现代服务业是指以现代科学技术特别是信息网络技术为主要支撑，建立在新的商业模式、服务方式和管理方法基础上的服务产业。它既包括随着技术发展而产生的新兴服务业，也包括运用现代技术对传统服务业的改造和提升。现代服务业与出口部门并非相互隔绝，而是相得益彰的关系。现代服务业不仅能从融资、运营、技术、物流等诸多方面对出口部门给予支持，而且拥有发达服务业的城市对各层次，尤其是高端人才都具有很强的吸引力，能够为出口部门吸引并留住宝贵的人力资源。综上，资本的跨区流动可以通过改造提升传统产业，以及发展现代服务业，来改变中国出口部门的不利局面。

15.3.2　资本跨区流动对中国区域发展差距的影响

在大国区域的发展过程中，发展的速度和效率一直是经济学研究的重点问题。在这个方面，区域经济的均衡发展理论和非均衡发展理论都做出了有益的探索，对指导大国区域经济发展起到了重要的作用。首先要肯定的是，在经济发展的起步阶段，一定程度的区域发展差距是既是必然结果，也是整个国民经济进一步发展所必需的条件。这是由于在经济起步阶段，有限的发展资源必须集中于最具优势的少数区域，来为国民经济的下一步发展积蓄力量。然而，区域经济发展差距的过分扩大或者巨大差距的长期存在，必将对整个国民经济的健康发展和整个社会的稳定带来不利影响。因此，当经济发展到一定阶段，国家必须调整区域发展政策，利用发达地区的优势，借助其扩散效应，带动不发达地区的发展，从而达到地区协调发展的目的。改革开放近

40 年的伟大实践证明,邓小平提出的区域经济非均衡发展战略既顺应了经济发展的客观规律,又符合中国社会主义初级阶段的基本国情,有力地促进了中国经济的快速发展。随着中国经济的不断发展,中国四大区域的经济发展水平都有了很大的提高。但与此同时,四大区域之间的经济发展差距也出现了逐渐增大的趋势。见表 15.4,2000～2005 年,中国中部、西部和东北地区各自的国内生产总值占东部地区的比重大多呈下降趋势。从 2006 年起,三大区域各自占东部地区的比值都开始出现了不同程度的回升。通过对中国四大区域最近十几年的分析,可以做出以下总结:第一,改革开放之初提出的"增长极"式的区域非均衡发展战略取得了巨大成功,它使中国的经济总量保持了数十年的超高速增长。第二,中国经济总量的快速增长也伴随着区域间发展差距的拉大,东部地区的经济总量的全国占比长期超过 50%,城镇居民人均可支配收入达到其他三个区域各自的 1.44 倍以上,农村居民人均可支配收入达到中部地区的 1.47 倍,西部地区的 1.83 倍,东北地区的 1.23 倍。

表 15.4   2000～2011 年三大区域的 GDP 总量对比

年份	东部地区		中部地区		西部地区	
	GDP	占全国的比例	GDP	占全国的比例	GDP	占全国的比例
2000	51020.5	58.3317	19791	22.6271	16654.6	19.0412
2001	56360.1	58.2118	22210.5	22.9402	18248.4	18.8480
2002	62830.8	59.0326	23522.4	22.1004	20080.9	18.8670
2003	73280.9	59.7801	26348.5	21.4942	22954.7	18.7257
2004	88433.1	22.3256	32088.3	8.1009	275585.2	69.5735
2005	109924.6	60.8501	37230.3	20.6093	33493.3	18.5406
2006	128593.1	60.8471	43218	20.4497	39527.1	18.7032
2007	152346.4	60.3947	52040.9	20.6306	47864.1	18.9748
2008	177579.6	59.3864	63188	21.1314	58256.6	19.4822
2009	196674.4	58.8448	70577.6	21.1168	66973.5	20.0384
2010	232030.7	58.0732	86109.4	21.5517	81408.5	20.3751
2011	271354.8	56.9997	104473.9	21.9454	100235	21.0550

资料来源:根据相关年份《中国统计年鉴》数据计算整理得到。

第三,20 世纪 90 年代末开始陆续出台的西部大开发、振兴东北老工业基地、促进中部地区崛起和鼓励东部地区率先发展的区域经济协调政策在 2006 年开始显现成果,区域间的各项差距不断扩大的趋势得到了有效遏制。但四大区域间的绝对差距依然巨大,区域经济协调可持续发展的任务仍然十分艰巨。接下来我们再考察国民经济运行的效率问题，经济效率是国民经济运行健康程度的重要指标，它不仅关系到有限的资源能否创造更多的产出，更关系到当前的发展模式是否是可持续的。在新中国成立初期，我们虽然也强调"又快又好"地发展，但在实践中往往只注重速度，而忽视发展的效率和质量，这一情况在"大跃进"时期发展到了极其严重的程度。改革开放初期，打开国门的中国在意识到与西方国家巨大的差距之后，迫切的发展热情也使得发展的效率和质量一度被忽视。高速的发展更多的是依靠投入量的绝对增加，依靠不断地扩大规模来提高总量。应该说这在经济起飞的初期是很难避免的现象。但随着这种粗放式的发展越来越难以为继，中国从政府到微观主体，都开始发现了效率的重要性。从表 15.5 中可以看出两个明显的趋势：一是近几年来，各区域的单位能耗总体上都在下降，其中最显著的是中部区域，7 年间单位能耗下降了近 39% 之多；二是各区域的投入产出率（地区生产总值与固定资产投资的比例）大体都在下降，只是在 2011 年各区域均出现了不同程度的回升。单位能耗可以表明一个国家（或地区）经济活动中对能源的利用程度，和该国（或地区）经济发展对能源的依赖程度，还能间接反映出产业结构状况、设备技术装备水平、能源消费构成和利用效率等多方面内容。中国在"十一五"规划纲要中明确指出，"十一五"期间单位国内生产总值能耗降低 20% 左右、主要污染物排放总量减少 10%。这是贯彻落实科学发展观、构建社会主义和谐社会的重大举措；是建设资源节约型、环境友好型社会的必然选择；是推进经济结构调整，转变增长方式的必由之路；是维护中华民族长远利益的必然要求。

表 15.5　　　　　　　　　　2005～2011 年三大区域经济指标对比

年份	东部地区			中部地区			西部地区		
	固定资产投资	投资产出率	单位能耗	固定资产投资	投资产出率	单位能耗	固定资产投资	投资产出率	单位能耗
2005	45626.3	2.41	1.05	16145.6	2.31	1.54	21996.9	1.52	1.83
2006	54637.1	2.35	1.01	20896.6	2.07	1.48	21996.9	1.80	1.96
2007	64876.0	2.35	0.97	27746.2	1.88	1.42	28250.9	1.69	1.77
2008	77735.5	2.28	0.92	36695.2	1.72	1.34	35948.8	1.62	1.69
2009	95548.0	2.06	0.87	49851.8	1.42	1.25	49686.3	1.35	1.57
2010	115854.0	2.00	0.84	62890.5	1.37	1.21	61892.2	1.32	1.48
2011	130262.9	2.08	0.70	70823.6	1.48	0.94	72104.0	1.39	1.17

资料来源：根据相关年份《中国统计年鉴》数据计算整理得到。

投资产出率表明每一元固定资产投资能拉动几元国内生产总值。可以看到，在 2000 年时，中部、西部和东北区域的这一指标已经降到了 1.37、1.32 和 1.22，属于效率极低的水平，这是中国欠发达区域过度依赖投资拉动增长，所必然产生的现象。即使是发达的东部地区，最近几年的该数值也仅仅维持在2上下，而在改革开放初期的1990年，东部地区的该数值还在4.08，到2000年时，这一数值就已经下降至2.94，投资效率持续下滑。通过以上的分析不难看出，虽然中国四大区域在提高能源利用率方面都有了出色的表现，但它们对于投资的依赖都非常严重，投资对经济的拉动作用均已降低至令人警醒的水平。四大区域间在发展效率上的差距非常明显，但即使是最为发达的东部地区，在发展效率方面也亟待提高。经济发展速度和效率都非常重要，经济增长速度是国民经济运行质量的直接反映，保持适当的经济发展速度是国民经济高质量运行的基础和集中体现。国民经济效益是国民经济运行质量的核心。在资源有限的条件下，区域的经济发展最终只能依靠科技进步，不断提高经济效益，通过走内涵扩大再生产的道路。东部地区持续下滑的投资效率正说明了这一点。通过以上对区域经济发展速度和效率的分析，可以得出资本的跨区流动促进区域经济协调可持续发展的途径：

第一，政府应积极引导跨区资本更多地流向欠发达区域的基础设施建设。对于欠发达区域来说，交通闭塞和信息闭塞是制约其发展的基础性原因。交通的闭塞阻碍了项目、资金、技术和人才的进入，也阻碍了当地优势产品的外销；信息的闭塞不仅使得供需双方无法衔接，也使得欠发达地区在思维和文化等方面进步迟缓，对经济的发展造成严重拖累。另外，供水、供电、教育和卫生等方面的基础设施建设也同样会对欠发达区域的经济发展产生巨大的推动作用。可以说在欠发达区域进行基础设施方面的投资，能产生很高的投资产出效率，对于经济的长远发展意义重大。但由于基础设施多为公共服务性质的非盈利设施，因此流向这一领域的跨区资本主要是中央政府对欠发达区域的转移支付。

第二，跨区资本积极参与东部地区与欠发达区域间的产业转移和承接。东部地区在经历了数十年的高速发展之后，土地、能源和人工方面的制约越来越急迫，许多劳动密集型产业在东部地区的经营已经非常困难。东部地区急需"腾笼换鸟"，将不适合本区域发展新形势的产业转移出去，转而发展高附加值、低消耗的资本和技术密集型产业。而广大的内陆区域在土地、能源和人力方面均存在明显的比较优势，承接东部地区的劳动密集型产业可以实现双方的共赢，能同时提高各区域的发展速度和发展效率。但在承接东部产业转移的过程中要注意甄别，对于高污染高能耗的产业必须坚决淘汰。国家要在制度层面加强对这一过程的管控，防止欠发达区域在"GDP冲动"之下盲目引进转移项目。

第三，跨区资本更多地流向循环经济。从物质流动的方向看，传统的工业社会经济是一种"资源—生产—消费—废物排放"的单向流动的经济，而循环经济却是一种"资源—生产—消费—再生资源"的反馈式经济，最大限度地利用了投入系统的资源，对于当前中国紧张的能源和资源形势来说，大力发展循环经济具有重大的战略意义。在东部地区与欠发达地区进行产业转移和自身产业升级的过程中，应鼓励跨区资本更多地按照循环经济的要求进行投资，为区域的资源环境可持续发展做出贡献。

新古典经济学认为，在一个开放的条件下，人均收入应该收敛，而且一些经验研究支持这些观点。但是一些收入发散时期也会发生。发散导致人们重新思考问题。收敛理论在空间上要求要素具有充分流动性，或者要素价格均等化。但是如果在某些区域比在其他区域固定时间较长，那么上述一个或两个要求受到威胁，那么在较远地方的短期要长于较近地方的短期。因此，在熊彼特创新阶段，与较近地方相比能够迅速进行调整相比，偏远区域可能预期遭受人均收入的相对下降。

因此，发散可能与长经济波有关。而我们可以运用空间固定性提供解释。因此，我们采用屠能模型，我们应该预期，距离越远，使用专用性和空间固定性所产生的问题越严重。

首先，分析西部地区的产业结构优化问题。从自然条件和资源禀赋来看，中国西部区域虽然幅员辽阔，但多以山地、高原为主，大部分区域处于干旱、高海拔和高寒地带，生态环境脆弱、宜居条件较差。但该区域的矿产资源非常丰富，只是由于所处地势险峻，开采难度大、交通不便，很难为地方经济发展所利用，有的资源即便可以利用，也由于技术水平较低而造成严重的浪费。从区域间的分工情况来看，中国西部地区一直被当作东部地区的能源和原材料供应基地。这样的分工格局造成了西部区域被迫长期接受东部地区的"剪刀差"，制约了西部地区区域经济的发展和人民生活水平的提高。同时也使得西部地区的城镇化建设速度和水平非常落后，难以形成中心城市向周围农村区域扩散的生产要素传递网络，从而影响了西部地区经济发展总体水平的提高。接下来，我们分析东北地区的产业结构优化问题。东北地区是新中国工业的摇篮，同时也是计划经济历史积淀最深的地区。改革开放后，在市场经济飞速发展的新形势下，东北地区尤其是吉林和黑龙江两省的经济体制和经济结构越来越难以适应，主要表现有：国有经济比重偏高，经济市场化程度低，企业设备、制度老化，产业结构调整缓慢，企业历史包袱沉重，矿产资源衰竭，下岗职工数量多，就业和社会保障压力大等。

其次，为了扭转东北地区发展相对其他区域迟缓的现象，2003 年 10 月，党中央和国务院颁布了《关于实施东北地区等老工业基地振兴战略的若干意见》，对东北地区的发展实行有针对性的政策扶持。如何使东北老工业基地发挥传统优势，发展成为技术先进、结构合理、机制灵活、竞争性强的新型产业基地是促进中国区域经济协调发展的重要问题，这个问题的解决也必须要通过优化东北地区的产业结构来实现。东北地区应当将产业结构调整优化与企业改革相结合，致力于改善国有企业股本结构，构建有效的公司法人治理结构，并为非公有制经济的发展营造良好环境。还应坚持以市场为导向推进产业结构优化升级：提高能源的开采和使用效率，重点发展具有优势的装备制造业。但在产业结构优化的过程中应当合理配置水土资源，推进农业规模化、标准化、机械化经营，提升东北作为国家重要商品粮基地的地位，大力发展畜牧业、养殖业，延长产业链，提高附加值。

再次，分析中部地区的产业结构优化问题。中国中部六省在区位和资源方面具有相当明显的优势，山西、河南等省是国家的煤炭基地，尤其山西省的煤产量与调出量居全国各省之首；河南、安徽等省都属于农业大省，中部地区粮、棉、油产量占全国总产量的比例比较大，是中国重要的粮棉油基地。同时，中部地区地处全国水路运输网的中枢，具有承东启西、连南接北的区位优势。虽然中部地区的经济总量达到了相当的规模，但由于人口多、人口密度高，人均资源占有量低，人均 GDP 总量仅有全国平均水平的 2/3 左右。2006 年，国务院制定了《关于促进中部地区崛起的若干意见》，为中部地区的产业结构优化调整指出了明确的方向：稳步提升"三基地、一枢纽"地位，增强发展的整体实力和竞争力。逐步实现中部崛起。具体而言，中部地区应当充分发掘自身在农业产业领域的优势，推进农业产业化经营，加大对农业基础设施和农村生活设施建设的财政投入，进一步巩固国家重要粮食基地的地位。中部地区还应有效整合其丰富的煤炭和矿产资源，以优势产业为中心，联合重组，形成集群，发展循环经济，成为中国重要的能源基地。中部地区还应当利用自身处于全国水陆运输网中枢的地理优势，加快承接东部地区的产业转移，加强交通网络建设，促进中国东部地区和西部地区的沟通，为中国的区域经济协调可持续发展做出新的贡献。最后，我们分析东部地区的产业结构优化问题。中国东部地区的经济虽然保持了数十年的快速增长，但在经济增长方式上对高消耗、低产出、重污染型产业的依赖却未能有效改变，这种增长方式在受到 2008 年国际金融风暴的打击之后变得更加难以为继。转变增长方式、优化调整产业结构已经成了东部区域刻不容缓的发展任务。

具体来说，东部地区应当大力发展现代服务业、先进制造业和高新技术产业。这些产业的特征不仅是利润率更高，而且更重要的在于它们对土地和资源的占用及消耗更小，对生态环境的不利影响更轻。东部地区作为中国的发达地区，在调整自身产业结构的同时，还要肩负推动其他区域的共同发展的责任，使东部的产业升级与东部向中西部地区的产业转移密切结合，充分发挥自身的辐射带动能力，实现四大区域的协调可持续发展。我们对四大区域的产业结构优化问题做了逐一分析。针对区域间产业结构存在的问题，资本的跨区流动可以在以下方面予以助力：第一，各级政府要在优化区域间分工协作的思想下引导跨区资本流动。各区域的各级地方政府要摒弃狭隘的政绩观和地方保护主义心态，发挥各自产业区域的特色优势最终实现区域经济的一体化。这要求中央政府必须改革官员的选拔和评价体系，从制度上根除发展问题上的短视行为。发挥中央政府的主导作用，站在全局高度上，对中国各个区域的经济政策进行协调和管理。通过制定全面的、长期的发展战略来达到优化各区域产业结构和缩小各区域经济发展差距的目的。并鼓励各区域形成统一的区域产业政策，加强各级地方政府间的协调，为企业间的竞争创造良好的市场条件。通过竞争实现整合，逐渐形成以分工协作为基础的区域产业网络，进而形成区域的整体优势。尤其要重视促进发达区域与欠发达区域之间的互助合作。

第二，欠发达地区要利用跨区资本来发掘自身的后发优势，发展特色产业。中国的欠发达地区对自身的优势和特色往往并不重视或者并不了解。仅仅是简单地承接发达地区的淘汰产业，简单地复制东部地区的"成功经验"并不利于欠发达区域的长远发展。欠发达区域在制定产业政策时必须根据自身的特点和情况，充分发掘自身的比较优势，扬长避短地调整经济结构，引导跨区资本流向本地区的特色经济领域，发展区域经济。

第三，地方政府应引导跨区资本集中流向本地区的"增长极"。增长极区域对周边的城市和农村具有很强的示范、辐射和带动作用，能吸引人才、技术、资金等要素，有效地增强区域的竞争力。对于欠发达区域而言，能获得的跨区资本是很有限的，如果让这些跨区资本较为均匀地流向整个区域，很可能无法很快地扭转欠发达的状态。因此最大程度地发挥投资的作用就非常关键，中国中西部地区应该利用跨区资本优先发展那些具有特殊优势的地区，通过这些增长极的快速发展来带动本区域整体的经济发展。总结起来，中国产业结构面临的问题主要有：产业比例不尽合理，第一产业技术水平、基础设施和装备落后，人力物力和财力支持不足，第二产业低水平重复建设现象严重，低端产能过剩，技术水平和创新能力低，资源消耗大，环境破坏严重，第三产业，特别是现代服务业发展仍不充分等。"十二五"时期是中国由工业化中期向工业化后期转变的过渡时期，中国也因此迎来了调整产业结构的机遇期，各级政府应该充分利用跨区资本，抓紧这一历史机遇。跨区资本不应简单地转移和复制原有的产业，不应走过去粗放型投资的老路，具体而言，应注意以下几个方面：

其一，跨区资本应着力提升产业层次。各级政府应为产业层次的提升创造适宜的制度体系，正如前文分析的那样，中国企业的研发工作面临诸多现实困难，其中知识产权保护力度的薄弱是非常重要的因素，因此相关部门必须为企业创造良好的环境，将"鼓励创新"的文件落到实处。在此前提下，跨区资本不仅要重视产业链前端的研发投入，更要对产业链后端的市场培育和开放给予足够的重视；改变过去简单局限于生产商品的投资模式，转而向全产业链方向发展。使跨区资本从以工业为主转型为以服务业为主。

对于技术创新的重要性，社会的重视程度普遍很高，但对于产业链后端的开发，却往往得不到足够的重视。跨区资本应更加重视市场的分析、营销、供应链管理和品牌培育。将过去单纯在价格和质量上的竞争，逐步升级为价格、质量和服务的综合竞争。企业不再仅仅提供产品，而将提供个性化的服务和一整套系统的解决方案。跨区资本在开拓欠发达地区新市场，以及深入开发发达区域原有市场时，应进一步地细分市场，创新营销模式，培育自主品牌，提高响应速度，强化供应链管理，提升价值增长空间。

其二，跨区资本必须强化工业和服务业对农业的支持能力，加快发展现代农业。如前文所述，由于长期以来，中国第一产业创造产值的能力远远不如第二产业和第三产业，因此资本在选择投资方向时，较少会选择农业领域。因此国家应转变思路，吸引社会资本投入到农业领域，动员社会的力量来发展农业。这就需要农业领域能够产生足够高的投资回报率。国家必须做出重大的政策调整，鼓励和扶持大型的农业企业，尤其还要打通流通环节的层层壁垒，让过去损失在流通环节的利润回到生产者手中。另外还应加快发展农业保险产业，为易受自然条件影响的农业获得制度化的保障。还要加快提高农产品市场的信息服务水平。只有这样，才能使发达地区的资本流向欠发达的农村地区，实现农业的产业化和信息化，让农业领域也能实现较高的利润，充分利用市场的力量来实现农业的现代化。

其三，跨区资本可以支持战略性新兴产业的发展，培育国家和区域新的经济增长点。战略性新兴产业是关系到国家在世界经济、技术、政治乃至军事事务中的战略行动能力的产业。发展战略性产业，能够保障未来的国家安全和国家整体竞争力。战略性新兴产业是一个产业群，主要包括：新能源及相关产业群、下一代信息设备制造和计算机软件开发业、生物工程、新材料产业、环保产业和先进交通运输设备产业等。这些产业群的技术门槛很高，简单依靠跨区资本的流动很难自动实现这些领域的发展，必须依靠相关部门制定政策，鼓励和扶持现有相关领域的规模企业进行升级，为跨区资本进入这些领域提供便利。

其四，跨区资本可以加快服务业尤其是生产性服务业的发展。生产性服务业是指那些为了保持工业生产过程的连续性、促进工业技术进步、产业升级和提高生产效率提供保障服务的服务行业，它是与制造业直接相关的配套服务业。本身并不向消费者提供直接的、独立的服务，而是从制造业内部生产服务部门而独立发展起来的新兴产业。它依附于制造业企业而存在，贯穿于企业生产的上游、中游和下游诸环节中，以人力资本和知识资本作为主要投入品，把日益专业化的人力资本和知识资本引进制造业，是第二产业和第三产业加速融合的关键环节。从全球范围内看，当前制造业与服务业正呈现出相互融合、相互促进的趋势。一方面，全球的高端制造业企业已经越来越普遍地将服务作为提升自身竞争力的重要因素，加工制造环节之外的利润在制造业利润中的比重逐年提高，服务在企业活动中的地位也不断提升。而另一方面，制造业通过分工深化和服务活动的社会化，也推动了生产性服务业的发展和繁荣。"十二五"时期，跨区资本要顺应产业融合、分工深化细化的要求，从突破关键环节、提升价值链入手，通过与工业互动、体制创新和服务创新，加快生产性服务业的发展。

第 16 章

沉淀成本与区域资本流动理论
分析和实证检验

    我们从理论分析和实证检验两个角度对沉淀成本和区域资本流动进行了研究。其中，理论分析部分包括一个简单的基本模型和一个复杂的扩展模型。基本模型部分透过一个最为简单的模型表现投资沉淀率对企业跨地区投资组合的影响。在基本模型部分，得到了三条重要的结论，其中第一条结论强调投资沉淀率对投资的影响大于利率；第二条结论与传统投资理论的结论保持一致；第三条结论表明投资沉淀率的差异是导致资本空间流动的一个独立原因。这些结论表明本研究的资本跨地区流动模型扩展了比较优势的内容，即通过投资的沉淀成本这个概念把不同区域间经济背景上的比较优势模型化了。基本模型是比较简单的，因而能够给出模型的解析解，然而在复杂得多的扩展模型里面，为了保持模型的弹性而采用了很多参数，使得扩展模型无法给出解析解。不过，在扩展模型里面证明了模型是有解的，并对解的性质作了定性分析。这些分析表明，基本模型中关于投资沉淀率的推论在复杂的更为贴近现实的扩展模型里面依然成立。

    在实证研究方面，关于市场容量、工资、运输成本对资本跨地区流动的影响已经有大量的文献进行了计量检验和实证分析，因此我们计量检验的重点在于投资的沉淀成本对投资的影响、投资的沉淀成本和利率相比哪个对投资的影响更大和产品价格如何影响企业的投资决策，更能突出地理因素对经济结构战略调整的影响，拓展集群经济的贡献，将经济地理学方法与宏观与新制度因素形成互补关系①。我们借鉴了沙阿南（Shaanan，1994②）方法测算了 1999～2013 年中国 30 个省、自治区、直辖市的沉

---

    ① Scott, A. J., and Storper, M., 2003, Regions, Globalization, Development, Regional Studies, 37 (6): 579 – 593.

    ② Shaanan, J., 1994, Sunk Costs and Resource Mobility: An Empirical Study, Review of Industrial Organization, 9 (1): 717 – 730.

淀成本水平，并通过建立空间面板模型对上述数理分析的结论进行了检验。

16.1 基本模型

本节的主要目的是通过分析建立一个简单的基本模型凸显投资沉淀率对企业跨地区投资组合的影响。当然，这个基本模型在应用到具体实践中时需要进一步的调整，并将在下一节把这个简单模型扩展到与实际经济活动类似的约束空间，这就使模型的解释能力和预测能力都将大为增加。建立这个基本模型是必要的，因为它的直观和简洁是说服研究者认同该研究方法的有力武器。

基本模型有四条假设，分别是：（1）两地的消费者是不同的，但是同一个地方的消费者是同质的；（2）假设企业生产只需要投入资本，不需要雇佣劳动力；（3）从一个地方运输商品到另一个地方不需要运输成本；（4）消费者只消费两种商品，商品 1 由我们分析的厂商供给，商品 2 由其他厂商供给。

假设（1）与研究空间问题的一般方法保持一致，也为建立资本跨地区流动模型提供了技术上的便利。假设（2）是使得模型比较简洁的主要原因，事实上这种假设也广为许多研究国际投资问题的经济学家所采用。当然，另一类似的单要素方法是假定企业生产只需要劳动力而不需要资本，不过这种差异无关紧要。假设（3）是为了模型便于处理，实际上增加运输成本后除了技术上复杂得多以外并不影响模型的结论。假设（4）同样是为了简化模型。

假设 i 地代表性消费者的效应函数为 Cobb – Dauglas 效用函数

$$U_i(q_1, q_2) = (q_1)^\sigma (q_2)^{1-\sigma}, \ 0 < \sigma < 1, \ i = 1, 2 \tag{16.1}$$

其中 q_1 为在两地生产的企业所生产商品的数量；q_2 为其他企业生产的商品。消费者面临的约束为

$$p_{i,1} q_1 + p_{i,2} q_2 = I_i \tag{16.2}$$

其中 $p_{i,1}$ 为商品 1 在 i 地的价格，$p_{i,2}$ 为商品 2 在 i 地的价格，I_i 为 i 地消费者的收入。假设定价方式为厂方定价，运输成本由消费者支付。由于运输成本为 0，因此，

$$p_{1,1} = p_{2,1} = p_1, \ p_{1,2} = p_{2,2} = p_2 \tag{16.3}$$

这是因为，如果企业定价时采用差别定价，使得同一商品在两地价格不相等的话，那么由于运输成本为 0，消费者将进行套利活动，最终仍会使得等式（16.3）成立。企业将预期到这一点，因此它不会采用差别定价。这样，消费者面临的约束条件就变为

$$p_1 q_1 + p_2 q_2 = I_i \tag{16.4}$$

通过效用最大化

$$MaxU_i(q_1, q_2) = (q_1)^\sigma (q_2)^{1-\sigma} \tag{16.5}$$

$$p_1 q_1 + p_2 q_2 = I_i \tag{16.6}$$

可以得到消费者对 q_m 的需求函数,

$$q_m = \sigma I_m / p_m, \quad m = 1, 2 \tag{16.7}$$

由等式（16.3）、（16.7），得两地典型消费者的消费量有如下关系

$$\frac{I_1}{q_1} = \frac{I_2}{q_2} \tag{16.8}$$

然后我们来看企业的生产，假设企业的生产函数为指数型的，

$$Q_j = (K_j)^{1/2} \tag{16.9}$$

其中 Q_j 为企业在 j 地的产量，K_j 为企业在 j 地的投资。

下面考虑企业的生产成本。与其他理论模型不一样的是，本研究的成本函数包含了对投资的沉淀成本的考虑，即

$$c_j = l_j K_j + r_j (1 - l_j) K_j \tag{16.10}$$

其中 l_j 为 j 地的投资沉淀率，r_j 为 j 地的利率。本研究采用的成本函数与克鲁格曼和其他研究规模报酬递增的模型显然不一样，而更加贴近微观经济学的一般方法，这就导致分析方法与新国际贸易理论很不同。我们认为，新国际贸易理论所采用的成本函数具有先天缺陷，无法由局部均衡分析扩展为一般均衡分析。本模型虽然未能扩大到一般均衡，不过透过这种更为合理的函数形式它具备扩展为一般均衡模型的条件。

在这个成本函数里面，最为关键的是对投资成本的处理方式。由于认为投资实际上分为两种成本，一种是作为机会成本的利率，另一种是具有不可逆特征的沉淀成本，因此在这个成本函数的形式中二者是独立分开分别处理的。既然是沉淀成本，就不存在机会成本的特征，即不能通过把它借贷出去而获得利率。因此，在计算利息时必须把投资的沉淀成本排除在外。可以看到，本模型的资本成本与传统投资理论大不一样，除了考虑利率以外，还考虑了投资的沉淀成本。由于投资的沉淀成本是不可逆的，因此在成本计算的时候投资的沉没部分不应当考虑利息问题，而应当单独列为一项成本。而传统投资理论的资本成本为

$$cc_j = r_j K_j \tag{16.11}$$

完全没有考虑投资的沉淀成本不可逆的特征，这是不合理的。我们来比较这两个资本成本的大小：

$$c_j - cc_j = l_j K_j + r_j (1 - l_j) K_j - r_j K_j = l_j K_j (1 - r_j) \tag{16.12}$$

由于一般而言 $r_j < 1$，所以 $c_j - cc_j > 0$，即本研究的模型中的资本成本要大于传统投资理论中的资本成本，这直观地回应了为何企业在作出投资决策时总是表现得比传统投资理论认定的最优行为要谨慎得多。

下面继续建模：企业利润为

$$\pi = \sum_{j=1}^{2} p_j Q_j - \sum_{j=1}^{2} (l_j K_j + r_j (1 - l_j) K_j) \qquad (16.13)$$

企业利润最大化的投资由下述最优化问题决定，

$$Max\pi = \sum_{j=1}^{2} p_j Q_j - \sum_{j=1}^{2} (l_j K_j + r_j (1 - l_j) K_j) \qquad (16.14)$$

由最优化的一阶必要条件解得

$$K_j = \frac{1}{4} \left(\frac{p_j}{l_j + r_j (1 - l_j)} \right)^2, \quad j = 1, 2 \qquad (16.15)$$

结合等式（16.7），等式（16.15）也可写为

$$K_j = \frac{1}{4} \left(\frac{\sigma I_j}{q_j (l_j + r_j (1 - l_j))} \right)^2 \qquad (16.16)$$

由此可以看出，企业利润最大化时的资本最优配置取决于 4 个因素：两地的消费量 q_j，两地消费者的收入 I_j，两地的投资沉淀率 l_j，两地的利率 r_j。依据等式（16.16）来探讨这几个因素对投资的影响。

首先，考察 l_j 对 K_j 的影响，求 K_j 对 l_j 的一阶偏导数得

$$\frac{\partial K_j}{\partial I_j} = -\frac{\sigma^2 (I_j)^2}{2} \left(\frac{1}{q_j (l_j + r_j (1 - l_j))} \right)^{-3} q_j (1 - r_j) < 0 \qquad (16.17)$$

即 l_j 与 K_j 是负相关的，这就意味着对一地的投资与该地的投资的沉淀成本呈负相关关系。

再考察 r_j 对 K_j 的影响

$$\frac{\partial K_j}{\partial r_j} = -\frac{\sigma^2 (I_j)^2}{2} \left(\frac{1}{q_j (l_j + r_j (1 - l_j))} \right)^{-3} q_j (1 - l_j) \qquad (16.18)$$

由于 $0 < l_j < 1$，所以 $\frac{\partial K_j}{\partial r_j} < 0$，这与传统投资理论的结论是一致的。

不过，关于投资的沉淀成本和利率的影响更为重要的方面是二者哪一个对投资的影响更大。要考察这一点，对 $\left| \frac{\partial K_j}{\partial r_j} \right|$ 和 $\left| \frac{\partial K_j}{\partial l_j} \right|$ 的值进行比较即可，

$$\left| \frac{\partial K_j}{\partial r_j} \right| = \frac{\sigma^2 (I_j)^2}{2} \left(\frac{1}{q_j (l_j + r_j (1 - l_j))} \right)^{-3} q_j (1 - l_j) \qquad (16.19)$$

$$\left| \frac{\partial K_j}{\partial I_j} \right| = \frac{\sigma^2 (I_j)^2}{2} \left(\frac{1}{q_j (l_j + r_j (1 - l_j))} \right)^{-3} q_j (1 - r_j) \qquad (16.20)$$

显然二者的大小取决于最后一项，通常情况下 $r_j < l_j$，因此，$\left| \frac{\partial K_j}{\partial r_j} \right| < \left| \frac{\partial K_j}{\partial l_j} \right|$，也就是说，投资的沉淀成本对投资的影响要比利率大。

结论 1 投资沉淀率和利率理论呈负相关关系，但是投资沉淀率对投资的影响大于利率对投资的影响。

产品的单位价格 p_j 对投资 K_j 的影响是直接的。由等式（16.16）可知，在其他参数不变的情况下，K_j 是 p_j 的单调增函数。进一步地，等式（16.16）右边，即 $\dfrac{p_j}{l_j + r_j(1 - l_j)}$ 这个项，是商品的单位价格 p_j 与单位生产成本 $l_j + r_j(1 - l_j)$ 之比，这意味着一个地方某种商品的单位价格与单位生产成本之比决定了企业在该地对这种商品将投入多少资本进行生产。

结论 2 一地某种商品的生产上投入的资本取决于该地方这种商品的单位价格与单位生产成本之比，其中单位价格和投资正相关，单位生产成本与投资负相关。

同时，由等式（16.3）可以知道产品在两地的价格 p_1 和 p_2 必然是同时变化的，这对于分析企业在 j 地的产量 q_j 的变化对投资 K_j 造成的影响非常关键。

企业在 j 地的产量 q_j 的变化对投资 K_j 造成的影响并不仅仅由等式（16.16）中的函数关系决定，实际上，由等式（16.8）可知代表性消费者的收入 I_j 和产量 q_j 并不是互相独立的，如果 q_1 和 q_2 之间只有一个变化，那么相应的 I_j 也会变化使得 I_j / q_j 不会有任何变化。因此，由等式（16.16）的结束可知一个 q_j 变化不会影响 K_j 的值。只有两地 q_j 同时按照等式（16.8）限定的比例变化时，它们才共同对 K_j 造成影响。

由等式（16.8），还可以得出另一个重要推论，那就是即使其他经济变量全部相等，如果两地投资沉淀率不相等，而且初始的投资没有达到最优状态，那么这两个地区就必然出现资本流动。当其他经济变量全部相等时，即 $r_1 = r_2 = r$，且如前所述，$p_1 = p_2 = p$，有

$$K_j^* = \frac{1}{4}\left(\frac{p}{l_j + r_j(1 - l_j)}\right)^2 \qquad (16.21)$$

结论 3 投资沉淀率的差异是导致资本跨地区流动的一个独立经济原因。

16.2 扩展模型

通过基本模型的论证我们得到了三个重要结论，这些结论既保持了传统投资理论的结论，又能对传统投资理论未能处理的投资的沉淀成本的问题进行分析。不过基本模型还存在几个不足之处。首先效用函数问题，由于 Cobb - Dauglas 效用函数内生的不足，现在前沿的微观经济理论都不再使用这种形式的效用函数。同时，Cobb - Dauglas 效用函数不足以反映各地消费者的多样化需求，这就要求模型应当使用更有效的 SDS 效用函数。其次是生产函数的问题。基本模型假定只要有资本就可以生产出产品，这显然和现实不符，在扩展模型里面有必要把劳动这个变量加入到生产函数中去。

为了使模型充分一般化，将要建立的扩展模型将保持经济参数的参数形式，而不

用具体的数值来代替它们。当生产地和消费地具体化的时候，这些参数可以通过统计方法得到具体值，把这些参数的具体值代入模型就可以得到相应地方的资本跨区域流动分析。

16.2.1 消费分析

在前沿的经济理论中，消费函数一般都采用迪克西特、斯蒂格利茨（Dixit and Stiglitz，1977[①]）发现的具有良好性质的一种 CES 函数，函数的具体形式如下

$$U_i(q_{j,i,k}) = \left[\sum_{k=1}^{2} \sum_{j=1}^{n} \left(q_{j,i,k} \frac{\sigma_1 - 1}{\sigma_1} \right)^{\frac{\sigma_1(\sigma_2-1)}{\sigma_2(\sigma_1-1)}} \right]^{\frac{\sigma_2}{\sigma_2-1}}, \ i=1, \ 2 \tag{16.22}$$

其中，$q_{j,i,k}$ 为在 k 地生产商品 j 的企业所生产的在地消费的商品的数量；$\sigma_1 > 1$，代表同一个地方生产的任意两个商品间的替代弹性；$\sigma_2 > 1$，代表在不同的两个地方生产的任意两个商品间的替代弹性；n 是商品总数，同时也是企业的个数。采用 SDS 效用函数的最大好处是能表现消费者多样化的消费需求，不过这一点对于本模型的基本结论不构成有利条件，采用这种形式的效用函数建立模型是为了与经济学前沿经济理论保持一致，以便于模型的进一步扩展。

消费者面临的预算约束为

$$\sum_{k=1}^{2} \sum_{j=1}^{n} p_{j,i,k} q_{j,i,k} = E_i \tag{16.23}$$

其中 $p_{j,i,k}$ 为在 k 地生产商品 j 的企业所生产的在 i 地消费的商品的销售价格。通过效用最大化确定 i 地代表性消费者的需求函数

$$MaxU_i(q_{j,i,k}) = \left[\sum_{k=1}^{2} \sum_{j=1}^{n} \left(q_{j,i,k} \frac{\sigma_1 - 1}{\sigma_1} \right)^{\frac{\sigma_1(\sigma_2-1)}{\sigma_2(\sigma_1-1)}} \right]^{\frac{\sigma_2}{\sigma_2-1}} \tag{16.24}$$

$$\sum_{k=1}^{2} \sum_{j=1}^{n} p_{j,i,k} q_{j,i,k} = E_i \tag{16.25}$$

根据最优化问题的一阶条件，解得 i 地代表性消费者对商品 j 的需求函数

$$q_{j,i,k} = \frac{E_i (p_{j,i,k})^{\frac{\sigma_2(\sigma_1-1)}{\sigma_2-\sigma_1}}}{\sum_{k=1}^{2} \sum_{j=1}^{n} (p_{j,i,k})^{\frac{\sigma_1(\sigma_2-1)}{\sigma_2-\sigma_1}}} \tag{16.26}$$

假设 i 地的人口为 N_i，则 i 地对产品 j 的总需求为

$$Q_{j,i} = \frac{E_i (p_{j,i,k})^{\frac{\sigma_2(\sigma_1-1)}{\sigma_2-\sigma_1}}}{\sum_{k=1}^{2} \sum_{j=1}^{n} (p_{j,i,k})^{\frac{\sigma_1(\sigma_2-1)}{\sigma_2-\sigma_1}}} N_i \tag{16.27}$$

---

① Dixit, A., and Stiglitz, J., 1977, Monopolistic Competition and Optimum Product Diversity, American Economic Review, 67（3）：297 - 308.

16.2.2　生产分析

假设任何产品都存在异质性，也即任何产品都仅有一家企业生产。这条假设的限制性似乎很强，实际上与现实生活都是一致的，因为没有任何两个企业的产品在性能和质量上是完全一样的，差别限于同类企业的产品相互间的替代程度的大小。通过 SDS 效应函数，我们能够比较好地分析广泛存在异质性的商品组合对消费者行为的影响。因此，这一条假设并不脱离实际。由于商品是同一企业生产，可以进而假设企业在两地采用同样的技术。假设企业的生产函数为简单的 Cobb – Dauglas 形式，则商品 j 的生产商在 k 地的生产函数 $Q_{j,k}$ 为

$$Q_{j,k} = (K_{j,k})^{a_j}(L_{j,k})^{b_j} \tag{16.28}$$

其中 $K_{j,k}$ 为生产商品 j 的企业的生产资本，$L_{j,k}$ 为企业雇佣的劳动，a_j 和 b_j 代表资本与劳动对产出的贡献，满足 a_j 和 b_j 之和为 1。

假设投资可以在瞬间完成，那么如果企业有投资操作，上式变为

$$Q_{j,k} = (K_{j,k} + I_{j,k})^{a_j}(L_{j,k})^{b_j} \tag{16.29}$$

企业的生产用于满足两个地方的消费需求

$$Q_{j,k} = \sum_{i=1}^{2} Q_{j,i,k} \tag{16.30}$$

和基本模型中一样，我们把投资的沉淀成本计入生产成本，则企业在 k 地的生产成本 $c_{j,k}$ 为

$$c_{j,k} = l_{j,k}I_{j,k} + ((1 - l_{j,k})I_{j,k} + K_{j,k})r_{j,k} + \omega_k L_{j,k} \tag{16.31}$$

企业两地生产的总成本为

$$c_j = \sum_{k=1}^{2} c_{j,k} = \sum_{k=1}^{2} [l_{j,k}I_{j,k} + ((1 - l_{j,k})I_{j,k} + K_{j,k})r_{j,k} + \omega_k L_{j,k}] \tag{16.32}$$

其中，$r_{j,k}$ 为 j 行业在 k 地的利率，$l_{j,k}$ 为 j 行业在 k 地的投资沉淀率，ω_k 为 k 地的工资率。

假设企业的目标为利润最大化，通过利润最大化求解 $I_{j,k}$，

$$Max\pi_j = \sum_{k=1}^{2} p_{j,k}Q_{j,k} - \sum_{k=1}^{2} [l_{j,k}I_{j,k} + ((1 - l_{j,k})I_{j,k} + K_{j,k})r_{j,k} + \omega_k L_{j,k}]$$

$$\tag{16.33}$$

由于 $Q_{j,1}$ 和 $Q_{j,2}$ 都是凸函数，所以 $\sum_{k=1}^{2} Q_{j,k}$ 也是凸函数。同时，由于式（16.32）中 c_j 是 $I_{j,k}$ 和 $L_{j,k}$ 的线性函数，所以上述最优规划问题有解。根据最优化问题有解的一阶必要条件，模型的最优解满足以下方程组，

$$\frac{\partial \pi_j}{\partial I_{j,1}} = \sum_{k=1}^{2} p_{j,k}\frac{\partial Q_{j,k}}{\partial I_{j,1}} - \sum_{k=1}^{2} \left[(l_{j,k} + (1 - l_{j,k})r_{j,k})\frac{\partial I_{j,k}}{\partial I_{j,1}} + \omega_k \frac{\partial L_{j,k}}{\partial I_{j,1}} \right] = 0 \tag{16.34}$$

$$\frac{\partial \pi_j}{\partial I_{j,2}} = \sum_{k=1}^{2} p_{j,k} \frac{\partial Q_{j,k}}{\partial I_{j,2}} - \sum_{k=1}^{2} \left[(l_{j,k} + (1 - l_{j,k}) r_{j,k}) \frac{\partial I_{j,k}}{\partial I_{j,2}} + \omega_k \frac{\partial L_{j,k}}{\partial I_{j,2}} \right] = 0 \qquad (16.35)$$

$$\frac{\partial \pi_j}{\partial L_{j,1}} = \sum_{k=1}^{2} p_{j,k} \frac{\partial Q_{j,k}}{\partial L_{j,1}} - \sum_{k=1}^{2} \left[(l_{j,k} + (1 - l_{j,k}) r_{j,k}) \frac{\partial I_{j,k}}{\partial L_{j,1}} + \omega_k \frac{\partial L_{j,k}}{\partial L_{j,1}} \right] = 0 \qquad (16.36)$$

$$\frac{\partial \pi_j}{\partial L_{j,2}} = \sum_{k=1}^{2} p_{j,k} \frac{\partial Q_{j,k}}{\partial L_{j,2}} - \sum_{k=1}^{2} \left[(l_{j,k} + (1 - l_{j,k}) r_{j,k}) \frac{\partial I_{j,k}}{\partial L_{j,2}} + \omega_k \frac{\partial L_{j,k}}{\partial L_{j,2}} \right] = 0 \qquad (16.37)$$

显然，要通过上述方程组解出 $I_{j,k}$，必须求出 $\frac{\partial I_{j,2}}{\partial I_{j,1}}$ 的值，也即找到企业在两地新增投资的关系，这就需要对企业的融资问题展开进一步的讨论。一旦得到确定 $I_{j,1}$ 和 $I_{j,2}$ 的关系，就可以通过链导法则求得 $\frac{\partial Q_{j,2}}{\partial Q_{j,1}}$、$\frac{\partial L_{j,2}}{\partial I_{j,1}}$、$\frac{\partial L_{j,2}}{\partial L_{j,1}}$，最后确定 $I_{j,k}$ 的解。

在资本市场是完美的情况下，企业可以任意融资，因为企业只要把融资再贷出去就可以保证自身不会因为融资过多而受损。现实经济生活中，完美的资本市场显然是不存在的，任何企业进行融资都受到其经营状况的影响。以企业面临的市场容量代表企业的经营状况，为了简化问题，假设企业的融资能力 I_j 与其面临的市场容量为线性正相关的关系

$$I_j = \phi \sum_{i=1}^{2} \sum_{k=1}^{2} Q_{j,i,k}, \phi > 0 \qquad (16.38)$$

这就意味着企业融资有上限。假定企业总是充分利用其融资能力，即融入自己能够融到的所有资金进行投资活动

$$\sum_{k=1}^{2} I_{j,k} = I_j \qquad (16.39)$$

这里，$I_{j,k}$ 的取值范围是 $I_j - K_{j,k} \leq I_{j,k} \leq I_j + K_{j,k}$。原因在于，企业为了达到利润最大化的目标可能减少在一个特定区域的生产资本以增加在另一个地方的投资。不过，这种投资行为受到既有投资和市场容量的双重约束。市场容量对企业的约束表现为企业的融资限额由等式（16.39）决定，而既有投资的约束则表现为企业最多把在某个地方的生产资本完全转移到另一个地方，而不能进行超额的资本转移。

由恒等式（16.39）可以得到，

$$\frac{\partial I_{j,1}}{\partial I_{j,2}} = \frac{\partial I_{j,2}}{\partial I_{j,1}} = -1 \qquad (16.40)$$

由此得到了 $I_{j,1}$ 与 $I_{j,2}$ 的关系式。显然，这个关系是由前面两条关键性假定决定，当这两条假定不成立的时候需要通过其他途径确认二者的关系。

由等式（16.40），有

$$\frac{\partial Q_{j,2}}{\partial I_{j,2}} = \frac{\partial Q_{j,2}}{\partial I_{j,2}} \frac{\partial I_{j,2}}{\partial I_{j,1}} = -\frac{\partial Q_{j,2}}{\partial I_{j,2}} \qquad (16.41)$$

而

$$\frac{\partial Q_{j,2}}{\partial I_{j,2}} = a_j (K_{j,2} + I_{j,2})^{a_j-1} (L_{j,2})^{b_j} \tag{16.42}$$

有

$$\frac{\partial Q_{j,2}}{\partial I_{j,1}} = -a_j (K_{j,2} + I_{j,2})^{a_j-1} (L_{j,2})^{b_j} \tag{16.43}$$

进而

$$\frac{\partial L_{j,2}}{\partial I_{j,1}} = \frac{\partial L_{j,2}}{\partial I_{j,2}} \frac{\partial I_{j,2}}{\partial I_{j,1}} = \left(-\frac{\partial Q_{j,2} / \partial I_{j,2}}{\partial Q_{j,2} / \partial L_{j,2}} \right)(-1) = \frac{a_j L_{j,2}}{b_j (K_{j,2} + I_{j,2})} \tag{16.44}$$

$$\frac{\partial Q_{j,2}}{\partial L_{j,1}} = \frac{\partial Q_{j,2}}{\partial I_{j,2}} \frac{\partial I_{j,2}}{\partial L_{j,1}} = b_j (K_{j,2} + I_{j,2})^{a_j-1} (L_{j,2})^{b_j} \tag{16.45}$$

$$\frac{\partial L_{j,2}}{\partial L_{j,1}} = \frac{\partial L_{j,2}}{\partial I_{j,2}} \frac{\partial I_{j,2}}{\partial L_{j,1}} = -\frac{L_{j,2}(K_{j,1} + I_{j,1})}{L_{j,1}(K_{j,2} + I_{j,2})} \tag{16.46}$$

这样，可以把 FOC 条件具体化为

$$\frac{\partial \pi_j}{\partial I_{j,1}} = a_j (p_{j,1}(K_{j,1} + I_{j,1})^{a_j-1}(L_{j,1})^{b_j} - p_{j,2}(K_{j,2} + I_{j,2})^{a_j-1}(L_{j,2})^{b_j}) + (l_{j,2} + (1 - l_{j,2})r_{j,2})$$

$$- (l_{j,1} + (1 - l_{j,1})r_{j,1}) - \frac{a_j \omega_2 L_{j,2}}{b_j (K_{j,2} + I_{j,2})} + \frac{a_j \omega_1 L_{j,1}}{b_j (K_{j,1} + I_{j,1})} = 0 \tag{16.47}$$

$$\frac{\partial \pi_j}{\partial L_{j,1}} = p_{j,1} b_{j,1}(K_{j,1} + I_{j,1})^{a_j}(L_{j,1})^{b_j-1} + p_{j,2} b_j (K_{j,2} + I_{j,2})^{a_j-1}(L_{j,2})^{b_j} - \frac{b_j}{a_j} \frac{K_{j,1} + I_{j,1}}{L_{j,1}}$$

$$[(l_{j,2} + (1 - l_{j,2})r_{j,2}) - (l_{j,1} + (1 - l_{j,1})r_{j,1})] - \omega_1 + \omega_2 \frac{L_{j,1}}{K_{j,1} + I_{j,1}} \frac{K_{j,2} + I_{j,2}}{L_{j,2}} = 0$$

$$\tag{16.48}$$

由于 $I_{j,1}$ 与 $I_{j,2}$ 线性相关，$L_{j,1}$ 与 $L_{j,2}$ 的并非线性相关，因此 FOC 条件实际上包含三个方程组和三个未知数。当然，由于模型的所有指数都采用参数化形式，这个最优化问题没有统一的解析解。根据企业所处行业的差异，其采用的技术必然不一样，与模型相对应就是 a_j 所取的值不同。实际上，在很多情况下，最优化问题是不会有解析解的。不过，由于能够明确这个最优化问题是有解的，可以通过数值方法求得本问题的解。而且没有解析解并不影响我们通过定性分析确认投资的沉淀成本对企业跨地区投资决策的影响。

由方程组（16.47、16.48），我们可以得到企业因应不同参数的最优投资决策路径。现在进一步讨论投资的沉淀成本对企业最优投资决策的影响。首先，当企业通过投资和雇佣劳动力的变化达到利润最大化的目标时，由 FOC 有下述恒等方程组成立，

$$\begin{cases} \dfrac{\partial \pi_j}{\partial I_{j,1}} = 0 \\[2mm] \dfrac{\partial \pi_j}{\partial L_{j,1}} = 0 \end{cases} \tag{16.49}$$

考察 $l_{j,1}$ 和 $r_{j,1}$ 对 $I_{j,1}$ 的影响。假设 $l_{j,2}$ 和 $r_{j,2}$ 不变，并且假设 $l_{j,1}$ 和 $r_{j,1}$ 是相互独立的。由于方程组（16.49），有

$$\frac{\partial \pi_j}{\partial I_{j,1}} = a_j \left(p_{j,1} (K_{j,1} + I_{j,1})^{a_j-1} (L_{j,1})^{b_j} - p_{j,2} (K_{j,2} + I_{j,2})^{a_j-1} (L_{j,2})^{b_j} \right) + (l_{j,2} + (1 - l_{j,2}) r_{j,2})$$

$$- (l_{j,1} + (1 - l_{j,1}) r_{j,1}) - \frac{a_j \omega_2 L_{j,2}}{b_j (K_{j,2} + I_{j,2})} + \frac{a_j \omega_1 L_{j,1}}{b_j (K_{j,1} + I_{j,1})} = 0 \tag{16.50}$$

令

$$\Delta_j = a_j \left(p_{j,1} (K_{j,1} + I_{j,1})^{a_j-1} (L_{j,1})^{b_j} - p_{j,2} (K_{j,2} + I_{j,2})^{a_j-1} (L_{j,2})^{b_j} \right)$$

$$- \frac{a_j \omega_2 L_{j,2}}{b_j (K_{j,2} + I_{j,2})} + \frac{a_j \omega_1 L_{j,1}}{b_j (K_{j,1} + I_{j,1})}$$

有

$$\Delta_j + (l_{j,2} + (1 - l_{j,2}) r_{j,2}) - (l_{j,1} + (1 - l_{j,1}) r_{j,1}) = 0 \tag{16.51}$$

在（16.51）左右两边对 $l_{j,1}$ 求导，有

$$\frac{\partial \Delta_j}{\partial I_{j,1}} \frac{\partial I_{j,1}}{\partial l_{j,1}} - (1 - r_{j,1}) = 0 \tag{16.52}$$

同样，定义方程式（16.51）左右两边对 $r_{j,1}$ 求导，有

$$\frac{\partial \Delta_j}{\partial I_{j,1}} \frac{\partial I_{j,1}}{\partial l_{j,1}} - (1 - l_{j,1}) = 0 \tag{16.53}$$

如果 $\frac{\partial \Delta_j}{\partial I_{j,1}} = 0$，上面两个等式必然都不成立，与前面的恒等式（16.49）矛盾，所以 $\frac{\partial \Delta_j}{\partial I_{j,1}} \neq 0$，

$$\frac{\partial I_{j,1}}{\partial l_{j,1}} = \frac{1 - r_{j,1}}{\frac{\partial \Delta_j}{\partial I_{j,1}}} \tag{16.54}$$

$$\frac{\partial I_{j,1}}{\partial r_{j,1}} = \frac{1 - l_{j,1}}{\frac{\partial \Delta_j}{\partial I_{j,1}}} \tag{16.55}$$

由于 $0 < r_{j,1} < 1$ 且 $0 < l_{j,1} < 1$，显然 $\frac{\partial I_{j,1}}{\partial l_{j,1}}$ 和 $\frac{\partial I_{j,1}}{\partial r_{j,1}}$ 是正数还是负数都取决于 $\frac{\partial \Delta_j}{\partial I_{j,1}}$，下面我们来分析 $\frac{\partial \Delta_j}{\partial I_{j,1}}$。

由 $\partial \Delta_j$ 的定义方程式（16.51）有

$$\frac{\partial \Delta_j}{\partial I_{j,1}} = p_{j,1} \frac{\partial^2 Q_{j,1}}{\partial (I_{j,1})^2} + p_{j,2} \frac{\partial^2 Q_{j,2}}{\partial (I_{j,2})^2} - \left(\omega_1 \frac{\partial^2 L_{j,1}}{\partial (I_{j,1})^2} + \omega_2 \frac{\partial^2 L_{j,2}}{\partial (I_{j,2})^2} \right) \tag{16.56}$$

而 $p_{j,1} > 0$，$p_{j,2} > 0$，$\frac{\partial^2 Q_{j,1}}{\partial (I_{j,1})^2} < 0$，$\frac{\partial^2 Q_{j,2}}{\partial (I_{j,2})^2} < 0$，$\omega_1 > 0$，$\omega_2 > 0$，且

$$\frac{\partial^2 L_{j,1}}{\partial (I_{j,1})^2} = \frac{\partial \left(\frac{\partial L_{j,1}}{\partial I_{j,1}} \right)}{\partial I_{j,1}} = \frac{a_j L}{(b_j)^2 (K + I)^2} > 0 \quad (16.57)$$

所以

$$\frac{\partial \Delta_j}{\partial I_{j,1}} < 0 \quad (16.58)$$

进而

$$\frac{\partial I_{j,1}}{\partial l_{j,1}} = \frac{1 - r_{j,1}}{\frac{\partial \Delta_j}{\partial I_{j,1}}} < 0 \quad (16.59)$$

$$\frac{\partial I_{j,1}}{\partial r_{j,1}} = \frac{1 - l_{j,1}}{\frac{\partial \Delta_j}{\partial I_{j,1}}} < 0 \quad (16.60)$$

下面，比较 $l_{j,1}$ 和 $r_{j,1}$ 对 $I_{j,1}$ 的影响的大小。在一般情况下，$l_{j,1} > r_{j,1}$，因而

$$1 - l_{j,1} < 1 - r_{j,1} \quad (16.61)$$

由于

$$\frac{\left| \frac{\partial I_{j,1}}{\partial l_{j,1}} \right|}{\left| \frac{\partial I_{j,1}}{\partial r_{j,1}} \right|} = \frac{1 - r_{j,1}}{1 - l_{j,1}} \quad (16.62)$$

结合等式（16.61）有

$$\frac{\left| \frac{\partial I_{j,1}}{\partial l_{j,1'}} \right|}{\left| \frac{\partial I_{j,1}}{\partial r_{j,1}} \right|} = \frac{1 - r_{j,1}}{1 - l_{j,1}} > 1 \quad (16.63)$$

所以，$l_{j,1}$ 对 $I_{j,1}$ 的影响比 $r_{j,1}$ 大。同理可以证明 $l_{j,2}$ 对 $I_{j,2}$ 的影响比 $r_{j,2}$ 大。这样就证明了在扩展模型里面的前述简化模型中得到的结论仍然成立。

16.3   实证检验

16.3.1   数据来源及说明

关于沉淀成本（sunk cost）理论研究越来越多，但是关于沉淀成本在实证研究中度量问题却一直是相关研究的难点，这主要是因为测算沉淀成本的相关变量往往都难

以观测得到[1]。目前关于沉淀成本测算的代表性方法主要有：沙阿南（Shaanan，1994）[2]、布雷斯纳汉、雷斯（Bresnahan and Reiss，1994）方法[3]、罗伯茨、泰伯特（Roberts and Tybout，1997）方法[4]、莱姆波森、詹森（Lambson and Jsensen，1998）方法[5]。沙阿南（Shaanan，1994）方法主要是利用宏观经济指标基于投资成本的二分法来测算沉淀成本，布雷斯纳汉、雷斯（Bresnahan and Reiss，1994）方法、罗伯茨、泰伯特（Roberts and Tybout，1997）方法、莱姆波森、詹森（Lambson and Jsensen，1998）方法均是利用微观数据测算沉淀成本。考虑到现有中国统计数据的可得性，我们借鉴沙阿南（Shaanan，1994）的方法测算得到了 1999～2013 年全国 30 个省级行政区的沉淀成本水平。

现对利用投资成本的二分法来测算沉淀成本基本原理和计算进行阐明。根据如下的投资成本的二分法

$$c_j = l_j K_j + r_j (1 - l_j) K_j \qquad (16.64)$$

固定资产投资价格指数可以看作是投资的沉淀成本。中国统计局对固定资产投资价格指数的编制作如下说明。固定资产投资价格调查采用重点调查与典型调查相结合的方法。固定资产投资价格调查所涉及的价格是构成固定资产投资额实体的实际购进价格或结算价格。调查的内容包括构成当年建筑工程实体的钢材、木材、水泥、地方材料（如砖、瓦、灰、沙、石等）、化工材料（如油漆等）等主要建筑材料价格；作为活劳动投入的劳动力价格（单位工资）和建筑机械使用费用；设备工具购置和其他费用投资价格。

显然，在固定资产投资价格指数中包含了投资使用的所有方向，唯一不包含的恰恰是投资的利息成本，这就为使用固定资产价格指数在实证检验中近似的替代投资的沉淀成本提供了合理性。不过，由于本模型采用的分析方法是均衡分析，而中国是一个处于高速发展中的经济大国，这就要求计量检验中必须提出经济增长对投资成本指数的影响。对此可以采取的方法有两种：一种方法是把 GDP 或者 GDP 增长率作为独立变量放在回归方程里面，称之为 GDP 分离法；另一种方法是把 1 与实际经济增长率（RG）的差作为系数，乘以固定资产投资价格指数，就成为均衡状态下投资价格指数的变化，称它为均衡投资价格指数（SCOST）。采用均衡投资

① Aguirregabiria, V., and Nevo, A., 2010, Recent Developments in Empirical IO: Dynamic Demand and Dynamic Games, Working Papers 228, University of Tornoto.

② Shaanan, J., 1994, Sunk Costs and Resource Mobility: An Empirical Study, Review of Industrial Organization, 9 (1): 717 – 730.

③ Bresnahan, T., and Reiss, P., 1994, Measuring the Importance of Sunk Costs, Annales D'Economie et de Statisque, 31: 183 – 217.

④ Roberts, M., and Tybout, J., 1997, The Decision to Export in Columbia: An Empirical Model of Entry with Sunk Costs, American Economic Review, 87 (4): 545 – 564.

⑤ Lambson, V., and Jensen, F., 1998, Sunk Costs and Firm Value Variability: Theory and Evidence, American Economic Review, 88 (1): 307 – 313.

价格替代投资的沉淀成本进行检验的方法称之为均衡法。关于上面相关变量，存在
如下关系：

$$SCOST_t = (1 - RG_t) \times COST_t \tag{16.65}$$

其中

$$RG_t = G_t - \pi_t \tag{16.66}$$

$$\pi_t = \frac{GDPPI_t - 100}{100} \tag{16.67}$$

G 为名义经济增长率，π 为通胀率，用价格指数可以计算出历年的 π 值，进而可
以通过上述公式计算出年实际增长率。样本为 1999~2013 年全国 30 个省级行政区的
上述相关数据，数据来源于相关年份的《中国统计年鉴》《中国金融年鉴》《新中国
统计 60 年统计资料汇编》以及相关地区的统计年鉴。

模型中的变量包括，全社会固定资产投资（INV）、固定资产投资价格指数
（COST）、GDP、GDP 价格指数（GDPPI）、工业品出厂价格（P）和年贷款利率
（R）。被解释变量为全社会固定资本投资（INV），解释变量包括实际固定资产投资
价格指数（COST）、出厂价格（P）和贷款利率（R）。模型中变量的描述性统计分
析结果见表 16.1。

表 16.1   变量描述统计表

变量	均值	标准差	最大值	最小值
INV	683210	1003.57	1401823	28406
COST	214	72.33	252.23	115.01
P	564	60.50	933.54	180.41
R	6.73	1.72	12.36	5.33

16.3.2 变量的空间效应检验

1. 空间相关性检验

区域数据往往存在较为显著的空间效应，传统的计量经济模型往往不考虑区域数
据的空间相关性或者空间异质性，所以模型估计结果存在较大的偏误。目前学术界在
利用基于区域数据的空间计量经济模型进行分析，降低模型估计结果的偏误。在建立
空间计量模型分析之前，必须利用空间相关检验，来作为数据具有空间相关性存在的

证明（Anselin，2008[①]；Fingleton，2003[②]；Baltagi，et al.，2007[③]）。全局空间自相关分析（global spatial autocorrelation ananlysis）主要是判别整体空间数据的分布上，是否具有空间相依性存在，也就是检验全局空间单元的观测值与其邻近单元观测值是否因为空间连接的特性而有关联，并可进一步推论相邻的空间单元之间是否具有某种聚集或扩散的特征。目前最常被用来检验空间自相关的方法有：是 Moran I 指数（Moran，1960）、Geary C 指数（Geary，1954）和全局 G 指数（Getis and Ord，1992）。

Moran I 指数，计算公式如下：

$$I = \frac{n\sum_{i=1}^{n}\sum_{j=1}^{n}w_{ij}(U_i-\bar{U})(U_j-\bar{U})}{\sum_{i=1}^{n}\sum_{j=1}^{n}w_{ij}\sum_{i=1}^{n}(U_i-\bar{U})^2} = \frac{\sum_{i=1}^{n}\sum_{j=1}^{n}w_{ij}(U_i-\bar{U})(U_j-\bar{U})}{S^2\sum_{i=1}^{n}\sum_{j=1}^{n}w_{ij}} \tag{16.68}$$

式中，$S^2 = \frac{1}{n}\sum_{i=1}^{n}(U_i-\bar{U})^2$，$\bar{U} = \frac{1}{n}\sum_{i=1}^{n}U_i$，$U_i$ 表示第 i 个地区的相关指标的观测样本，n 是地区数，w_{ij} 是空间权重矩阵的元素。检验原假设为不存在空间自相关性，可以利用标准化后的 Moran I 指数，即 Z(I)，来进行是否存在显著的空间自相关性检验。Moran I 指数以所有观察指标的平均值为基础，因此算出的值介于 1 与 -1 之间，越接近 1 表示彼此空间关系越密切，单位间的性质越相似，越接近 -1 则代表单位间的差异越大或分布越不集中。

Geary C 指数为另一个被使用空间自相关指标，计算方式如下：

$$C = \frac{(n-1)}{2\sum_{i=1}^{n}\sum_{j=1}^{n}w_{ij}}\frac{\sum_{i=1}^{n}\sum_{j=1}^{n}w_{ij}}{\sum_{i=1}^{n}(U_i-\bar{U})^2} \tag{16.69}$$

式中，$\bar{U} = \frac{1}{n}\sum_{i=1}^{n}U_i$，$U_i$ 表示第 i 个地区的相关指标的观测样本，n 是地区数，w_{ij} 是空间权重矩阵的元素。C 值小于 1 时代表着空间正相关，而大于 1 时代表着空间负相关。

格迪斯、奥德（Getis and Ord，1992）提出的 G 指数与前述 Moran I 指数和 C 指数具有一些不同，其主要的概念是建立于距离统计之上，利用距离当作邻近界定的基准。计算上的限制是被观察的变量数值只能为正值，若观测值为负值则无法计算。其计算方式如下：

① Anselin, L., Gallo, J. L., and Jayet H., 2008, Spatial Panel Econometrics, Econometrics of Panel Data, (4): 625 –660.

② Fingleton, B., 2003, Externalities, Economic Geography, and Spatial Econometrics: Conceptual and Modeling Developments, International Regional Science Review, 26 (2): 197 –207.

③ Baltagi, B., P. Egger and Pfaffermayr, M., 2007, A Generalized Spatial Panel Data Model with Random Effects, Working Paper, Syracuse University.

$$G = \frac{\sum_{i=1}^{n} \sum_{j=1}^{n} w_{ij}(d) U_i U_j}{\sum_{j=1}^{n} \sum_{i=1}^{n} U_i U_j} \tag{16.70}$$

其中 $w_{ij}(d)$ 表示空间单元 i 和 j 的区位相邻系数以距离作基准，若 i 和 j 相邻，则 $w_{ij}(d) = 1$，若 i 和 j 不相邻则 $w_{ij}(d) = 0$，d 为门限距离。U_i 表示第 i 个地区的相关指标的观测样本，n 是地区数。按照上述 G 指数的构造原理，如果实际样本测算的 G 指数的样本观测值越趋近于 1，说明所分析的变量存在显著的正向空间相关性；同理，如果实际样本测算的 G 指数的样本观测值越偏离于 1，则说明所分析的变量并不存在显著的空间相关性。

Moran I 指数是以空间单元观测值离差的乘积来计算，类似协方差的概念。Geary C 指数的概念则是计算两两空间单元间的离差平方，类似方差的方法。而全局 G 指数则是以乘积来计算。

2. 空间权重矩阵的构建

空间权重矩阵在空间单元之间交互影响的随机传递过程中（spatial stochastic process）具有重要的作用，空间权重矩阵反映了空间单元之间的空间共变结构（spatial covariance structure）。在空间回归模型的统计与系数估计上，空间权重矩阵的设定来源应是外生（exogenous），而且决定权重结构的参数（factors）来源应与模型中的解释变量之间是独立不相关的。

选择合适的空间权重矩阵是客观反映模型中变量空间关联性和空间溢出效应的基础。总结现有的研究，存在着地理邻接和社会经济关联空间权重矩阵两大类构建方法。

在区域经济空间计量分析文献中，以地理邻接及地理距离两种最为常用也是最方便的空间权重矩阵。其中，以地理临近来表示空间的关联最为直觉，而地理距离在逻辑上则也是两地运输成本等的良好代理（Gatrell，1983[①]），同时两者也都符合的地理学第一定律（Tobler，1970[②]）。

地理邻接空间权重矩阵是以地理关联为基础的邻近基准（contiguity based）或距离基准（distance based）信息来构建空间权重矩阵。一些学者根据空间地理邻接矩阵的构造特点将空间地理邻接矩阵称之为空间邻接权重矩阵。如果相邻单元的空间邻接权重矩阵的元素设为 1，而不相邻单元的空间邻接权重矩阵的元素设为 0，则这样的

①　Gatrell，A. C.，1983，Distance and Space：A Geographical Perspective，Oxford：Clarendon.

②　Tobler，W. R.，1970，A Computer Model Simulation of Urban Growth in the Detroit Region，Economic Geography，46（2）：234 – 40；Tobler，W. R.，2004，On the First Law of Geography：A Reply，Annals of the Association of American Geographers，94（2）：304 – 310.

空间邻接权重矩阵就是所谓的二进制权重矩阵。

最简单的二进制权重矩阵 W_{cont} 的构造方法是矩阵中的元素只有 1 或 0 两种，1 表示两地互有关联、互有传递影响，0 则表示无关联。最后将其标准化，使其各行元素之和为 1。$w_{ij} = 1$，当区域 i 和 j 相邻接；$w_{ij} = 0$，当 i = j 或不相邻。

反映地理距离的空间权重矩阵 W_{net}，其权重元素的设置方法为：

$$w_{ij} = \frac{N_{ij}}{\sum_j N_{ij}} \tag{16.71}$$

其中，N_{ij} 为区域 i 和 j 之间的地理距离，如果区域 i 和 j 之间在空间位置上并不相连，则 w_{ij} 为 0。

社会经济关联空间权重矩阵是以社会经济特征信息为设定基准（socio-economic weights）的空间权重矩阵构建，其设定是与两个空间单元之间的流量有关。一般可以采用产业间的关联、区域间的贸易量或者是区域之间的人口迁移等作为空间权数设定的依据。例如，康利、杜伯尔（Conley and Dupor, 2003[①]）以产业关联数据中输入输出表的向前关联和向后关联来设定权重矩阵。阿顿（Aten, 1997[②]）则以国际间的贸易量（两国之间进口加出口总流量各占两国贸易量比例）构建出一个"非对称"式的权重矩阵。艾利斯特、弗雷德里克森（Eliste and Fredriksson, 2004[③]）则以出口贸易流量比例，加上以两地间的距离为门槛值设定，复合出空间权重矩阵。在社会经济关联空间权重矩阵的具体设定中，大量的现有研究往往采用一些经济变量，例如国民产出、投资、消费、制造业产值等变量的具体取值作为构造社会经济关联空间权重矩阵的依据。

以反映经济距离的人口密度空间权重矩阵 W_{perpop}、人均 GDP 空间权重矩阵 W_{pergdp} 为例，其计算公式如下：

$$w_{ij} = \frac{1/|X_i - X_j|}{\sum_j 1/|X_i - X_j|} \tag{16.72}$$

其中，W_{perpop} 中的 X_i 是以在第 i 个区域每平方公里的人口数表示的人口密度，W_{pergdp} 中的 X_i 是以在第 i 个区域每万人创造的国内生产总值表示的人均 GDP。空间权重矩阵构造完毕之后，一般会对空间矩阵的元素进行初等变换，使得矩阵的行值之和等于 1，这样的处理过程就是所谓的空间权重矩阵的标准化过程。

---

① Conley, T. G., and Dupor, B., 2003, A Spatial Analysis of Sectoral Complementarity, Journal of Political Economy, 111: 311 - 352.

② Aten, B., 1997, Does Space Matter? International Regional Science Review, 20 (1): 35 - 52.

③ Eliste, P., and Fredriksson, P. G., 2004, Does Trade Liberalization Cause a Race-to-the - Bottom in Environmental Policies? A Spatial Econometric Analysis, in Advances in Spatial Econometrics: Methodology, Tools and Applications, Heidelberg: Springer.

3. 变量空间相关性检验结果

我们以 1999~2013 年全国 30 个省区、直辖市、自治区的全社会固定资产投资（INV）、固定资产投资价格指数（COST）、工业品出厂价格（P）的数据进行空间相关性检验，表 16.2 是各年的 Moran I 指数、Geary C 指数和全局 G 指数的计算结果。在计算过程中空间权重矩阵的构建采取了地理邻接空间权重的构造方法。

表 16.2　　　　　　　　　　　　变量空间相关性检验结果

年份	INV			COST			P		
	I 指数	C 指数	G 指数	I 指数	C 指数	G 指数	I 指数	C 指数	G 指数
1995	0.391	0.692	0.310	0.772	0.410	0.286	0.346	0.232	0.206
1996	0.293	0.620	0.488	0.660	0.492	0.308	0.361	0.390	0.241
1997	0.529	0.618	0.243	0.651	0.417	0.494	0.202	0.369	0.206
1998	0.456	0.608	0.554	0.683	0.473	0.542	0.315	0.340	0.258
1999	0.459	0.622	0.441	0.668	0.483	0.595	0.472	0.365	0.243
2000	0.460	0.665	0.417	0.630	0.444	0.594	0.401	0.399	0.294
2001	0.653	0.697	0.473	0.689	0.422	0.531	0.427	0.372	0.344
2002	0.421	0.613	0.360	0.626	0.497	0.457	0.410	0.317	0.326
2003	0.532	0.627	0.488	0.680	0.351	0.589	0.403	0.495	0.397
2004	0.654	0.602	0.478	0.677	0.400	0.654	0.383	0.455	0.361
2005	0.569	0.617	0.461	0.745	0.456	0.671	0.315	0.413	0.395
2006	0.535	0.787	0.453	0.782	0.583	0.618	0.460	0.405	0.387
2007	0.500	0.785	0.500	0.724	0.533	0.685	0.547	0.484	0.483
2008	0.639	0.797	0.470	0.726	0.585	0.632	0.518	0.494	0.485
2009	0.620	0.743	0.427	0.778	0.575	0.678	0.504	0.432	0.578
2010	0.636	0.745	0.423	0.779	0.540	0.648	0.517	0.508	0.535
2011	0.651	0.719	0.552	0.759	0.626	0.611	0.622	0.586	0.574
2012	0.692	0.707	0.538	0.743	0.610	0.682	0.692	0.518	0.543
2013	0.679	0.708	0.515	0.794	0.687	0.699	0.675	0.588	0.584
平均值	0.546	0.683	0.452	0.714	0.504	0.578	19.432	0.430	0.392

从表 16.2 的计算结果可以看到，1999~2013 年全国 30 个省、自治区、直辖市的全社会固定资产投资（INV）、固定资产投资价格指数（COST）、工业品出厂价格（P）的 Moran I 指数、Geary C 指数和全局 G 指数均表明数据中存在显著的空间相关

性，这表明如果在模型中忽略变量空间效应的影响，则模型的估计结果一定存在偏误，所以后面将采用面板空间计量模型进行系数的估计。

16.3.3 面板空间计量模型设定及估计

1. 面板空间模型的设定检验

由于静态空间面板模型在应用中的广泛性，针对于静态空间面板模型提出了大量的设定形式。例如，

安思琳（Anselin，1988）[①] 将包含随机效应的空间面板模型设定为

$$Y_{nt} = \lambda_{01} W_{n1} Y_{nt} + X_{nt} \beta_0 + \mu_n + U_{nt}, \ t = 1, \cdots, T \qquad (16.73)$$

其中 Y_{nt} 是 $n \times 1$ 维的被解释变量向量，X_{nt} 是 $n \times K$ 维的解释变量观测矩阵，W_{n1} 是空间权重矩阵，μ_n 是面板模型中的随机效应，U_{nt} 是独特性误差（idiosyncratic error）。这样模型设定的静态空间模型，在文献中也称之为随机效应空间自回归模型（简称为 RE – SAR 模型）。

卡普尔等（Kapooer et al.，2007）[②] 将包含随机效应的空间面板模型设定为

$$Y_{nt} = \lambda_{01} W_{n1} Y_{nt} + X_{nt} \beta_0 + \mu_n + U_{nt}, \ U_{nt} = \lambda_{02} W_{n2} U_{nt} + V_{nt}, \ t = 1, \cdots, T$$
$$\mu_n = \lambda_{02} W_{n2} \mu_n + c_{n0}, \ V_{nt} = \rho_0 V_{n,t-1} + e_{nt}, \ t = 2, \cdots, T \qquad (16.74)$$

其中 Y_{nt} 是 $n \times 1$ 维的被解释变量向量，X_{nt} 是 $n \times K$ 维的解释变量观测矩阵，W_{n1} 和 W_{n2} 是空间权重矩阵，μ_n 是面板模型中的随机效应，c_{n0} 和 e_{nt} 是独特性误差（idiosyncratic error）。这样模型设定的静态空间模型，在文献中也称之为空间自回归随机效应模型（简称为 SAR – RE 模型）。

巴尔泰奇等（Baltagi et al.，2007）[③] 将包含随机效应的空间面板模型设定为

$$Y_{nt} = \lambda_{01} W_{n1} Y_{nt} + X_{nt} \beta_0 + \mu_n + U_{nt}, \ U_{nt} = \lambda_{02} W_{n2} U_{nt} + V_{nt}, \ t = 1, \cdots, T$$
$$\mu_n = \lambda_{03} W_{n3} \mu_n + c_{n0}, \ V_{nt} = \rho_0 V_{n,t-1} + e_{nt}, \ t = 2, \cdots, T \qquad (16.75)$$

其中 Y_{nt} 是 $n \times 1$ 维的被解释变量向量，X_{nt} 是 $n \times K$ 维的解释变量观测矩阵，W_{n1}、W_{n2} 和 W_{n3} 是空间权重矩阵，μ_n 是面板模型中的随机效应，c_{n0} 和 e_{nt} 是独特性误差（idiosyncratic error）。这样模型设定的静态空间模型，在文献中也称之为广义随机效应空间自回归模型（简称为 Generalized RE – SAR 模型）。

---

① Anselin, L., 1988, Spatial Econometrics: Methods and Models, Netherlans: Kluwer Academic.

② Kapoor, N. M., Kelejian, H. H., and Prucha, I. R., 2007, Panel Data Models with Spatially Correlated Error Components, Journal of Econometrics, 140: 97 – 130.

③ Baltagi, B., Egger, P., and Pfaffermayr, M., 2007, A Generalized Spatial Panel Data Model with Random Effects, Working Paper, Syracuse University.

Anselin et al.（2008）[1] 将包含随机效应的空间面板模型设定为

$$Y_{nt} = X_{nt}\beta_0 + \mu_n + U_{nt}, \quad U_{nt} = \lambda_{01}W_{n1}U_{nt} + V_{nt}, \quad t = 1, \cdots, T$$
$$V_{nt} = \rho_0 V_{n,t-1} + e_{nt}, \quad t = 2, \cdots, T \tag{16.76}$$

其中 Y_{nt} 是 $n \times 1$ 维的被解释变量向量，X_{nt} 是 $n \times K$ 维的解释变量观测矩阵，W_{n1} 是空间权重矩阵，μ_n 是面板模型中的随机效应，e_{nt} 是独特性误差（idiosyncratic error）。这样模型设定的静态空间模型，在文献中也称之为随机效应空间误差模型（简称为 RE–SMA）。

按照李龙飞（Lung-fei Lee）和虞吉海（2010）的方法，可以将现有的静态空间面板数据模型设定表示为如下的一般形式：

$$Y_{nt} = \lambda_{01}W_{n1}Y_{nt} + X_{nt}\beta_0 + \mu_n + U_{nt}, \quad U_{nt} = \lambda_{02}W_{n2}U_{nt} + (I_n + \delta_{02}M_{n2})V_{nt}, \quad t = 1, \cdots, T$$
$$\mu_n = \lambda_{03}W_{n3}\mu_n + (I_n + \delta_{03}M_{n3})c_{n0}, \quad V_{nt} = \rho_0 V_{n,t-1} + e_{nt}, \quad t = 2, \cdots, T \tag{16.77}$$

上述模型包含了空间相关性、空间异质性和序列相关性，所以称之为静态空间面板数据模型设定的一般形式。此模型具有很强的一般性，对其模型参数施加一定的约束就可以得到现有文献中常见的静态空间面板模型设定。

由于空间面板数据模型设定的多样性，在具体建模过程中如何选择合适的模型形式？安思琳、弗洛拉克斯（Anselin and Florax，1995[2]）提出如下的判别准则：如果在空间相关性检验中发现，稳健的拉格朗日乘数–滞后检验（robust LMLAG）显著而稳健的拉格朗日乘数–误差检验（robust LMERR）不显著，拉格朗日乘数–滞后检验（LMLAG）较之拉格朗日乘数–误差检验（LMERR）在统计上更加显著，那么，空间滞后模型（SLM）更合适；相反，如果稳健的拉格朗日乘数–误差检验（robust LMERR）显著而稳健的拉格朗日乘数–滞后检验（robust LMLAG）不显著，格朗日乘数–误差检验（LMERR）比拉格朗日乘数–滞后检验（LMLAG）在统计上更加显著，则空间误差模型（SEM）更合适。

对于空间固定效应模型和空间随机效应模型的设定，一般是通过佩斯、利萨奇（Pace and LeSage，2008）提出的空间 Husmann 检验的结果来选择的。空间 Husmann 检验的基本思想如下：

$$H_0: d = 0, \quad h = d^T[Var(d)]^{-1}d, \quad d = [\hat{\beta}^T, \hat{\delta}]_{FE}^T - [\hat{\beta}^T, \hat{\delta}]_{RE}^T \tag{16.78}$$

统计量 h 服从自由度为 $k+1$ 的 χ^2 分布。

2. 面板空间模型的估计

目前静态空间面板模型的估计方法主要存在两大类：第一就是极大似然估计

① Anselin, L., Le Gallo, J., and Jayet, H., 2008, Spatial Panel Econometrics, in: Econometrics of Panel Data, Springer.

② Anselin, L., and Florax, R., (eds.), 1995, New Directions in Spatial Econometrics, Berlin: Springer – Verlag.

（ML），代表性方法就是埃尔霍斯特（Elhorst，2013①）针对固定效应空间面板模型和随机效应空间面板模型所提出的无条件极大似然估计。第二就是克莱简、普鲁查（Kelejian and Prucha，2010②）针对固定效应空间面板模型和随机效应空间面板模型所提出的广义矩估计（GMM）。大量蒙特卡罗模拟研究对这两大类方法进行了比较和分析。结果表明如果静态空间面板模型的误差项符合正态假定的时候，空间面板模型的极大似然估计比广义矩估计更为有效。但是如果误差项不符合正态假定的时候，广义矩估计具有更好的稳健性。同时应该指出对于空间单元较多的，空间面板模型的极大似然估计其运算量是非常复杂和惊人的。

（1）面板空间模型的极大似然估计。

为了简化说明面板空间模型的极大似然估计的基本原理，以随机效应空间自回归模型为例，简化说明静态空间面板模型的极大似然估计原理。

$$Y_{nt} = \lambda_{01} W_{n1} Y_{nt} + X_{nt}\beta_0 + \mu_n + U_{nt}, \quad t = 1, \cdots, T \qquad (16.79)$$

为了得到上述模型的极大似然估计，可以采用 Breusch（1987）③ 的两步递归原理进行估计。第一步可以求出模型如下的对数似然函数

$$LogL = -\frac{NT}{2}\log(2\pi\sigma^2) + \frac{N}{2}\log\varphi^2 - \frac{1}{2\sigma^2}\sum_{n=1}^{N}\sum_{t=1}^{T}(Y_{nt}^* - X_{nt}^*\beta_0)^2 \qquad (16.80)$$

其中 φ 是面板截面方程组合权重因子，$0 \leq \varphi^2 \leq \sigma^2/(T\sigma_\mu^2 + \sigma^2) \leq 1$，$Y_{nt}^* = Y_{nt} - (1-\varphi)\frac{1}{T}\sum_{t=1}^{T}Y_{nt}$，$X_{nt}^* = X_{nt} - (1-\varphi)\frac{1}{T}\sum_{t=1}^{T}X_{nt}$。

在第一步估计中，首先利用无条件极大似然估计方法，得到 β_0 和 σ^2 的如下估计，

$$\hat{\beta}_0 = (X^{*T}X^*)^{-1}X^{*T}Y^* \qquad (16.81)$$

$$\hat{\sigma} = (Y^* - X^*\hat{\beta}_0)^T(Y^* - X^*\hat{\beta}_0)/NT \qquad (16.82)$$

在第一步估计获得 β_0 和 σ^2 估计的基础上，对如下对数似然函数最大化，得到 φ 的估计，

$$LogL = -\frac{NT}{2}\log\left\{\sum_{n=1}^{N}\sum_{t=1}^{T}(Y_{nt}^* - X_{nt}^*\hat{\beta}_0)^2\right\} + \frac{N}{2}\log\varphi^2$$

得到 φ 的估计将其代至对数似然函数（24.80）中，求解其最大值，得到系数的第二极大似然估计。

（2）面板空间模型的广义矩估计。

考虑如下的面板回归模型

① Elhorst, J. P. , Spatial Econometrics, Berlin：Springer.

② Kelejian, H. , and Prucha, I. , 2010, Specification and Estimation of Spatial Autoregressive Models with Autoregressive and Heteroskedastic Disturbances, Journal of Econometrics, 157（1）：3–67.

③ Breusch, T. S. , 1987, Maximum Likelihood Estimation of Random Effects Models, Journal of Econometrics, 36：383–389.

$$y_{it,N} = x_{it,N}^T \beta + u_{it,N}, \quad i = 1, \cdots, N; \quad t = 1, \cdots, T \tag{16.83}$$

为了进行参数估计理论的推导，我们将每一个观测点进行横截面的累加，形成下述形式的模型，

$$y_N(t) = X_N(t)\beta + u_N(t), \quad t = 1, \cdots, T \tag{16.84}$$

式中，$y_N(t) = [y_{1t,N}, \cdots, y_{Nt,N}]^T$，$X_N(t) = [X_{1t,N}, \cdots, X_{Nt,N}]^T$，$u_N(t) = [u_{1t,N}, \cdots, u_{Nt,N}]^T$。

$u_N(t)$ 服从如下的 1 阶空间自回归过程，

$$u_N(t) = \rho W_N u_N(t) + \varepsilon_N(t) \tag{16.85}$$

其中，W_N 是 $N \times N$ 阶的空间权数矩阵，ρ 是空间自回归系数，$\varepsilon_N(t) = [\varepsilon_{1t,N}, \cdots, \varepsilon_{Nt,N}]^T$ 是 t 期 $N \times 1$ 维的新息向量。根据 (16.83) ~ (16.85) 式可以将上述空间面板误差模型写成，

$$y_N = X_N \beta + u_N \tag{16.86}$$

$$u_N = \rho(I_T \otimes W_N)u_N + \varepsilon_N \tag{16.87}$$

式中，$y_N = [y_N^T(1), \cdots, y_N^T(T)]^T$，$X_N = [X_N^T(1), \cdots, X_N^T(T)]^T$，$u_N = [u_N^T(1), \cdots, u_N^T(T)]^T$，$\varepsilon_N = [\varepsilon_N^T(1), \cdots, \varepsilon_N^T(T)]^T$。允许模型新息向量具有跨时的相关性，所以 ε_N 具有如下的误差组成结构

$$\varepsilon_N = (e_T \otimes I_N)\mu_N + v_N \tag{16.88}$$

定义 $\bar{u} = (I_T \otimes W)u$，$\bar{\bar{u}} = (I_T \otimes W)\bar{u}$ 及 $\bar{\varepsilon} = (I_T \otimes W)\varepsilon$，结合模型的假设，可以推导如下的正交条件

$$E[\varepsilon_N^T Q_{0,N} \varepsilon_N / N(T-1)] = \sigma_v^2 \tag{16.89}$$

$$E[\bar{\varepsilon}_N^T Q_{0,N} \bar{\varepsilon}_N / N(T-1)] = \sigma_v^2 tr(W_N^T W_N)/N \tag{16.90}$$

$$E[\bar{\varepsilon}_N^T Q_{0,N} \varepsilon_N / N(T-1)] = 0 \tag{16.91}$$

$$E(\varepsilon_N^T Q_{1,N} \varepsilon_N / N) = \sigma_1^2 \tag{16.92}$$

$$E(\bar{\varepsilon}_N^T Q_{1,N} \bar{\varepsilon}_N / N) = \sigma_1^2 tr(W_N^T W_N)/N \tag{16.93}$$

$$E(\bar{\varepsilon}_N^T Q_{1,N} \varepsilon_N / N) = 0 \tag{16.94}$$

其中，$Q_{0,N} = \left(I_T - \dfrac{e_T}{T}\right) \otimes I_N$，$Q_{1,N} = \dfrac{e_T}{T} \otimes I_N$。基于上述 6 个正交条件可以得到静态空间面板模型的 GMM 估计。

16.3.4　实证分析结论

在建立空间模型估计之前，首先对空间面板模型进行设定检验，检验结果见表 16.3。

表 16.3 模型设定性检验

检验	检验统计量值	P 值
Lagrange Multiplier（lag）	5.983	0.001
Robust LM（lag）	0.931	0.384
Lagrange Multiplier（error）	14.997	0.000
Robust LM（error）	10.117	0.000
空间 Hausman 检验	0.389	0.493

通过表 16.3 的模型设定检验结果可以看到：模型的 Lagrange Multiplier（Error）和 Robust LM（Error）都通过了 1% 的显著性检验，而 Lagrange Multiplier（Lag）和 Robust LM（Lag）检验中 Robust LM（Lag）检验结果并不显著，所以我们将选择空间误差模型的设定形式。另外空间 Hausman 检验表明模型应该选用空间面板随机效应模型的设定方式。

为了揭示区域能源替代的异质性特征，我们将所选择的 30 个省级单位划分为八大经济区，依据的是中国第十一个五年计划中所提出的区域划分方法，具体划分情况为北部沿海（北京、天津、河北、山东）、东北（辽宁、吉林、黑龙江）、东部沿海（上海、江苏、浙江）、南部沿海（福建、广东、海南）、长江中游（安徽、江西、湖北、湖南）、西南（广西、重庆、四川、贵州、云南）、黄河中游（山西、内蒙古、河南、陕西）、西北（甘肃、青海、宁夏、新疆）。考虑到 GMM 估计方法具有更好的稳健性，我们选择 GMM 估计方法对模型进行估计，表 16.4 是面板空间模型参数 GMM 估计结果。

表 16.4 空间模型的 GMM 参数估计结果

地区	COST	P	R
北部沿海	−1.0665 **	0.2801 ***	−0.3416 ***
东北地区	−1.5195 *	0.1788 *	−4.5036 *
东部沿海	−1.1982 ***	0.0479 *	−0.5072 *
南部沿海	−0.7249 *	0.8136 **	−1.7283 **
长江中游	−0.5067 **	1.7105 *	−0.3085 **
西南地区	−0.3449 **	0.9792 ***	−1.9259 ***
黄河中游	−2.4640 *	0.3332 **	−3.6738 *
西北地区	−1.3397 **	1.0226 *	−1.9093 *

注：*，**，*** 分别表示 10%，5%，1% 水平下显著。

从表 16.4 的估计结果可以看到，模型的参数估计结果均是统计显著，正如前述理论分析的结论，确实投资沉淀率、产品出厂价格、贷款利率对地区投资行为均具有显著的影响。其中投资沉淀率、贷款利率对地区投资行为具有负向的抑制作用，而产品出厂价格对地区投资行为具有正向的拉动作用。其中投资沉淀率对地区投资行为抑制作用最大的三个地区分别是：黄河中游地区、东北地区、西北地区。而贷款利率对地区投资行为抑制作用最大的三个地区分别是：东北地区、黄河中游地区、西南地区。产品出厂价格对地区投资行为具有正向的拉动作用最大的三个地区是：长江中游地区、西北地区、西南地区。

第 17 章

加快区域经济协调以推进经济结构
战略性调整的政策建议

中国从 1978 年以来的高速经济增长，影响着经济学认识的发展，对"中国奇迹"的成因及其能否持续、持续时间是多久的探讨成为区域经济结构调整的重要推动力量，在此背景下，促使学术界和经济管理实践者对地区经济结构与区域发展的关系展开持续的研究，这种需求在"调结构"被认为是实现促进增长与发展相协调、实现经济增长的可持续性的可行手段的当下尤为迫切。但是，由于沿用发达国家经济发展的一般认识以及对非均衡发展策略、各地区经济实践路径选择的差异的经验上的强调，学术界对两者关系的争论主要是以中国的城乡二元结构和产业结构转变为落脚点，其机理逻辑多强调劳动力在部门间的重新配置，因此导致既有研究通常主观地将经济结构与产业结构概念及相关内容体系等同起来。然而，与中国增长快速实现相伴的是地区经济实践过程中普遍存在着刚性、滞后、地区差序格局固化、二元结构扭曲以及供给与需求失衡、资本流动性不足等结构性问题，在多层面的经济结构失衡条件下，合力作用于中国区域经济增长过程，中国增长奇迹和当下的增速放缓并不应被看作是简单的经济周期现象，而是结构作为"深层因素"引致增长过程和长期积累的经济结构扭曲问题的集中爆发的机理逻辑体现，经济结构及其作用于地区增长的效果及途径需要更为系统的分解。

为明晰中国区域差距和经济结构之间的复杂关系，对当下和未来的区域经济运行秩序构建形成启示，在本篇中运用定性分析与定量描述、静态分析与动态分析相结合的方法，细致分析了中国区域差距的现状及特征；对中国经济结构和区域经济协调发展进行了理论解析和实证分析；还进一步分析了资本国内跨区域流动和中国经济结构调整之间的关系，突出分析集群不经济出现，以及无法产生收益递增和网络外部性效应，进而导致生产率无法提高；最后对沉淀成本和区域资本流动进行了理论分析和实证检验。在研究基础上，提出了几点政策建议和启示。

17.1 向市场主导型跨区域资本流动转型

中国的区域间的资本流动可以从多个方面推动中国的经济结构调整，助力中国国民经济的可持续发展战略。中国的跨区流动资本种类多样，但基本可以分为政府主导型的跨区资本和市场主导型的资本。对于不同类型的资本流动，应制定富有针对性的政策。

政府主导型的跨区资本流动。国家主导型的跨区资本主要以三种形态存在：一是财政系统的转移支付，二是国家控制的金融系统的贷款，三是大型国企的跨区投资。

1. 在财政转移支付方面

"十二五"期间，在明确中央政府与地方政府的责、权、利关系的基础上，应合理确定中央财政转移支付的总体规模，使之与地方政府的财权和事权基本匹配，充分激发地方政府发展地方经济的热情。另外，在制定中央财政转移支付政策时，应充分考虑到地方财政收入与支出政策的机构性特点，通过转移支付政策更好地优化两级政府的职能。

2. 在国家控制的金融系统的信贷资金方面

应充分发挥政策性银行在弥合地区差距方面的作用，还应完善欠发达地区的非银行金融机构体系。参考世界范围内的经验，中国现阶段也可实行有差别的金融政策，以确保投向欠发达地区的资金能留在当地用于发展地方经济。

中国的三家政策性银行为促进欠发达地区的经济发展做出了巨大的贡献，但仍存在需要改进的方面，如资金来源不够稳定，贷款的使用效率不高等。"十二五"期间应进一步增强政策性银行的政策性功能，强化其为欠发达地区的专门服务作用。

同时应完善中西部地区非银行金融机构体系。加快设立投资基金公司，促进储蓄向投资转化。扩大资本市场在资本跨区流动中的比重，也即加快发展欠发达地区的直接融资，为这些地区的企业开辟效率更高的融资渠道，同时也可以更大程度上地吸引全社会的资金来助力欠发达地区的经济发展。对于第三大渠道，也即国企的跨区投资，政府应尽量减少对国企经营和投资行为的干预，让国企更多地按照市场化的方式去运营，因此对于国企跨区投资的建议，我们并入市场主导型资本来论述。

3. 市场主导型的跨区资本流动

这类资本流动的主要驱动力是地区间的投资回报率。投资回报率涉及要素价格和产品的市场等，然而实际上，内陆地区的要素（比如人工、原材料和土地等）价格长期低于东部地区，许多商品的市场潜力也非常巨大，但此前并未出现大规模的由东向西的资本流动。可见投资回报率虽然很重要，但绝非是唯一的决定因素。东部地区产业集中度高，企业发展面对的政策环境也较为宽松以及便利的交通等，都是在要素价格较高的情况下，资本仍然选择东部地区的重要原因。这类原因可以称为"产业黏性"。所谓区域的"产业黏性"，是产业在原产地形成的多种关联性而对产业移出本地产生的阻力（或对产业移入本地产生的吸引力）。这种黏性既能使企业"乐于"接受较高的要素成本等不利条件，也可能成为落后地区吸引新增资本的有力手段。因此内陆地区应从尤其重视培育自身的产业黏性。具体而言，应从以下几个方面着手：

（1）大力发展产业集群，形成产业配套体系。产业集群是指在地理上集中、具有竞争与合作的企业、专业化供应商、服务供应商、金融机构、相关产业的厂商及其他相关机构等组成的群体。由于产业集群是分工深化的结果，因此其具备完善配套能力及较低配套成本，这是地区"产业黏性"的重要因素。

（2）大力发展物流产业，降低企业的物流成本。欠发达地区的物流成本是跨区资本决定是否前往投资的重要决定因素，因此欠发达地区必须大力发展物流产业，解决制约承接产业转移的物流"瓶颈"问题，降低物流成本，提高物流服务水平。

（3）国家应成立专门统筹国内产业转移的管理机构。区域间的产业转移工作涉及多个政府部门和政府层级，因此一个专门的协调机构能够减少产业转移工作面临的阻力，提高区域经济协调发展的速度。该机构只负责向中央和立法机构提出区域经济发展和区域经济协调的建议，执行得到批准的政策和全国性或跨区域的重大项目，并对地方政府有约束权力。

（4）促进资源环境的可持续发展。中西部地区承接东部产业转移，必须坚持科学发展观，走可持续发展的战略，各级政府要充分认识产业转移与污染转移间的辩证关系，产业转移不是污染转移，在承接东部产业转移时不能走先污染后治理的老路，要把可持续发展理念贯穿于承接产业转移的整个过程中。

（5）引导社会资本支持城镇化建设。探索内资和外资参与城镇化建设的有效途径，创新城镇化建设的投融资模式。财政在融资过程中应强调杠杆和引导作用，起到"四两拨千斤"的作用。民营资金应成为基础设施，尤其是营利性基础设施建设的重要力量。另外，在一定的时期里，外资在基础设施建设中也可以发挥积极作用。一方面可借助境外贷款或发行债券融资；另一方面可以项目融资的形式在城镇化和经济园区建设中吸引外商直接投资，这种方式同时也有利于引进国外在基础设施建设、运营管理方面的先进管理理念和技术。

17.2　突出欠发达区域开发制度重要性

东部地区在经历了数十年的高速发展之后，土地、能源和人工方面的制约越来越急迫，许多劳动密集型产业在东部地区的经营已经非常困难。东部地区急需"腾笼换鸟"，将不适合本区域发展新形势的产业转移出去，转而发展高附加值、低消耗的资本和技术密集型产业。而广大的内陆区域在土地、能源和人力方面均存在明显的比较优势，承接东部地区的劳动密集型产业可以实现双方的共赢，能同时提高各区域的发展速度和发展效率。但在承接东部产业转移的过程中要注意甄别，对于高污染高能耗的产业必须坚决淘汰。国家要在制度层面加强对这一过程的管控，防止欠发达区域在"GDP 冲动"之下盲目引进转移项目。对于欠发达区域而言，能获得的跨区资本是很有限的，如果让这些跨区资本较为均匀地流向整个区域，很可能无法很快地扭转欠发达的状态。因此最大程度地发挥投资的作用就非常关键，中国中西部地区应该利用跨区资本优先发展那些具有特殊优势的地区，通过这些增长极的快速发展来带动本区域整体的经济发展。总结起来，中国产业结构面临的问题主要有：产业比例不尽合理，第一产业技术水平、基础设施和装备落后，人力物力和财力支持不足，第二产业低水平重复建设现象严重，低端产能过剩，技术水平和创新能力低，资源消耗大，环境破坏严重，第三产业，特别是现代服务业发展仍不充分等。"十二五"时期是中国由工业化中期向工业化后期转变的过渡时期，中国也因此迎来了调整产业结构的机遇期，各级政府应该充分利用跨区资本，抓紧这一历史机遇。跨区资本不应简单地转移和复制原有的产业，不应走过去粗放型投资的老路，具体而言，应注意以下几个方面：

大国经济的发展，不可避免地存在区域经济发展的不平衡现象，而这种发展的不平衡又为空间经济逐级递进、重点开发提供了可能。区域空间开发是特定历史经济发展阶段的产物，每一次开发都应该建立在全新的理念、更高的起点之上。中国自改革开放以来，实行的是一种可称为"梯度开发式"不平衡的整体经济发展战略，国家试图按照经济发展梯度从东部向中部，再向西部的次序依此推进。从实施效果观察，这一战略取得了一定的成功。但是，在东部地区得到大规模开发并取得了突出成就的同时，广大中西部地区与东部的差距日益扩大，中西部发展经济的诉求越来越强烈，中西部地区居民为国家整体经济的快速发展做出的牺牲过于巨大，区域发展严重失衡，在这种情况下，如何缩小区域经济发展的差距，开发中西部地区，带动欠发达地区经济发展和人民幸福，具有特别重要的现实意义。

市场经济是法制经济，随着中国经济体制向市场经济体制转变，法律不仅成为规范政府行为的手段，也成为协调区域经济关系、落实政府责任的要求。在中国，还没有有关区域经济的法律和行政法规，区域政策较多地是以国务院或国家部委文件的形式下达的，这就导致区域政策的制定和实施具有较大的随意性和非连续性，经常体现领导的"意见"。要根据国情和省（区市）情，建立适应市场经济的发展，颁布关于区域经济的法律和行政法规，从而保持区域政策的连续性。通过法律途径确定区域经济开发中中央政府和地方政府的权责范围，规范政府权力的有效行使，限制地方政府之间的恶性竞争，要对有关区域发展的法律作出统一的规范和解释，以保证从中央政府到地方各级政府对欠发达地区开发的优惠政策落到实处和有效实施，并规范区域开发行为使之"有法可依"，区域政策不再是"跑部向钱""雾里看花"。

17.3　坚持区域开发与移民进城相结合

相关部门必须为企业创造良好的环境，将"鼓励创新"的文件落到实处。在此前提下，跨区资本不仅要重视产业链前端的研发投入，更要对产业链后端的市场培育和开放给予足够的重视；改变过去简单局限于生产商品的投资模式，转而向全产业链方向发展。使跨区资本从以工业为主转型为以服务业为主。对于技术创新的重要性，社会的重视程度普遍很高，但对于产业链后端的开发。跨区资本应更加重视市场的分析、营销、供应链管理和品牌培育。将过去单纯在价格和质量上的竞争，逐步升级为价格、质量和服务的综合竞争。企业不再仅仅提供产品，而将提供个性化的服务和一整套系统的解决方案。跨区资本在开拓欠发达地区新市场，以及深入开发发达区域原有市场时，应进一步地细分市场，创新营销模式，培育自主品牌，提高响应速度，强化供应链管理，提升价值增长空间。

在扶持欠发达地区开发过程中，国家加大了对中西部地区基础设施建设投资，改善了中西部地区的经济发展环境。从经济发展环境来分析，交通、通信等基础设施建设是一个地区经济腾飞的基本条件，市场经济的繁荣，市场的规模和流通速度是关键，只有交易便捷、物畅其流，人才、资金和技术才能稳步流入。因此，建设现代化的交通、通信网络以节约市场运行的成本，这是落后地区经济发展和繁荣的基础。但对于部分地区这一方式并不适用，中国有许多区域由于自然条件恶劣，本来就不适宜人类生存，更不要谈及经济发展、富民兴业了，即使地区基础设施建设完善起来，自然资源开发也会受到限制，还有很多一村一户的零散居住地，基础设施建设可以说要"不惜血本"，但是一想到那些地区连基本生活饮用水都无法保证，还能够谈得上发展经济吗？因此要在尊重当地居民意愿的前提下，鼓励居民移民搬迁，入城或寻找水土丰富的区域安居，政府应该有配套的政策措施让搬迁居民安居乐业。

17.4　坚持走可持续发展生态文明之路

生态文明建设的一个重要环节，就是加快推进国家治理体系和治理能力现代化。"法无授权不可为"和"法无禁止即可为"的关键则是实行法治。在把政府权力关进笼子里的同时，政府要履行好维护生态秩序、市场秩序、社会秩序的责任。创造绿色生态环境是人类跨世纪的追求，是可持续发展的重要方面，由是"以人为本"原则最直接的体现。生态文明是指人们在改造客观世界的同时，积极改善和优化人与自然的关系，建设有序的生态运行机制和良好的生态环境所取得的物质、精神、制度方面成果的总和。其核心是人与自然和谐的价值观在经济社会发展中的落实及其成果的反映，它摒弃人类破坏自然、征服自然、主宰自然的行动，倡导在经济社会发展中尊重自然、保护自然、合理利用自然，并主动开展生态建设，实现生态良好、人与自然和谐。

新中国成立后，中国就已有对生态文明建设的认识，进行了包括植树造林、绿化祖国、美化环境、保持水土、调控资源等方面的生态文明建设。只不过受当时历史条件的限制，到改革开放之前，中国的生态文明建设还只是处于萌芽和起步状态。1978年改革开放后到 21 世纪初期，依靠高投入高消耗的资源战略，中国经济建设获得较快发展。但是，发展造成对自然资源的过度开发和消耗，水土流失日益严重，耕地面积减少，森林、草原和海洋水产品资源退化减少的现象继续发展，生物多样性受到严重破坏，经济建设和生态环境之间的矛盾开始突出。社会经济的迅速发展和依旧严峻的生态环境形势促使中国发展战略转变为以经济、人口和资源协调发展为核心的可持续发展战略。时至今日，我们明确提出生态文明，可持续发展战略的实施使从国家发展战略的高度来深化认识和全面实施生态文明建设已成为历史的必然。

从物质流动的方向看，传统的工业社会经济是一种"资源—生产—消费—废物排放"的单向流动的经济，而循环经济却是一种"资源—生产—消费—再生资源"的反馈式经济，最大限度地利用了投入系统的资源，对于当前中国紧张的能源和资源形势来说，大力发展循环经济具有重大的战略意义。在东部地区与欠发达地区进行产业转移和自身产业升级的过程中，应鼓励跨区资本更多地按照循环经济的要求进行投资，为区域的资源环境可持续发展做出贡献。区域经济发展从长远利益分析必须是自我发展能力的培养，而不是"杀鸡取卵""竭泽而渔"，靠掠夺资源来改变落后地区欠发达经济发展的现状，依靠破坏环境为代价来发展经济，以谋取短期的发展政绩而没有长期的发展目标。"先污染，后治理""先开发，再环保"的西方发达国家走过的老路在中国许多地区开发过程中重新上演。这种做法必须摒弃，环保问题不仅是经济能够持续发展的问题，而且本身就能提高本地居民的生活质量且造福整个国家，没有人愿意生活在垃圾遍地、飞沙走石的"别墅"里面。缩小地区差距需要一个漫长的过程，必须走可持续的经济发展之路，区域发展不平衡是一个普遍问题，只有高起点、强基础、扎扎实实地改善经济和社会发展的自然条件和经济基础，通过各方面长期坚持不懈的共同努力，缩小地区差距的努力一定会取得今天我们所希望的成就。

第五篇

外需转内需结构调整

第 18 章

中国内需外需结构的历史
演变与总体特征

新中国成立以来,中国内需外需的结构演变可大致分为两大阶段,第一阶段是从新中国成立到 1978 年党的十一届三中全会之前,这段时期中国主要实行的是计划经济,依靠进口替代型战略完成建立现代化工业体系的任务,以内向型经济为主,内需外需结构平衡问题也尚未成为中国经济发展的主要问题。第二阶段是 1978 年至今,自 1978 年 12 月党的十一届三中全会起中国开始实行的对内改革、对外开放的政策,而改革开放是中国内需外需结构演变重要影响因素,改革开放以来,政府实施了一系列鼓励开放的政策,中国对外贸易增长迅速,极大地推动了中国经济的发展,但也逐渐出现内部经济失调,内需外需结构失衡的问题。

18.1 改革开放前中国内需外需结构特征

自新中国成立到改革开放之前,中国的外贸总额有所增长,如表 18.1 所示,1950 年进出口总额仅为 11.3 亿美元,到 1978 年增加至 206.4 亿美元,平均年增长率约为 11%。

表 18.1　　　　　　　　　　改革开放前中国进出口贸易总额　　　　　　　　单位:亿美元

年份	进出口总额	出口总额	进口总额	差额
1950	11.3	5.5	5.8	-0.3
1951	19.6	7.6	12.0	-4.4
1952	19.4	8.2	11.2	-3.0

续表

年份	进出口总额	出口总额	进口总额	差额
1953	23.7	10.2	13.5	-3.3
1954	24.4	11.5	12.9	-1.4
1955	31.4	14.1	17.3	-3.2
1956	32.1	16.5	15.6	0.9
1957	31.0	16.0	15.0	1.0
1958	38.7	19.8	18.9	0.9
1959	43.8	22.6	21.2	1.4
1960	38.1	18.6	19.5	-0.9
1961	29.4	14.9	14.5	0.4
1962	26.6	14.9	11.7	3.2
1963	29.2	16.5	12.7	3.8
1964	34.7	19.2	15.5	3.7
1965	42.5	22.3	20.2	2.1
1966	46.2	23.7	22.5	1.2
1967	41.6	21.4	20.2	1.2
1968	40.5	21.0	19.5	1.5
1969	40.3	22.0	18.3	3.7
1970	45.9	22.6	23.3	-0.7
1971	48.4	26.4	22.0	4.4
1972	63.0	34.4	28.6	5.8
1973	109.8	58.2	51.6	6.6
1974	145.7	69.5	76.2	-6.7
1975	147.5	72.6	74.9	-2.3
1976	134.3	68.5	65.8	2.7
1977	148.0	75.9	72.1	3.8
1978	206.4	97.5	108.9	-11.4

资料来源:《新中国五十年统计资料汇编》,中国统计出版社,1999 年版。

但总体来说,自新中国成立至改革开放之前,中国从经济体制到对外贸易模式都模仿苏联的做法,采取高度集中的计划经济模式,并以保护贸易政策为指导思想。1949 年 9 月通过的《中国人民政治协商会议共同纲领》第 37 条中明确规定了新中国"实行对外贸易的管制,并采用保护贸易政策"。当时中国政府强调"独立自主,自力更生",对外贸易的目标和原则是"调剂余缺,互通有无",采取的办法是实行高度统一的外贸、外汇管理体制,严格管制对外贸易。所以,在改革开放前,中国主要采取内向型的发展方式,这也突出体现在中国当时的对外贸易依存度上。如图 18.1 所示,1978 年之前中国的外贸依存度平均约为 8.2%,只有第一个"五年"计划时期(1953~1957)刚刚超过 10%,其中还有近一半的贸易额是与苏联之间的对外贸易,其余四个时期中国的对外贸易依存度都不足10%。

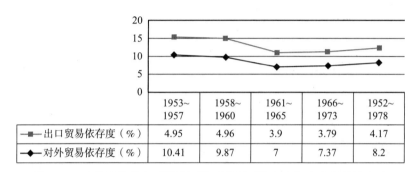

	1953~ 1957	1958~ 1960	1961~ 1965	1966~ 1973	1952~ 1978
出口贸易依存度(%)	4.95	4.96	3.9	3.79	4.17
对外贸易依存度(%)	10.41	9.87	7	7.37	8.2

图 18.1 改革开放前各时期中国的对外贸易依存度与出口贸易依存度

注:出口依存度 = 出口总额/国内生产总值,对外贸易依存度 = 进出口总额/国内生产总值。其中的出口依存度和对外贸易依存度数据是各时期年平均的出口依存度。

资料来源:《新中国五十年统计资料汇编》,中国统计出版社,1999 年版。

因为改革开放前中国政府主张贸易保护主义,主要采取进口替代战略建立现代化工业体系,总体看来,当时中国经济主要依靠国内需求推动,国外需求对经济的拉动作用非常有限。从第一个"五年"计划直到改革开放之前,出口总额的增长速度约为 8%,而资本形成总额的增长速度约为 12.1%,出口在 GDP 占比徘徊于 2%~6%之间,出口总额占世界出口总额的 0.5%~2%。从图 28.1 可以看出中国的平均年出口贸易依存度在改革开放前均在 5%以下,经济基本处于封闭状态,这段时期外需对中国经济增长作用弱小。

从新中国成立初期到改革开放这段时期里,内需拉动是经济增长的主力,最终消费和投资都在国内生产总值中有很大贡献,尤其是居民消费占比最高,政府支出等消费需求所占比率小且较为稳定,没有出现显著增加。表 18.2 显示改革开放前最终消费占国内生产总值平均约 7 成左右,资本形成总额平均占近 3 成左右,可见中国改革开放前主要是内需推动型经济,且内需结构中最终消费占主要地位。

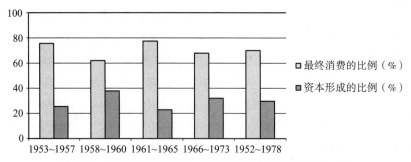

图 18.2　改革开放前消费、资本形成在 GDP 中所占比例

注：图中数据是根据原始数据计算得出，其中 GDP 是按照支出法计算的国内生产总值，包括最终消费总额、资本形成和净出口总额，表中显示的是最终消费总额和资本形成总额所占比例，部分年份二者总和大于 100% 是由于这些年份净出口总额的贡献率为负。

资料来源：《新中国五十年统计资料汇编》，中国统计出版社，1999 年版。

18.2　中国当前内需外需发展的总体特征

　　总体来说，改革开放前中国的经济发展主要以内向型经济为主，尚未出现严重的总需求结构失衡问题。改革开放以来，中国政府实施了一系列鼓励开放的政策，推动中国对外贸易的迅速增长，也极大地拉动了中国整体经济增长，人们生活水平进一步提高。这近 40 年间，内需外需均呈现出增长态势，但同时，总需求结构也发生显著变化。进入 21 世纪后，中国总需求的总体特征表现为内需居于主导地位，但外需增长更为迅速，直到 2009 年金融危机后，受到较大程度影响，有所下滑。投资占比继续攀升，最终消费占比持续走低，这就构成了当前总需求结构失衡的状况，这种内需外需结构不合理的现象开始制约中国经济的可持续增长，如图 18.3 所示。

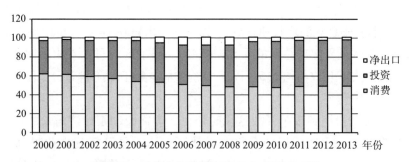

图 18.3　总需求结构的变化（占 GDP 比重）

18.2.1　内需是拉动经济的主引擎

　　首先，从经济总量占比来看，中国的内需占总需求比重 90% 以上，是经济增长的主体基础。中国支出法国内生产总值的构成情况显示，如表18.2所示，在2008年国际金融危机爆发之前，中国净出口占总需求的比重呈现持续上升趋势，在2007年达到历年最高比率8.8%，占比也不足当年国内生产总值的一成，所以说明消费和投资处于绝对的主导地位，这也符合中国作为经济大国的实际。不可否认，出口导向政策是长期以来经济快速发展的动力之一，但长期使用这种政策有可能使国内供给结构和内需结构失衡，如果外需比重过大，那么国内经济运行就容易受到外需波动的影响。作为人口众多，国内市场潜力巨大的大国总需求应当偏重于内需，我们应该重点改善国内需求状况，培育和继续扩大国内消费市场。

表18.2　　　　　　　　　　　支出法国内生产总值

年份	支出法国内生产总值（亿元）	最终消费支出	资本形成总额	货物和服务净出口	最终消费率（消率）（%）	资本形成率（投资率）（%）	净出口率（%）
2000	98749.0	61516.0	34842.8	2390.2	62.3	35.3	2.4
2001	109028.0	66933.9	39769.4	2324.7	61.4	36.5	2.1
2002	120475.6	71816.5	45565.0	3094.1	59.6	37.8	2.5
2003	136613.4	77685.5	55963.0	2964.9	56.9	41.0	2.2
2004	160956.6	87552.6	69168.4	4235.6	54.4	43.0	2.5
2005	187423.4	99357.5	77856.8	10209.1	53.0	41.5	5.5
2006	222712.5	113103.8	92954.1	16654.6	50.8	41.7	7.5
2007	266599.2	132232.9	110943.2	23423.1	49.6	41.6	8.8
2008	315974.6	153422.5	138325.3	24226.8	48.6	43.8	7.9
2009	348775.1	169274.8	164463.2	15037.0	48.5	47.2	3.9
2010	402816.5	194115.0	193603.9	15097.6	48.2	48.1	3.7
2011	472619.2	232111.5	228344.3	12163.3	49.1	48.3	2.6
2012	529399.2	261993.6	252773.2	14632.4	49.5	47.7	2.8
2013	586673.0	292165.6	280356.1	14151.3	49.8	47.8	2.4

注：最终消费率指最终消费支出占支出法国内生产总值的比重；资本形成率指资本形成总额占支出法国内生产总值的比重。

资料来源：《中国统计年鉴》2014。

其次，从对经济增长的贡献度来看，中国的国内需求也是绝对主体地位，内需对经济增长的贡献基本在80%以上，部分年份在9成以上甚至更高。从中国三大需求对GDP增长的贡献率，如表18.3所示，可以看出，2000年以后，货物和服务净出口贡献率一直波动较大，其中2005～2007年净出口贡献率稍高，2005年的货物和服务净出口贡献率为历年最高，达到 22.2%。2008 年国际金融危机爆发后，净出口贡献率下滑至 8.8%，2009 年更是跌至为 -37.4%。由于国家及时启动大规模经济刺激计划，投资需求大幅增加，最终使全年经济增长达到 9.2%。这说明，中国经济增长总体上还是要依靠内需拉动。

表 18.3　　　　　　　　　　三大需求对国内生产总值增长的贡献率和拉动

年份	最终消费支出		资本形成总额		货物和服务净出口	
	贡献率（%）	拉动（百分点）	贡献率（%）	拉动（百分点）	贡献率（%）	拉动（百分点）
1978	39.4	4.6	66.0	7.7	-5.4	-0.6
1980	71.8	5.6	26.4	2.1	1.8	0.1
1985	85.5	11.5	80.9	10.9	-66.4	-8.9
1990	47.8	1.8	1.8	0.1	50.4	1.9
1995	44.7	4.9	55.0	6.0	0.3	0.0
2000	65.1	5.5	22.4	1.9	12.5	1.0
2001	50.2	4.2	49.9	4.1	-0.1	0.0
2002	43.9	4.0	48.5	4.4	7.6	0.7
2003	35.8	3.6	63.3	6.3	0.9	0.1
2004	39.0	3.9	54.0	5.5	7.0	0.7
2005	39.0	4.4	38.8	4.4	22.2	2.5
2006	40.3	5.1	43.6	5.5	16.1	2.1
2007	39.6	5.6	42.4	6.0	18.0	2.6
2008	44.2	4.2	47.0	4.5	8.8	0.9
2009	49.8	4.6	87.6	8.1	-37.4	-3.5
2010	43.1	4.5	52.9	5.5	4.0	0.4
2011	56.5	5.3	47.7	4.4	-4.2	-0.4
2012	55.0	4.2	47.1	3.6	-2.1	-0.1
2013	50.0	3.9	54.4	4.2	-4.4	-0.3

注：1. 三大需求指支出法国内生产总值的三大构成项目，即最终消费支出、资本形成总额、货物和服务净出口；2. 贡献率指三大需求增量与支出法国内生产总值增量之比；3. 拉动指国内生产总值增长速度与三大需求贡献率的乘积。

资料来源：《中国统计年鉴》2014。

18.2.2　外需增长速度高于内需增长速度

在增长速度方面，外需的增长速度要明显高于内需的增长速度。原因在于中国长期以来经济基础薄弱，居民总体收入水平不高，启动消费需求难度较大，不能消化因投资增长过快造成的过剩产能。而另一方面，国外发达国家的成熟市场已经形成巨大消费能力，尤其在加入世界贸易组织后，国际市场对中国出口需求日益增大，逐渐成为助推中国经济增长的重要动力。

中国外需增长过快的主要原因有以下几点。第一，改革开放之后中国经济建设方针转变为"利用两种资源，打开两个市场，发展本国经济"，逐步开始发展外向型经济，为了拉动经济增长，中国在很长的一段时间内以"奖出限入"作为指导思想推行出口导向型政策。"奖出限入"的外贸政策确实在改革开放之后对中国经济起到了关键的拉动作用，利用外资规模扩大，顺差规模逐年扩大，这就解决了经济发展过程中资金和外汇短缺问题。出口导向型政策也促进了资源的开发，提高了中国资源的利用效率，更带来了规模效应。"走出去"战略的实施扩大了对外直接投资和对外劳务合作的规模，为解决中国的就业问题发挥了重要作用。这些都是出口导向型政策在中国经济社会发展中所起到的历史作用。随着时间推移，这些政策带来的积极效应已经开始弱化。进入21世纪以来，中国贸易顺差继续大幅增加，连年累计的贸易顺差为中国积累了大量的外汇储备，据统计，到2014年一季度末，中国外汇储备余额达3.95万亿美元，占到全球外储总量的1/3。国际收支领域的权威学者特里芬提出，一国的外汇储备与它的贸易进口额之间保持一定的比例关系，以满足5个月进口需要为标准，满足两个半月进口需要为最低限。以此为标准，3.95万亿美元的外汇储备的超标率达390%。中国已从外汇短缺转变为外汇储备超标，不但资金效应减弱，还产生了其他的资产价格膨胀和货币调控的问题，规模已经非常庞大的净出口对经济增长拉动的效用也逐渐减弱，规模效应显著的劳动密集型产品的市场份额也有下滑趋势。在这种情况下，中国没能及时调整贸易政策，一些鼓励低端加工产品和资源性产品的出口的退税与补贴仍然存在，对出口企业的信用贷款及风险担保一些支持性措施也没有及时得以改变。而另一方面，对最终消费品的进口关税却一直保持了较高水平，并对部分产品加征消费税，这也在一定程度上抑制了中国居民和企业的进口需求。

第二，中国尚未形成以市场供求为基础的人民币汇率形成机制。一直以来，中国汇率形成机制缺乏灵活性，虽然2005年，中国对完善人民币汇率形成机制进行了改革，但人民币汇率浮动区间仍然较小，难以应对美元、欧元等其他货币间的汇率变化，更难以有效发挥对内外经济平衡的自动调节功能。2010年，中国人民银行宣布进一步推进人民币汇率形成机制改革，增强人民币汇率弹性。但人民币汇率制度改革始终未能打消汇率升值预期，据央行发布第二季度中国货币政策执行报告显示2005年人民币汇率形成机制改革以来至2014年6月，人民币名义有效汇率升值28.33%，实际有效汇率升值36.51%，国外大量热钱流入，使外需也有虚增的可能。

第三，在"引进来，走出去"的号召下，各地区积极开展招商引资，外商在华直接投资进入快速增长阶段，也造成了加工贸易的快速增长。在华外商投资企业数量和投资资金一直呈增长态势，据中国国家工商总局发布数据显示，2002 年底中国仅有 25.92 万户，2011 年底则达到了创纪录的 44.65 万户。从外商投资企业注册资本（金）来看，近年来一直保持持续增长态势，2002 年底仅为 4.42 万亿元，到 2013 年 3 月底已达 11.98 万亿元。在外商直接投资中，加工贸易领域占了不少比重，而加工贸易也正是产生中国贸易顺差的重要组成部分。最后，投资的快速增长也是中国出口不断增加的原因，进入 21 世纪以来，中国固定资产投资迅速增长，超过最终消费的增长速度，国内需求不能及时将由于投资增长过快造成的过剩产能消化，只有依靠广阔而成熟的海外市场，货物贸易顺差连年扩大。

18.2.3 最终消费占比下降而投资占比上升

中国总需求结构的另一显著变化是最终消费占比大幅度下降，投资占比不断攀升，如图 18.4 所示，1980 年最终消费占 GDP 比重 71.8%，到 2013 年下降到 50%，下降了 21.8 个百分点。资本形成对 GDP 贡献度上升了 28 个百分点，从 1980 年的 26.4% 升至 2013 年的 54.4%。资本形成总额增速呈上升趋势，最终消费增速呈下降趋势，1980~2013 年期间资本形成总额增速高于最终消费约 1.5 倍。图 18.4 中对比了内需结构中最终消费和投资对 GDP 贡献度的变化，在 1988~1994 年之间和 2000~2010 年之间，中国的 GDP 加速增长，但最终消费贡献度却出现了两次明显下降，第一个阶段是中国加速推进对外开放和市场化改革时期，投资呈现迅速增长态势。第二阶段是进入到 21 世纪后，中国在重工业化、城镇化和西部大开发战略的影响下，大幅提高投资额，也大大拉动了国内生产总值的增长。

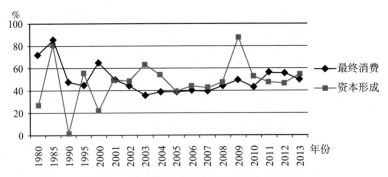

图 18.4 最终消费与资本形成贡献率比较

注：贡献率指三大需求增量与支出法国内生产总值增量之比。
资料来源：《中国统计年鉴》2014。

与世界其他主要经济体相比，中国最终消费占国内生产总值的比重不仅低于发达国家和世界平均水平，甚至也低于其他发展中国家。尤其在 2000 年以后，随着中国最终消费占比的显著下滑，与其他国家和世界平均水平的差距也在不断扩大。但中国的投资增长速度快于消费需求增长速度的现象的存在是有一定合理性的。首先从投资角度来看，根据世界不同收入国家经济增长和产业结构的变化趋势来看，投资率不断攀升和消费率有所下降时工业化阶段经济结构演变的一个共同特征，在工业化进程结束之后，投资率和消费率将逐渐趋于稳定。数据显示，在主要的国家和经济体中，最终消费占比和工业增加值占比之间存在着显著的负相关关系，工业增加值占比越高的国家，最终消费占比越低，工业增加值占比偏低的国家，反而有着较高比例的最终消费率。工业增加值占比指标反映了供给或产出层面的特征，最终消费占比反映一国总需求层面的特征。当前，中国仍处于工业化中期阶段，进入 21 世纪以来，中国第二产业投资贡献率始终在 50% 左右，见表 18.4。

表 18.4 三次产业贡献率 单位：%

年份	国内生产总值	第一产业	第二产业	#工业	第三产业
2001	100.0	5.1	46.7	42.1	48.2
2002	100.0	4.6	49.8	44.4	45.7
2003	100.0	3.4	58.5	51.9	38.1
2004	100.0	7.8	52.2	47.7	39.9
2005	100.0	5.6	51.1	43.4	43.3
2006	100.0	4.8	50.0	42.4	45.2
2007	100.0	3.0	50.7	44.0	46.3
2008	100.0	5.7	49.3	43.4	45.0
2009	100.0	4.5	51.9	40.0	43.6
2010	100.0	3.8	56.8	48.5	39.3
2011	100.0	4.6	51.6	44.7	43.8
2012	100.0	5.7	48.3	40.6	45.6
2013	100.0	4.9	48.3	39.9	46.8

注：本表按不变价格计算，三次产业贡献率指各产业增加值增量与 GDP 增量之比。
资料来源：《中国统计年鉴》2014。

投资占比过高也体现了宏观经济政策的实施效果。从 1997 年亚洲金融危机爆发之后，中国政府就意识到内需对总需求结构的重要作用，之后就开始推行以扩大内需为主导的宏观经济政策，政策的效果在扩大投资需求方面表现显著。投资与消费发展不协调的另一个原因与投资结构有关，因为中国的投资资金并没能很好的围绕消费进行，投资主要带动第二产业中的建筑业和制造业，出口和投资大幅增长，必然引起第二产业尤其是工业增长过快，大多数工业品出现供给过剩的局面。同时第二产业的投资占比始终高于第三产业的投资比例，所以对服务业带动作用大的消费增长较慢，结果造成第三产业发育不足，产业结构升级缓慢。从第三产业投资构成看，交通运输和房地产、仓储邮政等基础设施类占比较高，约占总投资额80%，而文化、教育、体育和娱乐类投资占比徘徊在5%左右，卫生、社会福利业和社会保障投资占比更是一直处于1%~2%之间的较低水平，可见文教、娱乐用品、医疗保健类等产品的供给不足制约了中国居民消费的增加。同时，受现行政绩考核、财政体制及资源管理体制影响，中国地方政府积极追求增加财政收入和提高GDP，加之中国具有丰富的劳动力资源优势，缺乏自主创新能力，各地区低附加值产业占据了投资的大部分。这就导致低端产品产量过剩，国内需求无法消化，要依靠国外市场，出口因释放过剩产能而提高。反而高技术含量、高附加值的消费品生产不足，中国居民和企业要依靠从国外进口满足需求。在出口高速增长的情况下，会增加在出口产业上的投资，所以投资和出口在一定程度上相互推高。农村投资不足也是中国投资结构存在的一个重要问题，在城镇化战略的导向下，中国城镇投资增长速度一直高于农村投资增长速度，城镇投资占全社会固定资产投资比例不断提高，而农村投资占比则持续下滑。农村投资不足对农村居民消费潜力释放和消费结构升级有严重影响，一方面，投资量不足会造成农村地区的供给不足，生产经营单位因农村市场利润较小，导致农村商品市场数量不多，质量不高，国家的公共产品在农村投资也相对缺乏，导致交通不便，信息不畅，不利于农村市场的发展。另一方面，农业生产条件的改善也受制于投资量，直接影响农村居民收入，进而影响消费潜力。

中国居民消费占GDP支出的比重也呈现出了显著下滑趋势，见表18.5，从历史水平比较，从1978年以后，中国消费支出占比不断走低，从78.6%下降到2013年的72.6%，中国的国民经济也从短缺转为过剩，外需市场和内需市场都面临着较大压力。人民币汇率调整、加入WTO将中国外贸由逆差转为顺差，也使中国的增长模式具有越来越明显的出口导向型特点，但在两次国际金融危机爆发后，拉动内需的声音愈来愈高。

表18.5　　　　　　　　　　最终消费支出结构

年份	最终消费支出							
	绝对数（亿元）				构成			
					最终消费支出=100		居民消费支出=100	
	居民消费支出			政府消费支出	居民消费支出	政府消费支出	农村居民	城镇居民
		农村居民	城镇居民					
1978	1759.1	1092.4	666.7	480.0	78.6	21.4	62.1	37.9
1980	2331.2	1411.0	920.2	676.7	77.5	22.5	60.5	39.5

续表

年份	最终消费支出							
	绝对数（亿元）				构成			
					最终消费支出=100		居民消费支出=100	
	居民消费支出			政府消费支出	居民消费支出	政府消费支出	农村居民	城镇居民
		农村居民	城镇居民					
1985	4687.4	2809.6	1877.8	1298.9	78.3	21.7	59.9	40.1
1990	9450.9	4683.1	4767.8	2639.6	78.2	21.8	49.6	50.4
1995	28369.7	11271.6	17098.1	8378.5	77.2	22.8	39.7	60.3
2000	45854.6	15147.4	30707.2	15661.4	74.5	25.5	33.0	67.0
2001	49435.9	15791.0	33644.9	17498.0	73.9	26.1	31.9	68.1
2002	53056.6	16271.7	36784.9	18759.9	73.9	26.1	30.7	69.3
2003	57649.8	16305.7	41344.1	20035.7	74.2	25.8	28.3	71.7
2004	65218.5	17689.9	47528.6	22334.1	74.5	25.5	27.1	72.9
2005	72958.7	19958.4	53000.3	26398.8	73.4	26.6	27.4	72.6
2006	82575.5	21786.0	60789.5	30528.4	73.0	27.0	26.4	73.6
2007	96332.5	24205.6	72126.9	35900.4	72.9	27.1	25.1	74.9
2008	111670.4	27677.3	83993.1	41752.1	72.8	27.2	24.8	75.2
2009	123584.6	29005.3	94579.3	45690.2	73.0	27.0	23.5	76.5
2010	140758.6	31974.6	108784.0	53356.3	72.5	27.5	22.7	77.3
2011	168956.6	38969.6	129987.0	63154.9	72.8	27.2	23.1	76.9
2012	190584.6	43065.4	147519.2	71409.0	72.7	27.3	22.6	77.4
2013	212187.5	47113.5	165074.0	79978.1	72.6	27.4	22.2	77.8

注：本表按不变价格计算。

资料来源：《中国统计年鉴》2014。

横向比较来说，出口拉动型经济是很多国家选择的经济发展道路，部分国家和地区在这个阶段的消费率也不高，但却也高于中国的水平。总体来说，中国的居民消费率既低于高收入国家，也低于中低收入国家。通过比较"金砖五国"的居民最终消费率可以看出，如图18.5所示。从1990~2010年，中国的居民最终消费率始终低于印度、巴西、俄罗斯和南非，处于最低水平，并且随着时间推移，中国的居民最终消费率与其他四国的差距在逐渐扩大。

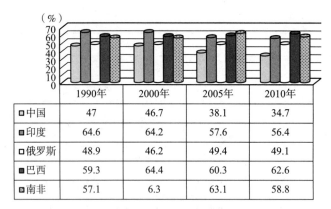

	1990年	2000年	2005年	2010年
□中国	47	46.7	38.1	34.7
■印度	64.6	64.2	57.6	56.4
□俄罗斯	48.9	46.2	49.4	49.1
■巴西	59.3	64.4	60.3	62.6
▣南非	57.1	6.3	63.1	58.8

图 18.5 "金砖五国"居民最终消费率比较

资料来源：根据世界银行 WDI 数据库资料整理。

　　总体来说，在短期内，投资需求能够显著拉动一国经济增长，但在长期内，无法为经济增长提供持久动力，市场旺盛和经济活跃的真正源泉应当是消费需求。因此，投资和消费不相协调，势必不能在长期起到拉动经济发展的作用。

第 19 章

中国内需外需结构失衡的原因分析

导致中国总需求结构失衡问题的原因很多，既有内在因素，也有外部成因；既有历史原因，也有现实原因；既与政治导向有关系，也受经济基础的影响。出口导向型政策、中国资源要素禀赋特征以及国际市场分工的转变都与外需问题的形成密切相关。投资的快速增长一方面源于储蓄的供给，同时与资本的成本和收益率之间的权衡关系密切相关。消费不足不但受到储蓄动机影响、收入分配制度制约也受到国内供给结构的影响。同时出口、投资和消费之间也会相互影响与制约。出口导向型政策会忽视国内市场需求而引致高投资，高投资率必然会进一步抑制消费，国内消费不足，会使经济增长对出口和投资的依赖越来越大，从而加剧总需求结构失衡的状态。

19.1 外需问题成因分析

19.1.1 出口导向型政策重视国际市场作用

中国的对外贸易战略并不是一成不变的，改革开放前中国以保护贸易政策为指导思想，实行的是典型的进口替代战略，对外贸易的目标和原则是"调剂余缺，互通有无"，采取的办法是实行高度统一的外贸、外汇管理体制，严格管制对外贸易。当时的国内经济增长的动力主要来源于内需。1978 年改革开放以后，中国经济建设方针转变为"利用两种资源，打开两个市场，发展本国经济"，逐步开始发展外向型经济，为了拉动经济增长，中国在很长的一段时间内以"奖出限人"作为指导思想推行出口导向型政策。出口导向型政策的形成发展大致可以分为三个阶段。第一个阶段是改革开放初期，这一时期也是中国从计划经济体制向社会主义市场经济体制转轨阶段，内向型经济向开放型经济的转变也是匹配了当时的经济转轨。政府逐步认识到对外贸易关系到国家现代化建设的成败，国际经贸关系到政治环境的改善，在整个社会主义建设中也处于重要的战略地位。出口开始受到鼓励，出口型产业受到扶持，出口商品由资源性产品转向轻纺等劳动密集型产品。中国当时以比较优势理论作为开展对外贸易的理论基础，鼓励利用劳动力优势发展加工贸易，开始实行退税制度等鼓励出口，并鼓励引进外商直接投资，主张积极利用两种资源、两个市场，合理配置国际资源和国内资源，大力发展外向型经济。第二个阶段是社会主义市场经济起步期，国家在 1994 年正式颁布了《中华人民共和国对外贸易法》，在法律上确立新型的对外贸易体制的地位。中国为了争取加入 WTO，加快了贸易管理体制的市场化改革和贸易自由化进程，改革包括实施汇率并轨、减少进出口数量限制、完善出口退税制度、降低关税水平等，尤其是进口方面的限制措施明显减少，但仍然用提高企业出口退税率的手段推动着中国出口的发展，争取顺差。第三个阶段是中国加入世界贸易组织后，中国对外贸易以 WTO 规则为基础，进行了全面地改革调整。大幅度降低了关税水平，逐步取消了进口配额和进口许可证等非关税措施，彻底放开外贸经营权等。这一时期，中国对外贸易政策主要依据世界贸易组织的基本原则以及例外条款，管理方式和手段逐渐与国际规则和管理接轨，以国内经济发展要求为基础，采取倾向于开放型的公平与保护并存的贸易政策。但是出口导向型战略是中国政府多年来一直的外贸战略取向，这种外贸政策确实在改革开放之后对中国经济起到了关键的拉动作用，利用外资规模扩大，顺差规模逐年扩大，这就解决了经济发展过程中资金和外汇短缺问题。出口导向型政策也促进了资源的开发，提高了中国资源的利用效率，更带来了规模效应。"走出去"战略的实施扩大了对外直接投资和对外劳务合作的规模，为解决中国的就业问题发挥了重要作用。这些都是出口导向型政策在中国经济社会发展中所起到的历史作用。但这些出口导向型政策的积极效应随着时间的推移，已经开始弱化，负面效应越来越明显。

19.1.2 资源禀赋条件决定了中国传统经济增长模式

改革开放之初，中国经济发展水平较低，主要生产要素占全球总量的份额如下，劳动力为 23%，土地和淡水资源为 7%～10%，油气储量约为 3.5%，但投资和研发投入均不到 1%。这就呈现了不匹配的生产要素结构，国内市场无法吸纳全部劳动力进行经济生产，潜在巨量内需无法全部实现。更重要的是，中国生产要素价格市场化程度较低，生产要素的稀缺程度不能够在要素价格上得以体现。无论是土地价格、能源价格还是原材料价格都明显偏低。另一方面，随着城镇化进程推进，大量的劳动力从农村转移到城市，因此劳动力供给的增加进一步拉低劳动力价格。于是利用较为丰富因而廉价的劳动力和土地资源吸引外资，通过发展劳动密集型加工贸易产业推动经济增长便成为了最合理的选择，也符合比较优势原理和要素禀赋原理，实践证明，这种经济增长战略确实大大推动了中国的经济发展，但却也形成了对投资驱动、出口拉动的粗放增长方式的依赖。这种增长方式的最大缺陷在于国内生产总值虽然不断提升，但居民收入水平的提升却不能够与之相适应。1990 年中国人均 GDP 指数（1978年作为基年指数为 100）是 237.3，2000 年中国人均 GDP 指数是 575.5，2013 年已提高到 1837.5 城镇家庭人均可支配收入指数 1990 年为 198.1，2000 年为 383.7，2013年为 1127。另一方面，人均 GDP 与城镇家庭人均可支配收入之比，1990 年为1：0.83，2000 年下降为 1：0.67，2013 年进一步下降为 1：0.61。受居民收入水平限制，导致内需无法消化大量投资形成的生产能力，只能利用低成本优势出口，这也就形成了出口拉动型经济增长格局。在中国吸引了大量国外直接投资的同时，发达国家为降低劳动力成本也将其加工制造环节向中国转移，使中国多年来处于国际分工中产业链低端。无可否认，改革开放初期，中国充分利用要素禀赋，发挥比较优势推行外向型经济有助于中国实现了经济的多年高速增长，人均 GDP 也有较大幅度的提高。但随着分工和贸易的发展，会带来资源禀赋结构的变化，也会导致其市场价格的相应变化。

19.1.3　国际分工带动出口高速增长

在进入 21 世纪以来，中国出口快速增长，顺差逐年增加，这与中国在世界分工的定位密切相关。随着经济全球化进程的推进，国际分工体系的调整进一步深化和细化，更多的产业或生产环节进入到国际产业转移过程。国际分工从产业间分工逐步向产业内分工转变，跨国公司为了降低成本，增加利润根据同一产品内部不同生产环节和工序的要素投入，把不同的生产环节配置到具有不同要素禀赋的国家和地区。国际分工的基础从一国在最终产品生产上的比较优势演变为一国在价值链条的特定环节的比较优势。也有就出现了"全球价值链"，而全球价值链也可以看作是全球生产网络的缩影。随着中国加入世界贸易组织，进一步参与国际分工，亚洲地区垂直分工体系和区域内生产供应网络逐步形成。在整个供应网络中，中国凭借劳动成本优势、规模经济优势和出口导向型政策支持，承担了劳动密集型生产和加工环节，充当了网络中最终产品的加工和组装中心。于是，日本以及其他国家凭借各自所具有的比较优势从事价值链某一阶段的生产活动，进行专业化生产，成为零部件和中间产品的供给方，中国成为东亚最重要的零部件组装地，最后将成品出口至北美和欧洲等发达国家。这就形成了东亚—中国—欧美的"三角贸易模式"。简言之，中国在国际分工中的特殊地位就是中间品的加工工厂，其他东亚发达国家产品出口欧美的平台。亚洲发达经济体的企业不再直接对欧美输出最终产品，而是向中国输出零部件等中间产品，由中国完成劳动密集型的加工组装环节，以中国为出口平台完成对欧美的产品输出。换句话说，传统上由日本、韩国等国出口至欧美市场的产品转变成为中国的出口产品，中国顶替了东亚其他国家部分产品的出口，即中国的贸易顺差中包括了亚洲其他国家对欧美顺差。

同时，亚洲地区的供应网络在很大程度上是受欧美国家的需求所驱动的。2000年以来，欧美市场对外部产品的需求大幅增长，所以，进入21世纪以后，中国在欧美市场上对其他亚洲国家的替代和欧美市场需求的上升共同推动了中国出口的飞快增长。但是，虽然中国出口规模巨大，但实际上由于中国处于全球价值链的低端组装环节，所以获得的国内增加值却相对较低，但加工贸易却也是产生中国贸易顺差的重要组成部分。加之投资的快速增长也是中国出口不断增加的原因之一，进入21世纪以来，中国固定资产投资迅速增长，超过最终消费的增长速度，国内需求不能及时将由于投资增长过快造成的过剩产能消化，只有依靠广阔而成熟的海外市场，货物贸易顺差连年扩大。在2008年全球经济危机后因加工贸易带来的连年顺差频繁遭遇欧美日等国家的反倾销、反补贴调查，使中国对外贸易和国内经济均受到较大影响，外需问题日益凸显。

19.2　投资过度成因分析

19.2.1　经济总量扩张是政治层面首要目标

投资驱动和出口拉动的传统经济增长模式是中国总需求结构失衡的根本原因，而这也源于中国经济赶超战略的政治动因和中国所处的发展阶段。改革开放之初，中国经济远远落后于发达国家，为了追赶发达国家，政府一般会选择快速的工业化，大量的基础设施投资，是落后国家追赶发达国家，实现经济快速增长的必然选择。政府制定了一系列的发展目标，其中经济总量的扩张始终都作为政策层面的首要目标。党的十二大明确宣布翻两番的奋斗目标，即从1981年到2000年，实现全国工农业年总产值由7100亿元增加到28000亿元左右的翻两番。党的十六大也强调了全面建设小康社会的主要目标是强调了国家经济总量的提高，提出"国内生产总值到2020年比2000年翻两番"。党的十七大报告指出，在优化结构、提高效益、降低消耗，保护环境的基础上，实现人均国内生产总值到2020年比2000年翻两番。这一目标提出了人均指标，但重心也放在经济增长方面。直到2012年党的十八大报告，中国经济发展目标的侧重点才有所转变，政府表示2020年要实现城乡居民人均收入比2010年翻一番，全面建成小康社会，经济目标指向提高居民人均收入。这也意味着当前经济环境下，中国外需转内需的战略性调整政治导向更加清晰明确。

19.2.2 国内的高额储蓄为资本积累提供来源

中国的高储蓄率世界闻名，截至 2013 年 9 月，中国居民储蓄连续 3 个月突破 43 万亿元，人均储蓄超过 3 万元，是全球储蓄金额最多的国家。近几年中国的储蓄率为 50% 左右，居世界第一位，但实际上中国的居民储蓄率只有 20%，可见中国的高储蓄主要来自于政府和企业，而非居民。总体来说，在中国的市场化进程存在不平衡的现象，产品市场改革和要素市场改革进程是不对称的。目前，中国的商品和服务的市场化机制基本建立，产品的自由化程度较高。但是要素市场的改革较为滞后，依然存在严重的扭曲。主要体现在劳动力市场和金融体系的不完善，还有政府对生产、投资和出口的政策性补贴。中国的生产要素市场上，自然资源、劳动力要素报酬偏低，资本要素报酬偏高。正是因为要素市场的扭曲，劳动报酬偏低，在分配过程中，中国居民收入增长缓慢，政府和企业的可支配收入在国民收入的分配中所占比重不断攀升，也因此提高了政府的储蓄倾向，使其成为国内储蓄供给的主体，占中国总储蓄比重一半以上，政府和企业的高储蓄促成了高投资，而高投资反转过来又进一步助推高政府和企业的储蓄，劳动者回报少导致国内家庭形成的购买力越来越消费不掉投资形成的产能，国内消费不振，就必须依靠国外市场，这又加剧了中国需求结构的失衡状况。

另外，中国高投资的另一个主要因素是资本收益和资本成本之间持久的、较大的差异，使企业维持着强烈的投资动机，由于扭曲的要素价格，使资本收益和资本成本的差异显著存在。随着劳动成本不断上升，企业就有用资本替代劳动创造利润的动机，这也导致了中国投资率始终处于较高水平。

19.2.3 工业化、城镇化是增加投资的动力

中国目前仍处于工业化和城市化进程，经济理论和别国经验表明，在工业化和城镇化的过程中，出现高储蓄和高投资属于正常现象，换句话说这一经济发展现状客观上要求较高的投资率作为支撑，这就为中国高投资率的存在提供了合理性。

改革开放后的工业化进程可以大致分为三个阶段。第一个阶段是 20 世纪 80 年代，农村经济体制改革率先突破，并带来了乡村工业化进程的加快，主要发展产业是轻工业第二个阶段是 20 世纪 90 年代，在国有经济体制改革和对外开放的进一步推动下，以出口为导向的一半制造业和加工业得到快速发展。第三个阶段中国逐步进入工业化中后期，但呈现出的问题是重工业比例过大。有关数据显示，进入 21 世纪 10 余年间，中国的轻工业产值比重由 41.9% 下降到 30% 以下，重工业却从 58% 提升至 70% 以上。在工业化进程中，可以发现投资率随着工业化的深入，呈上升趋势，所以投资率与工业化的进程密切相关。目前，中国工业化存在的问题是重工业所占比重甚至高于改革

开放以前水平，重工业导致能耗加快，产能过剩问题加剧，对能源和环境都造成了巨大压力。中国粗放型经济的问题进一步凸显，以投资驱动为主的工业结构必须得到调整。

改革开放后中国的城市化水平也迅速提高，在推进城镇化进程中，势必会带动基础设施投资、住宅投资和城市相关产业投资。实践表明，中国的城镇化率每增加1%，就可拉动当年国内生产总值1%～2%。2013年底，中国的城镇化率已经达到53.73%，预计到2030年，城镇化率将达到70%左右，2050年，中国的城镇化率可能会超过80%。[①] 城镇化的发展会增加城市人口，有研究表明，每增加一个城市人口会带动城镇固定投资50万元，因为新增人口将对社会基础设施、市政建设、汽车、住房等产业产生持续的、巨大的需求。所以工业化、城镇化均为投资提供重要动力。

19.3　最终消费不足成因分析

19.3.1　收入分配问题是居民消费不足的核心原因

居民收入与消费需求的关系非常密切，居民收入增长率直接决定最终消费的扩大。居民的需求意愿和需求能力主要决定于其收入水平，居民收入增长速度越快，居民购买力也就越大，而购买力水平的提高对该市场需求总量增加是有着速成效应的。居民收入来源比较单一，基本以劳动报酬收入为主。中国国内需求不足的根本原因就是劳动者报酬和居民收入增长缓慢，不能跟上国家经济增长速度，居民收入在国民财富分配中的份额不足，经济增长的成果无法被劳动者公平地分享，最终消费占GDP比重持续降低。

中国的收入分配格局不合理体现在众多方面，一方面，在初次分配中，政府税收的快速增长，大大降低了劳动报酬比重，使政府、企业和居民的收入分配比例严重扭曲。劳动报酬占国民收入比重低，且呈下降趋势，劳动者收入占国内生产总值中占比下降说明经济增长成果由劳动者分享的部分越来越少。家庭消费占GDP比重也越来越低，改革开放至今下降幅度将近20%。相比之下，政府财政收入占GDP的比重始终上升，2013年为21.1%比20年前的10%左右上升了一倍。税负侵蚀了居民收入的份额，不断上升的宏观税负已经成为居民的负担。有研究表明，当前中国的宏观税负已经几乎和发达国家持平，税负负担已经占居民收入一半左右。1994年的分税制改革，使政府的财政收入在20年间翻了40余倍，居民收入却只翻了7倍多。2013年全国政府纯税收收入已达11.05万亿元，每个中国人的人均纳税已超过8153元。而全部口径的政府收入大概占GDP比重达到38%，人均达1.6万元，远远高于最小口径衡量

---

①　中国建投投资研究院、社会科学文献出版社联合发布的2013年《投资蓝皮书》分布数据。

的"万元宏观税负"。① 在初次分配中，形成了劳动者报酬比重偏低的局面，而这种局面不仅没有被再分配所纠正，当再分配继续向政府倾斜时，又加剧这一不合理现象。

另一方面，中国的收入分配不均现象广泛的存在个人与家庭之间、行业间、城乡间、地区间。国有企业和民营企业、外资企业的工资逐渐拉大，并呈现增长状态，影响了劳动者收入在不同经济体企业的分配。电力、煤气、自来水等自然垄断行业凭借准入管制和行政垄断地位，在政府的扶持下垄断了市场，获取了巨大利益，而高额垄断利益就被转化为这些行业的高工资与高福利。而农、林、牧、渔与制造业、批发零售贸易、餐饮业等竞争较充分的行业收入偏低。行业垄断也是造成中国居民收入差距增加的一个主要因素，对于整个社会劳动工资增长空间、劳动需求都有着重要影响。城乡二元结构造成的收入差距在改革开放的近40年里被持续拉大，国家统计局公布的统计数据显示（见表28.1），从1978年至2013年之间，中国城乡居民收入水平逐年上升，且增长速度不断加快，尤其在2001年之后，收入水平上升更为明显。但同时，中国城镇居民收入和农村居民收入之间的差距也呈逐步扩大的趋势，如图19.1所示。改革开放前中国的基尼系数是0.16，在改革开放之初，中国的基尼系数为0.317，2000年基尼系数为0.412，已经超过国际社会公认0.4的贫富差距"警戒线"，2003年至2008年，中国基尼系数分别为0.479、0.473、0.485、0.487、0.484和0.491。上升趋势直到2009年才开始回落，分别是：2009年0.490，2010年0.481，2011年0.477，2012年0.474，2013年0.473。虽然近几年中国基尼系数有所下降，但仍明显高于国际公认的收入分配差距"警戒线"—基尼系数0.4。所以目前中国的基尼系数仍然处于较高的水平，说明城乡之间存在收入差距较大的问题。而农村人口作为中国最庞大的消费人群，偏低的收入必然会严重抑制消费需求，缺乏最广泛、最基层的消费人群支持，国内消费单纯依靠城镇人口的需求根本无法支撑。

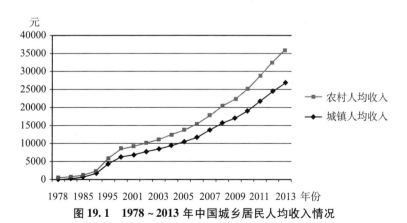

图19.1 1978～2013年中国城乡居民人均收入情况

资料来源：《中国统计年鉴》（2014）。

---

① 根据历年《中国统计年鉴》计算。

表 19.1   城乡居民人均收入及恩格尔系数

年份	城镇居民人均可支配收入		农村居民人均纯收入		城镇居民	农村居民
	绝对数（元）	指数（1978＝100）	绝对数（元）	指数（1978＝100）	恩格尔系数（%）	恩格尔系数（%）
1978	343.4	100.0	133.6	100.0	57.5	67.7
1980	477.6	127.0	191.3	139.0	56.9	61.8
1985	739.1	160.4	397.6	268.9	53.3	57.8
1990	1510.2	198.1	686.3	311.2	54.2	58.8
1995	4283.0	290.3	1577.7	383.6	50.1	58.6
2000	6280.0	383.7	2253.4	483.4	39.4	49.1
2001	6859.6	416.3	2366.4	503.7	38.2	47.7
2002	7702.8	472.1	2475.6	527.9	37.7	46.2
2003	8472.2	514.6	2622.2	550.6	37.1	45.6
2004	9421.6	554.2	2936.4	588.0	37.7	47.2
2005	10493.0	607.4	3254.9	624.5	36.7	45.5
2006	11759.5	670.7	3587.0	670.7	35.8	43.0
2007	13785.8	752.5	4140.4	734.4	36.3	43.1
2008	15780.8	815.7	4760.6	793.2	37.9	43.7
2009	17174.7	895.4	5153.2	860.6	36.5	41.0
2010	19109.4	965.2	5919.0	954.4	35.7	41.1
2011	21809.8	1046.3	6977.3	1063.2	36.3	40.4
2012	24564.7	1146.7	7916.6	1176.9	36.2	39.3
2013	26955.1	1227.0	8895.9	1286.4	35.0	37.7

资料来源：《中国统计年鉴》（2014）。

　　收入分配的扭曲导致经济成长的成果在政府与居民之间、垄断行业和竞争行业之间、不同所有制企业之间、城乡之间、不同地区之间出现分配上的不公平，部分劳动者收入下降，不能分享经济增长和利润增加的溢价，结果造成对产品、服务需求的萎缩，内需增长受阻，如表 19.2 所示。

表 19.2 居民消费水平

年份	绝对数（元）			城乡消费水平对比（农村居民＝1）	指数（上年＝100）			指数（1978＝100）		
	全体居民	农村居民	城镇居民		全体居民	农村居民	城镇居民	全体居民	农村居民	城镇居民
1978	184	138	405	2.9	104.1	104.3	103.3	100.0	100.0	100.0
1980	238	178	489	2.7	109.0	108.4	107.2	116.5	115.4	110.2
1985	446	349	765	2.2	113.5	113.3	111.1	185.2	195.7	141.3
1990	833	560	1596	2.9	103.7	99.2	108.5	229.2	215.4	190.9
1995	2355	1313	4931	3.8	107.8	106.8	107.2	345.1	282.9	303.2
2000	3632	1860	6850	3.7	108.6	104.5	107.8	491.0	371.3	391.1
2001	3887	1969	7161	3.6	106.1	104.5	103.9	521.2	388.0	406.3
2002	4144	2062	7486	3.6	107.0	105.2	104.9	557.6	408.1	426.2
2003	4475	2103	8060	3.8	107.1	100.3	107.0	596.9	409.5	456.1
2004	5032	2319	8912	3.8	108.1	104.2	106.9	645.3	426.7	487.7
2005	5596	2657	9593	3.6	108.2	110.8	105.0	698.6	472.8	511.8
2006	6299	2950	10618	3.6	109.8	108.0	108.0	766.4	511.6	552.7
2007	7310	3347	12130	3.6	110.9	106.9	109.7	849.9	546.8	606.2
2008	8430	3901	13653	3.5	109.0	108.5	106.9	926.4	593.5	647.9
2009	9283	4163	14904	3.6	110.3	107.7	109.1	1022.0	639.3	706.5
2010	10522	4700	16546	3.5	108.2	108.0	105.9	1106.1	690.3	748.3
2011	12570	5870	19108	3.3	110.3	112.6	107.3	1219.8	777.4	803.3
2012	14098	6515	21120	3.2	109.4	107.9	107.8	1334.1	838.6	866.3

注：城乡消费水平对比没有剔除城乡价格不可比的因素；居民消费水平指按常住人口平均计算的居民消费支出；本表绝对数按当年价格计算，指数按不变价格计算。

资料来源：《中国统计年鉴》（2013）。

19.3.2 预防性储蓄动机限制消费增长

近些年来中国经济始终保持高速的增长，居民收入也随之提高，但中国居民储蓄率一直处于较高水平。国际货币基金组织公布数据显示，中国的国民储蓄率从20世纪70年代至今一直居世界前列。中国居民储蓄率较高的原因较多，如文化影响，中国有勤俭节约的传统，亚洲人普遍有节俭的习惯，亚洲国家的储蓄率都明显高于西方国家，中美储蓄率差距的逐渐扩大其中一部分原因就是两国人民的生活经历不同，两国文化的渗透作用也不同。

中国居民储蓄率偏高的一个重要原因就是预防性储蓄。储蓄或者消费均是居民的个体行为，这一行为不仅跟其收入水平的高低有关系，还与其感受到的不确定因素密切相关。生命周期假设认为，人们储蓄的主要目的是维持退休后的生活。但储蓄的也有其他动机，其中一个重要的动机就是用来防范以后可能出现的收入下降，为了保持生活水平，消费者喜欢未雨绸缪，在收入好的时候增加储蓄，以便以后收入下降时维持消费。世界上发达的市场经济国家具有相对较为完善、成熟的社会保障体系，所以其居民的预防性动机并不高，有些甚至超前消费。但中国仍处于经济转型和社会变革之中，虽然工业化、城镇化、市场化使中国经济快速发展，但原来的社会保障形式被打破，而新的社会保障体系却未能及时建立，尚不能和社会发展相匹配。在此变革过程中中国居民就感受到了制度变迁带来的种种不确定性，于是居民的消费越来越谨慎，出现了预防性储蓄行为。所谓预防性储蓄，指的是风险厌恶的消费者在未来收入面临不确定性时，一般会选择增加储蓄，减少消费，未来风险越大，预防性储蓄也就越多。而这种不确定性既可能来自整个经济环境的不稳定，也可能来自个人经济情况的波动。预防性储蓄理论显示，在不确定性情况下，预期未来消费的边际效用要大于确定性情况下的消费的边际效用。换句话说，未来风险越大，预期未来消费的边际效用就越大，为了能把财富更多的留到未来进行消费，居民的预防性储蓄也就越多。当中国居民在养老、医疗、失业等方面都存在预防性储蓄的动机，即在预期未来经济条件不稳定的情况下，人们都会将自己的一部分收入转为存款而不进行消费，收入越低，储蓄的部分越大，强化了未来支出预期，因此削弱了居民的消费能力。同时，虽然城镇化让农村劳动力向城市流动，农村居民的收入得以提升，但由于户籍制度的存在，使得农村移民工人难以充分享受城市的医疗、教育、养老和住房等方面的福利，增强了农民的预防性储蓄动机。虽然中国广大农民具有巨大的需求潜力，但由于农民缺乏必要的社会保障，这部分消费对经济社会发展的贡献能力并未能发挥出应有水平。

19.3.3 国内供给结构制约家庭消费增长

中国居民消费也受到了国内供给的制约。在改革开放后的很长一段时间里，利用本国丰富的劳动力资源，积极参与分工，发展出口导向型战略帮助中国实现了经济总量的快速扩张，但却因此同时导致了国内供给结构与居民需求的错配，从供给层面上制约了最终消费的增长。

在开放经济型经济中，对外贸易可以弥补国内总供给和总需求之间的差异，平衡宏观经济。但是，对外贸易的这一功能的实现取决于不同产出的可贸易性。进出口只能弥补贸易品的供求差额，非贸易品的供求差额就只能依靠国内供给和需求的平衡。为了评价对外贸对中国国内供求结构的影响，可以将不同产业划分为贸易品行业与非贸易品行业。在一些研究中，农业和工业为贸易品部门，将服务业和建筑业归为非贸易品部门，那么在居民消费结构中，食品消费、服装消费、家庭耐用品等可以归为贸易品消费，卫生保健消费、教育文化娱乐服务、交通通信消费等可以归为非贸易品消费。根据这种贸易品和非贸易品统计口径对比中国总供给和总需求的结构时，可以看出供需的错配制约了家庭消费的增长。

中国供给结构因为生产力的提升也在经历着变革，改革开放初期中国初步建立起工业发展体系，但工业制造水平和科技设备供给与国际先进水平差距较大，中国通过出口初级产品和资源性产品，进口国外先进技术和设备填补国内现代工业制造技术和设备的供给却缺口。20世纪90年代中后期开始，中国生产力又有了一次显著提升，通过积极引进外资，吸引有实力的跨国公司在中国投资设厂，从而更好的学习先进技术，中国的生产力水平和加工制造能力得到大幅度提升，第二产业的供给能力大大提高。凭借劳动密集型产品出口和加工贸易逐渐成为了制造业大国和贸易大国。但存在的主要问题是中国第一产业供给虽然平稳，但产业现代化供给能力不高；中国的第二产业供给能力强势，但始终扩大的国内投资主要集中在中低端领域，投资增长在带动产出增长的同时，加剧了贸易品的供给过剩，但高新技术产业的领域技术水平不高，所以产业链的高端供给水平依然较低；第三产业起步较晚，虽然发展较为迅速，但与发达国家差距很大，尤其是非贸易的供给能力不足。整体来说，国内经济供给中三次产业高端供给缺口依然存在，这个缺口又难以通过进口填补，所以成了制约中国内需无法充分实现的重要因素。可见，中国国内供给结构的主要情况是低端产品过剩而高端产品供给能力不足和以工业制成品为主的贸易品供给处于相对过剩状况，以服务业为主的非贸易品供给处于相对不足的状况。

另一方面，随着经济发展和居民收入水平的不断提高，中国国内需求结构不断调整升级。通过对世界16个国家和地区在人均GDP从1000美元上升到3000美元消费结构呈现的变化研究可知，如表19.3所示。当经济水平提高时，食品、衣着、家具、家庭设备及服务等贸易品的消费比重在平稳中处于下降趋势，医疗保健、交通通信、文教娱乐服务、杂项商品和服务的消费占比呈明显的上升趋势。中国的需求结构也大致符合这一变化趋势。随着经济水平和国民收入的提高，中国城乡居民的恩格尔系数大幅下降，发展性和享受性的消费比重逐渐提高，教育娱乐、交通通信、医疗保健等消费支出明显增加，服务性消费的需求也在不断上升中。所以可见，随着经济增长和消费结构的升级，中国居民对以有形产品为主的贸易品需求基本饱和，当前的家庭消费向教育、医疗和社会保障等服务的非贸易品倾斜。但由于历史遗存的体制机制弊端，一些重点消费领域被限制在社会事业、社会保障涵盖框架中，未能投入市场中以形成有效的竞争。如医疗消费领域，长期以来的行政垄断给民营资本与外来资本的进入设置了高门槛，导致医疗资源严重不足，医疗服务供给远不能满足消费者的需求，当然也就造成了消费者领域的盲区，消费空间开发潜力巨大；而教育培训领域也未能满足社会发展和经济转型的需要，教育体制改革较为滞后，多个领域所需专业人才欠缺，培训行业尚需规范化运作，当在经济转型时期公共服务供给的减少不能被私人供给及时弥补，国内供给就会明显不足，而非贸易品的需求又无法通过进口来满足。还有居民对非贸易品不断增长的大部分潜在需求，受制于国内供给的限制而无法转变成现实的购买支出，收入无处消费，助推了居民储蓄率的升高。当服务性消费需求不能被充分满足时，对商品性产品的消费也会增长乏力。所以，非贸易品供给约束不仅会直接制约非贸易品消费支出的增长，而且还使得总消费支出也无法迅速增长。

表 19.3　　　　　　　　　世界 16 个国家和地区人均 GDP1000 美元、
　　　　　　　　　　　3000 美元时居民消费结构及其变化　　　　单位：%

人均 GDP	食品、饮料、烟草	衣着	居住	家具、家庭设备及服务	医疗保健	交通通信	文教、娱乐用品及服务	杂项商品及服务
1000 美元	41.31	11.40	11.40	9.20	4.26	8.55	6.84	6.95
3000 美元	32.13	9.62	13.33	9.20	4.96	12.11	7.54	10.73
变化情况	−9.18	−1.78	1.93	0	0.7	3.56	0.70	3.78

　　资料来源：徐平生：《世界主要国家与地区居民消费结构组成、演变规律及启示》，《中国经贸导刊》，2005年第 20 期。

　　总体而言，中国当前的供需结构存在的重要问题是工业制成品等贸易品供给的增加和服务类非贸易品需求的增加之间的矛盾。消费需求作为内需的重要组成部分，所需要的主要产品并不是那些可供贸易的产品，供给和需求之间的结构性差异不断加大，家庭的潜在需求不能被满足，导致居民储蓄的不断增加，国内需求不能被有效释放。

第 20 章

中国因内需外需失衡导致的不良后果

20.1 外需增长过快的不利影响

改革开放以来，尤其是加入 WTO 以后，出口对中国经济的拉动作用是不容置疑的，但外需增长速度过快也会对中国经济产生一些不利影响，包括增加中国宏观经济应对外需的波动性，造成国民财富外溢、出现贫困化增长，阻碍产业结构调整以及增加国际贸易摩擦，甚至影响中国的经济安全和政治地位。

20.1.1 宏观经济稳定性下降

在拉动 GDP 增长的三大需求，内在稳定性相对较高的是最终消费尤其是居民消费，相比之下，投资和出口的稳定性较低。随着近年来最终消费占比的不断降低，投资和净出口占比的上升，严重地影响了中国 GDP 增长的内在稳定性，增加了国内经济运行的风险。在过度依赖于投资和出口的总需求结构中，这两者形成了一个相互强化的联系机制，在这样的机制中，外需冲击的影响不断放大，严重影响中国宏观经济的稳定性。

中国经济受外需影响较大体现在较高水平的外贸依存度，高外贸依存度使宏观经济在应对外需冲击时更加脆弱。外贸依存度指一个国家或地区在一定时期内进出口总额占国内生产总值或国民生产总值的比重，可以反映其开放程度，更反映了一个国家或地区的对外贸易活动对其经济发展的影响和依赖程度，所占比重越高，通常解读为该国家对外开放程度越高，同时对国外市场的依赖程度也越高。

中国的对外贸易依存度从 1978 年到 2013 年逐渐走高且波动较明显，大体上可以分为三个阶段，第一个阶段是 20 世纪 80 年代，是外贸依存度的快速上升期，在改革开放初期中国的外贸依存度仅为 9.7%，远远低于世界平均水平，政府以出口导向政策为指导，推行了一系列鼓励出口的政策，使中国在逐步融入到经济全球化的进程中，逐步升高的外贸依存度也体现了当时对外贸易对中国经济增长起到的重要推动作用。第二个阶段是 20 世纪 90 年代，这时中国的外贸依存度在波动中发展，90 年代初中国的外贸依存度已经与世界平均水平持平，30% ~ 40% 之间，政府开始用价格、汇率、出口信贷、出口退税等多种手段调控对外贸易，中国在世界贸易的地位迅速上升，中国利用劳动力优势，成为了世界工厂，其中加工贸易占比较高，这种"两头在外，大进大出"的贸易方式曾极大增加了中国的出口额，直接推高了外贸依存度。尤其是 1994 年实施的汇率改革，人民币贬值对出口产生了巨大的影响，致使外贸依存度一度升至 90 年代的最高值 42.4%。后来由于 1997 年亚洲金融危机，在一定程度上使中国出口受阻，外贸依存度有所下滑，随着金融危机影响的淡化，外贸依存度再次回升。第三阶段是 21 世纪后，中国的对外贸易依存度加速增长但波动激烈，出现了大起大落的情况，如图 20.1 所示。一方面在中国加入世界贸易组织后，融入世界经济的进程加快，进一步推动中国形成竞争有序、统一开放的市场管理与竞争体系，强化了市场对资源的配置作用，在出口增速和规模总量快速上升的同时加速了国民经济发展。外贸依存度快速上升，在 2006 年，中国的外贸依存度达到峰值 65.17%。另一方面中国对外贸易受到 2008 年国际金融危机的巨大冲击，主要出口贸易伙伴欧美市场萎缩，外贸依存度快速下滑，在 2009 年降至 44.19%，与最高值相比下降幅度达 32%。此后，随着危机之后全球经济复苏，中国积极开展与新型经济体、区域贸易伙伴的贸易发展，促使贸易依存度有所回升。

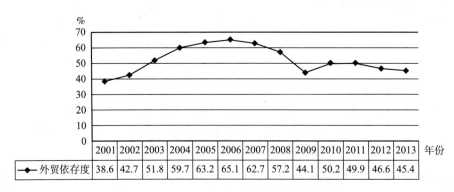

图 20.1　2001 ~ 2013 年中国对外贸易依存度

资料来源：《中国统计年鉴》（2014）。

值得一提的是，在 2010 ~ 2013 年之间，中国的对外贸易依存度控制在了 50% 以下。其中的重要原因是，近年来中国的外贸依存度虽然处于较高水平，但就对经济增长的拉动作用来看，除了看对外贸易整体表现以外，还要看出口减去进口以后也就是净出口的表现。但在这一方面，净出口对拉动中国经济的作用却在降低。在 2011 ~ 2013 年中国的经济增长中，净出口的贡献率为 - 4.3%、- 2.1% 和 - 4.4%。鉴于高依存度并未带来高贡献率，对国外市场需求的依赖反而会带来高风险，多年来中国出口的优势产品是劳动密集型产品，但是目前中国的人口红利正在逐步消失，随着教育程度的提升，生活成本的提高，贸易和经济发展所带来的劳动需求增加使中国的劳动成本已经大大提高，弱化了劳动密集型产品的比较优势，加之劳动密集型产品的需求价格弹性偏大，在中国的劳动力价格上升后，不少发达国家已经将加工工厂转移到劳动力价格更低廉的国家，这对中国此类产品的出口会产生巨大冲击。

因此，在经历两次金融危机的冲击后，中国为规避外部风险对中国经济发展的负面冲击以及放眼长远利益的思考，在十二五规划中提出，在接下来的五年时间里扩大内需，加快转变经济增长方式，以国内居民的消费带动 GDP 的增长。从近三年的外贸依存度的下降趋势来看，中国经济增长方式转变已经取得一定效果，外需在中国经济发展中的地位也在调整当中。

20.1.2 出口贫困化增长问题

印度经济学家巴格瓦蒂在"贸易条件恶化论"的基础上，联系经济增长进行研究，以发展中国家的出口增长模式为背景，提出了"贫困化增长"理论。该理论的基本含义是：偏重于出口的经济增长所带来的收益可能会被价格贸易条件的不断恶化而抵消，以致社会福利下降程度远远高于人均产量增加对社会福利的改善程度，最终会出现越增长越贫困的结果，因此又叫做"悲惨的增长"。1991 年经济学家彼得·林德特中阐述了贫困化增长的三个前提条件，第一，一国的经济增长必须偏向于出口部门，且出口数量足以显著的影响世界市场价格；第二，该国的国民经济增长必须在很大程度上依赖国际贸易，那么贸易条件的下降将对该国福利会有重大影响；第三，国外对本国出口商品的需求价格弹性小，所以出口供给的增加会导致价格的大幅度下降。

判断中国是否存在出口贫困化增长，也从以上三个条件评判。首先，出口偏向性方面，中国在改革开放后大力发展国际贸易，积极鼓励出口，从 20 世纪 90 年代开始明确实行出口导向政策，而多数年份中国的出口额增长率均超过 GDP 的增长率，出口对国民经济增长的拉动作用非常明显，符合贫困化增长的前提条件。其次，一个国家对国际贸易的依赖程度，可以用对外贸易依存度来衡量，中国外贸依存度远远高于美国、日本等发达国家，也高于印度、巴西等发展中国家，充分说明了中国经济增长对进出口贸易的依赖性，这一点也符合贫困化增长的条件。最后，就中国大多数中小企业的出口现状，出口产品以纺织品、玩具、服装等劳动密集型初级产品和工业制成品，这些产品进入门槛低，需求价格弹性大，且中国外贸企业为争取订单竞相降价，导致价格偏低，也因此遭到反倾销、反补贴调查。所以应该说，中国的贸易条件处于恶化的状态，为中国经济带来了一定的负面影响。

中国的贫困化增长现象可以用以下模型加以解释，如图20.2所示。假定中国在开放经济条件下，市场上有两种产品 X 和 Y，而中国出口 X 产品，进口 Y 产品，中国最初的生产可能曲线为 PPC₁，国际市场上的价格贸易条件为 Tw，A 为初始进行分工时的生产点，C 点为最初的消费点，可以达到无差异曲线所表示的福利 U₁，如果国际市场上价格贸易条件提升，那么中国的社会福利也将增加。所以可知，出口国的价格贸易条件直接决定了该国参与国际贸易能够获得的社会福利水平，即出口产品相对于进口产品的价格贸易条件越高，则出口国参与贸易获得的福利水平越高。但当中国利用丰富的生产力要素发生了偏向出口的经济增长，生产扩大，生产可能性曲线外移至 PPC₂，供给增加，A′为扩大生产后的生产点，C′为中国进行贸易后的消费点。因为中国出口的产品多数是劳动密集型产品，技术含量较低，需求价格弹性较大，所以供给的增加使价格显著降低，贸易条件恶化，使中国的实际消费水平低于经济增长前的状况，社会福利水平降低。这是典型的"贫困化增长"现象，贸易的扩大反而导致了中国社会福利水平降低。

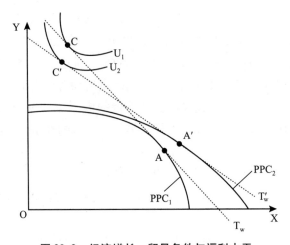

图20.2　经济增长、贸易条件与福利水平

20.1.3　外贸结构低端化阻碍产业结构调整

总体上说，从中国实行出口导向型政策以来，贸易结构是处于不断优化的状态。出口产品的科技含量是在不断增加的，表现为出口产品中工业制成品比重在持续加大，资源密集型产品比重已经逐步超过劳动力密集产品比重；初级产品出口比重稳步下降，主要仍以食品、活动物、矿物燃料、润滑油及有关原料为主；工业制

成品出口中，技术含量和附加值较高的工业制成品出口比重也有了明显的上升，机电产品、高新技术产品出口比重逐步提高，机电产品成为中国出口第一大项；高污染、高能耗、高排放产品出口比重在近5年迅速下降；加工贸易商品出口比重也有所下降。

虽然中国目前的进出口规模已经雄踞世界货物贸易大国首位，但尚不能以贸易强国自居，中国在出口商品结构、质量、技术含量、效益、单位出口能耗物耗以及服务贸易等方面，都与发达国家差距较大。中国出口结构存在的主要问题包括以下几个方面。第一，资源密集型产品和劳动密集型产品占比仍然较高，并出口量保持惯性增长。资源密集型产品主要仍以食品、活动物、矿物燃料、润滑油及有关原料为主。虽然工业制成品比重上升，但其中劳动密集型产品国际竞争优势比较明显，但劳动密集型产品附加值低。比较中、美、德三大贸易大国可以看出，无论是中国出口产品在国际市场上的竞争力，还是从贸易中得到国际分工利益，都与美、德差距很大。以2013年为例，中国出口美国的产品前三项分别为机电产品、纺织品及原料和家具玩具杂项制品，三项占比为69.7%，其中家具、玩具、纺织品及原料、鞋靴、伞等劳动密集型产品达24.8%。而美国出口商品的前三位是机电产品、运输设备、化工产品，三项产品占总出口产品的50.6%。诸如纺织品及原料、家具、玩具等劳动密集型产品，出口占比只有1%左右[1]。第二，机电产品、高新技术产品出口比重虽然有所提升，但技术含量和产品附加值并不高，且核心技术和部件多为进口，高新技术产品拥有自有品牌和知识产权的少，使中国出口机电产品、高新产品的国际竞争力较低。第三，中国的加工贸易仍占出口50%以上，加工贸易中，研发、设计、品牌都由外商控制，中国相关产业发展处于国际分工的低端环节，即微笑曲线中利润最低的加工制造环节，如图20.3。资料显示，中国生产的童鞋供应美国零售业巨头沃尔玛，美国售价20美元以上，中国出厂价仅为5美元，扣除各项成本，每双鞋利润仅为20美分。再以纺织品为例，中国纺织品出口占全球纺织品贸易额超过30%，但自主品牌不足1%，没有一个世界知名品牌。这样的出口结构对调整和优化中国的产业结构是极为不利的。虽然中国的加工贸易的发展有一定的合理性，但过于重视加工贸易的发展，将会把中国定位在低端产业的国际分工格局当中。当前中国的产业结构已经不自觉的偏向了出口产业，对国内需求产业的重视不足，再对出口进行各种补贴其实是间接地补贴给了国外的消费者，给国内消费者造成了福利损失。所以中国应该通过进出口平衡贸易战略的实施，积极调整中国的产业结构，转向内需主导型的产业结构发展模式。

---

[1] 《中国统计年鉴》（2014）。

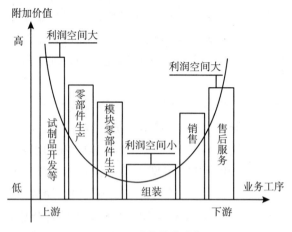

图 20.3 "微笑曲线"

20.1.4 贸易摩擦增多影响经济安全和贸易地位

改革开放以后，中国积极推动鼓励出口的相关政策，加之中国的劳动力成本、资源环境成本都相对较低，中国的出口产品主要是劳动密集型产品和高新技术产品中的劳动密集型环节，不仅如此，发达国家和地区的劳动密集型产品的加工生产也快速转移到中国，推动了中国的加工贸易规模的迅速扩张和对外贸易的迅速发展，中国的贸易规模逐年扩大，贸易地位逐年提高，贸易顺差逐年增加。继成为全球第二大经济体，最大外汇储备国和最大出口国之后，2013 年，中国已经成为世界第一货物贸易大国。但由于中国出口贸易产品的地区集中度相对较高，美国、欧盟、日本等经济体是中国主要的贸易顺差来源地，而这些进口国同类产品市场受到了中国质优价廉产品的巨大冲击，因此产生的贸易摩擦不断增多。尤其在 2008 年全球金融危机之后，在就业压力和经济不景气等的压力下，一些国家新贸易保护主义有所抬头，尽所能地扶持本国生产者而阻止外来竞争者。

近年来美国和欧盟打着绿色贸易的旗号，通过提高环保、技术门槛，不断增加各种贸易壁垒深深困扰着中国出口企业。这些国家还频频发起反倾销、反补贴调查，截至 2013 年，中国已经连续 18 年成为遭遇反倾销调查最多的国家，连续 8 年遭遇反补贴调查最多的国家，中国是全球受贸易保护措施伤害最深的国家。据商务部统计，2013 年，共有 19 个国家地区对中国发起了贸易救济调查，总共有 92 起，比 2012 年增长了 17.9%。统计显示，92 起中，反倾销调查有 71 起，反补贴调查有 14 起，保障措施有 7 起。除此之外，美国还对我们发起了"337"调查 19 起，比 2012 年的 18 起增加了 1 起。反倾销调查不断升级，贸易摩擦范围不断扩大，除了发达经济体立案增幅继续大幅度上升以外，新兴工业国家和发展中国家立案也呈增长趋势。2008 年以来，中国遭遇的贸易救济调查累计已超过 600 起。中国贸易摩擦的不断蔓延和加剧，使中国的对外贸易环境和贸易条件日趋恶化，给出口持续发展带来重大威胁。当外贸摩擦与能源、汇率政策相联系，不但会干扰中国宏观调控，使国家经济安全受到威胁，同时更可能会影响中国的外交关系和政治地位。

20.2　内需结构失衡的影响

中国总需求结构失衡的另一重要方面是内需结构的不平衡，主要表现在投资与消费的不平衡。最终消费不足，且投资增长速度快于消费需求增长速度。在国民收入既定的条件下，投资和消费是此消彼长的关系，过度的投资和过高的积累率在促使生产能力高速膨胀的同时，也压缩了消费能力。中国最终消费占国内生产总值的比重不仅低于发达国家和世界平均水平，甚至也低于其他发展中国家。尤其在 2000 年以后，随着中国最终消费占比的显著下滑，与其他国家和世界平均水平的差距也在不断扩大。这一现状将导致中国产能过剩的扩展和蔓延，就业创造效应下降、劳动收入增长效应下降以及内生增长潜力变小等问题。

20.2.1　过度投资导致投资效率低下

自从进入 21 世纪以来，中国一些资本密集型的重化工业领域出现了一定程度的投资问题，尤其为缓解 2008 年金融危机带来的困难，中国政府出台了"4 万亿"投资计划、十大产业振兴规划和宽松的货币政策等刺激政策这给钢铁、建材等行业带来了巨大的市场需求，但也同时带动了这些高耗能、高排放行业的盲目投资，过度的投资导致中国出现投资效率低下的问题。

中国投资效率低下主要体现在以下几个方面。第一，资本投入过多，已经多于其他生产要素的投入，超过生产要素配置的需要。中国当前出现过度投资和投资结构不合理的问题，同时存在行业利润结构不平衡问题，投资主要集中在了利润高的部门，而其中部分部门并非具有高生产效率，结果拉低了整体宏观经济中的投资效率。中国的高投资总额既来源于各项投资激励政策支持下的国内投资也来自各种税费减免政策鼓励下的国外投资。这些投资很多都集中在了一些高利润行业，比如房地产业，而这些行业并非最具生产力，因此，大量的投资增加不但没有改善经济环境，却降低了投资的效率。还有一些大型垄断企业，增加投资是为了增强垄断势力，获得高额垄断利润，并不具备高生产效率和经济发展带动作用。第二，造成中国整体宏观经济中的投资效率低下的另一个原因是中国的市场机制。中国的政府主导型经济增长模式虽然在短期内优越于欧美国家的政府财政的窘境和经济增长的疲软，但在长期内，却制约着中国的市场经济发展。中国的市场机制对于经济中资源配置的引导作用受到限制，投资主要以行政政策而不是以市场机制为导向，市场机制受到扭曲。改革开放以来，中国产品价格市场化进程效果较好，但要素价格市场化进程明显滞后。政府对资源配置的主导，政府对投资准入的管制所导致的行业垄断和行政垄断等，使得市场机制不能充分发挥对资源配置的决定性调节作用，对土地税收、市场准入等各种行政垄断的干预，导致劳动力、资本、土地等生产要素价格受到扭曲。第三，在政府主导的经济中，政府要承担大量的公共投资。由于增加资本积累和利润最大化并不是政府投资的根本目的，所以这些公共投资的效率也不高。另外，随着经济建设性政府对公共服务性政府的取代，政府投资大部分用于竞争性领域，而对于基础设施如社会保障、住房保障等的建设滞后。

20.2.2 消费不足导致增长乏力

以内需不足和过度投资为主要特征的国内需求失衡，长期困扰着中国经济，投资与消费矛盾加剧的突出表现是：不断升高的储蓄率和投资率与逐年下降的消费率和居民消费率。实证研究显示，当人均 GDP 达到 1000 美元时，最优消费率应该达到76.5%，居民消费率为 61.7%。而中国早在 2003 年就已经实现人均 GDP1000 美元，那么理想的消费率就应该达到 76.5%。但实际上，中国的消费率既低于发达国家，也低于发展中国家，而且差距逐渐加大。多数发达国家和发展中国家消费率都在70%以上，而中国的最终消费率在 20 世纪七八十年代在 65%，90 年代下降到 60% 以下，而进入 21 世纪以来，已经进一步下降至 50% 以下。同时，投资率却高达 40% 以上，逐步接近 50%。远远高于中国公认的投资警戒线 30%，更高于发达国家水平和世界平均水平。中国的储蓄率也长期维持在 40% 以上，近几年储蓄率为 50% 左右，居世界第一位。2013 年 9 月，中国居民储蓄连续 3 个月突破 43 万亿元，人均储蓄超过 3 万元，为全球储蓄金额最多的国家。中国的高储蓄率曾支撑了高投资和高进出口规模，为中国经济发展做出了应有贡献。但在加大消费比重，调整投资和出口为导向的经济结构的今天，高储蓄率的弊端愈来愈明显。

消费低迷会影响到劳动力再生产的质量，长期以来，中国用于文化教育、医疗卫生和其他公共服务等方面的开支和消费不足。导致的后果包括中国居民受教育程度不高，虽然各级各类学校入学率和升学率大幅度提高，但是受过高等教育和中等技术教育人口所占比例仍然不高，国民平均受教育程度刚刚达到八年，距离发达国家乃至某些发展中国家有着相当大的差距。公共卫生服务方面也存在较大问题。所以消费不足会最终导致中国人口素质降低，创新能力不足，科技进步乏力，产业升级缓慢，综合竞争力下降。

20.2.3　投资与消费失衡助推产能过剩

从 20 世纪 90 年代开始，中国开始告别短缺经济，并逐步出现供过于求的状况。内需不足的矛盾开始逐步凸显，并且不断加剧。其中一个重要原因是出口导向型政策的推行，对外贸易迅速扩张的国内背景是内需不足，政府实施出口导向型政策，一个很重要的目的是缓解内需不足的压力。内需包括生产性消费需求和生活性消费需求两方面，生产性消费需求是指在生产过程中对生产资料的需要。比如企业在生产中的厂房、机器设备、其他耗材和劳动力等。生活性消费需求是指人们为满足个人生活所对有形商品和无形服务的需要。中国的内需不足主要体现在生活性消费需求不足。因为出口的增长首先带动了投资增长，投资增加反过来继续带动生产性需求的提升，对生活性需求的带动作用并不显著。虽然随着出口的增加，在一定程度上缓解了内需不足的压力，但是，由于出口增长带动投资增长，生活性需求必然更加萎缩。另外，中国除了出口规模不断加大，进口规模也在扩大，进口扩大意味着不足以包容国内供给的市场需求，还将流失一部分到国外供给。所以生产性需求和生活性需求的失调不仅不会因投资增加得到缓解，而且必将日趋严重。高投资增长率和低消费率的矛盾日益加剧，由于生产要素没有得到良好配置，结果出现产能过剩或无法充分利用或充分就业局面。可以看出，外需的发展会拓展产能过剩的领域，加剧投资于消费的矛盾，而进口也不能解决国内消费的根本问题。

20.2.4　就业压力增加和劳动收入增长效应下降

在就业创造效应和劳动收入增长效应不断下降的背景下，只能通过更高的增长速度，才能抑制失业问题的加剧和维持必要的居民收入增长速度。由此导致中国政府对高增长速度的严重依赖，也可以称之为"速度饥渴"。在这种背景下，一旦投资和出口受制于国内外约束而无法维持过往的高增长趋势，经济总量扩张速度的下降将会使就业和家庭收入增长问题恶化，并带来较为严重的社会问题。高投资的增长模式下，资本密集度不断提高，由此导致增长的就业创造效应下降。目前，中国经济总量虽然不断增长，但是就业增长却明显滞后。再加上资本要素价格的扭曲即收入向政府和企业的倾斜，使企业的投资成本较低，而收益较高，为企业不断追加投资提供了重要动力。随着收入分配制度的逐步完善，中国居民收入有所提高，随着劳动力成本的升高，企业用资本替代劳动的动机也推动了投资的增加，也使经济增长的就业创造能力再次下降。

第 21 章

生产要素专用性与外需转内需调整分析

21.1 生产要素专用性与外需转内需调整障碍

自由贸易理论作为国际贸易的核心理论，为不同类型国家的贸易理论和政策选择产生了深远影响。传统的自由贸易理论是以完全竞争为基础，而且其中隐含了一个重要假设，即不考虑运输成本和交易成本，生产要素作为唯一的成本可以在国际间不能流动，但是可以在国家内部的生产部门之间自由流动。现代学派的自由贸易理论提出了进一步的发展，认为，国际间因生产要素自然禀赋不同而引起的生产要素价格差异也能够趋于均等，既可以通过生产要素的直接移动，也可以生产要素以商品作为媒介进行间接移动，这两种途径均会实现国际间要素价格均等化现象，这就是赫克歇尔—俄林—萨缪尔森定理（HOS 定理）。但实际上，生产要素沉淀成本的存在却使企业不能在国内市场上自由进出某一产业，因此对国际商品贸易有着特殊的作用，不但影响一国进出口的结构与总量，也会对贸易政策的选择有重要影响。

21.1.1 生产要素专用性与自由贸易理论

根据亚当·斯密和大卫·李嘉图和自由贸易理论[①]，两国应该集中力量生产自己具有绝对优势或者比较优势的产品，然后进行贸易。

为了清楚理解两国之间的劳动分工与贸易收益。通过生产可能性曲线和无差异曲

---

① 实际上，国际化与全球化是不同的。前者是指国家之间关系——国际贸易、国际条约、联盟、协议等重要性不断增加，基本单位是国家。而后者是指全球经济一体化，即通过自由贸易，尤其是资本的自由流动的方式，使许多国家经济体构成一个全球经济体，国家经济的解体，国界已变得不重要了。因此，比较优势理论本质上属于国家主义者，他们主张国际化而不是全球化。

线来阐释。为了简化，我们假设两国分别仅仅从 X 产品和 Y 产品中获得，如图 21.1、图 21.2、图 21.3 所示。

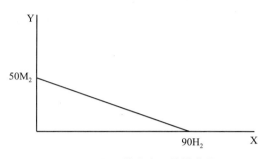

图 21.1　甲国的生产可能性曲线

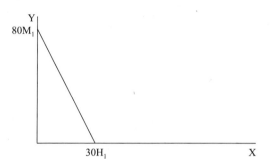

图 21.2　乙国的生产可能性曲线

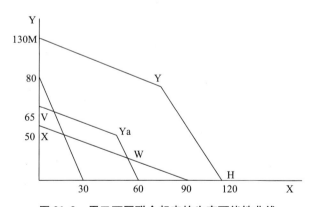

图 21.3　甲乙两国联合起来的生产可能性曲线

在图 21.3 中，横轴 X 表示 X 产品价值，纵轴 Y 表示 Y 产品价值。其中，图 21.1 表示乙国生产可能性曲线，图 21.2 表示甲国生产可能性曲线。在这里，我们假设收益不变或者说固定比例的生产函数。也可以假设收益递减或边际成本递增，此时生产可能性曲线凹向原点，但这种分析不影响结论。虽然我们可以看到，对于甲国和乙国自己都有自己的相对优势，然而我们需要两国之间的比较优势。其中，生产可能性曲线的斜率的绝对值便能够体现二者之间的比较优势。其中，M_1H_1 的斜率告诉我们，对于乙国而言，必须放弃更多的 X 产品的价值才能增加一单位 Y 产品价值。这个事实说明，M_1H_1 的比 M_2H_2 的更加陡峭。意味着，乙国获得一单位 X 产品价值放弃的 Y 产品价值要大于甲国。而甲国要放弃 2.67（80/30）Y 产品价值得到新增一单位 X 产品价值。甲国需要放弃 0.56（50/90）Y 产品价值得到新增一单位 X 产品价值。反过来说，甲国比乙国必须放弃更多的 Y 产品价值得到 X 产品价值。甲国必须放弃 1.8（90/50）Y 产品价值得到新增一单位 X 产品价值，而乙国必须放弃 0.38（30/80）的 X 产品价值得到新增 Y 产品价值。因此说，乙国在 Y 生产中有比较优势而甲国在 X 中有比较优势。

如果两国想合作，他们联合的生产可能性曲线如图 21.3 所示。其中，M 点是两国完全用来生产市场产品价值。如果他们偏好一些 X 产品，仅仅需要甲国做 X，直到该国没有 Y 为止（点 Y）。由于甲国放弃一单位 Y 产品价值可以增加 X 产品价值（1.8），而乙国如此做可以增加 0.38。因此 MY 与 M_2H_2 的斜率系统，表明乙国在 X 和 Y 之间分配时间，那么乙国的斜率是重要的。同样，只要超出 MY 那点，H 点表示两国完全用来生产。

联合起来的生产可能性曲线 MYH 使 X 产品与 Y 产品之间的组合要大于每一国单独生产的数量。这种专业化和交换收益可以通过生产可能性曲线上产出的人均产出量来证明。把 MYH 被两国除可以得到新的生产可能性曲线 $M_1Y_1H_1$。进而与 M_1H_1 和 M_2H_2 两国单独生产的可能性曲线相比较。其中 $WXVY_1$ 的面积代表人均产出增加。这种产出增加在两国之间分配要远远好于单独生产条件下的收益。为了获得这种产出收益，两国需要生产 X 产品和 Y 产品。正是这种产品生产给各自带来在比较优势领域更多的机会。其中，M_1XWH 表示未合作情况下两国单独达到的生产可能性曲线。而人均产出水平。由此可见，合作的前提条件为获得收益为正。可以通过图 21.3 论证。

从这种图形可以看出，两国比较优势差异越大，专业化收益越大。反之亦然。为了说明这种情况，可以假设极端情形，两国之间有相同的生产可能性曲线，比方说，M_1H_1。联合的生产可能性曲线为 $2M_1H_1$。以人均产出为基础，表明没有任何改善，即联合生产与单独生产没有差异。这就意味着，当进行专业分工后，原来投资于绝对劣势和比较劣势产业的生产要素必须能够完全无损失的转移到新选择的产业。如果生产要素能够无成本的充分流动，那就没有人会由于贸易格局变化和专业结构调整而遭受损失。但是，现实经济条件下，很多生产要素都具有极强的专用性，当特定生产要素退出原产业时，其再生产的能力就会大受影响，机会成本大大增加，这样也会产生沉淀成本。这些生产要素当中，具有资产专用性的生产设备就将被淘汰。所谓资产专用性，是指某种资产的价值只有与某项特殊的用途结合在一起时，才得以体现，并且该资产用于特定用途后，很难再移作他用，即使改用在其他领域也会致使其价值的大幅度降低，甚至可能变成毫无价值。威廉姆森把资产专用性划分为地理区位的专用性、人力资产的专用性、物质资产专用性、完全为特定协约服务的资产以及名牌商标资产的专用性。如一个关闭的钢铁厂的轧钢工人，很难被其他行业所吸收，如果不进行新技能培训，工人极可能要面临失业，即使找到工作，他们现有技能会被完全浪费，这说明即使国家能够通过自由贸易所获利，但部分流动性差甚至没有流动性的生产要素所有者即将蒙受巨大损失。无论生产要素被转移还是淘汰，在国家的产业结构调整中，出现巨大成本是不可避免的。传统的自由贸易模型中并未对沉淀成本的重要影响加以考虑，而这却与两国在贸易中所获利益和国内的产业结构调整有着密切关系。

改革开放以来，为了实现与国际接轨，中国已经对经济结构进行了大刀阔斧的改革和调整。出口导向型经济对中国产业结构变革与升级有着重要影响，由于资产专用性的存在也造成了很多沉淀成本。首先，有形资产专用性，即投资与特定厂址、企业或产业联系在一起时才能发挥其价值，不能改作他用。厂址专用性意味着因其物质特征难以被安装、移动和重新定位，如基础设施。比如，早期的锯木厂多设于河流旁边，可以节省木材的运输成本，而当厂址一旦建成，就不能转为他用，如果移为别用，其工厂原生产价值就会受到损失。如果是企业或产业专用性，那投资就只能服务于原企业或产业，难以被转移至新企业或产业。由于中国市场体系尚不完善，存在较大的退出壁垒，加之中国的生产力水平和科学技术又相对滞后，产业调整能力不足，当众多发达国家利用技术改造将原有资产重新投入使用时，中国原有产业的厂房、机器设备等只能被无奈淘汰。还有一些特定用途的资产，是企业为特定客户定制产品而进行的投资，如果提前结束合作关系，就会使企业处于生产能力过剩的状态，尤其当厂房和机器设备等资产均按原生产需求所购置，那这些有形资产的使用都要受到特定生产目的、技术条件和地理区位等限制。企业无法无成本地将它们转为他用或出售给其他企业。即使转让在同行业内通用性的一些设备时，企业也无法避免搜寻成本和运输成本，而企业的一些专用性生产设备、设施，在撤资时可能会完全废弃。其次，无形资产专用性，无形资产是指企业拥有或者控制的没有实物形态的可辨认非货币性资产，比如人力资本、技术、企业商誉等。人力资产往往具有专用性，为了增加竞争力和提高生产效率，企业需要大量至少具有精通某一专门领域的知识、技能的专门人才参与生产与运营。企业不仅需要对新职工进行培训，还会为其支付培训费用等。但如果企业撤资，原有的人力资本将被浪费。除此之外，在中国的城镇化进程中，农村富余劳动力增加，转移到城镇，部分城镇居民因为产业结构调整和农村劳动力增多导致失业，他们的再就业能力也比较差，也出现了沉淀成本问题。生产技术也是企业一项重要的无形资产，虽然类似的技术一般可以在同行业中比较常见，但具体来说每个企业的技术发展路径各不相同，往往一项生产技术需要其他多种技术的共同支持，并且其中部分技术可能已经融入与之匹配的机器设备之中，形成一个有机的整体。那么，这些技术就离开原有生产环境就不能够被充分利用，发挥原有生产能力。所以，生产技术在转移时会大大降低价值。而且，技术市场上极高的交易成本也会使拥有技术资产的企业从技术转让中遭受损失。在技术市场上，不确定性（风险）等因素决定技术在不同企业之间的转让必然导致过高的交易成本。交易双方信息不对称以及各自的机会主义动机使协商、谈判成本过高，而未来商业环境的不确定性无疑使双方讨价还价过程更为艰难。其他的一些无形资产如企业文化、团队精神、顾客的品牌忠诚度、分销网络设置等也会因企业撤资而不再有价值。

由此可见，国际贸易中因为生产要素专用性的存在，投资者不能自由进入或退出市场，如果退出市场就要遭受巨大损失。所以，中国建立在自由贸易理论基础上的出口导向型经济，必须重视沉淀成本的重要影响。

21.1.2 生产要素专用性与产业结构刚性

依据可竞争市场理论，在可竞争性的市场结构下，企业可以无障碍地进入市场和退出市场，也就是没有沉淀成本，只要有利可图，企业就能够迅速进入市场，当市场价格下降导致没有利润时，便能全身而退。但现实中，正是因为沉淀成本的存在，使某些已经失去比较优势的企业难以退出市场，结果形成产业刚性，造成了产业结构调整的重重困难。因为沉淀成本使企业不能将生产要素出售或转移而挽回损失，于是生产者只能转而追求沉淀的生产要素报酬——准租金。准租金是短期生产中用于特定生产的生产要素的收益，准租金可表现为企业的总收益扣除总可变成本之后的余额。所以总可变成本不变，增加商品价格和企业总收益，准租金就会增加；反之，准租金则减少。为了避免生产要素浪费，企业会进一步固化产业结构。另外，为了稳定就业、维护社会稳定等政治考量，政府也会在无形中影响产业结构调整。

当我们放松生产要素充分流动性这一假设，将正生产要素沉淀成本引入，就会发现：沉淀投资的企业或产业专用性使得当企业退出市场时，其他企业或产业不能利用它们而使其机会成本为零。在这种情况下，只要企业能从沉淀资产中获得正的准租金，不论可补偿资产的市场收益率是多少，它都会滞留在市场上而不退出。具体分析过程如下：

借助于上面的经济模型，我们进一步假设沉淀成本的存在。即投资的边际成本（S）总是大于负投资的边际成本（s）。换言之，获得资本的成本总是大于废弃的处置价值，二者之间的差额便是沉淀成本（Ss 差距）。此时，因沉淀成本的存在，使MCI的物质投资品的边际成本出现四种可能的情况。这些与标准的新古典竞争结论不同，如图21.4所示。

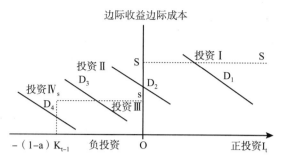

图 21.4　物质资本有沉淀成本与投资行为

当物质资本投资至少是部分沉淀时，这一决策规则又会有什么意义？在发生沉淀成本的情况下，依赖资本的边际产品价值以及沉淀成本产生了四种可能的投资行为，这些都被证明在图 21.4 中。由于出现沉淀成本是常态，所以根据最优条件，我们发现，在第一种情况下，资本的边际产品价值较高（D_1），与投资的边际成本曲线（SS）相交于正投资区域，这表明经济主体处于投资行为；在第二种情况下，资本的边际产品价值（D_2）处于 S 和 s 之间，此时经济主体有滞后现象。在这个资产固定区域，经济主体不易受外部经济环境的影响，这恰恰是因为沉淀成本的存在；在第三种情况下，资本的边际产品价值（D_3）较小，与出售价值曲线（ss）相交，经济主体进行部分负投资；在第四种情况下，当资本的边际产品价值极小（D_4）时，导致总投资完全负投资或退出。

如果没有沉淀成本，投资者会因外部条件变化瞬时调整自身行为，自由进入和自由退出市场，这是标准的新古典竞争模型。然而，由于 S > s，至少发生部分沉淀，一旦投资者投资失败，有可能会等待退出市场或者影响进入，同时，也会阻碍进入，这不是标准的新古典结论。

（1）在 Ss 之间，沉淀成本将使经济主体没有任何激励参与资本市场。例如在投资 Ⅱ，他既不进行投资，也不进行负投资，此时处于零投资局面。

（2）沉淀成本可以产生不可逆行为和滞后效应。滞后效应以不可逆效应为特征。例如，考虑经济主体在时间 t 处于投资 Ⅱ，在时间 t + 1 处于投资 Ⅰ，在时间 t + 2 返回投资 Ⅱ。这个经济主体在时间 t + 1 进行投资，在时间 t + 2 不会进行负投资，尽管知道在时间 t + 1 需要返回时间 t + 2。

（3）沉淀成本和不确定性对投资的逆向影响。企业投资或进入决策取决于投资情况下必须支付购买价格大小。当支付沉淀成本的概率越大时，或者沉淀成本越大，越阻碍投资。反之，当支付沉淀成本的概率越小时，或者沉淀成本越小，越不阻碍投资。因此，在有沉淀成本情况下，这意味着在后来的负投资时需要支付购买价格越大，沉淀成本发生可能性越大，投资的激励越弱。同时这也意味着不确定性和沉淀成本阻碍投资。在这种情况下，往往会造成投资不足。

（4）退出壁垒和负投资。考虑该投资者，他不仅可以负投资（退出），而且还有重新投资或重新进入的可能性，即资产出售价格大小。在有沉淀成本的情况下，经济主体将面对后来的再投资或重新进入的出售价格：出售价格越小，沉淀成本可能性越大，负投资（退出）的激励越小。反之，出售价格越大，面对的沉淀成本可能性越小，负投资（退出）的激励越大。因此，沉淀成本与不确定性阻碍退出。这表明不确定性和沉淀成本减少企业负投资和退出的激励。在这种情况下，往往会造成投资过度。

正是因为物质资本有沉淀成本，物质资本品依靠市场出售或者转产严重受阻：（1）物质资本所有者改变所有权的过程受阻。资本需求者对出售资产的预期收益流的贴现值较小，因此，不能依靠市场获得初始投资成本；（2）不改变资本的所有权，物质资本的专用性使得企业无法生产其他有利可图的产品。当准租金为正时，企业会选择继续生产不退出市场，当准租金为零或负时，企业所有者才会退出市场，从而造成一种退出市场的滞后效应（hysteresis effect）[1]，此时，追求准租金最大化与追求收入最大化目标是一致的。

因此说，沉淀成本与不确定性共同作用减少资源流动性，它们影响企业投资激励去负投资（退出），无法瞬时适应市场供求变化。在这种情况下，沉淀成本和不确定性使标准竞争模型难以成立，此时生产要素最优配置难以实现。在资产沉淀区域内，价格信号对指导资源配置毫无用处。换言之，沉淀成本越大，资产沉淀区域越大，价格信号越弱。反之亦然。由于沉淀成本和不确定性是普遍存在的，包括投资、负投资以及进入与退出过程，所以新古典竞争条件下的投资模型变成一种特例。

上面的有沉淀成本的经济模型也可以理解为封闭条件下的，如果将其扩展为开放条件下，同样需要引入名义汇率等因素。在这种情况下，我们发现，名义汇率的变动未必会直接引起投资或者负投资行为，有可能产生滞后效应，依靠价格未必能够有效引导资源配置。

由此可见，在有沉淀成本情况下，产品价格信号并不能确保市场要素最优配置，不能创造自由进入和自由退出的条件。此时，因沉淀成本投资带来准租金，进一步衍生出敲竹杠问题，因此，政府干预就显得十分必要了。换言之，在有沉淀成本的情况下，企业不能自由进入和自由退出，从而发现，如何降低沉淀成本（Ss）成为制度创新或政策创新主要手段。否则，因沉淀成本所产生的准租金或垄断租金往往被另一国"敲竹杠"。不仅需要国内企业联合和国际联合，以及企业间建立长期契约、垂直一体化等非市场制度，而且还需要政府采取及时的保护主义政策，促进投资和负投资，其最终目标同样是降低沉淀成本，例如，降低交易成本和不确定性、税收减免和加速折旧等，避免因沉淀成本存在导致投资不足和投资刚性。

---

① Baldwin, R. and Krugman, P., 1989, Persistent Trade Effects of Large Exchange Rate Shocks, Quarterly Journal of Economics, 104: 635 - 654.

21.2　投资与外需的路径依赖

路径依赖是指人类社会中的技术演化或制度变迁均有类似于物理学中的惯性，即一旦进入某一路径（无论是"好"还是"坏"）就可能对这种路径产生依赖。也就是说，一个路径一旦被选择，就很难被其他潜在甚至更优的路径所替代[①]。中国在经济发展方式变革过程中，存在着多重路径依赖，如经济增长对外需和投资的依赖问题。正如张夏准（2012）[②] 所指出的那样，在调整过程中产业专用性资产不会完全失去其价值，主要适用于物质资产，而且还只在有限的范围内。并非所有的物质资产都可以运往国外，其中许多都需要互补性资产和技能，才能充分发挥其生产潜力。此外，有特定技能的工人（或人力资本）不能转移到"雁阵上的下一个国家"。

21.2.1　外需路径依赖问题

改革开放之后中国经济建设方针转变为"利用两种资源，打开两个市场，发展本国经济"，逐步开始发展外向型经济，为了拉动经济增长，中国在很长的一段时间内以"奖出限入"作为指导思想推行出口导向型政策。另外中国当时处于人口红利期，大量的劳动力从农村转移到城市，大量的劳动力供给使企业可以压低工人工资。于是依靠较为丰富因而廉价的劳动力、土地吸引外资，通过发展劳动密集型加工贸易产业推动经济增长便成为了最合理的选择，也符合比较优势原理和要素禀赋原理。尤其在中国进入世界贸易组织后，进一步参与国际分工，逐步成为了世界工厂。实践证明，出口导向型政策改革开放之后对中国经济起到了关键的拉动作用，利用外资规模扩大，顺差规模逐年扩大，这就解决了经济发展过程中资金和外汇短缺问题。出口导向型政策也促进了资源的开发，提高了中国资源的利用效率，更带来了规模效应。"走出去"战略的实施扩大了对外直接投资和对外劳务合作的规模，为解决中国的就业问题发挥了重要作用。但与此同时，导致了中国进出口商品在国际市场上的份额不断提升，也导致了中国经济增长对于外需的依赖程度不断提升，从而形成了经济发展方式转变中的路径依赖与锁定效应。

我们下面用一个经济模型来说明沉淀成本对出口企业转型的影响，如图 21.5 所示。横轴表示出口企业转型的过程，纵轴表示企业边际收益 MR 和边际成本 MC 的大

---

① Grassman, S., 1973, A Fundamental Symmetry in International Payments Patterns, Journal of International Economics, 3: 105 – 16.

② 张夏准（2012），转引自林毅夫：《新结构经济学》，北京大学出版社，2012 年版。

小，在新古典经济学中，企业产出的最优数量（ON）取决于边际成本和边际收益。在新制度经济学中，沉淀成本应加入考虑，在出口企业进行转型中，沉淀成本可以进一步划分为预期沉淀成本和历史沉淀成本。其中，预期沉淀成本是指企业进行转型后，投资至其他生产后未知的沉淀成本，而历史沉淀成本是指出口企业在原生产中已经发生的沉淀成本。所以，对于决定是否将企业转型，生产满足国内需求的非贸易品时，出口企业必须要考虑沉淀成本。首先，预期成本会提高边际成本从 MC 到 MC_T，当此时的边际成本 MC_T 与边际收益 MR 相交，企业转型进程为 OT。接着，再进一步考虑过去已经发生历史沉淀成本，企业的边际成本就会被进一步提高至 MC_S，所以，出口企业的调整进程为 OS。与新古典完全理性时的出口企业转型相比，由于沉淀成本的存在，SN 作为锁定效应出现，滞留在转型过程中，即出口企业对于生产满足外需的贸易品类产品存在一定依存惯性，增加转型的障碍。

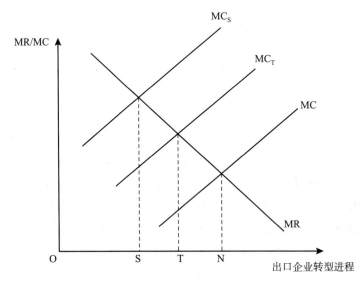

图 21.5　影响出口企业转型的沉淀成本分析

目前，中国对外贸易依存度已经从 2006 年 67% 的高峰时期，回落至在 2013 年的 46%。经济发展对外需依赖程度有所减轻，但仍处于较高水平。鉴于高依存度未必带来高贡献率，对国外市场需求的依赖反而会带来高风险，多年来中国出口的优势产品是劳动密集型产品，但是目前中国的人口红利正在逐步消失，随着教育程度的提升，生活成本的提高，贸易和经济发展所带来的劳动需求增加使中国的劳动成本已经大大提高，弱化了劳动密集型产品的比较优势，加之劳动密集型产品的需求价格弹性偏大，在中国的劳动力价格上升后，不少发达国家已经将加工工厂转移到劳动力价格更低廉的国家，这对中国此类产品的出口会产生巨大冲击。高度依赖出口的短期问题在于当前严重的全球经济衰退对国内经济发展造成了明显的负向影响，其长期问题在于长期的贸易顺差造成了国际收支结构失衡，严重制约了经济发展方式转变。因此，在经历两次金融危机的冲击后，中国为规避外部风险对中国经济发展的负面冲击以及放眼长远利益的思考，在"十二五"规划中提出，在接下来的五年时间里扩大内需，加快转变经济增长方式，以国内居民的消费带动 GDP 的增长。从近三年的外贸依存度的下降趋势来看，中国经济增长方式转变已经取得一定效果，外需在中国经济发展中的地位也在调整当中。

21.2.2 投资调整滞后效应

长期以来，投资一直都是推动中国经济增长的主要动力。而这也源于中国经济赶超战略的政治动因和中国所处的发展阶段。改革开放之初，中国经济远远落后于发达国家，为了追赶发到国家，政府一般会选择快速的工业化，大量的基础设施投资，是落后国家追赶发达国家，实现经济快速增长的必然选择。政府制定了一系列的发展目标，其中经济总量的扩张始终都作为政策层面的首要目标。中国高投资的另一个主要因素是资本收益和资本成本之间持久的、较大的差异，使企业维持着强烈的投资动机，由于扭曲的要素价格，使资本收益和资本成本的差异显著存在。随着劳动成本不断上升，企业就有用资本替代劳动创造利润的动机，这也导致了中国投资率始终处于较高水平。中国目前仍处于工业化和城市化进程，经济理论和别国经验表明，在工业化和城镇化的过程中，出现高储蓄和高投资属于正常现象，换句话说这一经济发展现状客观上要求较高的投资率作为支撑，这也为中国高投资率的存在提供了合理性。

投资虽然在中国经济增长中具有举足轻重的地位，但长期过度投资会产生投资过度和产能过剩的问题。中国政府和企业的高储蓄促成了高投资，而高投资反转过来又进一步推高政府和企业的储蓄，劳动者回报少导致国内家庭形成的购买力越来越消费不掉投资形成的产能，国内消费不振，就必须依靠国外市场，这就又加剧了中国需求结构的失衡状况。目前，中国的产业结构调整滞后于经济增长，也滞后与中国居民的消费水平升级，所形成的生产能力不能由出口和国内消费充分消化，导致产能闲置和浪费，降低了经济增长效率，并给未来经济增长带来隐忧。因此，如果再通过扩大固定资产投资带动经济增长，可能形成新的产能浪费。

但市场调节是一种事后调节，在发现投资结构不平衡到产能过剩，再到做出决定并调整投资结构，必然需要一个长短不同的过程，有一定的时间差，虽然市场及时、灵敏，但并不能反映供求结构的长期趋势，存在着滞后效应[1]。同时，由于沉淀成本的存在，导致投资激励强度的投入和退出水平不同，使投资对原有产业有依存惯性，

---

[1] Davidson, P., 1993, The Elephant and the Butterfly: Or Hysteresis and Post Keynesian Economics, Journal of Post Keynesian Economics, 15 (3): 309–322.

使投资结构的调整明显具有滞后性。

21.3　跨国投资的成本——收益分析

在改革开放以后，中国为了获得外国先进科学技术和管理经验，积极进行招商引资，而外国投资商也看重中国丰富的劳动力资源、自然资源和广阔的市场，踊跃开展对华投资。其中跨国并购成为外国直接投资大幅增长的主要推动力量。外国厂商的在华投资对中国的产业结构有着重要影响，也就在一定程度上影响着中国的供给结构。传统国际经济学是建立在比较优势理论基础上的，因各国要素禀赋不同，从而造成生产成本不同，跨国公司为了降低成本，增加利润根据同一产品内部不同生产环节和工序的要素投入，把不同的生产环节配置到具有不同要素禀赋的国家和地区。

在不完全竞争市场，跨国公司利用市场的不完全性和自身的垄断优势来补偿投资成本，控制专有知识资产可以有效降低边际生产成本，从而获得高额利润或垄断租金。因为处于不完全竞争市场，企业可以通过市场权力确定垄断价格。跨国并购前企业确定产品价格为 P_1，产量为 Q_1，获得利润 P_1ACB。假设跨国公司取得既定收益，那么，通过并购可以使成本降低。垄断优势理论认为，跨国公司可以多个方面降低成本：掌握先进的技术和管理经验，能够优化企业经营活动和资源配置，并形成规模经济优势，节约产品生产成本；同时雄厚的资金支持和良好的国际信誉，可以大大降低企业的融资成本；另外，采取并购手段可以帮助跨国公司借助东道国企业长期和稳定的销售渠道与业务关系，减少企业的销售成本。在并购活动之后，因为企业的生产成本降低，出现新的价格均衡点 P_2，跨国公司也获得更大的利润 P_2DFE，如图 21.6 所示。

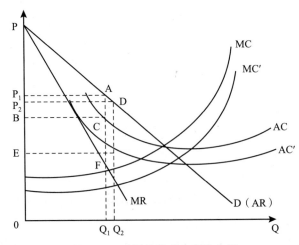

图 21.6　跨国并购成本变动分析

最早将寡头理论运用到 FDI 则是尼克博克（Knickerbocker，1973[①]），赫尔普曼和克鲁格曼（Helpman and Krugman，1985[②]）研究跨国公司如何影响要素价格均等化。邓宁（Dunning）于 1981 年以科斯定理为基础，认为并购是企业将外部交易转变为企业内部行为，从而节约交易成本而发生的，完成了企业内部化理论，用以解释企业的海外并购行为，他们认为通过市场内部化可以消除外部市场不完全，降低交易成本，从而带来更大的收益。并运用国际生产的所有权—区位—内部化（Ownership – Location – Internalization，OLI）折衷理论解释了跨国公司的存在。邓宁甚至认为，旧新古典发展范式（OPD）主要支配于 20 世纪 70 年代和 80 年代早期，特别是忽略了制度基础设施和社会资本的质量，从而成为决定当今发展中国家利用资本和能力，以及获得市场机会的关键所在，从而开创了新发展范式（NPD）。而巴克利、卡森（Buckley and Casson，2009[③]）强调创新能力作为企业特定优势来源，从而导致跨国投资的发生，主要包括：跨国公司可以对相互依赖的各项生产活动进行统一的管理，避免外部市场价格信号失真所给企业生产带来错误引导，稳定生产运作；通过利用转移价格使中间产品运转高效，提高经济效益；市场内部化可以消除买方不确定性所带来风险，减轻国际市场的不完全，增加出口稳定性；跨国并购可以使跨国公司降低由于东道国政府干预和限制导致的风险，降低交易成本，避开政治风险和外汇风险获得更多的收益。在成本既定，收益增加的情况下，企业可以在并购后将利润从 P_1ACB 扩大到 P_2DFE，如图 21.7 所示。

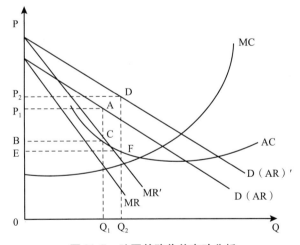

图 21.7 跨国并购收益变动分析

① Knickerbocker, F. T. , 1973, Oligopolistic Reaction and Multinational Enterprise, Boston：Graduate School of Business Administration, Harvard University.

② Helpman, E. , and Krugman, P. , 1985, Market Structure and Foreign Trade：Increasing Returns, Imperfect Competition and the International Economy, Cambridge：MIT Press.

③ Buckley, P. J. , and Casson, M. , 2009, The Internalisation Theory of the Multinational Enterprise：A Review of the Progress of a Research Agenda after 30 Years, Journal of International Business Studies, 40（9）：1563 – 1580.

　　总而言之，跨国并购可以为企业带来可观收益，同时也面临多重风险，增加成本。对于外国直接投资，政府应积极发挥引导和规范作用，通过相应的外资产业导向政策，合理引导外商投资更多地流向中国供给不足的行业。同时也深化中国企业改革，健全现代企业制度，遵守市场经济规律，按照国际规则进行经营组织和管理，加快公司化改革进程，增强国际竞争力，通过国企跨国并购使中国企业融入国际市场，较好地实施国有企业"走出去"战略。

第 22 章

加快外需转内需结构调整以推进
经济结构战略性调整的政策建议

22.1 完善竞争性市场结构

经济全球化的本质，是世界统一市场的不断深化，因此，经济全球化反映了生产力发展的内在要求。技术进步与经济发展水平的提高，客观上要求分工的深化与市场规模的扩张。这一要求推动着生产从国内区域间分工向国际分工发展，销售从国内市场向国际市场扩张。以信息技术为代表的全球新技术革命浪潮加速了世界各国产业结构的大调整，世界范围内产业垂直转移的规模迅速扩大。跨国公司在追逐规模效益与分工效益的过程中，通过跨国投资活动，形成了在全球配置资源、跨国协调其生产与经营活动的格局，推动产业内贸易、公司内贸易的高速发展。同时，跨国性投资、生产与贸易活动的大量增加，必然要求国际金融市场的快速发展，以保障这种跨国经营活动的高效运行。

如何适应新形势，调整政府职能，从而在全球化进程中趋利避害，是中国政府面临的一个重大课题。然而，由于全球化运行并不是免费的，因带来国际外部性、信息不对称、公共产品和垄断问题，很可能会产生全球化成本①，从而为中国国内政策调整提供了基本原则。

（1）国际外部性。当今世界是以民族国家形式存在的，国际外部性问题，就是国与国之间的利益、权力、资源、危机、灾难等分配中的相互关系问题。通常而言，全球视野下的外部性，不排除有某些"正的"，但更多的是"负的"，其中相当大部

---

① Stiglitz, J., 2002, Globalization and Its Discontents, New York：W. W. Norton.

分的负外部性，包括全球变暖，存在主观机会主义行为。例如，自然界本来就已经存在的，如臭氧层、空气等，如渔场保护、猎场保护等，其基本原因就是，民族国家的利益驱动着各国之间通过博弈来实现利益等的配置，且没有居于各国之上的"世界政府"评价是非曲直和进行奖惩，从而很容易出现国际外部性，因此，需要国内政策加强国际外部性的管理。

（2）国际信息不对称。在金融体系里，信息不对称带来的逆向选择和道德风险使资本配置变得困难，从而造成金融市场不稳定和金融危机。解决信息不对称不仅仅是靠信息基础设施的建设。即使是在发达国家，仍不能完全避免对银行监管的漏洞，更何况是对其他金融中介机构实行监管，更是一项复杂得甚至几乎无法完成的工作。因此，审慎往往比监管更为有效的操作，比如严格限制一般商业机构进入金融领域，让政府从金融行业退出等，让信息披露成为独立的监督途径等，而目前正在出现的金融混业趋势，必然使得对于金融中介的监控变得异常困难。

（3）国际公共产品。国际公共产品是一种原则上能使不同地区的许多国家的人口乃至世界所有人口受益的公共产品，它是公共产品概念在国际范围内的引申和拓展，因此也必然具有公共产品的基本特性，即受益的非排他性和消费上的非竞争性。也就是可以供消费者直接消费的产品，其既可以是有形的，例如环境或人类共同遗产等，也可以是无形的，例如和平或稳定的金融秩序等，而中间国际公共产品则不能直接用于消费，其主要是为提供最终国际公共产品服务，如国际秩序等。

（4）国际垄断。在国内资本和生产集中到一定的程度，也就是在国内垄断达到一定的程度时，对于规模巨大的跨国公司来说，国内的市场已经变得狭小了，必然要走向国际市场。要争夺和控制国际市场，这些大跨国公司必然要在世界范围内进行资本的积累和积聚，从而走向国际垄断或者全球卡特尔。但是，发展到现代，垄断已经不是一般的垄断，而是高度集中的国际垄断，垄断组织也不再是最初的"国际托拉斯"，而是庞大的跨国公司以及触角伸向世界各个角落的子公司这种巨型国际垄断公司，是当前世界经济中集生产、贸易、投资、金融、技术开发和技术转让以及其他服务为一体的最主要的经济实体，是包括科学技术在内的各种资本形态国际化和全球化的主要载体。这种巨型国际垄断组织通过投资社会化、生产一体化、管理信息化和网络化等，控制着全球的技术、资本、生产、销售和市场，决定着整个世界经济的导向和秩序。同时，为了适应全球发展的需要，能在更大范围争夺垄断地位，一些大型跨国公司还结成各种形式的国际联盟，以集团的力量加强其在全球市场上的竞争力和垄断地位，从而损害发展中国家的利益。

因此，我们需要在让市场配置资源起决定性作用和更好地发挥政府的作用前提下，改变政府管理迄今仍留有很深的计划经济烙印，集中体现在"重管理、轻服务""重事前管理、轻过程管理"以及管理的透明度低和问责制差等方面。特别是在当前全球化背景下，我们必须遵循市场经济发展的基本规律，使国内政策着眼于国际市场失灵方面，不仅需要更新以往的管理观念，更需引进新的管理办法，提高国家治理和全球治理能力，从而将弥补国际市场失灵作为维护世界和平，促进共同发展的基本原则，营造和平的国际环境，为维护世界的持久和平，为建立公正合理的国际新秩序，为实现国际关系的民主化和各国的共同繁荣作出巨大贡献。完善的市场体系是外需转内需的结构基础。在国际分工调整和国内投资的约束下，原有结构模式下的出口和投资高速增长路径难以持续，所以构建家庭消费需求长期可持续增长的基础是关键发展方向。所以中国应当不断完善市场结构，加强法制建设，使市场体系更符合实体经济增长的需求，促进经济增长方式的转变，切实改善人民生活水平。完善市场结构的具体措施主要包括尊重市场规律，发挥市场决定性调节作用，通过投资转型完善产品市场，调节供给结构，满足居民更多样的消费需求，完善要素市场尤其是改革收入分配制度，为消费的持续增长提供动力，以及通过宏观调控政策推进经济结构战略性调整。

22.1.1　让市场配置资源起决定性作用

价值规律可以自发地调节经济运行，供求变化对市场价格的影响可以调节生产要素在各生产部门的分配，调节生产与流通，对合理资源配置起到重要的基础作用。中国供需矛盾的一个主要原因就是在很长的一段时间里国家对总供给进行直接调控，在一定程度上忽略了对需求市场的研究，对中国国内需求的实际状态和变化趋势掌握不及时。结果出现了当前投资结构中制造业比重高，产能过剩，服务业比重低，供给不足的情况。市场经济中，满足市场的需求也是产业发展的方向和机会。需求结构升级应该引导供给结构的变革，尤其是投资类产品，出现需求后就会相应出现企业与产品，从而也直接影响中国的产业结构调整。随着经济发展和居民收入水平的不断提高，中国国内需求结构不断调整升级，城乡居民的恩格尔系数大幅下降，发展性和享受性的消费比重逐渐提高，教育娱乐、交通通信、医疗保健等消费支出明显增加，服务性消费的需求也在不断上升中。当前居民对以有形产品为主的贸易品需求基本饱和，家庭消费更倾向于服务类非贸易品。但由于历史遗存的体制机制弊端，一些重点消费领域被限制在社会事业、社会保障涵盖框架中，未能投入市场中以形成有效的竞争。居民对非贸易品不断增长的大部分潜在需求，受制于国内供给的限制而无法转变成现实的购买支出，收入无处消费，助推了居民储蓄率的升高。当服务性消费需求不能被充分满足时，对商品性产品的消费也会增长乏力。所以，非贸易品供给约束不仅会直接制约非贸易品消费支出的增长，而且还使得总消费支出也无法迅速增长。

充分发挥市场的决定性调节作用还需要加快推进生产要素价格体制改革，形成客观反映资源稀缺程度和市场供求关系的价格形成机制，尤其注重用严格的法规来规制企业开发利用资源的行为，将环境污染、生态破坏等负外部性内部化，从根本上解决资源浪费与低效利用问题，促进资源的优化配置，缓解或消除资源供需的尖锐矛盾。在不影响宏观经济稳定的前提下，还需要对垄断性产业实行结构重组，实现自然垄断业务与竞争性业务拆分，形成竞争性市场结构，引导企业将利润的获取由主要靠垄断转向依靠企业的技术创新、管理创新、品牌创造，提升经济发展的质量也为民间资本进入市场进一步扫除障碍。在发挥市场调节作用时，也要注重政府的监管，要大力打击企业的违法违规行为，用法律手段整顿和规范市场经济秩序。提高企业产品质量和服务水平，强化企业的市场主体地位，提供健康的市场环境，激发企业活力。

22.1.2　完善要素市场以理顺收入分配格局

中国的经济改革与价格体制改革主要是在渐进式的改革思路下展开的，因而至今中国的价格形成体系仍显著受到行政性垄断和政府管制的影响——这主要体现在产品价格的市场化程度高于要素价格的市场化程度。中国的要素价格不能灵活反映供求关系和资源稀缺程度而且出现普遍上涨趋势，造成资源配置效率降低，寻租活动猖獗，抑制了生产要素的活力，在很大程度上降低了中国经济的国际竞争力。分税制、权力寻租导致土地价格扭曲，出现了工业用地价格过低，住宅用地过高的状态，而这一局面也是增加政府和企业收入，减少居民收入的一个重要原因。自然资源由政府授权分配使用，并未形成市场价格。资本要素方面，国有企业对国有银行仍存在刚性依赖，民间借贷成本远远高于国家银行的贷款利率。银行向非国有经济部门提供的银行信贷无论从规模上还是期限上都远不如国有企业，导致了资本价格严重扭曲。推进这些生产要素的价格市场化要逐步建立城乡统一的建设用地市场，盘活土地资源，放开自然资源市场竞争性环节的价格，进一步破除垄断、鼓励竞争，实现国有企业与民营企业的公平竞争，加快推进利率市场化，健全多层次资本市场体系。

而在劳动力市场中，要素价格扭曲就更加制约中国居民收入水平的提高和购买能力的提高。中国当前收入分配的扭曲导致经济成长的成果在政府与居民之间、垄断行业和竞争行业之间、不同所有制企业之间、城乡之间、不同地区之间出现分配上的不公平，部分劳动者收入下降，不能分享经济增长和利润增加的溢价，结果造成对产品、服务需求的萎缩，内需增长受阻。中国目前不合理的收入分配制度迫切需要进行改革，主要措施包括：一是调节政府、企业和居民的分配关系。主要通过降低流转税税率，改革个人所得税，减轻企业和个人税负压力，提高居民收入在国民收入分配中的比重，提高劳动报酬在初次分配中的比重，同时规范国家收入行为，减轻居民负担，同时多渠道增加居民财产性收入，还富于民。

二是减少行业管制，打破行业、地区垄断，为劳动者提供公平竞争环境。三是增加社会保障与公共服务支出，用更多财力保障和改善民生，收入分配政策向低收入群体倾斜，加强对困难群体救助和帮扶，健全城乡低收入群体基本生活保障标准与物价上涨挂钩的联动机制，逐步提高城乡居民最低生活保障水平。四是建立健全促进农民收入较快增长的长效机制，促进公共资源在城乡之间均衡配置、生产要素在城乡之间平等交换和自由流动，促进城乡规划、基础设施、公共服务一体化，建立健全农业转移人口市民化机制，统筹推进户籍制度改革和基本公共服务均等化。加大扶贫力度，健全补贴制度，切实增加农民收入。

22.1.3 健全社会保障体系

完善的社会保障制度，有助于稳定居民支出预期，增强消费信心。虽然工业化、城镇化、市场化使中国经济快速发展，但原来的社会保障形式被打破，而新的社会保障体系却未能及时建立，尚不能和社会发展相匹配。在此变革过程中中国居民就感受到了制度变迁带来的种种不确定性，于是居民的消费越来越谨慎，出现了预防性储蓄行为。同时，虽然城镇化让农村劳动力向城市流动，农村居民的收入得以提升，但由于户籍制度的存在，使得农村移民工人难以充分享受城市的医疗、教育、养老和住房等方面的福利，增强了农民的预防性储蓄动机。虽然中国广大农民具有巨大的需求潜力，但由于农民缺乏必要的社会保障，这部分消费对经济社会发展的贡献能力并未能发挥出应有水平。可见，健全社会保障制度，完善市场支持体系是中国外需转内需的重要保障。党的十八大报告提出全覆盖、保基本、多层次、可持续的社会保障工作方针，把"广覆盖"调整为"全覆盖"，要求实现人人享有基本社会保障的目标。完善社会保障制度要做到以下几点：第一，完善社会保险制度，全面推进养老社会保险、医疗社会保险、失业保险、工伤保险、生育保险。养老保险和医疗保险方面，统筹城乡社会保障制度，实现新型农村社会养老保险制度全覆盖，完善农保政策，做好政策配套和制度衔接工作，逐渐实现城乡居民养老保障制度的统一，加快推进新型农村合作医疗，加强农村医疗卫生基础设施建设，健全农村医疗卫生服务体系和网络，建立和完善农村医疗救助制度，做好与新型农村合作医疗制度的衔接。同时健全失业、生育、工伤等保险制度，探索建立失业保险基金促进就业的长效机制，发挥失业保险制度保障生活、促进就业、预防失业的功能。第二，要积极发展社会福利，通过社会保险、社会救助和收入补贴等形式实现现金援助，通过兴办医疗卫生服务、文化教育服务、劳动就业服务、住宅服务等社会福利结构和设施切实提高中国人民的福利水平，降低居民的预防性储蓄。第三，推动社会救助和慈善事业的发展，健全最低生活保障制度和社会救助机制，保障被救助者的最低生活需要，完善社会救助和保障标准与物价上涨挂钩的联动机制，着力解决支出型贫困，不断扩大困难群体受益面。建立健全社会福利服务体系，公平实施各类社会保障、社会救助和福利政策。大力发展慈善事业，积极培育慈善组织。

总之，政府要加大转移支付力度，增加在公共服务和民生领域的消费支出，提供更多更好的公共产品，完善社会保障体制。通过这些举措给消费倾向较高的中低收入群体带来稳定的收入预期。解除居民的后顾之忧，增强居民的消费信心，进一步激发中国的家庭消费潜力。

22.2　加强沉淀成本管理

第一，加强生产要素专用性管理。生产要素不能充分流动容易造成企业进入及退出市场的壁垒制约了中国供给结构的调整。解决生产要素专用性问题，主要有两个思路，市场调节功能和企业自身组织效率。首先，从市场来说，要完善各类生产要素的价格形成机制，推进要素价格改革。同时推动二手市场的发展，为企业专用性资产提供有效的价值转移渠道，对专用性资产采取加速设备折旧、适度税收减免、补贴等优惠政策，降低使用专用性资产带来的机会成本。其次，从企业来说，应当积极完善专用性生产要素投资的决策机制，在投资决策过程中，要充分调查，认真评估风险，明确投资责任，不可盲目投资。对已有专用性生产要素如厂房、机器设备做好日常的维修、养护和升级，减少有形磨损与无形磨损。同时要提高创新能力和技术水平，能够对专用性生产要素做有效的改造，使其可以继续发挥价值，尽可能减少其沉淀成本。对于人力资本，应当制定合理的人才培养方案，重视培养高素质复合型人才。

第二，优化企业的市场准入及退出机制。沉淀成本是阻碍部分企业进入某一市场的重要因素，同时影响企业进入市场的先后顺序。低沉淀成本的企业能够获得更大总收益，具有更强的市场竞争力，而高沉淀成本的企业被阻挡在行业之外。同样的，因为沉淀成本的存在，企业退出成本也很高，造成了产业机构调整的困难。在市场准入方面，中国需要健全市场准入制度，尽快降低市场准入门槛，发挥市场在资源配置中的调节作用，保障各类市场主体依法、平等、高效进入。具体包括：放宽市场准入，除法律法规禁止进入的、危害国家安全和社会公共利益的领域，不得限制市场主体资源的投资行为；减少行政审批事项，简化审批程序，提高审批效率，取消审批前置环节中的一些有偿中介服务事项，放开竞争性环节价格；消除地区封锁，纠正违法违规的招商优惠行为，政府不得滥用行政权力对外地产品或服务设定歧视性准入条件和收费的行为，也不得制定倾斜性销售政策，限定单位或个人购买指定的产品、服务，或者采取歧视性手段，不得在税收上制造不公平的环境，不能通过"许可证制度"限制生产要素的自由流动；打破行业垄断，加快推进石油、天然气、电网、电信、金融、铁路运输等领域的垄断行业改革，引入竞争，完善《反垄断法》实施细则，为打破垄断提供法律依据，规范并促进垄断行业深化体制改革，对公用事业和重要公共基础设施领域实行特许经营等方式，引入竞争机制，激活民间资本，放开自然垄断行业竞争性业务。

在退出机制方面，应建立完善的退出援助机制，但同时注意要以生产要素退出涉及面广和依靠市场机制失灵作为援助启动原则，不能因援助机制本身成为降低要素流动效率和阻挠要素流动的因素。完善退出机制的主要工作包括：（1）加强经济统计工作，建立产业经济信息发布制度，能够及时正确发现产业问题，确定援助目标；（2）从立法上规范退出机制，继续完善《破产法》，并制定其他相关法律法规，用健全的法律法规体系保障生产要素在市场机制引导下的产业间的高效流动；（3）完善失业保险制度，保障退休、下岗和分流人员生活水平，推进养老保险制度的全国统一安排，和失业保险与下岗职工基本生活保障制度的统一安排，为企业退出奠定良好的社会保障，同时积极促进再就业，大力加强职工培训，增强专用性工人技能和素质，为其转业提供有效的信息服务及优惠条件，增强其再就业能力及流动性，进一步打破制约劳动力自由流动的行政性及市场性障碍，为国有企业劳动力的有效转移创造良好的市场条件，减轻企业改革进程中因劳动力尤其是富余劳动力安置问题带来的沉淀成本压力；（4）设立产业援助机构及援助基金，为企业制定援助方案，提供援助资金，合理承担企业退出成本，如收购报废设备，资助再就业培训、增加失业补助金等。尤其是对资源型等专用性投资高的企业制定针对性强、成套的退出援助措施，创造良好市场退出条件。

第三，推进企业间的技术合作和战略联盟，可以帮助减少沉淀成本。生产技术是企业的核心竞争力所在，但研发环节投资金额大，花费时间长，可能产生沉淀成本也较大。在市场竞争激烈和企业自身资源能力有限时，可以采取建立战略联盟的方式，利用各自的资源优势，进行合理配置。建立战略联盟，可以帮企业缩减研发时间，降低研发成本并分散研发风险。避免了单个企业在技术研究中的重复劳动、效率低下和资源浪费，弥补了其自身在价值链中的短处，改善了合作企业共同的经营环境和经营条件，大大降低风险，实现了规模经济。企业建立策略联盟的另一个好处是，通过加强合作，还可以防止竞争损失，理顺市场，共同维护竞争秩序。因此，战略联盟可以在企业的技术研发阶段、生产阶段、分销阶段都能起到帮助企业减少沉淀成本的作用。

22.3　加强政府宏观经济政策调控

在中国经济增长对外需和投资的高度依赖的情况下，宏观调控的首要任务便是扩大国内需求，尤其是在不确定性条件下，很容易产生流动性约束（liquidity constraints）。扩大内需需要将积极的财政政策和稳健的货币政策结合起来。全球经济危机对中国的经济产生冲击，为防止经济增长大幅下滑，政府的财政政策应由稳健转为积极，货币政策由从紧转为适度宽松，以提振内需，弥补外需不足。政府需要着力优化财政支出结构、突出财政支持重点，加大民生领域的投入，更加重视民生投入的效果。从投资需求看，实施适度宽松的货币政策，适度增加货币供应量，为增加企业和社会投资提供资金支持。增加货币供给可以为企业投资提供更多的资金来源，从而提升投资能力；同时，货币供给增加可以降低利率水平，从而减少企业的投资成本和生产成本。由此可以盘活民间资本，扩大投资需求。但在产能过剩的情况下，通过提高投资效率，才能更好地促进经济发展。同时，要谨慎选择投资项目，合理利用资金，防止利用国债资金和各种社会投资搞低水平重复建设，必须通过政府的政策引导，使投资资金更多地流向经济社会发展的"短板"，如"三农"、环保、高科技等行业。政府还应改善投资环境，进一步打破地区、部门壁垒，给民营资本参与公共产品领域投资的机会和公平待遇，让民间资本发挥最大效能。消费主要受劳动者收入制约，因而货币政策刺激消费需求的作用有限。在扩大消费需求方面，应通过货币政策加强对中小型企业的金融支持，推动中小企业的长足发展。除财政政策和货币政策之外，政府也应积极推动产业结构调整，理顺收入分配制度，互相协调的宏观政策共同拉动中国的消费需求增长，实现中国经济长期、可持续发展。

宏观政策的调控应当既利于当前，又惠及长远的消费增长点和产业增长点，既能有效稳定经济增长，又可促进经济结构调整，同时要重视科技创新对经济增长的贡献度，实施创新驱动发展战略，形成新的增长动力源泉，推动经济持续健康发展。

国际经验表明，无论是发达国家还是发展中国家，大国经济发展主要依靠内需。尤其在经济危机环境下，国外购买力的下降和新贸易保护主义的抬头会导致外需波动剧烈，只有立足扩大内需，坚持以扩大内需为战略基点，才能渡过危机，真正增强中国经济发展的内生动力。同时，需要采取恰当的进口替代战略，尤其是出口导向战略，以促进经济结构战略调整升级。其中，进口替代工业化（ISI）又称"内向发展战略"，它是指用本国产品来替代进口品，或者说，通过限制工业制成品的进口来促进本国工业化的战略。就是从经济上独立自主的目的出发，减少或者完全消除该种商品的进口，国内市场完全由本国生产者供应的战略。由于实施该战略必须伴以贸易保护政策，因而不利于促进本国的劳动生产率的提高和工业技术进步，更不利于产品的出口。时间过长，不利于经济的进一步发展。而出口导向战略工业化（ELI），也称出口替代战略。是指国家采取种种措施促进面向出口的工业部门的发展，以非传统的出口产品来代替传统的初级产品的出口，扩大对外贸易，使出口产品多样化，以推动工业和整个经济的发展，避免出现政府管制或者寻租行为，特别是在沉淀成本巨大的投资情况下①。出口导向战略着眼于出口对经济发展的积极作用，通过对初级产品的

---

① McLaren, J. , 1996, Why did Big Coffee Seek Regulation? A Case Study in Transaction Costs Economics, Un-published Manuscript, Columbia University.

深加工，然后组织产品出口，以代替原先的初级产品的出口①。面对国内供需结构不平衡的状态，中国现正处于消费结构升级和供给结构调整的关键阶段。中国应通过升级投资结构，理顺分配制度，优化产业结构调整，加强宏观政策调整等方面不断扩大消费需求和投资需求。

22.4　加强全球治理能力

根据"全球治理委员会"的定义：治理是个人和制度、公共和私营部门管理其共同事务的各种方法的综合。它是一个持续的过程，其中，冲突或多元利益能够相互调适并能采取合作行动，它既包括正式的制度安排也包括非正式的制度安排。由此可见，全球治理的基本特征包括：一是全球治理的实质是以全球治理机制为基础，而不是以正式的政府权威为基础；二是全球治理存在一个由不同层次的行为体和运动构成的复杂结构，强调行为者的多元化和多样性，更多强调多层治理（multi - level governance）②；三是全球治理的方式是参与、谈判和协调，强调程序的基本原则与实质的基本原则同等重要。四是全球治理与全球秩序之间存在着紧密的联系，全球秩序包含那些世界政治不同发展阶段中的常规化安排，其中一些安排是基础性的，而另一些则是程序化的。

全球治理的核心要素包括五个方面：一是全球治理的价值。即在全球范围内所要达到的理想目标，应当是超越国家、种族、宗教、意识形态、经济发展水平之上的全人类的普世价值；二是全球治理的规制，即维护国际社会正常秩序，实现人类普世价值的规则体系，包括用以调节国际关系和规范国际秩序的所有跨国性的原则、规范、标准、政策、协议、程序等；三是全球治理的主体，即制定和实施全球规制的组织机构，主要有三类：（1）各国政府、政府部门及国家的政府当局；（2）正式的国际组织，如联合国、世界银行、世界贸易组织、国际货币基金组织等；（3）非正式的全球公民社会组织；四是全球治理的客体。指已经影响或者将要影响全人类的、很难依靠单个国家得以解决的跨国性问题，主要包括全球安全、生态环境、国际经济、跨国犯罪、基本人权等；五是全球治理的效果。涉及对全球治理绩效的评估，集中体现为国际规制的有效性，具体包括国际规制的透明度、完善性、适应性、政府能力、权力分配、相互依存和知识基础等。

---

① Krugman, P. R., 1993, Import Protection as Export Promotion：International Competition in the Presence of Oligopoly and Economies of Scale, In Imperfect Competition and International Trade, edited by G. M. Grossman, Cambridge：MIT Press.

② 胡戈、马克（Hooghe and Marks, 2001）首创"多层治理"这个术语。为了应对市场失灵，需要政府层级之间相互作用，从而体现地方政府与中央政府的比较优势。

在各个治理主体参与全球治理的过程中，由于其自身特色以及在国际体系中的不同地位，体现出三种不同的治理模式：一是国家中心治理模式。即以主权国家为主要治理主体的治理模式。具体地说，就是主权国家在彼此关注的领域，出于对共同利益的考虑，通过协商、谈判而相互合作，共同处理问题，进而产生一系列国际协议或规制。二是有限领域治理模式。即以国际组织为主要治理主体的治理模式。具体地说，就是国际组织针对特定的领域（如经济、环境等领域）开展活动，使相关成员国之间实现对话与合作，谋求实现共同利益。三是网络治理模式。即以非政府组织为主要治理主体的治理模式。具体地说，就是指在现存的跨国组织关系网络中，针对特定问题，在信任和互利的基础上，协调目标与偏好各异的行动者的策略而展开的合作管理。

虽然全球治理的理论还不十分成熟，尤其是在一些重大问题上还存在很大的争议，但这一理论无论在实践上还是在理论上都具有十分积极的意义。就实践而言，随着全球化进程的日益深入，各国的国家主权事实上已经受到不同程度的削弱，而人类所面临的经济、政治、生态等问题则越来越具有全球性，需要国际社会的共同努力，特别是在全球化条件，不仅给国内经济带来压力，而且导致国际金融市场相互依赖，从而带来经济结构变化。全球治理顺应了这一世界历史发展的内在要求，有利于在全球化时代确立新的国际政治秩序。就理论而言，它打破了社会科学中长期存在的两分法传统思维方式，即市场与计划、公共部门与私人部门、政治国家与公民社会、民族国家与国际社会等，它把有效的管理看作是两者的合作过程；在交易成本为正的条件下，很容易理解国际制度和国际组织存在的理性逻辑，从而它试图发展起一套管理国内和国际公共事务的新规制和新机制；它强调管理就是合作；它认为政府不是合法权力的唯一源泉，公民社会也同样是合法权力的来源；它把治理看作是当代民主的一种新的现实形式等。

当然，为了保证内需和外需平衡，尤其需要全球治理，尽管面临着诸多制约因素：一是各民族国家在全球治理体系中极不平等的地位严重制约着全球治理目标的实现。富国与穷国、发达国家与发展中国家不仅在经济发展程度和综合国力上存在着巨大的差距，在国际政治舞台上的作用也极不相同，它们在全球治理的价值目标上存在着很大的分歧；二是目前已有的国际治理规制一方面还远远不尽完善，另一方面也缺乏必要的权威性；三是全球治理的三类主体都没有足够的普遍性权威，用以调节和约束各种国际性行为；四是各主权国家、全球公民社会和国际组织各有自己极不相同的利益和价值，很难在一些重大的全球性问题上达成共识等。但是，仅仅从经济学角度看，尽管处于全球经济条件下，国内政府的主要任务仍然是弥补市场失灵，在稳定宏观经济的同时，需要加强治理买卖双方的信息不对称、管制市场对抗外部性和提供必要的公共产品等，从而为保证拉动内需创造良好的外部环境。

结论与展望

新常态下的经济发展是有质量、有效益、可持续的发展，是以比较充分就业和提高劳动生产率、投资回报率、资源配置效率为支撑的发展。既要保持中高速增长，又要推动产业转型升级，迈向中高端水平。在新常态下推进经济结构战略性调整过程中，沉淀成本重要（sunk costs matter）是不言自明的，具有普适性。而政府管制、制度创新和其他政策措施的实施，都需要克服沉淀成本所带来的负面发展结果。不过，由于在经济结构战略性调整过程中，沉淀成本大量存在，所以研究和政策取向需要改进发展结果是紧迫和应急任务。换言之，当沉淀成本存在时，市场神话或者自由放任不可能适合效率和公平问题。在不确定性条件下的沉淀投资，越是自由放任，越容易产生经济问题。因而，越早认识到沉淀成本的重要性，越早提供相应的经济分析和政策建议，以摆脱"黑板经济学"回到真实世界里。一旦将沉淀成本方法置于经济学分析的核心地位，对于提升经济学解释力、预测力和开政策处方具有重要作用，鲜明指出新古典经济学的过度简化及其"华盛顿共识"背后的市场原教旨主义和大规模私有化的错误理念——源于资源充分流动性，看不到经济性、体制性、社会性和生态性沉淀成本，对于经济结构战略性调整确定理论分析和指导原则，关键在于设计和落实合适的经济政策以解决沉淀成本带来的扭曲效应，这一经济理论往往可以拓展到其他经济学领域中。

我们从沉淀成本这一崭新视角阐述推进经济结构战略性调整，要让市场配置资源起决定性作用，就需要产品和治理的信息更加充分，尽量减少外部性、遏制垄断，界定和保护产权。不仅如此，对交易伙伴还需要正式的法律制度和非正式的信誉机制。法律保护着产权，在从事经济活动的时候，还离不开政府监管。要到其他地方开展业务，就需要便捷的信息流动渠道，找到合适的交易对象，从而不会给开办和经营企业设立太多的障碍。经济结构战略性调整中会涉及各种类型的沉淀成本，包括经济性、体制性、社会性和生态性及其对产业结构调整造成的不利影响，指出沉淀成本产生的根源，并力图提出相关政策或制度创新原则，关键在于减少或消除各种类型沉淀成本，在此基础上加快推进经济结构调整。在这种情况下，通过借助于沉淀成本，以及由此产生的五大机制，使我们看到经济结构调整面临的困难、路径依赖及其解决方式，根本保障仍然在于政策或制度创新，从而提供强大的激励，为中国新常态经济发展提供原动力。当然，所有理论都有假设，因此理论本身有一些严格假设这一事实并不能成为批评点。但是，我们仍然需要问，模型设定的特定假设对我们要回答的问题来说是否适当。因为"不建立模型，我们就无法前进，而模型则一定要简化。比如比例尺1:1的一张地图，对一个旅客来说是没有用的。建立模型的艺术是把一切同争论点无关紧要的复杂情况统统删去，而要保留可靠的推论所必须的一些特征"①。

党的十八届三中全会指出，要紧紧围绕使市场在资源配置中起决定性作用深化经济体制改革，可以通过自下而上的演化来产生，也可以通过自上而下的办法来强制执行，这两种情况往往是交错发生的。一个有效的经济体系，当且仅当市场有了合理的设计之后，我们才会依靠斯密的"看不见的手"指导经济，惠及各方面的信息，协调各种产业活动，让人们从贸易中获利。加快完善现代市场体系、宏观调控体系、开放型经济体系，加快转变经济发展方式，加快建设创新型国家，推动经济更有效率、更加公平、更可持续发展。通过前面的各篇论述，可以看出经济结构战略调整困难重重，从而给予经济结构调整的微观经济分析，将沉淀成本、交易成本、策略行为、敲竹杠机会主义行为等纳入理性选择分析之中，排除了新古典经济学自由市场神话的结论，更加贴近新常态下经济结构战略调整的经济现实。换言之，为什么经济结构调整有巨大的收益，在现实经济条件下无法得到实现？反而还会陷入传统经济结构中继续投资生产？

主动适应新常态、积极引领新常态，就要更加自觉地坚持以提高经济发展质量和效益为中心，大力推进经济结构战略性调整，加快转变经济发展方式。推进经济结构战略性调整，要紧紧扣住市场配置资源起决定性作用这个市场经济规律，同时要更好发挥政府作用。也就是说，市场只有在稳定的经济环境背景下才能有效地运作，而政府的责任就是积极创造这样的一个环境。政府将更多从产业政策上进行引导，绝不会替代市场的作用，更不会硬性要求企业去如何做，政府将为企业创造公平公开公正的环境。由于传统以及政策等多种因素的影响，在经济结构调整的大门前止步不前。经济结构调整过程中产生的沉淀成本、交易成本等由于市场的不完善而非常大，产权不清晰不明晰的问题尤其严重。极少数经济结构调整能成功跨过因沉淀成本、交易成本以及产权所导致的这个门槛的产业，也会由于信息的不完全和根本不确定性等因素的存在而不能按照事先设计好的理想化的状态进行，走向了另外一条路，造成经济结构调整困境，形成路径依赖，甚至还不如没有进行经济结构调整。为了尽可能地解决这种经济结构调整过程悖论，政府就必须出台相关政策或制定相关制度来降低这些沉淀成本和交易成本。这要求我们一方面要逐步完善市场制度，依靠市场的力量来解决沉

---

① 琼·罗宾逊、哈考特：《现代经济学导论》，商务印书馆，1997年版。

淀成本和交易成本的问题。而对于那些无法通过市场的力量来解决的沉淀成本以及交易成本则需要考虑通过政府这只"看得见的手"来解决。市场与政府共同协调作用，坚持"两手抓""两手都要硬"双强模式，才能更好地解决经济结构调整过程中面临的主要问题。

我们主要从理论创新—经验—政策或制度创新三个层面展开，研究经济结构战略性调整的内在机理和演变规律，主要内容包括确立沉淀成本理论框架和沉淀成本五大机制，以及中国当前经济结构的现状、存在的主要问题，为什么调整异常困难，调整目标与具体途径是什么，影响经济结构战略性调整的根本经济变量有哪些，沉淀成本是如何影响经济结构战略性调整的，最后提出加快推进经济结构战略性调整的政策和制度创新等。

经济分析主要关注企业在市场中的竞争，而企业内部机制却没有得到足够的重视。因而，一个经济系统的效率在很大程度上取决于在市场之外活动的组织，从而看到一个有效率的组织至少与一个完全的市场体系同等重要（Williamson, 1994[①]）。假定产品 q 以价格 p 被卖出，包括闲置成本在内的成本也就等于 p。闲置成本等于 p−c，是由不必要的官僚机构、疏忽、冲突和误解造成的。当组织能够消除这些浪费时，单位成本仅为 c。

因此，在一个有效率的组织能够产生数量可观的额外剩余，如图 23.1 所示。从市场功能方面考虑，假定在消除闲置成本之前的组织最初设定的价格为 p，之后竞争者进入使价格下降为 c，导致价格下降，产出增加，这会增加整个社会的净福利水平，如三角形 L 的面积。矩形 W 的面积大于三角形 L 的面积，这意味着一个有效率的组织比一个完全市场体系能够带来更多的价值。在这种情况下，经济学研究的重点是价格机制和资源配置，而现在也包括组织中的激励和协调问题，同样也与资源配置密切相关。

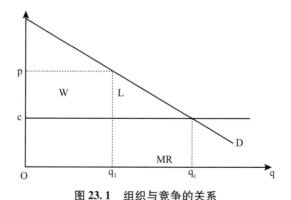

图 23.1 组织与竞争的关系

① Williamson, O. E., 1994, Strategizing, Economizing and Economic Organization, in Rumelt, R. P., et al. (eds), Fundamental Issues in Strategy, Harvard Business School Press, 361−401.

我们主要运用沉淀成本经济理论，结合中国经济结构战略性调整的实际情况，首先探讨中国经济结构战略性调整的现状、存在的主要问题、目标与途径，为深入推进国有经济战略性调整提供理论依据。进而针对经济结构战略性调整的现状，系统地研究所有制结构调整、要素投入结构、产业结构、区域经济结构、国际贸易与推进经济结构战略性调整的关系，通过分析沉淀成本率对企业、产业、区域和国际贸易的决策影响，以便证明沉淀成本的重要性，进一步完善经济结构战略性调整重大理论与现实问题，并对新古典经济学关于资源充分流动性假设前提进行评析，结合中国具体国情，以经济性沉淀成本、制度性沉淀成本、社会性沉淀成本和生态性沉淀成本为基本概念，指出经济结构战略性调整的内在机制和演变规律。最后，在充分调查研究的基础上，对推进经济结构战略性调整提出重大决策建议。

具体来说，研究的主要内容包括五个层次，主要从微观企业、要素投入、产业结构、区域经济和国际经济结构等，从而详细阐述经济结构战略性调整问题。也就是说，在经济结构战略性调整过程中，如果在完全竞争市场条件下，资源具有完全可逆性或充分流动性，那么经济结构性战略调整就不会出现任何经济问题，只要依靠市场价格机制，就会重新实现资源配置，国内自由市场和国际自由贸易就足够了，以上这些层次很容易实现优化配置。然而，在经济结构战略性调整过程中，由于资源并不具有充分流动性，往往会产生沉淀成本，由此衍生出一系列经济问题，导致经验上与新古典经济理论预测不一致，国内自由市场和国际自由贸易受到损害，从而需要政府干预和保护主义等，在某种程度上它们都成为一种补偿沉淀投资机制，为我们引入理论创新提供了前提。其中，市场不完全、信息不完全、契约不完全、产权、委托代理、交易成本等因素十分重要，都对沉淀成本发挥作用起着至关重要的作用，确立五大沉淀成本机制，从而对以上层次分析显得十分重要。反过来说，如果没有沉淀成本，那么这些因素也都无所谓，即使国有产权也无所谓，产业结构扭曲、区域经济和国际经济结构都无关紧要。但是，需要指出的是，沉淀成本严重影响经济结构战略性调整绩效，为经济结构性战略调整政策指明了方向，提供了具体指导原则，关键在于加强沉淀成本管理与完善补偿机制，不论是从总供给方面还是总需求方面，从微观市场到产业结构调整，再到区域和国际投资都需加强沉淀成本管理与风险管理。因此，当进行供给侧结构性改革时，也需要在适度扩大总需求的同时，着力加强供给侧结构性改革。显然，供给侧与需求侧是矛盾统一体的两个方面，不能强调一侧，忽略另一侧。只有坚持供给侧和需求侧的同步结构性调整，实现新的平衡，才能实现稳步的经济增长。

为了更好地为经济结构战略调整提供建议，只有找到了制约经济结构调整的最根本的原因，才能找到问题的重点，切实有效地提出加快经济结构调整的对策建议。实际上，斯密和科斯都试图更清楚地描绘政府在经济事务中的恰当角色，而不是否认政府作用的重要性。斯密（1759）写到："在政府中掌权的人……他似乎认为他能够像用手摆布一副棋盘中的各个棋子那样非常容易地摆布偌大一个社会中的各个成员。他并没有考虑到……在人类社会这个大棋盘上每一个棋子都有它自己的行动原则";科斯(1960)指出:"当然,这并不意味着当交易成本为正时,与市场上个体之间的谈判相比,政府行为……不会产生一个更好的结果。要发现是否真的如此,不能凭借研究想象的政府,而应该研究真实的政府行为。我的结论是,让我们研究正交易成本的世界"①。因此,建议可以从两个方面着手:一方面,打破了新古典经济学零沉淀成本的假设前提,就会看到为了在市场竞争中具有优势就必须进行沉淀投资;而另一方面,进行了沉淀成本投资,又会为企业或产业带来相应的风险,并进一步影响该产业转型升级的过程。此时,企业或产业需要仔细权衡沉淀成本投资和由于进行了沉淀成本投资而为企业或产业带来的风险之间的替代关系,这可以在一定程度上解释为什么经济结构调整逐步走向了非主流经济学眼中的经济现实:集团化和一体化、垄断、联盟与合谋、垄断、加速折旧和税收优惠等,这些情况恰恰都是为了补偿沉淀成本所致,也是主流经济学——新古典经济学所无法理解的,这是因为新古典经济学无法安置长期固定资本和交易成本等原因造成的。尽管政府直接补偿与直接投资和资金援助等有一定的积极效果,但是大力发展市场价格制度,在适度范围内打破软预算约束预期。加快经济结构调整面临着大量的经济性沉淀成本、制度性沉淀成本和社会性沉淀成本,是经济结构战略调整过程中所面临的特殊情况,不仅需要大力采取价格机制,而且还需要采取非价格机制——长期契约和一体化,甚至产权结构调整,以及中央政府,特别是地方政府制定良好的经济政策,直接将社会形成的成本承担起来,从而形成一种新的理论综合。

总之,不论是制度创新,还是政策创新,不论是地方政府,还是中央政府,无非是把补偿或者降低这些沉淀成本作为基本出发点,努力在"花钱买机制或制度"方面下功夫,积极推动企业开展跨地区、跨所有制兼并重组,加快"走出去"步伐,尽可能地降低沉淀成本,这恰恰也是政府进行经济结构调整的重点,从而维护公平竞争的市场秩序。其中,使市场在资源配置中发挥决定性作用和更好地发挥政府作用,必将成为科学的宏观调控,有效的政府治理的内在要求。必须切实转变政府职能,深化行政体制改革,创新行政管理方式,增强政府公信力和执行力,建设法治政府和服务型政府。要健全宏观调控体系,全面正确履行政府职能,优化政府组织结构,提高科学管理水平。只有这样,才能加快经济结构战略调整进程。

有什么样的理念,就会有什么样的理论指导,就会有什么样的政策或制度创新建议。而考虑理论创新的意义,目的在于实施更好的经济政策,有助于增进社会福利水平。我们依据新古典充分流动性假设的政策建议是难以达到预期效果的,考虑沉淀成本可以理解经济结构战略性调整内在机理和演变规律。在新古典经济学一般

---

① Coase, R., 1960, The Problem of Social Cost, Journal of Law and Economics, 3: 1–44.

均衡条件下，资源充分流动，没有沉淀成本，商品市场—要素市场—资本市场相互独立，所以任何其他经济因素冲击都不会产生任何经济问题，即使发生不确定性、信息不对称、机会主义和交易成本也无关紧要，资源最终都会实现重新配置，不会出现任何交易成本和调整成本等，自由市场是永恒的主题，政府干预也是不必要的。然而，一旦打破资源充分流动性这一严格假设前提，通过引入沉淀成本概念，我们会发现，商品市场—要素市场—资本市场之间的复杂关系，体现在产业组织理论、新制度经济学、马克思经济学、凯恩斯－后凯恩斯经济学和实物期权等理论上。换言之，恰恰是由于沉淀成本的存在，才会使其他经济因素有了发挥作用的客观条件，此时信息不完全、交易成本、不确定性和有限理性等才会发挥作用，进而发现沉淀成本五大机制是带来扭曲市场绩效，降低经济效率和福利水平的最基本经济变量，无法实现帕累托最优，自由放任政策失灵。具体来说，如果单独考虑完全信息情形，那么不会发生沉淀成本，也不会影响帕累托最优；同样，如果单独考虑没有沉淀成本情形，信息是否完全也无所谓，一旦投资失败，也会无成本地重新得到调整，也会实现帕累托最优。恰恰是由于沉淀成本与信息不完全或交易成本相互作用，才会导致帕累托最优无法实现。在某种意义上说，价格不确定性、实行价格稳定和支持计划，以及减少沉淀成本出现概率的私人契约，建立缓冲器和政府干预都是十分必要的。如果忽略沉淀成本及其影响，继续坚持自由放任政策，就会导致灾难性后果。同样，政府干预也会带来失灵（迪克西特，2004[①]），因而需要在比较制度意义上进行理性选择。

我们之所以强调沉淀成本，并不意味着把考虑沉淀成本当作唯一目的。只是想说明，这一概念的重要性长期以来一直被忽略或被低估。究其原因，主要是受新古典经济学价格理论长期熏陶的结果，这是一种以不合时宜的经济理性模型为前提的，看不到沉淀成本的任何影响。同时，从长期看来，资源又具有充分流动性，不会存在任何沉淀成本，一切经济问题都将迎刃而解，显然过于天真和理想化。有理由认为，人们现在正在努力纠正这种状况。为此，强调沉淀成本而不论其他，无非是为了说明这一概念有助于我们改变现有的思维方式，提高认知能力和科学决策水平，与信息范式和交易成本范式形成互补关系，进一步缩小理论模型与经济现实之间的缺口。因此，确立沉淀成本方法，不仅质疑市场配置资源有效率，而且还为非价格机制提供合理性。不仅具有极大的理论解释力，而且对于政策建议提供一种新的指导原则。

尽管本书是从经济学角度进行分析的，但是政治经济学传统却从19世纪晚期开始分割为经济学研究和政治学研究，这种智力上的劳动分工使经济学家专注于市场活动，并将政治与制度结构视为给定的；另外，政治科学家则致力于研究非市场状态下

---

① 阿维纳什·迪克西特：《经济政策的制定：交易成本政治学的视角》，中国人民大学出版社，2004年版。

制度如何与个体互动，以及个体如何塑造制度①。因此，推进经济结构战略性调整问题，并不仅仅是一个经济问题，还是一个政治问题、社会问题，从而会发现，政治制度、社会制度，以及非正式制度，如文化、意识形态、习俗等，也会影响经济结构调整绩效的，反过来，经济学家的理性选择模型可用以反思制度形成、演化与维护。因此，跨学科研究对于推进经济结构战略性调整可能更加有现实意义，这也将是未来具有前途的研究领域。

---

① 杰弗瑞·S. 班克斯、艾里克·哈努谢克：《政治经济学新方向》，世纪集团出版社、上海人民出版社，2010 年版。

参 考 文 献

1. Abel, A. , and Eberly, J. , 1999, The Effect of Irreversibility and Uncertainty on Capital Accumulation, Journal of Monetary Economics, 44: 339 – 377.

2. Aghion, P. , and Howitt, P. , 1992, A Model of Growth through Creative Destruction, Ecnometrics, 60: 323 – 351.

3. Akerlof, G. , 1970, The Market for Lemons: Quality Uncertainty and the Market Mechanism, Quarterly Journal of Economics, 89: 488 – 500.

4. Anderson, E. , Weitz, B. , 1986, Make-or – Buy Decisions: Vertical Integration and Marketing Producticity, Sloan Management Review, 27: 3 – 19.

5. Anderson, S. P. , de Palma, A. , and Thisse, J. F. , 1997, Privatization and Efficiency in a Differentiated Industry, European Economic Review, 41 (7): 1635 – 1654.

6. Anselin, C. , 1988, Spatial Econometrics: Methods and Models, Dordrecht: Kluwer Academic Publishers.

7. Arkes, H. , and Blumer, C. , 1985, The Psychology of Sunk Cost, Organizational Behavior and Human Decision Processes, 35: 124 – 140.

8. Arthur, B. , 1989, Competing Technologies, Increasing Returns and Lock-in by Hisorical Events, Economic Journal, 99: 116 – 131.

9. Arvan, L. , 1986, Sunk Capacity Costs, Long – Run Fixed Costs, and Entry Deterrence under Complete and Imcomplete Information, Rand Journal of Economics, 17 (3): 105 – 121.

10. Asplund, M. , 2000, What Fraction of a Capital Investment is Sunk Costs? Journal of Industrial Economics, 48 (6): 287 – 304.

11. Auty, R. M. , 1993, Sustaining Development in Mineral Economies: The Resource Curse Thesis, London: Routledge.

12. Bai, J. , and Ng, S. , 2004, A Panic Attack on Unit Roots and Cointegration, Econometrica, 72: 1127 – 1177.

13. Bain, J. , 1956, Barriers to New Competition: Their Character and Consequences in Manufacturing Industries, Cambridge: Harvard University Press.

14. Baldwin, C. , 1988, Hysteresis in Import Prices: The Beachhead Effect, Ameri-

can Economic Review, 78 (4): 773 – 785.

15. Baltagi, B., P. Egger and Pfaffermayr, M., 2007, A Generalized Spatial Panel Data Model with Random Effects, Working Paper, Syracuse University.

16. Barham, B. L., and Chavas, Jean – P., 1997, Sunk Costs and Resource Mobility: Implications for Economic and Policy Analysis, Agricultural & Applied Economics Staff Paper, No. 410.

17. Barham, B. L., and Coomes, O., 2005, Sunk Costs, Resource Extractive Industries, and Development Outcomes, in Nature, Raw Materials, and Political Economy: Research in Rural Sociology and Development, Netherlands: Elsevier: 159 – 186.

18. Barham, B. L., Chavas, J. P., and Coomes, O. T., 1998, Sunk Costs and the Natural Resource Extraction Sector, Land Economics, 74: 429 – 448.

19. Barro, R. J., Sala – I – Martin, X., 2004, Economic Growth, Cambridge: MIT Press.

20. Barro, R. J, Sala – I – Martin, X., and Blanchard, O. J., et al., 1991, Convergence across States and Regions, Brookings Papers on Economic Activity, 5: 107 – 182.

21. Baumol, W J., 1986, Productivity Growth, Convergence, and Welfare: What the Long – Run Data Show, American Economic Review, 76 (5): 1072 – 1085.

22. Baumol, W. J., Panzar, J. C., and Willig, R. D., 1988, Contestable Markets and the Theory of Industry Structure, Sen Diego: Harcourt Brace Jovanovich.

23. Baumol, W., 2002, Free Market Innovation Machine: Analyzing the Growth Miracle of Capitalism, Princeron: Princeton University Press.

24. Baumol, W., 2010, The Micortheory of Innovative Entrepreneurship, Princeron: Princeton University Press.

25. Baumol, W., and Willig, R., 1981, Fixed Costs, Sunk Costs, Entry Barriers, and Sustainability of Monopoly, Quarterly Journal of Economics, 96 (3): 405 – 431.

26. Baumol, W. J., 1967, Macroeconomics of Unbalanced Growth: The Anatomy of Urban Crisis, American Economic Review, 57 (3): 415 – 426.

27. Bel, G., and Fageda, X., 2010, Privatization, Regulation and Airport Pricing: An Empirical Analysis for Europe, Journal of Regulatory Economics, 37: 142 – 161.

28. Bellalah, M., 2001, Irreversibility, Sunk Costs and Investment under Incomplete Information, R and D Management, 31 (2): 115 – 126.

29. Bennett, J., and Maw, J., 2000, Privatization and Market Structure in a Tran-

sition Economy, Journal of Public Economics, 77: 357 – 382.

30. Bernanke, B. S. , 1983, Irreversibility, Uncertainty and Cyclical Investment, Quarterly Journal of Economics, 98: 85 – 106.

31. Bernard, A. , Redding, S. , and Schott, P. , 2007, Comparative Advantage and Heterogeneous Firms, Review of Economic Studies, 74: 31 – 66.

32. Betsill, M. , and Bulkeley, H. , 2006, Cities and the Multi-level Governance of Global Climate Change, Global Governance, 12: 141 – 159.

33. Bettignies, J. , and Ross, T. , 2004, The Economics of Public – Private Partnerships, Canadian Public Policy, 30 (2): 135 – 154.

34. Bowen, M. , 1987, The Escalation Phenomenon Reconsidered: Decision Dilemmas or Decision Errors? Academy of Management Review, 12: 52 – 66.

35. Boycko, M. , Shleifer, A. , and Vishny, R. W. , 1996, A Theory of Privatization, Economic Journal, 106: 309 – 319.

36. Brander, J. , and Spencer, B. , 1985, Export Subsidies and International Market Share Rivalry, Journal of International Economics, 16: 83 – 100.

37. Bresnahan, T. , and Reiss, C. , 1994, Measuring the Importance of Sunk cost, Annals of Economics and Statistics, 34: 181 – 217.

38. Breusch, T. S. , 1987, Maximum Likelihood Estimation of Random Effects Models, Journal of Econometrics, 36: 383 – 389.

39. Brockner, J. , and Rubin, J. , and Lang, E. , 1981, Face – Saving and Entrapment, Journal of Experimental Social Psychology, 17: 68 – 79.

40. Bulow, Grenakoplos, and Klemperer. , 1985, Multimarket Oligopoly: Atrategic Substitutes and Complements, Journal of Political Economy, 93 (8): 488 – 511.

41. Caballero, M. , 1992, The Fallacy of Composition, American Economic Review, 82 (5): 1279 – 1292.

42. Caballero, R. J. , and Hammour, M. L. , 1998, The Macroeconomics of Specificity, Journal of Political Economy, 106: 724 – 768.

43. Cabral, L. M. , and Ross, T. W. , 2008, Are Sunk Costs a Barrier to Entry?, Journal of Economics and Management Strategy, 17 (1): 97 – 112.

44. Cai, H. , and Treisman, D. , 2005, Does Competition for Capital Discipline Governments? Decentralization, Globalization, and Public Policy, American Economic Review, 95 (3): 817 – 830.

45. Carmichael, L. , and MacLeod, B. , 2003, Caring about Sunk Costs: A Behavioral Solution to Holdup Problems with Small Stakes, Journal of Law, Economics and Organization, 19 (1): 106 – 118.

46. Caves, R. E. , and Porter, M. E. , 1977, From Entry to Mobility Barriers: Conjectural Decisions and Contriced Deterrence to New Competition, Quarterly Journal of Economics, 91: 241 – 261.

47. Caves, R. , 1990, Lessons from Privatization in Britain: State Enterprise behavior, Public Choice and Corporate Governance, Journal of Economic Behavior and Organization, 13: 145 – 169.

48. Chacholiades, M. , and Johnson, M. G. , 1978, International Trade Theory and Policy, New York: McGraw – Hill.

49. Chang, Y. , and Nguyen, C. M. , 2012, Residual Based Tests for Cointegration in Dependent Panels, Journal of Econometrics, 167 (2): 1 – 23.

50. Chavas, J. P. , 1994, On Sunk Cost and the Economics of Investment, American Journal of Agricultural Economics, 76: 114 – 127.

51. Chenery, H. B. , Syrquin, M. , and Elkington, H. , 1975, Patterns of Development (1950 ~ 1970), Oxford University Press for the World Bank New York.

52. Church, J. , and Ware, R. , Industrial Organization: A Strategic Approach, McGraw – Hill Companies, 2000.

53. Clark, C. M. A. , 1940, The Conditions of Economic Progress, London. Macmillan and Co.

54. Coase, R. , 1937, The Nature of the Firm. Economica, 4: 386 – 405.

55. Coase, R. , 1960, The Problem of Social Cost, Journal of Law and Economics, 3: 1 – 44.

56. Coase, R. , 1972, Industrial Organization: A Proposal for Research, in V. Fuchs, eds. , Policy Issues and Research Opportunities in Industrial Organization, New York: National Bureau of Economic Research.

57. Coase, R. , 1998, The New Institutional Economics, American Economic Review, 88: 14 – 27.

58. Cooper, G. , and McGillem, C. , 1998, Probabilistic Methods of Signal and System Analysis, Oxford University Press.

59. David, P. A, 1985, Clio and the Economics of QWERTY, American Economic Review, 75: 332 – 337.

60. Davidson, P. , 1982, Rational Expectations: A Fallacious Foundation for Studying Crucial Decision Making Process, Journal of Post Keynesian Economics, 5 (2): 182 – 197.

61. Davidson, P. , 1991, Is Probability Theory Relevant for Uncertainty? A Post Keynesian Perspective, Journal of Economic Perspectives, 5 (1): 129 – 143.

62. De Fraja, G. , and Delbono, G. , 1989, Alternative Strategies of a Public En-

terprise in Oligopoly, Oxford Economic Papers, 41 (2): 302 –311.

63. Denison, E F., 1967, Why Growth Rates Differ: Post-war Experience in Nine Western Countries, Washington: Brookings Institution, 319 – 345.

64. Denison, E., 1985, Trends in American Economic Growth (1929 ~ 1982), Washington, D. C. : Brooking Institution.

65. Denison, E. F., 1962, The Sources of Economic Growth in the United States and the Alternatives Before Us, New York: Committee for Economic Development.

66. Dewartripont, M., and Maskin, E., 1995, Credit and Efficiency in Centralized and Decentralized Economies, Review of Economic Studies, 62 (4): 541 –555.

67. Dimitra, K., and Efthimios, Z., 2013, The Environmental Kuznets Curve (EKC) Theory – Part A: Concept, Causes and the CO? Emissions Case. Energy Policy, 62: 1392 –1402.

68. Dixit, A, and Pindyck, R., 1994, Investment under Uncertainty, Princeton: Princeton University Press.

69. Dixit, A., 1980, The Role of Investment in Entry Deterrence, Economic Journal, 90: 95 – 106.

70. Dixit, A., 1992, Investment and Hysteresis, Journal of Economic Perspectives, 6: 107 – 132.

71. Eaton, B. C., and Lipsey, R. G., 1980, Exit Barriers Are Entry Barriers: The Durability of Capital as a Barrier to Entry, Bell Journal of Economics, 10 (2): 721 – 729.

72. Elhorst, J. P., 2010, Applied Spatial Econometrics: Raising the Bar, Spatial Economic Analysis, 5 (1):

73. Engle, R. F., and Granger, C. W. J., 1987, Co-Integration and Error Correction: Representation, Estimation, and Testing, Econometrica, 55 (2): 251 –276.

74. Esfahani, H. S., and Ramirez, M. T., 2003, Institutions, Infrastructure, and Economic Growth, Journal of Development Economics, 70: 443 –477.

75. Felder, J., 2001, Coase Theorems 1 – 2 – 3, American Economist, 45 (1): 54 – 61.

76. Fontana, G., and Gerrard, B., 2004, A Post Keynesian Theory of Decision Making under Uncertainty, Journal of Economic Psychology, 25: 619 –637.

77. Foxon, T., Kohler, J., and Oughton, C., 2008, Innovation for a Low Carbon Economy: Economic, Institutional and Management Approaches, Edward Elgar Publishing.

78. Fudenberg, D., and Tirole, J., 1984, The Fat – Cat Effect, the Puppy – Dog

Ploy, and the Lean and Hungry Look, American Economic Review, 74: 361 – 366.

79. Fujiwara, K. , 2007, Partial Privatization in a Differentiated Mixed Oligopoly, Journal of Economics, 92 (1): 51 – 56.

80. Garett, G. , 1995, Capital Mobility, Trade and the Domestic Politics of Economic Policy, International Organization, 49: 657 – 687.

81. Garland, H. , 1990, Throwing Good Money after Bad Money: The Effect of Sunk Costs on the Decision to Escalate Commitment to an Ongoing Project, Journal of Applied Psychology, 75: 728 – 731.

82. Garland, H. , Sandefur, C. , and Rogers, A. , 1990, De-escalation of Commitment in Oil Exploration: When Sunk Costs and Negative Feedback Coincide, Journal of Applied Psychology, 75: 721 – 727.

83. George, K. , Manfredi, M. A. , 1996, Mixed Duopoly, Inefficiency, and Public Ownership, Review of Industrial Organization, 11 (6): 853 – 860.

84. Geroski, P. , and Schalbach eds. , 1991, Entry and Market Contestability: An International Comparison, Oxford: Blackwell.

85. Geroski, P. , Jacquemin, A. , Vickers, J. , and Venables, A. , 1985, Industrial Change, Barriers to Mobility, and European Industrial Policy, Economic Policy, 1 (1): 169 – 218.

86. Goldsmith, R. W. , 1969, Financial Structure and Development, New Haven: Yale University Press, 21 – 35.

87. Goodfriend, M. , and King, R. , 1997, The New Neoclassical Synthesis and the Role of Monetary Policy, NBER Macroeconomics Annual: 231 – 296.

88. Gracia, E. , 2005, Predator – Prey: An Alternative Model of Stock Market Bubbles and the Business Cycle. International Journal of Economics, 2 (2): 77 – 105.

89. Greenwood, J. , and Jovanovich, B. , 1990, Financial Development, Growth and Distribution of Income, Journal of Political Economy, 98 (5): 1076 – 1107.

90. Griliches, Z. , 1986, Productivity, R & D and Basic Research at the Firm Level in the 1970's, American Economic Review, 76 (1): 141 – 154.

91. Grossman, S. , and Hart, O. , 1986, The Costs and Benefits of Ownership: A Theory of Vertical and Lateral Integration, Journal of Political Economy, 94: 691 – 719.

92. Hanck, C. , 2009, Cross – Sectional Correlation Robust Tests for Panel Cointegration, Journal of Applied Statistics, 36 (7): 817 – 833.

93. Hart, O. , and Moore, J. , 1990, Property Rights and the Nature of the Firm, Journal of Political Economy, 98: 1119 – 1158.

94. Hart, O. , and Moore, J. , 1995, Debt and Seniority: An Analysis of the Role

of Hard Claims in Constraining Management, American Economic Review, 85: 567 – 585.

95. Hart, O., and Moore, J., 1999, Foundations of Incomplete Contracts, Review of Economic Studies, 66 (1): 115 – 138.

96. Helpman, E., and Krugman, P., 1985, Market Structure and Foreign Trade, Cambridge: MIT Press.

97. Hoffmann, W. G., 1958, The Growth of Industrial Economies, Manchester: Manchester University Press.

98. Hooghe, L., and Marks, G., 2001, Multi – Level Governance and European Integration, Oxford: Rowman and Littlefield.

99. Hotelling, H., 1931, The Economics of Exhaustible Resources, Journal of Political Economy, 39 (2): 137 – 175.

100. Howarth, R., 1991, Intertemporal Equilibria and Exhaustible Resources: An Overlapping Generals Approach, Ecological Economics, 4: 237 – 252.

101. Hsieh, C., and Klenow, P., 2009, Misallocation and Manufacturing TFP in China and India, Quarterly Journal of Economics, 124 (4): 1403 – 1448.

102. Huang, B., Wu, B., and Barry, M., 2010, Geographically and Temporally Weighted Regression for Modeling Spatio – Temporal Variation in House Prices, International Journal of Geographical Information Science, 24 (3): 383 – 401.

103. Huang, Y., and Tao, K., 2011, Causes of and Remedies for the People's Republic of China's External Imbalances: The Role of Factor Market Distortion, ADBI Working Paper Series, No. 279.

104. Huang, Y., and Wang, B., 2010, Cost Distortions and Structural Imbalance in China, China and World Economy, 18: 1 – 17.

105. Humphreys, M., Sachs, J., and Stiglitz, J. E., 2007, Escaping the Resource Curse, New York: Columbia University Press.

106. Hwang, P., 2006, Asset Specificity and the Fear of Exploitation, Journal of Economic Behavior and Organization, 60: 423 – 438.

107. Ino, H., and Matsumura, T., 2010, What Role Should Public Enterprises Play in Free – Entry Markets?. Journal of Economics, 101 (3): 213 – 230.

108. Islam, N., 1995, Growth Empirics: A Panel Data Approach, Quarterly Journal of Economics, 110 (4): 1127 – 1170.

109. Jaffe, A., Trajtenberg, M., and Fogarty, M., 2000, Knowledge Spillovers and Patent Citations: Evidence from a Survey of Inventors, American Economic Review, 90: 215 – 218.

110. Jensen, M. C., and Meckling, W. H., 1976, Theory of the Firm: Managerial

behavior, Agent Costs and Onership Structure, Journal of Fiancial Economics, 3 (4):
305 – 360.

111. Jones, L. E, and Manuelli, R. E. , 1997, The Sources of Growth, Journal of
Economic Dynamics and Control, 21: 75 – 114.

112. Jorgenson, D. , 1963, Capital Theory and Investment Behavior, American Eco-
nomic Review, 53 (2): 247 – 2591.

113. Justin, Lin. , Ha – Joon Chang. , 2009, Should Industrial Policy in Developing
Countries Conform to Comparative Advantage or Defy it?, Development Policy Review, 27
(5): 483 – 502.

114. Kahaneman, D. , and Tversky, A. , 1979, Prospect Theory: An Analysis of
Decision under Risk, Econometrica, 47: 263 – 291.

115. Kahaneman, D. , and Tversky, A. , 1984, Choices, Values, and Frames,
American Psychologist, 39: 341 – 350.

116. Kanodia, C. , et al. , 1989, Escalation Errors and the Sunk Cost Effect: An
Explanation Based on Reputation and Information Asymmetries, Journal of Accounting Re-
search, 27: 59 – 77.

117. Kapoor, N. M. , Kelejian, H. H. , and Prucha, I. R. , 2007, Panel Data
Models with Spatially Correlated Error Components, Journal of Econometrics, 140: 97 –
130.

118. Kessides, I. , and Li, Tang. , 2010, Sunk Costs, Market Contestability, and
the Size Distribution of Firms. Review of Industrial Organization, 37 (3): 215 – 236.

119. Kessides, I. N. , 1990, Market Concentration, Contestability, and Sunk Costs,
Review of Economics and Statistics, 72: 614 – 622.

120. Keynes, J. M. , 1937, The General Theory of Employment, Quarterly Journal of
Economics, 51: 209 – 223.

121. Klein, B. , and Leffler, K. B. , 1981, The Role of Market Forces in Assuring
Contractual Performance, Journal of Political Economy, 89 (4): 615 – 641.

122. Klein, B. , Crawford, R. G. , and Alchian, A. A. , 1978, Vertical Integra-
tion, Appropriable Rents, and the Competitive Contracting Process, Journal of Law and
Economics, 21 (2): 297 – 326.

123. Kreps, D. , and Wilson, R. , 1982, Reputation and Imperfect Information,
Journal of Economic Theory, 27 (9): 253 – 279.

124. Krugman, P. , 1979, Increasing Returns, Monopolistic Competition and Inter-
national Trade, Journal of International Economics, 20 (9): 469 – 479.

125. Krugman, P. , 1990, Increasing Returns and Economic Geography, National

Bureau of Economic Research.

126. Krugman, P. , and Obstfeld, M. , 2012, International Economics: Theory and Policy, Boston: Pearson.

127. Krugman, P. R. , Exchange Rate Instability, Cambridge: MIT Press, 1989.

128. Kumar, K. , 1991, Utopia and Anti – Utopia in Modern Times, Oxford and Cambridge: Basil Blackwell.

129. Kuznets S. , 1961, Quantitative Aspects of the Economic Growth of Nations, VI, Long – Term Trends in Capital Formation Proportions, Economic Development and Cultural Change, 9 (4): 1 – 124.

130. Kuznets, S. , 1955, Economic Growth and Income Inequality, American Economic Review, 45 (1): 1 – 28.

131. Kuznets, S. , 1979, Growth and Structural Shift, in: W. Galenson, ed. , Economic Growth and Structural Change in Taiwan: The Postwar Experience of the Republic of China. Ithaca, Cornell University Press, 130 – 132.

132. Laffont, J. , and Tirole, J. , 1991, Privatization and Incentives, Journal of Law, Economics and Organization, 7: 84 – 105.

133. Laitner, J. , 2000, Structural Change and Economic Growth, Review of Economic Studies, 67 (3): 545 – 561.

134. Lambson, V. , 1991, Industrial Evolution with Sunk Costs and Uncertain Market Conditions, International Journal of Industrial Organization, 32 (9): 171 – 196.

135. Lambson, V. , and Jensen, F. , 1998, Sunk Costs and Firm Value Variability: Theory and Evidence, American Economic Review, 88 (1): 307 – 313.

136. Langlois, R. N. , 1989, What is Wrong with the Old Institutional Economics (and What is Still Wrong with the New), Review of Political Economy, 1: 270 – 298.

137. Lee, C. C. , 2005, Energy Consumption and GDP in Developing Countries: A Co-integrated Panel Analysis, Energy Economics, 27: 415 – 427.

138. Lee, L. , and Yu, J. , 2010, A Spatial Dynamic Panel Data Model with Both Time and Individual Fixed Effects, Econometric Theory, 26 (2): 564 – 597.

139. LeSage, J. , and, Pace, R. K. , 2009, Introduction to Spatial Econometrics, New York: CRC Press, 2009.

140. Levy, D. T. , 1985, The Transaction Cost Approach to Vertical Integration: An Empirical Examination, Review of Economics and Statistics, 67: 438 – 445.

141. Lewis, W. A. , 1954, Economic Development with Unlimited Supplies of Labour, Manchester School, 22 (2): 139 – 191.

142. Machina, M. , 1987, Choice under Uncertainty: Problems Solved and Un-

solved, Journal of Economic Perspectives, 1 (1): 121 –154.

143. Maeler, K. G. , 1974, Environment Economics: A Theoretical Inquiry, Jones Hopkins University Press for Resources for the Future.

144. Malthus, T. R. , 1798, An Essay on the Principle of Population, Dent.

145. Mankiw, N G, Romer, D and Weil, D N. , 1992, A Contribution to the Empirics of Economic Growth, Quarterly Journal of Economics, 107 (2): 407 –437.

146. Marangos, J. , 2003, Price Liberalization, Monetary, and Fiscal Policies for Transition Economies: A Post Keynesian Perspective, Journal of Post Keynesian Economics, 25 (3): 449 –469.

147. Maroto – Sánchez, A. , and Cuadrado – Roura, J. R. , 2009, Is Growth of Services an Obstacle to Productivity Growth? A Comparative Analysis, Structural Change and Economic Dynamics, 20 (4): 254 –265.

148. Martin, S. , 1989, Sunk Costs, Financial Markets, and Contestability, European Economic Review, 33: 1089 –1113.

149. Martin, S. , 2002, Sunk Costs and Entry, Review of Industrial Organization, 20: 291 –304.

150. Mata, J. , 1991, Sunk Costs and Entry by Small and Large Plants, in Geroski and Schalbach eds, Entry and Market Contestability: An International Comparison, Oxford: Blackwell, 49 –62.

151. Matsumura, T. , 1998, Partial Privatization in Mixed Duopoly, Journal of Public Economics, 70 (3): 473 –483.

152. Maudos, J. , Pastor, J. M. , and Serrano, L. , 2008, Explaining the US – EU Productivity Gap: Structural Change vs. Intra – Sectoral Effect, Economic Letters, 100 (2): 311 –313.

153. McAfee, R. , Mialon, M. , and Williams, M. , 2004, What is a Barrier to Entry, American Economic Review, 94: 461 –473.

154. McDonald, R. , and Siegel, D. , 1985, The Value of Waiting to Invest, Quarterly Journal of Economics, 101: 707 –728.

155. McLaren, J. , 1997, Size, Sunk Costs, and Judge Bowker's Objection to Free Trade, American Economic Review, 87 (3): 400 –421.

156. Megginson, W. , and Netter, J. , 2001, From State to Market——A Survey of Empirical Studies on Privatization, Journal of Economic Literature, 39: 321 –389.

157. Mehlum, H. , Moene, K. , and Torvik, R. , 2001, Cursed by Resources or Institutions? World Economy, 29: 1117 –1131.

158. Milgrom, P. , and Roberts, J. , 1982, Predation, Reputation and Entry Deter-

rence, Journal of Economic Theory, 27: 280 – 312.

159. Minsky, H. , 1996, Uncertainty and the Institutional Structure of Capitalist Economies, Journal of Economic Issues, 30 (2): 357 – 368.

160. Motta, M. , 1992, Sunk costs and Trade Liberalization, Economic Journal, 102: 578 – 587.

161. Myers, S. , and Majluf, N. , 1984, Corporate Financing and Investment Decisions when Firms Have Information that Investors Do Not Have, Journal of Financial Economics, 13, 187 – 221.

162. Nelson, R. R. , and Pack, H. , 1999, The Asian Miracle and Modern Growth Theory, Economic Journal, 109 (457): 416 – 436.

163. Nelson, R. , and Winter, S. , 1982, An Evolutionary Theory of Economic Change, Cambridge: Harvard University Press.

164. North, D. , 1992, Institutions, Ideology and Economic Performance, Cato Journal, 11 (3): 477 – 488.

165. Nozick, R. , 1993, The Nature of Rationality, Princeton: Princeton University Press.

166. Ostrom, E. , 1990, Governing the Commons: The Evolution of Institutions for Collective Action, Cambridge: Cambridge University Press.

167. Paker, D. , 2003, Perfprmance, Risk and Strategy in Privatised, Regulated Industries: The UK's Experience, International Journal of Public Sector Management, 16: 75 – 100.

168. Pally, T. I. , 2002, A New Development Paradigm: Domestic – Led Growth: Why It is Needed and How to Make It Happen, Foreign Policy in Focus Discussion Paper.

169. Park, J. Y. , and Phillips, P. B. , 1999, Asymptotics for Nonlinear Transformations of Integrated Time Series, Econometric Theory, 15: 269 – 298.

170. Patrick, H. T. , 1966, Financial Development and Economic Growth in Undeveloped Countries, Economic Development and Cultural Change, 34 (4): 174 – 189.

171. Pedroni, P. , 2000, Fully Modified OLS for Heterogeneous Cointegrated Panels, Adcances in Economies, 15: 93 – 130.

172. Peneder, M. , 2003, Industrial Structure and Aggregate Growth, Structural Change and Economic Dynamics, 14 (4): 427 – 448.

173. Pesaran, M. H. , 2007, A Simple Panel Unit Root Test in the Presence of Cross – Section Dependence, Journal of Applied Econometrics, 22: 265 – 312.

174. Pindyck, R. , 1991, Irreversibility, Uncertainty, and Investment, Journal of Economic Literature, 29: 1110 – 1148.

175. Pitelis, C. , and Sugden, R. , 2003, The Nature of the Transnational Firm, London: Routedge.

176. Porter, M. , 1985. Competitive Advantage: Creating and Sustaining Superior Performance. New York: Free Press.

177. Qian, Yingyi and Xu, Chenggang, 1993, Why China's Economic Reforms Differ: The M – Form Hierarchy and Entry/Expansion of the Non – State Sector, Economics of Transition, 1 (2): 135 – 70.

178. Ramo, J. C. , 2004. The Beijing Consensus. London: Foreign Policy Centre.

179. Rindfleisch, A. , and Heide, J. , 1997, Transaction Cost Analysis: Past, Present, and Future Applications, Journal of Marketing, 61: 30 – 54.

180. Riordan, M. , and Williamson, O. , 1985, Asset Specificity and Economic Organization, International Journal of Industrial Organization, 42 (3): 365 – 378.

181. Roberts, M. , and Tybout, J. , 1997, The Decision to Export in Columbia: An Empirical Model of Entry with Sunk Costs, American Economic Review, 87 (4): 545 – 564.

182. Ross, T. , 2004, Sunk Costs and the Entry Decision. Journal of Industry, Competition and Trade, 4 (2): . 79 – 93.

183. Ross, J. , and Staw, B. M. , 1986, Expo86: An Escalation Prototype. Administrative Science Quarterly, 31: 274 – 297.

184. Ross, J. , and Staw, B. M. , 1993, Organizational Escalation and Exit: Lessons from the Shoreham Nuclear Power Plant, Academy of Management Journal, 36: 701 – 732.

185. Rostow, W. W. , 1978, World Economy: History and Prospect, New York: MacMillan.

186. Rubin, J. Z. , and Brockner, J. , 1975, Factors Affecting Entrapment in Waiting Situations: The Rosencrantz and Guildenstem Effect, Journal of Personality and Social Psychology, 31: 1054 – 1063.

187. Rubio, S. J. , and Goetz, R. , 1998, Optimal Growth and Land Preservation, Resource and Energy Ecnomics, 20: 345 – 372.

188. Sachs, J. D. , and Warner, A. M. , 1995, Natural Resource Abundance and Economic Growth, NBER Working Paper, 5398.

189. Sachs, J. , and Woo, W. , 1994, Structural Factors in the Economic Reforms of China, Eastern Europe and the Former Soviet Union, Economic Policy, 18: 101 – 145.

190. Sachs, J. D. , and Warner, A. , 1997, Fundamental Sources of Long-run Growth, American Economic Review, 87: 184 – 188.

191. Sachs, J. D. , and Warner, A. , 1999, The Big Push, Natural Resource Booms and Growth, Journal of Development Economics, 59: 43 - 76.

192. Sachs, J. D. , and Warner, A. , 2001, The Curse of Natural Resources, European Economic Review, 45: 827 - 838.

193. Saha, B. , 2009, Mixed Ownership in a Mixed Duopoly with Differentiated Products, Journal of Economics, 98 (1): 25 - 43.

194. Sappington, D. , and Stiglitz, J. , 1987, Privatization, Information and Incentives, Journal of Policy Analysis and Management, 6: 567 - 582.

195. Sargan, J. D. , 1958, The Estimation of Economic Relationships Using Instrumental Variables, Econometrica, 26: 393 - 415.

196. Schaubroeck, J. , and Davis, E. , 1994, Prospect Theory Predictions When Escalation is Not the Only Chance to Recover Sunk Costs, Organizational Behavior and Human Decision Processes, 57: 59 - 82.

197. Schelling, T. , 1960, The Strategy of Conflict, Cambridge: MIT Press.

198. Schmalensee, R. , 2004, Sunk Costs and Antitrust Barriers to Entry, American Economic Review, 94 (6): 471 - 480.

199. Schmidt, K. M. , 1996, Incomplete Contract and Privatization, European Economic Review, 40: 569 - 579.

200. Shaanan, J. , 1994, Sunk Costs and Resource Mobility: An Empirical Study, Review of Industrial Organization, 9 (1): 717 - 730.

201. Shapiro, C. , 1989, The Theory of Business Strategy, Rand Journal of Economics, 20 (1): 125 - 137.

202. Shubik, M. , 1971, The Dollar Auction Game: A Paradox in Noncooperative Behavior and Escalation. Journal of Conflict Resolution, 15: 109 - 111.

203. Simon, H. , 1955, A Behavioral Model of Rational Choice, Quarterly Journal of Economics, 69: 99 - 188.

204. Singer, H. W. , 1975, The Strategy of International Development: Essays in the Economics of Backwardness, ed. by Alec Cairncross and Mohinder Puri, London: Macmillan.

205. Smith, D. D. , 1991, Urban Food Distribution in Asia and Africa, Geographical Journal, 34 (3): 51 - 61.

206. Solow, R. M. , 1956, A Contribution to the Theory of Economic Growth, Quarterly Journal of Economics, 70 (1): 65 - 94.

207. Solow, R. M. , 1957, Technical Change and the Aggregate Production Function, Review of Economics and Statistics, 39 (3): 312 - 320.

208. Song, Z., Storesletten, K, and Zilibotti, F., 2011, Growing like China, American Economic Review, 101 (1): 196 – 233.

209. Staw, B., and Ross, J., 1989, Understanding Behavior in Escalation Situations, Science, 246: 216 – 220.

210. Staw, B. M., 1976, Knee – Deep in the Big Muddy: A Study of Escalating Commitment to a Chosen Course of Action, Organizational Behavior and Human Performance, 16: 27 – 44.

211. Staw, B. M., and Ross, J., 1989, Understanding Behavior in Escalation Situations, Science, 246: 216 – 220.

212. Steele, D., 1996, Nozick on Sunk Costs, Ethics, 106: 605 – 620.

213. Stiglitz, J., 1974, Information and Economic Analysis, Stanford University Technical Report, 155: 393 – 410.

214. Stiglitz, J., 1987, Technological Change, Sunk Costs, and Competition, Brookings Papers on Economic Activity, 3: 883 – 937.

215. Stiglitz, J., 2002, Globalization and Its Discontents, Penguin.

216. Stiglitz, J. E., 1974, Incentives and Risk Sharing in Sharecropping, Review of Economic Studies, 41: 219 – 255.

217. Sutton, J., 1991, Sunk Costs and Market Structure: Price Competition, Advertising, and the Evolution of Concentration, MIT Press.

218. Sutton, J., 1998, Technology and Market Structure: Theory and History, Cambridge: MIT Press.

219. Syrquin, M., 1984, Resource Allocation and Productivity Growth, In: Syrquin, M., Taylor, L., Westphal, L. E. (Eds.), Economic Structure Performance: Essays in Honor of Hollis B. Chenery, Orlando: Academic Press, 75 – 101.

220. Temple, J. R. W., 2006, Aggregate Production Functions and Growth Economics, International Review of Applied Economics, 20 (3): 301 – 317.

221. Thaler, R., 1980, Toward a Positive Theory of Commitment Choice, Journal of Economic Behavior and Organization, 1: 29 – 60.

222. Theil, H., 1972, Statistical Decomposition Analysis, Amsterdam: North Holland Publishing Co.

223. Tibshirani, R., and Hastie, T., 1987, Local Likelihood Estimation, Journal of American Statistical Association, 82 (398): 559 – 567.

224. Tirole, J., 1988, The Theory of Industrial Organization, Cambridge: MIT Press.

225. Tirole, J., 2002, Rational Irrationality: Some Economics of Self – Manage-

ment, European Economic Review, 46: 633 – 655.

226. Trigeorgis, L., 1996, Real Options: Managerial Flexibility and Strategy in Resource Allocation, Cambridge: MIT Press.

227. Varian, H. R., 1999, Intermediate Microeconomics: A Modern Approach, New York: Norton.

228. Vickers, J., and Yarrow, G., 1988, Privatization: An Economic Analysis, Cambridge: MIT Press.

229. Wang, X., and Yang, B. Z., 2010, The Sunk Cost Effect and Optimal Two – Part Pricing, Journal of Economics, 101: 133 – 148.

230. Whyte, G., 1986, Escalating Commitment to a Course of Actioning: A Reinterpretation, Academy of Management Review, 11: 311 – 321.

231. Williamson, O., 1975, Markets and Hierarchies: Analysis and Antitrust Implications, New York: Free Press.

232. Williamson, O., 1985, The Economic Institutions of Capitalism, New York: Free Press.

233. Williamson, O., 1988, Corporate Finance and Corporate Governance, Journal of Finance, 43: 567 – 592.

234. Williamson, O., 2010, Transaction Cost Economics: The Natural Progression, American Economic Review, 100 (3): 673 – 690.

235. Williamson, J., 1990, What Washington Means by Policy Reform, Williamson, J. Latin American Adjustment: How Much Has Happened, Washington: Institute for International Economics.

236. Williamson, J., 2012, Is the "Beijing Consensus" Now Dominant, Asian Policy, 13: 1 – 16.

237. Worthington, P., 1995, Investment, Cash Flow, and Sunk Costs, Journal of Industrial Economics, 43 (1): 49 – 61.

238. Xu, Chenggang, 2011, The Fundamental Institutions of China's Reforms and Development, Journal of Economic Literature, 49 (4): 1076 – 1151.

239. Yarrow, G., 1999, A Theory of Privatization, or Why Bureaucrats are still in Business, World Development, 27: 157 – 168.

240. Young, A., 1998, Growth without Scale Effects, Journal of Political Economy, 106: 41 – 63.

241. Yu, D. L., 2006, Spatially Varying Development Mechanisms in the Greater Beijing Area: A Geographically Weighted Regression Investigation, Annals of Regional Science, 40 (1): 173 – 190.

242. Zhao, M., and Minchung, H., 2012, China's Economic Fluctuations and Consumption Smoothing: Is Consumption More Volatile than Output in China?, China Economic Review, 23: 918 –927.

243. Zhou, Xiaochuan, 2009, Issues Related to the Global Financial Crisis, Address at the Global Think Tank Summit, Beijing, July, 3.

244. Zweimuller, J., and Bruner, K., 2006, Innovation and Growth with Rich and Poor Consumers, Metroeconomica, 56（2）: 235 –260.

245. 阿瑟·刘易斯：《经济增长理论》，商务印书馆，1983 年版。

246. 阿维纳什·迪克西特、罗伯特·平迪克：《不确定性条件下的投资》，中国人民大学出版社，2002 年版。

247. 埃格特森：《经济行为与制度》，商务印书馆，2004 年版。

248. 埃里克·弗鲁博顿，鲁道夫·芮切特：《新制度经济学——一个交易费用分析范式》，上海三联书店、上海人民出版社，2006 年版。

249. 奥利弗·威廉姆森：《资本主义经济制度》，商务印书馆，2002 年版。

250. 保罗·R. 克鲁格曼、茅瑞斯、奥伯斯法尔：《国际经济学：理论与政策（国际贸易部分）》，中国人民大学出版社，2006 年版。

251. 保罗·克鲁格曼：《地理与贸易》，北京大学出版社，2000 年版。

252. 保罗·戴维森：《凯恩斯方案：通向全球经济复苏与繁荣之路》，机械工业出版社，2011 年版。

253. 蔡昉、都阳：《中国地区经济增长的趋同与趋异》，《经济研究》，2000 年第10 期。

254. 蔡昉：《中国经济增长如何转向全要素生产率驱动型》，《中国社会科学》，2013 年第 1 期。

255. 陈东、樊杰：《区际资本流动与区域发展差距》，《地理学报》，2011 年第6 期。

256. 陈健、毛霞：《西方混合所有制经济发展模式的比较和借鉴》，《全国商情（经济理论研究)》，2007 年第 2 期。

257. 陈俊龙、汤吉军：《基于双寡垄断模型的垄断国有企业改革分析》，《华东经济管理》，2013 年第 6 期。

258. 陈俊龙、汤吉军：《预算软约束视角下私营企业成长分析》，《经济问题》，2012 年第 2 期。

259. 陈俊龙：《交易成本、科斯定理与混合所有制经济发展》，《学术交流》，2013 年第 4 期。

260. 陈晓华、刘慧：《要素价格扭曲、外需疲软与中国制造业技术复杂动态演化》，《财经研究》，2014 年第 7 期。

261. 陈秀山，徐瑛：《中国区域差距影响因素的实证研究》，《中国社会科学》，2004 年第 5 期。

262. 陈玉宇、黄国华：《中国地区增长不平衡与所有制改革》，《经济科学》，2006 年第 1 期。

263. 陈志刚、夏苏荣：《中国内需结构失衡：演变、逻辑与间接调控》，《中南民族大学学报》，2014 年第 3 期。

264. 程必定：《区域经济学》，安徽人民出版社，1989 年版。

265. 程承坪等：《国有企业的性质：市场与政府的双重替代物》，《当代经济研究》，2013 年第 1 期。

266. 崔之元：《"看不见的手"范式的悖论》，经济科学出版社，1999 年版。

267. 丹尼·罗德瑞克：《让开放发挥作用——新的全球经济与发展中国家》，中国发展出版社，2000 年版。

268. 丹尼尔·史普博：《管制与市场》，上海三联书店、上海人民出版社，1999 年版。

269. 丹尼尔·卡尔顿等：《现代产业组织》，上海三联书店和上海人民出版社，1998 年版。

270. 单伟建：《交易成本经济学理论、应用及偏颇》，载汤敏、茅于轼：《现代经济学前沿专题》第一辑，商务印书馆，1996 年版。

271. 道格拉斯·诺思：《理解经济变迁过程》，中国人民大学出版社，2008 年版。

272. 道格拉斯·诺思：《制度、制度变迁与经济绩效》，格致出版社、上海三联书店、上海人民出版社，2008 年版。

273. 邓翔：《中国地区差距的分解及其启示》，《四川大学学报（哲学社会科学版）》，2002 年第 2 期。

274. 迪克西特：《经济政策的制定：交易成本政治学视角》，中国人民大学出版社，2004 年版。

275. 蒂莫西·耶格尔：《制度、转型与经济发展》，华夏出版社，2010 年版。

276. 丁学冬：《扩大内需的几点思考》，《管理世界》，2009 年第 12 期。

277. 董敏杰、梁咏梅：《1978~2010 年的中国经济增长来源：一个非参数分解框架》，《经济研究》，2013 年第 5 期。

278. 多纳德·海、德理克·莫瑞斯：《产业经济学与组织》，经济科学出版社，2001 年版。

279.《马克思恩格斯全集》第 23 卷，人民出版社，1972 年版，第 443~444 页。

280.《马克思恩格斯全集》第 23 卷，人民出版社，1972 年版，第 443 页。

281.《马克思恩格斯全集》第 24 卷，人民出版社，1972 年版，第 176 页。

282.《马克思恩格斯全集》第 26 卷，人民出版社，1972 年版，第 182~183 页。

283. 樊纲、魏强、刘鹏：《中国经济的内外均衡与财税改革》，《经济研究》，2009 年第 8 期。

284. 樊纲：《中国地区差距的变动趋势和影响因素》，《经济研究》，2004 年第 1 期。

285. 樊世杰：《论扩大内需与人民币汇率制度安排》，《湖南社会科学》，2009 年第 4 期。

286. 范剑勇、杨丙见：《美国早期制造业集中的转变及其对中国西部开发的启示》，《经济研究》，2002 年第 8 期。

287. 弗兰克·艾利斯：《农民经济学》，上海人民出版社，2006 年版。

288. 弗兰克·奈特：《风险、不确定性和利润》，中国人民大学出版社，2005 年版。

289. 傅勇：《财政分权、政府治理与非经济性公共品供给》，《经济研究》，2010 年第 8 期。

290. 傅自应：《实现扩大内需与稳定外需的有机结合》，《经济改革与发展》，2009 年第 12 期。

291. 盖斯福德等：《生物技术经济学》，上海三联书店、上海人民出版社，2003 年版。

292. 干春晖、郑若谷：《改革开放以来产业结构演进与生产率增长研究——对中国 1978～2007 年“结构红利假说”的检验》，《中国工业经济》，2009 年第 2 期。

293. 高帆：《中国地区经济差距的空间和动力双重因素分解》，《经济科学》，2012 年第 5 期。

294. 龚敏、李文溥：《论扩大内需政策与转变经济增长方式》，《东南学术》，2009 年第 1 期。

295. 辜胜阻、李华、易善策：《城镇化是扩大内需实现经济可持续发展的引擎》，《中国人口科学》，2010 年第 3 期。

296. 顾严：《所有制结构影响居民收入分配的作用机制研究》，《政治经济学评论》，2008 年第 2 期。

297. 郭春丽：《加快完善要素市场，推动经济结构战略性调整》，《经济与管理研究》，2015 年第 3 期。

298. 郭飞：《深化中国所有制结构改革的若干思考》，《中国社会科学》，2008 年第 3 期。

299. 郭金龙、王宏伟：《中国区域间资本流动与区域经济差异研究》，《管理世界》，2003 年第 7 期。

300. 国务院发展研究中心课题组：《中国区域协调发展战略》，中国经济出版社，1994 年版。

301. 韩国高、高铁梅、王立国、齐鹰飞、王晓姝：《中国制造业产能过剩的测度、波动及成因研究》，《经济研究》，2011 年第 12 期。

302. 洪银兴：《资本市场：结构调整与资产重组》，中国人民大学出版社，2002 年版。

303. 侯新烁、周靖祥：《中国区域投资多寡的空间尺度检验——基于省份投资与其增长效应一致性视角》，《中国工业经济》，2013 年第 11 期。

304. 胡鞍钢：《中国地区发展不平衡问题研究》，《中国软科学》，1995 年第 8 期。

305. 胡乃武、韦伟：《区域经济发展差异与中国宏观经济管理》，《中国社会科学》，1995 年第 2 期。

306. 胡乃武、张可云：《统筹中国区域发展问题研究》，《经济理论与经济管理》，2004 年第 1 期。

307. 胡永远：《人力资本与经济增长：一个实证分析》，《经济科学》，2003 年第 1 期。

308. 胡志平：《中国式内需的"三维"困境及治理》，《经济学家》，2013 年第 2 期。

309. 黄茂兴：《扩大内需，从权宜之计到战略基点》，《经济学家》，2012 年第 10 期。

310. 季晓南：《正确理解混合所有制经济》，《经济日报》2014 年 3 月 27 日理论版（第 14 版）。

311. 江小涓等：《体制转轨中的增长、绩效与产业组织变化》，上海三联书店、上海人民出版社，1999 年版。

312. 蒋殿春：《跨国公司与市场结构》，商务印书馆，1998 年版。

313. 杰弗瑞·班克斯、艾里克·哈努谢克：《政治经济学新方向》，世纪出版集团、上海人民出版社，2010 年版。

314. 杰罗斯基等：《进入壁垒和策略性竞争》，北京大学出版社，2004 年版。

315. 凯恩斯：《就业利息和货币通论》，商务印书馆，1997 年版。

316. 康芒斯：《制度经济学》，商务印书馆，1962 年版。

317. 克拉克、费尔德曼、格特勒：《牛津大学地理学手册》，商务印书馆，1999 年版。

318. 孔祥敏、张讯：《中国内需主导型经济发展问题研究》，《山东大学学报》，2008 年第 6 期。

319. 孔祥敏：《从出口导向向内需主导——中国外向型经济发展战略的反思及转变》，《山东大学学报》，2007 年第 3 期。

320. 雷达等：《全球经济再平衡下中美经济：调整与冲突》，《南开学报》，2013 年第 1 期。

321. 雷杜平、何音音：《中国环保投资与经济增长的回顾分析》，《西北工业大学学报（社会科学版）》，2010 年第 2 期。

322. 李稻葵、刘霖林、王红领：《GDP 中劳动份额演变的 U 型规律》，《经济研究》，2009 年第 1 期。

323. 李嘉图：《政治经济学及赋税原理》，光明日报出版社，2009 年版。

324. 李京文等：《生产率与中美日经济增长研究》，中国社会科学出版社，1993 年版。

325. 李靖宇、殷志林：《东北地区成长为中国第四大经济增长极的现实论证》，《财经问题研究》，2004 年第 2 期。

326. 李丽平：《加快转变中国经济发展方式与推进经济结构战略性调整的对策》，《科学社会主义》，2012 年第 2 期。

327. 李善同等：《未来 50 年中国经济增长的潜力和预测》，《经济研究参考》，2003 年第 2 期。

328. 李涛：《混合所有制公司中的国有股权——论国有股减持的理论基础》，《经济研究》，2002 年第 8 期。

329. 李通屏、倪琳：《扩大内需政策的实际操作与体系重构》《宏观经济研究》，2010 年第 1 期。

330. 李秀敏：《人力资本、人力资本结构与区域协调发展——来自中国省级区域的证据》，《华中师范大学学报（人文社会科学版）》，2007 年第 3 期。

331. 李亚平、雷勇：《建国以来中国所有制结构的演变及效率研究》，《经济纵横》，2012 年第 3 期。

332. 李扬、殷剑峰、陈洪波：《中国高储蓄、高投资和高增长研究》，《财贸经济》，2007 年第 1 期。

333. 李颖：《拉动内需、扩大消费与财政政策转型》，《贵州社会科学》，2009 年第 1 期。

334. 李云林：《中国高投资率的成因分析》，《财经观察》，2008 年第 41 期。

335. 李正典：《颠覆经济学》，北京大学出版社，2013 年版。

336. 林桂军、张玉芹：《中国贸易条件恶化与贫困化增长》，《国际贸易问题》，2007 年第 1 期。

337. 林林、周觉、林豆豆：《中国贸易战略选择与"贫困化增长"》，《国际贸易问题》，2005 年第 6 期。

338. 林毅夫、蔡昉、李周：《充分信息与国有企业改革》，上海三联书店、上海人民出版社，1997 年版。

339. 林毅夫、蔡昉、李周：《中国的奇迹：发展战略与经济改革（增订版）》，上海三联书店、上海人民出版社，1999 年版。

340. 林毅夫、刘培林：《中国的经济发展战略与地区收入差距》，《经济研究》，2003 年第 3 期。

341. 林毅夫、巫和懋、邢亦青：《"潮涌现象"与产能过剩的形成机制》，《经济研究》，2010 年第 10 期。

342. 林毅夫：《技术进步越快越好吗》，《中国工业经济》，2005 年第 10 期。

343. 林毅夫：《新结构经济学：反思经济发展与政策的理论框架》，北京大学出版社，2012 年版。

344. 刘凤朝、潘雄锋：《中国八大经济区专利结构分布及其变动模式研究》，《中国软科学》，2005 年第 6 期。

345. 刘明霞：《中国对外直接投资的逆向技术溢出效应——基于省际面板数据的实证分析》，《国际商务（对外经济贸易大学学报）》，2009 年第 4 期。

346. 刘培林、宋湛：《金融资产、资本和要素禀赋结构》，《改革》，2002 年第 2 期。

347. 刘培林：《区域发展水平收敛意味着未来增长潜力缩小》，《投资北京》，2013 年第 3 期。

348. 刘伟、李绍荣：《所有制变化与经济增长和要素效率提升》，《经济研究》，2011 年第 1 期。

349. 刘伟、张辉、黄泽华：《中国产业结构高度与工业化进程和地区差异的考察》，《经济学动态》，2008 年第 11 期。

350. 刘夏明、魏英琪、李国平：《收敛还原是发散·中国区域区域经济发展争论的文献综述》，《经济研究》，2007 年第 7 期。

351. 刘小玄：《国有企业民营化的均衡模型》，《经济研究》，2003 年第 9 期。

352. 刘志彪：《基于内需的经济全球化：中国分享第二波全球化红利的战略选择》，《南京大学学报》，2012 年第 2 期。

353. 卢万青、张伦军：《中国内外需失衡的原因探析》，《经贸论坛》，2010 年第 26 期。

354. 陆大道：《地区合作与地区经济协调发展》，《地域研究与开发》，1997 年第 1 期。

355. 栾大鹏、欧阳日辉：《生产要素内部投入结构与中国经济增长》，《世界经济》，2012 年第 6 期。

356. 罗伯茨：《现代企业》，中国人民大学出版社，2012 年版。

357. 罗伯特·斯基德尔斯基：《重新发现凯恩斯》，机械工业出版社，2011 年版。

358. 罗峰、张准：《国有控股上市公司治理结构存在的问题及对策》，《人民论坛》，2013 年第 8 期。

359. 罗纳德·科斯：《企业、市场与法律》，格致出版社、上海三联书店、上海人民出版社，2014 年版。

360. 马克·卡森：《国际商务经济学》，北京大学出版社，2011 年版。

361. 迈克尔·波特：《竞争战略》，华夏出版社，2001 年版。

362. 迈克尔·佩罗曼：《预期、收益递增和资本主义崩溃》，中信出版社，2003 年版。

363. 迈克尔·佩雷曼：《经济学的终结》，经济科学出版社，2000 年版。

364. 曼恩哈特·米格尔：《出路：当 GDP 大跃进失灵的时候》，中信出版社，2012 年版。

365. 潘明清、高文亮：《扩大内需：中国居民消费宏观调控的有效性研究》，《财经科学》，2014 年第 4 期。

366. 彭云勇等：《内需如何促进外需》，《中央财经大学学报》，2012 年第 1 期。

367. 彭志强：《试论经济结构战略性调整》，《经济研究导刊》，2011 年第 25 期.

368. 乔治·阿克洛夫、罗伯特·希勒：《动物精神》，中信出版社，2012 年版。

369. 乔治·亨德里克斯：《组织的经济学与管理学：协调、激励与策略》，中国人民大学出版社，2007 年版。

370. 琼·罗宾逊、约翰·伊特韦尔：《现代经济学导论》，商务印书馆，1997 年版。

371. 曲凤杰：《中国内需和外需关系及其协调》，《经济研究参考》，2005 年第 32 期。

372. 任晓红、张宗益、余元全：《中国省际资本流动影响因素的实证分析》，《经济问题》，2011 年第 1 期。

373. 任泽平、张宝军：《中国经济增长模式比较：内需与外需》，《改革》，2011 年第 2 期。

374. 萨缪·鲍尔斯：《微观经济学：行为、制度和演化》，中国人民大学出版社，2006 年版。

375. 沈可等：《中国的城市化为什么长期滞后于工业化》，《金融研究》，2013 年第 1 期。

376. 沈坤荣、耿强：《外国直接投资、技术溢出与内生经济增长——中国数据的计量检验与实证分析》，《中国社会科学》，2001 年第 5 期。

377. 沈坤荣、马俊：《中国经济增长的"俱乐部收敛"特征及成因研究》，《经济研究》，2002 年第 1 期。

378. 沈能、刘凤朝：《中国地区资本配置效率差异的实证研究》，《上海经济研究》，2005 年第 11 期。

379. 盛誉：《贸易自由化与中国要素市场扭曲的测定》，《世界经济》，2005 年第

6 期。

380. 施俊琦等：《沉没成本效应中的心理学问题》，《心理科学》，2005 年第 6 期。

381. 施马兰西、威利格：《产业组织经济学手册》，经济科学出版社，2009 年版。

382. 史丹：《中国能源效率的地区差异与节能潜力分析》，《中国工业经济》，2006 年第 10 期。

383. 史晋川、赵自芳：《所有制约束与要素价格扭曲——基于中国工业行业数据的实证分析》，《统计研究》，2007 年第 6 期。

384. 史明霞：《当前扩大内需刺激消费的实现途径》，《北京工商大学学报（社会科学版）》，2009 年第 5 期。

385. 史普博：《管制与市场》，上海三联书店、上海人民出版社，1999 年版。

386. 思拉恩·埃格特森：《经济行为与制度》，商务印书馆，2004 年版。

387. 斯图亚特·林恩：《发展经济学》，格致出版社、上海三联、上海人民出版社，2009 年版。

388. 斯旺：《创新经济学》，上海格致、上海人民出版社，2013 年版。

389. 宋冬林、汤吉军：《沉淀成本与资源型城市转型分析》，《中国工业经济》，2004 年第 6 期。

390. 宋冬林、汤吉军：《资源型城市制度弹性、沉淀成本与制度变迁》，《厦门大学学报（哲学社会科学版）》，2006 年第 1 期。

391. 孙力军、崔茂：《中国的金融发展、所有制结构调整与经济增长》，《当代经济科学》，2008 年第 1 期。.

392. 孙群燕、李杰、张安民：《寡头竞争情形下的国企改革——论国有股份比重的最优选择》，《经济研究》，2004 年第 1 期。

393. 泰勒尔：《产业组织理论》，中国人民大学出版社，1997 年版。

394. 谭崇台：《发展经济学》，武汉大学出版社，2001 年版。

395. 汤吉军：《不完全契约视角下国有企业发展混合所有制分析》，《中国工业经济》，2014 年第 12 期。

396. 汤吉军：《资产专用性、"敲竹杠"与新制度贸易经济学——兼论保护主义的适度合理性》，《经济问题》，2010 年第 8 期。

397. 汤吉军：《资产专用性与东北地区资源型城市产业转型》，《东北亚论坛》，2007 年第 6 期。

398. 唐旭：《资金流动与区域经济发展》，《金融研究》，1995 年第 8 期。

399. 万广华：《经济发展与收入不均等：方法和证据》，上海三联书店、上海人民出版社，2006 年版。

400. 万华炜、程启智：《中国混合所有制经济的产权经济学分析》，《宏观经济研究》，2008 年第 2 期。

401. W. W. 罗斯托：《经济增长的阶段》，中国社会科学出版社，2010 年版。

402. 汪前元、周勇：《以外需促进内需之发展：民生问题解决视角》，《经济观察》，2011 年第 10 期。

403. 王斌、柳安琪：《中国外贸依存度现状及利弊分析》，《经济研究参考》，2014 年第 4 期。

404. 王弟海、龚六堂：《增长经济中的消费和储蓄——兼论中国高储蓄率的原因》，《金融研究》，2007 年第 12 期。

405. 王建平、张川：《所有制变迁 \ 经济增长与国有经济最优规模》，《经济体制改革》，2012 年第 2 期。

406. 王俊豪：《政府管制经济学导论》，商务印书馆，2013 年版。

407. 王宋涛：《中国居民消费率缘何下降？——基于宏观消费函数的多因素分解》，《财经研究》，2014 年第 6 期。

408. 王希：《要素价格扭曲与经济失衡之间的互动关系研究》，《财贸研究》，2012 年第 5 期。

409. 王贤彬、徐现祥：《地方官员晋升竞争与经济增长》，《经济科学》，2010 年第 6 期。

410. 王欣：《利率市场化背景下深化城市商业银行混合所有制改革问题研究》，《经济体制改革》，2014 年第 5 期。

411. 王璇：《从"高储蓄、高投资、低消费"看中国双顺差》，《决策参考》，2008 年第 8 期。

412. 王亚平：《新阶段产业结构优化升级的方向与政策》，《宏观经济管理》，2008 年第 7 期。

413. 王宇、汪毅霖：《中国模式下所有制结构调整的动力与路径研究》，《西部论坛》，2011 年第 5 期。

414. 威廉·配第：《赋税论》，商务印书馆，1972 年版。

415. 威廉姆森：《资本主义经济制度》，商务印书馆，2002 年版。

416. 维斯库斯、哈林顿、弗农：《反垄断与管制经济学》，中国人民大学出版社，2010 年版。

417. 魏后凯、刘楷：《中国地区发展：经济增长、制度变迁和地区差异》，经济管理出版社，2006 年版。

418. 魏后凯：《论中国经济发展中的区域收入差异》，《经济科学》，1990 年第 2 期。

419. 吴建军、刘进：《中国的高投资率：成因、影响及可持续性》，《财经科学》，2014 年第 1 期。

420. 吴巧生、成金华、王华：《中国工业化进程中的能源消费变动——基于计量模型的实证分析》，《中国工业经济》，2005 年第 4 期。

421. 吴学花：《中国制造业产业集聚的实证研究》，《中国工业经济》，2004 年第 10 期。

422. 西奥多·舒尔茨：《报酬递增的源泉》，北京大学出版社，2001 年版。

423. 谢锐、赵果梅：《基于贸易国内增加值视角的中国外贸依存度研究》，《对外经济贸易大学学报》，2014 年第 5 期。

424. 熊必琳、陈蕊、杨善林：《中国内需结构分析及增长模式转变》，《经济与管理研究》，2007 年第 7 期。

425. 徐建炜、姚洋：《国际分工新形态、金融市场发展与全球失衡》，《世界经济》，2010 年第 3 期。

426. 徐平生：《世界主要国家与地区居民消费机构组成、演变规律及启示》，《中国经贸导刊》，2005 年第 20 期。

427. 徐现祥、李郁：《市场一体化与区域协调发展》，《经济研究》，2005 年第 12 期。

428. 徐晓虹：《外商直接投资对经济增长的短期和长期效应——浙江 1983～2004 年时间序列》，《经济地理》，2007 年第 3 期。

429. 许荣宗等：《退出成本、经济行为与国有企业改革》，《中国工业经济》，2007 年第 8 期。

430. 许生：《扩大内需的财政政策研究》，《税务研究》，2009 年第 1 期。

431. 亚当·斯密：《国富论》，陕西师范大学出版社，2010 年版。

432. 严汉平、白永秀：《中国区域协调发展的困境和路径》，《经济学家》，2007 年第 5 期。

433. 杨国中、李木祥：《中国信贷资金的非均衡流动与差异性金融政策实施的研究》，《金融研究》，2004 年第 9 期。

434. 杨蕙馨：《从进入退出角度看中国产业组织合理化》，《东南大学报》2000 年第 4 期。

435. 杨开忠：《中国区域发展研究》，海洋出版社，1989 年版。

436. 杨全社、王文静：《中国公共服务供给的最优市场结构研究——基于混合寡头垄断市场的博弈分析及模拟检验》，《中央财经大学学报》，2012 年第 10 期。

437. 杨瑞龙、杨其静：《专用性、专有性与企业制度》，《经济研究》，2001 年第 3 期。

438. 杨瑞龙：《内需可持续增长的结构基础与政策选择》，中国人民大学出版社，2014 年版。

439. 杨震宁等：《不确定性技术变革下中国制造业的追赶机制研究》，《财经研究》，2013 年第 1 期。

440. 姚明明、李华：《财富结构，消费结构与扩大内需》，《消费经济》，2014 年第 10 期。

441. 姚战琪：《生产率增长与要素再配置效率：中国的经验研究》，《经济研究》，2009 年第 11 期。

442. 于春海：《中国贸易顺差的根源及外需的可替代性——基于贸易品－非贸易品的分析框架》，《经济理论与经济管理》，2010 年第 6 期。

443. 于立、孟韬、姜春海：《资源枯竭型经济结构战略性调整障碍与退出途径分析》，《中国工业经济》，2003 年第 10 期。

444. 于祖尧：《中国经济转型时期个人收入分配研究》，经济科学出版社，1997 年版。

445. 俞毅：《GDP 增长与能源消耗的非线性门限——对中国传统产业省际转移的实证分析》，《中国工业经济》，2010 年第 12 期。

446. 约翰·麦克米兰：《市场演化的故事》，中信出版社，2006 年版。

447. 约瑟夫·斯蒂格利茨：《发展与发展政策》，中国金融出版社，2009 年版。

448. 约瑟夫·斯蒂格利茨：《让全球化造福全球》，中国人民大学出版社，2011 年版。

449. 约瑟夫·熊彼特：《资本主义、社会主义与民主》，电子工业出版社，2013 年版。

450. 詹姆斯·道、史蒂夫·汉科、阿兰·瓦尔特斯：《发展经济学的革命》，上海三联书店、上海人民出版社，2000 年版。

451. 张爱婷：《区域经济非协调发展的表现及原因》，《集团经济研究》，2005 年第 6 期。

452. 张成、蔡万焕、于同申：《区域经济增长与碳生产率——基于收敛及脱钩指数的分析》，《中国工业经济》，2013 年第 5 期。

453. 汤敏、茅于轼：《现代经济学前言专题》，商务印书馆，1996 年版。

454. 张生玲、熊飞、范秀娟：《调整需求结构，推进需求转型》，《国际贸易》，2010 年第 10 期。

455. 张曙霄、张磊：《中国对外贸易结构转型升级研究》，《当代经济研究》，2013 年第 2 期。

456. 张维迎：《产权、激励与公司治理》，北京大学出版社，2005 年版。

457. 张维迎：《企业的企业家——契约理论》，上海三联书店和上海人民出版社，1995 年版。

458. 张夏准：《资本主义的真相——自由市场经济学家的 23 个秘密》，新华出版社，2011 年版。

459. 张翔：《退出成本、信息和冲突》，《社会学研究》，2008 年第 1 期。

460. 张晏、龚六堂：《分税制改革、财政分权与中国经济增长》，《经济学（季刊）》，2005 年第 4 期。

461. 张屹山、赵扬、翟岩：《扩大内需的意义与途径再认识》，《社会科学战线》，2011 年第 9 期。

462. 张泽慧：《西部大开发中资本流动障碍及对策》，《财经科学》，2000 年第 4 期。

463. 张卓元、郑海航：《中国国有企业改革 30 年回顾与展望》，人民出版社，2008 年版。

464. 张作云：《混合所有制经济的性质界定及其方法》，《江汉论坛》，2009 年第 1 期。

465. 赵亮：《沉没成本的决策相关性研究》，《数量经济技术经济研究》，2003 年第 8 期。

466. 赵农：《制度性退出壁垒下宏观经济政策的有效性》，《经济学家》，2000 年第 5 期。

467. 郑开昭：《国民经济部门受损效果分析数学模型》，《数量经济技术经济研究》，1993 年第 4 期。

468. 钟静雯：《所有制性质对中国企业资本结构动态调整影响分析》，《现代商贸工业》，2012 年第 17 期。

469. 周劲、付保宗：《产能过剩的内涵、评价体系及在中国工业领域的表现特征》，《经济学动态》，2011 年第 10 期。

470. 周靖祥、何燕：《财政分权与区域平衡发展：理论逻辑及实践思路——基于文献研究的考释》，《经济社会体制比较》，2013 年第 3 期。

471. 周靖祥：《中国内外经济发展失衡研究》，重庆大学出版社，2012 年版。

472. 周黎安：《晋升博弈中政府官员的激励与合作——兼论中国地方保护主义和重复建设问题长期存在的原因》，《经济研究》，2004 年第 6 期。

473. 周黎安：《中国地方官员的晋升锦标赛模式研究》，《经济研究》，2007 年第 7 期。

474. 周立、胡鞍钢：《中国金融发展的地区差距状况分析（1978～1999）》，《清华大学学报》，2002 年第 2 期。

475. 周勤等：《沉淀成本理论综述》，《经济学动态》，2003 年第 1 期。

476. 周学：《经济大循环理论——破解中等收入陷阱和内需不足的对策》，《经济学动态》，2010 年第 3 期。

后　　记

　　本书为国家社会科学基金重大项目"推进经济结构战略性调整研究"（批准号13&ZD022）的最终成果，并在此基础上修改而成的。其中得到诸多学者的大力支持，才得以顺利完成。全书的写作是这样安排的：导论、结论与展望、第一篇是由吉林大学汤吉军教授完成的；第二篇是由东北大学陈俊龙博士完成的；第三篇是由吉林大学张东明博士完成的；第四篇是由吉林大学何彬博士完成的；第五篇是由汤吉军教授、吉林大学安然博士完成的。最后是由汤吉军教授修改、统稿和定稿的。

　　本书的出版得到了教育部人文社会科学重点研究基地吉林大学中国国有经济研究中心的资助，并得到经济科学出版社的大力支持，以及引用有关专家学者的相关研究成果，在此一并表示感谢。尽管我们付出了最大努力，但是书中肯定有疏忽和不足之处，敬请各位专家学者批评指正。

汤吉军

吉大匡亚明楼

2017. 2. 15